NORMANDIE COTENTIN Îles Anglo-Normandes

Directeur	David Brabis
Rédactrice en chef	Nadia Bosquès
Responsable éditorial	Amaury de Valroger
Édition	Alexandra Forterre
Rédaction	Aulde Moreau
Informations pratiques	Catherine Rossignol, Jean-François Branchet, Isabelle Foucault
Documentation	Eugénia Gallese, Yvette Vargas ; www.insee.fr *(chiffres population)*
Cartographie	Alain Baldet, Michèle Cana, Philippe Cochard, Patrick Matyja, Denis Rasse, Jean-Daniel Spies, DzMap Algérie
Iconographie	Cécile Koroleff, Stéphane Sauvignier
Secrétariat de rédaction	Pascal Grougon, Jacqueline Pavageau, Danièle Jazeron, Anne Duquénoy
Correction	Florence Michel
Maquette intérieure	Agence Rampazzo
Création couverture	Laurent Muller
Fabrication	Renaud Leblanc, Sandrine Combeau, Cécile Lisiecki
Marketing	Ana Gonzalez, Flora Libercier
Ventes	Gilles Maucout (France), Charles Van de Perre (Belgique), Fernando Rubiato (Espagne, Portugal), Philippe Orain (Italie), Jack Haugh (Canada), Stéphane Coiffet (Grand Export)
Relations publiques	Gonzague de Jarnac
Remerciements	Patrick Berger, Jean-François Mesplede
Régie pub et partenariats	michelin-cartesetguides-btob@fr.michelin.com *Le contenu des pages de publicité insérées dans ce guide n'engage que la responsabilité des annonceurs.*
Pour nous contacter	Le Guide Vert Michelin Cartes et Guides 46, avenue de Breteuil 75324 Paris Cedex 07 ✆ 01 45 66 12 34 – Fax : 01 45 66 13 75 LeGuideVert@fr.michelin.com www.ViaMichelin.fr

Parution 2007

Note au lecteur

L'équipe éditoriale a apporté le plus grand soin à la rédaction de ce guide et à sa vérification. Toutefois, les informations pratiques (prix, adresses, conditions de visite, numéros de téléphone, sites et adresses Internet...) doivent être considérées comme des indications du fait de l'évolution constante des données. Il n'est pas totalement exclu que certaines d'entre elles ne soient plus, à la date de parution du guide, tout à fait exactes ou exhaustives. Elles ne sauraient de ce fait engager notre responsabilité.

Le Guide Vert,

la culture en mouvement

Vous avez envie de bouger pendant vos vacances, le week-end ou simplement quelques heures pour changer d'air ? Le Guide Vert vous apporte des idées, des conseils et une connaissance récente, indispensable, de votre destination.

Tout d'abord, **sachez que tout change**. Toutes les informations pratiques du voyage évoluent rapidement : nouveaux hôtels et restaurants, nouveaux tarifs, nouveaux horaires d'ouverture... Le patrimoine aussi est en perpétuelle évolution, qu'il soit artistique, industriel ou artisanal... Des initiatives surgissent partout pour rénover, améliorer, surprendre, instruire, divertir. Même les lieux les plus connus innovent : nouveaux aménagements, nouvelles acquisitions ou animations, nouvelles découvertes enrichissent les circuits de visite.

Le Guide Vert **recense** et **présente ces changements** ; il réévalue en permanence le niveau d'intérêt de chaque curiosité afin de bien mesurer ce qui aujourd'hui vaut le voyage (distingué par ses fameuses 3 étoiles), mérite un détour (2 étoiles), est intéressant (1 étoile). Actualisation, sélection et appréciation sur le terrain sont les maîtres mots de la collection, afin que Le Guide Vert soit à chaque édition le reflet de la réalité touristique du moment.

Créé dès l'origine pour **faciliter et enrichir vos déplacements**, Le Guide Vert s'adresse encore aujourd'hui à tous ceux qui aiment connaître et comprendre ce qui fait l'identité d'une région. Simple, clair et facile à utiliser, il est aussi idéal pour voyager en famille. Le symbole 👪 signale tout ce qui est intéressant pour les enfants : zoos, parcs d'attractions, musées insolites, mais également animations pédagogiques pour découvrir les grands sites.

Ce guide vit pour vous et par vous. N'hésitez pas à nous faire part de vos remarques, suggestions ou découvertes ; elles viendront enrichir la prochaine édition de ce guide.

L'ÉQUIPE DU GUIDE VERT MICHELIN
LeGuideVert@fr.michelin.com

ORGANISER SON VOYAGE

OÙ ET QUAND PARTIR

Nos conseils de lieux de séjour 8
Nos propositions d'itinéraires 10
Nos idées de week-ends 15
Les atouts de la région au fil des saisons.............. 16

S'Y RENDRE ET CHOISIR SES ADRESSES

Où s'informer avant de partir..... 19
Pour venir en France............. 21
Transports 22
Budget 25
Se loger......................... 27
Se restaurer..................... 29

À FAIRE ET À VOIR

Activités et loisirs de A à Z........ 32
La destination en famille......... 40
Que rapporter.................... 42
Les événements.................. 45
Nos conseils de lecture 48

COMPRENDRE LA RÉGION

NATURE

Le littoral 52
Bocage, campagne et autres milieux.............. 54
Élevage 56
La protection de l'environnement 57

HISTOIRE

Quelques faits historiques 58
Les Normands en Italie et en Sicile 62
Le Débarquement............... 63

ART ET CULTURE

Une terre d'églises............... 68
Architecture militaire 70
Architecture et esthétique 71
Habitat et architecture........... 72
ABC d'architecture............... 74
Art de vivre 80
Artistes et écrivains.............. 81
Légendes et traditions........... 83

LA DESTINATION AUJOURD'HUI

Population et identité régionale.. 84
Des secteurs économiques en mutation.................. 86
Des traditions de loisirs prestigieuses................. 89
De la crème au calvados 91

VILLES ET SITES

À l'intérieur du premier rabat de couverture, la carte générale intitulée « **Les plus beaux sites** » donne :

- une **vision synthétique** de tous les lieux traités ;
- les **sites étoilés** visibles en un coup d'œil ;
- les **circuits de découverte**, dessinés en vert, aux environs des destinations principales.

Dans la partie « **Découvrir les sites** » :

- les **destinations principales** sont classées par ordre alphabétique ;
- les **destinations moins importantes** leur sont rattachées sous les rubriques « Aux alentours » ou « Circuits de découverte » ;
- les **informations pratiques** sont présentées dans un encadré vert dans chaque chapitre.

L'**index** permet de retrouver rapidement la description de chaque lieu.

DÉCOUVRIR LES SITES

Alençon ... 96
Argentan ... 103
Arromanches-les-Bains ... 109
Aunay-sur-Odon ... 111
Avranches ... 114
Bagnoles-de-l'Orne ... 118
Château de Balleroy ... 124
Barfleur ... 126
Barneville-Carteret ... 129
Bayeux ... 134
Caen ... 144
Jardins du château de Canon ... 159
Carolles ... 160
Château de Carrouges ... 161
Ancienne abbaye de Cerisy-la-Forêt ... 165
Îles Chausey ... 166
Cherbourg-Octeville ... 168
Clécy ... 174
Parc naturel régional des marais du Cotentin et du Bessin ... 178
Presqu'île du Cotentin ... 182
Coutances ... 194
Plages du Débarquement ... 200
Domfront ... 211
Évron ... 215
Falaise ... 218
Flers ... 223
Château de Fontaine-Henry ... 225
Fresnay-sur-Sarthe ... 226
Granville ... 228
Abbaye de Hambye ... 233
Ville romaine de Jublains ... 235
Lassay-les-Châteaux ... 236
Laval ... 238
Lessay ... 245
Abbaye de la Lucerne ... 247
Mayenne ... 249
Le Mont-Saint-Michel ... 252
Mortain ... 262
Omaha Beach ... 266
Ouistreham-Riva-Bella ... 269
Haras national du Pin ... 271
Château de Pirou ... 274
Pontmain ... 275
Pontorson ... 277
Saint-Hilaire-du-Harcouët ... 279
Saint-Lô ... 281
Saint-Pierre-sur-Dives ... 286
Saint-Sauveur-le-Vicomte ... 288
Saint-Sever-Calvados ... 290
Saint-Vaast-la-Hougue ... 292
Sainte-Mère-Église ... 295
Sainte-Suzanne ... 297
Saulges ... 300
Sées ... 301
Sillé-le-Guillaume ... 304
La Suisse normande ... 306
Thury-Harcourt ... 310
Utah Beach ... 312
Valognes ... 313
Château de Vendeuvre ... 317
Villedieu-les-Poêles ... 319
Vire ... 323

Îles Anglo-Normandes

Où s'informer avant de partir ... 328
Transports ... 328
Formalités ... 329
Se déplacer ... 329
Vie pratique ... 330
Événements ... 331
Nos conseils de lecture ... 331

Alderney ... 335
Guernsey ... 340
Herm ... 351
Jersey ... 353
Sark ... 365

Index ... 374
Cartes et Plans ... 381

Randonneurs en pleine traversée de la baie du Mont-St-Michel.

Gilles Targat / MICHELIN

ORGANISER SON VOYAGE

OÙ ET QUAND PARTIR

Court week-end pour citadin stressé en quête d'un « grand bol d'air pur », traditionnelles vacances familiales au bord de la mer, séjour au vert dans l'arrière-pays, itinéraire gastronomique, tourisme historique sur les plages du Débarquement et les sites de la bataille de Normandie, pèlerinage au Mont-Saint-Michel… Tous les types de séjours sont envisageables en Normandie-Cotentin. La région offre une infinie diversité de paysages, de climats, d'activités culturelles et sportives tout au long de l'année. Ceux qui choisissent cette région le font souvent d'abord par amour de la nature, profitant de cette alliance particulière de la mer et de la campagne.
La région offre toute une gamme d'hébergements : vous opterez pour l'hôtel, le camping, un gîte ou une location saisonnière. L'accueil en chambres d'hôte et le séjour à la ferme sont des moyens de découvrir la région autrement.

Pour plus d'informations sur les types d'hébergements, les services de réservation, les adresses que nous avons retenues dans ce guide, reportez-vous au chapitre « S'y rendre et choisir ses adresses ».

Nos conseils de lieux de séjour

CAEN ET LES PLAGES DU DÉBARQUEMENT

Caen et **Bayeux** (à 30 km au nord-ouest) sont des villes historiquement et culturellement incontournables. À quelques kilomètres, les stations balnéaires de la Côte de Nacre, idéales pour des vacances familiales, proposent toutes sortes d'activités nautiques et de loisirs. L'arrière-pays convient particulièrement aux amateurs de séjours au vert. Un peu de culture ? Suivez la Route historique des abbayes normandes, vous arriverez à **l'abbaye d'Ardenne**, **à Mondaye** et au **prieuré Saint-Gabriel**. Vous préférez les châteaux ? **Fontaine-Henry** et **Balleroy** ne devraient pas vous décevoir.
Les **plages du Débarquement** (de Utah Beach sur la côte est de la presqu'île du Cotentin à Sword Beach au nord-est de Caen) et les sites de la bataille de Normandie font l'objet d'un « tourisme historique » ; le Mémorial de Caen en est devenu un site majeur. Ce tourisme n'est en aucun cas incompatible avec les plaisirs de la table qui se déclinent ici à l'envi : huîtres, coquilles Saint-Jacques, poissons fins, caramels d'Isigny… et, bien sûr, tous les produits dérivés de la pomme.
Le nord du Calvados étant très touristique, vous trouverez une grande variété d'hébergements tout au long de l'année.

Gilles Targat / MICHELIN

Plage de Ravenoville dans la Manche.

LA PRESQU'ÎLE DU COTENTIN

La presqu'île du Cotentin offre des possiblités de séjours variés aux amoureux de la nature. Bordée par la mer de trois côtés, elle est séparée du reste du continent par une vaste étendue de marais et de polders, sur 27 000 ha. Imitez les oiseaux migrateurs qui y font étape ! Vous serez surpris par la richesse de la faune (deux grandes réserves ornithologiques, l'une gérée par le Parc naturel régional des Marais, une autre dans la baie des Veys), de la flore, des paysages et de l'architecture que vous admirerez au cours de vos randonnées. À noter qu'un séjour lors des crues hivernales est toujours un spectacle féerique.
Les plus sportifs ont l'embarras du choix : les stations balnéaires de la côte ouest du Cotentin proposent une foule d'activités nautiques, ou tout simplement de belles plages ensoleillées, comme à **Barneville-Carteret**. Avis aux marcheurs : le GR 223 ceinture la presqu'île et chemine le long des criques et falaises.

Soif de visites plus culturelles ? Direction **Valognes**, **Cherbourg** et l'abbatiale de **Lessay**. De nombreux villages reconstruits témoignent de la violence des combats de 1944 ; les principaux lieux de mémoire sont vers **Utah Beach** et **Ste-Mère-Église**.
Besoin d'évasion ? À Barneville, des vedettes assurent quotidiennement des liaisons maritimes avec les **îles Anglo-Normandes**.
Ménagez-vous des étapes gourmandes pour goûter les huîtres de **St-Vaast-la-Hougue** et les moules « Blondes de **Barfleur** ». Pour l'hébergement, privilégiez les villes, surtout hors saison, ou tentez votre chance dans les chambres d'hôte et les gîtes Panda.

LA BAIE DU MONT-ST-MICHEL

Si le **Mont-St-Michel** est souvent en lui-même le but d'un voyage, il serait dommage de ne pas prendre le temps de découvrir la **baie**, l'une des plus belles du monde. Pensez à réserver suffisamment à l'avance, quel que soit le type d'hébergement choisi, et sachez que, l'été, les ruelles du Mont-St-Michel sont noires de monde. Tout au long de l'année sont organisées des traversées de la baie (guidées et commentées) à pied, en vélo ou à cheval, à faire en famille. En passant par **Avranches**, arrêtez-vous au Scriptorial : sa visite complète utilement celle du Mont.
Embarquez pour une excursion aux **îles Chausey** et, de retour à **Granville**, profitez des longues plages de sable pour vous adonner au char à voile, à la planche à voile, au kayak de mer ou encore à la pêche en mer ou à pied sur l'estran à marée basse. À savoir : les grandes marées sont des spectacles impressionnants… et attirent les foules ! Il est difficile de se loger à ces périodes.

AU CŒUR DU BOCAGE

Saint-Lô, Coutances, Villedieu-les-Poêles, Vire, Mortain et **Flers** : ces villes sont des points de départ possibles pour la découverte de cette région. Le seigneur local, c'est le cheval, à l'honneur au **haras national de Saint-Lô**. Pour les randonnées, privilégiez les sentiers et voies vertes aménagés dans **les vallées de la Vire, de la Sée et de la Sélune**. Vous pourrez y pratiquer toutes sortes de sports, vélo, canoë, équitation ou pêche en eau douce.
La Route des abbayes normandes passe par **Cerisy-la-Forêt**, **Hambye** et **La Lucerne**, et il est impossible de traverser **Coutances** sans s'émerveiller devant les spectaculaires voûtes de sa cathédrale ! Avec les enfants, prévoyez des après-midi aux parcs zoologiques de Jurques et de Champrépus. Découvrez la poterie brune de Ger et de Noron-la-Poterie, le travail du cuivre à **Villedieu-les-Poêles** où vous visiterez aussi une fonderie de cloches. Enfin, vos papilles n'oublieront pas le cidre, le calvados et le pommeau, l'andouille de Vire et la crème, autant de produits dont la dégustation laisse sans voix.

Amaury de Valroger / MICHELIN

Bocage normand après orage.

MAINE ET MAYENNE NORMANDS

Cette province n'existe pas, ne la cherchez pas… sur les cartes géographiques du moins ! Ni tout à fait en Normandie, ni vraiment en Bretagne et empiétant un peu sur les Pays-de-la-Loire, cette région se compose d'une partie de la Sarthe, d'une partie de la Mayenne et d'un soupçon d'Alpes mancelles, dans l'Orne. Ici, les visites se font volontiers à pied, à cheval, à vélo ou en canoë. C'est le paradis des vacances au vert, vert de la pomme bien sûr, vert des vallons et des haies bocagères, des grasses prairies et des sombres forêts, des petites rivières poissonneuses et des calmes étangs. Pour vous loger, optez pour les chambres d'hôte ou les gîtes ruraux, et à vous les goûters à la ferme !
Alençon, Argentan, Laval et Mayenne sont des villes-étapes importantes.
À **Alençon**, vous admirerez la finesse de la dentelle puis filerez vous promener dans les charmants villages des Alpes mancelles, St-Léonard-

des-Bois, St-Céneri-le-Gérei et **Fresnay-sur-Sarthe**. Plus au nord, le paradis du cheval : une visite au **haras du Pin** achèvera de vous en convaincre. Si vous aimez les forteresses, celles de **Mayenne**, **Sainte-Suzanne** et **Lassay-les-Châteaux** devraient vous ravir, alors que la **cathédrale de Sées** et la **basilique d'Évron** comptent parmi les édifices religieux les plus remarquables de la région. Enfin, au cœur de la magnifique forêt des Andaines, la station thermale de **Bagnoles-de-l'Orne** vous attend pour vous reposer ou vous soigner.

LES ÎLES ANGLO-NORMANDES

Granville, **Barneville-Carteret** ou Diélette sont autant de points de départ des bateaux pour les îles Anglo-Normandes. Il existe également des liaisons aériennes. Le charme particulier de ces îles tient au fait qu'elles ont emprunté le meilleur des deux cultures tutélaires, anglaise et française. Ajoutez à cela un climat doux et tempéré favorable aux fleurs, fruits et légumes, un art de vivre à l'anglaise, des paysages préservés et variés et vous aurez toutes les (bonnes) raisons de séjourner dans ces « petits morceaux d'Angleterre ». Quelle que soit l'île qui vous servira de base, il serait dommage de ne pas visiter les autres. L'idéal est de vous installer à Guernesey : vous serez à Herm en 20mn, à Sercq en 45mn et à Jersey en moins de 2h.

La nature et la culture sont les deux dominantes du tourisme dans ces îles, ce qui en fait une destination prisée des familles, même si la vie n'y est pas bon marché. Vous trouverez à vous loger en chambres d'hôte ou à l'hôtel.

À votre programme, promenades au sommet des falaises, visites de jardins à l'anglaise et de châteaux forts… Ces îles sont également des paradis pour la pêche et la plaisance.

Le vélo est le moyen de transport le plus agréable à la belle saison. D'ailleurs, à **Herm** et **Sercq**, c'est même le seul autorisé ! Ménagez-vous des petites haltes pour déguster les délicieux fruits de mer.

Jersey mérite que vous y passiez deux jours. Son zoo vaut presque à lui seul votre visite !

Nos propositions d'itinéraires

Si vous souhaitez visiter dans le détail, à cause de son identité particulière, telle ou telle région, **les 7 itinéraires** suivants pourront vous être utiles. N'oubliez pas de consulter aussi la **carte des plus beaux sites** *(dans le rabat de la couverture)* qui vous invitera sans doute à faire quelque crochet en fonction de vos propres goûts.

La presqu'île du Cotentin

Circuit de 6 jours au départ de Carentan (210 km)

1er jour – Consacrez le début de matinée à **Carentan**. En quittant la ville au nord, un arrêt gourmand à l'usine des caramels Dupont d'Isigny s'impose ! À quelques kilomètres est installé **l'espace d'accueil touristique du Parc naturel régional des marais du Cotentin et du Bessin**. Vous en profiterez pour suivre le sentier d'interprétation ornithologique. Gagnez ensuite **Utah Beach**. Finissez la journée à **Ste-Mère-Église**, où vous passerez la nuit.

2e jour – Comptez une heure pour voir le musée Airborne. Juste à la sortie de Ste-Mère-Église, rendez-vous à la **ferme-musée du Cotentin**. En 15mn, vous êtes à **Valognes** : après le déjeuner, vous admirerez les hôtels particuliers du 18e s. de ce « Versailles normand ». À 13 km à l'ouest, **Bricquebec** abrite une imposante forteresse médiévale. Avec des enfants, repassez par Valognes pour rejoindre le **parc animalier Saint-Martin** à Montaigu-la-Brisette. Vous pouvez faire étape à **Saint-Vaast-la-Hougue**.

3e jour – Aux beaux jours, il est agréable de prendre le petit-déjeuner sur le port. Puis direction **l'île de Tatihou**. Vous y passerez la matinée… et y pique-niquerez, pourquoi pas ? **Barfleur** est une station balnéaire très accueillante : au programme, sports nautiques ou baignade, escalade du phare de Gatteville et, le soir, dégustation des délicieuses « Blondes de Barfleur ». Logez-vous à Barfleur ou aux alentours.

4e jour – Poursuivez votre découverte du littoral : de **Fermanville**, gagnez le **cap Lévi** et son fort : le panorama est grandiose. Avant d'arriver à Cherbourg *(à 15 km à l'ouest)*, faites une halte au **château des Ravalet**. Consacrez le reste de la journée à la visite de

Cherbourg. Vous trouverez une adresse sympathique pour dîner sur les quais et dormirez sur place.

5e jour – Prévoyez de passer la matinée à la **Cité de la Mer**. Vous pouvez y déjeuner dans le majestueux hall de la gare maritime transatlantique. En route pour le **cap de la Hague** ! **Omonville-la-Petite** garde le souvenir de Jacques Prévert. À quelques kilomètres, vous plongez dans l'atmosphère unique de **Port-Racine**. De **Goury**, partez en balade sur le GR 223 qui file vers la **baie d'Écalgrain** et les **nez de Voidries et de Jobourg** : un paysage à couper le souffle, surtout en cas de grand vent ! Le soir, tentez votre chance auprès des chambres d'hôte.

6e jour – Descendez tranquillement le long de cette côte ouest du Cotentin. L'ambiance subtropicale de l'exceptionnel jardin de **Vauville** vous surprendra. Pour profiter encore de ces paysages magnifiques, vous choisissez : une balade dans les **dunes d'Hatainville** ? Sur le plateau rocheux du **cap de Carteret** ? Finissez le voyage à **Barneville-Carteret**, sympathique station balnéaire familiale.

Au cœur du bocage

Circuit de 3 jours au départ de Saint-Lô (200 km)

1er jour – La préfecture de la Manche mérite que vous lui consacriez une demi-journée. À visiter en famille, le **haras national**, spécialisé dans le cheval de sport, et la **ferme de Boisjugan**. Après le déjeuner, quittez Saint-Lô par l'ouest : l'abbatiale Sainte-Trinité de **Lessay** (fin 11e s.) est le premier édifice normand entièrement voûté de croisées d'ogives. Au choix, pour finir l'après-midi, une randonnée tranquille sur un sentier d'interprétation ou la visite du **château de Pirou**, avant de pousser jusqu'au bord de la mer, à **Créances** ou Pirou-plage. Cette partie de la côte est touristique, vous n'aurez pas de mal à trouver une station balnéaire accueillante pour passer la nuit.

2e jour – Rendez-vous au **château de Gratot**. Vous y croiserez peut-être la fée qui vit en ces lieux… À 5 km au sud se dressent les flèches de pierre de la cathédrale de **Coutances**, chef-d'œuvre de l'architecture gothique normande. N'hésitez pas à suivre une visite guidée qui permet d'accéder à la tour-lanterne. Ne quittez pas la ville sans avoir « perdu » une heure au Jardin des plantes, lieu idéal pour un pique-nique. Prenez la D 7 pour gagner l'**abbaye de Hambye** (fondée au 12e s.). Ces ruines majestueuses sont un havre de paix sur les bords de la Sienne. À 50 km à l'est, les enfants rencontreront les lions blancs du **zoo de Jurques**. Le soir, vous dormirez à Caumont-l'Éventé ou aux alentours.

3e jour – Chaussez vos bottes et filez au **Souterroscope des ardoisières** ! Puis changement radical de cadre au **château de Balleroy** (17e s.) à 10 km au nord, dont les dépendances abritent un musée des Ballons. La forêt de Balleroy vous tend les… branches pour une balade, à moins que vous ne préfériez vous promener dans les jardins de Plantbessin à **Castillon**, à 3 km. Voisin également, le village de **Noron-la-Poterie**, spécialisé dans la poterie de grès au sel. Dernière étape de votre circuit, l'ancienne abbaye de **Cerisy-la-Forêt**, autre chef-d'œuvre de l'art roman normand.

Gilles Targat / MICHELIN

Villa de Christian Dior à Granville.

Le sud de la Manche

Circuit de 6 jours au départ de Granville (180 km)

1er jour – **Granville**, station balnéaire réputée, est d'abord une ville tournée vers la mer et fière de son histoire maritime. Vous lui consacrerez cette première journée.

2e jour – Quittez Granville par la D 973. À 15 km s'élève l'abbaye Sainte-Trinité de **La Lucerne-d'Outremer**, bel ensemble roman d'esprit cistercien. Regagnez la côte pour une promenade sur les **falaises de Carolles** jusqu'à la **pointe de Champeaux** : panorama grandiose sur la baie du Mont-St-Michel. Reprenez la D 911 et arrêtez-vous à la **Maison de la baie de Vains-St-Léonard**, à proximité de la pointe du Grouin du Sud, point de départ de promenades sur le littoral et de traversées de la baie. Fin de la journée et nuit à **Avranches** : visite du Scriptorial et promenade au Jardin des Plantes pour voir le soleil se coucher sur le Mont.

3e jour – Le **Mont-St-Michel** occupera à lui seul la journée. Au pied du Mont, à Beauvoir, vous rendrez peut-être visite aux bébés crocodiles d'**Alligator Bay**… Vous logerez à proximité. Attention ! L'offre d'hébergement, pourtant importante, est parfois insuffisante l'été et aux périodes de grandes marées. Pensez à réserver.

4e jour – Accompagné par un guide, traversez la baie (à pied, à vélo ou à cheval). Faites une pause-déjeuner avant l'étape suivante à 30 km : **Saint-Hilaire-du-Harcouët** pour son Centre d'art sacré et son musée de la Vie monastique.
Sur la route de Mortain, visitez avec des enfants un élevage de faisans à la **« faisanderie de la Grande Chapronnière »**. Vous choisirez de passer la nuit à Mortain ou dans une chambre d'hôte dans la campagne.

5e jour – Profitez de la nature, très belle aux environs de **Mortain**, faites le Circuit des cascades peintes par Courbet, puis visitez l'abbaye Blanche (12e s.). Continuez par la découverte de la collégiale St-Évroult, connue pour abriter le « Chrismale ».
Poursuivez votre route au nord : en suivant la **vallée de la Sée**, vous traverserez **St-Pois**, mais aussi **St-Michel-de-Montjoie**, haut lieu de l'extraction du granit. Un musée lui est d'ailleurs consacré. Dirigez-vous vers **Villedieu-les-Poêles** pour y passer la nuit.

6e jour – L'artisanat est à l'honneur dans cette petite cité très touristique : cuivrerie, fonderie de cloches, « Maison de l'étain » et même une andouillerie artisanale… Faites votre choix !
Après le déjeuner, quittez Villedieu par la D 924 à l'ouest. À 8 km de là, vous pouvez passer l'après-midi avec les zèbres du **parc zoologique de Champrépus**.

Caen, Bayeux et le Bessin

Circuit de 5 jours au départ de Caen (170 km)

1er jour – **Caen** : consacrez la matinée au Mémorial et le reste de la journée à la visite de la ville. Restez dormir dans la cité de Guillaume le Conquérant.

2e jour – Quittez Caen par la D 515 au nord-est en direction de la mer. Votre première visite est pour le **château de Bénouville** dont l'escalier d'honneur est remarquable. Après **Pegasus Bridge**, devenu un haut lieu du souvenir (musée) pour les vétérans, vous arrivez à **Ouistreham-Riva-Bella**. Après un déjeuner face à la mer, gagnez **Courseulles-sur-Mer** : le Centre Juno Beach *(comptez 2h)* rappelle l'importance du rôle assumé par le Canada dans la guerre. À 13 km en suivant la route de la côte (la D 514), vous arrivez à **Arromanches-les-Bains**. À marée basse, bien des vestiges du port artificiel sont encore visibles. Au musée du Débarquement *(1h30 environ)*, des maquettes aident à comprendre le fonctionnement de ces gigantesques installations. Vous trouverez sur place un bon choix de restaurants et d'hôtels.

3e jour – Reprenez la D 514 pour rejoindre **Port-en-Bessin**, pittoresque et animé, surtout lors de la criée. Ici, la coquille Saint-Jacques est reine, et les restaurants sur les quais laissent envisager des festins de poissons et de fruits de mer ! Étape suivante : **Omaha Beach**. Plusieurs musées perpétuent la mémoire du « D Day » à **St-Laurent**, **Vierville et Colleville-sur-Mer**. Poussez jusqu'à la **pointe du Hoc**, d'où se découvrent de belles vues sur la mer et le littoral jusqu'à la presqu'île du Cotentin. Passez la nuit entre **Isigny-sur-Mer** et Bayeux.

4e jour – Le beurre, la crème… Leur fabrication n'aura plus de secrets après un passage par la coopérative laitière Isigny Sainte-Mère. Variante sucrée : la visite de l'usine Normandie Caramels. Par la N 13, retournez en direction de Bayeux (à 35 km à l'est). Faites un arrêt pour admirer l'église de Tour-en-Bessin. Vous consacrez l'après-midi à la découverte de Bayeux, et logez dans cette cité pleine de charme.

5e jour – Commencez la journée (avant l'affluence) avec Guillaume le Conquérant et Harold : la **tapisserie de la reine Mathilde** mérite que vous preniez votre temps. Profitez de votre déjeuner à Bayeux pour décider de votre après-midi : visite des châteaux de **Fontaine-Henry** ou de **Creully**, de l'ancien **prieuré Saint-Gabriel**, la **Route des moulins**, joli circuit qui suit les vallées de la Seulles, de la Mue et de la Thue… Avant de rentrer à Caen,

Stéphane Sauvignier / MICHELIN

Paysage de la Suisse normande.

prévoyez 1h pour découvrir l'**abbaye d'Ardenne**, à quelques kilomètres seulement du centre de Caen.

Suisse normande sportive

Circuit de 4 jours au départ de Falaise (170 km)

1er jour – Prévoyez de passer cette première matinée à **Falaise**. Quittez la ville par l'ouest, direction la verte et vallonnée **Suisse normande**. En route, vous pouvez pique-niquer à St-Vigor-de-Mieux près de l'étonnante **chapelle des Pommiers**. Après une visite au centre d'information de la **roche d'Oëtre**, vous passez le reste de la journée à VTT sur un chemin de randonnée, harnaché contre une paroi rocheuse, dans un canoë sur l'Orne ou à cheval…
Si vous ne trouvez pas de chambre d'hôte accueillante, Falaise et Flers disposent d'une capacité d'hébergement suffisante.

2e jour – Les environs de **Clécy** méritent une grande journée de balade. De nombreux circuits balisés vous y invitent. Vous êtes fourbu ? Le musée du Chemin de fer miniature n'exigera de vous aucun effort.

3e jour – Les jardins et les belles ruines 18e s. du château de **Thury-Harcourt** sont le point de départ pour la **boucle du Hom** au nord-ouest *(circuit de 5 km)*. À une vingtaine de kilomètres à l'ouest, partez à la rencontre des lions blancs au **zoo de Jurques**, avant de gagner Vire où vous faites étape.

4e jour – Passez la matinée à découvrir la cité… et l'andouille, célébrité gastronomique locale, peut-être au menu de votre déjeuner. La suite de la journée se passe en plein air. Les intrépides tentent le saut à l'élastique du **viaduc de la Souleuvre**. Plus sagement, vous pouvez opter pour une balade sur la **voie verte** qui s'en va vers Mortain au sud. Sur la route du retour vers Falaise, admirez la très belle vue sur les dernières hauteurs de la Suisse normande du haut du **mont de Cerisy**, à 25 km à l'est de Vire.

L'Orne

Circuit de 4 jours au départ d'Alençon (180 km)

1er jour – Commencez ce circuit par une demi-journée à **Alençon**. Après le déjeuner, quittez la ville par le nord, en direction de la **forêt d'Écouves** pour une balade sur l'un des sentiers de découverte aménagés. La cathédrale de **Sées** (à 24 km d'Alençon), merveille de l'architecture gothique normande, veillera sur votre nuit.

2e jour – Avis aux amoureux de belles demeures et de jardins à la française : vous êtes gâtés ! À quelques kilomètres au nord-ouest de Sées, vous avez le choix entre les **châteaux de Sassy** et de **Médavy** (du 18e s.) et leur voisin, le **château d'Ô**, magnifique bâtisse de style gothique et flamboyant. Faites un crochet par l'église de **St-Christophe-le-Jajolet**, centre d'un étonnant pèlerinage motorisé. Vous passez l'après-midi au **haras du Pin** et terminez cette journée riche en châteaux par celui de **Bourg-St-Léonard** tout proche. Argentan n'est qu'à 11 km, et vous attend pour la soirée et la nuit.

3e jour – Après une matinée à **Argentan** et une visite aux bénédictines, vous saurez tout sur le « point d'Argentan ». Partez pour **Domfront** (à 65 km au sud-ouest). Cette cité domine le bocage où est élaboré ce pétillant poiré dont elle est la capitale. Admirez les maisons à colombages et la ravissante église N.-D.-sur-l'Eau.
C'est **Bagnoles-de-l'Orne** qui vous accueille pour la soirée. La station propose une gamme étendue d'hébergements… et un casino pour tenter votre chance !

4e jour – En plus de son charmant cadre de verdure, Bagnoles peut se vanter d'avoir un intéressant **musée des Sapeurs-Pompiers**. Avec des enfants, vous n'oubliez pas le **musée du Jouet** de La Ferté-Macé, à 6 km. Ne vous inquiétez pas pour le déjeuner, vous n'avez que l'embarras du choix. Avant de quitter la ville, faites provision de délicieux macarons pour le goûter. La **forêt des Andaines**, aménagée pour les promeneurs, est le cadre d'une jolie balade l'après-midi. Pour les activités de plein air, cap sur la base de loisirs de **La Ferté-Macé**. Votre circuit se termine par une visite du **château de Carrouges**, à 17 km à l'est, harmonieux mariage de la brique, du granit et de l'ardoise. Ses communs accueillent la Maison du parc naturel régional Normandie-Maine qui vous donnera certainement des idées de promenades et de visites si vous souhaitez prolonger votre séjour.

Bocage mayennais et Alpes mancelles

Circuit de 4 jours au départ de Laval (160 km)

1er jour – Laissez-vous piloter par un guide-conférencier pour visiter **Laval**, Ville d'art et d'histoire. Quittez la ville à l'est par la D 32. À 33 km, **Évron** possède l'une des plus belles églises de la Mayenne. Terminez cette journée par un circuit dans les bois aux environs : la route offre de jolis points de vue. C'est à **Sainte-Suzanne** (8 km au sud) que vous faites halte pour la nuit. Cette petite ville est classée « Station verte de vacances » : vous y trouverez sans peine de quoi vous loger.

2e jour – Consacrez 2h à la découverte de Sainte-Suzanne, « la perle du Maine ». Montez au sommet de la tour pour embrasser la vue sur la campagne alentour. Renseignez-vous sur les visites théâtralisées, cela peut être un plus, notamment pour les enfants. Puis direction **Sillé-le-Guillaume** (à 21 km au nord-est). Faites un rapide petit tour de la ville avant de filer pique-niquer et passer l'après-midi dans la forêt de Sillé. Au milieu de la forêt, l'étang du Defais est aménagé en base de loisirs. Rejoignez votre étape du soir, **Fresnay-sur-Sarthe,** à 17 km au nord-est.

3e jour – Au programme de cette journée au grand air, les **Alpes mancelles** et leurs charmants petits villages, **St-Léonard-des-Bois** et **St-Céneri-le-Gérei** en tête. Randonnées en vélo ou à pied, canoë-kayak et pêche sur la Sarthe... à vous de choisir. Si vous ne trouvez pas à vous loger en chambre d'hôte, dirigez-vous vers Jublains (environ quarante kilomètres à l'ouest), votre destination suivante.

4e jour – Prévoyez 3h pour la visite de Jublains. À 12 km, Mayenne vous attend pour déjeuner et pour une après-midi sur la... Mayenne à bord d'un bateau électrique, ou une randonnée sur le chemin de halage qui rejoint Laval au sud.

Nos idées de week-ends

Rester sur place tout un week-end pour découvrir plus en profondeur une destination ou s'échapper pour explorer les environs proches : c'est à vous de choisir parmi nos suggestions, suivant vos goûts, votre forme et la saison.

GRANVILLE ET LES ÎLES CHAUSEY

Pour découvrir la « Monaco du Nord », commencez par faire à pied le **tour des remparts**. Vous avez une très belle vue qui permet d'apercevoir les côtes de la Bretagne. Une visite au **musée du Vieux-Granville** vous invite à regarder la ville avec les yeux des marins d'autrefois ; deux pas plus loin, **l'aquarium du Roc** et la féerie des coquillages enchantent les petits. Après un déjeuner de poisson sur le port, après-midi détente : flânerie dans les rues commerçantes, bain de soleil à la plage (nombreuses activités nautiques) et, en fin de journée, pourquoi pas, un tour au casino.
Le lendemain, les **îles Chausey** sont au programme. À 15 km à peine au large de Granville, la Grande Île (la seule habitée par quelques pêcheurs) est reliée à la côte toute l'année par des vedettes. Le dépaysement est total : marées parmi les plus fortes d'Europe, courants très puissants, lumière transparente aux effets changeants, faune et flore extrêmement variées. Un petit paradis sur terre.

LA BAIE DU MONT-ST-MICHEL

Le premier jour, départ d'**Avranches**, d'où vous avez une première approche du site : vue remarquable sur le Mont depuis le **Jardin des Plantes** et visite du **Scriptorial** qui expose les précieux manuscrits du Mont-St-Michel. Quittez Avranches par la D 911 à l'ouest pour **Genêts** : la **Maison de la baie** organise des randonnées à pied et des sorties à thème (prévoir jumelles et appareil photo). Mais c'est la marée qui décide de votre emploi du temps. En été, maillot de bain et crème solaire sont indispensables si vous allez au **bec d'Andaine** (plage de sable fin et de dunes) ou à **Jullouville** (agréable station familiale). Avant de rentrer faire étape à Avranches, profitez du site de la **pointe du Grouin du Sud**.

Le lendemain, gagnez le Mont le plus tôt possible. Une demi-journée est nécessaire pour visiter le Mont lui-même. Au programme : **l'abbaye** *(une visite-conférence, chaudement recommandée, environ 2h)*, un peu de flânerie dans l'étonnante **Grande-Rue** bordée de maisons anciennes *(1h)*, un déjeuner sur le pouce *(1h)* et une promenade dans les jardins de l'abbaye *(30mn)*. Le coucher du soleil sur le Mont est un spectacle à ne pas manquer. Si vous restez plus de six heures sur le parking *(bien lire les indications sur place)*, attention aux marées ! Pour profiter encore un peu de la magie du lieu, des **visites nocturnes** révèlent l'abbaye sous un aspect insolite *(à partir de 22h en saison)*.

BAYEUX ET LE BESSIN

Votre première visite est pour la **cathédrale** avant d'aller admirer **la tapisserie de la reine Mathilde** *(2h)*. Pour déjeuner, il existe quelques excellentes crêperies ainsi que des restaurants de terroir. À Bayeux, c'est toute la ville qu'il faut prendre le temps de parcourir pour s'arrêter devant les hôtels particuliers en pierre qui alternent avec les maisons à pans de bois.
Une nuit dans un joli hôtel de Bayeux ou une chambre d'hôte vous permet d'attaquer votre deuxième journée à travers le Bessin. **Balleroy** (à 18 km) abrite un étonnant musée des Ballons. Dans le village voisin de **Noron-la-Poterie**, les potiers d'art proposent leurs faïences. À la sortie de la forêt de Cerisy, apparaît l'ancienne abbaye bénédictine de **Cerisy-la-Forêt** (13 km à l'ouest), chef-d'œuvre de l'architecture romane normande. Enfin, la visite du château de **Fontaine-Henry**, à mi-chemin de Bayeux et Caen, marque la fin de votre week-end.

CAEN

Week-end de 2 jours

C'est par le **château de Guillaume le Conquérant** qu'il faut commencer un séjour à Caen. Les **remparts**, qui offrent un remarquable panorama sur la ville, le **musée de Normandie** et le **musée des Beaux-Arts** occupent largement votre matinée. L'**Abbaye-aux-Dames** et la remarquable **Abbaye-aux-Hommes** sont au programme de l'après-midi.

Le lendemain, visitez les vieilles rues préservées et commerçantes : **les rues Saint-Pierre**, **Froide**, **Saint-Sauveur**, **du Vaugueux**, la **maison des Quatrains** et le magnifique **hôtel d'Escoville**. Réservez votre après-midi pour une visite au **Mémorial pour la paix**. Si vous avez encore le temps de flâner, faites un tour au **Jardin botanique** ou sur **les bords de l'Orne**.

Les atouts de la région au fil des saisons

LES SAISONS

La Normandie bénéficie d'un climat océanique qui se caractérise par la faiblesse des amplitudes saisonnières. La mer adoucit les rigueurs hivernales et les grosses chaleurs de l'été. Vous associez encore « Normandie » à « pluie » ? Elle est certes fréquente et répartie sur toute l'année, mais en quantité, il pleut moins à Caen qu'à Bordeaux ! La Normandie offre en moyenne près de 1 700 heures d'ensoleillement dans l'année.
Les précipitations, le plus souvent d'origine océanique, touchent d'abord les reliefs, le bocage et le Nord du Cotentin. La façade littorale ne connaît qu'exceptionnellement le gel et la neige, mais le temps change plusieurs fois par jour. Si vous aimez le vent, mieux vaut aller le chercher du côté de La Hague (130 jours de vent fort par an) que près d'Alençon (27 jours seulement).

Le printemps

Choisir cette saison réserve bien des plaisirs. Rêver sous les pommiers en fleurs. Avoir pour soi les plages encore désertes. Profiter de la nature qui s'éveille dans les marais, les bocages, les bois et les landes. Sur les dunes, s'émerveiller devant la végétation qui renaît en une mosaïque colorée : bleu du seigle de mer, mauve du thym serpolet ou rose de l'orchidée pyramidale. Assister à « la mise au marais » : des milliers de vaches, de chevaux et d'ânes retrouvent leurs immenses pâturages.

L'été

Vous ne serez pas tout seul ! C'est bien sûr la saison touristique par excellence. Si vous redoutez la canicule, un point important : les chaleurs extrêmes y sont assez rares en été. Les animations

ÉCHELLE ANÉMOMÉTRIQUE DE BEAUFORT					
Force	Appellation	Vitesse du vent		Points de repère	
		nœud	km/h	à terre	en mer
0	Calme	1	1	La fumée monte tout droit	La mer est d'huile
1	Très légère brise	1 à 3	1 à 5	La fumée est déviée	Petites rides
2	Légère brise	4 à 6	6 à 11	Le feuillage frémit	Vaguelettes courtes
3	Petite brise	7 à 12	12 à 19	Le feuillage est constamment agité	Petites vagues, quelques moutons
4	Jolie brise	11 à 16	20 à 28	Sable et poussière s'envolent	Vagues plus longues, moutons
5	Bonne brise	17 à 21	29 à 38	Les arbustes se balancent	Vagues allongées, nombreux moutons
6	Vent frais	22 à 27	39 à 49	Les fils électriques sifflent	Embruns, lames, écume
7	Grand-frais	28 à 33	50 à 61	Les arbres sont agités, la marche est pénible	L'écume est soufflée en traînées
8	Coup de vent	34 à 40	62 à 74	Marche contre le vent impossible	Vagues de plus de 5 m
9	Fort coup de vent	41 à 47	75 à 88	Dégâts sur les constructions	Grosses lames, visibilité réduite
10	Tempête	48 à 55	89 à 102	Arbres déracinés	Déferlements en rouleaux
11	Violente tempête	56 à 63	103 à 107	Très gros dégâts	Rouleaux énormes, mer recouverte d'embruns
12	Ouragan	64 et plus	118 et plus	Rarissime dans les terres	Visibilité quasi nulle

foisonnent, entre festivals, randonnées à la découverte de la faune et la flore, et toutes les activités sportives de plein air. Les plages attendent les baigneurs ainsi que les amateurs de sports nautiques que l'on pratique le long des côtes. Pour ceux qui cherchent un peu de calme, c'est le moment de profiter de la campagne à l'intérieur des terres.

L'automne

Les belles journées sont propices aux balades en forêt ou sur les sentiers côtiers, dans la magnifique lumière de l'arrière-saison. Les amateurs de champignons trouveront leur bonheur dans les sous-bois de la Suisse normande et des Alpes mancelles. C'est également la période idéale pour profiter de la mer : les grandes plages se prêtent à la vitesse des chars à voile.
L'automne est la période de passage des oiseaux migrateurs. À vos jumelles !

L'hiver

La neige est rare sur les côtes de la Manche. C'est une belle saison pour la pêche à pied… et les dégustations des produits de la mer, huîtres et moules ! Profitez de ces journées où le temps est froid et sec pour observer coulis, huîtriers et bécasseaux qui ont élu domicile dans les marais du Cotentin. Et, entre décembre et mars, ne manquez pas « la blanchie », vision féerique des prairies des marais noyées sous les eaux. Le temps de ces crues hivernales, le Cotentin devient… presque une île !

LES MARÉES

Partie de pêche à pied ou en mer, baignade, promenade en mer ou découverte des îles : autant de situations qui nécessitent de connaître les horaires et les coefficients des marées. Vous les trouverez dans la presse locale et dans les offices du tourisme. Une adresse utile à retenir : **www.meteo-normandie.fr** réunit ces informations pour les côtes normandes.

Quel temps pour demain ?

Services téléphoniques de Météo France – Taper **3250** suivi de :

1 – toutes les prévisions météo départementales jusqu'à 7 jours (DOM-TOM compris) ;

2 – météo des villes.

Accès direct aux prévisions du département – *✆ 0 892 680 2* suivi du numéro du département *(0,34 €/mn).*

Toutes ces informations sont également disponibles sur **3615 météo** et **www.meteo.fr.**

S'Y RENDRE ET CHOISIR SES ADRESSES

Où s'informer avant de partir

LES ADRESSES UTILES

Ceux qui aiment préparer leur voyage dans le détail peuvent rassembler la documentation utile auprès des professionnels du tourisme de la région. Outre les adresses indiquées ci-dessous, sachez que les coordonnées des offices de tourisme ou syndicats d'initiative des villes et sites décrits dans le corps du guide sont données systématiquement dans les **encadrés pratiques**, à la rubrique « Adresses utiles ».

Comité régional du tourisme de Normandie

14 r. Charles-Corbeau - 27000 Évreux - ✆ 02 32 33 79 00 - www.normandy-tourism.org.

Comités départementaux de tourisme

Calvados – 8 r. Renoir - 14054 Caen Cedex 4 - ✆ 02 31 27 90 30 - www.calvados-tourisme.com.

Eure – 3 r. du Cdt-Letellier - BP 367 - 27003 Évreux Cedex - ✆ 02 32 62 04 27 - n° Azur 0 810 270 027 (prix local) - www.cdt-eure.fr.

Manche – Manche Tourisme - Maison du département - 98 rte de Candol - 50008 St-Lô Cedex - renseignements et demande de documentations : depuis la France, n° Vert 0 800 065 050 ; depuis la Belgique, n° Vert 0 800 77 993 ; depuis la Grande-Bretagne, n° Vert 0 800 028 6 572 - www.manchetourisme.com.

Mayenne – 84 av. Robert-Buron - BP 0325 - 53003 Laval Cedex - ✆ 02 43 53 18 18 - www.tourisme-mayenne.com, www.reservation-mayenne.com

Orne – 86 r. St-Blaise - BP 50 - 61002 Alençon Cedex - ✆ 02 33 28 88 71 - www.ornetourisme.com.

Sarthe – 19 bis r. de l'Étoile - 72000 Le Mans - ✆ 02 43 40 22 50 - www.tourisme.sarthe.com.

Informations culturelles

Centre national de documentation du patrimoine – Hôtel de Vigny - 10 r. du Parc-Royal - 75003 Paris - ✆ 01 40 15 75 82 - tlj sf lun. et w.-end 9h30-12h30, 14h-17h30.

Histoire de la Normandie sur Internet – www.mondes-normands.caen.fr (site contrôlé par le musée de Normandie à Caen).

Parcs régionaux

Ils sont décrits plus loin dans le guide avec leurs principales initiatives. Ils éditent chaque année un calendrier des animations nature intitulé *Les Rendez-Vous du Parc*.

Le Parc naturel régional Normandie-Maine – Maison du Parc - BP 05 - 61320 Carrouges - ✆ 02 33 81 75 75 - www.parc-naturel-normandie-maine.fr.

Maison du parc naturel régional des marais du Cotentin et du Bessin aux Ponts-d'Ouve.

Le Parc naturel régional des marais du Cotentin et du Bessin – Les Ponts-d'Ouve - ✆ 02 33 71 65 30 - www.parc-cotentin-bessin.fr.

Environnement

Union nationale des Cpie – 26 r. Beaubourg - 75003 Paris - ✆ 02 44 61 75 35.
Les centres permanents d'initiatives pour l'environnement sont des associations labellisées au niveau national. Présents dans la plupart des régions, ces centres aident à comprendre, à valoriser et à développer, de manière scientifique et culturelle, l'environnement, le milieu naturel et le patrimoine. Ils proposent, sous la responsabilité de guides-animateurs, des sorties-découverte ou des circuits-promenades.

Cpie Vallée de l'Orne (forêt, vallée, estuaire de l'Orne et Suisse normande) – Enceinte de l'Abbaye-aux-Hommes - 14054 Caen Cedex 4 - ✆ 02 31 30 43 27.

Serveur vocal

Pour appeler directement un office de tourisme ou un syndicat d'initiative, sans en avoir les coordonnées, il vous suffit...

- de composer le **3265** *(0,34 €/mn)* sur votre téléphone ;
- à la demande de l'opératrice, de prononcer distinctement le nom de la commune désirée ;
- vous serez alors mis en communication avec l'organisme souhaité.

Cpie du Cotentin (marais, presqu'île du Cotentin et littoral) – 30 r. de l'Hippodrome - BP 42 - 50430 Lessay - ✆ 02 33 46 37 06.

Cpie Collines Normandes – Le Moulin - 61100 Segrie-Fontaine - ✆ 02 33 62 34 65.

Sorties nature

Le département de la **Manche** publie un *Calendrier nature* regroupant plus de 700 rendez-vous de mars à décembre. Il est disponible gratuitement sur demande au Comité départemental de tourisme - ✆ 0 800 06 50 50. www.mancherandonnee.com.
Le **Calvados** diffuse une brochure, *Escapades nature*, avec plus de 100 sorties de mai à septembre - se renseigner auprès du Comité départemental de tourisme.

Parcs et jardins de Basse-Normandie

Union des parcs et jardins de Basse-Normandie – Maison des Quatrans - 25 r. de Geôle - 14000 Caen - ✆ 02 31 15 57 35.

Renseignements sur Internet

Outre les sites des différents comités et organismes mentionnés ci-dessus, voici quelques adresses utiles à retenir concernant la région.
www.cr-basse-normandie.fr et **www.paysdelaloire.fr** – Le site du conseil régional de Basse-Normandie et celui du conseil régional des Pays-de-la-Loire contiennent toutes sortes de renseignements utiles : actualité, économie, tourisme, espaces naturels, gastronomie, etc.
www.normandieweb.org – Portail d'informations classées par département et par thème : culture, économie, géographie, etc.
www.fromages.org – Ce site permet de découvrir les nombreux fromages de cette région encore peuplée, dans l'imagerie populaire, de vaches et de laitières.
www.irqua-normandie.fr – Pour tout savoir sur les produits du terroir, du calvados à l'huître de Normandie en passant par le beurre et la crème.
www.tourisme.fr/recherche/index.htm – Très pratique, ce site vous permet de trouver rapidement les coordonnées des offices de tourisme et syndicats d'initiative de France en tapant le nom de la commune, ou en faisant une simple recherche par ordre alphabétique.

TOURISME DES PERSONNES HANDICAPÉES

Un certain nombre de curiosités décrites dans ce guide sont accessibles aux personnes à **mobilité réduite** ; elles sont signalées par le symbole ♿. Le degré d'accessibilité et les conditions d'accueil variant toutefois d'un site à l'autre, il est recommandé d'appeler avant tout déplacement.

Accessibilité des infrastructures touristiques

Lancé en 2001, le **label national Tourisme et Handicap** est délivré en fonction de l'accessibilité des équipements touristiques et de loisirs au regard des quatre grands handicaps : auditif, mental, moteur ou visuel. À ce jour, un millier de sites labellisés (hébergement, restauration, musées, équipements sportifs, salles de spectacles, etc.) ont été répertoriés en France. Vous pouvez en consulter la liste sur le site Internet de Maison de France à l'adresse suivante : **www.franceguide.com.**

Le magazine *Faire Face* publie chaque année, à l'intention des personnes en situation de handicap moteur, un hors-série intitulé *Guide vacances*. Cette sélection de lieux et offres de loisirs est disponible sur Internet ou sur demande *(5,30 €, frais de port non compris)* auprès de l'**Association des paralysés de France** : APF - Direction de la Communication - 17 bd Auguste Blanqui - 75013 Paris - faire-face@apf.asso.fr - www.apf.asso.fr.

Pour de plus amples renseignements au sujet de l'accessibilité des musées aux personnes atteintes de handicaps moteurs ou sensoriels, consultez le site **http://museofile.culture.fr**, qui répertorie nombre de musées français.

Accessibilité des transports

Train – Disponible gratuitement dans les gares et boutiques SNCF ou sur le site www.voyages-sncf.com, le *Mémento du voyageur handicapé* donne des renseignements sur l'assistance à l'embarquement et au débarquement, la réservation de places spéciales, etc.
À retenir également, le numéro Vert SNCF Accessibilité Service : ✆ 0 800 15 47 53.

Avion – Air France propose aux personnes handicapées le service d'assistance Saphir, avec un numéro spécial : ✆ 0 820 01 24 24. Pour plus de détails, consulter le site www.airfrance.fr.
Publié chaque année par **Aéroguide Éditions** (47 av. Léon-Gambetta, 92120 Montrouge ; ✆ 01 46 55 93 43 ; infos@aeroguide.fr), l'*Aéroguide France* : aéroports mode d'emploi *(59 €, frais de port non compris)* donne quant à lui de précieux renseignements sur les services et assistances aux personnes handicapées dans les aéroports et aérodromes français.

Gilles Targat / MICHELIN

Terrasse de café au musée de Caen.

Pour venir en France

Voici quelques informations pour les voyageurs étrangers en provenance de pays francophones comme la Suisse, la Belgique ou le Canada.

Pour en savoir plus, consultez le site de la Maison de la France, **www.franceguide.com**.

En cas de problème, voici les coordonnées des ambassades :

Ambassade de Suisse – 142 r. de Grenelle - 75007 Paris - ✆ 01 49 55 67 00 - www.eda.admin.ch/paris

Ambassade du Canada – 35-37 av. Montaigne - 75008 Paris - ✆ 01 44 43 29 00 - www.amb-canada.fr

Ambassade de Belgique – 9 r. de Tilsitt - 75017 Paris - ✆ 01 44 09 39 39 (en cas d'urgence seulement) - www.diplomatie.be/paris.

FORMALITÉS

Pièces d'identité

La carte nationale d'identité en cours de validité ou le passeport (même périmé depuis moins de 5 ans) sont valables pour les ressortissants des pays de l'Union européenne, d'Andorre, du Liechtenstein, de Monaco et de Suisse. Pour les Canadiens, il n'y a pas besoin de visa mais d'un passeport valide.

Santé

Les ressortissants de l'Union européenne bénéficient de la gratuité des soins avec la **carte européenne d'assurance maladie**. Comptez un délai d'au moins deux semaines avant le départ (fabrication et envoi par la poste) pour obtenir la carte auprès de votre caisse d'assurance maladie. Nominative et individuelle, elle remplace le formulaire E 111 ; chaque membre d'une même famille doit en posséder une, y compris les enfants de moins de 16 ans.

Véhicules

Pour le conducteur : permis de conduire à trois volets ou permis international. Outre les papiers du véhicule, il est nécessaire de posséder la carte verte d'assurance.

QUELQUES RAPPELS

Code de la route

Sachez que la **vitesse** est généralement limitée à 50 km/h dans les villes et agglomérations, à 90 km/h sur le réseau courant, à 110 km/h sur les voies rapides et à 130 km/h sur les autoroutes.
Le port de la **ceinture** de sécurité est obligatoire à l'avant comme à l'arrière.
Le taux d'**alcoolémie** maximum toléré est de 0,5 g/l.

Argent

La monnaie est l'**euro**. Les principales **cartes de crédit** internationales sont acceptées dans presque tous les commerces, hôtels, restaurants et par les distributeurs de billets. Les chèques de voyage sont aussi largement acceptés.

Téléphone

En France, tous les numéros sont à 10 chiffres.
Pour appeler la France depuis l'étranger, composer le **00 33** et les neuf chiffres de votre correspondant français (sans le zéro qui commence tous les numéros).
Pour téléphoner à l'étranger depuis la France, composer le **00** + l'indicatif du pays + le numéro de votre correspondant.

Numéros d'urgence – Le **112** (numéro européen), le **18** (pompiers) ou le **17** (police, gendarmerie), le **15** (urgences médicales).

Transports

PAR LA ROUTE

Les grands axes

À moins de deux heures de Paris par l'autoroute, la Normandie offre les plages les plus proches de la capitale. La Normandie commence aux portes du Bassin parisien !
De la porte d'Auteuil par l'A 13, ou de la Défense par l'A 14 et l'A 13 : Rouen 139 km (1h30) et Caen 234 km (2h26). L'A 13 s'arrête à Caen et c'est la N 13 qui prend le relais pour rejoindre Cherbourg 356 km (3h55) par Bayeux, Carentan et Valognes.
À Caen commence l'A 84 qui rallie Rennes (à 188 km) en passant par le sud de la presqu'île du Cotentin, Villedieu-les-Poêles et Avranches.
La N 12 est un axe est-ouest d'importance pour traverser l'Orne et la Mayenne.
La N 158 relie Caen à Sées (87 km) en traversant Falaise (à 40 km) et Argentan (à 63 km).

À partir du Sud ou du Nord de la France – La Route des estuaires relie Caen et Le Havre au Nord de l'Europe, et le Mont-St-Michel à Rennes, Nantes et au Sud de l'Europe.

Changement de numérotation routière

Sur de nombreux tronçons, les routes nationales passent sous la direction des départements. Leur numérotation est en cours de modification.

La mise en place sur le terrain a commencé en 2006 mais devrait se poursuivre sur plusieurs années. De plus, certaines routes n'ont pas encore définivement trouvé leur statut au moment où nous bouclons la rédaction de ce guide. Nous n'avons donc pas pu reporter systématiquement les changements de numéros sur l'ensemble de nos cartes et de nos textes.

Bon à savoir – Dans la majorité des cas, on retrouve le n° de la nationale dans les derniers chiffres du n° de la départementale qui la remplace. Exemple : la N 16 devient la D 1 016 ou la N 51 devient la D 951. Dans le Calvados, le tronçon de la N 13 jusqu'à Caen s'appelle désormais D 613.

Informations autoroutières

3 r. Edmond-Valentin - 75007 Paris. Informations sur les conditions de circulation sur les autoroutes : ✆ 0 892 681 077 - www.autoroutes.fr.

Les cartes Michelin

Les cartes **Local** (au 1/150 000 ou au 1/175 000, avec index des localités et plans des préfectures) ont été conçues pour ceux qui aiment prendre le temps de découvrir une zone géographique réduite (un ou deux départements) lors de leurs déplacements en voiture. Pour ce guide, procurez-vous les cartes **Local 310** (Mayenne, Orne, Sarthe) et **303** (Calvados, Manche). Vous pouvez également consulter les cartes **Regional 513** (Normandie) et **517** (Pays-de-la-Loire) au 1/275 000 avec index des localités, qui couvrent le réseau routier secondaire et donnent de nombreuses indications touristiques. Elles sont pratiques lorsqu'on aborde un vaste territoire

Distances	Bordeaux	Brest	Lille	Lyon	Marseille	Paris	Rennes	Strasbourg
Alençon	484	384	425	668	944	195	199	681
Argentan	530	427	417	715	991	210	208	696
Avranches	526	274	490	799	1077	335	87	827
Bayeux	620	392	419	728	1039	263	205	756
Caen	594	375	389	698	1010	234	188	726
Cherbourg	674	422	511	820	1132	356	235	848
Laval	469	318	500	702	978	284	80	762
Mayenne	495	344	477	720	996	301	106	780
Saint-Lô	595	343	465	774	1086	310	156	802

ou pour relier des villes distantes de plus de cent kilomètres.

Enfin, n'oubliez pas la **carte de France n° 721** qui offre une vue d'ensemble de la région au 1/1 000 000, avec ses grandes voies d'accès.

Les informations sur Internet et Minitel

Le site **www.ViaMichelin.fr** offre une multitude de services et d'informations pratiques d'aide à la mobilité (calcul d'itinéraires, cartographie : des cartes pays aux plans de villes, sélection des hôtels et restaurants du Guide Michelin France…) sur la France et d'autres pays d'Europe.
Les calculs d'itinéraires sont également accessibles sur **Minitel** (3615 ViaMichelin) et peuvent être envoyés par **fax** (3617 ou 3623 Michelin).

EN TRAIN

Les grandes lignes

La Basse-Normandie est pour l'instant l'une des grandes régions oubliées par le **TGV**. Elle est desservie par le réseau du **train Corail** :

Ligne **Paris-Saint-Lazare Caen** (1h45 à 2h) : une vingtaine de trains/jour.
Ligne **Paris-Saint-Lazare Cherbourg**, la plupart *via* Caen (de 3h à 4h30 selon les horaires) : une dizaine de trains/jour.

Ligne **Paris-Montparnasse Granville** (3h environ) environ 5 trains/jour.
Informations et réservations – Ligne directe : ✆ 3635 (0,34 €/mn), 3615 SNCF et www.voyages-sncf.com.

Les Trains express régionaux

Le réseau **TER** sillonne toute la région. Il dessert les lignes Caen-St-Lô-Coutances-Granville, Caen-Alençon, Caen-Cherbourg, Granville-Argentan, Cherbourg-Coutances (par Saint-Lô) et Coutances-Caen (par St-Lô).
Ces lignes ferroviaires sont renforcées, dans certains cas doublées, par des lignes d'**autocars** (TER).
Pour découvrir le Calvados, il existe un réseau de 45 lignes régulières : celui des « **Bus Verts** ». Ils proposent également les liaisons avec les ferries entre Ouistreham et Caen et, l'été, la possibilité de faire le Circuit des sites historiques de la bataille de Normandie (un départ quotidien de Caen et Bayeux). ✆ 0 810 214 214 (prix d'un appel local) ou www.busverts.fr

Informations et réservations sur le réseau régional – Ligne directe : ✆ 3635 (0,34 €/mn) ou 0 852 00 33 00 (0,15 €/mn) - 3615 TER - www.ter-sncf.com/basse_normandie.

Infos pratiques

À certaines périodes peuvent vous être proposées des offres intéressantes : la **carte Sillage Loisirs**, par exemple. Valable 1 an (7 €), elle permet d'emprunter tous les trains et cars TER de Basse-Normandie le week-end, à 50 % pour le titulaire de la carte et un second passager, et au tarif de 0,15 € pour les 3e, 4e et 5e voyageurs. La condition : effectuer l'aller et le retour dans la même journée.
Renseignements (contact TER) : ✆ 0 825 00 33 00.

M. Henri / SNCF-CAV

TER Basse-Normandie.

Les bons plans

Les tarifs de la SNCF varient selon les périodes : –50 % en période bleue, –25 % en période blanche (calendriers disponibles dans les gares et boutiques SNCF).

Les cartes de réduction

Différentes réductions sont offertes grâce aux cartes suivantes, valables un an, en vente dans les gares et boutiques SNCF :
- **carte Enfant** pour les moins de 12 ans ;
- **carte 12-25** pour les 12-25 ans, qui peut être achetée la veille de ses 26 ans pour l'année suivante ;
- **carte Senior** à partir de 60 ans.

Ces différentes cartes offrent une réduction de 50 % sur tous les trains dans la limite des places disponibles et, sinon, 25 %. La SNCF offre la possibilité de les essayer une fois gratuitement en prenant la carte découverte appropriée.

Les familles ayant au minimum 3 enfants mineurs peuvent bénéficier d'une **carte Famille nombreuse** (16 € pour l'ensemble des cartes, valables 3 ans) permettant une réduction individuelle de 30 à 75 % selon le nombre d'enfants (la réduction est toujours calculée sur le prix plein tarif de 2e classe, même si la carte permet de voyager également en 1re). Elle ouvre droit à d'autres réductions hors SNCF *(voir p. 26)*.

La **carte Grand Voyageur**, valable 3 ans, permet de gagner des points et d'avoir des réductions exclusives. Elle donne aussi accès à certains services comme le transport des bagages.

La **carte Escapade** permet une réduction de 25 % sur tous les trains pour des AR d'au moins 200 km, comprenant une nuit sur place du samedi au dimanche.

Les réductions sans carte

Sans disposer d'aucune carte, vous pouvez bénéficier de certains tarifs réduits.
Sur Internet, profitez des **billets Prem's** : très avantageux pourvu que vous réserviez suffisamment à l'avance, ils s'achètent uniquement en ligne mais ne sont ni échangeables ni remboursables.

Les **billets Découverte** offrent quant à eux des réductions de 25 % pour les moins de 25 ans, les plus de 60 ans, et sous certaines conditions entre 25 et 60 ans. Si vous effectuez un AR d'au moins 200 km et si votre séjour comprend une nuit du samedi au dimanche, vous pouvez profiter du tarif **Découverte Séjour**.
Si vous êtes de 2 à 9 personnes à effectuer un AR, que vous ayez ou non un lien de parenté, et si votre voyage comprend au moins une nuit entre l'aller et le retour, vous pouvez bénéficier du tarif **Découverte à deux**.

EN AVION

La région, dotée de deux aéroports, est reliée à de nombreuses villes françaises et européennes *via* les correspondances.
Sur certains trajets, en particulier Paris-Caen, il vous sera possible de trouver des vols à des prix intéressants autour de 100 € sous réserve de remplir certaines conditions (séjour de 14 jours maximum comportant une nuit de samedi à dimanche sur place, réservation 30 jours au minimum avant le départ). Mais sans tarifs promotionnels, le voyage en avion reste cher (pas moins de 450 € pour un vol de Paris à Cherbourg).

Bon à savoir

N'hésitez pas à surfer sur le Net pour bénéficier des meilleures offres (promos, vols de dernière minute). Voici quelques sites donnant accès à ces billets à bas coût :
www. lastminute.com
www.opodo.fr
www.anyway.com
www.voyagermoinscher.com
www.govoyages.fr
www.easyjet.com
www.easyvols.fr
www.voyages-sncf.com

Les compagnies aériennes

Air France-Brit'Air – La compagnie assure des liaisons journalières Lyon-Caen. D'autres destinations sont desservies en correspondance *via* l'aéroport de Lyon-St-Exupéry - Renseignements et réservations : ☏ 3654 (0,34 €/mn à partir d´un poste fixe), 7j/7 - www.airfrance.fr ou www.britair.com.

Twin Jet – La compagnie assure les liaisons Cherbourg-Paris Orly et Cherbourg-Jersey du lundi au vendredi - Renseignements et réservations : ☏ 0 892 707 737 - www.twinjet.net.

Les aéroports de la région

Aéroport de Caen-Carpiquet – Rte Caumont - 14650 Carpiquet - ☏ 02 31 71 20 10.

Aéroport de Cherbourg-Maupertus – 50330 Gonneville - ☏ 02 33 88 57 60.

Budget

FORFAITS TOURISTIQUES

Le Comité départemental du tourisme de la Mayenne propose un « Passeport inter-sites » *(gratuit)* donnant droit à des tarifs préférentiels dans plus de 30 sites du département. Disponible dans les offices du tourisme ou à l'accueil des sites participants - Renseignements : ☏ 02 43 53 18 18 - www.tourisme-mayenne.com

Pensez à le conserver sur vous pour pouvoir le présenter dans chaque site participant à l'opération.

LES BONS PLANS

Sachez que vous pouvez obtenir des réductions grâce aux solutions suivantes.

Les chèques vacances

Ce sont des titres de paiement permettant d'optimiser le budget vacances/loisirs des salariés grâce à une participation de l'employeur. Les salariés du privé peuvent se les procurer auprès de leur employeur ou de leur comité d'entreprise ; les fonctionnaires auprès des organismes sociaux dont ils dépendent.
On peut les utiliser pour régler toutes les dépenses liées à l'hébergement, à la restauration, aux transports ainsi qu'aux loisirs. Il existe aujourd'hui plus de 135 000 points d'accueil.

La carte Famille nombreuse

On se la procure auprès de la SNCF *(voir p. 25)*. Elle ouvre droit, outre aux billets de train à prix réduits, à des réductions très diverses auprès des musées nationaux, de certains sites privés, parcs d'attractions, loisirs et équipements sportifs, cinémas et même certaines boutiques. Mieux vaut l'avoir sur soi et demander systématiquement s'il existe un tarif préférentiel famille nombreuse.

Week-ends et courts séjours

Si vous ne disposez que de quelques jours, les séjours clés en main créés par les comités départementaux du tourisme peuvent vous convenir. Organisés autour d'un thème (gastronomie avec, pourquoi pas, cours de cuisine, nature, randonnée, thalassothérapie…), ce sont des « packages » incluant l'hébergement, les repas et les activités. Il y en a pour tous les âges et tous les goûts, tout au long de l'année - Renseignements : www.normandie-weekend.com ; www.calvados-tourisme.com ; www.manchetourisme.com ; www.tourisme.sarthe.com et www.tourisme-mayenne.com.

NOS ADRESSES D'HÉBERGEMENT ET DE RESTAURATION

Au fil des pages, vous découvrirez nos **encadrés pratiques**, sur fond vert. Ils présentent une sélection d'établissements dans et à proximité des villes ou des sites touristiques remarquables auxquels ils sont rattachés. Pour repérer facilement ces adresses sur nos plans, nous leur avons attribué des pastilles numérotées.

Nos catégories de prix

Pour vous aider dans votre choix, nous vous communiquons une **fourchette de prix** : pour l'hébergement, les prix communiqués correspondent aux tarifs minimum et maximum d'une chambre double ; il en va de même pour la restauration et les prix des menus proposés sur place. Les mentions « ***Astuce prix*** » et « **bc** » signalent : pour la première les formules repas à prix attractif, servies généralement au déjeuner par certains établissements de standing, pour la seconde les menus avec boisson comprise (verre de vin ou eau minérale au choix).
Les prix que nous indiquons sont ceux pratiqués en **haute saison** ; hors saison, de nombreux établissements proposent des tarifs plus avantageux, renseignez-vous… Dans chaque encadré, les adresses sont classées en quatre catégories de prix pour répondre à toutes les attentes *(voir le tableau)*.

Premier prix – Choisissez vos adresses parmi celles de la catégorie ⊖ : vous trouverez là des hôtels, des chambres d'hôte simples et conviviales et des

NOS CATÉGORIES DE PRIX				
	Se restaurer (prix déjeuner)		**Se loger** (prix de la chambre double)	
	Province	Paris / Grandes villes et Stations	Province	Paris / Grandes villes et Stations
⊖	jusqu'à 14 €	jusqu'à 16 €	jusqu'à 45 €	jusqu'à 65 €
⊖⊖	plus de 14 € à 25 €	plus de 16 € à 30 €	plus de 45 € à 80 €	plus de 65 € à 100 €
⊖⊖⊖	plus de 25 € à 40 €	plus de 30 € à 50 €	plus de 80 € à 100 €	plus de 100 € à 160 €
⊖⊖⊖⊖	plus de 40 €	plus de 50 €	plus de 100 €	plus de 160 €

tables souvent gourmandes, toujours honnêtes.

Prix moyen – Votre budget est un peu plus large. Piochez vos étapes dans les adresses. Dans cette catégorie, vous trouverez des maisons, souvent de charme, de meilleur confort et plus agréablement aménagées, animées par des passionnés, ravis de vous faire découvrir leur demeure et leur table. Là encore, chambres et tables d'hôte sont au rendez-vous, avec également des hôtels et des restaurants plus traditionnels, bien sûr.

Haut de gamme – Vous souhaitez vous faire plaisir, le temps d'un repas ou d'une nuit ? Vous aimez voyager dans des conditions très confortables ? Les catégories et sont pour vous… La vie de château dans de luxueuses chambres d'hôte pas si chères que cela ou dans les palaces et les grands hôtels : à vous de choisir ! Vous pouvez aussi profiter des décors de rêve de lieux mythiques à moindres frais, le temps d'un brunch ou d'une tasse de thé… À moins que vous ne préfériez casser votre tirelire pour un repas gastronomique dans un restaurant renommé. Sans oublier que la traditionnelle formule « tenue correcte exigée » est d'actualité dans ces élégantes maisons !

Se loger

En famille ou en tête-à-tête, que vous partiez en week-end, en plein automne frileux ou pour vos vacances d'été à la plage, vous n'aurez que l'embarras du choix entre les splendides et nostalgiques stations balnéaires du début du siècle qui s'égrènent le long des côtes, et les chambres d'hôte des fermes du bocage…

NOS CRITÈRES DE CHOIX

Les hôtels

Nous vous proposons, dans chaque encadré pratique, un choix très large en terme de confort. La location se fait à la nuit et le petit-déjeuner est facturé en supplément. Certains établissements assurent un service de restauration également accessible à la clientèle extérieure.
Pour un choix plus étoffé et actualisé, **Le Guide Michelin France** recommande des hôtels sur toute la France. Pour chaque établissement, le niveau de confort et de prix est indiqué, en plus de nombreux renseignements pratiques.

Le symbole « **Bib Hôtel** » signale des hôtels pratiques et accueillants offrant une prestation de qualité à prix raisonnable, moins de 72 € en province (88 € grandes villes et stations balnéaires).

Les chambres d'hôte

Vous êtes reçu directement par les habitants qui vous ouvrent leur demeure. L'atmosphère est plus conviviale qu'à l'hôtel, et l'envie de communiquer doit être réciproque : misanthropes, s'abstenir ! Les prix, mentionnés à la nuit, incluent le petit-déjeuner. Certains propriétaires proposent aussi une table d'hôte, ouverte uniquement le soir, et toujours réservée aux résidents de la maison. Il est très vivement conseillé de réserver votre étape, en raison du grand succès de ce type d'hébergement.

Bon à savoir – Certains établissements ne peuvent pas recevoir vos compagnons à quatre pattes ou les accueillent moyennant un supplément. Pensez à le demander lors de votre réservation.

Le camping

Le **Guide Camping Michelin France** propose tous les ans une sélection de terrains visités régulièrement par nos inspecteurs. Renseignements pratiques, niveau de confort, prix, agrément, location de bungalows, de mobile homes ou de chalets y sont mentionnés.

LES BONS PLANS

Les services de réservation

Fédération nationale des services de réservation Loisirs-Accueil – 280 bd St-Germain - 75007 Paris - 01 44 11 10 44 - www.resinfrance.com ou www.loisirsaccueilfrance.com. Elle propose un large choix d'hébergements et d'activités de qualité, édite un annuaire regroupant les coordonnées des 62 services Loisirs-Accueil et, pour tous les départements, une brochure détaillée.

Fédération nationale Clévacances – 54 bd de l'Embouchure - BP 52166 - 31022 Toulouse Cedex - 05 61 13 55 66 - www.clevacances.com. Cette fédération propose près de 23 500 locations de vacances (appartements, chalets, villas, demeures de caractère, pavillons en résidence) et 2 800 chambres dans 22 régions réparties sur 79 départements en France et outre-mer, et publie un

catalogue par département (passer commande auprès des représentants départementaux Clévacances).
Pour la région, la très grande majorité des hébergements Clévacances se situe dans les départements de la Manche (456 propositions) et du Calvados (356 propositions). Peu de sites recensés dans la Mayenne et la Sarthe, un seul dans l'Orne.

L'hébergement rural

Fédération des Stations vertes de vacances et Villages de neige – BP 71698 - 21016 Dijon Cedex - ✆ 03 80 54 10 50 - www.stationsvertes.com.
Situées à la campagne et à la montagne, les 588 Stations vertes sont des destinations de vacances familiales reconnues pour leur qualité de vie (produits du terroir, loisirs variés, cadre agréable) et pour la qualité de leurs structures d'accueil et d'hébergement.
En Normandie-Cotentin, 15 communes bénéficient de ce label : Agon-Coutainville, Brécey, Mortain et St-Sauveur-le-Vicomte (Manche), Ambrières-les-Vallées et Ste-Suzanne (Mayenne), Clécy, Colleville-Montgomery, Pont-d'Ouilly, St-Sever-Calvados et Thury-Harcourt (Calvados), Beaumont-sur-Sarthe, Fresnay-sur-Sarthe, St-Léonard-des-Bois et Sillé-le-Guillaume (Sarthe).

Bienvenue à la ferme – Le guide *Bienvenue à la ferme*, édité par l'Assemblée permanente des chambres d'agriculture (service Agriculture et Tourisme - 9 av. George-V - 75008 Paris - ✆ 01 53 57 11 44), est aussi en vente en librairie ou sur **www.bienvenue-a-la-ferme.com**. Il propose par région et par département des fermes-auberges, campings à la ferme, fermes de séjour, mais aussi des loisirs variés : chasse, équitation, approches pédagogiques pour enfants, découverte de la gastronomie des terroirs en ferme-auberge, dégustation et vente de produits de la ferme. En Normandie, vous trouverez ce type d'accueil sans peine dans la Manche et le Calvados (respectivement 105 et 108 adresses), un peu plus difficilement dans l'Orne (61 sites), en Mayenne et dans la Sarthe (56 et 21 adresses).

Maison des Gîtes de France et du Tourisme vert – 59 r. St-Lazare - 75439 Paris Cedex 09 - ✆ 01 49 70 75 75 - www.gites-de-france.com
Cet organisme donne les adresses des relais départementaux et publie des guides sur les différentes possibilités d'hébergement en milieu rural (gîtes ruraux, chambres et tables d'hôte, gîtes d'étape, chambres d'hôte de charme, gîtes de neige, gîtes de pêche, gîtes d'enfants, camping à la ferme, gîtes Panda).

L'hébergement pour randonneurs

Guide et site Internet – Les randonneurs peuvent consulter le guide *Gîtes d'étapes, refuges*, par A. et S. Mouraret (Rando Éditions La Cadole - 74 r. A.-Perdreaux - 78140 Vélizy - ✆ 01 34 65 11 89), et **www.gites-refuges.com**.
Cet ouvrage et ce site sont principalement destinés aux amateurs de randonnées, d'alpinisme, d'escalade, de ski, de cyclotourisme et de canoë-kayak.

Les auberges de jeunesse

Ligue française pour les auberges de la jeunesse – 67 r. Vergniaud - bâtiment K - 75013 Paris - ✆ 01 44 16 78 78 - www.auberges-de-jeunesse.com. La **carte LFAJ** est délivrée contre une cotisation annuelle de 10,70 € pour les moins de 26 ans et de 15,25 € au-delà de cet âge.

Fédération unie des auberges de la jeunesse – 27 r. Pajol - 75018 Paris - ✆ 01 44 89 87 27 - www.fuaj.org.
La **carte FUAJ** est délivrée en échange d'une cotisation annuelle de 10,70 € pour les moins de 26 ans, de 15,30 € au-delà de cet âge et de 22,90 € pour les familles. Vous trouverez une auberge de jeunesse affiliée dans les villes de Bayeux, Caen, Cherbourg, Genêts, Granville et Pontorson.

POUR DÉPANNER

Les chaînes hôtelières

L'hôtellerie dite « économique » peut éventuellement vous rendre service. Sachez que vous y trouverez un équipement complet (sanitaire privé et télévision), mais un confort très simple. Souvent à proximité de grands axes routiers, ces établissements n'assurent pas de restauration. Toutefois, leurs tarifs restent difficiles à concurrencer (moins de 50 € la chambre double). En dépannage, voici donc les centrales de réservation de quelques chaînes :

B&B – ✆ 0892 782 929.
Etap Hôtel – ✆ 0892 688 900.
Villages Hôtel – ✆ 03 80 60 92 70.

Enfin, les hôtels suivants, un peu plus chers (à partir de 68 € la chambre), offrent un meilleur confort et quelques services complémentaires :

Campanile – ✆ 01 64 62 46 46.
Kyriad – ✆ 0825 003 003.
Ibis – ✆ 0825 882 222.

Se restaurer

La Normandie est connue dans le monde entier pour la qualité de ses produits du terroir. Un séjour ne peut donc s'envisager sans prendre le temps de déguster fromages et cidre au plus près de leur lieu de fabrication, ainsi que des poissons et crustacés tout frais pêchés ! Vous trouverez au fil de vos promenades des établissements de toutes les catégories.

NOS CRITÈRES DE CHOIX

Pour répondre à toutes les envies, nous avons sélectionné des **restaurants** régionaux bien sûr, mais aussi classiques, exotiques ou à thème… Et des lieux plus simples, où vous pourrez grignoter une salade composée, une tarte salée, une pâtisserie ou déguster des produits régionaux sur le pouce.

Pour un choix plus étoffé et actualisé, **Le Guide Michelin France** recommande des restaurants sur toute la France. Pour chaque établissement, le niveau de confort et de prix est indiqué, en plus de nombreux renseignements pratiques. Le symbole « **Bib Gourmand** » signale les tables qui proposent une cuisine soignée à moins de 28 € en province (36 € grandes villes et stations balnéaires).

Quelques **fermes-auberges** vous permettront de découvrir les saveurs de la France profonde. Vous y goûterez des produits authentiques provenant de l'exploitation agricole, préparés dans la tradition et généralement servis en menu unique. Le service et l'ambiance sont bon enfant. Réservation obligatoire !

L'ASSIETTE DE PAYS

Cette formule simple, rapide et de qualité a été créée par la Fédération nationale des pays touristiques. « L'assiette de pays » est un plat unique, salé, sucré ou sucré-salé, accompagné d'un verre de boisson typique et préparé à base de produits du terroir uniquement, le tout à 6-18 € (tarifs conseillés).

Cette formule met en commun le travail des producteurs locaux, signataires de différentes chartes de qualité et travaillant de manière traditionnelle, et celui des cuisiniers et restaurateurs. Pour reconnaître les restaurateurs participant à l'opération, il suffit de repérer dans la vitrine un petit logo rond comme une assiette, portant l'inscription « **L'assiette de pays** ». Vous pouvez également obtenir des guides par région en consultant le site suivant : www.normandiepays.com, rubrique « Assiette de pays ».

Gilles Targat / MICHELIN

Composition autour des produits laitiers.

LES SITES REMARQUABLES DU GOÛT

Ce label distingue des sites (lieux de production, coopératives, foires et marchés ou manifestations) dont la richesse gastronomique s'appuie sur des produits de qualité liés à un environnement culturel intéressant et à une réelle volonté d'accueil touristique. Dans la région, un site porte cette appellation : il s'agit du **bocage du Domfrontais** (dans l'Orne) pour son **poiré** et son **calvados** (tous deux sont des **AOC**).

Pour en savoir plus : **www.sitesremarquablesdugout.com**

LES GRANDS CHEFS DE LA RÉGION

La Normandie est une région gourmande. La preuve ? Elle se trouve dans l'assiette des cuisiniers distingués que nous vous recommandons.

Bagnoles-de-l'Orne

Une étoile dans la forêt ! Tout est dit… ou presque concernant ce Manoir du Lys perdu dans l'immense forêt d'Andaine où **Franck Quinton** n'est pas avare de ses efforts. C'est dans un ancien relais de chasse fondé par l'amiral Bouvet sous Napoléon III que ce « quadra » exerce son talent. L'homme aime le goût des choses et n'adore rien tant que la saison des champignons, où les bois tout proches lui donnent matière à régaler ses clients. Cet amour du produit lui vient de ses parents et grands-parents charcutiers, mais aussi de l'oncle Jacques, cuisinier au Concorde-Lafayette à Paris au moment de la « grande époque » Robuchon. Il a su transmettre le virus à son neveu qui, après l'école hôtelière de Douvres-la-Délivrance (sic), rejoint Paris où il apprend la polyvalence et les subtilités du métier. Il rentre au Manoir pour assumer en douceur le relais familial et se retrouve dans ses meubles pour des conquêtes étoilées. Ici, où l'on travaille toujours en famille, la discrétion semble être une seconde nature et vous croiserez plus facilement le chef dans les sous-bois, panier de récolte à la main, que dans la salle. L'inspiration...

Manoir du Lys - route de Juvigny-sous-Andaine - ✆ 02 33 37 80 69.

Barneville-Carteret

Laurent Cesne, le chef actuel, représente la cinquième génération de sa famille, propriétaire de cette maison depuis... 1876 ! Surplombant le port, « La Marine » occupe une situation réellement privilégiée, les pieds dans l'eau. S'installer dans la salle à manger panoramique est un réel plaisir qui exalte le bonheur de savourer la cuisine étoilée de Laurent. Les recettes, inspirées et personnalisées, réalisées à base des meilleurs produits du terroir et de saison, savent convaincre les palais les plus délicats. En fin de repas, n'hésitez pas à vous laisser aller et prolongez ces instants de rêve sur la confortable terrasse, bercé par la mer avec, pourquoi pas, un petit verre de calvados à la main !

La Marine - 11 r. de Paris - ✆ 02 33 53 83 31.

LE CIDRE ET AUTRES BONS ALCOOLS

Vous passez dans la région ? C'est l'occasion ou jamais de découvrir le cidre, le poiré et les différents alcools locaux, à consommer avec modération, bien sûr.

Pour plus de détails, consultez la rubrique « Que rapporter » du chapitre « À faire et à voir » (p. 42) et la présentation des spécialités gastronomiques (p. 91-93) dans la partie « Comprendre la région ».

Stéphane Sauvignier / MICHELIN

Un trésor régional, le cidre.

À FAIRE ET À VOIR

Activités et loisirs de A à Z

Les **comités départementaux** et **comités régionaux de tourisme** *(voir p. 19)* disposent de nombreuses documentations et répondront à vos demandes d'informations quant aux activités proposées dans leur secteur. Pour trouver d'autres adresses de prestataires, reportez-vous aux rubriques « Visite » et « Sports & Loisirs » dans les encadrés pratiques des villes ou sites de ce guide.

BAIGNADE

Certaines des plages qui s'égrènent le long des côtes de la Manche sont devenues des étapes incontournables du tourisme « historique » lié au Débarquement. Mais les amateurs de bains revigorants ne s'y trompent pas, et profitent des plages normandes dès les premiers beaux jours. En voici quelques-unes parmi les plus fameuses : dans **le Calvados**, Courseulles-sur-Mer, Luc-sur-Mer, Colleville-Montgomery et Ouistreham-Riva-Bella. Dans **la Manche** : Barfleur, Siouville-Hague, Les Pieux, Barneville-Carteret, Gouville-sur-Mer, Agon-Coutainville, Bréhal, Granville et Jullouville. La plupart figurent chaque année au palmarès du « Pavillon bleu d'Europe », drapeau garantissant la qualité des eaux de baignade.

Amaury de Valroger / MICHELIN

Kayak à Pont-d'Ouilly.

CANOË-KAYAK

Dans l'Orne, sur de vastes plans d'eau aménagés au sein de bases de pleine nature ou en rivière, en Suisse normande, la descente mouvementée des rivières attire maints adeptes. Renseignements auprès de :

Fédération française de canoë-kayak – 87 quai de la Marne - BP 58 - 94344 Joinville-le-Pont - ✆ 01 45 11 08 50 - www.ffcanoe.asso.fr. La fédération édite, avec le concours de l'IGN, une carte, *France canoë-kayak et sports d'eaux vives*, avec tous les cours d'eau praticables.

Comité départemental de canoë-kayak Calvados – 4 quai Caffarelli - 14000 Caen - ✆/fax 02 31 53 92 23.

Parmi les bases de loisirs d'eaux vives, on peut retenir :
Pont-d'Ouilly, Clécy, Sillé-le-Guillaume et St-Léonard-des-Bois.

CASINOS

Parmi les infrastructures des grandes stations balnéaires ou thermales, il n'est pas rare de trouver un casino. Si vous êtes tenté, sachez où trouver votre bonheur !
Dans la **Manche** : à Cherbourg, Agon-Coutainville, Granville et Saint-Pair-sur-Mer. Dans le **Calvados**, à Ouistreham-Riva-Bella et Luc-sur-Mer. Dans l'**Orne**, à Bagnoles-de-l'Orne.

CHAR À VOILE

Curieux engin que cet hybride du kart (à trois roues) et du voilier qui, mû par la seule force du vent, peut atteindre et dépasser 100 km/h sur les vastes étendues de sable de la côte du Calvados et du Cotentin. À côté des chars à voile apparaissent les *speed-sails*, planches à voile sur roulettes.

Renseignements auprès des offices départementaux du tourisme ou de la **Fédération française de char à voile** - 17 r. Henri-Bocquillon - 75015 Paris - ✆ 01 45 58 75 75 - www.ffcv.org. La fédération donne la liste des clubs, des constructeurs, des guides d'information et des calendriers.

ÉQUITATION

Dans une région où l'élevage du cheval fait partie des traditions et des ressources économiques, les centres équestres proposent des séjours, des randonnées à travers la campagne, la forêt et sur les grèves. Nous proposons dans ce guide une sélection d'adresses, dans la baie du Mont-St-Michel, près

de Bayeux, Vire ou St-Lô, en Suisse normande...
La calèche ou la roulotte habitable sont aussi des moyens de découvrir les départements de l'Orne et du Calvados.
De septembre à Pâques, tout cavalier expérimenté peut suivre une chasse à courre en forêt d'Écouves ou en forêt des Andaines. Deux règles : respecter la forêt en n'empruntant que les allées et laisser travailler les chiens.
Un certain nombre de chambres d'hôte et de gîtes ruraux peuvent recevoir « à pied et à cheval ». Pour se renseigner :
Comité régional d'équitation de Normandie – www.chevalnormandie.com.

Comité départemental de tourisme équestre du Calvados (CDTE 14) – Jean-Louis Faucher - Le Haut de la Vallée - 14480 Lantheuil - ✆/fax 02 31 08 23 95 ou 02 31 70 40 18 - www.cheval-calvados.fr.st.

Comité départemental de tourisme équestre de la Manche (CDTE 50) – Comité départemental d'équitation - r. Corbeauville - 50500 Meautis.

Comité départemental d'équitation de l'Orne – Centre équestre Sagien - BP 4 - rte d'Essay - 61500 Sées - ✆ 02 33 27 55 11 - www.equitorne.org. Dépliant *Gîte plus Cheval* aux Gîtes de France à Caen.

ESCALADE

Les abrupts rocheux des Alpes mancelles ou de la Suisse normande offrent des sites favorables à la varappe. Les rochers des Parcs près de Clécy ou le site de la Fosse-Arthour au nord-ouest de Domfront sont l'objet de spectacles inattendus : les varappeurs sont à pied d'œuvre.

Club alpin français – 92 r. de Geôle - 14000 Caen - ✆ 02 31 86 29 55.

Comité départemental de la montagne et de l'escalade – M. Lebègue - 25 r. André Letard - 61600 St-Georges-des-Groseilliers - ✆ 02 33 96 13 19.

GOLF

La région Normandie-Cotentin compte une vingtaine de golfs. Pour savoir où se trouve le parcours le plus proche, contactez :

– pour le **Calvados**, la **Manche** et l'**Orne** : la **Ligue de golf de Basse-Normandie** – Mairie de Varaville - 2 av. du Grand-Hôtel - 14390 Le Home Varaville - ✆ 02 31 28 31 00 - www.liguedegolfdebassenormandie.com.
– pour la **Sarthe** et la **Mayenne**, renseignements sur www.planetgolf.fr.

PARCOURS DE L'ESPACE HISTORIQUE DE LA BATAILLE DE NORMANDIE

Créé en 1994, l'Espace historique de la bataille de Normandie réunit, sur les départements bas-normands du Calvados, de la Manche et de l'Orne, les sites, musées et monuments commémoratifs consacrés aux événements de l'été 1944.

CDT14

Logo Normandie Terre-Liberté.

Pour mieux comprendre l'enjeu de ce combat décisif, huit parcours thématiques proposent aux visiteurs de suivre la chronologie des faits.
Le balisage « **Normandie Terre-Liberté** » représente une mouette (symbole de liberté) volant entre ciel et plage ; à chaque circuit – dont on trouvera le nom et le thème ci-après – est attribuée une couleur différente suivant le parcours historique proposé.

Overlord-L'assaut (70 km), de Pegasus Bridge à Bayeux par Sword, Juno et Gold Beach.

D Day-Le choc (130 km), de Bayeux à Carentan par Omaha Beach et St-Lô.

Objectif-Un port (95 km), de Carentan à Cherbourg par Ste-Mère-Église et Valognes.

L'affrontement (207 km), ce circuit complète Overlord-L'assaut en allant de Bénouville à Vire et retour sur Caen.

Cobra-La percée (155 km), de Cherbourg à Avranches par Coutances.

La contre-attaque (162 km), d'Avranches à Alençon par Mortain.

L'encerclement (145 km), d'Alençon à L'Aigle par Chambois et Montormel.

Le dénouement (122 km), de Caen à L'Aigle par Montormel et Vimoutiers. Un billet d'entrée acheté plein tarif dans l'un des musées de l'Espace historique de la bataille de Normandie donne droit au tarif réduit (pass 1 € en 2007) dans tous les autres.
Pour tout renseignement, contactez les comités départementaux de tourisme qui éditent un document très clair sur ces itinéraires ou l'Association Normandie Mémoire – 88 r. Saint-Martin - 14000 Caen - ☎ 02 31 94 80 26 - www.normandiememoire.com.

Pour en savoir plus, consultez les **cartes historiques Michelin** :
– n° 102 Bataille de Normandie au 1/200 000 ;
– n° 105 Voie de la Liberté (réimpressions de l'édition de 1947).

Pour chaque ville passant par le parcours de l'Espace historique de la bataille de Normandie, un rappel est fait dans les encadrés pratiques de la partie « Découvrir les sites ».

PÊCHE AMATEUR

En mer

De la baie du Mont-St-Michel à l'embouchure de l'Orne, l'étendue des côtes semble promettre un champ d'activités sans limites pour l'amateur de pêche en eau salée, sport qu'il pourra pratiquer à pied, en bateau ou en plongée. Le pêcheur peut employer une ligne à un ou deux hameçons ; au-delà de ce nombre, la déclaration doit en être faite à l'Inscription maritime. Une autorisation est nécessaire pour l'emploi d'un filet.

Sur la côte

On peut pêcher à la ligne flottante d'un rocher, d'un quai ou du rivage en utilisant une ligne lestée d'un plomb. La basse mer est propice à la pêche au moyen d'un haveneau (filet à main à long manche). On peut aussi s'attaquer aux palourdes, coques, couteaux enfouis dans le sable. Dans les rochers, on recherchera moules, étrilles, bigorneaux, ormeaux.

En eau douce

Au promeneur désireux de taquiner la truite ou le brochet, la Normandie propose un riche réseau de rivières, cours d'eau, lacs et plans d'eau.

Une carte-dépliant commentée, *Pêche en France*, est publiée et diffusée par le **Conseil supérieur de la pêche** – Immeuble Le Péricentre - 16 av. Louison-Bobet - 94132 Fontenay-sous-Bois Cedex - ☎ 01 45 14 36 00.

Fédération départementale des associations de pêche et de pisciculture du Calvados – 18 r. de la Girafe - 14000 Caen - ☎ 02 31 44 63 00.

Fédération de pêche de la Manche – 16 r. du Pont-l'Abbé - 50190 Périers - ☎ 02 33 46 96 50.

Fédération de l'Orne pour la pêche et la protection du milieu aquatique – 59 r. Jullien - BP 91 - 61003 Alençon Cedex - ☎/fax 02 33 26 10 66 - www.unpf/61.

Législation et périodes d'ouverture – Elles diffèrent selon que le cours d'eau est classé en première catégorie piscicole (salmonidés dominants, truites…) ou en deuxième catégorie (tous les autres cours d'eau, plans d'eau et canaux). À noter que la pêche du saumon peut être totalement interdite, ou autorisée seulement pendant une période allant de mars à juin. Suivant l'usage, il conviendra :
– d'observer la réglementation nationale et locale ;
– de s'affilier pour l'année en cours, dans le département de son choix, à une association de pêche et de pisciculture agréée par le préfet ;
– d'acquitter les taxes afférentes au mode de pêche pratiqué ;
– d'obtenir, pour pêcher à l'intérieur d'un domaine privé, l'autorisation du propriétaire riverain.

PLONGÉE SOUS-MARINE

La côte du Cotentin entre Barfleur et Avranches, qui n'est pas sans rappeler la côte bretonne, se prête à la pratique de ce sport nécessitant une bonne forme physique. On trouve des clubs et des écoles dans les principales villes.

Fédération française d'étude et de sports sous-marins – 24 quai de Rive-Neuve - 13284 Marseille Cedex 07 - ☎ 04 91 33 99 31 ou 0 820 000 457 - www.ffessm.fr. Elle regroupe un grand nombre de clubs nationaux et publie un ensemble de fiches présentant les activités subaquatiques de la fédération.

RANDONNÉE PÉDESTRE

Sentiers de grande et de petite randonnée

De nombreux sentiers de grande randonnée permettent de parcourir la région Normandie-Cotentin.

Le GR 22 Paris-Mont-St-Michel traverse le Sud de la région dans laquelle est inclus le Parc naturel régional Normandie-Maine.
Les GR 22ᴬ et 22ᴮ traversent une partie de l'Orne, du Calvados et de la Manche.
Le GR 36 part de Ouistreham et descend quasiment jusqu'en Espagne.
Le GR 221 traverse une partie de la Suisse normande, puis du Cotentin.
Le GR 223 (444 km) court le long de la côte nord et ouest du Cotentin. Il emprunte une partie de l'ancien sentier douanier et offre des points de vue remarquables, notamment autour du cap de La Hague. Topoguide *Tour du Cotentin : Val de Saire* (réf. 200).
Nous proposons quelques promenades et randonnées dans le guide, mais vous trouverez un plus large choix dans les topoguides *Le Calvados à pied* (réf. D014), *La Manche à pied* (réf. D050), *L'Orne à pied* (réf. D061).

De nombreux chemins de randonnée sillonnent le Parc naturel régional des marais du Cotentin et du Bessin. Vous les retrouvez, très commentés, dans le guide *Les Plus Belles Balades des marais du Cotentin et du Bessin* (Dakota Éditions).

Les topoguides des sentiers de grande randonnée (GR), GR de pays et de petite randonnée (PR) sont édités par la **Fédération française de la randonnée pédestre/Comité national des sentiers de grande randonnée**. Pour se les procurer, s'adresser au 14 r. Riquet - 75019 Paris - ✆ 01 44 89 93 93 - www.ffrp.asso.fr. La fédération donne le tracé détaillé des GR, GRP et PR ainsi que d'utiles conseils.

Les chemins de Saint-Michel

Lieu de pèlerinage incontournable, le Mont-Saint-Michel était autrefois relié aux principales villes par des voies pèlerines depuis oubliées. Progressivement retrouvées et balisées (balises et marques bleu cyan), elles offrent aujourd'hui de belles occasions de promenades sur les traces des « Miquelots » d'autrefois.
À partir du Nord Cotentin, deux itinéraires d'environ 200 km ont été repérés sous le nom de **« Chemins aux Anglais »**.
Le **« chemin de l'intérieur »** part de Barfleur et traverse Sainte-Mère-Église, Carentan, Saint-Lô, Coutances, La Haye-Pesnel et se termine à Genêts.
Le **« chemin côtier »** relie Cherbourg à Genêts en suivant partiellement la côte et en passant par Le Rozel, Barneville-Carteret, Port-Bail, Lessay, Coutances, Granville, Jullouville. D'autres chemins mènent au Mont à partir de Caen, Rouen, Chartres et Paris.

Pour tout renseignement, contacter l'**association Les Chemins du Mont-Saint-Michel** - 24 r. de Picardie - 14500 Vire - ✆ 02 31 66 10 02 - www.lescheminsdumontsaintmichel.com.

Amaury de Valroger / MICHELIN

La mythique traversée de la baie.

La baie du Mont-St-Michel

Inscrite sur la liste des sites du Patrimoine mondial culturel et naturel de l'Unesco, membre du Club des plus belles baies du monde, la baie du Mont-St-Michel est le théâtre des plus fortes marées d'Europe continentale. Par grande marée, on observe jusqu'à une quinzaine de mètres de marnage (différence entre la haute et la basse mer) ; le flot recule à 15 km des côtes et remonte avec une vitesse qui s'accroît dans les derniers moments du flux.

Les **Maisons de la baie** *(voir l'encadré pratique du Mont-St-Michel)* organisent, tout au long de l'année, des activités de découverte sur le territoire de la baie du Mont-St-Michel, destinées à faire connaître le patrimoine naturel, culturel et humain du site.

Des visites, des traversées (5 à 6h), des balades ou des randonnées (2h30 à 4h), le plus souvent à pied, mais aussi à vélo ou à cheval, sont régulièrement organisées. Dirigées par des guides-animateurs spécialisés, ces sorties ont des thèmes différents (pèlerinage, histoire, littérature, géologie, ornithologie, ensablement, grandes marées, etc.).

Les « balades gourmandes » à vélo (25 à 30 km ; possibilité de location d'un VTT) joignent au plaisir de la nature, la joie de goûter à la gastronomie du terroir.

Autres possibilités

Balades, promenades, randonnées ; l'offre est inépuisable dans la région. De gros efforts ont été faits pour baliser et entretenir des itinéraires destinés aux familles comme aux sportifs.
Les **voies vertes** se développent sur d'anciens chemins de halage ou voies ferrées abandonnées. Les principales sont citées dans la partie « Randonnée à vélo ».
Courts mais didactiques, des **sentiers de découverte** sont proposés dans le Parc naturel régional des Marais du Cotentin et du Bessin *(voir ce nom)*.
Des **sorties nature** sont organisées dans chaque département, n'hésitez pas à demander le programme de l'année.
Vous pouvez vous renseigner :

– sur place, auprès de **Manche Tourisme** – Maison du département - 98 rte de Candol - 50008 Saint-Lô Cedex - renseignements et demande de documentation : depuis la France, n° Vert 0 800 065 050 ; depuis la Belgique, n° Vert 0 800 77 993 ; depuis la Grande-Bretagne, n° Vert 0 800 028 6 572 - www.manchetourisme.com

– auprès de **Calvados Tourisme** – service Randonnées - Comité départemental de tourisme - 8 r. Renoir - 14054 Caen Cedex 4 - ✆ 02 31 27 90 30 - www.calvados-tourisme.com

ROUTES HISTORIQUES

Pour découvrir le patrimoine architectural local dans son contexte historique, les collectivités locales ont élaboré de nombreux itinéraires à thème. Tracés et dépliants sont disponibles auprès des offices de tourisme. Sur le terrain, chaque route est signalée par des panneaux nominatifs tout au long du parcours emprunté.

Route historique des abbayes normandes – La Route regroupe 3 abbayes et prieurés ainsi que 24 châteaux et musées, le long de la vallée de Seine, mais aussi autour de Caen et en Basse-Normandie. Visites, expositions, concerts. Renseignements : Route historique des abbayes normandes - 6 r. Couronné - BP 60 - 76420 Bihorel - ✆ 02 35 12 41 60 - www.abbayes-normandes.com

Route historique Guillaume le Conquérant – Chevauchant la Haute et la Basse-Normandie de Fécamp au château de Pirou (Manche), en passant par Jumièges et Bayeux. Renseignements : Mme Morel - présidente de la Route - 5 pl. du Chauchix-St-Léonard - 22510 Moncontour-de-Bretagne - ✆ 02 96 73 50 28 ou 06 81 87 33 40.

ROUTES THÉMATIQUES

Route du poiré – De Domfront à Barenton, l'itinéraire, qui traverse les vergers de poiriers haute-tige, est l'occasion de découvrir chez les producteurs locaux le poiré Domfront, boisson pétillante bénéficiant d'une Appellation d'origine contrôlée (AOC). Renseignements : Maison du parc - BP 05 - 61320 Carrouges - ✆ 02 33 81 75 75 – www.parc-naturel-normandie-maine.fr.

Pages et Paysages – Laissez-vous transporter dans l'univers mystérieux de la baie du Mont-St-Michel, des landes de Lessay et d'autres lieux fantastiques de la Manche grâce aux balades littéraires (2h30/3h), agrémentées de pauses-lecture organisées par cette association. Renseignements : Marie-Odile Lainé - association Pages et Paysages - ✆ 02 31 79 92 73 ou 06 88 96 56 50.

ROUTES TOURISTIQUES

Ces petits itinéraires, assez bien balisés, de 30 à 100 km, permettent de découvrir manoirs, châteaux et paysages tout en prenant contact avec des artisans ou des responsables d'exploitations agricoles.
La liste ci-dessous n'est qu'une sélection ; les comités départementaux de tourisme ainsi que les offices de tourisme distribuent les dépliants correspondants.

Calvados : la Route des gorges de la Vire (au sud de Saint-Martin-des-Besaces) ; la Route de la forêt des Biards (entre Bayeux et Saint-Lô) ; la Route des moulins (entre Fontaine-Henry et Creully) ; la Route des traditions (entre Caumont-l'Éventé, Villers-Bocage et Aunay-sur-Odon) ; la Route de la Suisse normande (entre Thury-Harcourt et Condé-sur-Noireau).

Orne : Au pays de Lancelot du Lac (circuit entre Domfront, Lassay et La Ferté-Macé) ; la route des Trois-Forêts (d'Essay à Domfront par les trois forêts domaniales) ; Circuit Marguerite de Lorraine (entre Argentan, Alençon et Mortagne).

RANDONNÉE À VÉLO

La région se prête admirablement à des promenades à vélo. Sur certaines routes des Alpes mancelles, de la Suisse normande et du Cotentin, les grimpeurs seront mis durement à l'épreuve.

Voies vertes

Les randonnées se développent et connaissent un réel succès. En attendant la réalisation d'un véritable réseau, voici les principaux secteurs (ouverts surtout aux VTT et aux cavaliers) :

- De Cambernon (la Hastonière) près de Coutances à Rocheville (les Flaguettes), au nord de Bricquebec, en passant par Périers, Lessay, La Haye-du-Puits, St-Sauveur-le-Vicomte. Liaison entre La Haye-du-Puits et Port-Bail et entre La Haye-du-Puits et Carentan.

- De Vire à Carentan, en suivant l'ancien chemin de halage dans la vallée de la Vire, puis le canal Vire-Taute.

- De Domfront ou de Vire au Mont-St-Michel en passant par Mortain.

Location de tous types de bicyclettes dans de nombreuses localités et dans les gares SNCF d'Alençon, Argentan, Bagnoles-de-l'Orne, Bayeux, Caen, Coutances, Flers, Granville, Mortain, Pontorson, St-Lô, Sillé-le-Guillaume, Valognes, Villedieu-les-Poêles, Vire.

Pour plus de renseignements :

Comité départemental de cyclotourisme de la Manche – Maison Tollemer - 50190 Périers - ✆/fax 02 33 47 93 51 - www.velo-manche.org. Il publie une importante documentation sur les voies vertes et les véloroutes.

SPORTS NAUTIQUES

Voile, planche à voile, kayak de mer...

Nombreux sont les clubs nautiques ayant une école de voile dispensant des cours à tous les niveaux. Dans les grandes stations, des régates sont organisées chaque année.
La pratique de la planche à voile est réglementée sur les plages : s'adresser aux clubs de voile. Sur toutes les grandes plages, planches à voile et catamarans en location.
Les principaux ports de plaisance ne cessent de se développer ; ils sont la plupart du temps appréciés pour leurs équipements et les services proposés : carburant, eau douce et électricité à quai, sanitaires et douches, manutention par grue ou élévateur, réparation, gardiennage.

Kayak de mer – Le Cotentin se prête particulièrement bien à la pratique de ce loisir. Les principales bases se trouvent à Granville (avec des excursions aux îles Chausey), Hauteville-sur-Mer, Port-Bail, Omonville-la-Rogue, Tourlaville, Réville…

Fédération française de voile – 17 r. Henri-Bocquillon - 75015 Paris - ✆ 01 40 60 37 00 - www.ffvoile.org

France Stations Nautiques – 17 r. Henri-Bocquillon - 75015 Paris - ✆ 01 44 05 96 55 - www.france-nautisme.com. Ce réseau regroupe sous le nom de « stations nautiques » des villages côtiers, des stations touristiques ou des ports de plaisance qui s'engagent à offrir les meilleures conditions pour pratiquer l'ensemble des activités nautiques.

THALASSOTHÉRAPIE

À Granville

En 1967, Granville a renoué avec la thérapeutique des bains grâce à l'ouverture du Centre de rééducation et réadaptation fonctionnelles en milieu marin. Une équipe réputée de médecins spécialisés (rhumatologie, kinésithérapie, ergothérapie, orthophonie, diététique), de pharmaciens et d'infirmières a pour mission la rééducation des patients en utilisant les éléments du milieu marin. À Granville, la richesse des boues marines et des algues en oligoéléments contribue à la restructuration et à la stimulation de l'organisme. Ouvert toute l'année.
Soins de base : hydrothérapie, balnéothérapie, électrothérapie, esthétique.
Cures spécifiques : cures marines, école du dos, tonique (fitness), jambes lourdes, traumatologie, rhumatologie.

Centre de rééducation et de réadaptation fonctionnelles en milieu marin « Le Normandy » – 1 r. J.-Michelet - BP 619 - 50406 Granville Cedex - ✆ 02 33 90 33 33 - www.lenormandy.com.

Prévithal – Institut de thalassothérapie - 3 r. J.-Michelet - BP 618 - 50406 Granville Cedex - ✆ 02 33 90 31 10 - www.previthal.com.

Cure marine à Luc-sur-Mer

L'Institut de cure marine propose des cures de « remise en forme » (du week-end jusqu'à 21 jours) et soigne l'arthrose, la fatigue généralisée, les suites postopératoires… Le « Hammam de la Mer » dispense des soins en eau douce et en eau de mer.

Institut de cure marine – R. Guynemer - 14530 Luc-sur-Mer - ✆ 02 31 97 32 22 - www.thalasso-normandie.com.

Thermes marins à Ouistreham

Plusieurs formules sont proposées : remise en forme, bio-détente relaxation, phlébologie marine, objectif ligne, parcours aquavital, centre de musculation.

Thalazur Ouistreham-Normandie – Institut de thalassothérapie - av. du Cdt-Kieffer - 14150 Ouistreham - ✆ 02 31 96 40 40.

Amaury de Valroger / MICHELIN

Les thermes de Bagnoles-de-l'Orne.

THERMALISME

À Bagnoles-de-l'Orne

À 240 km de Paris, au milieu de la magnifique forêt des Andaines, jaillissent les eaux de la Grande Source qui ont fait la renommée de Bagnoles-de-l'Orne, station leader pour ceux « qui ont mal aux jambes ».

Seule source chaude de l'Ouest et la moins minéralisée de France, son eau, faiblement radioactive, chlorurée et sodique, coule à 25,8 °C à raison de 50 000 l/h.

Les eaux de Bagnoles soulagent les troubles de la circulation veineuse (jambes lourdes, fourmillements, crampes…), en particulier les séquelles de phlébites et, préventivement, les varices ; l'établissement thermal est également réputé pour son savoir-faire en matière de rhumatologie. Les suites de fractures, les séquelles de traumatismes, le mauvais fonctionnement des glandes endocrines sont également soignés ici.

La saison s'étend de mi-mars à début novembre.

L'eau agit par effet de balnéothérapie. Le bain, base du traitement, peut s'accompagner de douches (crénothérapie) générales ou locales, d'aéromassages, d'applications de compresses de boue, de marche en piscine, de massages sous l'eau et de pulvérisations localisées. Accessoirement, l'eau peut aussi se boire !

Thermes de Bagnoles-de-l'Orne – R. du Prof.-Louvel - BP 33 - 61140 Bagnoles-de-l'Orne - ✆ 0 811 902 233 - www.thermes-bagnoles.com - de mi-mars à déb. nov. - visite de l'établissement mar. et vend. 17h.

Office du tourisme de Bagnoles-de-l'Orne – Pl. du marché - 61140 Bagnoles-de-l'Orne - ✆ 02 33 37 85 66.

Centre d'animation de Bagnoles-de-l'Orne – 1 r. du Prof.-Louvel - BP 27 - 61140 Bagnoles-de-l'Orne - ✆ 02 33 30 72 70 - www.bagnoles-de-lorne.com.

TRAIN TOURISTIQUE

Le train touristique du Cotentin – Ce train des années 1930 chemine le long de la Côte des Isles, de Carteret à Portbail. La ligne, tracée au milieu d'un paysage de dunes, de landes et de bocage, longe les plages réputées de Barneville, St-Jean et St-Georges-de-la Rivière avant d'arriver à Portbail.

Le Clos St-Jean - 50270 Barneville-Carteret - ✆ 02 33 04 70 08, 01 34 62 80 20 ou 06 77 78 58 24 - toute l'année sur réservation - de fin juin à fin août : dim., mar. et jeu. pour les marchés - 6 € (enf. 4 €).

VISITES GUIDÉES

La plupart des villes proposent des visites guidées. Elles sont organisées toute l'année dans les grandes villes ou seulement en saison dans les plus petites. Dans tous les cas, informez-vous du programme à l'office de tourisme et pensez à vous inscrire. En général, les visites ne sont pas assurées en deçà de quatre personnes et, pendant la période estivale, les listes sont rapidement complètes.

Reportez-vous aussi à l'encadré pratique des villes, dans la partie « Découvrir les sites », où nous mentionnons les visites guidées qui ont retenu notre attention.

Villes et Pays d'art et d'histoire

Sous ce label décerné par le ministère de la Culture et de la Communication sont regroupés quelque 130 villes t pays qui œuvrent activement à la mise en valeur et à l'animation de leur architecture et de leur patrimoine. Dans ce réseau sont proposées des visites générales ou insolites (1h30 ou plus), conduites par des guides-conférenciers et des animateurs du patrimoine agréés par le ministère.
Renseignements auprès des offices de tourisme des villes ou sur le site www.vpah.culture.fr

Voir également le chapitre suivant, « La destination en famille ».

Les Villes et Pays d'art et d'histoire citées dans ce guide sont Coutances, le Clos du Cotentin (Valognes, Bricquebec, St-Sauveur-le-Vicomte), Laval et le pays de Coëvrons-Mayenne (Saulges, Ste-Suzanne et la ville romaine de Jublains).

La destination en famille

Pour varier les plaisirs de la nature ou pour profiter d'une journée boudée par le soleil, nous avons sélectionné pour vous, dans le tableau ci-après, un certain nombre de sites (aquariums, parcs aquatiques ou animaliers, musées, etc.) susceptibles de plaire à vos enfants.
Vous les repérerez, dans la partie « Découvrir les sites », grâce au pictogramme .

LES LABELS

Villes et Pays d'art et d'histoire

Le réseau des Villes et Pays d'art et d'histoire *(voir la rubrique « Visites guidées »)* propose des visites-découvertes et ateliers du patrimoine aux enfants, les mercredi, samedi ou durant les vacances scolaires. Munis de livrets-jeux et d'outils pédagogiques adaptés à leur âge, ces derniers s'initient à l'histoire et à l'architecture et participent activement à la découverte de la ville. En atelier, ils s'expriment à partir de multiples supports (maquettes, gravures, vidéos) et au contact d'intervenants de tous horizons : architectes, tailleurs de pierre, conteurs, comédiens.

Ministère de la Culture et de la Communication

Logo Villes et Pays d'art et d'histoire.

En juillet-août, dans le cadre de l'opération « L'Été des 6-12 ans », ces activités sont également proposées pendant la visite des adultes.

Stations Kid

Une station gratifiée du label « Kid » remplit nécessairement une série de conditions qui la rend parfaitement adaptée à l'**accueil des familles** (hébergement, équipements, animations spécifiques pour chaque âge) ; les enfants y « sont rois ».

À la **mer**, les plages possèdent des espaces de jeux, des clubs ou des parcours aventure ; elles organisent des spectacles, des fêtes, des stages sportifs, des ateliers musicaux. Il y en a pour tous les goûts et tous les âges.

Sur la côte ouest de la presqu'île du Cotentin, Hauteville-sur-Mer est labellisée « Station Kid ».

Association nationale des Stations Kid – BP 139 - 59027 Lille Cedex - ✆ 03 20 14 97 87 - www.stationskid.com.

Stations vertes

La fédération des Stations vertes de vacances décerne chaque année un prix de l'accueil des enfants. Dans la région, 15 communes se sont vues décerner ce label - **www.stationsvertes.com**.

Voir la liste des stations du territoire couvert par ce guide et les coordonnées de la fédération dans la rubrique « Se loger » p. 28.

SITES OU ACTIVITÉS À FAIRE EN FAMILLE			
Chapitre du guide	**Nature**	**Musée**	**Loisirs**
Alençon			Parcours dans les arbres et ferme équestre au domaine du Gasseau à St-Léonard-des-Bois
Aunay-sur-Odon			Parc zoologique de Jurques
Avranches		Parcours pour les enfants au Scriptorial-musée des Manuscrits du Mont-St-Michel	
Bagnoles-de-l'Orne		Musée du Jouet à La Ferté-Macé	Ferme du cheval de trait à Juvigny-sous-Andaine
Barneville-Carteret			Balade à bord du train touristique du Cotentin Carteret-Portbail
Bayeux		Tapisserie de la reine Mathilde	
Caen		Visites du château de Guillaume le Conquérant et du musée de Normandie	Parc d'attractions Festyland
Cherbourg-Octevile		Cité de la Mer	
Clécy		Musée du Chemin de fer miniature	
Parc naturel régional des marais du Cotentin et du Bessin	Parcours d'initiation ornithologique aux « Ponts-d'Ouve », maison d'accueil du Parc ; balades à dos d'âne ; sentiers d'interprétation qui sillonnent le Parc		
Presqu'île du Cotentin			Planétarium Ludiver à Tonneville
Plages du Débarquement	Visite d'une exploitation ostréicole à Asnelles	Maison de la mer à Courseulles-sur-Mer	
Falaise			Automates Avenue
Fresnay-sur-Sarthe	Beaumont-sur-Sarthe et Vivoin, labellisées « Stations vertes de vacances »		
Granville			Aquarium du Roc
Le Mont-Saint-Michel	Traversée de la baie du Mont-St-Michel ; Maisons de la Baie : relais de Vains-St-Léonard et Courtils		Alligator Bay
Mortain			Faisanderie de La Grande Chapronnière à Milly
Haras national du Pin			Les « Jeudis du Pin » et le parcours-découverte de l'écurie n° 1
Saint-Lô		Ferme de Boisjugan-musée du Bocage normand	Les « Jeudis du haras »
Sainte-Mère-Église		Ferme-musée du Cotentin	
Sainte-Suzanne		« Théâtrales Pitchoun », visites de la ville	
Suisse normande	Nombreuses activités sur la base de plein air de Pont-d'Ouilly	Les Fosses d'Enfer à St-Rémy	
Valognes		Musée « À la recherche du temps perdu » à Bricquebec	Parc animalier St-Martin à Montaigu-la-Brisette
Château de Vendeuvre	Jardin d'eau surprise	Musée du Mobilier miniature	
Villedieu-les-Poêles			Parc zoologique de Champrépus

Que rapporter

Les photos font bien sûr de jolis souvenirs… Mais l'artisanat normand est si varié qu'il serait étonnant que l'un ou l'autre objet ne trouve une petite place dans vos bagages du retour ! Sans oublier – comment le pourrait-on ? – tous ces délicieux produits du terroir, solides tels les fromages ou les caramels, mais aussi… en bouteilles !

N'oubliez pas de consulter les adresses de boutiques ou d'artisans à la rubrique « Que rapporter » des encadrés pratiques des villes et sites.

À DÉGUSTER

Des boissons

Il y a belle lurette que le pommier a fait un mariage heureux avec la Normandie : neuf millions d'arbres font un bouquet généreux et vous auriez tort de ne pas rapporter une boisson ou un alcool élaboré à partir de la pomme (à consommer avec modération).

Le cidre – Dans les caves de Normandie, on parle aujourd'hui avec délectation d'un bon cidre, comme on parle en d'autres lieux d'un grand vin. Est-il fruité, gouleyant, a-t-il du nez… Est-il long en bouche ? Le plus puissant et le plus moelleux est sans nul doute le cidre « pays d'Auge », appellation contrôlée, mais il y a aussi les cidres « fermiers » aux arômes plus rustiques et plus secs.

Le poiré – Le poiré est à la poire ce que le cidre est à la pomme. Élaboré dans le bocage domfrontais, il bénéficie d'une AOC.

Le calvados – Il y a le calvados AOC et le calvados AOC pays d'Auge. Mais attention, les dénominations sont nombreuses : « trois étoiles » ou « trois pommes » indiquent un vieillissement de deux ans ; « vieux » ou « réserve » indiquent trois ans de maturation ; « VO », « vieille réserve » ou « VSOP » indiquent quatre ans ; « hors d'âge », « XO », « Napoléon » ou « extra » indiquent au moins six ans… Les goûts et les prix sont en conséquence !

De nombreux producteurs ouvrent volontiers leurs chais et distilleries à la visite ; une liste peut être obtenue auprès du **BNICE (Bureau national du Calvados)** – 31 r. de Saint-Ouen - 14000 Caen - ✆ 02 31 75 30 90.

Le pommeau – Un peu moins connu que le cidre ou le calvados, le pommeau est un agréable mélange à base de jus de pomme et de calvados à boire frais ou à température ambiante. Il est préférable d'acheter un pommeau AOC.

Association nationale et interrégionale des producteurs de pommeau de Normandie – 6 r. Fresnel - 14000 Caen - ✆ 02 31 95 20 20.

Des douceurs

Les plus célèbres caramels de Normandie sont à base de crème d'Isigny. N'oubliez pas les macarons de Bagnoles-de-l'Orne (une meringue enrobant une pâte d'amandes), les sablés d'Asnelles ou ceux de Lonlay-l'Abbaye.

Des produits laitiers

Le marché est un lieu idéal pour acheter les bons produits frais du terroir, en particulier les fromages : camembert et livarot sont les rois des lieux. Mais la crème, le beurre et le lait ne sont pas mal non plus. Attention à l'emballage pour le transport : un pot de crème ou un litre de lait qui se renverse dans la voiture peut se révéler redoutable ! En été, un livarot « en liberté » dans la voiture se rappelle vite à votre bon souvenir.

Stéphane Sauvignier / MICHELIN

Les caramels d'Isigny-sur-Mer

POUR LA MAISON

Un objet artisanal en souvenir de votre voyage, n'est-ce pas là la meilleure façon de concrétiser d'une manière durable la joie éprouvée lors d'une visite, d'un passage dans une ville, un village, une région ?
Vous pouvez trouver en Normandie, dans les villes fréquentées ou quelquefois dans de petits hameaux à l'écart de toute agitation, des objets artisanaux variés dont le bon goût et la qualité sauront vous faire plaisir.

Dentelle

Nul ne peut se rendre en Normandie et visiter **Alençon**, **Argentan** ou **Bayeux** sans penser aux merveilleuses dentelles d'autrefois.
Aujourd'hui, bien sûr, personne ne songe plus, comme au temps de Colbert, à considérer la dentelle comme le cheval de bataille de l'industrie ou de la mode française ; les Argentanais n'emploient plus leur imagination à inventer un nouveau point qui pourrait concurrencer celui d'Alençon. Il n'en reste pas moins que l'on peut encore acquérir, auprès de l'école dentellière d'Alençon, de petites pièces, mouchoirs, napperons et dessus de table, dont l'exécution a demandé des dizaines d'heures de travail.
À Argentan, une visite à l'abbaye bénédictine permet d'apprécier toute la minutie que réclame un travail au « point d'Argentan ». La qualité de telles pièces, de même que leur prix, les met à l'abri de toute comparaison avec une fabrication de série.
À Bayeux, l'atelier de dentelle expose et vend ses créations et propose des démonstrations de l'art de la dentelle à la main.

Poterie

À **Noron-la-Poterie** ou à **Ger**, centres français de poterie de grès au sel, dont l'origine remonte au 18e s., on façonne tous les ustensiles normands traditionnels, reconnaissables à leur teinte brun foncé ou mordorée. Le célèbre cruchon à calvados, dont le bouchon représentait une tête de Normand ou de Normande, est souvent assorti de petites tasses à dégustation. Si vous aimez les nains de jardin, des centaines de ces personnages vous tendent les bras le long de la route.
Noron doit à la qualité de sa terre le caractère unique de sa poterie ; son argile peut être « grésée », cuite jusqu'à vitrification. La cuisson de pleine flamme (environ 1 200 °C) dure de dix à vingt-quatre heures. Le salage (c'est-à-dire la projection de sodium dans le four) s'effectue en fin de cuisson ; il se dégage alors une puissante vapeur qui recouvre les pièces d'une pellicule brillante, qui donne au grès un aspect naturel.
À **Valognes**, on peut encore trouver la poterie du Cotentin cuite au feu de bois, comme le « gohan », grand récipient d'origine anglaise, naguère fabriqué à St-Jacques-de-Néhou et dans lequel les paysans emportaient leur soupe aux champs. Ceux qui recherchent des épis de faîtage traditionnels trouveront leur bonheur à la poterie du **Mesnil-de-Bavent** (entre Caen et Cabourg).

Cuivre

À **Villedieu-les-Poêles**, on bat le cuivre depuis la fin du 17e s. Les objets les plus variés, tous travaillés au marteau, s'offrent au touriste : de magnifiques **« cannes »** normandes, des aiguières, des vases à l'ancienne. Villedieu s'enorgueillit de posséder une des quatre fonderies françaises où les cloches sont fabriquées « à l'ancienne », mais bien d'autres objets de qualité vous sont proposés.

Stéphane Sauvignier / MICHELIN

Cuivres de Villedieu-les-Poêles.

Ferronnerie

Le travail du fer en Normandie remonte aux temps anciens où les « daubeurs » chauffaient le métal au rouge et le martelaient pour en faire des clous ou des fers à cheval. Puis on orna armoires et autres meubles de riches ferrures. De nos jours, de nombreux artisans ferronniers s'inspirent des dessins d'antan pour parer les meubles rustiques.
À **Chanu**, **Alençon**, **Tinchebray**, **Valframbert** dans l'Orne, tous rivalisent de talent pour décorer les meubles de style ou rustiques.

Tissage

À Périers-sur-le-Dan et **La Ferrière-Duval** dans le Calvados, des ateliers de tissage confectionnent de beaux tissus d'ameublement. Des écharpes, des cravates, aussi originales que de bon goût, retiendront l'attention. Autre gage de qualité, le bicentenaire célébré aux toiles de Mayenne, toujours fabriquées sur le site historique à la sortie de Mayenne.

Vannerie

Rémilly-sur-Lozon, petit village de la Manche, tresse l'osier pour en faire des paniers à beurre, des corbeilles, etc.

BROCANTES ET ANTIQUITÉS

N'oubliez pas que l'été est la saison des brocantes et des vide-greniers. Nombreux sont les villages ou stations balnéaires qui organisent de telles manifestations où faire de bonnes affaires. Enfin de nombreux magasins d'antiquités proposent encore de vieux outils et un vaste choix de meubles régionaux : célèbres armoires normandes, coffres, buffets, etc.

Les événements

En matière d'animations, qu'elles soient culturelles ou sportives, les Normands ne sont pas en reste ! Amoureux de musique ? Intimes ou carrément grandioses, il y a des festivals en toutes saisons et pour tous les goûts. Mais aussi des fêtes qui célèbrent l'excellence des produits du terroir, des pèlerinages à travers les grèves du Mont-Saint-Michel, sans compter les courses hippiques réputées et toutes les manifestations équestres qui sont autant de preuves de la passion des Normands pour le cheval…

Retrouvez ces manifestations ainsi que d'autres de moindre importance dans la rubrique « Événement » de l'**encadré pratique** des villes ou sites.

Bon à savoir – De nombreuses associations adhèrent à la Fédération française des fêtes et spectacles historiques. Un guide est disponible sur le site **www.loriflamme.com** Pour plus de précisions, parcourez les sites Internet de la région ou www.interfrance.com/fr/gen/fc_calendar.html

Gilles Targat / MICHELIN

Foire de la Ste-Croix à Lessay.

Pour les manifestations des îles Anglo-Normandes, consultez la partie qui leur est consacrée en fin de guide.

Janvier

Pontmain – Pèlerinage à la Vierge (le 17). www.sanctuaire-pontmain.com.

Février

Granville – Carnaval (pdt 4 j. à partir du sam. précédant Mardi gras). www.ville-granville.fr.

Mars

Caen – Aspects des musiques d'aujourd'hui. ✆ 02 31 30 46 86.

Mai

Mont de Cerisy – Fête des rhododendrons (fin du mois).

Coutances – Festival Jazz sous les pommiers (semaine autour de l'Ascension). ✆ 02 33 76 78 50. www.jazzsouslespommiers.com.

Genêts – Rando-Baie du Mont-St-Michel (2e w.-end du mois). ✆ 02 33 89 64 00.

Juin

Ste-Mère-Église – Commémoration du Débarquement aérien (le 6). ✆ 02 33 41 41 35.

Utah Beach – Commémoration du Débarquement (le 6). ✆ 02 33 71 58 00.

Juin-juillet

Mortagne-au-Perche – Les Musicales de Mortagne : festival de musique de chambre (dernier w.-end de juin et 2 premiers w.-ends de juil.).

Juillet

Le Mont-St-Michel – Pèlerinage à travers les grèves au départ de Genêts. ✆ 02 33 60 14 05.

Domfront – Les Musicales de l'Orne (2e ou 3e sem. du mois), festival lyrique et classique. ✆ 02 33 38 56 66.

Bayeux – Fête médiévale (1er w.-end du mois). ✆ 02 31 51 28 28.

Barneville-Carteret – Le Raid en aviron de mer Jersey-Carteret. ✆ 02 33 04 90 58.

St-Vaast-la-Hougue – Festival du livre de mer et d'aventure (2e ou 3e w.-end du mois). ✆ 02 33 23 19 32.

St-Christophe-le-Jajolet – Pèlerinage des automobilistes (dernier dim. du mois). ✆ 02 33 35 34 24.

Pontmain – Bénédiction autos-motos (2e dim. du mois). ✆ 02 43 05 07 26.

Haras national du Pin – Festival équestre Équit'Orne (mi-juil.) : concours international d'attelage et d'endurance, de saut d'obstacles, de dressage, d'élevage… ✆ 02 33 36 68 68.

Juillet-août

Granville – Pardon des corporations de la mer et défilé derrière les bannières, messe sur le domaine portuaire, procession aux flambeaux (dernier dim. de juil. ou 1er dim. d'août). ✆ 02 33 91 30 03.

Montgothier – Les Fééeriques de Montgothier (le sam. en juil.-août) : spectacle son et lumière illustrant l'histoire du bocage normand. ✆ 02 33 60 60 70.

CDT 53

Concert des Nuits de la Mayenne.

Région de la Mayenne (Ste-Suzanne, Jublains, Laval…) – Les Nuits de la Mayenne (de mi-juil. à mi-août) : spectacles dans une quinzaine de sites de la région. ✆ 02 43 53 34 84. www.nuitsdelamayenne.com.

Août

Jobourg – Concours - foire aux moutons (1er sam. du mois). ✆ 02 33 10 00 40.

Saint-Lô – Normandie Horse Show (2e sem. du mois). ✆ 02 33 06 09 72. www.normandie-horse-show.com.

Carrouges – Fête de la chasse et de la pêche (1er w.-end du mois). ✆ 02 33 37 15 88.

Barfleur – Régates (2e w.-end du mois). ✆ 02 33 54 02 48.

Pontmain – Pèlerinage à la Vierge (le 15). www.sanctuaire-pontmain.com.

Douvres-la-Délivrande – Fête du Couronnement de la Vierge, procession de la Vierge noire (1er ou 2e sam. après le 15 août). ✆ 02 31 36 21 94.

Pont-d'Ouilly – Le Grand Pardon de St-Roch (dim. après le 15 août). ✆ 02 31 69 80 46.

Laval – Les Uburlesques : festival humoristique (dernier w.-end du mois).

St-Vaast-La-Hougue, île de Tatihou – Les Traversées Tatihou, festival des musiques du large (2e ou 3e sem. du mois, en fonction des marées). www.tatihou.com

Barfleur – Salon des antiquaires (3e ou 4e w.-end du mois). ✆ 02 33 43 22 09.

Août-septembre

L'Aigle, Alençon, Argentan, Bagnoles-de-l'Orne, Haras du Pin, Mortagne, Domfront, Crouttes, Carrouges, Flers, Sées – Septembre musical de l'Orne (fin août à mi-sept.). ✆ 02 33 26 99 99.

Septembre

Lessay – Foire de la Ste-Croix (2e w.-end du mois). ✆ 02 33 76 58 80.

Haras national du Pin – Concours spécial percheron (derniers vend. et sam. du mois). ✆ 02 33 36 68 68.

Septembre-octobre

Haras national du Pin – Les Courses du Pin, courses hippiques, parcours de cross, défilé d'attelages (fin sept. et 1er et 2e w.-end d'oct.). ✆ 02 33 36 68 68.

Octobre

Le Mont-St-Michel – Fête de l'archange St-Michel : messe dans l'église abbatiale, présidée par les évêques de Coutances et de Bayeux (1er dim. du mois). ✆ 02 33 60 14 05.

Caen – Équi'days : manifestations autour du cheval (pdt 15 j.). ✆ 02 31 27 90 30.

Essay – Concours national du meilleur boudin blanc (dernier dim. du mois).

Caen – Festival international d'orgue de Caen. ✆ 02 31 30 46 86.

UNESCO

ICCROM

APPORTEZ VOTRE PIERRE À L'ÉDIFICE DE LA SAUVEGARDE DU PATRIMOINE

NE L'EMPORTEZ PAS DANS VOS BAGAGES

Un cœur transpercé d'une flèche et deux prénoms se jurant l'amour éternel, le tout gravé dans la pierre d'un monument historique ; emballages de pellicules, mégots de cigarettes ou bouteilles vides abandonnés sur un site archéologique. Comment confondre notre patrimoine culturel avec un carnet mondain ou une poubelle ? Pour la plupart d'entre nous, ces agissements sont de toute évidence condamnables, mais d'autres comportements, en apparence inoffensifs, peuvent également avoir un impact négatif.

Au cours de nos visites, gardons à l'esprit que chaque élément du patrimoine culturel d'un pays est singulier, vulnérable et irremplaçable. Or, les phénomènes naturels et humains sont à l'origine de sa détérioration, lente ou immédiate. Si la dégradation est un processus inéluctable, un comportement adéquat peut toutefois le retarder. Chacun de nous peut ainsi contribuer à la sauvegarde de ce patrimoine pour notre génération et les suivantes.

Ne considérez jamais une action de façon isolée, mais envisagez sa répétition mille fois par jour

- Chaque micro-secousse, même la plus inoffensive, chaque toucher devient nuisible quand il est multiplié par 1 000, 10 000, 100 000 personnes.

- Acceptez de bon gré les interdictions (ne pas toucher, ne pas photographier, ne pas courir) ou restrictions (fermeture de certains lieux, circuits obligatoires, présentation d'œuvres d'art par roulement, gestion de l'affluence des visiteurs, éclairage réduit, etc). Ces dispositions sont établies uniquement pour limiter l'impact négatif de la foule sur un bien ancien et donc beaucoup plus fragile qu'il ne paraît.

- Évitez de grimper sur les statues, les monuments, les vieux murs qui ont survécu aux siècles : ils sont anciens et fragiles et pourraient s'altérer sous l'effet du poids et des frottements.

- Aimeriez-vous emporter en souvenir une tesselle de la mosaïque que vous avez tant admirée ? Combien de visiteurs avec ce même désir faudra-t-il pour que toute la mosaïque disparaisse à jamais ?

Faites preuve d'attention et de respect

- Dans un lieu étroit et rempli de visiteurs tel qu'une tombe ou une chapelle décorées de fresques, faites attention à votre sac à dos : vous risquez de heurter la paroi et de l'abîmer.

- Les pierres sur lesquelles vous marchez ont parfois plus de 1 000 ans. Chaussez-vous de façon appropriée et laissez pour d'autres occasions les talons aiguilles ou les semelles cloutées.

N'enfreignez pas les lois internationales

- L'atmosphère de certains lieux invite à la contemplation et/ou à la méditation. Évitez donc toute pollution acoustique (cris, radio, téléphone mobile, klaxon, etc.).

- En vous appropriant une partie, si infime soit-elle, du patrimoine (un fragment de marbre, un petit vase en terre cuite, une monnaie, etc.), vous ouvrez la voie au vol systématique et au trafic illicite d'œuvres d'art.

- N'achetez pas d'objets de provenance inconnue et ne tentez pas de les sortir du pays ; dans la majorité des nations, vous risquez de vous exposer à de graves condamnations.

Message élaboré en partenariat avec l'ICCROM (Centre international d'études pour la conservation et la restauration des biens culturels) et l'UNESCO.

Pour plus d'informations, voir les sites :

http://www.unesco.org

http://www.iccrom.org

http://www.international.icomos.org

Novembre

Caen – Puces caennaises (dernier w.-end du mois). ✆ 02 31 29 99 99.

Décembre

Sées – Foire aux dindes. ✆ 02 33 28 74 79.

St-Hilaire-du-Harcouët – Crèche vivante de Noël (2e quinz. du mois). ✆ 02 33 79 38 88. www.creche-vivante.org.

Nos conseils de lecture

PRESSE

Quotidiens

Ouest-France (nombreuses éditions locales)
La Presse de la Manche.

Hebdomadaires

La Manche Libre
La Gazette de la Manche, d'Ille-et-Vilaine et Mayenne
Liberté de Normandie-Le Bonhomme Libre
La Voix-Le Bocage
Le Journal de l'Orne
L'Orne Hebdo.

ACSI / MICHELIN
Manoir de la Manche.

LIVRES

Ouvrages généraux

La Manche, une aventure humaine, A-F. Lesacher et B. Colliot, Éditions Ouest-France, 2006.

Faune sauvage de Normandie, dir. J. Le Rochais, Isoète, 2006.

La Manche et les îles Anglo-Normandes : les plus beaux mouillages vus du ciel, D. Le Brun et C. Moirenc, Éditions Larivière, 2006.

Et la Normandie devint française, R. Jouet, Éditions Orep, 2004.

Le Cotentin d'aujourd'hui, C. Muller et Y. Germond, Gérard Montfort, 1984.

Normandie romane, la Basse-Normandie, L. Musset, Zodiaque, 1987.

Îles Anglo-Normandes, nature et randonnée, A. et S. Mouraret, Éditions La Cadole, 1993.

Les Maisons de Normandie, E. Malnic-Dybman et J.-P. Lagarde, Eyrolles, 1998.

La Normandie des jardins, M. Le Goaziou et G. Pellerin, Éditions Ouest-France, 1999.

Le Mobilier régional de Basse-Normandie, E. Mannoni, Massin, 1998.

Histoire

Journal de Normandie., R. Jouet et C. Quétel, Larousse, 2005.

Histoire de la Normandie, dir. M. de Bouard, Privat Ouest-France, 2001.

Guillaume le Conquérant et les Normands au 11e s., P. Bouet, Éditions Charles Corlet, 1987.

L'Épopée des ducs de pierre : l'art roman en Normandie, T. Leprévost, Éditions Charles Corlet, 1988.

Vikings en Normandie, J. Mabire, G. Bernage, P. Fichet, Copernic, 1979.

Débarquement et bataille de Normandie

Frères d'armes (Band of brothers, 101e Airborne), Stephen E. Ambrose, Le Livre de Poche, 2004.

Guide des plages du Débarquement et de la bataille de Normandie, E. Florentin, Perrin – Le Mémorial de Caen, 2003.

Les plages du Débarquement, J. Compagnon, H. Champollion, Ouest-France, 2002.

Le Mur de l'Atlantique en Normandie, Alain Chazette, Éditions Heimdal, 2001.

Le Jour le plus long, Cornelius Ryan, Robert Laffont, 2003.

Les Français du jour J, G. Fleury, Grasset, 2004.

Ils arrivent ! Le débarquement vu du côté allemand, P. Carell, J'ai Lu, 1998.

Les Jardins de la Mémoire, Éditions OREP.

La Normandie en flammes : journal de guerre de Gérard Leroux, J. Henry, Éditions Charles Corlet, 1994.

Les Normands sous l'Occupation, T. Richard, Éditions Charles Corlet, 1998.

Normandie 44, enquête sur le Débarquement, Ph. Bauduin, Éditions Maître Jacques, 1999.

Architecture et constructions

La direction du Patrimoine et le Centre des monuments nationaux coproduisent un certain nombre d'ouvrages, très documentés, sur la construction ancienne : l'architecture, la maçonnerie, la charpenterie, la menuiserie, la serrurerie, etc.
Collection « Itinéraires du Patrimoine » : *Retables de la Mayenne* ; *Haras national du Pin*...
Collection « Images du Patrimoine » : *Laval, le château* ; *Laval* ; *Falaise*.

Promenades littéraires

Aux Éditions Charles Corlet, Condé-sur-Noireau :
Promenades en Normandie avec un guide nommé Marcel Proust, B. Coulon, *avec un guide nommé Guy de Maupassant*, G. Pouchain, *avec un guide nommé Victor Hugo*, G. Pouchain, *avec un guide nommé Flaubert*, G. Henry, *avec un guide nommé Barbey d'Aurevilly*, R. Chouard.

Romans, contes et légendes

La Promesse de l'ange, V. Cabesos et F. Lenoir, Albin Michel, 2004.

L'Enfant de chœur, H. Gancel, Éditions Charles Corlet, 1996.

La Forêt des sortilèges, F. Reboul-Scherrer, Denoël, 1995.

Les Trois Vies de Babe Ozouf, D. Decoin, Le Seuil, 1984.

La Promeneuse d'oiseaux, D. Decoin, Le Seuil, 1997.

Le Conte de fées en Normandie, colloque de Ranes, Presses universitaires de Caen/Éditions Charles Corlet, 1986.

Rites et sabbats en Normandie, G. Bertin, Éditions Charles Corlet, 1992.

Simples histoires de simples gens - Images normandes, E. Colin, Éditions Charles Corlet.

Les Démons du comte, P. Huet, LGF, 2001.

Au temps de l'encre violette : l'écolier, H. Gancel, Ouest-France, 1999.

Histoires incroyables mais vraies en Normandie, B. Gourbin, Ouest-France, 1999.

Gastronomie

Cuisine normande, L. Bianquis, Hachette, 2006.

Guide de la gastronomie normande, G. Roger, Bertout, 2002.

Le Grand Livre de la cuisine normande, R. Compas, Éd. Charles Corlet, 1991.

Guide des cocktails à base de calvados, C. Drouin et J.-P. Thomine, Éditions Charles Corlet, 1988.

Gastronomie en Suisse normande, Éditions Charles Corlet.

La Cuisine des châteaux de Normandie, B. et G. du Pontavice, Ouest-France, 1998.

La Belle Histoire du cidre et du calvados, M. Hébert et P. Coligneaux, Éditions Charles Corlet, 1999.

Magazines

De beaux magazines, souvent bimensuels, proposent des éclairages particuliers sur la région : *Pays de Normandie*, *Patrimoine Normand*, *Maisons normandes*, *Normandie Passion*, etc.

EN VIDÉO

Le Jour le plus long, de Daryl Zanuck (1962).

La Bataille de Normandie (série « Les Grandes Batailles » de D. Costelle, J.-L. Guillaud et H. de Turenne, 1963).

Band of Brothers (Frères d'Armes, 2001), de David Frankel, Tom Hanks, David Nutter. Série en 10 épisodes (5 DVD).

Les Parapluies de Cherbourg, comédie musicale de Jacques Demy (1964).

Tess, de Roman Polanski (1979).

Le Passager de l'été, de Florence Moncorgé-Gabin (2005).

« Paul dans sa vie »

Paul Bedel n'en revient toujours pas, l'office du tourisme de Beaumont-Hague non plus... Un vent de curiosité agite la belle et sauvage pointe nord du Cotentin pourtant habituée aux rudes tempêtes hivernales.
C'est un film documentaire de Rémi Mauger, *Paul dans sa vie*, qui conduit de nombreux visiteurs sur les traces de ce paysan de la Hague. Le contraste est saisissant entre l'aventure technologique des centrales toutes proches et la ferme où est né Paul, et où il vit avec ses sœurs, célibataires comme lui. Le temps semble s'égrener lentement, au rythme d'une nature qui lui a tout donné. Le changement, pour lui, c'est la retraite. À plus de soixante-dix ans, il doit se séparer de ses bêtes qui sont une partie de sa vie, des paysages aussi...
« Je suis dans ma vie » pourrait résumer le message de ce modeste héros, parfois drôle, parfois poète, et, s'il est si touchant, c'est sans doute parce qu'il témoigne avec sagesse d'un mode vie aujourd'hui révolu.

Démonstration d'attelage au haras national du Pin.

Gilles Targat / MICHELIN

COMPRENDRE LA RÉGION

NATURE

Vallées humides et herbes folles, vertes prairies découpées par des haies naturelles, vastes étendues de pommiers qui sonnent comme des prouesses parfumées, chemins escarpés le long de falaises abruptes, petits ports de pêche pittoresques, plages de galets et de sable fin... La Normandie semble décliner son décor à l'infini et revêt des allures de paradis sur terre. Entre le pays d'Auge et la plaine de Caen, les côtes du Calvados et la presqu'île du Cotentin, la Suisse normande et le pays d'Argentan, ce sont autant de paysages différents, parfois envoûtants, souvent romantiques et toujours enchanteurs qui vous attendent.

Michel-Olivier Bernard / MICHELIN

Dune, plage et mer sur le littoral de la Manche.

Le littoral

L'incroyable variété des paysages normands se retrouve le long du littoral qui court sur pas moins de 471 km de l'Orne au Couesnon. De petites falaises alternent avec d'interminables plages, des marais ou les rudes reliefs de la pointe nord du Cotentin.

PAYSAGES CÔTIERS

Par la route, à pied ou, encore mieux, en bateau, le tour de la côte ne peut laisser indifférent tant elle offre de visages contrastés, sculptés dans les différents sous-sols de la région.

Les affleurements calcaires et marneux du **pays d'Auge** et du **Bessin** forment une côte basse rocheuse. On voit apparaître ces rochers à marée basse sous forme d'écueils à fleur d'eau, ou bien en bordure des plages, s'élevant en petites falaises comme à Port-en-Bessin. À Lion-sur-Mer, la côte rocheuse s'est creusée de « confessionnaux », petites enclaves dans la roche dues à l'action répétée de la mer s'engouffrant dans des fissures existantes. Ces hauteurs s'avèrent particulièrement friables et dangereuses. Les petites falaises alternent, entre l'estuaire de la Seine et Saint-Vaast-la-Hougue, avec des côtes basses bordées ou non de dunes, comme à Ouistreham-Riva-Bella.

La côte **nord du Cotentin** n'a pas fini de fasciner. À la baie d'Écalgrain, grève solitaire encadrée de landes, succède le nez de Jobourg, long promontoire escarpé environné d'écueils. Cette côte déchirée, exposée au terrible vent d'ouest, à une mer souvent déchaînée et à des courants pouvant atteindre 12 nœuds, se révèle être d'une rare beauté. Un grand nombre de roches différentes (grès, schistes et granits) affleurant sur une petite surface crée cette palette de couleurs et ces pourtours dentelés hors du commun.

Plus paisible, la **côte ouest** du Cotentin présente à nouveau de larges plages de sable blond, souvent ourlées de dunes, et parfois prolongées par de grands espaces sableux cultivés, les « **mielles** », comme à Créances. Plages et dunes sont interrompues par de nombreux havres ou quelques éperons rocheux comme le cap de Carteret et la pointe du Roc à Granville, avant d'atteindre le site grandiose du Mont-St-Michel dont la baie se couvre de grèves immenses.

LES ÎLES

St-Marcouf, Aurigny, Guernesey, Herm, Sercq, Jersey, Écrehou, Minquiers, Tombelaine, etc. Qu'elles soient anglaises ou françaises, les îles du littoral ont fasciné plusieurs générations de Normands et bien des visiteurs dont le plus connu est sans doute Victor Hugo. Leur climat nettement océanique les dote d'une végétation luxuriante.

Chausey

À 17 km au large de Granville, l'archipel de Chausey partage avec les îles Anglo-Normandes la douceur exceptionnelle de ses températures. Mais celle que les Anglais ont préféré ne pas réclamer révèle dans d'autres domaines son caractère hors du commun. Avec une amplitude de 15 à 16 m, soit le record d'Europe, les marées de Chausey changent le visage de l'archipel plusieurs fois par jour. 5 000 ha découverts à marée basse, une immensité de rochers cachant homards, bouquet, congres et bars, couverts d'oiseaux ou de varech, disparaissent en quelques heures pour se réduire à 65 petits hectares, quelques cailloux devant une mer affamée, vorace. Des 365 îlots que la légende attribue à l'archipel à marée basse, il n'en resterait que 52 à marée haute. Pour protéger les 200 espèces et plus d'oiseaux fréquentant ses îles et ses îlots (dont les harles huppés qui ne se reproduisent qu'à Chausey), l'archipel est intégré au réseau Natura 2000, et donc reconnu d'intérêt européen pour sa richesse naturelle.

Tatihou

Située à quelques encablures de St-Vaast-la-Hougue, sur la côte est du Cotentin, Tatihou (29 ha) joue à l'île qui n'en est pas une. En effet, quelques heures par jour, pour peu que l'on soit bien chaussé, on peut traverser à pied les fameux parcs à huîtres de St-Vaast pour rejoindre Tatihou en un quart d'heure. Le Conservatoire du littoral, propriétaire des lieux depuis 1989, a fait le choix de mettre en valeur les espèces du littoral en y aménageant un magnifique jardin botanique et maritime. Une partie de l'île est classée réserve ornithologique : les amateurs peuvent y observer des tadornes de Belon, des eiders à duvet, des cormorans et divers limicoles, selon la saison.

Plus lointaines, plus grandes et moins sauvages, les îles Anglo-Normandes ne manquent pas de charme, notamment grâce à leurs jardins.

Pour en savoir plus sur ces îles, voir le chapitre des îles Anglo-Normandes en fin de guide.

Les lumières du large

Les **phares** constituent d'admirables observatoires pour ceux qui ne craignent pas leurs escaliers tournants. Repères précieux pour le navigateur, ils sont aménagés dans de hautes tours qui dominent la mer. La nuit, sur les côtes difficiles d'accès, plusieurs phares sont parfois visibles en même temps. Suivant le cas, chacun d'eux est fixe, tournant ou à éclipses... Parmi les phares normands les plus connus figurent ceux de Gatteville, du cap Lévi à Fermanville et, bien sûr, celui de Goury, à l'extrémité de la pointe de La Hague.

COURANTS ET MARÉES

La différence entre la hauteur de la pleine mer et de la basse mer s'appelle **amplitude** ou marnage. En France, l'amplitude la plus importante s'observe à Granville : les jours de marée de vive eau, le niveau peut monter de 16 m !

Par gros temps, l'attrait exercé par la mer est encore particulier. Voir et entendre à la pointe de Jobourg, à Barfleur ou à Cherbourg, la mer déchaînée, dont les lames viennent s'écraser dans un bruit assourdissant contre les digues pour jaillir en paquets d'embruns, constitue un spectacle grandiose. Gare à ceux qui s'approchent trop près !

Au cap de La Hague, au large de Goury, sévit le terrible **raz Blanchard**, l'un des courants les plus violents des côtes françaises, pouvant atteindre 12 nœuds. Plus d'un bateau s'est abîmé dans ses remous, s'échouant sur les rochers de La Hague. On peut entendre dans la région, qu'avant la construction du phare de Goury en 1837, les charpentes des maisons étaient faites avec les mâts provenant des épaves.

FAUNE ET FLORE

Les oiseaux du littoral

La Basse-Normandie et surtout la presqu'île du Cotentin forment un important **couloir de migration** et un **site d'hivernage** non négligeable. Il est par exemple possible d'observer en automne le passage de la sterne caugek, reconnaissable à son plumage ébouriffé sur la nuque, en septembre quelques espèces de labbes, à la Toussaint le petit pingouin et le guillemot de Troïl qui aime nicher sur les falaises du bord de mer. Quant aux fous

L'estran

Cette zone découverte par la mer à marée basse est particulièrement étendue sur la côte ouest du Cotentin grâce à l'exceptionnelle amplitude des marées.
C'est là que se forment les **prés-salés**, mais également les **havres**, où se mêlent eaux douces et eaux salées. En effet, surtout sur la côte ouest du Cotentin, les rivières locales ont assez de débit pour percer le cordon dunaire et baigner ainsi l'estran, comme au havre de Portbail.
Ces milieux très particuliers abritent notamment la **salicorne**, au délicieux goût de cornichon.

de Bassan, cormorans et goélands, ils font partie du paysage toute l'année. Les falaises de La Hague et du Bessin abritent mouettes tridactyles et pétrels fulmars.

Coquillages et crustacés

Avec des amplitudes de marées parmi les plus fortes d'Europe, le littoral de la Basse-Normandie est le paradis des **pêcheurs à pied**. Ils sont toujours nombreux à arpenter les plages et les rochers à marée basse, un œil sous chaque caillou, traquant le moindre mouvement. C'est que la pêche peut être particulièrement bonne ! Outre les praires, les coques, les palourdes, les bigorneaux, on peut ramasser dans son panier des **étrilles**, des **tourteaux**, du **bouquet** et même des **homards** (particulièrement à Chausey).

Attention, comme partout, la pêche est réglementée ; il faut vous informer *(voir p. 34)* et respecter cet environnement fragile.

Quelques colonies inattendues

Les habitants des eaux plutôt froides de la Manche peuvent être plus exotiques qu'il n'y paraît. Une colonie **de grands dauphins** composée de plus de 100 individus a élu domicile sur la côte ouest du Cotentin. Si cette population reste fragile, elle continue de se stabiliser.
Plus petit que le phoque gris, le **phoque veau-marin** s'observe fréquemment en baie des Veys, où vivent environ 26 individus constituant la seconde colonie de France. Une autre colonie s'ébat en baie du Mont-St-Michel (15-20 individus). Cette baie réserve bien des surprises car, avec un peu de chance, vous pourrez même observer un flamant rose !

Végétation spécifique du littoral

Sur les côtes normandes, deux types de dunes sont à distinguer : les **dunes blanches** et les **dunes fixées**. Les premières, exposées au vent et aux embruns, ne se couvrent généralement que d'une végétation minimale, composée souvent de liserons des dunes, de chardons bleus ou encore d'**oyats** qui, grâce à leur réseau étendu de racines, fixent le sable. Les dunes fixées, plus protégées, développent une végétation plus dense. Les parties plus élevées du littoral, les côtes à falaises, foisonnent de **bruyères** et d'**ajoncs**.

Bocage, campagne et autres milieux

Du paysage normand, le cliché ne montre bien souvent que le verger, ses pommiers, ses vaches et ses haies. Si elle est aussi cela, la Normandie ne s'y résume pas. Le bocage et la campagne normandes couvrent un territoire aussi riche que varié.

LE BOCAGE

Le bocage, paysage-type du Massif armoricain, déborde largement celui-ci à l'est pour s'étendre au Maine, au Perche et au pays d'Auge. Il existe une multitude de pays de bocage, généralement sur des terres acides : le **bocage virois** qui suit le cours de la Vire de sa source à Pont-Farcy, le **pré-bocage** autour de Villers-Bocage, le **Passais** autour de Domfront ou le **Mortainais** dans le sud Manche.
Les **parcelles**, entièrement créées par l'homme, forment un quadrillage de haies dressées sur des levées, cloisonnant à l'infini le pays qui, lorsqu'on y circule, semble boisé. Malgré les évolutions et révolutions agricoles, le paysage de bocage demeure exemplaire en Normandie avec ses **haies** plantées de charmes, de châtaigniers, d'aubépines, d'érables champêtres, d'ormes ou de hêtres. Des générations de Normands ont planté ces talus, plus ou moins denses, plus ou moins hauts, utilisant des branches de noisetier enchevêtrées, quand le barbelé n'existait pas, pour éviter les divagations du bétail.
Si les mutations récentes de l'agriculture atténuent l'originalité de ces terroirs, une certaine réticence au remembrement (plus qu'en Bretagne, par exemple) a préservé en partie les régions bocagères

de Normandie. Sa régression bouleverse cependant l'équilibre biologique de la région, le bocage abritant une faune spécifique (fouines, blaireaux ou hermines), et servant de régulateur d'eau et de température. Depuis peu, des plantations de haies sont localement encouragées avec succès.

LA CAMPAGNE

Prise dans son sens étroit, la **campagne** désigne des plaines aux grands champs ouverts livrés aux labours, où dominent les cultures de céréales. Vue du ciel, celle de Normandie forme un immense damier coloré qui se transforme au fil des saisons.

Campagne de Caen-Falaise – Ce pays de champs ouverts, réputé pour la fertilité de ses sols, se prête à la grande culture, de plus en plus associée à un élevage bovin pour la viande.

Pays d'Argentan-Sées-Alençon – Dans ces exigus secteurs calcaires, les céréales cèdent progressivement le pas aux herbages, notamment à la très productive prairie semée, tandis que se développe l'élevage des bovins à viande.

Bessin – Dépression argileuse en lisière du Massif armoricain, le Bessin confirme sa vocation pour les produits laitiers, parmi lesquels le célèbre beurre d'Isigny et l'élevage de chevaux de selle ou trotteurs.

Cotentin – Si le Cotentin, berceau de la race bovine normande, continue d'être une terre d'élevage, ses paysages enregistrent le recul des herbages naturels ; la côte se spécialise, à l'image de la proche « ceinture dorée » bretonne, dans la culture légumière.

LES MARAIS

Très présents en Normandie, les marais peuvent être baignés d'eau douce, saumâtre ou salée, immergés toute l'année ou seulement quelques mois par an. Les marais du Cotentin et du Bessin, la baie des Veys, la baie du Mont-St-Michel, les marais de la Dives ou de l'Orne, pour ne citer qu'eux, forment autant de **niches biologiques**, de lieux privilégiés de reproduction pour les oiseaux, d'abris pour les migrateurs, de refuges pour les espèces végétales rares.

L'exceptionnelle **richesse ornithologique** de ce milieu n'est plus à démontrer : hérons cendrés, busards des roseaux (le seul rapace tricolore), râles d'eau, bécassines des marais, courlis cendrés, barges à queue noire séjournent sur ces terrains humides.

LA FORÊT

Avec environ 176 160 ha de forêt et un taux de boisement d'environ 10 %, la Basse-Normandie est l'une des régions les moins boisées de France. Si la quantité n'est pas remarquable, la qualité, elle, est au rendez-vous, malgré la terrible tempête de 1999.

Outre les magnifiques **chênes** très prisés de la forêt d'Écouves ou de la forêt des Andaines dans l'Orne, hêtres, châtaigniers et pins composent ces bois verdoyants, fertiles et humides à souhait. Ils font d'ailleurs le bonheur des amateurs de **champignons**, et plus particulièrement de cèpes, qui viennent nombreux à l'automne. Les conifères plantés dans les années 1960-1970 ont en revanche très mal résisté aux différentes tempêtes qui ont balayé la région.

Stéphane Sauvignier / MICHELIN

Vaches sous les pommiers en fleurs.

RELIEFS

D'aucuns pourront trouver présomptueux que l'on nommât les deux massifs montagneux de Basse-Normandie, dépassant rarement les 300 m d'altitude, « Alpes mancelles » et « Suisse normande ». En fait de montagnes, ce sont plutôt de hautes collines qui s'étendent dans le bocage normand, mais les villages pittoresques, les cours d'eau encaissés, les escarpements parfois abrupts, se révèlent véritablement dépaysants. Ces deux massifs sont nés de la jonction entre l'auréole calcaire jurassique du Bassin parisien et les granits, grès rouges et schistes du Massif armoricain.

La Suisse normande

La Suisse normande déploie ses méandres, ses hauteurs et ses vallées encaissées de Thury-Harcourt à Putanges-Pont-Écrepin, en suivant le cours de l'Orne. Très bien balisés, la plupart des sentiers mènent les marcheurs aux panoramas les plus impressionnants comme ceux du **mont Pinçon** (le point culminant, 365 m), de Clécy ou de la **roche d'Oëtre**.

Les versants escarpés font le lit d'une forêt spontanée, difficilement accessible et inexploitée. Ormes des montagnes, érables, tilleuls ou ifs composent de magnifiques forêts de ravins (autour de La Pommeraye) où s'épanouissent en sous-bois le genévrier ou certaines fougères comme la capillaire du nord. Au loin, entre les cimes des arbres et les doux sommets, on peut apercevoir une bondrée apivore, un peu plus fine que la buse, ou un faucon hobereau. Dans le bruissement des sous-bois, s'élève souvent le cri très sonore du pic noir accompagné de son tambourinage frénétique.

Les Alpes mancelles et le massif d'Écouves

Situées entre l'Orne, la Mayenne et la Sarthe, les Alpes mancelles s'étendent au sud-ouest d'Alençon. Marquant l'extrémité de la chaîne des grès armoricains, ce massif abrite les points culminants de tout l'Ouest de la France.

Le plus connu est sans conteste le **mont des Avaloirs**, à l'ouest de la forêt de Multonne en Mayenne ; il se dresse du haut de ses 417 m sur un panorama de bruyères et de sapins.

Son jumeau normand est le signal d'Écouves (417 m), situé dans la forêt du même nom, au nord d'Alençon ; il n'offre malheureusement pas la même vue puisqu'il s'élève en plein bois.

Élevage

Difficile, en parcourant la campagne et les bocages, de ne pas observer ces bovins et ces équidés qui font désormais partie de la vie rurale et des paysages normands.

LES VACHES

L'essor de l'élevage bovin en Normandie, assez tardif au regard des autres régions françaises, date du Second Empire. Longtemps cantonné aux landes et marais, il conquiert alors des terres à sarrasin, à seigle ou à méteil, et la race normande s'impose au début de ce siècle comme la première en France. Race mixte par excellence, la célèbre « **normande** », caractérisée par sa robe à trois couleurs blanc, fauve et brun-rouge foncé disposées en taches ou rayures (les « bringeures »), fournit à la fois une viande de qualité et un lait riche en matières protéiques, idéal pour la confection du beurre. Après un long règne sans partage sur le bocage, elle doit désormais affronter la concurrence. À l'heure actuelle, la normande ne conserve une position majoritaire que dans la Manche et l'Orne, malgré de remarquables atouts : meilleure allaitante, meilleure fromagère, elle donnerait aussi les meilleurs veaux, et sa viande « persillée » est d'une saveur rare.

LES CHEVAUX

Plus de 70 % des pur-sang et des trotteurs français sont élevés en Basse-Normandie, ainsi que les plus forts chevaux de trait (percherons) et l'une des meilleures races d'attelage (le cob).

Le plus réputé est le **pur-sang**, cheval d'élite, rapide, élégant et fin, doté de grandes capacités physiques et athlétiques. Sa carrière de coureur n'excède pas trois ans.

Très charismatique grâce aux champs de course, **le trotteur français** est un demi-sang qui provient du croisement de juments normandes avec des trotteurs norfolk-roadsters. Sa carrière de course est plus longue que celle des chevaux pur-sang. Les rencontres internationales mettent aussi en lumière le « **selle français** », une appellation récente (1958) qui rassemble presque toutes les montures de compétition françaises.

Mais la Normandie s'enorgueillit également d'élever des chevaux lourds et robustes, connus dans le monde entier. Ainsi le **cob normand**, de robe alezane ou baie, est un cheval d'attelage, costaud, ramassé et tout en rondeurs, avec des allures énergiques et un trot confortable. Plus solide encore, le **percheron** est un cheval de trait lourd parmi les plus appréciés au monde, issu du croisement de cobs et de chevaux arabes. De robe noire ou gris pommelé, il est aussi la « carte postale » de la Normandie.

Pour en savoir plus sur les haras en Basse-Normandie, voir « La destination aujourd'hui ».

Gilles Targat / MICHELIN

Chevaux d'élevage dans un pré.

Il serait injuste de ne pas parler ici de l'**âne du Cotentin**. Race reconnue depuis 1997 par les haras nationaux, l'âne du Cotentin est identifiable à son pelage gris cendré, gris bleuté ou gris tourterelle, et à son dos marqué d'une croix de Saint-André. On en compte environ 1 200 aujourd'hui dans le Cotentin, utilisés principalement pour des balades touristiques *(voir p. 181)*.

La protection de l'environnement

Avec ses 7 réserves naturelles, ses 156 sites classés représentant 11 450 ha, son précieux littoral et ses écosystèmes exceptionnels mais fragiles, la Basse-Normandie a dû investir ces dernières décennies dans la protection de son patrimoine naturel.

Le Conservatoire du littoral

Dans les années 1960-1970, la Normandie s'est voulue pionnière dans la mode des bains de mer et des marinas les pieds dans l'eau. Mais, face à l'énorme pression foncière, s'est rapidement imposée la nécessité de protéger le littoral pour les générations futures. Aujourd'hui, le Conservatoire du littoral détient 3 297 ha en Basse-Normandie, soit 78,5 km de rivage et 54 sites naturels protégés. Citons, entre autres, la pointe du Hoc, Omaha Beach, Tatihou, le nez de Jobourg, la pointe de La Hague, Chausey, les dunes d'Hatainville, les marais de Ver-sur-Mer comme quelques-uns des sites définitivement protégés, car inaliénables.

Les parcs naturels régionaux

La Basse-Normandie abrite en ses terres deux très vastes parcs naturels régionaux, l'un tourné vers la mer, l'autre vers les terres. Le **Parc naturel régional des marais du Cotentin et du Bessin** couvre 27 000 ha d'une mosaïque de prairies humides, vertes et riantes l'été, « blanches », car inondées, l'hiver. En plus des cigognes, busards ou courlis qui s'y reproduisent, quelque 20 000 oiseaux d'eau migrateurs y séjournent en hiver, totalement dépendants de ces milieux humides. Plus à l'intérieur des terres, le **Parc naturel régional Normandie-Maine**, créé en 1975, s'étend sur 4 départements en déclinant à l'infini ses paysages de montagne (les Alpes mancelles et la Suisse normande), de forêt (Andaines, Écouves), de bocage (le Passais), de rivières, de tourbières…

Le Mont-Saint-Michel : une merveille à protéger

Entre ciel et terre, se découpant au loin dans la baie tel un vaisseau fantôme les jours de brume, le Mont-St-Michel a toujours exercé une fascination sans pareille. Mais cette image n'est pas éternelle. Depuis quelques dizaines d'années, on observe les herbus gagner du terrain dans la baie sacrée, menaçant le statut insulaire du mont. La récente fragilité de cet écosystème serait imputable à l'intervention de l'homme (barrage de la Caserne, digue) qui a enrayé durablement le fonctionnement naturel de la baie.

Un premier projet de désensablement fut évoqué, puis rapidement rejeté, car démesuré. Le second projet de sauvetage du mont, retenu celui-ci, procèdera directement sur le barrage du Couesnon : il sera modifié de manière à laisser passer l'eau à marée descendante et la digue-route, également responsable de l'accélération de la sédimentation, sera remplacée par un pont-passerelle. La première phase des travaux devrait s'achever vers 2011.

HISTOIRE

C'est la proximité de la Manche qui décida du destin de la Normandie. Terre riche au climat doux, baignée de nombreux cours d'eau, il était impossible qu'elle ne fût pas anciennement peuplée. La première trace retrouvée remonte vers - 200 000 av. J.-C., au foyer de Fermanville, dans la Manche. Les attraits de la région et sa position stratégique lui valurent bien des intrusions et invasions dont la plus déterminante fut celle des Vikings, vers 800, qui la firent devenir Normandie : la terre des hommes du nord. Toponymes et patronymes locaux portent encore leur héritage. Quelques siècles plus tard, Guillaume le Conquérant profita de la Manche pour conquérir l'Angleterre et s'y faire couronner. C'est enfin le débarquement des Alliés en juin 1944 qui fit entrer les plages normandes dans l'Histoire.

Harold reprend la mer et retourne en Angleterre, extrait de la tapisserie de Bayeux.

Quelques faits historiques

PRÉHISTOIRE

Environ – 200 000 - Foyer de Fermanville, dans la Manche.

- 3600 – Tumulus de la Hogue à Fontenay-le-Marmion.

- 2800 – Habitat néolithique de Soumont-Saint-Quentin.

- 2300 – Début des échanges avec l'Angleterre qui fournit l'étain, absent du sol normand et nécessaire pour la composition du bronze.

ÉPOQUE ROMAINE

58-51 av. J.-C. – Conquête romaine.

56 – Sabinius écrase les Unelli au mont Castre.

27 – Organisation de l'Empire par Auguste : la future Normandie appartient à la province de Lyonnaise dont la capitale est Lyon.

1er s. – Essor de cités telle Coutances.

2e s. – Incursions nordiques dans le Bessin. Christianisation du pays.

2e s. – Développement d'Aregenua, capitale du peuple des Viducasses, et construction de la maison au Grand Péristyle *(voir à Vieux)*.

2e s. – Construction de la forteresse de Noviodunum, chef-lieu de la cité des Diablinthes *(voir à Jublains)*.

284 et 364 – Nouvelles incursions nordiques.

DOMINATION FRANQUE

511 – La Neustrie ou royaume de l'Ouest échoit à Clotaire, fils de Clovis.

709 – Aubert, évêque d'Avranches, consacre le mont Tombe au culte de saint Michel.

INVASIONS NORMANDES

Les Vikings harcèlent l'Europe occidentale, touchent l'Afrique et pénètrent même en Méditerranée. Venus de Scandinavie par la mer, leur nom, « hommes du nord », aurait donné le mot « normand ».

800 – Incursion normande sur les côtes de la Manche.

836 – Les chrétiens sont persécutés dans le Cotentin.

858 – Bayeux est ravagé par les Normands.

875 – Nouvelles persécutions de chrétiens dans l'Ouest.

911 – Traité de St-Clair-sur-Epte, qui fonde **la Normandie**.

LE DUCHÉ INDÉPENDANT

933 – Sous Guillaume Longue-Épée, fils de Rollon, le duché prend sa forme définitive par la réunion de l'Avranchin et du Cotentin.

10e-11e s. – Affermissement du pouvoir des ducs. Restauration des abbayes.

1027 – Naissance à Falaise de Guillaume, le futur Conquérant.

1050 – Guillaume épouse Mathilde, fille du comte de Flandre.

1066 – Conquête de l'Angleterre. Guillaume, le duc de Normandie, devenu roi d'Angleterre, est pour le roi de France un vassal menaçant.

1087 – Mort de Guillaume.

1087-1135 – Les trois héritiers de Guillaume sont divisés. Henri Ier Beauclerc restaure l'autorité ducale.

1120 – Naufrage de la *Blanche Nef*, à la pointe de Barfleur. 300 personnes périssent dont deux des trois enfants d'Henri Ier Beauclerc.

1152 – Henri II Plantagenêt, comte d'Anjou, épouse Aliénor d'Aquitaine.

1154-1189 – Henri II roi d'Angleterre.

1202 – Jean sans Terre condamné à la perte de ses biens français.

1204 – Le duché de Normandie est rattaché au royaume de France.

LE DUCHÉ FRANÇAIS

1315 – La Charte aux Normands (symbole de l'individualité du pays).

1346 – Débarquement d'Édouard III d'Angleterre à St-Vaast-la-Hougue. Il s'empare de Valognes, Carentan, St-Lô, Caen et Lisieux avant de gagner la Picardie.

1364-1380 – Campagnes victorieuses de Du Guesclin contre les Anglais dont la victoire de Cocherel marque le début.

1417 – Henri V envahit la Normandie.

1424 – Louis d'Estouteville, défenseur du Mont-St-Michel, repousse pendant dix ans tous les assauts anglais.

La fondation de la Normandie

Par le traité de St-Clair-sur-Epte Charles le Simple, roi de France, accorde à **Rollon**, chef viking, le comté de Rouen en échange de la défense d'autres envahisseurs vikings. Le traité impose aussi à Rollon et ses hommes de se placer sous l'autorité du roi et de se faire baptiser pour entrer dans la communauté chrétienne. Les Vikings deviennent alors « Normands » avant d'être, à la fin du 10e s., des « Francs ».

1437 – Fondation de l'université de Caen, composée de 5 facultés.

1450 – La Normandie est « recouvrée » après la victoire de Formigny et la prise de Cherbourg.

1469 – Charles de France, dernier duc de Normandie, est dépossédé de son duché.

LA PROVINCE NORMANDE

1514 – L'Échiquier de Rouen (ancienne cour de la justice ducale) devient le parlement de Normandie.

1542 – Création de la généralité de Caen.

1625 – Création de la généralité d'Alençon.

1639-1640 – Révolte des Nu-Pieds *(voir à Avranches)*.

1692 – Bataille navale de la Hougue.

LES DÉPARTEMENTS NORMANDS

1786 – Voyage de Louis XVI en Normandie.

1789 – Troubles de Caen, le château ducal est forcé par les révolutionnaires.

1789 – Suppression des provinces. La Normandie est découpée en cinq départements.

1793 – Tentative d'insurrection girondine. Échec des Vendéens devant Granville.

Juillet 1793 – Charlotte Corday se rend à Paris pour assassiner Marat.

1795-1800 – Chouannerie normande.

1800 – Le chef-lieu de la Manche est transféré de Coutances à Saint-Lô.

LA NORMANDIE CONTEMPORAINE

Juin 1940 – Rupture du front de la Bresle.

Juin 1944 – Débarquement allié sur les côtes du Calvados. Bataille de Normandie.

1955-1960 – Deux régions de programme sont instituées, la **Basse et la Haute-Normandie**.

1967 – 1re mise en service de l'usine de retraitement nucléaire de La Hague.

1971 – Le *Redoutable*, 1er sous-marin nucléaire français, est lancé à Cherbourg.

1972 – Deux établissements publics régionaux distincts sont créés pour la Basse et la Haute-Normandie, entérinant la scission de la Normandie.

1975 – Création du Parc naturel régional Normandie-Maine.

1977 – Achèvement de l'autoroute de Normandie.

1979 – Le Mont-St-Michel est le 1er monument français inscrit au patrimoine mondial de l'Unesco.

1986 et 1987 – Mise en service des deux réacteurs nucléaires de l'usine de Flamanville.

1988 – Inauguration du Mémorial de Caen par François Mitterrand.

1991 – Création du Parc naturel régional des marais du Cotentin et du Bessin.

1997 – Violente polémique entre Greenpeace et la Cogema pour les rejets de ses déchets près de La Hague.

2000 – Naufrage du chimiquier italien l'*Evoli Sun* à 35 km au large du cap de La Hague.

2004 – 60e anniversaire du Débarquement avec, pour la première fois, la présence du chancelier allemand et du président russe.

GUILLAUME LE CONQUÉRANT

L'histoire de Guillaume le Conquérant se confond avec la légende, de la descendance viking à la conquête de l'Angleterre.

Le Bâtard

Né d'une union dite « *more danico* », c'est-à-dire à la mode danoise, courante au 10e s., signifiant le concubinage officiel entre Herléva, sa mère, fille d'un artisan du cuir, et Robert le Magnifique, Guillaume a longtemps été surnommé « le Bâtard ». Né à Falaise (Calvados) vers 1027, Guillaume a pour ancêtre le Viking Rollon, d'origine norvégienne, comte de Rouen de 911 à 927, premier duc de Normandie auquel le roi de France, Charles le Simple, avait cédé la ville de Rouen et « plusieurs pays proches de la mer ».
En 1035, quand son père meurt, au cours d'un voyage en Terre sainte, après avoir exercé le pouvoir pendant sept ans, Guillaume n'a que huit ans et devient le septième duc de Normandie. Il reçoit

Guillaume en majesté.

une éducation essentiellement militaire qui fait de lui un formidable guerrier, apprend les rudiments du latin tandis que son instruction religieuse le conduit vers une foi profonde. Le début du règne est tumultueux. Son précepteur, son tuteur et le sénéchal de Normandie, chargés de son éducation, seront tous trois assassinés par des prétendants à la succession normande refusant la légitimité du « Bâtard ».
Guillaume grandit ainsi, dans une atmosphère trouble, de tensions et de meurtres, d'abandons et de disparitions, autant de réalités dures qui affermiront son caractère. En 1046, à peine âgé de vingt ans, Guillaume sort indemne d'une conjuration menée par les seigneurs de Basse-Normandie, dont Guy de Bourgogne et les vicomtes de Cotentin et de Bessin. Conscient des menaces qui pèsent sur sa tête et son duché, il sollicite et obtient le soutien du roi de France, Henri Ier, conformément aux règles féodales qui protègent tout vassal en difficulté.

L'amour de Mathilde

Avec quelques fidèles et l'appui des soldats du roi, il défend ses terres par les armes, triomphe à Val-ès-Dunes et parvient à restaurer son autorité sur la

Pour en savoir plus, visitez le musée Tancrède de Hauteville à Hauteville-la-Guichard.

Le Débarquement

Omaha, Utah, Juno, Sword, Pegasus Bridge... ces noms résonnent toujours fortement en terre normande où ils se sont définitivement ancrés. C'était le 6 juin 1944. Profitant d'une accalmie météo, la plus gigantesque armada de tous les temps surprenait les Allemands qui l'attendaient dans le Pas-de-Calais. Les troupes alliées affrontaient le redoutable mur de l'Atlantique pour libérer la France.

LES PRÉPARATIFS

Les choix stratégiques

Le débarquement sur le continent européen fut réclamé par l'URSS dès l'attaque allemande de juin 1941, mais ce fut seulement après l'entrée en guerre des États-Unis que put être étudiée cette action offensive de grande envergure.
Le plan « Cossac » approuvé, aux conférences de Washington et de Québec (en mai et août 1943), par Roosevelt et Churchill prévoyait le débarquement de troupes d'invasion sur la côte du Calvados. Ce secteur avait été préféré à celui du Pas-de-Calais parce qu'il imposait à ses défenseurs l'utilisation de lignes de communication plus vulnérables : en bombardant les ponts de la Seine et de la Loire, il était possible d'« insulariser » la Basse-Normandie.
On savait en outre que les prévisions ennemies se concentraient sur la défense du Pas-de-Calais. À Noël 1943, le général Eisenhower fut nommé chef des forces expéditionnaires et chargé de la conduite de l'opération « Overlord » (« Suzerain »).

Une entreprise titanesque

La mise en chantier des ports artificiels, fruit des leçons tirées du raid de Dieppe, la construction des innombrables embarcations spécialisées nécessaires à l'opération entretinrent pendant l'hiver 1943-1944 une activité fiévreuse dans tous les ports d'Angleterre. Les bombardements aériens systématiques, visant à paralyser le réseau ferré français, commencèrent le 6 mars 1944, s'ajoutant aux destructions opérées par la Résistance française. Entretenu dans l'incertitude jusqu'au dernier moment, l'ennemi ne changea rien à son plan de défense, concentré sur le Pas-de-Calais ; cependant, au cours du printemps 1944, le maréchal Rommel fit truffer les plages d'obstacles sous-marins, renforçant ainsi très sérieusement le « mur de l'Atlantique ».

L'opération « Fortitude »

L'opération « Fortitude » visait à tromper les Allemands en achevant de les persuader que le Débarquement aurait lieu dans le Pas-de-Calais. Pour y parvenir, les Alliés multiplièrent les « vraies fausses informations » : émissions radio fictives, rassemblements de troupes avec des chars gonflables sur les côtes du Kent les plus proches du Pas-de-Calais, constitution d'une armée fantôme dirigée par Patton. Cette opération se prolongea pendant et après le Débarquement, pour empêcher le déplacement massif des troupes allemandes vers la Normandie. Ainsi, dans la nuit du 5 et le 6 juin, des « dummies », mannequins gonflables chargés d'explosifs, furent-ils largués par des avions au-dessus de sites non

ROGER-VIOLLET

Soldats américains quittant une barge, le 6 juin 1944.

impliqués dans le Débarquement (pays de Caux). Des Alliés parlant parfaitement allemand réussirent à donner de faux ordres aux contrôleurs allemands. L'intoxication visée par le plan Fortitude fut un succès. Jusqu'à fin juillet 1944, Hitler maintint la plus grande partie de ses troupes dans le Pas-de-Calais, où il attendait le déferlement d'une gigantesque vague alliée, considérant le débarquement de Normandie comme une diversion.

Le rôle de la Résistance

Souvent occultée par l'importance accordée au Débarquement, la Résistance normande a pourtant joué un grand rôle pendant l'Occupation. Dès l'été 1940, quelques Normands s'engagent dans la Résistance, on en compte environ 12 000 en octobre 1943 et 25 000 au 1er juin 1944. Les organisations normandes sont multiples et variées, certaines rattachées à de grands réseaux (OCM, Ceux de la Résistance, Ceux de la Libération, Réseau PTT, etc.), d'autres, parfois de toute petite taille, spécifiquement normandes (groupe franc de Villebaudon, maquis du Bocage, maquis de Surcouf qui était le plus redouté des Allemands).

La Résistance, qui effectuait de nombreux sabotages, avait pour principale mission d'obtenir des renseignements afin de tenir les Alliés informés sur la préparation ennemie. Les résistants ont aussi contribué au succès de l'opération Overlord. Les membres du maquis de Beaucoudray ont ainsi intercepté un parachutage d'armes dans la nuit du 9 au 10 mai 1944 et, à quelques heures du Débarquement, ont coupé les lignes téléphoniques. Après le jour J, les résistants ralentissent l'avancée ennemie vers le front de Normandie par les différents plans mis en place comme le plan Violet visant à la coupure des lignes téléphoniques, le plan Bibendum à l'interruption des voies de communication… Certaines missions menées par les résistants normands ont été décisives pour la victoire, c'est le cas de la mission Helmsman destinée à fournir, par la traversée des lignes adverses, un relevé précis du dispositif allemand.

La sanglante répétition du jour J

Le jour J, condamné à réussir, a fait l'objet d'une sanglante répétition, baptisée **opération « Tiger »**. Six semaines environ avant le D Day, le 27 avril 1944, les troupes alliées ont opéré un premier « débarquement » sur les côtes de Devon, à Slapton Sands au sud-est de l'Angleterre. Cette plage fut choisie pour sa ressemblance avec celles d'Omaha et d'Utah. Les villages furent évacués, les routes fermées, les sites et les monuments protégés. 500 des 30 000 soldats réquisitionnés jouaient le rôle des Allemands. Menée dans le plus grand secret, la répétition générale fut émaillée de nombreux accidents et erreurs. Alertées par un trafic radio intense, des vedettes allemandes lance-torpilles ont découvert le convoi. Les Alliés ont tenté de répliquer dans une totale confusion, un millier d'Américains y ont trouvé la mort. Ce tragique événement, couvert par le secret militaire jusqu'en 1984, a au moins permis de régler quelques problèmes graves, de la coordination des fréquences radio entre Américains et Anglais jusqu'à l'utilisation des bouées de sauvetage.

LA BATAILLE DE NORMANDIE

La première semaine ①

Prévu le 5 juin, le Débarquement fut repoussé à cause de conditions météorologiques très mauvaises. Malgré beaucoup d'incertitudes, Eisenhower décida de profiter d'une courte accalmie météo prévue le lendemain pour lancer l'opération. Le 5 juin au soir, à 20h15, fut diffusée la seconde partie tant attendue de la fameuse strophe de Verlaine :
« Les sanglots longs des violons de l'automne blessent mon cœur d'une langueur monotone. »
La nuit va être longue : la gigantesque armada s'ébranle progressivement, des commandos s'envolent vers des sites stratégiques comme les ponts sur l'Orne ou la batterie de Merville, d'intenses bombardements pilonnent les batteries côtières, les 82ᵉ et 101ᵉ divisions aéroportées US sont larguées dans les zones périlleuses, car marécageuses, situées entre Utah et Ste-Mère-Église, etc.
À l'aube de ce jour, vers 6h30, s'engage l'assaut terrestre. Les troupes américaines débarquent sans trop de peine à Utah, grâce à une heureuse erreur de position qui les met hors de portée des batteries. Il en est tout autrement à Omaha où elles doivent faire face à des tirs meurtriers de canons et d'armes automatiques ; clouées au sol, les vagues d'assaut sont également coincées par la mer qui monte. Il faudra attendre le début de l'après-midi et de terribles pertes pour sortir de cet enfer. Non loin de là, les « Rangers » s'emparent héroïquement de la redoutable pointe du Hoc. Les troupes britanniques prennent contact avec les « têtes de plage » de « Sword », « Juno » et « Gold » (de Caen à Bayeux) qui font rapidement leur liaison.

L'aménagement de la tête de pont

L'exploitation du succès initial donne lieu à des pénétrations d'importance inégale : le 5ᵉ corps américain menace Caumont dès le 13 juin. Pour autant, à l'est, les combats prennent d'emblée un caractère acharné : les Anglo-Canadiens sont stoppés, le 7 juin, à 6 km au nord de Caen, tandis que, dans le secteur de Tilly-sur-Seulles, de multiples retours offensifs de l'ennemi rendent la situation instable jusqu'au 20 juin. Le commandement allemand est conscient de l'importance du secteur de Caen, qui va devenir la charnière du front, selon les prévisions du général britannique Montgomery.

Coupure du Cotentin et prise de Cherbourg ②

À partir du 13 juin, les Américains se lancent à travers la péninsule du Cotentin. Elle est « coupée » le 18 juin (prise de Barneville). Faisant alors face au nord, ils investissent le camp retranché de Cherbourg qui tombe le 26 : c'est un succès important et stratégique dans la bataille des approvisionnements.

Bataille de l'Odon et prise de Caen ③

Le 26 juin, pour s'assurer une tête de pont sur l'Orne en amont de Caen, Montgomery décide de déborder la ville par le sud-ouest. Une âpre bataille s'engage pour le franchissement de l'Odon et la conquête de la cote 112.
Elle se poursuivra pendant plus d'un mois. Caen (rive gauche), attaqué en force par l'ouest et le nord-est, tombe le 9 juillet.

Les préparatifs de la percée

« Retenir le plus grand nombre possible de divisions ennemies sur notre flanc est, entre Caen et Villers-Bocage, et faire pivoter le flanc ouest du groupe d'armées vers le sud-est, en un vaste mouvement de fauchage, afin de menacer la ligne de retraite de ces divisions » : ces directives du général Montgomery à ses subordonnés éclairent l'évolution de la bataille de Normandie à partir de début juillet.
Pour les combattants américains de 1944, la campagne du Cotentin – progression vers Cherbourg et bataille de St-Lô – signifie « **guerre des haies** ». Les haies et les chemins qui quadrillent le bocage sont inconnus en Amérique ; ils constituent pour le commandement des pièges

offrant, pour la guérilla, des ressources infinies dont les Chouans avaient déjà su tirer parti. Dans le bocage mystérieux, l'armement moderne n'est pas d'un grand secours : les gros obus de 105 n'ébranlent même pas les levées couronnées par un enchevêtrement d'arbres touffus et de broussailles épaisses, qui constituent autant d'obstacles antichars naturels. Les blindés circulent difficilement dans les étroits chemins creux où toute manœuvre est impossible. Quand ils tentent de franchir le haut talus, ils offrent leur partie vulnérable à l'ennemi tapi derrière la muraille épineuse. Seuls les fantassins opèrent utilement dans « l'enfer des haies » ; cette lutte contre un ennemi invisible impose une tension épuisante ; chaque champ, chaque verger traversé en rampant est une victoire ; la lente progression s'évalue en « haies » et le nettoyage méthodique doit être poursuivi avant l'apparition des chars. Pour que le rôle de ces derniers redevienne efficace, il fallut l'ingénieuse astuce imaginée par un sergent américain : la fixation sur leur avant d'une sorte de soc tranchant en acier.

Bataille de St-Lô ④

Le 3 juillet, les Américains du 8e corps déclenchent une offensive vers le sud, pour gagner le carrefour routier de St-Lô et s'assurer des positions favorables à l'organisation d'opérations de grande envergure. La résistance s'acharne à La Haye-du-Puits et au mont Castre : partout, c'est la « guerre des haies » sous ses aspects les plus déroutants. St-Lô tombe le 19 juillet et l'assaillant se fixe solidement en arrière de la route Lessay-Périers-St-Lô.

Au cours de ces mêmes journées, dans le secteur de Caen, les progrès restent lents. Une attaque de rupture, lancée au sud-est de la ville, est stoppée le 19 juillet dans le secteur de Bourguébus. Jusqu'au 25 juillet, le mauvais temps suspend les opérations sur tous les fronts.

La percée : opération « Cobra » ⑤

Le 25 juillet, à midi, après un terrible pilonnage aérien, le 7e corps passe immédiatement à l'attaque à l'ouest de St-Lô, tandis que le 8e corps se déploie entre Périers et Lessay. Le 28 juillet, les positions ennemies sont enfoncées. Les blindés filent sur les grandes routes, négligeant les nids de résistance secondaires, et délimitent, par la rapidité de leur avancée, de vastes zones d'encerclement. Coutances tombe le 28, Granville et Avranches le 31. Le 1er août, le général Patton prend le commandement de la 3e armée, nouvellement formée, pour la projeter dans la guerre-éclair. Le 8e corps « éclate » en Bretagne (Rennes est pris le 4 ; Nantes, le 12) tandis que le 15e corps, avec qui opère la 2e DB du général Leclerc, se rabat à l'est, vers Laval et Le Mans (9 août).

La poussée au sud de Caen ⑥

Pour appuyer ces opérations, Montgomery fait entrer en ligne la 1re armée canadienne (général Crerar) sur la route Caen-Falaise, à l'extrémité est du front, tandis que les divisions anglaises, poussant sur le sud-est à partir de Caumont et de Villers-Bocage (pris le 5 août), débordent les dernières défenses de la rive gauche de l'Orne.

La bataille de Normandie en chiffres

Au soir du 6 juin ont débarqué : 156 350 soldats dont 23 000 parachutistes. Quelque 11 600 avions, 5 000 navires et des dizaines de milliers de véhicules ont été utilisés.

Les pertes alliées s'élèvent alors à 10 000 hommes tués, perdus ou disparus, 27 avions abattus, 63 endommagés.

La bataille de Normandie fut terrible, avec la participation de plus de 2 millions de soldats alliés, l'acheminement de quelque 3 millions de tonnes de ravitaillement et d'équipements. Le nombre des victimes est tout aussi impressionnant : chez les Alliés on comptabilise environ 200 000 soldats blessés, 40 000 tués, 16 000 soldats portés disparus et environ 20 000 victimes parmi les civils. L'armée allemande comptera 200 000 tués et blessés, et autant de prisonniers.

Stéphane Sauvignier / MICHELIN

Cimetière américain de Colleville-sur-Mer.

Bataille de la poche Falaise-Mortain ⑦

Devant la menace que le 15e corps américain fait peser sur les arrières de la 7e armée, Hitler lui-même monte une contre-offensive visant à couper la 3e armée de ses bases en étranglant le goulot d'Avranches. Les Panzer sont lancés vers l'ouest, dans la nuit du 6 au 7 août, à partir de la région de Mortain ; au fil des raids, ils sont écrasés par l'aviation alliée. Après une semaine de combats acharnés, les Allemands renoncent enfin et se replient vers l'est (12 août).

Au cours de cette deuxième semaine d'août, la 2e DB française, remontant à toute vitesse du Mans, prend Alençon (12 août) et, le lendemain, d'un bond audacieux, va couper, à Écouché, la route Paris-Granville.

Les Canadiens, arrêtés du 9 au 14 sur la ligne du Laison, entrent à Falaise le 17, formant la mâchoire nord de l'étau qui va se resserrer sur les débris de la 7e armée allemande. La jonction des Canadiens et des Américains à Chambois (le 19) conduira à la capitulation. Le 21 août, à la nuit, la bataille de Normandie est gagnée.

Fin de la bataille de Normandie

La terrible défaite allemande, sorte de « Stalingrad en Normandie », ne signifie pas pour autant l'arrêt des combats. Tandis que les débris de cette armée descendent vers la Seine qu'ils réussissent à franchir malgré la destruction des ponts, la libération des villes normandes continue, parfois au prix de bombardements destructeurs : Lisieux est ainsi détruit et perd un millier d'habitants avant d'être libéré le 25 août. Mais les combats les plus acharnés ont lieu au Havre où une garnison de 11 000 hommes s'accroche désespérément. Les bombes ravagent la ville où se terrent quelque 60 000 habitants. Elle est enfin libérée le 12 septembre, mais à quel prix ! Avec plus de 2 000 victimes civiles, la ville est détruite à 85 %. L'essentiel de la résistance allemande a lieu en Normandie qui paye un lourd tribut à la guerre. La libération du reste de la France est assez rapide et Leclerc peut entrer dans Strasbourg le 23 novembre.

UNE BATAILLE, DES CHEFS

La stratégie est un élément décisif dans une bataille et ces généraux y ont joué un rôle majeur. Il faudrait ajouter Hitler dans le commandement allemand, car il a bloqué ou freiné beaucoup de décisions de ses généraux.

ROGER-VIOLLET

Le général Eisenhower.

Le général Dwight **Eisenhower** (américain) est commandant suprême des forces alliées en Europe ; il reçoit la capitulation de l'Allemagne à Berlin le 9 mai 1945. Président des États-Unis de 1953 à 1960. Mort en 1969.

Le général Omar **Bradley** (américain) commande les forces d'assaut américaines lors du Débarquement, puis progresse de la Bretagne à l'Elbe à la tête du 12e groupe d'armées. Mort en 1981.

Le général Philippe de Hauteclocque, dit **Leclerc** (français), commande la 2e division blindée française libre, débarquée à Utah Beach le 1er août. Mort dans un accident d'avion en 1947.

Le général Bernard **Montgomery** (britannique) commande les forces terrestres du Débarquement, puis entraîne le 21e groupe d'armées vers la Hollande et le Danemark. Mort en 1976.

Le général George **Patton** (américain) commande la 3e armée américaine ; exploitant la brèche d'Avranches, il progresse à travers la Bretagne et le Bassin parisien, jusqu'en Bohême. Tué dans un accident d'auto en 1945 *(voir carte historique n° 105)*.

Le maréchal Erwin **Rommel** (allemand) est inspecteur général des côtes de la mer du Nord et de l'Atlantique et commande le groupe d'armées B. Blessé le 17 juin, soupçonné ensuite d'avoir participé à la conjuration contre Hitler, il se suicide sur ordre le 14 octobre 1944.

Le maréchal Gerd von **Rundstedt** (allemand) est commandant suprême du front de l'Ouest, remplacé le 1er juillet après le succès du Débarquement ; il dirige la contre-offensive des Ardennes, puis est fait prisonnier. Mort en 1953.

ART ET CULTURE

Les Vikings ont longtemps été considérés comme de sanguinaires barbares. Certes, ces pillards sacrilèges étaient de féroces combattants mais ont toujours encouragé les arts. Leur parfaite maîtrise du bois et des métaux est attestée par leurs bijoux finement ciselés ou des objets du quotidien tout aussi délicats. Les Normands ont préservé ces savoir-faire précieux, ont amélioré des techniques, se sont spécialisés dans certains artisanats jusqu'à donner naissance à un véritable style normand reconnu depuis quelques siècles dans les domaines de l'architecture, de la dentelle ou du travail du bois.

Gilles Targat / MICHELIN

Intérieur de la cathédrale de Coutances.

Une terre d'églises

Terre de calcaire, de schiste, d'argile et de granit, la Normandie a inspiré au fil des siècles de grands bâtisseurs, des artistes influents et des architectes ingénieux qui ont laissé un patrimoine religieux remarquable.

L'ÉCOLE NORMANDE ET SES ABBATIALES : ART ROMAN (11e S. - DÉBUT DU 12e S.)

Soutenus par les ducs, les bénédictins ont joué un rôle capital en Normandie. Les premiers édifices religieux importants de Normandie sont les églises des riches abbayes. Si les bâtiments monastiques primitifs ont disparu ou ont été modifiés, en particulier à la suite de la réforme de St-Maur, d'admirables églises abbatiales témoignent encore de la « floraison bénédictine » : églises St-Étienne et de la Trinité à Caen, sanctuaires du Mont-St-Michel, de Cerisy-la-Forêt, etc.

L'école normande se caractérise par la pureté des lignes, la hardiesse des proportions, la sobriété du décor et la beauté de l'appareil. Après la conquête du duc Guillaume, l'art normand rayonne en Angleterre (c'est dans la cathédrale de Durham qu'apparaît « officiellement » la croisée d'ogives, au début du 12e s.), puis en Sicile, à la suite des Hauteville. En France, l'école normande ouvre la voie au style gothique.

Les abbatiales se signalent par deux tours encadrant la façade, dont la forme rappelle celle d'un H, et par une tour-lanterne, de plan carré, élevée à la croisée du transept. Nues ou ornées d'arcatures aux étages inférieurs, les tours s'allègent et s'ajourent de baies à mesure qu'elles s'élèvent (au 13e s., beaucoup ont été surmontées de flèches cantonnées de clochetons). Les clochers romans signalent encore de charmantes églises rurales : ils sont couverts d'un toit en bâtière ou coiffés d'une courte pyramide à quatre pans, en charpente ou en pierre, embryon de la flèche gothique.

S'il est une particularité qui frappe sitôt que l'on pénètre dans les abbatiales normandes, c'est la clarté régnante et l'ampleur des dimensions. La nef est large ; elle présente, en élévation, deux étages d'ouverture au-dessus des grandes arcades en plein cintre. L'ensemble apparaît d'une hardiesse surprenante pour un édifice roman, car, de manière délibérée, les moines de Normandie ont repoussé la lourde voûte en berceau et adopté souvent une toiture de charpente pour la nef et les tribunes, et une voûte d'arêtes dans les bas-côtés. Enfin, au niveau des fenêtres hautes, une galerie de circulation est ménagée dans les murs épais. Une coupole supporte la magnifique tour-lanterne qui diffuse à flots la lumière du jour.

La décoration normande – À l'exemple des églises romanes, ces abbatiales étaient enluminées, à grande échelle, comme les manuscrits ; les thèmes restaient ceux de l'iconographie byzantine. Le décor sculpté de l'école normande met en relief différents motifs, dont les principaux sont les frettes (lignes brisées dont l'assemblage dessine une suite de créneaux ou de rectangles). Les motifs décoratifs, agrémentés parfois de quelques moulures, têtes plates d'hommes ou d'animaux, soulignent les voussures, les archivoltes, les corniches et les moulures. Les moines ont parfois transposé en faible relief des motifs copiés sur des étoffes, des ivoires et des objets d'orfèvrerie rapportés d'Orient ; telle est l'origine des écoinçons des grandes arcades de Bayeux. Les chapiteaux sont assez rares, la plupart sont à godrons ou décorés de feuillages élégamment stylisés.

GOTHIQUE (12e S. - 15e S.)

Le gothique est, par excellence, l'art des cathédrales, symbole de l'élan religieux de la population et de la prospérité grandissante des villes. Au 13e s., une fusion s'opère entre le style gothique et les traditions architecturales normandes ; la cathédrale de Coutances en est le plus bel exemple. La pureté des proportions, le caractère altier et dépouillé du style normand s'allient merveilleusement aux raffinements de la construction gothique, comme dans la tour-lanterne de Coutances.

C'est aussi l'époque des superbes clochers de la plaine de Caen et du Bessin, si caractéristiques avec leur haute flèche de pierre (souvent ajourée pour offrir moins de résistance au vent), cantonnée de clochetons. L'église St-Pierre de Caen présente un véritable résumé de l'architecture gothique, depuis son chœur du 13e s., sa façade rayonnante ornée d'une rose jusqu'au chevet commencé à la fin du 15e s. en gothique flamboyant.

Jusqu'au 16e s., le style conçu en Île-de-France, à partir de la croisée d'ogives et des arcs-boutants, s'appelle « travail à la française » ou « mode française ». Les Italiens de la Renaissance, réfractaires

La Merveille

L'abbaye du **Mont-St-Michel** constitue un parfait exemple d'architecture gothique et, plus particulièrement, les bâtiments conventuels surnommés « **la Merveille** » *(voir p. 253 et 255).*

à cet art parisien, lui donnent le nom de « gothique », fort péjoratif dans leur esprit. Le nom, dépourvu de sa signification méprisante, s'est maintenu. Les Français empruntent aux abbatiales normandes leurs façades en H et leurs vastes tribunes (la façade de Notre-Dame de Paris est bâtie sur le modèle de la Trinité de Caen et ses tribunes sur celui de l'Abbaye-aux-Hommes).

LE GRAND SIÈCLE (17e S. - 18e S.)

Les premières décennies du 17e s. coïncident avec la réaction catholique de la Contre-Réforme. Les jésuites construisent de nombreux collèges et chapelles : ce sont des édifices corrects et froids, dont la façade se caractérise par la superposition des colonnes, un fronton et des consoles renversées, ou ailerons, raccordant l'avant-corps central aux corps latéraux.

Les abbayes bénédictines qui ont adopté la réforme de St-Maur retrouvent leur rayonnement. Au début du 18e s., les bâtiments monastiques de l'Abbaye-aux-Hommes à Caen sont reconstruits par un frère, Guillaume de la Tremblaye. Si le plan traditionnel est conservé, l'architecture et la décoration se révèlent empreintes d'une certaine noblesse et d'une austère beauté.

Église du Vieux St-Étienne à Caen.

Amaury de Valroger / MICHELIN

Le château de Bricquebec.

Architecture militaire

Mottes, enceintes et donjons se sont révélés indispensables aux ducs de Normandie pour protéger leur territoire. Les châteaux fleurissent donc dans le duché, jusqu'à ce que la paix transforme les forteresses en demeures d'apparat.

LES CHÂTEAUX FORTS

Dans la Normandie médiévale, le « permis de construire » d'un château féodal est accordé aux barons par le duc suzerain qui, aussi prudent que puissant, se réserve le droit d'y mettre une garnison, et interdit les guerres privées. Les ducs encouragent la construction de châteaux forts aux frontières du duché.

Les premiers, appelés châteaux à motte, furent bâtis en terre et en bois, entourés d'un large fossé, tels qu'ils sont représentés sur la tapisserie de Bayeux. Au 12e s., ils se dotent d'un grand donjon de pierre qui sera la seule partie habitée jusqu'au 13e s. Outre le fascinant donjon de **Falaise**, l'un des rares encore debout, ceux des châteaux de Caen, d'Argentan et de Domfront voient le jour sous l'impulsion du duc-roi Henri Ier Beauclerc. À partir du 14e s., on construit sur la cour, à l'intérieur du corset de fortifications, un corps de logis plus hospitalier. Le donjon devient alors un ultime réduit. C'est l'époque où la chemise, rempart circulaire qui enserre le donjon, habille la forteresse. Le château de Cherbourg, malheureusement rasé, en était, d'après les descriptions d'époque, un superbe exemple. À l'âge gothique, les donjons vont totalement disparaître tandis que les remparts se renforcent d'organes défensifs : le chemin de ronde et le parapet crénelé ainsi que les canonnières et les mâchicoulis laissent peu de chances aux assaillants. La porte principale est défendue par un pont-levis ou un châtelet comme c'est le cas pour la forteresse d'Alençon, aujourd'hui prison.

LA MUTATION

Après la guerre de Cent Ans (1337-1453), les châteaux forts tombent peu à peu en désuétude. La paix qui semble s'installer et les progrès soudains de l'artillerie auront raison de ces terribles forteresses. Si quelques-unes furent détruites, la plupart furent transformées en luxueuses demeures.

C'est ainsi qu'aux 15e-16e s., aux austères bâtiments médiévaux se juxtaposent souvent : ici un corps de logis de style Renaissance, là une galerie, ou encore des tourelles ornées de pilastres, de médaillons et creusées de lucarnes ouvragées. C'est le cas du **château de Fontaine-Henry** *(voir p. 225)* qui fut rebâti vers 1537 sur les fondations et les caves de l'ancienne place forte du 12e s. avec un décor exceptionnel. Les **châteaux de Creully** *(voir p. 140)* et de Chanteloup *(privé)* dans la Manche ont également bénéficié d'importantes transformations.

Les châteaux construits à partir du 17e s. n'ont plus de châteaux que le nom et deviennent plutôt des forteresses d'apparat, tel le **château de Balleroy** *(voir p. 124)*, l'un des plus purs exemples du grand style Louis XIII, ou encore le **château de Bénouville** *(voir p. 202)*, caractéristique de l'architecture néoclassique de la fin du 18e s.

Architecture et esthétique

La Renaissance introduit dans l'architecture un souci esthétique qui embellit nombre de demeures en Normandie. Pour preuve les nombreux manoirs, les châteaux et les parcs.

RENAISSANCE NORMANDE (16e S.)

Archevêque et mécène de Rouen, Georges Ier d'Amboise a introduit en Normandie des « usages et modes d'Italie ». Les nouveaux motifs : arabesques, rinceaux, médaillons, coquilles, vases, etc., s'intègrent à l'art flamboyant. Parmi les œuvres religieuses de cette période, le chevet de **St-Pierre de Caen**, chef-d'œuvre d'exubérance, est une pièce importante.

Le style Renaissance déploie toute sa grâce dans l'architecture privée. On habille d'abord au goût du jour les constructions antérieures ou l'on y ajoute un corps de logis délicatement décoré comme aux châteaux d'Ô et de Fontaine-Henry. On compte alors moins d'enceintes fortifiées que de grands parcs et de jardins. Par l'intermédiaire des humanistes, l'emprise classique se précise : on cherche la justesse des proportions et la superposition des trois ordres antiques. Insensiblement, le souci de la symétrie et de la correction dessèche l'architecture ; la pompe l'emporte sur la fantaisie.

En Normandie, la sève gothique survit, sous des aspects charmants, dans de petits manoirs et d'innombrables « châteaux d'herbage » qui arborent un air féodal avec fossés, tourelles et crénelage, adoptant soit la construction à colombages, soit un petit appareil de pierre et de brique de couleur.

Les villes normandes abritent de nombreux hôtels Renaissance, vastes demeures seigneuriales construites en pierre. Si la façade est toujours sobre, il faut pénétrer dans la cour pour admirer l'ordonnance de l'architecture et la richesse de la décoration, comme à l'**hôtel d'Escoville** à Caen. Tandis que les principes de construction des maisons à pans de bois restent inchangés, le décor des demeures bourgeoises s'enrichit au 16e s. et devient moins primesautier.

Beaucoup de ces vieilles demeures ont été magnifiquement restaurées. Alençon, Bayeux, Caen, Domfront en conservent de beaux exemples.

LE GRAND SIÈCLE

Après les guerres civiles, le règne d'Henri IV marque un renouveau artistique. On adopte un mode de construction économique en accordant une place importante à la brique : c'est une floraison de jolis châteaux aux simples façades rose et blanche, coiffés de hauts toits d'ardoise gris-bleu.

Construit entre 1626 et 1636, le château de Balleroy est un magnifique exemple d'art classique. Son parc de 135 ha offre suffisamment d'espace pour que l'œil saisisse l'unité de ses ensembles. On est là dans la demeure d'apparat *(voir ci-avant « Architecture militaire » et ci-après « Parcs et jardins »)*.

Entre le 17e et le 18e s., les bourgs changent peu à peu de physionomie : de magnifiques palais épiscopaux, des hôtels de ville aux longues façades et de vastes hôtels particuliers bordent désormais les rues centrales.

PARCS ET JARDINS

Dès le 16e s., châteaux, fermes, monastères commencent à se doter de parcs en suivant les différentes modes : tout d'abord classique, dite « à la française », comme les superbes jardins de **Brécy** *(voir p. 141)*, puis romantique tel l'envoûtant jardin de **Nacqueville** *(voir p. 188)* et la mode anglaise, évoquée dans le parc du château de Canon *(voir p. 159)*. Se distinguant de toute tradition, le jardin de **Vauville** se consacre aux essences de l'hémisphère sud *(voir p. 191)*. Il profite du microclimat de la pointe du Cotentin, tout comme le parc des **Ravalet** *(voir p. 172)* ou celui de Nacqueville.

Amaury de Valroger / MICHELIN

L'artichaut, omniprésent à Brécy.

DESTRUCTIONS ET RECONSTRUCTIONS AU 20e S.

La Normandie, située à l'écart des grandes voies d'invasions terrestres, n'avait pas connu de dévastations depuis les guerres de Religion. L'invasion allemande de 1940, les bombardements et les opérations de 1944 causèrent sur l'ensemble de son territoire des dégâts considérables. Plus de 200 000 immeubles furent détruits ou endommagés et presque toutes les grandes villes, comme Caen, très gravement touchées. La seule cité qui parvint à sortir intacte du conflit fut Bayeux.
L'ampleur des destructions et les impératifs actuels de l'urbanisme ont conduit à remodeler nombre de localités normandes. Aux rues étroites et tortueuses d'autrefois se sont substituées des voies larges, facilitant la circulation.
Vingt ans furent nécessaires à la reconstruction : les matériaux locaux (pierre de Caen à Caen, granit à Vire) furent employés en priorité pour conserver l'identité des villes. Quelques constructions audacieuses virent le jour comme l'église de Villers-Bocage *(voir Aunay-sur-Odon)* ou l'hôpital-mémoire de St-Lô *(voir St-Lô)*. Le bourg rebâti d'Aunay-sur-Odon est une remarquable réussite de la reconstruction d'après guerre. Mais, que les villes et les villages bombardés n'aient pas conservé un bâtiment ancien, une église, un hôtel particulier, voire tout un quartier d'avant guerre, reste rare. En déambulant dans Caen ou Cherbourg, à quelques pas des grandes artères reconstruites, une maison à pans de bois accroche le regard, une ruelle soudain sinueuse fait ressurgir le temps d'avant.

Habitat et architecture

Des maisons de pierre aux manoirs, des villas balnéaires aux chaumières à colombages blanc et brun aux toits de chaume couronnés d'iris, l'habitat normand se décline tout en contrastes et en nuances.

LE COLOMBAGE

Utilisé pour les granges et les hangars dans l'Avranchin, le Mortainais et le Domfrontais, le colombage présente une ossature de bois constituée par des croisées de pièces horizontales et verticales. Un muret construit au sol permet d'isoler la maison de l'humidité. Sur ce muret repose une semelle, ou sablière basse (poutre horizontale), qui maintient l'écartement des poteaux verticaux. La sablière basse est divisée en autant de morceaux qu'il y a d'intervalles entre les poteaux, ou colombes. La sablière haute, ou panne sablière, se compose d'une seule poutre, appelée traverse, sur le pignon.

MAISONS RURALES

Si la maison à colombages est typique, elle n'est pas la seule demeure normande. Du Cotentin à la plaine de Caen, du Bessin à la campagne d'Argentan ou à la Suisse normande, ce sont autant de maisons rurales issues du terroir, d'un savoir-faire particulier des maçons et des charpentiers locaux.
Dans le **Cotentin**, ce pays où le vent souffle et où les embruns viennent lécher les façades, les maisons se serrent les unes contre les autres, formant des villages bien abrités. Autour de la cour rectangulaire, les bâtiments dispersés

Rodolphe Corbel / MICHELIN

Illustration d'une maison rurale normande (région de Domfront) se font face. Les fermes comme les églises n'ont qu'un rez-de-chaussée. Dans le Nord-Ouest (La Hague), les solides maisons de grès, schiste ou granit se regroupent, parfois blotties dans un pli de terrain. Les robustes toitures sont couvertes de lourdes dalles de schiste opposant une farouche résistance au vent. Autour de Coutances, les maisons sont bâties en pierre blanche, bleue et en granit, tandis que dans le marais de Carentan dominent les chaumières aux murs de terre.

Dans la **plaine de Caen**, ce grand et plat pays de champs ouverts, entre la Dives et l'Orne, le sous-sol fournit une pierre aussi tendre à travailler que résistante, grise, beige ou blanchâtre. Les fermes entourées de hauts murs se caractérisent par des cours fermées. On pénètre dans ces fermes, d'apparence austère, par un porche au-delà duquel surgit la maison à un ou deux étages occupant le fond de la cour. Les petites exploitations comportent deux corps de bâtiment, l'un constitué de la maison et de l'étable ou la grange, l'autre de l'étable et d'une écurie.

Dans la **campagne d'Argentan**, les maisons, pour la plupart à cour fermée, aux toits de tuiles plates et petites, présentent des façades sur lesquelles portes et fenêtres sont réparties de façon symétrique. Les fermes associent schiste, brique (cheminées, encadrements de baies) et calcaire (remplissage des murs) ; certaines s'entourent de murs sur une moitié et d'un écran végétal sur l'autre.

En **Suisse normande**, lieu de villégiature très apprécié, les maisons se caractérisent par une variété de granit et de schiste, « l'ardoise du Pont-de-la-Mousse », de couleur bleu-gris veiné de rose, que l'on extrait près de Thury-Harcourt. Dans la vallée de l'Orne, les maisons situées dans le fond de la vallée sont resserrées les unes contre les autres ; sur les pentes, elles se dispersent jusqu'à devenir solitaires.

VILLAS ET STATIONS BALNÉAIRES

Avec plusieurs centaines de kilomètres de côtes, alternant falaises escarpées et plages de sable fin, la Normandie ne pouvait échapper à l'essor des stations balnéaires.

Née sous le Second Empire, la mode balnéaire s'est épanouie à partir de 1880. La vogue des bains de mer, l'air iodé, le varech abondant, le goût du loisir ou du repos et l'arrivée des lignes de chemin de fer sont autant de raisons qui ont favorisé

F. Decaens / Inventaire Général de Basse-Normandie

Villas d'Hermanville-sur-Mer.

la villégiature maritime. Ainsi, de nombreuses stations se sont-elles érigées sur les côtes de la Manche (Agon-Coutainville, Carteret, Granville, Carolles, etc.) et du Calvados (Courseulles-sur-Mer, Ouistreham-Riva-Bella, Lion-sur-Mer ou Hermanville-sur-Mer).

La plupart des stations sont bâties selon un schéma identique, une rue principale reliant l'agglomération balnéaire au centre historique, l'extension urbaine s'étendant ensuite le long du littoral. Contrairement à la Côte Fleurie, les côtes du Calvados et du Cotentin n'ont pas connu de grandes opérations immobilières, propices à l'émergence de stations mondaines. L'architecture des villas reflète les goûts modérés d'une clientèle constituée essentiellement par la petite bourgeoisie provinciale et parisienne. On ne rencontre guère de demeures monumentales et exubérantes. La majorité des maisons de plaisance ressemble aux constructions traditionnelles de la plaine de Caen, en moellon enduit avec chaînages et chambranles de baies en pierre de taille et toit en ardoise.

Cependant, de l'embouchure de l'Orne à Arromanches, la Côte de Nacre, étendue sur 30 km, berceau historique de la balnéothérapie en Basse-Normandie, n'a pas échappé, à la fin du 19e s., à un certain goût pour le style néonormand, sur le modèle de la Côte Fleurie. Le littoral caennais avait très tôt acquis une réputation enchanteresse de douceur thérapeutique et climatique. On y a construit de superbes villas. Épargnés par les bombardements de la Seconde Guerre mondiale, les fronts de mer de gros bourgs ou de petites villes offrent un bel échantillon de villas balnéaires.

ABC d'architecture

Les dessins présentés dans les planches qui suivent offrent un aperçu visuel de l'histoire de l'architecture dans la région et de ses particularités. Les définitions des termes d'art permettent de se familiariser avec un vocabulaire spécifique et de profiter au mieux des visites des monuments religieux, militaires ou civils.

Architecture religieuse

SÉES – Cathédrale Notre-Dame (13e s.-14e s.)

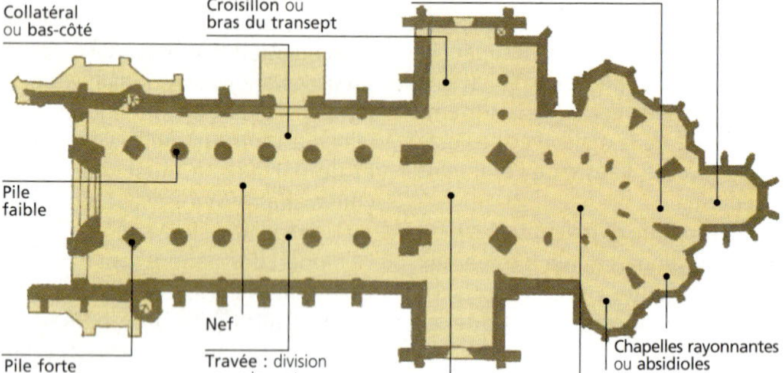

BAYEUX – Élévation d'une travée du chœur

R. Corbel/MICHELIN

CAEN – Chevet de St-Étienne (Abbaye-aux-Hommes)

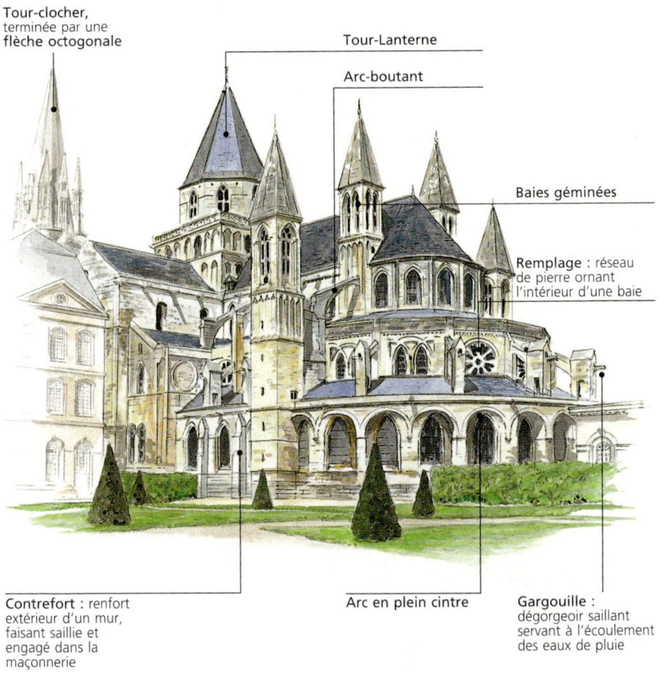

GRANVILLE – Façade principale de l'église Notre-Dame (17e s.-18e s.)

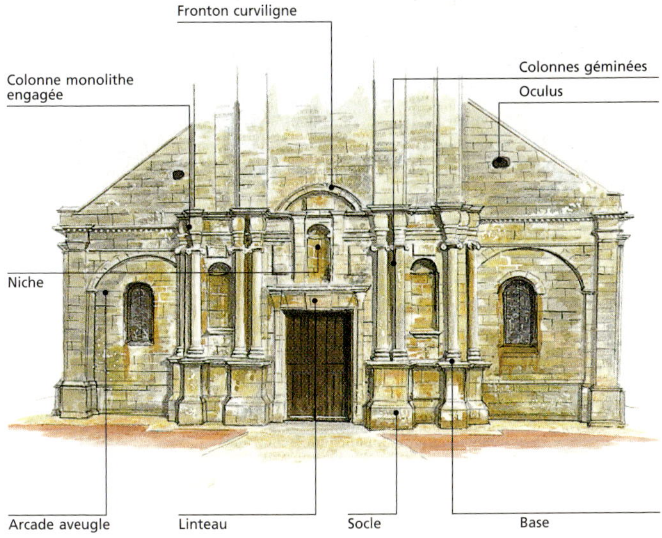

R. Corbel/MICHELIN

BAYEUX – Nef et chœur de la cathédrale Notre-Dame (12e s.-15e s.)

R. Corbel/MICHELIN

NÉAU – Retable de type lavallois (1660)

Architecture militaire

LASSAY – Château fort (1458)

Architecture civile

Château de FONTAINE-HENRY (15e s.-16e s.)

Château de BALLEROY (1626 à 1636)

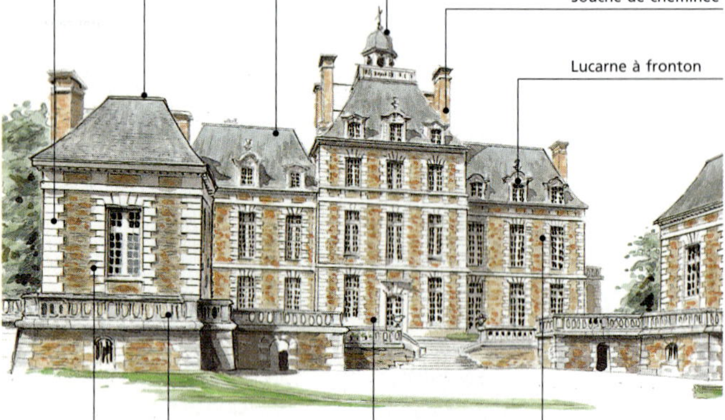

R. Corbel/MICHELIN

Villa aux biches (fin 19e s.) environs de BAGNOLES-DE-L'ORNE

Villa Le Guet (début 20e s.) GRANVILLE

R. Corbel/MICHELIN

Art de vivre

Que ce soit dans l'ouvrage du bois, le travail du cuivre ou encore l'art de la dentelle, les Normands ont depuis longtemps su exceller dans leurs domaines. Ces trois artisanats ont gagné leurs lettres de noblesse en faisant rimer style normand et qualité.

Coll. Musée du Meuble normand / Studio 3Bis / MICHELIN

Lit à montants 18e s., pays d'Auge.

LES MEUBLES DE BASSE-NORMANDIE

Armoire normande, **buffet** normand, **horloge** normande… Qui ne connaît, au moins de réputation, ces trois éléments majeurs du mobilier traditionnel de la province ? La première fait son apparition dès le 13e s. et remplace peu à peu le coffre à habits du Moyen Âge ; le second existe déjà au début du 17e s., tandis qu'au 18e s. se répand l'usage de l'horloge. C'est l'âge d'or du mobilier normand. Aujourd'hui encore, la taille de ces meubles, leur solidité et leur élégance assurent leur popularité auprès des gens de goût.

L'armoire

La majestueuse **armoire en chêne massif** domine dans l'ameublement normand. Ornée de jolies ferrures de cuivre, ou autre métal découpé, de médaillons, d'une corniche sculptée de colombes, de nids, d'épis de blé, de fleurs ou de fruits, ou encore de carquois de Cupidon, elle constituait souvent la « corbeille » de noce de la jeune mariée, contenant son trousseau. L'armoire avait valeur de symbole dans le mariage, et son transport du domicile des parents de la fiancée jusqu'à celui du futur couple était l'occasion de festivités traditionnelles.

L'horloge

S'ajoutant à l'armoire, au buffet ou au vaisselier délicatement ouvragés, l'horloge fait aussi partie des intérieurs normands, qu'il s'agisse de l'horloge « cercueil » en forme de pyramide renversée, de l'horloge « à corbeilles », dont la tête est ajourée de sculptures représentant des corbeilles de fleurs et de fruits, ou bien de la haute horloge à balancier, au cadran de bronze doré délicatement ciselé, de cuivre, d'étain ou d'émail, parfois rétrécie en son milieu et alors appelée « demoiselle ».

LA DENTELLE

Afin de freiner les importations massives de dentelles italiennes, Colbert entreprit, au 17e s., d'implanter l'art de la dentelle en Normandie. Il créa une manufacture royale à Alençon et introduisit ce travail difficile dans quelques hospices et hôpitaux bas-normands ; les petites pensionnaires pouvaient ainsi contribuer aux ressources de l'établissement. Le succès dépassa ses espérances puisque la renommée des dentelles normandes s'étendit bientôt à la France entière et passa même les frontières du pays.
Deux techniques étaient employées :

La dentelle à l'aiguille à Alençon et à Argentan – Ce travail lent et minutieux doit être exécuté par plusieurs ouvrières spécialisées : la traceuse fixe les fils de trace, la réseleuse exécute le fond… Les morceaux ainsi travaillés sont de petite taille (10 à 15 cm^2).

La dentelle au fuseau à Bayeux, Caen et Villedieu-les-Poêles – Elle se réalise sur un métier appelé « carreau ». Les fils sont enroulés sur de petits fuseaux ou « bloquets » en bois tourné d'if, de buis ou de sureau, quelquefois finement décoré, que la dentellière manipule rapidement produisant ce bruit clair et léger si caractéristique.

La dentelle fut en vogue jusqu'à la fin du 19e s. et les silhouettes des dentellières groupées sur le pas des maisons étaient encore familières dans les localités bas-normandes avant la Première Guerre mondiale. L'apparition de la dentelle mécanique précipita la désertion déjà amorcée de ce travail dur et mal payé.

CUIVRE ET CLOCHES À VILLEDIEU-LES-POÊLES

Dès le 14e s., plusieurs confréries d'artisans du cuivre se groupèrent à Villedieu pour y implanter leurs ateliers. Devenus rapidement indissociables de la ville, ils lui offrirent son nom actuel : Villedieu-les-Poêles. Les métiers du cuivre se répartissaient comme suit :
Le **chaudronnier** fabriquait des bassinoires, des alambics, des coqs de clochers, des chaudrons ou des cannes

(vases pour le transport du lait). Les **dinandiers** pratiquaient la chaudronnerie d'art.
Le **poêlier** fabriquait les poêles, grandes bassines en cuivre à rebord plat, sans anse, dans lesquelles cuisait la bouillie de sarrasin.
Les **fondeurs** ouvrageaient les ferrures, charnières et entrées de serrure des armoires normandes. Quant aux **fondeurs de cloches**, ils s'installèrent à Villedieu à la fin du 18e s., mettant fin à la tradition des fondeurs itinérants. Aujourd'hui, l'atelier Cornille-Havard perpétue ce savoir-faire dans le respect des gestes d'autrefois *(voir Villedieu-les-Poêles)*.
La chaudronnerie s'est maintenue plus longtemps que la poêlerie (qui s'est éteinte après 1870) grâce à l'essor de la production laitière normande qui nécessitait cannes et seaux de bonne qualité. Après la Première Guerre mondiale, ces ateliers appelés « batteries » (car on y bat le cuivre), au sol de terre battue hérissé d'enclumes, avec au fond le foyer et son soufflet, se mettent au goût du jour. Si Villedieu-les-Poêles vibre encore aujourd'hui du bruit entêtant du martelage, c'est qu'il a su se reconvertir dans la fabrication de casseroles, de plats, de coupes, de bougeoirs décoratifs, etc.

Artistes et écrivains

La Normandie peut s'enorgueillir d'être une terre d'art et de lettres. Enluminures, tableaux et romans en témoignent : ses paysages et ses habitants ont maintes fois joué le rôle de muses. Ces œuvres permettent d'appréhender la région sous un autre angle.

L'ENLUMINURE

La Normandie recèle une exceptionnelle collection de manuscrits enluminés des 11e et 12e s., exhumés des nombreuses abbayes jalonnant la région. Inspirés par l'art carolingien, dotés d'un sens artistique remarquable, les Normands ont su déployer un savoir-faire original dans le décor de lettrines. Dans la plupart des manuscrits, une grande lettrine décore la première page et des lettrines secondaires couvrent la suite du texte. La lettrine ornée embellit le début d'un texte, parfois un chapitre ou un paragraphe. L'ornementation variant selon les lettres, les copistes ont joué avec trois types de formules : les initiales zoomorphiques, caractérisées par des corps d'animaux, franco-saxonnes, purement graphiques, et anglaises, marquées par un feuillage luxuriant. La singularité du travail normand réside dans l'invention des « rinceaux habités », arabesques végétales gagnant tout l'espace. Des êtres humains, des animaux ou des créatures fantastiques se meuvent subtilement dans l'enchevêtrement de rameaux arrondis. Le décor sophistiqué adoucit la rigueur d'une initiale, profite de son exubérance ou compose avec sa figure.
Le **Scriptorial d'Avranches** conserve les manuscrits du Mont-St-Michel *(voir Avranches)*.

IMPRESSIONNISME

Au 19e s., la peinture passe au premier plan de l'art français : ce siècle marque la victoire du paysage sur la peinture d'histoire ou la scène de genre, et la Normandie, terre bénie des Muses, va devenir le berceau de l'impressionnisme.

SELVA

La plage des Bains à St-Pair, par E. Lansyer (1879), musée du Vieux Granville.

Lorsque les romantiques découvrent la Normandie, **Eugène Isabey** (1803-1886), paysagiste amoureux de la mer et de la lumière, travaille sur la côte encore déserte. Influençant directement Boudin, il est l'un des chaînons reliant l'école paysagiste de 1830 à l'impressionnisme. L'Anglais **Bonington** (1802-1828), contemporain d'Isabey, traduit dans ses aquarelles la fraîcheur humide des plages.

Quelques années plus tard, dans les landes de La Hague, un jeune paysan méditatif, **Jean-François Millet** (1814-1875), né à Gruchy, près de Cherbourg, observe la vie campagnarde. Devenu peintre, il reste fidèle à cette vision réaliste ; aidé parfois d'un croquis hâtif, aux côtés de Mouchel et de Langlois, il dessine ou peint de mémoire des scènes célébrant avec un sentiment profond le travail de la terre : vanneurs, semeurs, moissonneurs.

Dans la seconde moitié du 19e s., l'activité artistique se concentre autour de la Côte de Grâce. Les peintres sortent des ateliers pour travailler en plein air, en quête d'émotions, d'impressions. En Normandie, ils appréhendent la nature dans sa totalité, telle qu'elle se présente à l'œil, instable et nuancée, avec ses ciels en mouvement, la lumière de ses horizons marins, dans une palette dégradée de verts, de bleus, blancs et ocres.

Terre de bocages, d'abbayes et de manoirs, avec un littoral partagé entre les falaises, les plages de sable fin et les villas balnéaires, la Normandie a vu naître nombre d'écrivains et n'a jamais cessé d'inspirer les artistes et les hommes de lettres.

HOMMES DE PLUME

Au 12e s., *Le Roman du Rou* conte en vers l'histoire des ducs de Normandie, une chanson de geste qui n'a pas été sans influencer Chrétien de Troyes. L'auteur, **Robert Wace**, né à Jersey vers 1110, fut clerc à Caen, puis chanoine à Bayeux.

Au 13e s., la Normandie, riche de nombreuses abbayes, devient une terre d'élection pour la littérature. Auprès des moines et des clercs au fait de l'histoire et des traditions légendaires, les poètes trouvent inspiration et documentation pour des épopées baignées de merveilleux chrétien que sont les chansons de geste. Ainsi, sans doute, s'est élaborée *La Chanson de Roland*.

Au 15e s., Caen peut s'enorgueillir d'une université et compte au 16e s. nombre d'humoristes et de poètes, dont Jean Vauquelin de La Fresnaye, auteur de *Satires* et d'un *Art poétique français*. Mais le plus connu reste Malherbe (1555-1628).

Le fondateur du régionalisme normand est **Barbey d'Aurevilly** (1808-1889), grand seigneur du Cotentin, né à St-Sauveur-le-Vicomte. Aidé par un style brillant et chaleureux, redoutable par son intelligence acérée et son génie de la polémique, il s'efforce, comme les impressionnistes en peinture, de rendre l'atmosphère, la qualité, la rareté du pays. La ville de Valognes, où il passa une grande partie de son adolescence, tient une place importante dans son œuvre, notamment *Ce qui ne meurt pas, Le Chevalier Des Touches, Les Diaboliques,* etc.

Octave Mirbeau (1848-1917) – Né à Trévières près de Bayeux, journaliste et écrivain engagé, il prit part aux querelles littéraires et politiques de son époque jusqu'à défendre les idées anarchistes. Romancier au verbe truculent et imagé, il est le peintre féroce et ironique d'une société bourgeoise dans son *Journal d'une femme de chambre*, porté à l'écran par Luis Buñuel.

ROGER-VIOLLET

Victor Hugo par Léon Bonnat (vers 1879).

Victor Hugo (1802-1885) – Il a rédigé dans les îles Anglo-Normandes quelques-unes des plus belles pages de la littérature française. À la suite du coup d'État de Napoléon III, en 1851, Hugo quitte la capitale et choisit l'exil – qui durera 18 ans – à Jersey d'abord, où il compose les *Châtiments* et les *Contemplations*, puis à Guernesey d'où jailliront *La Légende des siècles* et *Les Misérables*.

Alfred Jarry (1873-1907) – Né à Laval en Mayenne. Précurseur du surréalisme, compositeur de vers, auteur de romans, il est surtout le créateur d'*Ubu roi*, comédie absurde, satire de la bêtise, de la vulgarité et de la brutalité humaines.

Léopold Sédar Senghor (1906-2001) – Théoricien de la politique, critique littéraire, philosophe et surtout l'un des plus grands poètes noirs francophones, Léopold Sédar Senghor est né au Sénégal. Auteur d'une anthologie de la nouvelle poésie nègre et malgache de langue française, président du Sénégal et premier Africain à entrer à l'Académie française en 1983, il fait de la Normandie la terre de sa retraite, dans le village paisible de Verson, aux portes de Caen, où il s'éteint en 2001.

Légendes et traditions

Très différentes, moins connues et moins présentes que dans la Bretagne voisine, les traditions normandes étaient jadis très riches et survivent grâce à quelques associations.

LÉGENDES ET CROYANCES POPULAIRES

Des landes cotentines balayées de brume aux rochers littoraux qui brisèrent plus d'un navire, en passant par les forêts de l'Orne aux sources secrètes et miraculeuses, le paysage normand invite naturellement aux légendes et autres croyances. **Barbey d'Aurevilly**, qui sut mieux que nul autre nourrir ses romans de ce fond mystérieux, affirmera des landes de la Manche : « On ne saurait dire l'effet qu'elle produisent sur l'imagination de ceux qui les traversent, de quel charme bizarre et profond elles saisissent les yeux et le cœur ».

Le Mont-St-Michel ne saurait exister sans sa légende voulant que l'archange Michel perçât de son doigt le crâne d'Aubert, évêque d'Avranches, pour le persuader de construire un oratoire sur le mont. De même, **Bagnoles-de-l'Orne** repose sur le mythe de ses eaux miraculeuses et de leurs vertus revigorantes *(voir Bagnoles-de-l'Orne)*. Citons aussi la **fosse Arthour**, près de Domfront, où auraient disparu le roi Arthur et la reine Guenièvre. Ces derniers se seraient cachés dans deux grottes se faisant face. Une fée leur fit promettre de ne se retrouver au « lit des amants » qu'à la nuit tombée. Mais un jour, le fougueux roi traversa trop tôt le ravin pour rejoindre sa douce. Il fut immédiatement jeté dans le torrent qui l'entraîna dans la fosse. Guenièvre, éperdue, s'y jeta à sa suite.

Le culte des **saints guérisseurs** est très vivant en Normandie ; il en est un pour chaque mal : les rhumatismes (saint Ortaire à St-Michel-des-Andaines, *voir Bagnoles-de-l'Orne*), les maux d'estomac, les poussées dentaires des bébés (sainte Appoline dans l'église St-Eugienne de Tirepied, dans la Manche), etc. Les visiteurs déposent là un mouchoir, ailleurs une pierre à la hauteur du mal, ou encore piquent d'épingles les pieds d'une statue. Toujours à côté, une mosaïque foisonnant d'ex-voto.

Groupe d'enfants en costume traditionnel.

LE COSTUME TRADITIONNEL

Le costume traditionnel normand apparaît à la fin du 18e s. profitant de l'amélioration du niveau de vie des paysans. Le vêtement féminin se composait d'une **jupe en droguet**, souvent rayée bleu et rouge, surmontée d'un corsage blanc rehaussé d'un châle imprimé. Dans les villes du bord de mer, on porte une cape pour se protéger du vent. Les **coiffes**, aussi innombrables qu'elles soient, font partie intégrante du costume. Chaque ville suit sa propre mode, si bien qu'il est difficile d'observer des points communs entre elles ; toutefois, la plupart ont la forme d'un bonnet rond orné de deux volants plissés venant protéger le front (la double barbe). Le vêtement d'homme, plus original, est encore emblématique de la Normandie. La fameuse **blaude**, cette blouse bleu foncé, portée lâche, décorée de broderies blanches, couvre tout autre vêtement. Le Normand la porte avec une casquette ou un chapeau melon, et la relève d'un mouchoir de cou, souvent rouge et blanc. Dans le Cotentin, la blaude fait place au **blaudeau**, plus court et ouvert par-devant. Le costume traditionnel s'éteindra en Normandie vers 1870, sauf dans la Manche où il se maintiendra jusqu'en 1890.

Les versions les plus soignées de ces costumes étaient arborées à l'occasion des fêtes familiales ou populaires, qu'égayaient danses et « rondanses ». Ces rondes, menées par la voix du ménestrier parfois accompagné d'une vielle ou d'une loure (cornemuse normande), se répartissaient entre pastourelles, courantes, rondanses et jalousies. Le travail de collecte de Jeanne Messager dans les années 1950 a permis de conserver un témoignage de ces danses.

LA DESTINATION AUJOURD'HUI

Terre de contrastes par excellence, tirant le meilleur de la mer et de la terre et surtout de l'union des deux, la Normandie présente aujourd'hui plus que jamais des visages différents : celui des villages pittoresques du bocage, en photo sur les cartes postales, où l'on dorlote ses traditions, où l'on fête les produits du terroir, où l'on se dit Normand, mais jamais trop fort ; et celui de la modernité en marche, de l'agriculture et de la pêche en mutation, des secteurs de pointe représentant l'avenir. La Normandie c'est tout cela et bien plus encore...

Éric Bénard / MICHELIN

Tramway devant l'église St-Pierre à Caen.

Population et identité régionale

La Basse-Normandie figure au cinquième rang des régions les plus rurales de France. Grâce à un réseau de petits bourgs et de villages de campagne dotés de quelques commerces, le tissu rural reste solide, conservant encore quelques traditions. Toutefois, l'accroissement relativement rapide de villes comme Caen ou Cherbourg amène une touche de modernité dans ce paysage charmant.

DÉMOGRAPHIE

Comptant 1 443 000 habitants en 2004, la Basse-Normandie apparaît comme une région peu densément peuplée par rapport à la moyenne nationale : (81 habitants/km^2 en 2003 pour une moyenne de 108 habitants/km^2 en métropole). Malgré tout, elle gagne des habitants chaque année et enregistre 21 000 nouveaux Bas-Normands depuis 2000. Les trois départements qui la composent affichent pourtant des évolutions contrastées.

Le **Calvados** tire avantages et désavantages de sa proximité avec l'Île-de-France. Ainsi, la Côte de Nacre attire-t-elle un grand nombre de retraités de Paris et de sa banlieue, qui adoptent à l'année une résidence jusqu'ici secondaire. La côte séduit également de nombreux actifs pour ses débouchés prometteurs dans le tourisme. A contrario, les jeunes diplômés quittent plutôt le département pour exercer un premier emploi à Paris, à tel point que le Calvados arrive en tête des zones françaises les plus touchées par le départ des jeunes de 20 à 29 ans. Il s'affiche toutefois comme le département le plus jeune de la région.

Avec la moitié de sa population vivant dans une commune rurale, l'**Orne** perd des habitants, les métiers agricoles attirant de moins en moins de jeunes. Cet exode rural moderne se voit cependant freiné ces dernières années par une nouvelle tendance : l'arrivée de citadins en quête d'espace et de vertes prairies.

Enfin, la population de la **Manche** stagne, combinant d'un côté l'évolution du Calvados et de l'autre celle de l'Orne. En effet, si sa forte population rurale est révisée à la baisse, son secteur côtier s'avère attractif pour les retraités. Autre population sensible aux charmes de ce département : les Anglais, qui sont nombreux à s'y installer, surtout dans l'Avranchin et le Mortainais. Ils représentent d'ailleurs 9,7 % des acheteurs de maisons anciennes dans la presqu'île. Une forte croissance caractérisait la Manche jusqu'à l'arrêt de nombreux chantiers navals dans le Cotentin. Reste ce pôle d'envergure à l'échelle du département qu'est Cherbourg, locomotive non négligeable, aussi bien pour l'économie que pour la culture.

CAEN, UNE CAPITALE RÉGIONALE ATTRACTIVE

Avec Cherbourg et Alençon, Caen constitue un véritable moteur du développement régional. Fort d'une université parmi les plus anciennes de France, il accueille chaque année près de 25 000 étudiants répartis sur 5 campus. De plus en plus tournés vers l'Europe, quelques grands **pôles de recherche** affichent leur excellence : c'est le cas de l'EnsiCaen (École nationale supérieure d'ingénieurs) ou de Cyceron (Centre d'imagerie cérébrale et de recherche en neurosciences) et surtout du **Ganil** (Grand accélérateur national d'ions lourds), qui figure parmi les trois laboratoires au monde spécialisés dans la physique nucléaire.

Dans cette mouvance, le campus technologique **EffiScience** a été inauguré aux portes de Caen en 2005. Ce centre de recherche et de développement NXP de 50 ha est spécialisé dans les nouvelles technologies de miniaturisation de semiconducteurs.

Au niveau de l'urbanisme, Caen se restructure depuis quelques années pour mettre en valeur l'Orne et le canal qui parcourent la ville. Un nouveau quartier, baptisé « Rives de l'Orne », devrait, à l'horizon 2010, proposer un prolongement du centre en accueillant un cinéma, un pôle commercial, des logements, deux grands parkings et des bureaux.

En termes de transport, Caen forme un nœud de communication central en Normandie. L'aéroport de Caen-Carpiquet a reçu près de 200 000 passagers en 2005. Bénéficiant déjà d'accès sur deux autoroutes – l'A 84 vers la Bretagne et l'A 13 vers la région parisienne –, Caen sera bientôt encore mieux relié au reste du territoire puisqu'est prévue en 2008 la mise en service de l'autoroute A 88 Caen-Falaise-Argentan-Sées qui lui permettra de rejoindre l'axe Calais-Bordeaux de l'A 28.

UNE IDENTITÉ RÉGIONALE DISCRÈTE MAIS RICHE

C'est surtout à la campagne que l'on peut découvrir une certaine identité régionale. Souvent discrets, les Normands mettent en général moins en valeur la richesse de leurs traditions que d'autres départements ou régions. Il y a pourtant matière.

Patois et parler régional

Le normand constitue une variante de la langue d'oïl (langue parlée au nord de la Loire depuis le Moyen Âge), mais cette racine commune avec le français ne le rend pas pour autant compréhensible ! Un francophone aura parfois bien du mal à saisir une conversation en patois, et ce d'autant plus que le **patois normand** diffère beaucoup suivant les zones géographiques. Il existe cependant quelques constantes. On dira par exemple « baire » pour « boire » ou « paire » pour « poire ». Sauf dans l'Orne et dans le sud de la Manche, on prononcera « vaque » pour « vache », « cat » pour « chat » et « gambe » pour « jambe ». L'ancienne diphtongue « iao » s'est conservée en patois normand, de même qu'en Picardie ou en Bretagne romane, comme dans « biao » pour « beaux » et « viao » pour « veaux ». La diphtongue « oë » est également préservée (« boë » pour « bois »). Enfin, on roule plutôt les « r » dans l'ouest de l'Orne et dans la Manche. Attaché à une population rurale qui tend à disparaître et devant faire face à la pression du français « correct », le patois n'a plus que quelques petites générations à vivre.

La musique folk normande

Les derniers musiciens de village cessent leurs activités dans l'immédiat après-guerre. Il faut attendre mai 1968 pour que renaisse l'intérêt pour les musiques traditionnelles, lançant la mode de la musique « folk ». Jeunes et moins jeunes vont alors sillonner les campagnes pour retrouver et collecter les airs des derniers musiciens de village, souvent nés avant la Première Guerre mondiale. Portés par ce « revival », quelques-uns reprennent même une activité musicale après 20 ou 30 ans d'interruption. Aujourd'hui, cette tendance est illustrée par le dynamisme d'associations comme La Loure, créée en 1998, qui enregistre ces airs joués par les meilleurs musiciens du circuit au violon et à l'accordéon diatonique, édite des disques, organise des randonnées chantées ou des animations.

Le **français de Normandie**, en revanche, a encore de beaux jours devant lui. À l'inverse du patois, qui est employé comme une langue différente du français par le patoisant, ce parler régional est utilisé par des personnes qui pensent s'exprimer en français courant, alors même que certains de leurs vocables ne figurent pas dans le dictionnaire. Ainsi, à table, on peut « super » (boire en aspirant plus ou moins bruyamment) un bouillon « goûtu » (qui a du goût), boire dans sa « moque » (tasse à cidre) et « ensaucer » (assaisonner) la salade. Les enfants avec leur « carte » (cartable) sur le dos « ouinent » (gémissent) pour ne pas aller à l'école, d'autres « bacouettent » (bavardent). À la maison, les poignées de porte sont des « clenches », on passe « la toile » (serpillière) sur le sol et on fait attention à ne pas se cogner à la « carre » (angle) des meubles. La conversation peut parfois se révéler déroutante pour les non-initiés.

Des secteurs économiques en mutation

Terre traditionnelle d'agriculture, de pêche et d'industrie métallurgique grâce à ses nombreuses mines de fer, la Normandie a essuyé de sourdes crises ces dix dernières années. Une restructuration en profondeur lui a permis de garder le cap et de s'orienter avec succès vers d'autres secteurs. Le tourisme, en revanche, n'a pas eu besoin de coup de pouce…

AGRICULTURE ET AGROALIMENTAIRE

Première région de France en termes de surface agricole utile (SAU), la Basse-Normandie utilise 77 % de son territoire au service de son image d'Épinal : vaches, pommiers en fleurs, verts et gras pâturages, champs de lin s'étendant à l'infini… Spécialisée dans le **lait** dès le 19ᵉ s., la Basse-Normandie a vu son économie agricole fortement ébranlée par la mise en place des quotas laitiers en 1984. Si elle fournit toujours 11,6 % de la collecte nationale de lait (et 2,3 % dans l'Union européenne à 15), et reste en tête pour la production de beurre et de fromage à pâte molle, elle a dû réorienter son agriculture au profit de l'élevage pour la **viande**, passé même au premier rang dans les plaines d'Alençon et d'Argentan. Les **grandes cultures** ont également profité de cette restructuration et couvrent désormais toute la plaine de Caen et les régions de Falaise et Argentan, où l'on récolte blé tendre, orge, colza, pois protéagineux, lin textile et betteraves à sucre. Depuis 5 ans, d'ailleurs, la production de blé tend à augmenter, destinée principalement à l'exportation ou à la consommation animale.

Face à l'âpre concurrence, les **légumes**, autrefois l'un des piliers de l'agriculture normande, ne cessent de perdre du terrain. Carottes, poireaux, choux-fleurs, navets se concentrent désormais dans quelques bassins comme le littoral de la Manche ou la zone s'étendant de Caen à la Côte de Nacre.

Aujourd'hui, l'**agroalimentaire** a répercuté ces mutations : il figure au premier rang des secteurs industriels de la Basse-Normandie, employant 21 000 salariés grâce à la solidité du secteur lait détenu par les grands groupes Lactalis, Bongrain, Danone et Nestlé, conjugué au succès de la filière viande (Charal à Flers). L'industrie des produits de la mer et des plats cuisinés est en pleine expansion, au vu des succès enregistrés par des entreprises comme Cuisimer à Carentan ou Nutrimer à Verson.

La vague bio

La Basse-Normandie s'est mise à l'agriculture biologique un peu après tout le monde. Il a fallu attendre 1991 pour que le GRAB de Basse-Normandie (Groupement régional d'agriculture biologique) soit lancé. Mais depuis, la région a mis les bouchées doubles, se hissant au 4ᵉ rang national en termes de surface consacrée à la culture bio, soit 2,2 % en 2005. Les aides européennes à la reconversion ont permis d'atteindre le chiffre de 511 exploitations certifiées en 2003, soit 30 604 ha consacrés principalement à l'élevage pour le lait (à 53 %) et pour la viande (à 26 %). Plus que le refus d'utiliser des engrais chimiques ou le sytème maïs ensilage, il s'agit aujourd'hui de diversifier les productions, de sauver un patrimoine génétique et de retrouver une alimentation « tout herbe » pour les vaches.

PÊCHE ET CONCHYLICULTURE

Fleuron de la gastronomie normande, les **huîtres de pleine mer** et les **moules de bouchot** profitent pleinement des très fortes amplitudes des marées des côtes normandes pour concentrer leurs saveurs iodées. Si le littoral semble ici idéal pour ce genre de cultures (estran facile d'accès pour les tracteurs, mer riche en plancton), seul St-Vaast-la-

Hougue peut se targuer d'une tradition remontant au 16e s. dans ce domaine. À cette exception près, les premières productions significatives datent seulement des années 1970. 30 ans après, la Basse-Normandie s'affiche comme le premier bassin de conchyliculture de France, avec 21,3 % de la production nationale d'huîtres et 30,5 % pour les moules en 2004, en plus d'être la première région productrice de **coquilles Saint-Jacques**. Malgré des chiffres en légère baisse depuis 2000, la production s'élève tout de même à 27 000 tonnes d'huîtres en 2005, se répartissant entre les crus suivants :

- **cru côte ouest de la Manche**, savoureusement iodée,
- **cru côte est de la Manche** (Saint-Vaast-la-Hougue), iodée et charnue, au délicat goût de noisette,
- **cru de la baie des Veys** (Isigny-sur-Mer et Grandcamp-Maisy), charnue, douce et croquante,
- **cru Côte de Nacre** (Asnelles-Meuvaines, le plus jeune bassin de production), ni trop grasse ni trop maigre.

La récolte de moules (17 500 tonnes en 2005) provient en grande partie du secteur sud Sienne et de la pointe d'Agon. Mais si la conchyliculture continue à garder la tête hors de l'eau, elle accuse une baisse de régime depuis la fin des années 1990. Ce secteur doit de plus en plus faire face à un renchérissement des coûts de production, alors que le cours des ventes stagne. Misant sur la qualité de leurs produits, les « paysans de la mer » se sont battus pour obtenir des labels de qualité comme l'Identification géographique protégée (IGP) Huître de Normandie, le Signe national de Qualité Moule de bouchot, et l'AOC pour les moules de bouchot de la baie du Mont-St-Michel, ce qui a relancé légèrement une consommation trop saisonnière et presque uniquement liée aux fêtes de fin d'année.

La **pêche** quant à elle s'expose sur les étals des grands ports avec des criées comme Port-en-Bessin, Grandcamp, Cherbourg ou Gouville, où l'on trouve coquilles Saint-Jacques, calamars, soles, seiches, bars, bulots et praires. Sur le terrain de l'aquaculture, Cherbourg s'est lancé avec brio depuis quelques années dans le **grossissement de saumons**. Cet élevage prend de l'ampleur et produit près de 20 000 tonnes par an.

Gilles Targat / MICHELIN

Bateaux de pêche en cale sèche à Cherbourg.

L'INDUSTRIE ET L'ÉNERGIE

L'industrie bas-normande se relève peu à peu d'une importante crise survenue dans les années 1990, qui l'a amenée à entièrement se restructurer. La concurrence internationale, le coût des matières premières de plus en plus élevé, l'importance de la sous-traitance ont eu raison de grandes entreprises comme la **SMN** (Société métallurgique de Normandie) implantée à Cormelles-le-Royal près de Caen, qui ferma ses portes en 1993 alors qu'elle employait encore 1 500 personnes en 1990. Le textile, anciennement implanté à Flers et Condé-sur-Noireau, voit également ses effectifs baisser, tout comme les grands **chantiers navals** du nord Cotentin qui accusent une perte de 680 emplois entre 2000 et 2003, soit 17 % de leur effectif.

Aujourd'hui, l'industrie est en pleine mutation et se tourne vers des secteurs de pointe, plus qualifiés, jouant un rôle à l'échelle européenne. Avec 19,6 % de son total salarié dans l'industrie, la Normandie a bien redressé la barre. Elle s'est concentrée sur son secteur **automobile** solidement implanté dans la région et qui représente aujourd'hui 13 % de l'emploi industriel (autour de 12 500 salariés, sans compter les intérimaires), hissant la Basse-Normandie au 3e rang des régions françaises pour sa part dans ce secteur. Les deux moteurs de cette industrie sont PSA Peugeot Citroën, à Cormelles-le-Royal, et Renault Trucks à Blainville-sur-Orne, spécialisé dans le transport routier. Plusieurs projets ont l'ambition de placer la région sur l'échiquier international comme le Centre de recherche et de développement mondial sur les mécanismes de sièges auto de Faurecia, à Flers, ou le pôle de compétitivité Moveo pour lequel Basse et Haute-Normandie vont travailler de

Et Moulinex libéra la femme

Quand en 1932 Jean Mantelet invente le moulin à légumes, un presse-purée d'un genre nouveau, il ne sait pas encore qu'il va révolutionner les foyers français et inaugurer l'ère de l'électroménager. Il implante sa première usine à Alençon en 1936, avant de trouver le nom de son entreprise : Moulinex, inspiré de la mise au point du moulin à café express motorisé. Pendant les Trente Glorieuses, l'entreprise est totalement portée par l'énorme vague de consommation. Au plus fort de son succès, elle compte 14 usines employant pas moins de 12 000 personnes dans le bocage bas-normand. Mais au début des années 1980, Moulinex commence à battre de l'aile, la croissance est freinée, et quand Jean Mantelet meurt en 1991 sans avoir préparé sa succession, c'est le début de l'agonie. De tentatives de rachat en nouveaux plans sociaux, rien n'entrave le déclin. Le verdict tombe le 11 septembre 2001 : dépôt de bilan, fermeture des derniers sites d'Alençon et de Cormelles-le-Royal après ceux de Bayeux, Argentan et Falaise, 3 200 emplois supprimés.

concert. Le secteur du **bois, du papier et du carton** est une autre spécificité bas-normande. Il emploie encore 5 200 personnes bien que ses effectifs se réduisent. Le **textile** se réoriente vers les produits de luxe (tricots Saint-James, à St-James dans la Manche, Louis Vuitton à Juilley dans la Manche).

Une énergie controversée mais bien implantée

C'est le nucléaire qui fournit la majeure partie de l'électricité et de l'énergie en général de Basse-Normandie. La production d'énergie renouvelable thermique (comme le bois-énergie) reste encore anecdotique, tout comme l'énergie issue du méthane, les biocarburants et l'électricité par éolienne.

Le secteur nucléaire, entièrement concentré dans le nord de la Manche, apporte beaucoup de ressources financières dans un secteur très isolé.

Il forme un véritable pôle composé de l'usine Areva de traitement des combustibles nucléaires usés à Jobourg, du centre de stockage spécialisé dans les déchets radioactifs de faible et moyenne activité et de courte durée de vie à Beaumont-Hague (entré en phase de surveillance depuis 1994, sa capacité de stockage ayant été atteinte) et de la **centrale nucléaire de Flamanville**, qui fournit 3,5 % de la production nationale d'électricité d'origine nucléaire et emploie 680 personnes.

À cela, il faudrait ajouter la fabrication de sous-marins nucléaires par la Direction des Chantiers navals de Cherbourg. Les entreprises de l'énergie emploient autour de 7 500 salariés mais ce chiffre devrait augmenter dans un très proche avenir, grâce à la construction du nouveau réacteur dit « de troisième génération » à Flamanville. En effet, ce **réacteur nucléaire EPR** (European Pressurised Reactor), plus sûr et plus compétitif, devrait être mis en service en 2012.

LE TOURISME

Tout a commencé avec les congés payés et la mode des bains de mer. La côte normande n'attendait que cela pour se parer de petites cabines blanches au toit pointu, offrir ses rochers aux épuisettes des enfants qui n'avaient jamais vu la mer et accueillir des milliers d'estivants en quête de grand air. Dès les années 1950, le littoral normand a surfé sur la vague du **tourisme balnéaire**, profitant de sa proximité de Paris pour en faire une région touristique de prédilection, réputation qui ne s'est pas démentie depuis. Avec 5 millions de nuitées dans les hôtels et les campings, la Basse-Normandie se place au 11ᵉ rang des régions les plus visitées de France. Le tourisme, troisième secteur d'activité économique de la Manche et l'un des premiers pour le Calvados, représente 32 200 emplois dans les trois départements réunis.

Aujourd'hui, les Parisiens viennent toujours aussi nombreux, assortis d'Anglais, de Belges et d'Allemands, attirés principalement par le « **tourisme de guerre** ». Parmi les sites du Débarquement les plus visités, citons le cimetière américain de Colleville-sur-Mer (1 400 000 visiteurs en 2005), suivi de la pointe du Hoc (950 000 visiteurs) et du Mémorial de Caen (404 740 visiteurs).

Pour les monuments historiques, qui assurent la renommée de la région aussi bien sur le plan national qu'international, la palme revient à l'**abbaye du Mont-Saint-Michel**, qui a accueilli 1 056 040 visiteurs en 2005 (ce chiffre ne prend pas en compte ceux qui visitent le Mont-Saint-Michel sans pénétrer dans l'abbaye).

Pour les gourmets, impossible de ne pas profiter de l'une des spécificités normandes qu'est le **tourisme culinaire**. Nombre de fromageries ou de distilleries leur ouvrent leurs portes avec dégustation à la clé (les Chais du Verger Normand à

Domfront, p. 214 ou la Route du poiré, dans le Parc naturel régional Normandie-Maine). Enfin, si l'Orne ne profite pas autant du tourisme que le Calvados ou la Manche, elle développe un **tourisme vert** de grande qualité, avec chambres d'hôte, gîtes ruraux et parcours de randonnées, qui représente actuellement l'un des secteurs les plus porteurs de son économie.

Des traditions de loisirs prestigieuses

Pionnière dans la mode des bains de mer, la Normandie a conservé un certain nombre de ces traditions prestigieuses du 19e s. Le nautisme, solidement implanté sur la côte, est en plein essor et les sports d'équitation sont indissociables de la région. Et pour le repos et la remise en forme, rien ne vaut une bonne thalassothérapie !

L'ENGOUEMENT POUR LE NAUTISME

La Manche et le Calvados sont résolument tournés vers la mer. 471 km de côte, une longue tradition de navigateurs et de constructeurs de bateaux, un vent toujours soutenu : autant dire le paradis pour les amateurs de nautisme. La **plaisance** a particulièrement le vent en poupe depuis quelques années, à tel point que les 26 ports qui essaiment le littoral bas-normand affichent tous complet l'été, malgré leur capacité d'accueil de 10 098 places (4 587 dans le Calvados et 5 511 dans la Manche).
Cherbourg (plus de 11 500 visiteurs par an), Diélette et Carteret sont souvent aussi saturés l'hiver. Les bateaux, pour la plupart des moins de 8 m, battent pavillon français pour moitié, puis anglais, hollandais, belge ou allemand.

Rodolphe Corbel / MICHELIN

Bisquine « La Granvillaise ».

Face à la demande croissante, la région devrait proposer 30 % d'anneaux supplémentaires d'ici 2015.
Les 160 entreprises (dont 96 dans la Manche) spécialisées ou consacrant une partie importante de leur activité à la plaisance (25 de construction navale, 84 de vente, réparation ou entretien, 8 voileries) tendent à faire de la Basse-Normandie, et surtout de la Manche, une zone de pointe dans la grande plaisance et la réalisation de grands **voiliers de course**.
Les amateurs de **sports nautiques** ont l'embarras du choix : voile, plongée, canoë-kayak, kayak de mer, aviron, char à voile, planche à voile ou fly-surf, les clubs nautiques se multiplient le long de la côte, avec une concentration particulièrement forte à Ouistreham, Courseulles et Cherbourg. On ne compte pas moins de 32 clubs de voile dans le Calvados et 21 de canoë-kayak dans la vallée de l'Orne.

La bisquine

Au début du 20e s., la réglementation n'autorisait la pratique de la pêche aux huîtres sauvages que durant quelques jours, au moment de Pâques. Les bisquines se rendaient sur les lieux de pêche en un grand convoi baptisé alors la « caravane pascale ». Au coup de canon du garde-pêche, chacun mouillait trois dragues, le temps étant limité à soixante heures. Des courses effrénées se livraient alors entre les dizaines d'embarcations pour assurer le maximum de passes.
Longues de 6 à 18 m, les bisquines sont généralement gréées de trois mâts, voiles au tiers, deux huniers, un foc à l'extrémité d'un long bout-dehors. Le grand mât est incliné en arrière, le mât de misaine est très en avant et presque vertical. À l'arrière, complètement en retrait de la poupe, s'ajoute la voile de tapecul. La légende laisse entendre que ce bateau, aux lignes de coque élégantes, était le plus toilé du monde.
Les bisquines, comme tant d'autres bateaux à voiles, disparurent dans les années 1930. Parmi ceux qui naviguent encore, *La Granvillaise* croise entre la baie de Granville et les îles Anglo-Normandes.

THALASSOTHÉRAPIE ET THERMALISME

Thalassothérapie

Les vastes plages de sable blond, bordées d'une mer souvent fraîche et iodée, ont orienté la Normandie vers la thalassothérapie. Trois grands établissements ont pris pied sur les plus jolies plages de la côte : Granville, Ouistreham et Luc-sur-Mer.

Face à la baie du Mont-St-Michel, l'institut Prévithal à **Granville** a su valoriser cet environnement d'exception : à travers les larges baies vitrées, la mer, telle une sirène, envoûte les curistes. C'est un important centre de rééducation.

L'institut de cure marine de **Luc-sur-Mer** existe depuis 1858 et a construit sa réputation sur les soins à base d'algues, coupées sur la plage à marée basse. Son hammam garantit un bon moment de détente dans une ambiance orientale.

Les thermes marins d'**Ouistreham** se lovent dans les dunes de la vaste plage de Riva-Bella. Afin d'alimenter la piscine, l'eau de mer est puisée à 1 600 m au large avant d'être chauffée pour atteindre une température de 33 °C.

Thermalisme

Moins iodées mais tout aussi vivifiantes, les eaux de **Bagnoles-de-l'Orne** tirent leur réputation de la légende du cheval d'Hugues de Tessé *(voir Bagnoles-de-l'Orne, p. 118)*. Ces thermes sont alimentés par l'unique source thermale de tout l'Ouest de la France, d'où jaillit une eau de roche très pure, à exactement 24,6 °C. Sa faible minéralisation et sa richesse en oligoéléments soulagent principalement les troubles de la circulation veineuse.

COURSES ET HARAS : LE ROYAUME DU CHEVAL

Si la France est un pays de chevaux, la Normandie est sa province privilégiée. Les départements de l'Orne, du Calvados et de la Manche élèvent, dressent, entraînent et mettent en compétition depuis plus de six siècles des chevaux qui comptent parmi les plus beaux du monde.

Les haras nationaux

Longtemps « royaux » puis « impériaux », les haras nationaux représentent l'une des plus anciennes administrations françaises, créées par Colbert en 1665, sous le règne de Louis XIV. Structures privilégiées, les haras furent supprimés lors des bouleversements de la Révolution française en 1790 avant d'être rétablis par Napoléon Ier en 1806.

Au service de l'État, les haras nationaux ont toujours pour mission de s'occuper de l'ensemble des questions relatives à l'élevage des équidés : ils orientent la production et le travail génétique du cheptel (en liaison avec l'Inra, Institut national de la recherche agronomique), contribuent à la commercialisation et au développement de l'équitation, aux activités de loisirs, de recherche et de formation. Dans un secteur particulièrement varié (multiplicité des races, des pratiques équestres), atomisé (la moyenne des élevages est de deux juments) et souvent animé par des bénévoles, les haras jouent donc un rôle fédérateur et régulateur.

La Normandie abrite deux des plus beaux haras nationaux français.

Construit au début du 18e s., entre 1715 et 1730, le **haras national du Pin**, à Exmès, dans l'Orne, s'inscrit dans le style classi-

Gilles Targat / MICHELIN

Le haras national de St-Lô.

que de l'architecture du Grand Siècle. Flambeau des haras nationaux, véritable monument à la gloire du cheval, le plus ancien des 23 dépôts d'étalons relevant du ministère de l'Agriculture est bâti sur un domaine historique de 1 100 ha et comprend l'Institut du cheval, l'École professionnelle des haras nationaux et l'hippodrome de la Bergerie. Il accueille un circuit de visite pédagogique et de nombreuses manifestations.

Créé en 1806, le **haras national de St-Lô**, dans la Manche, fournit 20 % de la production française et 25 % des gagnants !

Les haras nationaux sont au centre de nombreuses manifestations. Les achats d'étalons à St-Lô, à l'occasion du **Normandie Horse Show** en août, ont une renommée internationale.

L'Euro-percheron au haras du Pin ne rassemble pas moins de 400 chevaux chaque année en septembre, tandis que les **Equi'days** en octobre célèbrent le cheval en Calvados, fier de ses 1 400 haras.

L'élevage

L'élevage est la première et plus importante activité des haras privés. Dans le seul département du Calvados, on recense plus de 3 000 naissances par an, ce qui représente un élevage tous les 4 km^2. Le cheptel reproducteur mâle bénéficie d'une attention toute particulière. La surveillance des étalons est restée l'activité la plus ancienne. L'agrément des étalons privés est vérifié chaque année par une commission où siègent les représentants des éleveurs. Des livres généalogiques garantissent les origines et facilitent le choix des croisements. L'administration se charge directement de leur tenue, pour les races de sang, ou les confie à des syndicats agréés, pour les poneys et les races de trait.

Les éleveurs maintiennent le capital génétique et réorientent l'élevage de chevaux de trait de la production de viande vers les loisirs. Cette nouvelle orientation a largement contribué à la sauvegarde des races de trait.

Les courses

C'est à Cherbourg, en 1832, que furent organisées les premières courses de trot monté pour concurrencer l'élevage anglais. Si tout le monde connaît le jeu du tiercé, il faut savoir que les haras nationaux assurent, pour le compte et sous l'autorité du ministère de l'Agriculture, la tutelle sur les courses et le pari mutuel, sous le contrôle financier du ministère du Budget.

Les directeurs de haras autorisent les réunions, vérifient les comptes et veillent à l'équilibre du programme des courses sur les différents hippodromes. La redistribution de la part du prélèvement attribuée aux haras (autour de 1,5 %) permet d'aider les races de trait et de selle. Les villes d'Argentan, d'Alençon, de Domfront, de Granville, de Caen, de Vire ou de St-Pierre-sur-Dives sont les plus réputées pour leurs champs de courses.

De la crème au calvados

Gros mangeurs, soigneux buveurs, fins dégustateurs et amateurs de bonne chère, les Normands ont cette réputation ancestrale de gastronomes avertis. De la sauce normande au beurre d'Isigny, de la « falue » au cidre jusqu'aux fromages et au calvados, la région recèle tous les bonheurs de la table.

Fromages et crème fraîche de Normandie.

CRÈMES ET SAUCES NORMANDES

La variété et la qualité des produits de la plantureuse Normandie se devaient de donner naissance à une cuisine savoureuse et riche. Parmi ses innombrables trésors, une mention spéciale doit être être accordée au rôle éminent des **produits laitiers**.

La **crème**, à partir d'un lait exceptionnel, habille toute la cuisine normande. Couleur d'ivoire, cet uniforme velouté et moelleux sied aussi bien aux œufs et aux poissons qu'aux volailles, aux viandes blanches avec légumes, et même au gibier. Cette crème incomparable métamorphose en « sauce normande » ce qui est, ailleurs, une simple sauce blanche.

La **pâtisserie** au beurre fait l'objet de maintes spécialités locales : galettes, brioches, sablés, tartes, *douillons* ou chaussons aux pommes, fouaces ou *falues*, petites galettes briochées, plates et longues.

Au rayon des **douceurs**, nous pouvons également citer : les bonbons au chocolat fourrés au calvados (Caen, Putanges), les caramels et les balivernes d'Isigny, les sablés de Caen ou de Bayeux, les *chiques* ou berlingots de Bayeux, de Caen ou de Falaise...

Recette de la teurgoule

3 l de lait entier cru, 150 g de riz rond, 15 morceaux de sucre, 1 bâton de vanille, une pincée de canelle (facultatif).

Verser le lait, le riz, le sucre et la vanille dans une terrine à four. Enfourner pendant 3 à 5h à feu très doux (150 °C au début, 120 °C à la fin). Une croûte noire se forme pendant que le riz absorbe le lait vanillé. À déguster tiède, avec de la *falue*.

Le beurre d'Isigny

À proximité de la mer, la baie des Veys est une terre fertile, généreusement irriguée, aux herbages de qualité. Elle donne un beurre à nul autre pareil, d'une belle couleur naturelle jaune bouton d'or et une crème généreuse délicatement parfumée.

Aujourd'hui, les connaisseurs ne s'y trompent pas : la qualité du beurre d'Isigny est reconnue pour sa teneur élevée en caroténoïdes, sa richesse en oligoéléments et sa haute teneur en sels minéraux qui lui confèrent une saveur exceptionnelle. La vocation beurrière du terroir d'Isigny s'est affirmée depuis fort longtemps. Dès le 17e s., les beurres d'Isigny approvisionnaient la capitale. La présence au cœur de ce terroir d'un port important à cette époque permit au beurre d'être apprécié dans de nombreuses autres régions françaises et même à l'étranger (Angleterre, Pays-Bas, Amériques).

COQUILLAGES ET AUTRES CRUSTACÉS

La côte normande recèle aussi nombre de petits trésors pour régaler l'amateur de fruits de mer entre les crevettes, les coques, les moules, les homards bleus, les huîtres de Courseulles et de St-Vaast (les îles Chausey, au large de Granville, dédale d'îlots et de rochers, sont un véritable paradis pour les pêcheurs à pied amateurs d'huîtres « pied-de-cheval ») jusqu'aux tourteaux, araignées de mer, bigorneaux et aux bulots de Granville.

Le **plateau de fruits de mer** normands, accompagné de pain de seigle, de beurre demi-sel et de cidre brut, contient tout un assortiment de ces délicieux coquillages.

Surtout, les Normands sont les premiers producteurs nationaux de coquilles Saint-Jacques. La coquille coraillée, présente sur les étals dès l'automne, provient essentiellement de la côte du Cotentin qui s'étend de Barfleur à Cherbourg et de Carteret à Granville. Plus grosse que celle de St-Brieuc, elle est débarquée après une journée de pêche, selon des quotas précis, pendant une saison qui s'étend du 1er octobre au début du mois d'avril.

Raies, soles, turbots, maquereaux ou harengs sont quelques exemples d'une large gamme de poissons agrémentés à diverses sauces, souvent à base de crème fraîche.

LE CIDRE

Supplanté dans les années 1950 par le vin et la bière, le cidre est revenu aujourd'hui sur nombre de tables.

Vieille de quelques siècles, cette boisson est probablement née au Moyen Âge, où elle cédait la première place à la cervoise. Comme un vin de grand cru, un bon cidre se qualifie par sa robe, son bouquet, son arôme et sa saveur.

Il est produit en bonne partie à partir de petites pommes à cidre : il en faut environ une tonne pour donner 650 à 750 litres de cidre pur jus.

Deux spécialités du bord de mer

Les demoiselles de Cherbourg à la nage : petits homards normands de 250 à 400 g, 1 oignon, 1 carotte, bouquet garni, 150 g de beurre, 2,5 l de vin blanc sec (muscadet), poivre.

La sole normande : loin d'être un plat classique servi dans un restaurant, la sole normande est une véritable création de chef, constituée de produits riches et exceptionnels : vin blanc moelleux, madère, cognac, moules, crevettes, belons, écrevisses, champignons, truffes noires, échalotes grises, poireaux, carottes, crème, œufs, oignon, thym et persil.

Il existe trois sortes de cidres : le **doux**, obtenu artificiellement en arrêtant la fermentation à 2,5 ° et 3 ° d'alcool ; le **brut**, peu sucré, au goût de pomme plus typé, titrant entre 4 ° et 5 ° d'alcool ; le cidre **traditionnel**, beaucoup plus sec, titrant 5 °, fabriqué et consommé à la ferme.
Plus ou moins mousseux selon le terroir et le fruit, le cidre est tantôt amer, tantôt sec, corsé ou doré. S'il accompagne tous les plats normands, il s'accorde particulièrement bien avec des crevettes chaudes, l'andouille de Vire ou un camembert onctueux.

Fabrication à l'ancienne

Il y a quelques années encore, les paysans normands fabriquaient ainsi le cidre : les pommes étaient récoltées dans des paniers à anse ou des paniers plus grands que l'on portait à deux, les *resses*. Les fruits étaient ensuite placés dans une auge, souvent en granit, et écrasés par une meule circulaire en bois ou en granit actionnée par un cheval.
En remontant lors du passage de la meule, les pommes étaient décollées à la pelle, pour être écrasées au prochain passage. Suivait l'opération du pressurage et, une fois le marc obtenu, on extrayait le jus. Pour cela, on utilisait un pressoir à levier ; la partie inférieure ou *maie*, sorte d'épaisse table creusée d'une rigole sur son pourtour et munie d'un bec, recevait le marc des pommes réparties en couches régulières, chacune séparée par un lit de *glui* (paille de seigle peignée). Cette opération s'appelait *monter un marc* ou *faire la motte*.
Le pressurage terminé, les *gluis* étaient récupérés, le marc mis dans une cuve à tremper pour être de nouveau pressé. La première pression donnait le cidre pur jus tandis que les pressions suivantes, considérées comme le petit cidre, étaient servies quotidiennement à la ferme.

Le poiré – Boisson très répandue dans le bocage et le Domfrontais, le poiré se fabrique comme le cidre mais à partir de poires. Les Normands le boivent frais.

LE CALVADOS

Personne n'ignore que la pomme se cueille au paradis et qu'il est difficile de résister à sa tentation, comme à ce qu'elle a de meilleur : le calvados, une eau-de-vie qui se déguste (avec modération !) en trou normand, sur un livarot ou dans la tasse de café à peine vidée et encore chaude…
Le fameux « calva » normand est le produit de la distillation du cidre. La première mention de la fabrication de cette eau-de-vie apparaît au 16e s. Elle est réalisée dans un petit village de la Manche, à Mesnil-au-Val, par le sire Gilles de Gouberville. L'Appellation d'origine contrôlée date de 1942 et s'applique à deux zones de production : la première dite « calvados » et la seconde « calvados du pays d'Auge ».

Stéphane Sauvignier / MICHELIN

Deux boissons phare de la Normandie : le pommeau et le calvados.

Le pommeau

Depuis le 16e s., à la saison des récoltes, les jus de pommes à cidre les plus fruités étaient conservés dans du calvados pour garder leur saveur. Ce n'est qu'au début des années 1970 que le produit de ce mélange fut appelé « pommeau de Normandie ». En 1991, ses qualités lui permettent de recevoir l'**Appellation d'origine contrôlée** (AOC).
Le pommeau a un titre alcoométrique de 16 ° à 18 °. Sa dégustation se prête à toutes les occasions. Frais (mais sans glaçons), il peut s'accompagner de pommes séchées en apéritif. Servi à température ambiante, il accompagne harmonieusement les huîtres, le foie gras, le melon ou les desserts (particulièrement la tarte aux pommes). Enfin, en cuisine, son arôme épanouit les plats.

Le trou normand, une tradition de quatre siècles

Au cours d'un plantureux repas, le gastronome normand avale d'un coup sec un petit verre de calvados : c'est le fameux « trou normand ». Cette coutume, selon le célèbre gastronome Curnonsky, « a l'avantage de hâter la digestion de la première partie du repas et de permettre d'aborder la seconde dans un grand style… ». Plus raisonnablement, on sait que l'alcool dissout les graisses ; les nutritionnistes affirment que l'alcool dilate les parois de l'estomac et qu'ainsi l'impression de satiété s'estompe.
Aujourd'hui, un sorbet à la pomme arrosé de calvados tend à le remplacer.

Port-Racine sur l'anse St-Martin, pointe ouest du Cotentin.

Amaury de Valroger / MICHELIN

CH 400495

Alençon★

28 935 ALENÇONNAIS
CARTE GÉNÉRALE C3 – CARTE MICHELIN LOCAL 310 J4 – ORNE (61)

La notoriété de cette petite ville qui fut autrefois la cité des ducs de Normandie repose sur l'extrême finesse de sa dentelle. Devenue manufacture royale sous Louis XIV, Alençon a conservé toute la richesse de son passé : au choix, vous pourrez admirer des dentelles du 12e s., contempler un tableau de Courbet ou découvrir une fabuleuse collection d'objets khmers…

Se repérer – Alençon se trouve au carrefour des routes conduisant de Paris (195 km à l'est par la N 12) à la Bretagne et de la Belgique à l'Espagne. L'A 28 le relie au Mans (58 km au sud) et à Rouen (160 km au nord).

À ne pas manquer – Les petits villages des Alpes mancelles, St-Léonard-des-Bois et St-Céneri-le-Gérei en tête.

Organiser son temps – Comptez une bonne demi-journée pour faire le tour de la ville puis quittez-la pour profiter de la belle nature toute proche, en forêt de Perseigne ou dans les Alpes mancelles.

Avec les enfants – À St-Léonard-des-Bois, le domaine du Gasseau propose un éventail d'activités « nature » dont un parcours dans les arbres.

Pour poursuivre la visite – Voir aussi Argentan, le haras national du Pin, le château de Carrouges, Sées, Fresnay-sur-Sarthe, Sillé-le-Guillaume et Bagnoles-de-l'Orne.

Comprendre

Un État-tampon – Dès le 10e s., la ville d'Alençon se dote d'un château et de fortifications pour répondre à sa situation stratégique entre le duché de Normandie et le Maine, fief des rois normands-angevins d'Angleterre. Son territoire est rattaché à la couronne de France au 13e s. Il devient alors comté et revient traditionnellement aux cadets de la famille royale, notamment aux Valois, pour lesquels il est érigé en duché au 15e s. Pendant la guerre de Cent Ans, c'est d'ailleurs le premier duc d'Alençon, et certainement le plus fameux : **Jean de Valois** (1409-1476), compagnon d'armes de Jeanne d'Arc – elle le surnommait « le beau duc » –, qui délivre la cité du joug anglais.

De la dentelle au plastique – À partir du 17e s., Alençon se développe grâce à la toile et surtout à la **dentelle** *(voir encadré ci-contre)*. Mais au cours du 19e s., cette activité décline. L'économie de la ville ne se maintient que par ses **imprimeries**, apparues au 16e s. Il faut attendre l'implantation de **Moulinex** en 1936 *(voir p. 88)* pour que l'industrie locale retrouve un nouveau souffle. Pendant plus de 60 ans, cette entreprise va être le premier employeur et l'étendard de la ville. Depuis sa fermeture en 2001, Alençon s'est recentré sur l'industrie du **plastique**. 300 entreprises et une école d'ingénieurs spécialisée dans ce domaine le placent au cœur du pôle de plasturgie normand créé à la fin des années 1980.

Stéphane Sauvignier / MICHELIN

Maison d'Ozé.

Du point de Venise au point d'Alençon

Vers 1650, Mme de la Perrière perfectionne le point de Venise, très en vogue dans toutes les cours européennes, et l'enseigne à de jeunes Alençonnaises. La production dentellière se développe : huit mille personnes travaillent à ce point à l'aiguille. Cependant la mode des dentelles incite hommes et femmes à des dépenses extravagantes, souvent hors du territoire français. Aussi Colbert décide-t-il en 1665 d'établir une manufacture royale à Alençon, chargée de la production du point de France, interdisant l'importation de dentelles étrangères. Les dentellières d'Alençon développent leur propre style par l'invention d'une technique particulière, le réseau : des motifs légers associés en dessins symétriques serrés sur un fond très clair. C'est là l'origine du point d'Alençon qui, à la fin du 17e s., finit par être seul apprécié. Chaque dentellière était spécialisée dans une seule phase du point et ignorait tout du travail des autres. Il fallait plus de seize heures pour faire 3 cm et près de dix ans pour une création complète. L'Atelier national du point d'Alençon *(ne se visite pas)* perpétue cette tradition séculaire de la dentelle à l'aiguille, qualifiée de « reine des dentelles » au 19e s.

Découvrir

LA DENTELLE

Musée des Beaux-Arts et de la Dentelle★

✆ 02 33 32 40 07 - ♿ - de déb. juil. à mi-sept. : 10h-12h, 14h-18h ; de mi-sept. à fin juin : tlj sf lun. 10h-12h, 14h-18h - fermé 1er janv., 1er Mai, 25 déc. - 3,05 € (gratuit -18 ans et 1er dim. du mois).

Installé dans l'ancien collège des Jésuites (17e s.), le musée réunit des collections de dentelles et des peintures du 15e au 19e s. La **collection de dentelles★** permet de faire un tour d'horizon de la production des principaux centres dentelliers d'Italie (Venise, Milan), de Flandres (Bruxelles, Malines) et de France (Chantilly, Le Puy, Valenciennes, Bayeux). La technique du point d'Alençon est expliquée et, en parallèle, d'extraordinaires réalisations du 17e s. à nos jours sont présentées. Vidéo (20mn) sur le point d'Alençon. Chaque année, une exposition temporaire sur la dentelle met à l'honneur le travail d'un grand nom de la haute couture.

En **peinture**, le 17e s. français et nordique est bien représenté avec des œuvres de Philippe de Champaigne, de Jouvenet, d'Allegrain, de Voet, de Ryckaert, de Wyck, etc. La peinture française du 19e s. est largement évoquée par des œuvres de Boudin, Courbet, Fantin-Latour, Lacombe, Laurent, Legros, Veyrassat, etc.

Une salle est consacrée à l'**ethnographie cambodgienne** au travers d'un cabinet de curiosités dû à Adhémar Leclère, Alençonnais d'origine nommé résident général du royaume du Cambodge à la fin du 19e s.

Se promener

Maison d'Ozé

Cette demeure du 15e s., actuel office de tourisme sur la place Lamagdelaine aurait, selon la légende, abrité le futur Henri IV en 1576. La maison d'Ozé porte le nom du premier préfet de l'Orne (1800-1815). En réalité, cette demeure appartenait à la famille Le Coustelier. Dans son enceinte, un verger conservatoire a été aménagé.

Église Notre-Dame★

✆ 02 33 26 20 89 - 9h30-12h, 14h-18h - possibilité de visite guidée (juin-sept.) ou de visite audioguidée (tte l'année) sur demande à l'office de tourisme - visite guidée : 4 € (-14 ans gratuit) ; visite audioguidée : 3 €.

La construction de ce beau monument de style flamboyant a débuté pendant la guerre de Cent Ans sous l'occupation anglaise. Elle se fit à l'emplacement d'une église romane dépendant de l'abbaye de Lonlay. La tour, le transept et le chœur furent reconstruits, eux, au 18e s.

Le **porche★** à trois pans, véritable dentelle de pierre, est une œuvre de Jean Lemoine, qui l'éleva de 1490 à 1506.

Au milieu du gâble, se trouve une Transfiguration : le Christ ayant à ses côtés les prophètes Moïse et Élie ; au-dessous, les apôtres Pierre, Jacques et Jean ; ce dernier tournant le dos à la rue, attitude très rare dans la statuaire religieuse. D'après la légende, le saint se serait retourné, frappé d'horreur, pendant les guerres de Religion.

Dès l'entrée, l'envolée de la nef, couverte de **voûtes** à liernes et tiercerons vous saisit. Les ogives sont abondamment décorées. Un joli **triforium** vient se confondre avec les dessins des fenêtres hautes pour former un ensemble très homogène.

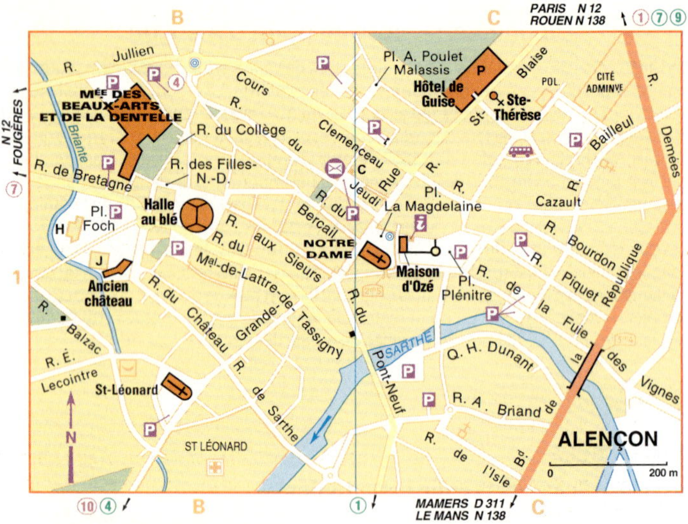

SE LOGER		SE RESTAURER	
Chambre d'hôte La Garencière	1	Auberge Normande	1
Chambre d'hôte Le Moulin de Linthe	4	Au Petit Vatel	4
Château de Sarceaux	7	Le Chapeau Rouge	7
Hôtel Marmotte	9	Le Saint-Léo	10

À regarder absolument : les **vitraux★** exécutés vers 1530 par des maîtres-verriers d'Alençon et du Maine pour les fenêtres hautes. La 1re chapelle du bas-côté gauche, fermée par de belles grilles modernes, est celle où fut baptisée Thérèse Martin, future **sainte Thérèse de Lisieux**. Les vitraux illustrent l'événement et, au-dessus des fonts baptismaux, on peut voir sa robe.

Halle au blé

Ce bâtiment circulaire, construit au début du 19e s., ne fut coiffé qu'à la fin du siècle d'un dôme de fer et de verre qui séduisit tant les dames de la ville qu'elles se prirent à l'appeler la « crinoline de la ville d'Alençon ». C'est aujourd'hui un centre culturel.

Ancien château

De la place Foch, on aperçoit les tours de l'ancien château des ducs bâti aux 14e et 15e s. par Jean II le Beau. La silhouette de la tour centrale dite « couronnée » est inattendue : une tour ronde plus étroite coiffe une tour à mâchicoulis. Pour voir les deux autres tours qui défendaient la porte, s'avancer dans la rue du Château. La forteresse sert de nos jours de prison.

Église St-Léonard

✆ 02 33 26 20 89 - prendre RV auprès du presbytère.

Rebâtie à partir de 1489 par le duc René, second duc d'Alençon, elle fut achevée en 1505 par sa veuve, Marguerite de Lorraine. À quelques pas, au no 10 de la rue Porte-de-la-Barre, maison du 15e s. à la façade couverte d'ardoises appelée « maison à l'étal ».

Hôtel de Guise

La préfecture et la Maison du département occupent aujourd'hui ce bel édifice du 17e s., ancien hôtel des Intendants de la Généralité, plus connu sous le nom d'hôtel de Guise.

Chapelle Sainte-Thérèse

✆ 02 33 26 09 87 - visite guidée (30 à 45mn) juin-sept. : 9h-12h, 14h-18h ; oct.-mai : tlj sf mar. 9h30-12h, 14h30-17h - fermé janv.

En face de la préfecture, un double escalier donne accès à la chapelle qui est contiguë à la maison natale de la sainte. À l'intérieur, le sanctuaire s'ouvre sur la chambre où naquit Thérèse Martin, le 2 janvier 1873, la future petite sainte Thérèse de Lisieux.

Aux alentours

La Fresnaye-sur-Chédouet

14 km à l'est d'Alençon.

La Belle Échappée – *8 r. de la Forêt-de-Perseigne - ✆ 02 43 34 39 11 - ♿ - avril-sept. : tlj sf lun. et mar. 10h-12h, 14h-19h ; oct.-nov., fév.-mars : pdt vac. scol. tlj sf lun. et mar. et hors vac. les w.-ends 10h-12h30, 14h-18h30 ; 2e quinzaine de déc. et janv. : w.-end 10h-12h30, 14h-18h30 - fermé 1er janv., 1er Nov., 11 Nov. et 25 déc. - 5 € (enf. 3 €).*

Le succès populaire des courses cyclistes est toujours d'actualité comme en témoigne ce musée qui retrace les grandes heures de ce sport et présente ses grands champions. Les importantes collections ont été rassemblées par Ivan Bonduelle, un passionné de la petite reine : maillots, jouets, gadgets publicitaires…

Circuits de découverte

FORÊT DE PERSEIGNE★

Circuit de 53 km. Quittez Alençon au sud-est (D 311) en direction de Chartres.

Aux confins du Perche et de la Champagne mancelle, la **forêt de Perseigne** s'étend sur plus de 5 000 ha. Le parcours de ses sous-bois de chênes, de hêtres ou de sapins est jalonné de profonds vallons.

L'itinéraire contourne d'abord la forêt par le nord avant d'y pénétrer au plus profond, à partir de la D 236. À la sortie du hameau du Buisson, prenez à gauche la D 236 ; 4 km plus loin, tournez à angle aigu à droite vers Aillières-Beauvoir, puis encore à droite direction Ancinnes dans la route forestière menant au Rond de Croix-Pergeline. À ce dernier carrefour, devant une borne en pierre, empruntez à gauche la route du Gros-Houx.
La route en descente dans un vallon vous promène à travers de belles séries de chênes, de hêtres et de sapins. Au carrefour des Trois-Ponts, vous suivrez par la route en montée, à gauche, la très belle **vallée d'Enfer** au fond de laquelle serpente un ruisseau.
Une tour-belvédère haute de 30 m a été érigée, sur la droite, au point culminant de la Sarthe *(340 m – aire de pique-nique).*
Circuits pédestres fléchés sur 8 km environ autour du belvédère et dans la vallée d'Enfer.

Empruntez dans l'axe la D 234 vers les villages jumelés d'Aillières-Beauvoir.

La route sort de la forêt, qu'elle contourne désormais par le sud. Belle vue sur le massif. Au carrefour de la D 3, prendre à droite la D 116. Entre Villaines-la-Carelle et le croisement de la D 311, remarquables vues rapprochées sur la forêt de Perseigne.

Continuez par la D 310, vers St-Rémy-du-Val.

Chapelle Notre-Dame-de-Toutes-Aides

Ce gracieux sanctuaire de pèlerinage, au portail surmonté d'une Vierge à l'Enfant, abrite un retable du 17e s. avec, au-dessus, une Assomption. Au-dessous, tableau représentant l'Annonciation.

À St-Rémy-du-Val, tournez à droite, devant l'église, dans la route de Neufchâtel.

Entre Neufchâtel et le village d'Ancinnes, la route (D 165) longe l'agréable étang de Vaubezon. Au-delà d'Ancinnes et jusqu'à hauteur de Champfleur, des échappées s'offrent depuis la D 19 sur la forêt d'Écouves, la forêt de Multonne et la butte Chaumont, au profil conique très marqué.

La D 19 ramène à Alençon.

À TRAVERS LES ALPES MANCELLES★

82 km – environ 3h.

Appliqué à cette région, le nom d'« Alpes » peut amuser. Il se justifie néanmoins par le relief très escarpé de ce coin de Normandie, qui attire d'ailleurs de nombreux alpinistes et varappeurs en quête de terrains d'entraînement.
Les Alpes mancelles font aujourd'hui partie du Parc naturel régional Normandie-Maine et proposent de nombreux loisirs : promenades pédestres, pêche, canoë-kayak, cyclotourisme, etc.

Quittez Alençon à l'ouest, par la N 12, conduisant à St-Denis-sur-Sarthon. 6,5 km plus loin, au lieu-dit Lentillère, prenez à gauche la route de Champfrémont.

Sur environ 600 m, on bénéficie de vues bien dégagées sur la forêt de Multonne.

Prenez à droite la route du mont des Avaloirs.

Mont des Avaloirs

Le belvédère de béton et de métal marque le « sommet » qui, avec ses 417 m, se classe, ainsi que le signal de la forêt d'Écouves *(voir à Sées, « circuit »)*, comme le point culminant de la France de l'Ouest. Les quatre pieds de la tour métallique sont des vestiges de l'oléoduc que les Américains avaient installé, après le Débarquement, entre Cherbourg et la région parisienne, pour assurer l'approvisionnement des troupes alliées en carburant. Après avoir gravi les 108 marches, on accède à la plate-forme qui offre un beau panorama malgré la végétation. À l'est, on parvient à distinguer le mont Souprat au sommet rond et dénudé. Au sud-est, s'étendent les Alpes mancelles.

Traversez la D 144 pour prendre, à gauche, la D 204 puis, 1 400 m plus loin, tournez à droite dans la D 255.

Vous atteignez la cuvette de St-Julien-des-Églantiers.

Remontez la D 245, puis la D 218 jusqu'à la D 20 que vous prendrez à droite.

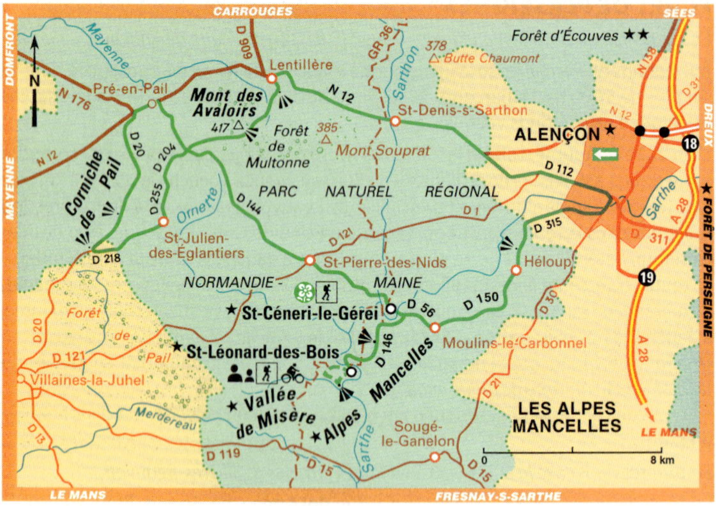

Corniche de Pail

Le parcours à flanc de coteaux permet, par temps clair et quand la végétation est conciliante, d'avoir des vues étendues sur le bassin de la haute Mayenne. Le panorama s'arrête sur la silhouette conique du mont Margantin, voisinant avec le clocher trapu de l'église de Domfront. Vous apercevez dans le fond la forêt des Andaines.

À Pré-en-Pail, prenez la N 12 en direction d'Alençon, puis la D 144 à droite vers St-Pierre-des-Nids.

Saint-Céneri-le-Gérei★

Ce charmant petit village a inspiré plus d'un peintre. L'église perchée, le pont sur la Sarthe et les vieilles maisons de pierre constituent un site remarquablement préservé qui a beaucoup de charme. Dédiée à saint Céneri, mystérieux moine du 7e s. pourtant très honoré, l'église romane accueille dans le chœur des fresques représentant le Christ en majesté, la Vierge accueillant les Élus dans son grand manteau, et le couronnement de saint Céneri. Du chevet de l'église, admirez la vue plongeante sur la Sarthe et l'ermitage qui était un lieu de pèlerinage pour les filles à marier. Ces dernières devaient s'allonger sur le lit du saint conservé dans la chapelle, pour être certaines d'avoir des enfants.

Jardins de la Mansonière – *☎ 02 33 26 73 24 - ♿ - dernier w.-end d'avr.-31 mai : vend.-dim. 14h30-18h30 ; 1er juin-30 sept. : tlj sf mar. 14h30-18h30 - fermé en oct. - reste de l'année : sur RV - 5 € (gratuit - 12 ans) - guide des jardins donné à l'entrée.*
En 1993, après un voyage à la découverte des jardins d'outre-Manche, les propriétaires ont entrepris de transformer leur prairie en un jardin d'agrément. Le résultat ? Neuf jardins clos, tous différents : plate-bande solaire, roseraie, jardin des senteurs, potager gothique…

Après St-Céneri-le-Gérei, tournez à droite dans la D 146.

Au sommet d'une pente, une belle échappée s'ouvre au nord sur la vallée de la Sarthe et les hauteurs de la forêt de Multonne. La descente sur St-Léonard-des-Bois permet d'apprécier le contraste entre les versants abrupts et dénudés de la vallée et les abords verdoyants de la rivière.

Par la route, il y a 6 km, mais à pied il n'y a pas plus de 8 km et c'est tellement plus agréable !

Saint-Léonard-des-Bois★

Au creux d'un méandre encaissé de la Sarthe, ce bourg bordé par des versants abrupts couverts de bruyère est le centre de tourisme le mieux situé des Alpes mancelles. Bâtie sur l'emplacement de l'oratoire de Saint-Léonard, l'église renferme une Mise au tombeau de la Vierge, composée de quatorze personnages en terre cuite (17e s.).

Domaine du Gasseau – *02 43 34 34 44 - www.gasseau.com - ouv. de Pâques à la Toussaint.* Cette ancienne ferme, aujourd'hui animée par une association, jouit du calme de la pleine campagne. Expositions, journées à thème, ateliers de découverte autour de la nature, de la botanique, de la gastronomie, font partie du programme. Le site propose aussi une multitude d'activités pour toute la famille : accrobranches, randonnées, ferme équestre, visites du verger et du potager (plantes alimentaires, médicinales et aromatiques). Point de départ de huit circuits VTT.

Vallée de Misère★

1h30 à pied AR.

Partez de la place de l'église de St-Léonard-des-Bois ; prenez le chemin qui s'amorce à l'angle de l'hôtel du Bon Laboureur. Au carrefour, en face d'une croix de pierre, prenez tout droit un chemin rocailleux en montée. Longez en hauteur le hameau du Champs-des-Pas et continuez à gauche. Après quelques mètres en montée, vous apercevrez des fléchages sur votre droite et un peu plus loin sur votre gauche. À vous de choisir par quel côté aborder la randonnée ! L'itinéraire dévoile de belles **vues★** sur la sauvage vallée de Misère.

En reprenant la D 146 en sens inverse, vous revoyez, à gauche, peu avant de rejoindre la D 56, le joli village de St-Céneri-le-Gérei. À partir d'Héloup, la vue se développe sur la forêt de Multonne, avec le mont des Avaloirs à gauche et le mont Souprat légèrement à sa droite. Plus à droite encore, la butte Chaumont et la forêt d'Écouves s'imposent une nouvelle fois à l'attention. Plus loin, le massif de la forêt de Perseigne se dégage, à l'est.

La D 315 ramène à Alençon.

Alençon pratique

Adresse utile

Office du tourisme d'Alençon – *Pl. de la Magdeleine - 61000 Alençon - 02 33 80 66 33 - www.paysdalencontourisme.com - juil.-août : lun.-sam. 9h30-19h, dim. 10h-12h30, 14h30-17h ; avr.-juin et sept. : lun.-sam. 9h30-12h, 14h-18h30 ; oct.-mars : lun.-sam. 9h30-12h, 14h-18h - fermé 1er janv., lun. de Pâques, 1er Mai, 1er et 11 Nov., 25 déc.*

Visite

Le circuit balisé « **L'encerclement** » appartenant au parcours de l'Espace historique de la bataille de Normandie commence à Alençon et va jusqu'à L'Aigle. Il permet de suivre la progression de la 2e DB au départ d'Alençon.

Se loger

Hôtel Marmotte – *Les Grouas - 61250 Valframbert - 1 km au N du centre-ville dir. Dreux - 02 33 27 42 64 - P - 46 ch. 38,50 € - 5,40 € - restaurant 12,50/15,50 €.* Le centre-ville disposant de peu d'établissements recommandables, on se tournera vers la proche périphérie, et plus particulièrement cet hôtel de gestion traditionnelle. Ses chambres, très classiques, associent mobilier contemporain et équipement sanitaire actuel. Un choix judicieux pour faire étape dans les environs.

Chambre d'hôte La Garencière – *72610 Champfleur - 6,5 km au SE d'Alençon dir. Mamers et Champfleur par D 19, continuer vers Bourg-le-Roi - 02 33 31 75 84 - denis.langlais@wanadoo.fr - fermé janv. - - 5 ch. 45/56 € - repas 25 €.* À l'époque des croisés, ce lieu-dit – fief des chevaliers de la Garencière – était une étape sur la route de Compostelle. Aujourd'hui, vous apprécierez le calme de ses chambres amoureusement décorées par la propriétaire. Piscine couverte face à la campagne. Salle de billard ; brocante de vaisselle (réservée aux hôtes).

Chambre d'hôte Le Moulin de Linthe – *Rte de Sougé-le-Ganelon - 72130 St-Léonard-des-Bois - 02 43 33 79 22 -*

fermé janv.-fév. - *5 ch. 60 €*. Des chambres de caractère dans ce moulin qui a fière allure, même si sa roue à aubes ne tourne plus... Les pêcheurs pourront taquiner la truite ou le brochet dans les eaux de la Sarthe.

Château de Sarceaux – *61250 Valframbert - 02 33 28 85 11 - sarceaux@wanadoo.fr - fermé janv.* - P - *5 ch. 95/135 €*. Un parc de 12 ha avec étang entoure ce château des 17e et 19e s. dont les chambres raffinées, décorées d'authentiques meubles et tableaux de famille, sont toutes orientées au sud. Dîner aux chandelles à la table d'hôte ; registre culinaire traditionnel.

Se restaurer

Le Saint-Léo – *Pl. de l'Église - 72130 St-Léonard-des-Bois - 02 43 33 81 34 - lestleo@aol.com - fermé merc. hors sais. et mar. - 9,50/15 €.* Halte simple et sympathique dans ce pittoresque village des Alpes mancelles. Salle à manger tournée vers la Sarthe. Cuisine « maison » privilégiant les produits frais et proposant également grillades, spécialités savoyardes, galettes et crêpes.

Auberge Normande – *Le Pont-du-Londeau - 61250 Valframbert - 02 33 29 43 29 - www.chateau-des-requetes.com - fermé 1er Mai, 24-25 déc., dim. soir et lun. - réserv. conseillée - 12/38 €.* Il n'est pas rare que cette très sympathique table de pays fasse salle comble au déjeuner. Il est vrai que M. et Mme Desnos lui ont donné une seconde jeunesse en remettant quelque peu au goût du jour les recettes traditionnelles ; carte et menus, toujours soignés, offrent un bon rapport qualité-prix.

Le Chapeau Rouge – *117 r. de Bretagne - 02 33 26 57 53 - fermé vend. soir, sam. midi et dim. - 16/32 €.* Lumineux camaïeu de jaune sur les murs, nappes aux tons flamboyants et chaises paillées constituent le décor tout en gaieté de ce restaurant dissimulé derrière une façade en pierre. Cuisine traditionnelle soignée et quelques plats mêlant le salé au sucré.

Au Petit Vatel – *72 pl. du Cdt-Desmeulles - 02 33 26 23 78 - fermé 27 juil.-10 août, dim. soir et merc. - 19/69 €.* Petit Vatel, mais grande satisfaction ! Voici ce que vous diraient les fidèles de ce restaurant au cadre sagement rustique. Son chef propose une cuisine traditionnelle qui s'enrichit judicieusement de quelques inspirations régionales ; un menu est même entièrement consacré aux spécialités normandes.

En soirée

La Luciole – *171 rte de Bretagne - 02 33 32 83 33 - www.laluciole.org - tlj sf dim. et lun. selon le calendrier des représentations - fermé août - 5 à 25 €.* Sans doute le lieu le plus apprécié des Alençonnais. Cette « scène de musiques actuelles » organise plus de 70 concerts par an, toutes tendances musicales confondues. Elle accueille aussi bien les grands noms internationaux que les jeunes talents en devenir.

Scène Nationale 61 – *2 av. de Basingstoke - 02 33 29 02 29/16 96 - www.S-N-A-F.com - selon le calendrier des représentations. Billetterie : tlj sf w.-end 13h-18h30 - fermé de mi-août à fin août et j. fériés.* Danse, musique et théâtre pour tous, cette scène nationale ne manque pas de ressources. Des artistes du monde entier s'y retrouvent pour partager leur expérience avec les Alençonnais lors des « Causeries au coin du bar » et autres rencontres à thème. Répétitions publiques.

Que rapporter

Marché – *Pl. Magdeleine - centre-ville - sam. et jeu.* Au pied de l'église Notre-Dame, marché très convivial regorgeant d'appétissants produits du terroir : volailles fermières, boudin noir de Mortagne et boudin blanc d'Essay, fromages (camembert, pont-l'évêque, livarot, gruyère de Carrouges), légumes, sans oublier le cidre, le pommeau et le poiré.

Les Caves de la Rotonde – *5 r. des Filles-Notre-Dame - 02 33 26 20 76 - tlj sf dim. 9h-12h30, 14h-19h30, dim. 10h30-12h30 - fermé 2 sem. en août.* Cette cave ne paie pas de mine et pourtant elle mérite que l'on en pousse la porte, car elle recèle des trésors : calvados du Domfrontais millésimes 1976, 1970, 1964 et 1963 ainsi qu'une réserve vieille d'un siècle ; cidres, pommeaux, poirés, apéritifs locaux dont le Pom'Cherry, vins français et étrangers.

Argentan

16 596 ARGENTANAIS
CARTE GÉNÉRALE C3 – CARTE MICHELIN LOCAL 310 I2 – ORNE (61)

Loin de la période troublée du Débarquement, Argentan est aujourd'hui une petite ville paisible nichée à flanc de coteaux dans la verdure. Elle partage avec Alençon une longue tradition de centre dentellier, qui le dispute à la tradition équestre, profondément ancrée dans ce pays normand que l'on surnomme « pays du cheval ». Son hippodrome programme chaque année une vingtaine de courses, c'est dire la popularité de cette activité !

- **Se repérer** – Située sur l'Orne et entourée de forêts, cette sous-préfecture se trouve au centre du département de l'Orne, à équidistance de Flers (45 km à l'ouest) et d'Alençon (45 km au sud).
- **À ne pas manquer** – La délicate technique du « point d'Argentan » à la Maison des dentelles et à l'abbaye des Bénédictines ; le château de Bourg-St-Léonard.
- **Organiser son temps** – Consacrez une matinée à la découverte de la cité, puis visitez l'un ou l'autre château avant de profiter de la campagne alentour.
- **Pour poursuivre la visite** – Voir aussi Falaise, le haras national du Pin, Sées, le château de Carrouges, Bagnoles-de-l'Orne et la Suisse normande.

Amaury de Valroger / MICHELIN

La tour-lanterne de l'église St-Germain.

Se promener

La ville natale du peintre Fernand Léger (1881-1955) et de Charlotte Corday, qui assassina Marat, regroupe l'ensemble de ses monuments historiques dans un même périmètre, en plein cœur de la cité *(voir plan)*.

Château

Ne se visite pas.

Construit vers 1370 par le comte d'Alençon Pierre II, cet imposant bâtiment rectangulaire est flanqué, aux extrémités de sa façade, de deux tours carrées et orné, au centre, d'une tourelle munie de petites ouvertures et d'une porte dont le tympan repose sur des colonnettes à chapiteaux finement sculptés. Il est le siège de l'actuel palais de justice. Il faut donc avoir enfreint la loi pour avoir « l'opportunité » d'y entrer !

Ancienne chapelle Saint-Nicolas

Ancienne chapelle du château, élevée en 1773, elle vit Marguerite de Lorraine y prononcer ses vœux. Au 1er étage de la chapelle, on peut voir sur demande un beau retable du 17e s. provenant de l'église détruite de Pommainville (nord-ouest d'Argentan).

Aujourd'hui le rez-de-chaussée abrite l'office de tourisme.

ARGENTAN

SE LOGER

Chambre d'hôte Ferme de la Gravelle....(1)

Hôtel La Puce à l'Oreille..(7)

Hôtel Le Pavillon de Gouffern.......................(10)

Hôtel Le Refuge du P'tit Fischer..................(13)

SE RESTAURER

La Renaissance..............(1)

Restaurant de Fleuré......(4)

Découvrir

LE POINT D'ARGENTAN

Ce fameux point est une dentelle à l'aiguille proposant des motifs variés sur un fond de mailles qui rappellent les alvéoles d'une ruche. Aussi apparaît-il beaucoup plus gros que celui d'Alençon qui a l'apparence du tulle. En 1874, un heureux hasard permit de retrouver des parchemins-patrons du 18e s. rendant possible la reconstitution d'origine du point d'Argentan.

Abbaye des Bénédictines

À partir du boulevard du Général-de-Gaulle, par la r. de la Noë, suivez la signalisation « Abbaye des Bénédictines » - ✆ 02 33 67 12 01 - possibilité de demander une dentellière tlj sf dim. et j. fériés 14h30-16h - fermé une sem. en août - 2 € (enf. gratuit). Les moniales, sœurs cloîtrées, ont l'exclusivité de la dentelle au point d'Argentan qui est encore exécutée dans l'abbaye. Si la dentelle vous passionne, vous pouvez vous faire présenter des travaux représentatifs des différentes phases d'exécution du point d'Argentan, ainsi que diverses réalisations anciennes et modernes de dentelle à l'aiguille.

Maison des dentelles

34 r. de la Noë - ✆ 02 33 67 50 78 - ♿ - de déb. avr. à mi-oct. : mar.-sam. 9h-12h, 14h-18h et dim. 14h-18h - fermé j. fériés sf 14 Juil. et 15 août - visite guidée proposée à l'entrée - 3 € (10-18 ans 2,30 €). Belles collections de pièces du 16e au 20e s., témoignages du passé dentellier d'Argentan. Pour les passionnés, les trois salles présentent la dentelle sous toutes ses formes (à l'aiguille, au fuseau, mécanique).

Visiter

Église Saint-Germain★

✆ 02 33 67 12 48 - possibilité de visite guidée sur demande de juin à sept. : lun. 10h-11h30, 14h30-15h30, 16h30-18h, mar. 14h-15h30, 16h30-18h, merc.-vend. 10h30-12h, 14h-15h30, 16h30-18h, dim. 14h-18h - fermé sam.

Abordez votre visite par la place St-Germain, afin de découvrir l'église sous son plus bel aspect. Élevée du 15e au 17e s., cette église flamboyante a été très touchée par les obus en 1944. La tour-lanterne, de style Renaissance, est couronnée d'un dôme à lanternon. En contournant l'édifice par la droite, on observe la disposition inhabituelle du chevet (16e s.) à quatre pans et les croisillons terminés par une abside et non par une façade. Le porche, qui s'ouvre rue St-Germain, à la base de la tour-clocher, est une œuvre purement flamboyante. L'intérieur, lui, est caractéristique du gothique flamboyant déjà influencé par le goût de la Renaissance.

Église Saint-Martin

✆ 02 33 67 12 48 - possibilité de visite guidée sur demande à l'office de tourisme.
L'ensemble de l'architecture est de style flamboyant ; cependant, l'église ayant été bâtie aux premiers temps de la Renaissance, des éléments nouveaux apparaissent, notamment dans la claire-voie de la nef et du chœur. Dans le chœur, sept fenêtres sont garnies de beaux vitraux des 15e et 16e s.

Circuits de découverte

LE PAYS D'ARGENTAN

Le pays d'Argentan est une plaine cernée par les massifs boisés d'Écouves, au sud, et de Gouffern, au nord. L'ample vallée de la Dives, qui le sépare du pays d'Auge, est entrée dans l'histoire militaire en août 1944.

Les courbes de l'Orne 1

Circuit de 32 km – environ 1h. Quittez Argentan par le sud-ouest, D 924.

Écouché

Au croisement des routes marquant l'entrée d'Écouché, un char de la 2e DB monte la garde en souvenir des combats de la Libération *(voir encadré ci- dessous).*
L'imposante **église** (15e et 16e s.) est restée inachevée : on peut voir les ruines de la nef du 13e s. jamais remplacée. *✆ 02 33 36 88 82 - juil.-août : 14h30-17h - en cas de fermeture, s'adresser au syndicat d'initiative.*

Prenez la direction Falaise (D 29), puis tournez à gauche vers Ménil-Glaise.

La fin de la bataille de Normandie

À la suite du succès de la percée d'Avranches et de l'échec de leur contre-offensive du 7 août, les forces allemandes voient la menace pesant sur leurs arrières se préciser : le 13 août, la 2e DB française, à Écouché, la 5e DB américaine, aux abords immédiats d'Argentan, forment la mâchoire sud de la tenaille.
Lorsque les Canadiens s'emparent de Falaise le 17, il n'y a plus d'autre issue pour les débris de la 7e armée allemande que la vallée de la Dives. C'est, dès lors, une infernale bousculade. Le 19 août, la jonction des Alliés est réalisée à Chambois et le 21, à 18h30, la capitulation de Tournai-sur-Dives marque le terme de ces opérations d'anéantissement.
C'est de son PC de Fleuré, à quelques kilomètres au sud d'Argentan, que le 21 août le général Leclerc prit la décision historique d'envoyer un détachement participer à la libération de Paris. Une stèle commémore l'événement sur la D 2 à la sortie de Fleuré.

Ménil-Glaise★

Depuis le pont sur l'Orne, **vue★** splendide sur l'escarpement de la rive gauche que couronne un château.
Au sommet d'une montée par un chemin étroit, tournez à droite à angle aigu. Laissez la voiture sur la gauche. Vous vous trouvez sur une terrasse d'où l'on découvre, dans un site charmant, la courbe de l'Orne.

Faites demi-tour, laissez à gauche le chemin venant du pont et continuez tout droit. Plus loin, laissez à droite le chemin de Batilly. Reprenez la D 924, à gauche, vers Argentan.

Le Vaudobin 2

12 km – plus 15mn à pied AR par sentiers glissants. Quittez Argentan par le nord, D 916. À 7 km, après la forêt de Gouffern, prenez à gauche et traversez la Londe. Laissez la voiture près d'une carrière.

Prenez à gauche de l'accès à cette carrière, le sentier qui conduit au ruisseau du Meillon que l'on franchit. Un sentier en forte montée passe, 50 m après le rocher, devant une roche à grande surface plane portant des empreintes fossiles, interprétées par des légendes du pays comme des traces de pieds de bœufs. Il grimpe ensuite au sommet d'où l'on découvre l'ensemble de la gorge du Meillon et la haute vallée de la Dives.

De forêt en châteaux 3

68 km - une journée. Quittez Argentan par le nord-est, N 26 puis à gauche, D 113.

En s'éloignant d'Argentan, la route se rapproche des hauteurs de la forêt de Gouffern qu'elle traverse, avant de descendre dans l'ample dépression drainée par la Dives.

Chambois

Avec son plan rectangulaire et ses quatre tours formant contreforts, le donjon d'inspiration anglo-normande est un bel exemple de l'architecture militaire du 12e s. De son côté, l'église a conservé son clocher à flèche de pierre du 11e s. : à l'intérieur, Descente de croix derrière le maître-autel.

Près du carrefour central de Chambois, une stèle rappelle la jonction des éléments polonais de la 1re armée canadienne et des Américains de la 3e armée, le 19 août 1944, qui permit de couper la retraite à la 7e armée allemande.

Prenez la D 16 qui monte en lacet avant d'arriver au Montormel.

Mémorial de Montormel

✆ 02 33 67 38 61 - ♿ - visite guidée (1h) mai-sept. : 9h-18h ; de mi-janv. à fin avr. et de déb. oct. à mi-déc. : merc. et w.-end 10h-17h - 4,50 € (enf. 2 €), gratuit j. Loisirs en fête.

Le monument commémoratif est un long mur de pierre sur lequel une sculpture en fer forgé rappelle les durs combats qui ont eu lieu dans ce secteur. La bataille de la poche de Chambois, du 18 au 22 août 1944, fut en effet particulièrement violente (dix à douze mille morts) mais déterminante pour la fin de la bataille de Normandie. Le maréchal Montgomery a dit à son sujet qu'elle avait véritablement constitué « le commencement de la fin de la guerre ».

Derrière le char américain, **vue★** dégagée sur la plaine. Deux salles du mémorial retiennent particulièrement l'attention : l'une est occupée par un grand plan-relief présentant les différentes phases de la bataille ; l'autre est la salle *in memoriam*, espace dédié au souvenir de la 1re DB polonaise.

Revenez à Chambois et prenez la D 16 au sud.

Le Bourg-Saint-Léonard★

Le **château** a été bâti sous Louis XV par Jules David Cromot, commis au contrôle général des Finances. L'intérieur, décoré de boiseries Louis XV et de tapisseries, abrite un splendide mobilier du 18e s. *✆ 02 33 67 10 40 - ♿ - horaires et tarifs non communiqués - se renseigner.*

Gilles Targat / MICHELIN

Château de Bourg-St-Léonard

La N 26 permet de beaux coups d'œil sur le cadre forestier du haras du Pin.

Haras national du Pin★ *(voir ce nom)*

À partir du haras se précisent, vers le sud, les contours de la forêt d'Écouves.

Almenêches

L'église Renaissance est une ancienne abbatiale bénédictine. Les autels sont ornés de statues ou de bas-reliefs en terre cuite. À gauche, remarquez l'*Apothéose de sainte Opportune*, illustre abbesse du lieu et, sur la droite, notez la Vierge entourée d'angelots.

Reprenez la D 16 en direction de Médavy.

Château de Médavy

✆ 02 33 35 05 09 - visite guidée de l'intérieur (45mn), visite libre des extérieurs (parc, chapelle, pigeonnier, haras) - juil.-août : tlj 14h-19h ; mai-juin et sept. : dim. et j. fériés 15h-19h - 6 € (-14 ans 3 €).

Entouré de douves alimentées par l'Orne, ce château du 18e s. a été reconstruit pour un maréchal de France sur les ruines d'une ancienne forteresse. Il ne reste de celle-ci que deux tours du 15e s. : la tour St-Pierre et la tour St-Jean, qui abrite la chapelle. À l'intérieur, les actuels propriétaires remeublent peu à peu les pièces : meubles français du 18e s., mobilier espagnol, un traîneau d'hiver russe. Très beau parquet rayonnant en citronnier et châtaigner dans le grand salon de l'étage. Jardins à la française.

Quittez Médavy par la D 26 en direction de Mortrée, puis suivez « château d'Ô » sur la droite.

Château d'Ô

✆ 02 33 39 55 79 (M. Gascoin) - ♿ - visite guidée des jardins (30mn) - mi-juil.-mi-août : tlj sf dim. 13h30-19h30 - entrée libre.

Cette belle bâtisse de styles gothique flamboyant et Renaissance porte le nom de la famille qui le fit construire à la fin du 15e s. Mais c'est aussi un « château d'eau » par les douves qui l'entourent et dans lesquelles se reflètent la complexité des toits, les tourelles élancées, la finesse des ornementations et la façade de brique et de pierre.

La promenade à travers le parc conduit jusqu'à l'orangerie, en passant par le jardin de fleurs et de légumes.

Gagnez la N 158. À 6,5 km, prenez à gauche la D 752.

Château de Sassy

✆ 02 33 35 32 66 - visite guidée (45mn) - de mi-juin à mi-sept. : 10h30-12h30, 14h-18h ; de Pâques à mi-juin et de mi-sept. à fin sept. : w.-end et j fériés 15h-18h - 6 € (-12 ans gratuit).

Le corps du château (18e s.) domine trois étages de terrasses et un beau parterre de **jardins à la française** formant perspective.

Dans la cour, la fontaine et les balustres proviennent de l'ancien château de Vrigny détruit pendant la Révolution.

Intérieur – Les deux salons éclairés par une large baie exposent du beau mobilier et de remarquables tapisseries du 17e s. (manufactures d'Aubusson et des Gobelins). Le plus grand conserve une mèche de cheveux de Louis XVI donnée par le roi dans la prison du Temple à l'un de ses défenseurs. La bibliothèque renferme une importante collection d'œuvres classiques et modernes. Au cours d'un voyage dans l'Orne, en 1967, la reine Élisabeth II d'Angleterre résida à Sassy.

Chapelle – Un peu à l'écart de la cour d'honneur, dissimulée dans un massif de verdure, se tient la chapelle qui abrite un **retable★** flamand du 15e s., en chêne sculpté.

Saint-Christophe-le-Jajolet

L'église de ce village est devenue le centre d'un pèlerinage dédié à saint Christophe, patron des automobilistes, des aviateurs, des sportifs et des voyageurs.

Les jours de pèlerinage (dernier dimanche de juillet et premier dimanche d'octobre), les voitures défilent devant la statue monumentale du saint à proximité du sanctuaire. De chaque côté de l'entrée de l'église, les représentations quelque peu naïves de saint Christophe veillant sur les occupants d'une automobile et d'un avion vous feront sourire. À l'intérieur, dans la chapelle du croisillon droit, remarquable primitif flamand, *L'Ensevelissement de la Vierge*.

Revenez à Argentan (9 km) par la N 158.

Argentan pratique

Adresse utile

Office du tourisme d'Argentan – *6 pl. du Marché - 61201 Argentan - ✆ 02 33 67 12 48 - juil.-août : lun. 9h-13h, 14h-18h30, mar.-sam. 9h-18h30 ; sept.-juin : lun.-vend. 9h30-12h30, 14h-18h, sam. 9h30-12h30, 13h30-17h - fermé j. fériés sf 14 Juil. et 15 août.*

Visite

Le circuit balisé « **L'encerclement** », appartenant au parcours de l'Espace historique de la bataille de Normandie, passe par Argentan.

Se loger

⊖ **Le Refuge du P'tit Fischer** – *1 pl. des Trois-Croix - ✆ 02 33 67 05 43 - P - 17 ch. 36/40 € - ☕ 5,60 € - restaurant 15/35 €.* Hôtel posté à l'entrée d'Argentan, en angle de rues, devant un rond-point passant. Chambres fonctionnelles récemment refaites, distribuées sur trois étages et valablement insonorisées. Restaurant de type « brasserie alsacienne » où l'on vient également prendre le café et les croissants.

⊖ **La Puce à l'Oreille** – *8 bd Carnot - ✆ 02 33 67 03 65 - contact@lapucealoreille-61.com - fermé 5-18 juil., 20-26 déc., 13-27 fév., vend. soir, dim. soir, lun. et soirs fériés - 10 ch. 40/47 € - ☕ 6,50 € - restaurant 12,50/35 €.* Accueil chaleureux et tenue impeccable sont les points forts de cet établissement familial situé à proximité de la gare. Coquette salle à manger normande ouverte sur un jardin fleuri ; recettes du terroir où, cela va de soi, il est souvent question de pommes !

⊖ **Chambre d'hôte Ferme de la Gravelle** – *À Sarceaux - 2,5 km à l'O d'Argentan par rte de Flers - ✆ 02 33 67 04 47 - odilesineux@aol.com - 🚭 - 3 ch. 35/45 € ☕.* Calme et repos assurés dans ce coin de campagne à deux pas d'Argentan. Les propriétaires, après une halte près de la cheminée, vous inviteront à vous installer dans l'une de leurs chambres rurales. Préférez celle en soupente avec sa belle charpente. Un gîte est également disponible.

⊖⊖⊖ **Pavillon de Gouffern** – *61310 Silly-en-Gouffern - 11 km à l'E d'Argentan sur N 26 et D 729 - ✆ 02 33 36 64 26 - pavillondegouffern@wanadoo.fr - P - 20 ch. 80/150 € - ☕ 11 € - restaurant 28/100 €.* Le chant des oiseaux dans les arbres centenaires autour de cet ancien manoir de chasse du 19e s. vous réveillera en douceur. Si la façade présente les traditionnels colombages normands, l'intérieur a été rénové dans un esprit contemporain chic. Deux salles de restaurant dont une non fumeur.

Se restaurer

⊖ **Restaurant de Fleuré** – *Au bourg - 61200 Fleuré - 6,5 km au SO d'Argentan par D 924 et D 2, rte de Carrouges - ✆ 02 33 36 10 85 - fermé dim. soir, jeu. soir et lun. - 12/29,50 €.* Dans un petit village de la périphérie d'Argentan, restaurant familial apprécié des gens du coin pour le soin apporté à la cuisine et pour l'atmosphère cordiale qui flotte en salle. La carte, traditionnelle et non dénuée de prétentions gastronomiques, annonce notamment trois menus bien ficelés. Accueil et service avenants.

⊖⊖ **La Renaissance** – *20 av. de la 2e Division-Blindée - ✆ 02 33 36 14 20 - www.hotel-larenaissance.com - fermé 21-28 fév., 2-16 août, dim. soir et lun. - 22/36 € - 12 ch. 51/65 € - ☕ 8,50 €.* Arnaud vous fera partager son amour de la cuisine, confortablement installé dans la jolie salle à l'ambiance feutrée. Après le repas, vous pourrez faire une partie de billard ou vous reposer au salon, avant de rejoindre votre chambre colorée et bien insonorisée.

Que rapporter

Marchés – Le marché d'Argentan change totalement de visage selon que l'on s'y rend le mardi, le vendredi ou le dimanche matin. Le mardi, la place Saint-Germain se couvre d'une cinquantaine de stands alimentaires et la place du Marché d'environ 150 commerçants de profils divers et variés, le tout dans une ambiance conviviale. Le vendredi et le dimanche, le marché se fait plus discret.

Sports & Loisirs

Hippodrome d'Argentan – *Rte de Crennes - D 113 - 61200 Urou-et-Crennes - ✆ 02 33 67 08 02 - www.hippodrome-argentan.com - ouv. pour entraînements : mar., jeu. et vend. mat. 8h-13h.* Grand hippodrome où se déroulent une vingtaine de réunions par an dans les trois disciplines (trot, plat et obstacles).

Arromanches-les-Bains

552 ARROMANCHAIS
CARTE GÉNÉRALE B/C2 – CARTE MICHELIN LOCAL 303 I3 – CALVADOS (14)

7 juin 1944 : les Alliés mettent en place un port artificiel à Arromanches. Ce « Mulberry » destiné à ravitailler les troupes du Débarquement allait défier la technologie : en une huitaine de jours, une rade longue de plus de 8 km s'éleva face au petit port de la station balnéaire. Ce qui reste du port artificiel témoigne de la prouesse industrielle et maritime la plus extraordinaire de la guerre, et fait d'Arromanches une étape incontournable dans la découverte de l'histoire du Débarquement.

- **Se repérer** – Arromanches se trouve sur la côte, à 10 km au nord-est de Bayeux par la D 516, et à 38 km au nord-ouest de Caen par les D 516 et N 13.
- **À ne pas manquer** – Les installations portuaires alliées expliquées au musée du Débarquement, puis leurs vestiges in situ.
- **Organiser son temps** – 3h suffisent pour voir la plage, le musée et le film.
- **Pour poursuivre la visite** – Voir aussi les plages du Débarquement, Fontaine-Henry, Ouistreham-Riva-Bella, Caen, Bayeux et Omaha Beach.

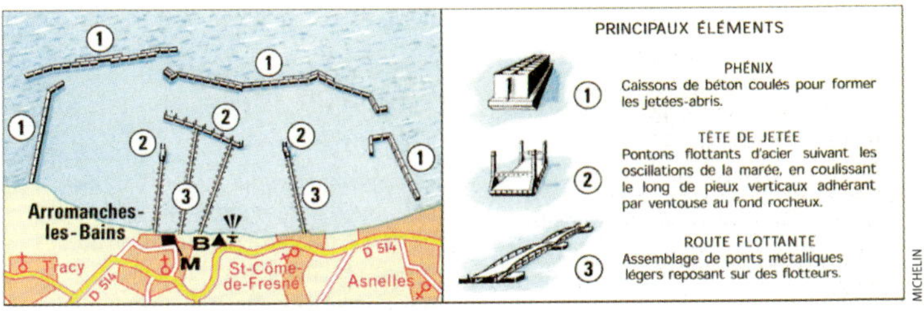

Comprendre

La prouesse technique – « Si nous voulons débarquer, nous devrons amener nos ports avec nous. » Cette réflexion d'un officier anglais schématise la solution du problème du Débarquement : la construction de ports artificiels. Ces derniers étaient appelés des « Mulberries » (« mûres » en anglais), car ils étaient formés de centaines de caissons en béton et de pontons, rappelant les petites graines qui constituent ces fruits. Pareil assemblage a rendu possible la construction de plans d'eau abrités et, ensuite, des quais de déchargement.

Un port clé en main – La rade d'Arromanches fut choisie comme point d'implantation du « Mulberry B » réservé aux troupes britanniques, le « Mulberry A » étant affecté aux forces américaines *(voir Omaha Beach)*. L'installation des Mulberries « A » et « B » exigea la mise en chantier de 230 caissons « Phénix » représentant 500 000 tonnes de béton (les plus grands faisaient 70 m de long, 20 m de haut et 15 m de large), 33 têtes de jetée et 18 km de routes flottantes. Ce matériel traversa la Manche à une vitesse de 6 km/h.
Le « Mulberry B » d'Arromanches permit de débarquer jusqu'à 9 000 t de matériel par jour, trafic comparable à celui du port du Havre avant guerre. Plus de 500 000 tonnes y avaient été déchargées à la fin du mois d'août. Un ensablement rapide, la remise en service de Cherbourg et d'Anvers devaient, par la suite, restreindre son rôle.

Découvrir

LE PORT ARTIFICIEL★

Renforcé après la terrible tempête du 19 juin 1944 qui a détruit celui d'Omaha, le port artificiel d'Arromanches a gardé des éléments imposants, dont une vingtaine de caissons « Phénix ». Sur la plage sont échoués des flotteurs en béton et une partie de plate-forme. Le meilleur endroit pour les voir, de préférence à marée basse, est le belvédère situé sur la D 514 en direction d'Asnelles.

Musée du Débarquement (M)

℘ 02 31 22 34 31 - www.normandy1994.com - ♿ - avr.-sept. : 9h-19h (dernière entrée 1h av. fermeture) ; mars et oct. : 9h30-12h30, 13h30-18h ; fév. et nov.-déc. : 10h-12h30, 13h30-17h - fermé 20 déc.-31 janv. - 6,50 € (enf. 4,50 €). Face au site de l'ancien port

Stéphane Sauvignier / MICHELIN

Vestiges de l'ancien port artificiel.

artificiel que l'on peut voir grâce à de larges baies vitrées, les commentaires autour de **maquettes★** très précises aident à comprendre la mise en place et le fonctionnement de ces gigantesques installations. Le Débarquement est illustré par un diorama, des vitrines, des armes et des équipements de soldats alliés ; un film de l'Amirauté britannique est projeté en fin de visite.

Arromanches 360 ° (B)

À côté du belvédère de la D 514 en direction d'Asnelles - ✆ 02 31 22 30 30 - www.arromanches360.com - ♿ - juin-août : 9h40-18h40 ; avr.-mai, sept.-oct. : 10h10-17h40 ; mars et nov. : 10h10-17h10 ; fév. et déc. : 10h10-16h40 - fermé janv. - 4 € (enf. 3,50 €).

Ce « Circorama » présente le film *Le Prix de la Liberté* où se mêlent images d'archives et images actuelles tournées sur les lieux mêmes du Débarquement. La projection à 360 °, sur neuf écrans, renforce l'intensité dramatique et vous plonge au cœur de l'action. Séances toutes les demi-heures.

Arromanches-les-Bains pratique

Adresse utile

Office du tourisme d'Arromanches-les-Bains – *2 r. du Mar.-Joffre - 14117 Arromanches-les-Bains - ✆ 02 31 22 36 45 - www.arromanches.com - juil.-août : 9h30-12h30, 14h-18h30 ; mai-juin et sept. : 10h-12h30, 14h-18h (14h30 le dim.) ; oct.-avr. : lun.-sam. 10h-12h, 14h-17h, dim. 10h-12h, 15h-17h.*

Visites

Le circuit balisé « Overlord-L'assaut », appartenant au parcours de l'Espace historique de la bataille de Normandie, passe par Arromanches.

Se loger

⊖ **Chambre d'hôte Ferme de la Tourelle** – *Hameau de Fontenailles - 14400 Longues-sur-Mer - 5 km d'Arromanches par D 514 et 1re rte à droite - ✆ 02 31 21 78 47 - lecarpentier2@wanadoo.fr - fermé déc.-janv. - 5 ch. 35/45 €.* Dans un hameau typique, entouré d'installations agricoles, beau corps de ferme du 17e s. que domine une fière tourelle carrée. Chambres simples distribuées à l'étage de la dépendance ; salle de détente au rez-de-chaussée. Petits-déjeuners copieux servis en famille. But de balade dans le secteur : la puissante batterie allemande située à moins de 5 km.

⊖ **Chambre d'hôte L'Ancienne École** – *Rte d'Arromanches - 14960 Meuvaines - 4 km au SE d'Arromanches par D 65 - ✆ 02 31 22 39 59 - www.ancienne-ecole.net - réserv. conseillée - 3 ch. 48 € - repas 22 €.* Les écoliers ne chahutent plus dans la cour de cette école. Et vous pourrez même vous y attabler, près de la pelouse, pour savourer une cuisine aux saveurs locales avant de vous retirer dans une chambre sous les toits. N'ayez crainte, la discipline d'antan a fait place à un accueil aimable et souriant…

⊖⊖ **Hôtel de la Marine** – *Quai du Canada - ✆ 02 31 22 34 19 - www.hotel-de-la-marine.fr - fermé 16 nov.-14 fév. - P - 29 ch. 76/87 € - 9 € - restaurant 22/49 €.* Cet hôtel porte bien son nom : au loin, l'horizon bleu et, à vos pieds, les vagues qui caressent la plage. Chambres confortables, à choisir de préférence côté mer. Cuisine traditionnelle et poissons servis dans une salle à manger avec vue panoramique ou repas plus simples au Pub Winston.

⊖⊖ **Chambre d'hôte La Gentilhommière** – *4 r. du Port, lieu-dit l'Église - 14117 Manvieux - 3 km à l'O d'Arromanches par D 514 - ✆ 02 31 51 97 91 - lagentilhommiere4@wanadoo.fr - P - 5 ch. 60 €.* Cette demeure du 18e s. en pierre, située à deux pas de la plage d'Arromanches, garantit des nuits tranquilles. Chaque chambre est personnalisée par une couleur. Petit-déjeuner gourmand composé de brioche et yaourt maison.

⊖⊖⊖ **Hôtel Victoria** – *24 chemin de l'Église - 14117 Tracy-sur-Mer - 2,5 km au SO d'Arromanches par D 516 et rte secondaire - ✆ 02 31 22 35 37 - www.hotelvictoria-arromanches.com - fermé oct.-mars - P - 12 ch. 88/130 € - 10 €.* Perdue en pleine campagne, cette jolie demeure du 19e s. en pierre est nichée dans un jardin fleuri et ombragé. Si vous recherchez la tranquillité, vous y serez bien. Chambres spacieuses, mansardées au deuxième étage.

Se restaurer

⊜ **La Chaumière** – *Rte des Batteries - 14400 Longues-sur-Mer - ✆ 02 31 21 78 72 - fermé janv. - 12/32 €.* Un quatuor de menus bien vus et une petite carte traditionnelle à composantes normandes s'emploient à combler votre appétit à cette table située sur la route des célèbres batteries allemandes. Salle de restaurant aux accents rustiques devancée par une véranda où l'on s'attable surtout à la belle saison.

⊜⊜ **L'Auberge des Monts** – *7 r. d'Arromanches - 14400 Ryes - ✆ 02 31 21 50 77 - aubergedesmonts@aol.com - fermé dim. soir et lun. - 10 € déj. - 14,50/31,50 €.* Éloignez-vous un peu du centre d'Arromanches et de ses fortes affluences pour découvrir ce petit établissement fort bien tenu. Au menu, des recettes traditionnelles et régionales, dont les incontournables tripes à la mode de Caen, préparées avec des produits frais. Accueil et service impeccables.

Sports & Loisirs

Cherokee Équitation Loisirs – *Ferme de la Petite Noë, rte de Bayeux - 14117 Tracy-sur-Mer - ✆ 06 12 06 03 96 - cherokkee. equitation.fr - 8h-23h ; hors vac. scol. : 8h30-19h - fermé 25 déc.* D'intéressantes randonnées thématiques (de la demi-journée à 7 jours) sont organisées à partir de cette ferme équestre : plages du Débarquement, forêt de Balleroy, pays d'Auge et excursions sur les traces de Guillaume le Conquérant. Possibilité d'hébergement sur place en chambres d'hôte ou en gîte.

Gold Beach Évasion – *2 r. Maurice-Schumann - 14960 Asnelles - ✆ 02 31 22 75 80 - www.goldbeachevasion.com - tourisme réceptif, travaille avec tous les prestataires dans les alentours, circuits en minibus. Activités sportives.* Cette structure associée à une panoplie de prestataires actifs dans différents types de loisirs, sportifs ou non, propose une belle brochette d'activités « ciel, terre et mer » : baptêmes ULM, quad, kart cross, Jeep, équitation, VTT, rosalies et karts à pédales, circuits thématiques en minibus, char à voile, catamaran, planche, jet-ski, speed-sail, kite-surf (traction), plongée, vieux gréements, canoë et kayak de mer (approche possible du célèbre port artificiel d'Arromanches).

Aunay-sur-Odon

2 902 AUNAIS
CARTE GÉNÉRALE B2 – CARTE MICHELIN LOCAL 303 I5 – CALVADOS (14)

L'histoire d'Aunay-sur-Odon est semblable à celle du Phénix : entièrement bombardé du 11 au 14 juin 1944 par les Alliés, le village a acquis depuis une notoriété plus réconfortante par la rapidité de sa reconstruction, de novembre 1947 à août 1950. Aujourd'hui, Aunay constitue un point de départ idéal pour de nombreuses excursions, notamment vers la Suisse normande.

Se repérer – Le bourg se trouve à 6 km de l'A 84 qui relie Caen (27 km au nord-est) à Vire (31 km au sud-ouest). C'est aussi un point de passage quasi obligé pour tous ceux qui veulent passer de la presqu'île du Cotentin à la Suisse normande.

À ne pas manquer – Si l'obscurité et l'humidité ne vous font pas peur, parcourez les galeries du Souterroscope.

Organiser son temps – Comptez 1h30 pour le musée de St-Martin-des-Besaces et autant pour le Souterroscope.

Avec les enfants – Voyez les lions blancs et les perroquets du zoo de Jurques.

Pour poursuivre la visite – Voir aussi Bayeux, Caen, Thury-Harcourt, la Suisse normande, Clécy, Vire, Saint-Lô, le château de Balleroy et l'ancienne abbaye de Cerisy-la-Forêt.

Circuit de découverte

LE BOCAGE

Villers-Bocage

7 km au nord d'Aunay-sur-Odon par la D 6.

Cette localité, complètement reconstruite comme Aunay-sur-Odon, possède un ensemble intéressant d'édifices modernes dont l'église St-Martin (faite de pierre et de béton). Regardez attentivement le Chemin de croix et les vitraux.

Quittez Villers-Bocage par la D 71 à l'ouest.

Caumont-l'Éventé

La situation de cette petite ville sur une butte exposée à tous vents lui a valu son surnom… et de nombreux dégâts lors des dernières tempêtes.

Souterroscope des ardoisières *– ✆ 02 31 71 15 15 - www.souterroscope.com - ♿ - visite audioguidée (1h) juil.-août : 10h-18h ; mai-juin et sept. : 10h-17h, dim. et j. fériés 10h-18h ; de mi-fév. à fin avr. et de déb. oct. à mi-déc. : tlj sf lun. 10h-17h - fermé de mi-déc. à mi-fév. - 9,45 € (enf. 4,50 €). Prévoyez des vêtements chauds et des chaussures étanches. La température constante est de 12 °C. Le port du casque, fourni à l'entrée, est obligatoire.*

Abandonnées à la fin du 19e s., des carrières d'ardoise creusées de la main de l'homme au cœur du bocage normand servent aujourd'hui de cadre au Souterroscope. Piloté par des bornes lumineuses et sonores (un système qui demande une certaine discipline !), le visiteur découvre un monde souterrain inattendu tout au long des 400 m de sa progression dans les anciennes galeries d'exploitation. Les projections présentent un peu le site, mais surtout des sujets plus généraux liés au monde souterrain : faune, géologie, spéléologie, etc. Intéressante collection de minéraux dans la dernière salle souterraine.

Quittez Caumont-l'Éventé, au sud, par la D 53.

Saint-Martin-des-Besaces

Musée « La Percée du bocage » *– ✆ 02 31 67 52 78 - ♿ - visite audioguidée (1h) de déb. juin. à mi-sept. : tlj sf mar. 10h-12h, 14h-18h ; mai : w.-end et j. fériés 10h-12h, 14h-18h - 5 € (-12 ans gratuit).*

Le musée raconte avec émotion l'histoire des combattants anglais et des résistants qui ont participé à la libération du bocage. Photos, documents, maquettes illustrent les commentaires et anecdotes rapportés par le guide.

Quittez St-Martin-des-Besaces au sud-est par la D 165 ; puis suivez le fléchage en direction de la Cabosse.

Perroquet au zoo de Jurques.

Zoo de Jurques

✆ 02 31 77 80 58 - www.zoojurques.com - avr.-sept. : 10h-18h ; de mi-fév. à fin mars et oct. : 13h30-18h - fermé de déb. nov. à mi-fév. - 12 € (enf. 6,50 €).

Jurques participe activement à des programmes européens d'élevage (EEP) pour des espèces particulièrement menacées : panthères des neiges, makis varis, makis rouges, tigres de Sibérie. Parmi les célébrités du parc, on ne peut manquer les superbes et rares lions blancs (ils ne sont plus qu'une trentaine dans le monde, le zoo en protège trois).

Dans un parc boisé de 15 ha, vivent en semi-liberté plusieurs dizaines d'espèces animales (fauves, singes, girafes, oiseaux, etc.). La présentation des rapaces, le repas des animaux à certaines heures (loups, manchots) et le **spectacle de perroquets★** sont des temps forts de la visite. Reptilarium, miniferme, aires de jeu et de pique-nique.

Revenez à Aunay par la D 114 qui traverse le bois de Buron.

Aunay-sur-Odon pratique

Adresses utiles

Office du tourisme et pays d'accueil du pré-bocage de Villers-Bocage – *Pl. du Général-de-Gaulle - 14310 Villers-Bocage - ✆ 02 31 77 16 14 - www.ot-paysprebocage.fr - sept.-juin : lun. et vend. 13h30-17h30, mar.-jeu. 9h30-12h30, sam. 9h30-13h ; juil.-août : tlj sf dim. 9h30-18h.*

Office du tourisme et pays d'accueil du pré-bocage d'Aunay-sur-Odon – *Pl. de l'Hôtel-de-Ville - 14260 Aunay-sur-Odon - ✆ 02 31 77 60 32 - www.ot-paysprebocage.fr - sept.-juin : mar. 14h-17h30, vend. 9h30-12h30 ; juil.-août : appeler pour connaître les horaires de l'année.*

Se loger

Manoir de Mathan – *14310 Longvillers - 3 km au N d'Aunay-sur-Odon par D 6 - ✆ 02 31 77 10 37 - mathan.normandie@caramail.com - fermé du 15 nov. à fin mars - - 4 ch. 43/50 €* . De grandes chambres agréables à vivre ont été aménagées dans cette ferme-manoir située à mi-chemin d'Aunay-sur-Odon et de Villers-Bocage. Vous apprécierez le sens de l'hospitalité des propriétaires, le calme des lieux et l'ambiance « campagne ». Gîte charmant dans l'ancienne boulangerie. Voisinage d'un centre équestre.

Chambre d'hôte La Nouvelle France – *- Lieu-dit « La Nouvelle France » - 14310 Longvillers - 4 km au N d'Aunay-sur-Odon par D 6 et D 216 vers Longvillers - ✆ 02 31 77 63 36 - www.la-nouvelle-france.com - - 3 ch. 43 € - repas 17 €.* Trois jolies chambres d'une tenue méticuleuse occupent l'ancienne grange de cette fermette bâtie en pierre du pays dans un site bocager. Table d'hôte privilégiant les produits régionaux et petit-déjeuner en compagnie des propriétaires dans le corps de logis. Grande pelouse ombragée, potager et verger.

Des Trois Rois – *2 pl. Jeanne d'Arc - 14310 Villers-Bocage - ✆ 02 31 77 00 32 - www.les-trois-rois.com - fermé 18-27 juin, janv., dim. soir, lun. et mar. midi - P - 9 ch. 50/62 € - 9 € - restaurant 20/54 €.* Sur une vaste place, grosse bâtisse en pierres de taille bordée d'un jardin et d'un potager. Chambres confortables et vaste salle à manger, élégante et bien agencée. Spécialités de tripes.

Se restaurer

Saint-Michel – *6 r. de Caen - ✆ 02 31 77 63 16 - fermé 15 janv.-15 fév., dim. soir et lun. sf juil.-août et j. fériés - 13/38 € - 6 ch. 40/42 € - 7 €.* Dans la salle à manger, qui a bonne mine grâce à ses rideaux fleuris et ses nappes colorées, vous vous sentirez d'humeur gourmande et vous vous ferez plaisir en dégustant un des petits plats de tradition mitonnés par Gérard Leroux : côte de veau normande flambée au calvados, marmite de queues de langoustines à l'ancienne, gâteau d'andouille aux pommes, etc.

Manoir de Mathan

Manoir de Mathan.

P'tit Zinc – *44 r. Georges-Clemenceau - 14310 Villers-Bocage - ✆ 02 31 77 82 22 - - m.leopold@orange.fr - fermé 3 sem. en août, dim., le soir sf vend.-sam. - (déj. seult) - formule déj. 10 € - 12/15 €.* Une foule d'habitués se presse chaque midi dans ce sympathique bistrot œuvrant sur la traversée de Villers-Bocage. Repas traditionnels à prix souriants, ambiance cordiale et décoration façon « chalet » dans la salle située à l'étage. Tables individuelles ou coude à coude fraternel autour de la grande table commune.

Sports & Loisirs

Centre équestre de Longvillers – *D 6, lieu-dit Ferme de la Butte - 3 km au N d'Aunay-sur-Odon par D 6 ou par A 84 sortie 43, dir. Aunay-sur-Odon - 14310 Longvillers - ✆ 02 31 80 42 02 ou 06 86 73 47 87 - fermé 1er-15 août et lun.* Des promenades à cheval (ou poney) sont organisées à partir de ce petit centre équestre installé à mi-chemin d'Aunay-sur-Odon et de Villers-Bocage. Carrière de sable, manège couvert, obstacles, dressage et possibilités de stages.

Avranches★

8 500 AVRANCHINAIS
CARTE GÉNÉRALE B3 – CARTE MICHELIN LOCAL 303 D7 – MANCHE (50)

Si l'on en croit la légende, c'est à Avranches et à son évêque, saint Aubert, que l'on doit l'origine du Mont-Saint-Michel au 8e s. Les deux cités sont ainsi liées, tant par l'Histoire que par le paysage : la baie du Mont s'étend à perte de vue depuis la colline de la ville. À lui seul, ce panorama mérite que l'on s'attarde à Avranches, mais la ville conserve également des rues pittoresques où il fait bon flâner.

P. Haig / Bibliothèque municipale, Avranches

Manuscrit du Mont-St-Michel : l'ange de Dieu arrête le bras d'Abraham, prêt à sacrifier son fils.

Se repérer – La ville occupe une position unique sur un éperon granitique, face à la baie et au Mont-Saint-Michel (25 km à l'ouest). Située à un carrefour routier, elle est desservie par l'A 84 qui relie Villedieu-les-Poêles (23 km au nord-est) à Rennes (87 km au sud-ouest).

À ne pas manquer – Les manuscrits du Scriptorial et la superbe vue sur la baie du Mont-St-Michel depuis le Jardin des plantes.

Organiser son temps – On peut facilement passer une demi-journée à Avranches, partagée entre les musées et le Jardin des plantes.

Avec les enfants – Suivez Titivillus, le petit diablotin malicieux, à travers les salles du Scriptorial.

Pour poursuivre la visite – Voir aussi Granville, Carolles, Villedieu-les-Poêles, Saint-Hilaire-du-Harcouët et le Mont-Saint-Michel.

Comprendre

La vision de l'évêque Aubert – La légende raconte que saint Michel apparut par deux fois à Aubert et lui ordonna d'élever sur le rocher faisant face à Avranches, alors appelé le mont Tombe, une chapelle en son honneur. Il était dans la tradition chrétienne de dédier à l'archange les sanctuaires les plus élevés. Cependant, quelque peu sceptique, l'évêque d'Avranches crut bon de temporiser.
À cette réserve, saint Michel répondit par un argument frappant : se manifestant pour la troisième fois, il enfonça un doigt impérieux dans le crâne de l'incrédule. Aubert ne pouvait plus se dérober : il fonda en 708 le sanctuaire qui allait devenir le lieu de pèlerinage le plus connu de l'Occident. Son « chef » – que l'on peut voir au Scriptorial – garda la trace de cette intervention mémorable.

La pénitence d'Henri II – Les relations entre Henri II Plantagenêt, duc de Normandie et roi d'Angleterre, et Thomas Becket, archevêque de Canterbury, étant entrées dans une phase de difficultés aiguës, le roi s'écria un jour : « N'y aura-t-il personne pour me débarrasser de ce clerc outrecuidant ? » Quatre chevaliers prirent ces paroles pour un ordre et, le 29 décembre 1170, le meurtre fut perpétré en pleine cathédrale de Canterbury. Excommunié, Henri II dut désavouer le crime et implorer l'absolution du pape. Robert de Torigni, abbé du Mont-Saint-Michel, obtint qu'un concile se tienne à

Avranches. C'est au seuil de la cathédrale (effondrée en 1794) que Henri II fit amende honorable en mai 1172.

La « révolte des Nu-Pieds » – L'introduction de la gabelle dans l'Ouest provoqua une révolte des sauniers de l'Avranchin, c'est-à-dire des propriétaires des salines et des marchands de sel (le terme désigne plus couramment les ouvriers travaillant à l'extraction du sel dans les marais salants). La révolte éclate le 7 juillet 1639 et dégénère bientôt en jacquerie. Des bandes armées, obéissant à un mystérieux chef, Jean Quétil, dit « Jean Nu-Pieds », pillèrent les villes et les campagnes. Par la suite, afin d'échapper à cet impôt, les « faux sauniers » se multiplièrent. Le plus célèbre de ces contrebandiers reste Jean Chouan.

La « percée d'Avranches » – Comme beaucoup de villes de la côte normande, l'histoire d'**Avranches** est marquée par le Débarquement : c'est dans cette localité que, dès le 31 juillet 1944, la progression des troupes du général Patton prit l'allure d'une véritable ruée. La « percée d'Avranches » a marqué le début de la course fulgurante qui devait conduire la 3e armée jusqu'à Bastogne, en Belgique.
Si vous souhaitez faire le chemin qu'ont emprunté les armées alliées entre le 6 juin 1944 et le 2 janvier 1945, utilisez la carte Michelin n° 105 « Voie de la Liberté », réimpression de la carte historique de 1947.

Se promener

Jardin des plantes

8h30 à la tombée de la nuit - musique et illuminations nocturnes de fin juin à déb. sept. - entrée libre.
Cet ancien jardin d'un couvent de capucins, favorisé par la douceur d'un climat privilégié, est aménagé en pente douce sur l'éperon qui porte la ville. Il est embaumé d'héliotropes.

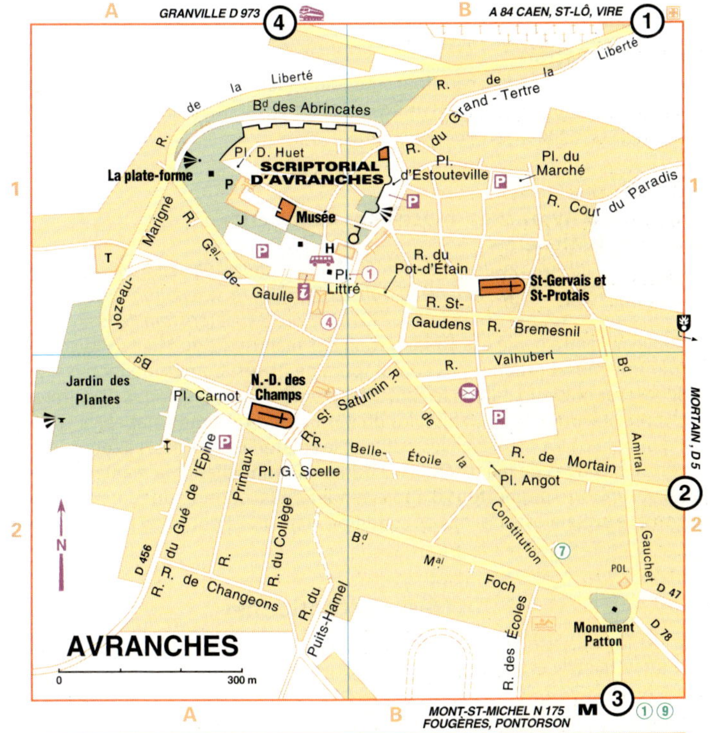

SE LOGER
Chambre d'hôte La Maraîcherie 1
Hôtel La Croix d'Or 7
Le Moulin de la Butte 9

SE RESTAURER
G. Denou 1
Le Littré 4
Musée de la Seconde Guerre mondiale .... M

Au fond s'étend une terrasse (table d'orientation) d'où se révèle un vaste **panorama★** sur la baie. Par temps clair, la vue porte des falaises de Champeaux jusqu'aux pointes de la Sée et de la Sélune. Les soirs de pleine lune, vous pourrez peut être apercevoir la fée des grèves immortalisée par Paul Féval, auteur du *Bossu* ! Le Mont-Saint-Michel dresse sa silhouette élancée au milieu des sables dont la couleur varie selon l'heure et la lumière. L'ancien portail de la chapelle St-Georges de Bouillet (11e s.), réédifié dans le jardin en 1843, fait face à l'immensité de la baie.

G. Targat / MICHELIN

Vue depuis le Jardin des plantes.

Depuis certaines allées, vous pourrez apercevoir les tours de l'**église N.-D.-des-Champs**, consacrée en 1892. Elle fut édifiée, ainsi que les deux autres églises d'Avranches, pour succéder à la cathédrale qui s'était effondrée à la Révolution. Celle-ci n'avait pas été relevée de ses ruines en raison de la suppression de l'évêché en 1790 (suppression au bénéfice de Coutances).

La plate-forme

De la place de l'hôtel de ville, qui porte le nom de Littré, en hommage au célèbre auteur du Dictionnaire de la langue française, *originaire de l'Avranchin, vous longez le jardin de l'évêché à gauche pour atteindre l'emplacement de l'ancienne cathédrale.* Sur la petite place, appelée communément « la plate-forme », vous verrez, entourée de chaînes, la dalle sur laquelle Henri II Plantagenêt fit pénitence publique en 1172 pour le meurtre de l'archevêque de Canterbury, Thomas Becket.

De la terrasse, on découvre le Mont-Saint-Michel et le **panorama★** se développe sur le bocage.

Monument Patton

Élevé à l'emplacement d'un carrefour stratégique détruit par les combats, au sud de la ville, ce monument imposant symbolise le déploiement de l'armée Patton vers la Bretagne et l'ensemble de la Basse-Normandie.

Visiter

Scriptorial d'Avranches- musée des Manuscrits du Mont-St-Michel★★

☎ 02 33 79 57 00 - www.ville-avranches.fr - ♿ - juil.-août : 10h-19h ; mai, juin et sept. : tlj sf lun. 10h-18h ; oct.-avr. : mar.-vend. 10h-12h30, 14h-17h, w.-end 10h-12h30, 14h-18h fermé 1er Mai, 1er Nov., 25 déc. et janv. - 7 € (10-18 ans 3 € et tarif famille 15 €).

Ce nouveau centre dédié à la conservation des manuscrits du Mont-St-Michel met à profit une muséographie très contemporaine (frises, bornes interactives) pour présenter sur plusieurs salles : le contexte géographique, historique et culturel lié à ces précieux documents, l'histoire du Mont, les différentes étapes de fabrication d'un manuscrit médiéval, les outils et les matériaux utilisés. La reproduction de certaines pages de manuscrits, les bornes multimédias et la manipulation de certains supports permettent d'appréhender de façon ludique toutes ces informations. Le visiteur est ainsi mis en condition et fin prêt à découvrir les exemplaires

Un trésor exceptionnel

En 1791, le monastère du Mont-St-Michel est dépouillé de ses biens. Plus de 4 000 volumes provenant de sa bibliothèque sont ainsi déposés à Avranches, alors chef-lieu de district. Font partie de ce dépôt **203 manuscrits★★** datant pour certains du 9e s. Ils représentent la mémoire spirituelle, intellectuelle et artistique des bénédictins et, à travers eux, du monde médiéval. Ces manuscrits recèlent en effet des informations extrêmement précieuses sur les connaissances de l'époque : chroniques et grands textes de l'Antiquité et du Moyen Âge, traités de droit romain et canonique, de botanique, de musique, d'astronomie, de médecine, des vies de saints… On y admire des exemplaires originaux ou des copies dont le *Timée* de Platon ou des fragments du 9e s. du *De l'orateur* de Cicéron. Ces chefs-d'œuvre, fragiles, sont présentés par groupe de quinze et à tour de rôle dans la salle du Trésor du Scriptorial. Ce roulement permet de mieux les conserver tout en les montrant au public à intervalles réguliers.

originaux, exposés dans l'avant-dernière salle *(voir encadré ci-avant)*. La visite s'achève sur l'évolution de l'imprimerie. Expositions temporaires sur le thème de l'écriture, ateliers d'enluminure et de calligraphie.

Pour la visite, un livret de jeux *(gratuit)* est disponible à l'entrée : le diablotin Titivillus guide les enfants à travers les salles. Bornes multimédias, jeux, manipulations d'objets et films jalonnent le parcours.

Musée

02 33 58 25 15 - juin-sept. : 10h-12h, 14h-18h - 1,50 €.

Installé dans les dépendances de l'ancien palais épiscopal restauré à la fin du 15e s. par l'évêque Louis de Bourbon, le musée conserve des meubles, costumes et objets anciens qui rappellent le quotidien des Avranchinais au 19e s.

Basilique Saint-Gervais-et-Saint-Protais

Vaste édifice de la fin du 19e s., la basilique abrite le **trésor St-Gervais**. Ce dernier, en cours de réaménagement, comporte quelques pièces d'orfèvrerie, dont la plus remarquable est le **reliquaire★** du chef de saint Aubert. *02 33 58 00 22 - juil.-août : 10h-12h, 14h-18h ; juin et sept. : 10h-12h, 14h-18h, dim. 14h-18h - entrée libre.*

Le carillon de la basilique comporte 32 cloches dont un bourdon de 6 434 kg, ce qui doit en faire le deuxième en importance de toute la Normandie.

Musée de la Seconde Guerre mondiale *(5 km au sud)*

Quittez Avranches par le sud, N 175. 02 33 68 35 83 - juil.-août : 9h-19h ; avr.-juin et de déb. sept. à mi-nov. : 9h15-12h15, 14h-18h30 ; de mi-nov. à fin mars : dim. et vac. scol. 10h-12h, 14h-17h - fermé 1er janv. et 25 déc. - 7 € (-10 ans 4 €).

En bordure de la nationale, le musée est consacré à la « percée d'Avranches ». Des mannequins équipés (armement, motos, moyens de transmission) font revivre cette page de l'Histoire. Le rez-de-chaussée montre le côté allemand (cloche d'alarme qui a sonné l'alerte le 6 juin 1944 à la pointe du Hoc), le 1er étage, le côté allié.

Avranches pratique

Adresse utile

Office du tourisme d'Avranches – *2 r. Gén.-de- Gaulle - 50300 Avranches - 02 33 58 00 22 - www.ot-avranches.com - juil.-août : 9h30-12h30, 14h-19h (18h dim.) ; sept.-avr. : lun.-vend. 9h30-12h30, 14h-18h, sam. 10h-12h30, 14h30-17h, dim. non fériés 10h-12h30, 14h-17h ; mai-juin : lun.-vend. 9h30-12h30, 14h-19h, sam. 9h30-12h30, 14h-18h, dim. non fériés 10h-12h30, 14h-17h - fermé 1er janv., 1er Mai et 25 déc.*

Visites

Circuits historiques – Les circuits balisés « **La contre-attaque** » et « **Cobra-La percée** » faisant partie du parcours de l'Espace historique de la bataille de Normandie ont ici, l'un son départ, l'autre son arrivée.

Se loger

Chambre d'hôte La Maraîcherie – *1 La Maraîcherie - 50300 Le Val-St-Père - 5 km d'Avranches - 02 33 58 10 87 - - 3 ch. 43 €* . Les anciennes écuries de cette jolie ferme du 18e s. implantée à 200 m de la baie du Mont-St-Michel abritent des chambres meublées dans le style régional. Accueil sympathique. Proximité d'un petit aérodrome (ULM) et d'un centre équestre.

Le Moulin de la Butte – *11 r. du Moulin-de-la-Butte - 50170 Huisnes-sur-Mer - 15 km au SO d'Avranches par N 175 puis D 75 - 02 33 58 52 62 - beatrice.rabaste@club-internet.fr - - 5 ch. 28/40 €* . À l'entrée du village, face au Mont-Saint-Michel, grande maison moderne où vous logerez dans des chambres claires, spacieuses et actuelles, procurant une vue presque hypnotisante sur le Mont et le rocher de Tombelaine. Les petits-déjeuners se prennent dans la salle de séjour, dotée d'un coin cuisine. Vélos mis gracieusement à la disposition des hôtes.

Hôtel La Croix d'Or – *83 r. de la Constitution - 02 33 58 04 88 - www.hoteldelacroixdor.fr - fermé janv. et dim. soir du 15 oct. au 25 mars - P - 27 ch. 60/90 € - 8 € - restaurant 24/53 €.* Jolie maison à colombages nichée dans un gracieux jardin fleuri en saison. À l'intérieur, plaisant décor campagnard. Chambres coquettes. Certaines donnent sur le jardin.

Se restaurer

G. Denou – *9 pl. Littré - 02 33 58 05 74 - fermé fin janv.-déb. fév., 2 sem. en juin, 2 sem. en oct. et lun. - 10 €.* Ce salon de thé situé face à la place Littré propose une petite restauration à l'heure du déjeuner : omelettes, sandwichs, salades diverses... Incontournables : les crêpes maison.

Le Littré – *8 r. du Dr-Gilbert - 02 33 58 01 66 - man@lelittre.com - fermé 23 juin-8 juil., lun. sf juil.-août et dim. - 7,60 € déj. - 15/24 €.* Les habitués préfèrent s'installer au bar dans les fauteuils bas, mais vous pourrez toujours vous attabler dans l'une des deux autres salles pour déguster une cuisine bourgeoise.

Bagnoles-de-l'Orne★

893 BAGNOLAIS
CARTE GÉNÉRALE C3 – CARTE MICHELIN LOCAL 310 G3 – ORNE (61)

Le président du Conseil Édouard Herriot (1872-1957) avait qualifié en son temps Bagnoles de « Lourdes laïque », en raison des nombreux « miracles » produits par l'eau de la source. Aujourd'hui, ils continuent et la plus importante station thermale de la France de l'ouest offre toujours une gamme étendue d'hébergements, non seulement pour les curistes, mais pour tous ceux qui souhaitent arpenter ses avenues bordées de villas ou randonner dans la forêt des Andaines.

Se repérer – À l'écart des grands axes, Bagnoles se trouve à 2 km au nord de la N 176 qui relie Alençon (47 km au sud-est) à la baie du Mont-St-Michel (90 km à l'ouest). La station comprend deux quartiers bien distincts, séparés par la Vée : à l'ouest, Bagnoles-Château, ancienne commune de Tessé-la-Madeleine, et à l'est, Bagnoles-Lac.

À ne pas manquer – Les panoramas depuis le saut du Capucin et le roc au Chien, ainsi que le site des gorges de Villiers.

Organiser son temps – Dépensez-vous sur les chemins de randonnée le matin, et passez l'après-midi aux thermes pour quelques soins de remise en forme.

Avec les enfants – Découvrez les percherons et les cobs à la Ferme du cheval de trait de Juvigny-sous-Andaine, ou le musée du Jouet à La Ferté-Macé.

Pour poursuivre la visite – Voir aussi Flers, la Suisse normande, le château de Carrouges, Lassay-les-Châteaux et Domfront.

Amaury de Valroger / MICHELIN

L'établissement thermal et sa promenade.

Comprendre

Un traitement de cheval – Ne pouvant se décider à abattre son fidèle destrier, malade et perclus de rhumatismes, Hugues de Tessé décide un jour de l'abandonner dans la forêt des Andaines. Peu de temps après, il a la surprise de voir sa monture rentrer à l'écurie fringante et vigoureuse, l'œil vif et le poil luisant. Il remarque alors que l'animal va régulièrement s'immerger dans l'eau d'une source tiède. Il suit son exemple, se baigne également et retrouve, à son tour, force et jeunesse.
Une autre histoire tend à prouver l'efficacité de la cure : celle du capucin qui, guéri de ses douleurs, franchit, d'un bond, les quatre mètres séparant les deux aiguilles rocheuses en surplomb de la source. L'endroit reste nommé le *saut du Capucin* en souvenir de cet exploit.

La cure – *Balneolum*, racine latine de Bagnoles, désigne la baignade. Tout est dit : ici l'eau soigne depuis fort longtemps par le bain, base du traitement. Il peut s'accompagner de douches générales ou locales, d'aérobains et de pulvérisations. L'eau peut s'utiliser en boisson, mais plus rarement.

L'établissement, réputé pour son savoir-faire en matière de rhumatologie, est exclusivement alimenté par la Grande Source dont les eaux jaillissent (50 000 litres par heure) à 25,8 °C. C'est la seule source chaude de l'Ouest et la moins minéralisée de France ; son eau est faiblement radioactive, chlorurée et sodique.
Elle soulage les troubles de la circulation veineuse, en particulier les séquelles de phlébites et, de manière préventive, les varices. Les suites de fractures, les séquelles de traumatismes, le mauvais fonctionnement des glandes endocrines peuvent également trouver des solutions heureuses à Bagnoles !

Séjourner

Le grand attrait de la station tient à son **site★** au charme suranné. La Vée, affluent de la Mayenne, la traverse, un instant cachée à la hauteur de l'établissement thermal. Avant de se glisser dans le massif de la forêt des Andaines, elle s'épanouit en un joli lac qui est au cœur de l'animation bagnolaise. La promenade au roc au Chien, à partir de Bagnoles-Château, permet d'avoir le meilleur point de vue sur l'ensemble de la ville *(voir ci-après)*.

BAGNOLES-LAC

Station thermale

Comme beaucoup de stations balnéaires de la côte normande, Bagnoles-de-l'Orne s'est développé avec l'arrivée du chemin de fer en 1869. Les « vacanciers » ou les « baigneurs » venaient s'exiler momentanément dans cette petite ville qui connut un important développement jusqu'à la guerre de 1914-1918.
On peut encore voir, en parcourant les boulevards Lemeunier-de-la-Rallière, Albert-Christophle et Paul-Chavet, de luxueuses **villas** louées pour la saison et dont les tourelles, les balcons, les bow-windows et autres marquises enchantent le regard. Notez le style teinté de cubisme de l'**église du Sacré-Cœur**, boulevard A.-Christophle.
Un document est proposé par l'office de tourisme et des visites guidées *(2h30)* sont organisées *- de mi-mars à fin oct. : merc. et vend. 15h - s'inscrire à l'office de tourisme - gratuit.*

Parc de l'établissement thermal★

Établi en terrain accidenté, il est ombragé de pins, de chênes et de châtaigniers. Sur la rive gauche de la Vée, l'allée du Dante mène du lac à l'établissement thermal. D'autres allées courent agréablement à travers le parc et conduisent aux rochers du **saut du Capucin** ainsi qu'à l'emplacement de l'ancien **abri Janolin**. La rue des Casinos et ses élégantes boutiques longe agréablement le plan d'eau.

BAGNOLES-CHÂTEAU

Promenade au roc au Chien★

45mn à pied AR ou, l'apr.-midi seulement, 30mn AR par le « petit train ». Partez de l'église de Bagnoles-Château et remontez la belle avenue du Château ; passez le portail qui s'ouvre dans le prolongement de celle-ci. ✆ 02 33 30 72 70 - www.bagnolesdelorne.com - visite en petit train - juin-sept. : 15h15 et 16h30 ; avr.-mai et oct. : w.-end et j. fériés 15h15 et 16h30 - 5,60 €.

Vous vous trouvez dans le parc municipal de Tessé qui propose un arboretum de 150 arbres d'essences différentes, un parcours d'observation des oiseaux, des jeux et attractions diverses.

Allez jusqu'au château.

Construit dans la seconde moitié du 19e s., le bâtiment, aujourd'hui hôtel de ville principal de Bagnoles, est typique du style « néomédiéval » cher à Viollet-le-Duc.

Prenez vers la droite l'avenue qui surplombe la gorge de Bagnoles. Des sentiers s'éparpillent parfois à droite et à gauche. Vous pouvez toujours vous amuser à les suivre.

Tout en admirant au passage quelques beaux arbres, notamment des séquoias plus que centenaires, vous arrivez au promontoire rocheux du roc au Chien d'où la **vue★** sur Bagnoles est superbe.

Visiter

Musée départemental des Sapeurs-Pompiers de l'Orne

✆ 02 33 38 10 34 - ♿ - avr.-oct. : 14h-18h (dernière entrée 30mn av. fermeture) - 3,80 € (enf. 2,30 €). Étonnant musée que cette ancienne église du Sacré-Cœur qui abrite une importante collection de pompes à bras hippomobiles. La plus ancienne du musée,

SE LOGER		SE RESTAURER	
Auberge de la Source	1	Auberge de Clouet	1
Hôtel Ermitage	4	Chez Marraine	4
Nouvel Hôtel	7	La Terrasse	7
		Maison Chatel EURL Le Goff	9

La Distinguée, est antérieure à 1790. De nombreux souvenirs (fanions, médailles, etc.), pièces d'uniformes, matériels de secours (seaux-pompes, agrès hydrauliques, radios, masques à gaz, etc.) enrichissent la visite.

Randonnées

La forêt domaniale des Andaines offre de nombreuses possibilités de promenades et de randonnées. Un document, proposé par l'office de tourisme, répertorie les principales. Nous en proposons deux ci-dessous.

Circuit de Saint-Ortaire et du chêne Hyppolite

Départ près de la place du Marché, longez la lisière vers la voie ferrée. 4,5 km – compter 1h45.

Le circuit conduit au prieuré de St-Ortaire, ancienne chapellenie fondée par Jean de Valois. Ce lieu de pèlerinage est dédié à saint Ortaire et à sainte Radegonde. Un peu plus loin, au cœur de la forêt, le chêne Hyppolite impressionne par ses majestueuses proportions (5,26 m de circonférence, 30 m de haut) et son âge vénérable (environ 300 ans).

Gorges de Villiers★

12 km au sud-est près de St-Ouen-le-Brisoult.

Plusieurs circuits, bien balisés, sont possibles dans ce beau site naturel traversé par la Gourbe. Comptez environ 1h pour celui de la chapelle St-Antoine. Il conduit tout d'abord à la rivière en passant au-dessus d'un impressionnant pierrier où certains ont reconnu la modeste grotte de la fée Gisèle. Près du pont sur la Gourbe, la très ancienne fontaine de Chaude-Eau garde tout son mystère. Le sentier traverse la rivière, grimpe vers un large chemin que l'on prend à droite avant de replonger dans la forêt. La chapelle St-Antoine (1875) apparaît dans une belle clairière aménagée pour une halte. Retour en suivant la rivière vers le point de départ.

Aux alentours

Château de Couterne

Ne se visite pas. 1,5 km. Quittez Bagnoles au sud par la D 335.

Laisser la voiture à proximité du pont sur la pièce d'eau dans laquelle le château (16e et 18e s.) reflète sa masse de brique et de granit.

La Ferté-Macé

6 km au nord par la D 916. Cette petite ville joue un important rôle commercial et industriel dans la région. Un **complexe touristique** (pédalo, planche à voile, pêche, mur d'escalade, swin-golf, etc.) ainsi qu'une douzaine de gîtes de vacances apportent aux visiteurs et curistes de la station voisine, Bagnoles-de-l'Orne, un agréable complément de divertissement. Les gourmets reconnaissent par ailleurs à la ville un certain renom gastronomique, notamment dû à ses tripes en brochette élaborées à partir de panse et de pieds de bovins. Les abats sont présentés enfilés sur un bâtonnet appelé « billette », généralement en noisetier. Vous trouverez certainement la matière première à l'incontournable marché du jeudi matin !

Une tour romane du 11e s., seul vestige de l'ancienne église détruite en 1861 pour cause d'exiguïté, jouxte l'église moderne (carillon de seize cloches dont un bourdon de 3 917 kg).

Hôtel de ville – On peut y voir, entre autres, quelques œuvres du dessinateur Charles Léandre, originaire de Champsecret, près de Domfront, une vaste toile intitulée *La Poste au cours des âges*, de Marcel Pierre, ainsi qu'un immense portrait collectif de E. Krug, daté de 1898, *Le Banquet de la pomme*.

Musée du Jouet – *☎ 02 33 37 47 00/04 08 - juil.-août : 15h-18h ; avr.-juin et sept. : w.-end et j. fériés 15h-18h - 3,20 € (-6 ans gratuit).*

Installé dans les « bains-douches » municipaux (utilisés de 1932 à 1981), ce musée issu de la collection G. Bonvalot présente une évolution des jeux et jouets des 19e et 20e s. à travers différents thèmes (les jeux de salon, les jouets scientifiques, les jouets techniques, les instruments de musique, etc.).

Rânes

13 km au nord/nord-est de La Ferté-Macé par la D 916.

Le **château** reconstruit au 18e s. a gardé son donjon du 15e s. à deux étages couronné de créneaux et de mâchicoulis. Vous pouvez monter au sommet du donjon (95 marches) afin d'apprécier le **panorama**. L'escalier en colimaçon permet aussi de rejoindre la « chambre de la fée » à laquelle est attachée une légende en tout point semblable à celle du château de Gratot *(voir p. 196)*, autre demeure historique de la famille d'Argouges.

Un **musée de la Préhistoire** a été créé dans les caves du château, suite à de nombreuses découvertes archéologiques faites à Rânes et dans les environs, essentiellement du petit outillage de silex. *☎ 02 33 39 72 94 (M. Rivard) - juil.-août : merc.-dim. 14h-18h - musée de la Préhistoire (visite guidée) : 2 € (enf. 1 €) - accès au donjon gratuit.*

Circuits de découverte

VALLÉE DE LA COUR

Circuit de 11 km par le nord-est. Prenez la D 916 puis à droite la D 387 et la D 20 à droite sur 600 m, puis suivre la signalisation.

La route à travers la forêt mène à un étang très apprécié des pêcheurs et des grands amateurs de repos !

Contournez l'étang et prenez à gauche la D 270 en montée, puis la route forestière en direction du carrefour de l'Artoigny. Rentrez à Bagnoles par la D 387.

FORÊT DES ANDAINES

Circuit de 21 km. Quittez Bagnoles par la D 335 au nord-ouest.

Cette forêt s'étend sur environ 8 000 ha ; elle est plantée de belles essences (chênes, hêtres, épicéas, bouleaux, pins sylvestres). Gardez les yeux grands ouverts, car il n'est pas rare de rencontrer, au cours d'une randonnée, quelques cervidés (cerfs, biches, chevreuils ou chevrettes). Parcours sportifs et rochers d'escalade.

Au carrefour de l'Étoile d'Andaines, prenez à gauche la direction de Blutel - Juvigny-sous-Andaine et continuez jusqu'en lisière de forêt. La chapelle se trouve sur le côté gauche de la route forestière.

Chapelle Sainte-Geneviève

Elle s'élève dans un site retiré où prédominent les pins. La porte ajourée laisse voir à l'intérieur des statues en bois (saint Roch, sainte Geneviève, sainte Élisabeth) ainsi qu'un autel.

Aire de pique-nique.

Poursuivez jusqu'à Blutel, où vous suivrez la direction de Juvigny-sous-Andaine.

Juvigny-sous-Andaine

La Ferme du cheval de trait – *« La Michaudière » - ☏ 02 33 38 27 78 - ♿ - www.chevaldetrait.com - spectacle équestre (attelages, voltige, dressage) - de mi-juil. à fin août : merc., jeu., w.-end et j. fériés à 15h30 ; reste de l'année : se renseigner sur le site Internet - 9 € (5-12 ans 4 €) - possibilité de déjeuner à la ferme sur réserv.*

Une vingtaine de chevaux lourds (percherons, traits bretons et cobs, entre autres) participent à un intéressant spectacle équestre : attelages, voltige, travail aux longues rênes. Collection de matériel agricole hippomobile, forge, sellerie. Des balades en voiture à cheval ainsi que des dîners campagnards sont régulièrement organisés.

Prenez la direction de Bagnoles-de-l'Orne *via* Lessart, par la D 235. Peu après avoir quitté Juvigny, vous apercevrez sur la gauche le mur de clôture d'une propriété. Tournez à gauche juste avant.

Stéphane Sauvignier / MICHELIN

Tour de Bonvouloir.

Tour de Bonvouloir

Curieuse tourelle d'observation effilée, dite aussi « phare », coiffée d'un toit en cloche et flanquée d'une tour plus massive. Elle se rattache à la légende de Hugues de Tessé et à sa « vigueur » retrouvée. Plus historiquement, l'ensemble correspond au vestige d'un château construit jadis par Guyon Essirat.

Les bâtiments de ferme, en partie anciens, le pigeonnier, les restes du vieux puits y ajoutent leur cachet.

Revenez à Bagnoles par la D 235 qui longe les sous-bois.

Bagnoles-de-l'Orne pratique

Adresse utile

Office du tourisme de Bagnoles-de-l'Orne – *Pl. du Marché - 61140 Bagnoles-de-l'Orne - ☏ 02 33 37 85 66 - www.bagnolesdelorne.com - mai-sept. : lun.-sam. 9h30-13h, 14h-18h30, dim. et j. fériés 10h-12h30, 14h30-18h30 ; de déb. nov. à mi-mars : tlj sf dim. 9h30-12h30, 14h-18h ; de mi-mars à fin avr. et en oct. : tlj sf dim. (sf le dim. de Pâques) 9h30-12h30, 14h-18h30 - fermé j. fériés hors saison sf à Pâques.*

Se loger

⊖ **Auberge de la Source** – *Lieu-dit « La Peleras » - 61600 La Ferté-Macé - 5 km au NO de Bagnoles par D 908, rte du Mont-St-Michel - ☏ 02 33 37 28 23 - http://perso.wanadoo.fr/auberge.lasource - 🚭 - 5 ch. 46/54 € ☕ - repas 12/20 €.* Cette bâtisse récente perpétue le plus pur style normand avec ses briques et ses colombages. Dans la grande salle à manger trône une cheminée dans laquelle grillent de belles pièces de viande, accompagnant quelques spécialités du terroir. À l'étage, 5 chambres parquetées, dont une familiale, dotées d'une excellente literie.

⊖⊖ **Hôtel Ermitage** – *24 bd Paul-Chalvet - ☏ 02 33 37 96 22 - www.hotel-de-l-ermitage.com - fermé 1er Nov.-1er avr. - P - 37 ch. 48/70 € - ☕ 8 €.* Bâtisse ancienne entourée de pavillons centenaires et de jardins arborés. Chambres sobrement équipées d'un mobilier d'inspiration paysanne et dotées de menus balcons.

⊖⊖ **Nouvel Hôtel** – *Av. du Dr-Pierre-Noal - 61140 Tessé-la-Madeleine - 0,5 km au S du centre de Bagnoles - ☏ 02 33 30 75 00 - www.nouvel-hotel-bagnoles.fr - fermé nov.-mars - P - 30 ch. 50/70 € - ☕ 7,50 € - restaurant 16/29 €.* Vous ne pourrez pas manquer cette villa 1900 proche des thermes. Sa façade entièrement restaurée met en valeur la pierre d'époque et lui donne fière allure. Chambres chaleureuses au décor plus actuel de teintes claires. Terrasse couverte.

Se restaurer

⊖ **Chez Marraine** – *6 r. du Square - ☏ 02 33 37 82 91 - chezmarraine@wanadoo.fr - fermé 15 fév.-15 mars - 11,80/29 €.* « Pour vivre heureux, vivons caché ! ». Telle doit être la devise de ce restaurant blotti dans une petite rue entre ville et lac. Sur l'agréable terrasse couverte, vous pourrez goûter ses spécialités comme la tête de veau, la salade d'andouille de Vire ou les langoustines à la crème de cidre.

⊖ **Maison Chatel EURL Le Goff** – *31 r. St-Denis - 61600 La Ferté-Macé - ✆ 02 33 37 11 85 - tlj sf dim. apr.-midi et lun. 7h-19h30 - à partir de 13 €.* Si vous aimez la tête de veau, les tripes (en brochettes, à la bière et aux légumes), etc., vous aurez le choix entre acheter directement ces produits dans la boutique, dont la réputation n'est plus à faire dans la ville, ou les déguster dans le petit restaurant situé juste à côté.

⊖ **La Terrasse** – *R. des Casinos - ✆ 02 33 37 81 44 - fermé 26 nov.-4 janv., dim. soir et lun. - 12,80/28,50 €.* Vue de l'extérieur, l'adresse ne paye pas de mine, mais l'intérieur est chaleureux et petits plats du terroir ou spécialités de poissons mitonnés ici sont tout à fait honorables. La terrasse abritée et chauffée a été récemment repeinte.

⊖⊖ **Auberge de Clouet** – *Le Clouet - 61600 La Ferté-Macé - 7 km au NE de Bagnoles par D 916 - ✆ 02 33 37 18 22 - fermé 1er-15 nov., dim. soir et lun. de nov. à Pâques - 20/68 € - 6 ch. 56/66 € - ☕ 8 €.* Au printemps, la terrasse de cette auberge tranquille domine un petit vallon et s'ouvre sur une véritable mosaïque de fleurs. Le chef compose des menus de terroir avec volailles de la ferme et légumes du jardin en saison. Quelques chambres au décor des années 1970.

En soirée

Casino de Bagnoles-de-l'Orne – *6 av. Robert-Cousin - ✆ 02 33 37 84 00 - casino.bagnoles@groupe-emeraude.com - à partir de 11h en hiver et 10h en sais.* La station de Bagnoles abrite le seul casino de l'Orne. Quelque 100 machines à sous vous y attendent, plus les jeux classiques : boule, black-jack et roulette anglaise. Terrasse, cinéma, night-club, restaurant, pub-cabaret, minigolf et pédalos viennent compléter l'offre de loisirs.

Que rapporter

Marché – *Pl. du Marché - mar. mat., sam. mat.* Le marché s'étend jusqu'en lisière de la forêt des Andaines. C'est l'endroit idéal à Bagnoles-de-l'Orne pour acheter ici de belles coquilles Saint-Jacques, là un camembert bien crémeux, un magnifique rôti chez le boucher ou bien une cagette de choux-fleurs chez le marchand de fruits et légumes. L'été, le nombre de commerçants augmente considérablement : le marché déborde alors des halles.

Casati du Lac – *4 bis r. des Casinos - ✆ 02 33 37 82 74 - 9h30-12h30, 14h-19h30 - fermé de mi-janv. à fin fév., j. fériés et lun. en nov.* Cette entreprise familiale a bâti sa réputation sur les délicieux macarons Henri Lenoir qu'elle fabrique depuis trois générations. La maison s'est aussi lancée avec bonheur dans l'aventure du chocolat. Ne manquez pas les pavés (pralinés fondants aux noisettes et amandes) et les tonneaux au calvados.

Sports & Loisirs

Golf de Bagnoles-de-l'Orne – *Rte de Domfront - ✆ 02 33 37 81 42 - golf.bagnolesdelorne@wanadoo.fr - fermé janv. et mar. en hiver - 9 trous : 17 € ; 18 trous : 25 €.* Au cœur de la forêt des Andaines, joli golf 9 trous traversé par une rivière ; il n'est pas rare d'apercevoir des biches le matin. Les « Tiger Wood » en herbe sauront apprécier ! Petite restauration en saison.

Poney-club La Peleras – *Lieu-dit « La Peleras » - 7 km au NO de Bagnoles-de-l'Orne dir. La Ferté-Macé - 61600 La Ferté-Macé - ✆ 02 33 38 29 83 - www.lafertemace.fr - tlj sf jeu. 9h-12h, 14h-20h, uniquement sur RV - fermé 1er-15 sept.* Ce petit centre équestre met 26 poneys de toutes tailles à la disposition des cavaliers débutants (à partir de 3 ans) et confirmés. Baptêmes Shetland, leçons, stages, promenades et randonnées encadrés par deux monitrices diplômées. Manège et carrière couverts ; maison d'hôte recommandable juste à côté.

Les Thermes de Bagnoles-de-l'Orne

Établissement thermal de Bagnoles.

Les Thermes de Bagnoles-de-l'Orne – *R. du Prof.-Louvel - ✆ 08 11 90 22 33 - cures@thermes-bagnoles.com - 7h-12h, 15h-19h pour les soins thermaux - fermé de mi-nov. à mi-mars.* Au cœur de la forêt d'Andaine, voici l'unique source thermale du nord-ouest de la France. Outre les cures à visée thérapeutique (phlébologie, rhumatologie), l'établissement thermal a développé une large gamme de forfaits de remise en forme destinés à tous (formules de 1 à 6 jours). Hébergement dans la station proposé en collaboration avec une série d'hôtels.

Château de Balleroy★

CARTE GÉNÉRALE B2 – CARTE MICHELIN LOCAL 303 G4 – CALVADOS (14)

Ce château dessiné par François Mansart se dresse, sobre et majestueux, sur les flancs d'une colline. Construit avec des matériaux locaux – pierre grise et schiste rouille –, il prolonge la grand-rue du village, véritable avenue par ses proportions. Les admirateurs du grand architecte l'empruntent, mais aussi les amoureux des montgolfières : les écuries du château abritent en effet le musée des Ballons.

- **Se repérer** – Prenez la D 572 depuis Bayeux (19 km au nord-est) ou Saint-Lô (23 km au sud-ouest) puis, au carrefour de l'embranchement, la D 13. Balleroy se trouve à la sortie de la forêt de Cerisy.
- **À ne pas manquer** – Le magnifique salon d'honneur à l'étage, auquel on accède par le premier escalier suspendu de France.
- **Organiser son temps** – Comptez deux bonnes heures pour profiter tranquillement du château, du musée et du parc.
- **Pour poursuivre la visite** – Voir aussi Saint-Lô, l'ancienne abbaye de Cerisy-la-Forêt, Bayeux, Aunay-sur-Odon et la presqu'île du Cotentin.

Extérieur du château de Balleroy.

Visiter

Le château

02 31 21 60 61 - www.chateau-balleroy.com - visite libre du musée, visite guidée du château (dernière entrée 45mn av. fermeture) de mi-mars à mi-oct. : 10h-18h ; musée et parc : hors saison 10h-12h, 14h-17h - 6,86 € musée et château (musée : 4,27 € ; château : 5,35 € ; parc : 3 €).

Le château de Balleroy fut construit de 1626 à 1636 par François Mansart, alors âgé de 33 ans, pour le chancelier de Gaston d'Orléans, Jean de Choisy, dont les descendants, les marquis de Balleroy, occupèrent les lieux pendant trois siècles. Il est aujourd'hui la propriété de la famille de l'éditeur, aéronaute et milliardaire Malcolm Forbes, qui l'acheta en 1970 et créa le musée des Ballons, hommage à sa passion.

Les communs, anciennes écuries, disposés symétriquement de part et d'autre de parterres de broderies dessinés par Le Nôtre, et la terrasse, flanquée de deux pavillons, font dignement cortège à l'édifice. Les frondaisons du parc romantique (135 ha) et des jardins à la française complètent cette mise en scène théâtrale.

Intérieur★ – Au rez-de-chaussée sont exposées des peintures du comte Albert de Balleroy, peintre de chasses du 19e s. : dans le salon Louis XIII figurent des scènes de chasse et, dans le fumoir, des portraits. Deux représentent le comte : l'un dû à Paul Baudry (sur le chevalet) et l'autre signé Manet (Albert de Balleroy partagea pendant 7 ans un atelier avec lui à Paris). Dans la salle à manger, les boiseries ont été décorées sur le thème des fables de La Fontaine. Un bel escalier en pierre de Caen de conception révolutionnaire conduit au 1er étage où trois chambres rendent hommage à quelques figures historiques du 19e s. : la reine Victoria règne sans partage dans la première, suivie de Louis-Philippe au milieu d'un mobilier en poirier noirci ; la dernière, appelée « chambre de Waterloo », propose un saisissant raccourci en rapprochant Napoléon et Wellington sous le regard imperturbable de Blücher. Et, pour terminer en beauté, le **salon d'honneur** offre, du plancher au plafond peint à la française (les Quatre saisons, les Signes du zodiaque), un superbe décor agrémenté d'une intéressante collection de portraits royaux dus à Juste d'Egmont.

Musée des Ballons – Ballons à air chaud et à gaz, nacelles avec équipement de bord, trophées, photographies, maquettes, médailles et objets de fantaisie font revivre l'épopée des aérostats. Ces derniers (ballons, dirigeables, montgolfières) volent grâce à l'emploi d'un gaz plus léger que l'air. Vous apprendrez ainsi à ne pas les confondre avec les aérodynes, appareils volants plus lourds que l'air comme les avions, les hélicoptères ou les ULM !

Église paroissiale

L'église précède l'entrée du château. Construite en 1651 en schiste brun du pays, elle est attribuée à Mansart. Elle se signale par son clocher octogonal coiffant la croisée du transept. À l'intérieur, une Annonciation, de l'école italienne du 18e s., surmonte l'autel.

Aux alentours

Jardins de Castillon★

À Castillon, 4 km au nord-est par la D 73. ☎ 02 31 92 56 03 - www.jardinscastillon-plantbessin.com - ♿ - 1er Mai- 30 oct. : lun.-sam. 14h-17h30 ; juil.-août : tlj 14h-17h30 - visite libre - 7 € (-15 ans 3 €).

Créés progressivement depuis 1985, ces jardins intimistes se divisent en deux unités que séparent des haies et une allée plantée d'arbres fruitiers. Le premier, à droite, oscille entre le type italianisant, avec ses ifs taillés et ses trois terrasses successives, et le type « à la française » reconnaissable à ses bordures de buis et son ordonnancement géométrique aboutissant à un labyrinthe. Le second présente une succession de huit jardins clos, possédant chacun son atmosphère : jardin d'eau japonisant, jardin anglais ou aromatique, pergola… De nombreuses plantes sont identifiées.

Château de Balleroy pratique

Voir aussi l'encadré pratique de Bayeux.

Se loger

Chambre d'hôte Le Prieuré – *R. Rétot - 14330 Le Molay-Littry - 1,5 km au N du centre bourg par D 5 puis petite rte à gauche - ☎ 02 31 51 91 97 - - 3 ch. 48 € - repas 19 €.* Ancien prieuré transformé en ferme, puis en habitation, cette belle bâtisse parfaitement restaurée ouvre sur un parc verdoyant. Les 3 chambres, décorées de façon sobre, respirent la tranquillité. Excellente table d'hôte proposant recettes régionales (potage à l'andouille, rôti de porc au cidre) et desserts maison.

Barfleur★

642 BARFLEURAIS
CARTE GÉNÉRALE B1 – CARTE MICHELIN LOCAL 303 E1 – MANCHE (50)

Ce petit port de pêche aux maisons de granit et aux quais chargés de casiers à homards ou de palettes de moules est classé parmi les plus beaux villages de France. Il se révèle être par ailleurs une station balnéaire très accueillante, où les heures de plage le disputent aux promenades littorales en attendant l'assiette de « blondes » du soir. Vous ne trouverez pas meilleur cadre pour vos vacances !

Se repérer – Pour atteindre cette extrémité nord-est du Cotentin, prenez de Cherbourg (29 km à l'ouest) la D 116 qui longe la côte ou la D 901, plus directe.

À ne pas manquer – Le panorama du haut des 75 m du phare de Gatteville et le déchargement de la pêche depuis le pont des bateaux amarrés sur le port.

Organiser son temps – Barfleur et ses environs vous retiendront une bonne demi-journée.

Pour poursuivre la visite – Voir aussi la presqu'île du Cotentin, le Parc naturel régional des marais du Cotentin et du Bessin, St-Vaast-la-Hougue, Valognes et Cherbourg-Octeville.

Amaury de Valroger / MICHELIN

Port de Barfleur.

Comprendre

Histoire ancienne – Héritage des Vikings, le nom de cette localité vient du vieux norrois, l'ancienne langue des peuples scandinaves : *barnr*, « coin », et *flojt*, « crique ». Barfleur serait donc « la crique en forme de coin », propice au mouillage des bateaux. De fait, au Moyen Âge, son port comptait parmi les premiers de la Manche en importance.

Un port médiéval actif – On raconte que le navire du duc Guillaume utilisé pour la conquête de l'Angleterre, le *Mora*, serait sorti des chantiers de la ville. Au pied de la jetée, une plaque de bronze apposée en 1966 sur un rocher rappelle que ce navire fut piloté par Étienne, un marin barfleurais. C'est aussi de Barfleur que s'embarqua Richard Cœur de Lion, en 1194, pour aller se faire couronner roi d'Angleterre.

Une lutte perdue d'avance – Le grand port du Moyen Âge a aujourd'hui complètement disparu. Pour preuve : le promontoire, où s'élève l'église actuelle, se situait jadis au beau milieu de l'agglomération médiévale ! La mer continue de ronger ce que n'a pas détruit la guerre de Cent Ans, et la superficie de la commune de Barfleur diminue inexorablement.

La « blonde de Barfleur » – Il s'agit d'une variété de moule sauvage pêchée au large, traditionnellement par les mouliers – petits bateaux qui effectuent des marées très courtes. Elle se récolte au moyen d'une drague tractée en eaux profondes, parfois jusqu'à 50 m. Le tri se fait manuellement, et les moules de taille inférieure à 40 mm sont aussitôt rejetées à la mer. Reconnaissable à ses extrémités (l'une pointue et l'autre bien arrondie), la « blonde de Barfleur » provient de quatre gisements : Moulard, Réville, Ravenoville... et Barfleur. Ne soyez pas surpris de découvrir, en la dégustant, un petit crabe : c'est le pinnothère. Il s'abrite dans la moule et se nourrit en nettoyant les branchies de son hôte !

Visiter

Près du port, la cour Ste-Catherine est entourée de belles maisons anciennes.

Église Saint-Nicolas

Édifice sombre et trapu, construit au 17e s., cette église d'allure fortifiée abrite d'intéressantes statues en bois. Dans le croisillon sud, pietà du 16e s. ; dans le croisillon nord au-dessus des fonts baptismaux, vitrail rappelant le souvenir de sainte Marie-Madeleine Postel (1756-1846), la fondatrice des Sœurs des écoles chrétiennes. Le chœur, précédé d'une poutre de gloire, est coiffé d'une voûte lambrissée à laquelle est suspendu un navire, en ex-voto.

Abri de la SNSM

Juil.-août et w.-end de sept. : 10h30-12h, 15h-18h - gratuit.

La station de sauvetage de Barfleur fut la première construite en France (1865), pour parer aux dangers de la pointe de Barfleur. L'abri actuel date de 1954. Son premier canot, le *Crestey et Sauvé* y coule désormais des jours paisibles, remplacé par l'*Amiral de Tourville,* amarré dans le port. Témoignages, maquettes et vestiges d'épaves illustrent le dangereux travail des sauveteurs.

Maison de Julie Postel

☎ 02 33 54 02 17 - ♿ - 9h-19h - gratuit.

Fille d'un cordier, Julie Postel vit le jour à Barfleur en 1756. Éprise de charité, devenue sœur Marie-Madeleine Postel, elle fonda la congrégation des sœurs de la Miséricorde et s'éteignit à St-Sauveur-le-Vicomte en 1846. Elle fut canonisée en 1926. On visite la maison où elle demeura pendant trente ans : l'étroit réduit sous l'escalier, où elle cachait l'Eucharistie lors de la Révolution ; la cuisine où elle apprenait aux jeunes filles les tâches domestiques ; la chambre où logeaient les pensionnaires.
Dans la chapelle, une série de vitraux dépeint les différentes étapes de sa vie.

Aux alentours

POINTE DE BARFLEUR

4 km au nord par la D 116 et la D 10.

Vous pouvez vous y rendre à pied par le sentier littoral (GR 223) – *départ derrière l'office du tourisme.* Au début, le chemin longe la plage de l'église.

Gatteville-le-Phare

L'**église**, refaite au 18e s., a conservé son clocher du 12e s. Dans la chapelle s'ouvrant sur le chœur, à droite, un ciborium à médaillons du 15e s. est surmonté d'une Trinité du 16e s. Sur la vaste et belle place, la **chapelle des Marins (N.-D.-de-Bon-Secours)**, élevée sur une nécropole mérovingienne, a conservé son abside romane.

> **Le drame de la Blanche Nef**
>
> L'héritage de Guillaume se trouva très vite rassemblé entre les mains de son troisième fils : Henri Beauclerc. Ce dernier prit la mer à Barfleur pour gagner l'Angleterre. Son fils et une de ses filles s'embarquèrent sur la *Blanche Nef.* À la suite d'une malheureuse distribution de vin à l'équipage, le bateau se fracassa sur les récifs de Gatteville et les deux enfants du roi périrent noyés. Une seule fille, Mathilde, restait au souverain. Elle épousa le descendant du comté d'Anjou. Son fils, Henri Plantagenêt, fit, en son temps, beaucoup parler de lui.

Après Gatteville, la route s'enfonce dans un paysage sauvage où la côte basse rocheuse subit le harcèlement ininterrompu des vagues.

Phare

☎ 02 33 23 17 97 - mai-août : 10h-12h, 14h-19h ; sept. et avr. : 10h-12h, 14h-18h ; oct. et mars : 10h-12h, 14h-17h ; fév., de déb. nov. à mi-nov. et de mi-déc. à fin déc. : 10h-12h, 14h-16h - fermé 1er Mai, 25 déc. et par grand vent - 2 € (-17 ans gratuit).

Avec ses 75 m, c'est l'un des plus hauts phares de France. Construit de 1829 à 1835, son faisceau porte à 56 km. Avec le radiophare installé dans une tour du 18e s., il guide les navires dans leur approche du port du Havre. Il compte 365 marches, 52 fenêtres et 12 étages : autant de jours, de semaines et de mois qu'une année ! Du sommet, vous pourrez admirer le **panorama★★** qui s'étend sur la côte est du Cotentin : les îles St-Marcouf, la baie des Veys et, par temps clair, les falaises de Grandcamp. Mais le coup d'œil le plus étonnant porte, au premier plan, sur la table granitique du pays de Saire qui semble s'enfoncer doucement sous les eaux. Les hauts-fonds et la violence des courants rendent, dans ces parages du raz de Barfleur, la navigation particulièrement dangereuse : le naufrage de la *Blanche Nef* (1120) sur le rocher de Quillebeuf, à 800 m de la côte, vit périr le fils de Henri Ier Beauclerc, sa fille et 300 des plus brillants représentants de la noblesse anglo-normande.

Montfarville

2 km au sud par la D 155. L'**église** du 18e s. (chapelle et clocher du 13e s.) est construite en granit sur l'emplacement d'un édifice gothique. Elle surprend par son **intérieur★** très coloré. Les murs tout en pierre lui donnent un éclat particulier. Dues à un artiste local, Guillaume Fouace, les peintures qui ornent la voûte représentent des scènes de la vie du Christ et composent un ensemble riche en couleurs. Poutre de gloire du 18e s. et touchante Vierge en pierre polychrome du 14e s.

Barfleur pratique

Adresse utile

Office du tourisme de Barfleur – *2 rond-point Guillaume-le-Conquérant - 50760 Barfleur - ✆ 02 33 54 02 48 - www.ville-barfleur.fr - juin-août : 9h30-12h30, 14h30-18h30 ; avr.-mai et sept.-oct. : tlj sf dim. 10h-12h30, 14h30-17h30 ; nov.-mars : tlj sf merc. et w.-end. 10h-12h, 14h-16h.*

Se loger

Conquérant – *18 r. St-Thomas - ✆ 02 33 54 00 82 - 15 mars-15 nov. - P - 10 ch. 60/83 € - 9,50 €.* À deux pas du port, belle demeure du 17e s. en granit, agrémentée d'un jardin à la française. Chambres campagnardes, parfois dotées d'armoires normandes.

Chambre d'hôte Manoir de la Fèvrerie – *Village d'Arville - 50760 Ste-Geneviève - 3 km à l'O de Barfleur par D 25 et D 525, rte de Ste-Geneviève à droite et chemin - ✆ 02 33 54 33 53 - www.manoir-de-la-fevrerie.fr.st - 3 ch. 62/70 €.* Accueil et confort chaleureux dans ce manoir des 16e et 17e s. Petit-déjeuner soigné sur la grande table en bois, près de la belle cheminée en granit. Banquette et fauteuils dans le salon. Décor raffiné de tissus et mobilier de choix dans les chambres. Deux gîtes également disponibles.

La Villa Gervaiserie – *50760 Réville - 10 km au S de Barfleur - ✆ 02 33 54 54 64 - la.gervaiserie@wanadoo.fr - ouvert 18 mars-15 nov. - P - 10 ch. 95/110 € - 7,50 €.* Les chambres de cet hôtel situé face à la plage possèdent un balcon ou une terrasse avec vue sur la mer et l'île de Tatihou. Plaisant décor actuel et accueil aux petits soins.

Se restaurer

Le Panoramique – *1 village de l'Église - 50630 La Pernelle - 6 km au S de Barfleur par D 902, rte de Barfleur-Quettehou - ✆ 02 33 54 13 79 - www.le-panoramique.fr - fermé jeu. d'oct. à juin - 14/30 €.* Enseigne-vérité pour ce « bar-brasserie-crêperie-restaurant » œuvrant de longue date près du clocher de La Pernelle. Les salles et la grande terrasse procurent une vue unique sur le val de Saire et, par temps clair, sur toute la côte est du Cotentin. Dans l'assiette, recettes mettant en valeur les produits du terroir.

Le Moderne – *1 pl. du Gén.-de-Gaulle - ✆ 02 33 23 12 44 - fermé 4-18 janv., mar. soir et merc. sf du 1er juil. au 15 sept. - 19/36 €.* Dans une rue calme en centre-ville, ce restaurant en brique peinte propose une cuisine de produits frais, copieuse et soignée. Salle à manger rénovée.

Au Moyne de Saire – *Hameau de l'Église - 50760 Réville - 10 km au S de Barfleur par D 1 - ✆ 02 33 54 46 06 - au.moyne.de.saire@wanadoo.fr - fermé 23 oct.-9 nov. et 1er fév.-9 mars - 16/40 €.* Auberge familiale au cœur d'un village proche de la pointe de Saire. Mobilier rustique et cuisine normande au restaurant. Petites chambres proprettes.

Sports & Loisirs

Capitainerie – *Quai Henri-Chardon - ✆ 02 33 54 08 29.*

Base nautique – *Anse de la Masse, à proximité du camping « la Blanche Nef » - ✆ 02 33 54 79 08.* Une école de voile propose aux petits et aux grands de découvrir les joies de la navigation grâce à un large choix d'embarcations (Optimist, catamaran, kayak de mer). Il y a également sur place un club de plongée.

Barneville-Carteret★

2 429 BARNEVILLAIS-CARTERÉTAIS
CARTE GÉNÉRALE A1 – CARTE MICHELIN LOCAL 303 B3 – MANCHE (50)

Réunies, les trois agglomérations de Carteret, Barneville et Barneville-Plage constituent une station balnéaire familiale très fréquentée, idéale pour qui aime les grands espaces et veut partager son temps entre mer et campagne. La pittoresque animation du petit port, point d'embarquement le plus proche pour les îles Anglo-Normandes, le charme sauvage des dunes, les grandes marées spectaculaires et la beauté de la longue plage de sable sauront vous faire rester.

Se repérer – On vient de Paris et même de Grande-Bretagne se baigner et se reposer à Barneville-Carteret. Valognes se trouve à 28 km au nord-est par la D 902, Cherbourg à 37 km au nord/nord-est par la D 650 et Caen à 120 km à l'est.

À ne pas manquer – Les magnifiques points de vue sur le large et, par beau temps, les îles Anglo-Normandes depuis le cap de Carteret.

Organiser son temps – Marché le samedi matin et balade sur le sentier des douaniers l'après-midi.

Avec les enfants – L'été, embarquez à bord du train touristique du Cotentin.

Pour poursuivre la visite – Voir aussi la presqu'île du Cotentin, le Parc naturel régional des marais du Cotentin et du Bessin, Cherbourg-Octeville, Valognes, Saint-Sauveur-le-Vicomte et Lessay.

Une « vedette » de la pub !

Jeanne Le Calvé, née en 1893 à Neuillac (Charente-Maritime), avait suivi son mari en Normandie. Lui était employé des chemins de fer, elle, garde-barrière et accessoirement lavandière. Un publicitaire, en vacances à Barneville-Carteret, remarqua cette vieille dame aux yeux bleus si malicieux. En 1972, première campagne de publicité pour la marque d'électroménager Vedette : les ventes triplent et… « **la mère Denis** » devient l'une des « cover-girls » les mieux payées de France. « *C'est ben vrai, ça !* » a-t-elle asséné avec son savoureux accent du terroir jusqu'à sa retraite en 1981. Le lavoir où elle venait laver son linge est toujours visible, à l'entrée de Barneville, au lieu dit le Tot.

Séjourner

Cette station est née en 1965 de la fusion des communes de Barneville et de Carteret. Elle s'organise aujourd'hui autour de trois centres, relativement distants : Barneville-Bourg, Barneville-Plage et Carteret. Mieux vaut disposer d'un moyen de locomotion pour passer de l'un à l'autre.

Carteret★

Il s'agit du pôle le plus ancien, avec Barneville-Bourg. Déjà, dans les années 1820, Barbey d'Aurevilly y séjournait en famille. Châteaubriand y fit un passage en 1842. À la fin du 19e s., la mode des bains de mer transforma vraiment le village de pêcheurs en station balnéaire. Carteret conserve de cette époque un charme discret, dû en grande partie aux villas construites au tournant du 20e s. Elles s'élèvent pour la plupart au-dessus du **port**. Enfin, le magnifique **cap rocheux**★★ *(voir « Se promener »)* qui abrite, au nord, l'estuaire de la Gerfleur et sa **plage** *(attention aux courants côtiers)* nichée dans une crevasse, font d'elle l'une des stations balnéaires les plus agréables du Cotentin.

Ports – Le port de Carteret demeure très actif. Il compte aujourd'hui encore une vingtaine de bateaux qui pêchent soles et raies au chalut, homards et tourteaux au casier, bulots et coquilles St-Jacques à la drague. À leur retour, le quai s'anime et l'on assiste à une authentique scène de vie qui contribue au charme de la station. En parallèle, Carteret possède un **port de plaisance** de 330 places et un point d'embarquement pour les îles Anglo-Normandes.

Plages – Hormis celle de Barneville *(voir Barneville-Plage)*, familiale et surveillée, la station dispose de deux autres plages, de styles bien différents. Celle de **Carteret**, orientée au sud, aligne ses cabines à l'ombre de la falaise, dans le prolongement du port. Elle aussi est sous surveillance. Ce n'est pas le cas de la **plage de la**

Vieille-Église qui s'étend au pied des dunes, du nord du cap de Carteret jusqu'à la pointe du Rozel. Sauvage et rendue assez dangereuse par des courants violents, c'est celle que choisissent les amateurs de char à voile et de speed-sail.

Le train touristique du Cotentin : Carteret-Porbail – *Le Clos St-Jean - 50270 Barneville-Carteret - ✆ 02 33 04 70 08, 01 34 62 80 20 ou 06 77 78 58 24 - toute l'année sur réserv. - de fin juin à mi-sept. : w.-end, mar. et jeu. pour les marchés - 7 € (4-11 ans 4 €) - parcours commenté.* Ce train des années 1930 parcourt sur 10 km une ancienne voie ferrée qui longe les plages à travers des paysages de dunes et de landes. « Train de la Côte des Isles » le week-end, il se transforme deux fois par semaine en « Train des marchés » pour conduire ses passagers : le mardi au marché de Portbail et le jeudi à celui de Carteret.

Barneville-Bourg

En retrait du littoral, il concentre banques et commerces. Son marché du samedi matin attire toute la population des environs, qui vient y faire le plein de provisions auprès des producteurs locaux. Il se tient près de l'église, qu'entourent les maisons en granit les plus anciennes du bourg (16e s.).

Église – Du 11e s., elle a reçu au 15e s. sa tour fortifiée. La nef romane est intéressante. Remarquez surtout la belle **décoration★** des arcades romanes, et celle des chapiteaux aux motifs empruntés au règne animal et à l'iconographie orientale ; particulièrement sur l'un de ces chapiteaux, un étrange Daniel au visage hiératique, figé comme un masque, et luttant farouchement contre un lion.

Barneville-Plage

Son boulevard maritime bordé de villas dessert une **plage** très animée en saison. Orientée plein ouest en direction de Jersey, elle double parfois sa surface en fonction des marées. Un plan d'eau de haute mer particulièrement propice aux sports nautiques la sépare du port de Carteret.

Se promener

Le tour du cap de Carteret★★

45mn à pied AR. Prenez la direction « la Corniche, le phare » et laissez votre voiture sur un rond-point dominant la plage de Carteret.

Engagez-vous à gauche dans le sentier des Douaniers qui, bientôt, devient très étroit et doit être suivi prudemment. Vous contournez ainsi le cap, dont les aspects renouvelés sont toujours pittoresques, pour atteindre finalement la vaste plage de la Vieille-Église à partir de laquelle s'étend le site dunaire d'Hatainville et Baubigny.

Remontez la route qui dessert cette plage.

Au croisement de la route du phare, ceux qui désireraient embrasser d'un seul coup d'œil les vues successives qu'ils ont eues tourneront à droite et monteront au phare, ou prendront à gauche l'avenue de la Roche-Biard pour accéder à la table d'orientation : **vues★** sur la côte, les îles Anglo-Normandes et l'arrière-pays.

À ce même croisement, prenez tout droit si vous voulez regagner votre voiture.

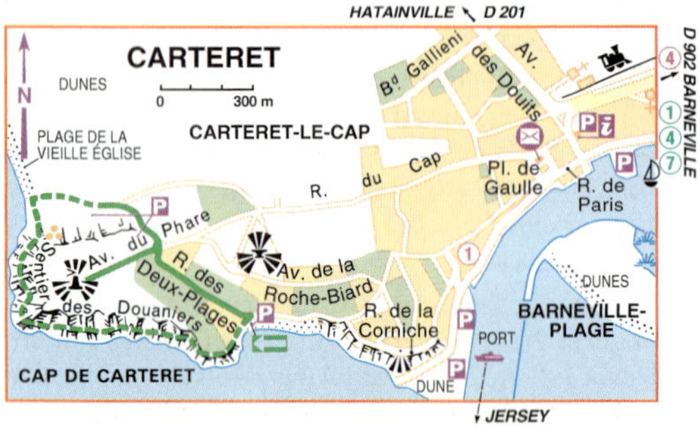

SE LOGER
Chambre d'hôte La Roque de Gouey ①
Chambre d'hôte La Tourelle ④
Hôtel des Îsles ⑦

SE RESTAURER
L'Hermitage ①
Le Berlingot ④

Catherine Brett / MICHELIN

Cap rocheux de Carteret face à la mer.

Circuit de découverte

Quittez Barneville-Carteret par la route de Coutances. À la Picauderie, tourner à droite dans la D 50 qui longe bientôt le havre de Portbail.

Portbail

Le port d'échouage aménagé pour la plaisance (200 anneaux), les deux plages de sable fin à 2 km et l'école de voile ont permis à la localité d'acquérir une place de choix parmi les stations balnéaires du Cotentin. Concours de pêche en mer, char à voile, golf ou encore randonnée à cheval complètent l'éventail des activités proposées.

Église Notre-Dame – *✆ 02 33 04 03 07 - possibilité de visite guidée juil.-août : ttes les heures mar.-sam. et dim. apr.-midi 10h30-12h30, 15h30-18h30 ; sept.-juin : prendre RV à l'office du tourisme - 2 € billet combiné avec la visite du baptistère (enf. gratuit).*
Désaffectée, l'église est un édifice des premiers temps de l'époque romane dominé par une tour du 15e s. Les colonnes et les chapiteaux décorés d'entrelacs et d'animaux constituent un des attraits principaux de l'intérieur. À gauche de l'autel, statue de saint Jacques en pierre polychrome du 16e s. L'église accueille aujourd'hui des expositions temporaires.
En sortant, regardez à droite le pont à treize arches qui relie le bourg au port et aux plages. Il sépare le havre sud, toujours en activité, du havre nord, transformé en polder.

Baptistère – *✆ 02 33 04 03 07 - visite uniquement de l'extérieur du baptistère, soit libre soit guidée (mêmes conditions que pour l'église) - 2 € billet combiné avec la visite de l'église (enf. gratuit).*
Des fouilles ont permis de mettre au jour les vestiges de cet ancien baptistère. De l'édifice de forme hexagonale ne subsistent que la partie basse des murs extérieurs, des fragments de dallage de schiste bleu, la piscine baptismale et les canalisations d'adduction et d'évacuation d'eau.

Prenez la direction de St-Sauveur-le-Vicomte en passant par St-Lô-d'Ourville. Au croisement de la D 15 et de la D 903, prenez à gauche sur environ 200 m.

Manoir du Parc

✆ 02 33 94 02 22 - ♿ - tte l'année sur réserv. - de mi-juin à mi-sept. et vac. scol. (des trois zones) : visite guidée 14h-18h - possibilité visite libre pour les extérieurs - 4,50 € l'intérieur, 3 € l'extérieur.
Malgré les outrages du temps, cette ancienne ferme médiévale fortifiée a conservé l'ensemble de ses bâtiments : charretterie, chapelle, logis, grange… Cette exploitation agricole propose différentes animations et possibilités de visite.

De retour sur la D 903, prenez la direction de La Haye-du-Puits et la 2e route à gauche vers Canville-la-Rocque.

Canville-la-Rocque

Église St-Malo – La chapelle nord de l'église recèle des fresques du 16e s., relativement bien conservées par endroits, illustrant l'histoire du « **pendu dépendu** ». Cette légende raconte que sur la route de Saint-Jacques-de-Compostelle, un jeune homme fut accusé à tort et pendu. À leur retour de pèlerinage, ses parents le retrouvèrent toujours pendu mais vivant ! Justice fut rendue et on le descendit du gibet pour y mettre le coupable. Voyez également les fonts baptismaux du 17e s., les vantaux du portail et les stalles.

Revenez sur la D 903 que vous prendrez à gauche.

Procès en sorcellerie

C'est à La Haye-du-Puits qu'eut lieu, en 1670, l'une des dernières grandes histoires de sorcellerie. L'affaire commença l'année précédente, à la suite de crises d'épilepsie d'un jeune un peu simplet. Dans un pays où les sorciers n'étaient pas rares, l'affaire prit rapidement d'incroyables proportions : de dénonciations en dénonciations, plus de 200 personnes furent arrêtées. Jugées à Carentan, 34 d'entre elles furent condamnées au bûcher. Elles firent appel mais le parlement de Rouen, connu pour sa sévérité, confirma le jugement. Le retentissement de l'affaire fut tel que Louis XIV, informé, suspendit juste à temps l'exécution et commua la peine en bannissement. L'arrêt officiel du Conseil d'État, daté du 25 avril 1672, marque la fin des exécutions en France pour sorcellerie.

La Haye-du-Puits

Encore dominée par son vénérable donjon du 11e s. *(ne se visite pas),* la ville a payé un lourd tribut pendant la libération de la Normandie en 1944. Elle est au cœur d'un pays longtemps marqué par la sorcellerie.

Traversez le bourg et continuez à gauche sur la D 903 vers Carentan. Peu avant Lithaire, tournez à droite (panneau « Lac du Mont-Castre ») et suivez le fléchage.

Mont Castre★

Appelé cote 122 pendant la bataille de Normandie, le mont Castre a coûté très cher à la 90e division d'infanterie US qui y a perdu plus de 2 000 hommes.
Loin de ces souvenirs, la route au-delà des maisons conduit aujourd'hui à l'Espace de découverte et de détente du mont Castre. Pour la détente, un vaste plan d'eau a été aménagé dans une ancienne carrière.
Plusieurs possibilités de circuit, dont un tour panoramique (1h), dévoilent une ancienne allée couverte gauloise (1500 av. J.-C.), les ruines d'une vigie romaine, ainsi que les vestiges de l'ancienne église (11e s.) de Lithaire.

De retour sur la D 903, gagnez Lithaire où vous prendrez à gauche plusieurs fois en direction de Neufmesnil (D 67).

La route passe devant l'abbaye de Blanchelande *(privé)* qui a inspiré des écrivains aussi illustres que Barbey d'Aurevilly et La Varende.

Rejoignez la D 900 et prenez-la, à droite, jusqu'à Doville où l'itinéraire vers le mont est fléché.

Un circuit de 11 km, balisage jaune, part du parking de l'église de Doville.

Mont de Doville

Ce mont qui culmine à 131 m mérite bien son nom si l'on en croit son origine scandinave qui signifie « escarpement chauve ». Baptisé également « mont Colquin » il est un des principaux sommets de la région avec le mont Castre et le mont Etenclin. De la table d'orientation, une belle vue panoramique découvre les alentours de La Haye-du-Puits et les marais de la Sangsurière (réserve naturelle). Un sentier de découverte *(2,5 km, 1h)* invite à découvrir un corps de garde et un ancien moulin. Un peu en contrebas, la chapelle St-Martin est l'ancienne église paroissiale.

Rejoignez la D 137, puis la D 127 au nord. Après Besneville, suivez le fléchage vers Fierville-les-Mines.

Fierville-les-Mines

Moulin à vent du Cotentin – *✆ 02 33 53 38 04 - www.moulin-du-cotentin.com - visite guidée (30mn) juil.-août : 10h-12h, 14h-19h ; mai-juin et sept. : tlj sf lun. non fériés 14h-19h (sept. 18h) ; mars-avr. et oct.-nov. : merc., w.-end et j. fériés 14h-18h ; vac. scol. des trois zones (sf Noël) : tlj sf lun. 14h-18h - fermé déc.-janv. - 3,50 € (enf. 6-12 ans 1 €).*
Moulin du 18e s. restauré en 1997 avec un mécanisme importé de Vendée, il est le seul en état de marche sur tout le Cotentin, et continue aujourd'hui encore à produire de la farine de blé, de sarrasin et d'épeautre. Moulue sur place, elle est d'une finesse aérienne ! La visite (30mn) permet de saisir toute la complexité des manœuvres et du métier de meunier.

Barneville-Carteret pratique

Adresses utiles

Office du tourisme de Barneville-Carteret – *10 r. des Écoles - 50270 Barneville-Carteret - ✆ 02 33 04 90 58 - www.barneville-carteret.net - tlj sf dim. 9h-12h30, 14h-18h.*

À Carteret – *Pl. Flandres-Dunkerque - juil.-août : 10h-12h30, 15h-19h.*

Office du tourisme de La Haye-du-Puit – *5 r. Émile-Poirier - 50250 La Haye-du-Puit - ✆ 02 33 46 01 42 - juil.-août : tlj sf dim. 9h-12h30, 14h-18h30 (17h le sam.) ; sept.-juin : mar.-vend. 9h-12h30, 14h-17h30, sam. 9h-12h - fermé les j. fériés.*

Se loger

⊖ **Chambre d'hôte La Tourelle** – *5 r. du Pic-Mallet, à Barneville-Bourg - ✆ 02 33 04 90 22 - ⊭ - 3 ch. 42/45 € ☕.* Une vraie maison de grands-mères avec son petit air désuet, ses meubles anciens, son vieux parquet et au petit matin la bonne odeur de confiture maison concoctée avec les fruits du jardin... On aime bien cette bâtisse du 16ᵉ s. face à l'église.

⊖ **Chambre d'hôte La Roque de Gouey** – *16 r. Gilles-Poërier - 50580 Portbail - 8 km au SE de Barneville par D 650 et D 50 - ✆ 02 33 04 80 27 - ⊭ - 4 ch. 45 € ☕.* Longtemps laissée à l'abandon, cette belle longère retrouve des couleurs grâce à une remarquable rénovation. On appréciera la décoration simple des 4 chambres lumineuses (dont une familiale), très bien agencées et disposant chacune d'un accès indépendant. Agréable espace verdoyant et fleuri sur l'arrière de la maison.

⊖⊖ **Hôtel des Îsles** – *- 9 bd Maritime - ✆ 02 33 04 90 76 - www.hoteldesisles.com - fermé fév. - 31 ch. 65/95 € - ☕ 10 € - restaurant 20/33 €.* Grosse villa au bord de la plage, face aux îles Anglo-Normandes. Les chambres, entièrement rénovées, sont desservies par un patio ; espaces communs traités dans un esprit nautique de bon goût. Salle à manger panoramique où l'on dresse un buffet appétissant à l'heure du petit-déjeuner. Accueil personnalisé et service prévenant.

Se restaurer

⊖ **Le Berlingot** – *Rte de Bricquebec (D 902) - 50270 Sortosville-en-Beaumont - 7 km au NE de Barneville-Carteret par D 902 - ✆ 02 33 53 87 16 - fermé de mi-nov. à fin mars, mar. et merc. hors sais. - réserv. conseillée le w.-end - 11/21 €.* Les gens du coin fréquentent assidûment cette sympathique crêperie-restaurant officiant au bord de la route de Bricquebec, à 5mn de Barneville. Décor intérieur rustique, bonne ambiance familiale, crêpes bien faites, et savoureuses pièces de viande normande grillées en salle à la braise de la cheminée. Proximité d'un site d'éoliennes.

⊖⊖ **L'Hermitage** – *4 prom. A.-Lebouteiller, à Carteret - ✆ 02 33 04 96 29 - fermé 3 sem. en nov.-déc., janv., mar. et merc. hors sais. - réserv. conseillée en été - 16/36 €.* Une aubaine pour les amateurs de fruits de mer et poissons grillés au feu de bois ! Ce restaurant convivial vous accueille dans sa plaisante salle à manger marine ou, en saison, sur sa terrasse face au petit port de pêche. Également quelques viandes à la carte.

Faire une pause

La Maison du Biscuit – *Pl. Costard - sur la D 902 - 50270 Sortosville-en-Beaumont - ✆ 02 33 04 09 04 - www.maisondubiscuit.fr - tlj sf lun. 9h-12h, 14h-18h30 - fermé janv.* Sur la route de Bricquebec, près d'un site d'éoliennes, grande bâtisse devant laquelle vous auriez tort de passer en coup de vent ! Vous y trouverez en effet une superbe sélection de produits normands et, surtout, une douzaine de sortes de douceurs « haut de gamme », pur beurre, fabriquées artisanalement sur place (brioche du dimanche et petits fours financiers incomparables). Salon de dégustation rétro bercé par les mélodies d'un piano automatique.

Que rapporter

Moulin à vent du Cotentin – *Pour les conditions de visite, reportez-vous à la page précédente.* Ce moulin traditionnel moût encore le blé à l'ancienne.

Michel-Olivier Bernard / MICHELIN

Moulin à vent de Fierville-les-Mines.

Sports & Loisirs

École du Vent en Côte des Isles – *La Caillourie - 50580 Portbail - ✆ 02 33 10 10 98 - ecoleduvent2@wanadoo.fr - saison : tlj sf dim. 9h30-12h30, 13h30-16h30 ; hors sais. : 10h-12h30, 13h30-16h30.* Relais de voile intégré au port de plaisance de Portbail, cette école met à la disposition des amateurs de sports nautiques une flottille de canoës-kayaks, de catamarans et de chars à voile. Location à l'heure ou à la demi-journée ; organisation de stages.

Bayeux★★

14 961 BAJOCASSES OU BAYEUSAINS
CARTE GÉNÉRALE B2 – CARTE MICHELIN LOCAL 303 H4 – CALVADOS (14)

Le charme nostalgique de la vieille capitale du Bessin est le reflet d'un patrimoine hors du commun et miraculeusement préservé. L'histoire de Bayeux est en effet marquée par deux conquêtes : celle en 1066 de l'Angleterre par les Normands, et celle en 1944 des Alliés sur les plages de Normandie qui fit de Bayeux la première ville de France libérée. La cathédrale continue à veiller sur les vieilles ruelles, les hôtels particuliers et la tapisserie dite « de la reine Mathilde », témoignage d'une valeur unique et sans doute la plus grande « BD » du monde, qui fait toujours l'enchantement des visiteurs.

Stéphane Sauvignier / MICHELIN

Maison ancienne à Bayeux.

Se repérer – À deux pas des plages du Débarquement, d'Omaha Beach et d'Arromanches, Bayeux se trouve presque à mi-chemin entre Caen (30 km au sud-est) et Carentan (47 km au nord-ouest) par la N 13. Lorsque les Bayeusains parlent des « entrées » de leur ville, ils désignent les accès côté Caen et Paris ; les « sorties », elles, sont vers St-Lô !

À ne pas manquer – La tapisserie « de la reine Mathilde », la cathédrale Notre-Dame, le musée-mémorial de la Bataille de Normandie pour Bayeux et, aux alentours, les jardins du château de Brécy et l'ancien prieuré de St-Gabriel.

Organiser son temps – L'épopée brodée de Guillaume le Conquérant vous retiendra une bonne heure.

Avec les enfants – Suivez la visite audioguidée conçue spécialement pour eux afin de leur rendre accessible la tapisserie de Bayeux.

Pour poursuivre la visite – Voir aussi Omaha Beach, Arromanches-les-Bains, les plages du Débarquement, Fontaine-Henry, Caen, le château de Balleroy et l'ancienne abbaye de Cerisy-la-Forêt.

Comprendre

Destinée ducale – Bayeux a suscité bien des convoitises : d'abord capitale gauloise des Bajocasses ou Baiocasses ou encore Badiocasses, puis grande ville romaine et importante cité épiscopale, elle fut successivement prise par les Bretons, les Saxons et les Normands. Le Viking Rollon, premier duc de Normandie, épousa Popa, fille du comte Béranger, gouverneur de la ville. En 905, leur fils, le futur Guillaume Longue-Épée, naît à Bayeux, qui devient ainsi le berceau de la dynastie ducale. Alors que Rouen est francisé, Bayeux reste une ville scandinave où l'on parle le « norrois ».

Le serment de Bayeux – Édouard le Confesseur règne sur l'Angleterre. Ayant vécu de longues années en Normandie, il semble bien qu'il ait choisi son cousin Guillaume de Normandie pour successeur. Il envoie **Harold**, grand favori de la noblesse saxonne, prévenir officiellement le duc de Normandie. Harold embarque mais échoue sur les côtes de Picardie, dans le domaine du comte Guy de Ponthieu qui le garde à sa merci. Guillaume fait délivrer le prisonnier et le reçoit solennellement à la cour de Normandie. On lui présente Edwige, une fille du duc qu'il doit épouser. Puis Guillaume, étalant volontiers sa puissance, emmène Harold guerroyer en Bretagne. Le Saxon doit reconnaître officiellement les droits du duc sur le trône d'Angleterre. À contrecœur, Harold jure sur les reliques que « la mort seule pourrait l'empêcher de tenir ses promesses ».

Un Normand sur le trône d'Angleterre – Pourtant, à la mort du roi Édouard, le 5 janvier 1066, Harold accepte la couronne d'Angleterre. La « grande épopée normande », qui vaudra à Guillaume son surnom, va commencer. Ce sera la conquête de l'Angleterre. La flotte normande quitte Dives-sur-Mer le 27 septembre 1066. Le 28, les Normands prennent pied dans le Sussex, à Pevensey, puis occupent Hastings. Harold se retranche sur une colline. Le 14 octobre, Guillaume donne l'assaut. Le soir, grâce à une ruse de guerre, la victoire lui est acquise, Harold reçoit une flèche dans l'œil et succombe au combat.

Se promener

Les rues du vieux Bayeux sont riches de demeures anciennes en pierre ou à pans de bois, magnifiquement restaurées. Une belle promenade à découvrir.

Environ 45mn. En partant de l'office de tourisme, remontez la rue St-Jean.

Rue Saint-Jean

Cette rue s'inscrit à l'intérieur d'un secteur piétonnier, joliment rénové. Au n° 53, hôtel du Croissant (15e-17e s.).

Revenez sur vos pas et tournez dans la rue des Teinturiers.

Quai de l'Aure

En venant de la rue des Teinturiers, on a une belle vue sur la rivière, le moulin à eau, qui rappelle l'ancien quartier des tanneurs, le pont à arches, l'ancienne halle aux poissons et les tours de la cathédrale.

Par la rue du Maréchal-Foch, rejoignez la rue St-Martin (à droite).

Rue Saint-Martin

Au début de la rue, sur la droite, hôtel du 17e s. *(n° 6)*, dit **« maison du Cadran »** en raison du cadran solaire tout en haut de la façade. À l'angle de la rue des Cuisiniers, très belle **maison à colombages★** qui porte encore fièrement ses trois étages en encorbellement. Peu après le croisement avec la rue Franche, sur la droite, remarquez le **grand hôtel d'Argouges** (15e s.) orné de belles sculptures en bois.

Tournez dans la rue Franche.

Rue Franche

Suite d'hôtels particuliers. Au n° 5, **hôtel de Rubercy**, manoir à tourelles des 15e-16e s. Au n° 7, au fond de la cour, hôtel de la Crespellière, de la première moitié du 18e s.

Tournez à droite dans la rue de la Juridiction et rejoignez la rue des Ursulines.

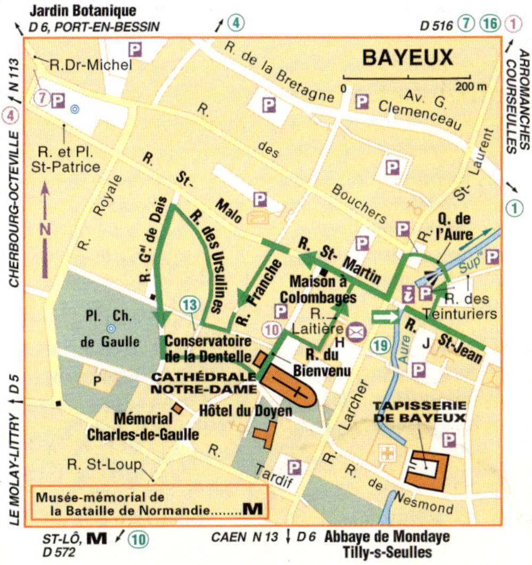

SE LOGER

Chambre d'hôte La Ferme des Châtaigniers.......1
Chambre d'hôte Le Grand Fumichon.......4
Chambre d'hôte Le Manoir de Crépon.......7
Chambre d'hôte Le Moulin de Hard.......10
Chambre d'hôte Le Petit Matin.......13
Hôtel Ferme de la Rançonnière.......16
Hôtel Reine Mathilde.......19

SE RESTAURER

Hostellerie Saint-Martin.......1
L'Amaryllis.......4
Le Bristot de Paris.......7
Le Pommier.......10

Rue des Ursulines

Un charmant hôtel Louis XV ouvre cette rue jalonnée de belles maisons souvent retranchées derrière de hauts murs de clôture. Au n° 11, l'**hôtel de Marguerie** (17e s.) se cache derrière un imposant portail de pierre. Au bout de la rue, à l'intersection à droite, remarquez le bel hôtel aux encadrements de fenêtres délicatement architecturés.

Rue Général-de-Dais

Au n° 10, hôtel de Castilly (18e s.), ensemble de style Louis XV ; au n° 14, hôtel de la Tour du Pin (18e s.), façade majestueuse de style Louis XVI.

Place Charles-de-Gaulle

Sur cette immense esplanade, une colonne commémore le discours du 14 juin 1944 du général de Gaulle : *« Dans notre Normandie, glorieuse et mutilée, Bayeux et ses environs furent témoins d'un des plus grands affrontements de l'Histoire... »*. Il y reçut de nouveau un accueil triomphal le 8 juillet 1960.

De la place Charles-de-Gaulle (jardin public), redescendez jusqu'à la cathédrale par la rue de la Maîtrise.

Cathédrale Notre-Dame★★ *(voir « Visiter »)*

Rue du Bienvenu

Au n° 6, cette maison de bois avec sujets religieux ou légendaires sculptés est appelée « maison d'Adam et Ève ». Elle abrite le **Conservatoire de la dentelle de Bayeux** *(voir « Visiter »).*

Prenez la rue de la Chaîne qui se prolonge par la rue Laitière et rejoignez la rue St-Martin, puis la rue St-Jean.

Découvrir

La tapisserie de Bayeux★★★

☎ 02 31 51 25 50 - ♿ - mai-août : 9h-19h ; de mi-mars à fin avr. et sept.-oct. : 9h-18h30 ; de déb. nov. à mi-mars : 9h30-12h30, 14h-18h (dernière entrée 45mn av. fermeture) - fermé 2e sem. de janv., 1er janv. et 25 déc. - 7,50 € (enf. 3 €) - visite de la salle de la tapisserie avec audioguide (inclus dans le ticket d'entrée).

La tapisserie de Bayeux (c'est en fait une broderie), dite à tort « de la reine Mathilde », est exposée au **Centre Guillaume-le-Conquérant** qui occupe un majestueux bâtiment du 18e s., ayant abrité le grand séminaire jusqu'en 1970. Ce joyau de l'art roman bénéficie d'une présentation tout à fait exceptionnelle.

La visite se fait en **cinq parties**. Le visiteur pénètre d'abord dans la salle Guillaume où des écrans en forme de voiles de drakkars proposent un document audiovisuel sur l'épopée des Vikings. Puis une longue bande dessinée explique les invasions vikings, le pourquoi, le comment et le contenu de la tapisserie. Dans la même salle, la visite se prolonge par la présentation de l'organisation politique et sociale de l'Angleterre après 1066, sous le règne de Guillaume. Dans la salle Odon, un diaporama explique la conquête de l'Angleterre.

La tapisserie est exposée sous vitrine dans un long corridor, la **salle Harold**, spécialement aménagé pour elle. Il est probable qu'elle ait été commandée en Angleterre par **Odon de Conteville**, comte de Kent, évêque de Bayeux et demi-frère de Guillaume, à

L'essentiel sur la tapisserie

La rivalité de Harold et de Guillaume, de la conquête à la victoire finale, est contée en 58 scènes aux détails piquants. Dans la 1re partie, un arbre stylisé marque le début et la fin de chaque séquence ; dans la 2e partie, les scènes se succèdent de manière continue. La bande est « surtitrée » de longues inscriptions latines orthographiées à la saxonne. Les bordures supérieure et inférieure sont brodées d'animaux fantastiques ou de motifs se rapportant aux scènes principales. Parmi les tableaux les plus typiques, on remarque l'embarquement et la traversée de Harold (4 à 6), l'audience de Guillaume (14), la traversée du Couesnon et le Mont-St-Michel (17), le serment de Harold (23), la mort et l'enterrement d'Édouard le Confesseur (26 à 28), l'apparition de la comète de Halley, présage de malheur pour Harold (32), la construction de la flotte (36), la traversée de la Manche et la marche vers Hastings (38 à 40), la cuisine et le repas (41 à 43), la bataille et la mort de Harold (51 à 58).

Pour vous aider à mieux lire la tapisserie : les Anglais se reconnaissent à leurs moustaches et à leurs cheveux longs, les Normands, à leur nuque rasée, les clercs, à leur tonsure, les trois femmes, à leurs vêtements amples et au voile qui leur couvre la tête.

Tapisserie de Bayeux 11e s., avec autorisation spéciale de la ville

Détail de la tapisserie de Bayeux (tapisserie dite « de la reine Mathilde »).

un atelier de brodeurs saxons pour orner la cathédrale. L'œuvre figure officiellement dans un inventaire du Trésor daté de 1476. C'est au 18e s. qu'elle a été faussement attribuée à la reine Mathilde. La broderie est exécutée en laines de couleur sur une bande de toile en lin mesurant 70 m de long et 0,50 m de haut. Cet ouvrage constitue le document le plus précis et le plus vivant que nous ait légué le Moyen Âge sur les costumes, les navires, les armes et, en général, les mœurs de l'époque.
Un audioguide destiné aux enfants leur fait découvrir la broderie en pointant de nombreux détails - *durée 20mn.*

Visiter

Cathédrale Notre-Dame★★

Bel édificegothique normand.
Le chevet se développe harmonieusement. Des arcs-boutants étayent le chœur flanqué de deux clochetons. La tour centrale date du 15e s. mais son couronnement, « le bonnet », a été refait au 19e s. Le portail représente, au tympan, l'histoire de saint Thomas Becket, archevêque de Canterbury, assassiné dans sa cathédrale sur l'ordre de Henri II Plantagenêt.

> **Le saviez-vous ?**
>
> Une tapisserie réalisée après la Seconde Guerre mondiale à Porsmouth raconte le Débarquement de 1944 sur le modèle de celle de Bayeux.

La façade est pourvue de deux tours romanes. Les fenêtres hautes et les voûtes sont du 13e s. mais les grandes arcades appartiennent au plus beau style du 12e s. Leur décoration est un exemple typique de la sculpture romane normande. Dans le croisillon droit, remarquer, en bas et à droite, deux peintures intéressantes : *Vie de saint Nicolas* et *Crucifixion* (15e s.). Le tympan du portail de gauche représente la Passion *(suivre les scènes du registre inférieur au registre supérieur)* ; celui de droite, le Jugement dernier *(suivre du registre supérieur au registre inférieur).*
Le chœur, à trois étages, avec son déambulatoire et sa couronne de chapelles rayonnantes, est un magnifique exemple d'architecture gothique normande. Les stalles sont l'œuvre d'un artiste caennais de la fin du 16e s. Le maître-autel, dont les six candélabres en bronze ciselé, le tabernacle et la croix ont été exécutés par Caffieri aîné, est une œuvre majestueuse du 18e s. Aux voûtes du chœur, remarquer les peintures représentant les premiers évêques de Bayeux. Les 3e et 4e chapelles, à droite, abritent des fresques du 15e s.

Crypte – La crypte (11e s.) s'étend sous le chœur. Elle est divisée en trois petits vaisseaux, chacun comprenant six travées. Au-dessus des chapiteaux, d'une remarquable finesse, admirez les fresques du 15e s. représentant des anges musiciens. À gauche, dans un enfeu, statue gisante de chanoine (15e s.).

Salle capitulaire – Belle construction gothique de la fin du 12e s. dont les voûtes, refaites au 14e s., reposent sur des consoles décorées de personnages grotesques ou de monstres. Quelques tableaux et un crucifix qui aurait appartenu à la princesse de Lamballe y sont exposés. Remarquez le pavage de la salle fait de brique émaillée

(15e s.) et formant un labyrinthe au centre. Au fond de la salle, le carrelage de la contre-marche laisse voir des scènes de chasse. Sur le bureau a été signé le procès de béatification de sœur Thérèse de l'Enfant-Jésus.

Hôtel du Doyen

Un porche monumental du 17e s. signale l'entrée de cet hôtel du 18e s., qui accueille aujourd'hui les collections du musée Baron-Gérard, fermé pour travaux. Dentelles, porcelaines *(voir encadré)* et peintures y sont présentées par le biais d'expositions temporaires. Des primitifs italiens voisinent avec les toiles du baron Gérard, élève de David, peintre de l'impératrice Joséphine et de Louis XVIII, et des œuvres du 19e s. de Caillebotte et Boudin.
L'hôtel s'attache également à valoriser le patrimoine du vieux Bayeux en proposant des visites thématiques, des ateliers pour les enfants, etc. ✆ 02 31 92 14 21 - *juil.-août : 10h-12h30, 14h-19h ; sept.-juin : 10h-12h30, 14h-18h - 3 € (-10 ans gratuit ainsi que sur présentation du ticket du musée de la Tapisserie).*

> **Porcelaine de Bayeux**
>
> Fondée en 1812 par J. Langlois, l'entreprise lance le célèbre décor aux trois couleurs (rouge, or et bleu) qui contribua à la prospérité de la ville. La manufacture fabrique, outre des objets courants, des articles de luxe propres à flatter le goût de la riche bourgeoisie de l'époque. Abondamment décorées de fleurs, d'oiseaux exotiques, de scènes polychromes s'organisant en compositions exubérantes (auxquelles s'ajoutent parfois des motifs en relief), ces créations restent bien chargées. La famille Morlent dirige l'affaire de 1878 à 1951 (date de la fermeture définitive). C'est à eux que l'on doit le décor « à la marguerite » en bleu (grand feu) sur un fond blanc.

Conservatoire de la dentelle de Bayeux

6 r. du Bienvenu - ✆ 02 31 92 73 80 - tlj sf dim. et j. fériés 10h-12h30, 14h-18h.
Cette dentelle au fuseau se caractérise par des motifs floraux. Le conservatoire, où les dentellières font revivre le point de Bayeux, est un atelier-boutique qui expose plusieurs belles réalisations.

Musée-mémorial de la Bataille de Normandie★

Accès par la r. St-Loup, puis à droite sur le bd du 6-Juin - ✆ 02 31 51 46 90 - ♿ - de déb. mai à mi-sept. : 9h30-18h30 ; de mi-sept. à fin avr. : 10h-12h30, 14h-18h (dernière entrée 1h av. fermeture) - fermé 25 et 26 déc., 1er janv., 2 janv. mat. et 2e quinz. de janv. - 6,50 € (enf. 3 €). Situé à la limite des secteurs américain et britannique, le musée-mémorial donne les éléments clés pour découvrir et comprendre les terribles affrontements de l'été 1944. Une scénographie claire et très explicite retrace la bataille de Normandie du 7 juin au 29 août 1944, en alternant chronologie et espaces thématiques (la Résistance, les correspondants de guerre, les villes détruites, le génie civil...). Matériel et uniformes illustrent chaque phase. Un film *(25mn)*, projeté à intervalles réguliers, résume bien le contenu de la visite dans la dernière salle.

Mémorial Charles-de-Gaulle

✆ 02 31 92 45 55 - visite env. 1h - juin-août : 9h30-12h30, 14h-18h30 (dernière entrée 30mn av. fermeture) ; sept.-nov. et mars-mai : 10h-12h30, 14h-18h - fermé de déc. à fév. - 3,50 € (enf. 2 €). Dans l'hôtel du Gouverneur des 15e et 17e s., premier siège de l'autorité républicaine de la France libérée en 1944, la ville de Bayeux et le comité du Débarquement se sont attachés à rappeler les cinq rencontres du général de Gaulle avec Bayeux. Film d'époque, photographies, textes écrits et parlés, documents, souvenirs, etc.

Jardin botanique

Par la r. du Dr.-Michel, puis la D 6. 1er avr.-30 sept. : 9h-20h ; 1er oct.-31 mars : 9h-17h.
Dans cet agréable site vallonné, remarquez un hêtre pleureur aux dimensions surprenantes : ses 40 m de diamètre lui ont valu d'être classé « Monument naturel ». Bassin entouré de fleurs, plusieurs serres.

Aux alentours

Abbaye de Mondaye

11 km au sud. Quittez Bayeux en direction de St-Lô, D 6. À 8 km, prenez à droite la D 33, puis suivez la signalisation. ✆ 02 31 92 58 11 - www.mondaye.com - ♿ - juin-août. : visite guidée (45mn) 15h et 16h30 ; sept.-mai : dim. et j. fériés 15h et 16h - 4 € (-12 ans gratuit). L'abbaye St-Martin, fondée en 1215, a été reconstruite aux 18e et 19e s. L'église abbatiale et paroissiale constitue un ensemble classique (début 18e s.) très homogène. Un chanoine de l'ordre des Prémontrés, **Eustache Restout**, en a été tout à la fois l'architecte et le décorateur. On appréciera les belles proportions de la façade et, à

l'intérieur, le maître-autel, les boiseries du chœur sur lesquelles se détache une belle Crucifixion, le grand groupe de terre cuite *(Assomption)* de la chapelle de la Vierge et, enfin, les grandes orgues de Parizot, restaurées.
Les bâtiments abbatiaux du 18e s. qui abritent, autour du cloître, un réfectoire, une sacristie (boiseries du 18e s.) et une bibliothèque, se visitent également.

Tilly-sur-Seulles

12 km au sud-est. Complètement détruite en juin 1944, la ville a été le théâtre de combats acharnés entre les troupes britanniques et la Panzer Lehr en juin 1944. Pour en mesurer l'ampleur, une petite visite s'impose au cimetière (986 Britanniques, 232 Allemands) ou au **musée de la Bataille de Tilly** installé dans une ancienne chapelle.
☎ 02 31 80 92 10 - ♿ - mai-sept. : w.-end et j. fériés 14h-18h - 3 € (enf. 1,50 €).

Circuits de découverte

VERS LE SUD-OUEST 1

Circuit de 50 km – environ 3h30. Quittez Bayeux en direction de St-Lô, D 572.

Saint-Loup-Hors

L'église (12e-13e s.) a conservé sa tour romane ; nombreuses tombes anciennes.

Noron-la-Poterie

Centre réputé de poterie de grès au sel, comptant actuellement plusieurs ateliers et de nombreux halls d'exposition. Visite possible de certains ateliers.

Au hameau de la Tuilerie, prenez à gauche la D 73 qui, par Castillon, mène à Balleroy.

L'arrivée offre une belle perspective dans l'axe du château.

Château de Balleroy★ *(voir ce nom)*

En sortant du château, prenez, à gauche, la D 13. Au carrefour de l'Embranchement poursuivez par la D 13E à travers la forêt de Cerisy, puis par la D 8.

Cerisy-la-Forêt★ *(voir ce nom)*

Quittez Cerisy par la D 34, au nord, en direction du Molay-Littry. Le moulin se trouve à proximité du croisement entre la D 160 et la D 189.

Moulin de Marcy

☎ 02 31 21 42 13 - avr.-sept. : tlj sf lun. non fériés 10h-12h, 14h-18h - 4,70 € (enf. 3 €) - billet jumelé avec le moulin de Marcy 7,70 € (enf. 3,90 €). C'est dans un site verdoyant, arrosé par la Siette (en deux mots !), que l'on peut voir ce moulin à eau dont le dernier meunier a vécu jusqu'en 1975 ; remarquablement conservé, il offre une occasion de découvrir un ensemble complet en état de fonctionnement.

Continuez sur la D 160.

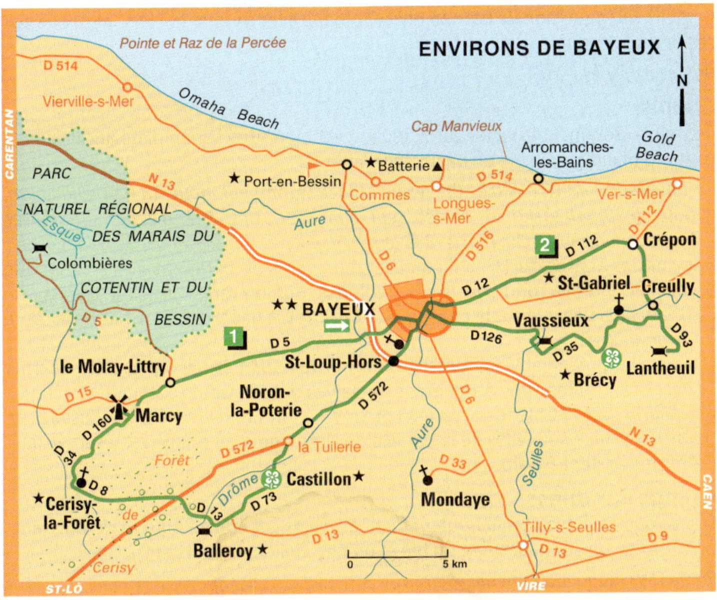

Le Molay-Littry

Situé en bordure de la forêt de Cerisy, ce tranquille petit village du Calvados a accueilli, jusqu'en 1950, la seule mine de charbon de Normandie.

Musée de la Mine★ – *R. de la Fosse-Frandemiche - ✆ 02 31 22 89 10 - www.ville-molay-littry.fr - ♿ - avr.-sept. : tlj sf lun. non fériés 10h-12h, 14h-18h - 5,40 € (enf. 3 €) - billet jumelé avec le moulin de Marcy 7,70 € (enf. 3,90 €).* Une haute cheminée et d'importants vestiges archéologiques signalent l'ancienne fosse de Frandemiche équipée de panneaux explicatifs. Elle est le lien concret avec la présentation du musée.
Une vidéo retrace l'histoire de cette mine créée au 18e s. par le marquis de Balleroy *(voir encadré ci-dessous)*.

La mine de Littry

Le marquis de Balleroy, propriétaire d'une puissante forge, cherchait un nouveau combustible pour remplacer le bois devenu rare et coûteux. Un matin de novembre 1741, un de ses ouvriers découvrit par hasard une pierre dure et noire ; il venait de mettre le pied sur un affleurement de houille. Le marquis mit aussitôt à profit cette découverte et, en 1743, la mine de Littry vit le jour. Elle se développa et connut des années de prospérité jusqu'à la fin du 19e s. où la concurrence du charbon anglais et l'inondation des fosses entraînèrent sa perte. La Seconde Guerre mondiale vit sa réouverture, et son exploitation se poursuivit jusqu'en 1950, date à laquelle elle ferma définitivement. Le dernier massif prospecté (3 millions de tonnes) reste inexploité.

Après un aperçu géologique du Calvados, on peut admirer une impressionnante pompe à feu des frères Périer (1800) dont le fonctionnement est expliqué par une maquette animée. L'histoire de la mine et des mineurs est illustrée par de nombreux portraits, avant le couloir où l'on retrouve le matériel des mineurs, depuis les barrettes (chapeau/casque) en cuir bouilli jusqu'aux jetons ou pics. À l'invitation du jeune Pierre, la découverte d'une galerie explique l'évolution des techniques jusqu'aux années 1980. La salle moderne contient l'extraordinaire **maquette★** au 1/10 du puits n° 5 de Bruay-en-Artois. Cette maquette, en état de fonctionnement, a été exécutée en 1890 par les élèves de l'école des mines de Douai.

Rentrez à Bayeux par la D 5.

VERS L'EST 2

Circuit de 34 km – 2h. Quittez Bayeux en direction de Courseulles-sur-Mer, D 12, puis prenez la route de Ver-sur-Mer.

Crépon

Ce petit village se signale par son église romane avec sa tour du 15e s., ainsi que par ses fermes cossues.

Prenez à droite la D 65.

Creully

Ce bourg, dominant la vallée de la Seulles, est bien situé sur un plateau calcaire au centre d'une région riche en beaux monuments.

Le château – *✆ 02 31 80 67 08 - visite guidée (45mn) juil.-août : tlj sf w.-end et lun. 10h30-12h30, 14h30-17h30 ; de déb. sept. à mi-sept. : tlj sf w.-end et lun. sur RV avec l'office de tourisme 14h30-17h30 - 3 € (enf. 1,50 €).*
Bâti sur des assises du 11e s., il comprend un corps de bâtiment du 12e s. flanqué d'une jolie tourelle ronde du 16e s., accolée au donjon carré. Depuis la terrasse du château, on a une vue sur le **château de Creullet**, à gauche dans le bas de la route d'Arromanches.
Dans le parc, le général Montgomery installa, en juin 1944, sa célèbre roulotte-quartier général, camouflée sous des meules de paille ; dans le Grand Salon du château, il reçut le 12 juin 1944 le roi George VI et Sir Winston Churchill. La BBC utilisa le site pour diffuser les nouvelles de la bataille de Normandie. Une salle est réservée à un petit **musée de la Radio**.

Grange aux dîmes

Sur la route de Bayeux, à la hauteur du n° 82. Dans cet édifice pourvu de puissants contreforts, on emmagasinait du blé et on percevait les impôts et l'octroi.

Par la D 93, gagnez Lantheuil.

Château de Lantheuil

☎ 02 31 80 14 00 - visites pour groupes uniquement sur demande - 7 €.
Remontant au temps de Louis XIII, cet imposant château édifié pour un Turgot est resté dans la même famille jusqu'à nos jours. Les appartements ont conservé, intact, leur décor ancien : boiseries, meubles, sculptures et tableaux, parmi lesquels une remarquable collection de portraits d'ancêtres. Souvenirs et objets d'art concernant les Turgot et le maréchal Mouton.

Revenez à Creully et prenez à gauche la D 35. À l'entrée de St-Gabriel, prenez à droite vers le prieuré.

Ancien prieuré de Saint-Gabriel★

☎ 02 31 80 10 20 - www.prieuresaintgabriel.com - visite libre des jardins - gratuit - droit d'entrée pour l'intérieur lors des expositions.
L'ancien prieuré de Saint-Gabriel, fondé au 11e s. et qui dépendait autrefois de l'abbaye de Fécamp, forme un bel ensemble monumental. Il est occupé aujourd'hui par un centre d'enseignement horticole.

Corps de logis – On y pénètre par un porche ogival surmonté des armoiries de l'abbaye de Fécamp portant la mitre et la crosse. Un escalier en spirale conduit à la **salle du Prieur**. Cette salle aux poutres imposantes fut construite en 1615 ; la cheminée en pierre est de style Louis XIII.

Église – Il n'en subsiste que le chevet et le chœur (11e et 12e s.), magnifique par son ordonnance et sa décoration. Le chœur a été modifié au 14e s. par le percement d'une grande fenêtre. L'autel est le couvercle d'un sarcophage mérovingien provenant du cimetière de Pierrepont à Lantheuil. Sur la voûte de l'abside, on remarque les restes d'une fresque du 16e s. ; les bas-côtés se terminent par une niche voûtée en cul-de-four.

Jardin – Au-delà de l'église, le jardin planté d'arbres fruitiers, décoré de massifs de fleurs et pourvu d'un bassin, ainsi que le jardin des plantes médicinales, méritent une visite.

Tour de Justice – Le prieuré était le siège d'une justice priorale. Cette tour carrée (15e s.), cantonnée de contreforts aux angles, est divisée en trois étages. La salle basse devait servir de prison, l'étage supérieur, de salle de guet.

Reprenez la D 35 en direction de Bayeux, puis suivez la signalisation à gauche.

Amaury de Valroger / MICHELIN

Ancien prieuré St-Gabriel.

Jardins du château de Brécy★

☎ 02 31 80 11 48 - juin : mar., jeu., w.-end et j. fériés 14h30-18h30 ; de Pâques à fin mai et juil.-oct. : mar., jeu., dim. et j. fériés 14h30-18h30 - 6 € (-12 ans gratuit). C'est à un magistrat de Caen, M. Lebas, que l'on doit cette agréable gentilhommière du 17e s. Curieusement, ce n'est pas le château mais le **portail★** monumental (17e s.) et les **jardins★** qui surprennent par la richesse de leur ornementation.

Il faut traverser le château pour découvrir ces jardins en terrasses qui s'élèvent sur la colline, offrant une belle perspective qui « ouvre sur le ciel » (La Varende). Les broderies de buis et les fleurs sculptées, les chiens bicéphales, les fontaines, les balustres ou la haute grille finement ouvragée, tout s'organise ici dans une séduisante harmonie.

À droite, en redescendant des jardins, anciens bâtiments d'un four à pain. À gauche près du château, église du 13e s.

Poursuivre par la D 158C et, peu avant l'église, prendre à droite la route étroite qui rejoint, 2 km plus loin, la D 35 que l'on prend à gauche ; 2 km après, tourner à droite en direction d'Esquay-sur-Seulles.

Château de Vaussieux

Ne se visite pas. Cette belle demeure du 18e s. ne manque pas d'élégance : bâtiment central avec deux petites ailes en retour d'équerre, parc, communs à colombages et en pierre. En 1778, année de l'alliance entre la France et les États-Unis, le château fut le quartier général du maréchal de Broglie, commandant des grandes manœuvres destinées à intimider l'Angleterre. Rochambeau y participa.

Gagner Esquay-sur-Seulles et rentrer à Bayeux par la D 126.

Bayeux pratique

Adresse utile

Office du tourisme de Bayeux – *Pont St-Jean - 14400 Bayeux - ✆ 02 31 51 28 28 - www.bayeux-tourism.com - juil.-août : lun.-sam. 9h-19h, dim. 9h-13h, 14h-18h ; avr.-juin et sept.-oct. : 9h30-12h30, 14h-18h ; nov.-mars : tlj sf dim. 9h30-12h30, 14h-17h30 - fermé 1er janv et 25 déc.*

Visites

Le vieux Bayeux – 21 bornes explicatives invitent à découvrir librement les rues du centre historique et les bords de l'Avre. *Plan disponible à l'office de tourisme - ✆ 02 31 51 28 28 - www.bayeux-bessin-tourism. com*

Circuit historique – Le circuit balisé « **D Day - Le choc** », faisant partie du parcours de l'Espace historique de la bataille de Normandie, commence à Bayeux tandis que le circuit « Overlord-L'assaut » s'y termine.

Route des moulins – *35 km - env. 1h.* Au nord de Caen, cette boucle relie les vallées de la Seulle, de la Mue et de la Thue, autrefois parsemées de moulins. Certains sont encore debout, mais pas toujours visibles de la route. Le circuit traverse également de ravissants villages. *Brochure disponible dans les offices de tourisme de Bayeux et de Caen - très bien fléché, le circuit est accessible depuis Bayeux par la D 12, depuis Caen par la D 22, depuis Arromanches par la D 65 et depuis Courseulles-sur-Mer par la D 170.*

Se loger

Chambre d'hôte La Ferme des Châtaigniers – *14400 Vienne-en-Bessin - 7,5 km à l'E de Bayeux par D 126 - ✆ 02 31 92 54 70 - ⊭ - 3 ch. 35/40 € ☕.* Indépendante, l'ancienne étable de cette ferme abrite aujourd'hui des chambres agréables au confort simple. Une cuisine entièrement équipée est mise à la disposition de leurs hôtes. Calme assuré dans cette maison des champs.

Chambre d'hôte Le Grand Fumichon – *14400 Vaux-sur-Aure - 3 km au N de Bayeux par D 104 - ✆ 02 31 21 78 51 - duyckja@wanadoo.fr - 4 ch. 40/44 € ☕.* Ancienne propriété de l'abbaye de Longues-sur-Mer, cette ferme fortifiée du 17e s. avec sa cour carrée et son porche typique est aujourd'hui une exploitation laitière et une cidrerie. Ses chambres, aménagées dans un grenier, sont simples mais agréables.

Hôtel Reine Mathilde – *23 r. Larcher - ✆ 02 31 92 08 13 - www.hotel-reinemathilde.com - fermé 15 nov.-15 fév. - 16 ch. 50 € - ☕ 8 €.* Ce petit hôtel familial, situé à deux pas de la cathédrale et de la célèbre tapisserie, compose une adresse pratique pour découvrir la vieille ville à pied. Chambres assez simples et sobrement décorées ; certaines sont mansardées. Bar, salon de thé et glacier.

Chambre d'hôte Le Petit Matin – *2 bis r. Quincangrogne - ✆ 02 31 10 09 27 - ⊭ - 3 ch. 60/75 € ☕ - repas 20 €.* Dans une ruelle à deux pas de la cathédrale, cette maison de ville ouvre sur une petite cour intérieure très fleurie. Parmi les 3 chambres, à l'étage, on remarquera la « bleuet » et son cabinet de toilette aménagé de façon insolite dans une cabine de plage. Table d'hôte normande avec « teurgoule » en dessert.

Chambre d'hôte Le Manoir de Crépon – *Rte d'Arromanches - 14480 Crépon - ✆ 02 31 22 21 27 - www.manoirdecrepon.com - fermé 10 janv.-10 fév. - 5 ch. 75 € ☕.* Cette demeure des 17e et 18e s. est très caractéristique du pays avec son crépi au sang de bœuf. Vous aimerez ses sols et ses cheminées de pierre, ses vastes chambres meublées avec goût et l'atmosphère authentique de la salle du petit-déjeuner, installée dans l'ancienne cuisine.

Hôtel-Ferme de la Rançonnière – *Rte d'Arromanches-les-Bains - 14480 Crépon - ☏ 02 31 22 21 73 - www.ranconniere.com - P - 36 ch. 98/118 € - ☕ 11 € - restaurant 27/45 €.* Derrière les murs épais de cette demeure fortifiée des 13e et 15e s., retrouvez l'histoire des seigneurs bajocasses. Chambres avec pierres et poutres apparentes, meubles anciens, tapis et dallages aux teintes chaudes et cheminées médiévales. La Ferme de Mathan, du 18e s., restaurée, abrite aussi quelques chambres spacieuses.

Chambre d'hôte Le Moulin de Hard – *Lieu-dit « Le Moulin de Hard » - 14400 Subles - 6 km au SO de Bayeux par D 572 et D 99 à gauche après Subles - ☏ 02 31 21 37 17 ou 06 13 30 53 28 - 3 ch. 85/100 €* ☕. Beau moulin à eau du 18e s. s'agrémentant d'un jardin paysager où serpente une charmante petite rivière appelée la Drôme. Grandes chambres décorées avec goût et bénéficiant du confort moderne, lumineuse cuisine-salle des petits-déjeuners panoramique et salon cosy avec cheminée.

Se restaurer

L'Amaryllis – *32 r. St-Patrice - ☏ 02 31 22 47 94 - fermé 15 déc.-31 janv., dim. soir et lun. - 16/26 €.* La devanture discrète de l'Amaryllis dissimule une salle à manger aux allures de jardin d'hiver avec un mobilier de style bistrot. Le chef propose une cuisine traditionnelle influencée par le terroir : l'andouille de Vire s'y prépare en millefeuille, le poisson, à la vapeur et les desserts réservent une place de choix à la pomme et au calvados. Le restaurant, un peu excentré, n'est situé qu'à quelques centaines de mètres des jolies ruelles du vieux Bayeux et du musée où est conservée la célèbre tapisserie.

Le Pommier – *40 r. des Cuisiniers - ☏ 02 31 21 52 10 - www.restaurantlepommier.com - fermé 7-28 fév., 21 nov.-2 déc., mar. soir et merc. sf juil.-août - 16/31 €.* Reconnaissable à sa façade vert pomme, ce restaurant est au pied de la cathédrale. On y défend les produits du terroir normand annoncés sur ardoise et sa renommée n'est plus à faire. Salle à manger voûtée, aux murs de pierre apparente.

Le Bistrot de Paris – *Pl. St-Patrick - ☏ 02 31 92 00 82 - 17/26 €.* Les plats du jour de ce restaurant au décor de bistrot sont inscrits sur une ardoise, tout comme la carte du marché que le chef compose en fonction des arrivages et des saisons. Huîtres, foie gras, lapin aux pruneaux, poissons et fromages du cru s'y dégustent dans une joyeuse ambiance et pour une addition peu salée.

Hostellerie Saint-Martin – *Pl. Edmond-Paillaud - 14480 Creully - ☏ 02 31 80 10 11 - www.hostelleriesaintmartin.com - 20/40 € - 12 ch. 51 € - ☕ 6 €.* Ces grandes salles voûtées du 16e s. abritaient naguère les halles du village. Pierres apparentes, cheminée, sculptures et vue sur la cave à vins agrémentent ce cadre insolite où l'on sert une cuisine traditionnelle. Chambres.

Que rapporter

Marchés – *Rue piétonne St-Jean : merc. 8h30-13h30 et place St-Patrice : sam. 8h30-13h30.* La rue piétonne St-Jean réunit 25 commerçants dont trois maraîchers, un charcutier, un volailler, un spécialiste des coquillages, un poissonnier, un fromager et un producteur de miel. Le marché du samedi matin regroupe, lui, quelque 120 marchands sur la place St-Patrice : presque la moitié ont une vocation alimentaire.

Cidrerie Viard – *Guéron - à Bayeux prendre la D 572 dir. St-Lô, puis D 67 suivre le fléchage Cidrerie de Guéron - ☏ 02 31 92 09 15 - www.cidreviard.com - boutique : tlj sf w.-end 9h-12h, 14h-18h ; visites guidées : 1er avr.-10 sept. à 16h - fermé j. fériés.* Cidrerie familiale fondée en 1932. On y élabore des cidres (doux ou brut), du poiré, du pommeau et du calvados. Le cidre Bayeux est le produit phare de la maison.

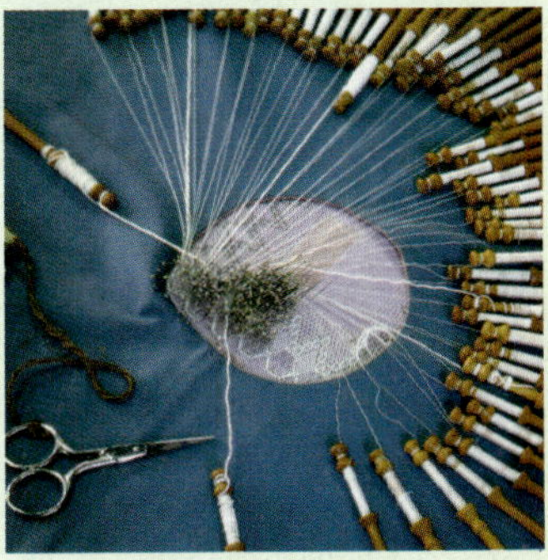

Stéphane Sauvignier / MICHELIN

Dentelle de Bayeux au fuseau.

Bayeux Broderie – *20 r. des Cuisiniers - ☏ 02 31 51 05 81 - www.bayeux-broderie.com - tlj sf dim. 10h30-18h30.* Proche de la cathédrale et du Conservatoire de la dentelle, ce petit atelier fabrique et vend des kits à broder. Visite, démonstration, petits stages (2h, une journée).

Naphtaline – *14-16 parvis de la Cathédrale - ☏ 02 31 21 50 03 - www.naphtaline-bayeux.com - avr.-oct. : tlj sf dim. 10h-19h ; nov. : tlj sf dim.14h-18h30 ; mars et déc. : tlj sf dim. 11h-12h30, 14h-18h30 - fermé janv.-fév. et j. fériés hors sais.* Cette belle bâtisse du 18e s. abrite deux boutiques pour amateurs de dentelles anciennes ou actuelles, de porcelaines de Bayeux, de reproductions de tapisseries traditionnelles fabriquées sur métiers Jacquard (tentures, tapis, coussins, sacs, etc.). Pour les passionnés de l'époque médiévale, une 3e boutique, dans la maison voisine : Autres Temps.

Caen★★★

111 200 CAENNAIS
CARTE GÉNÉRALE C2 – CARTE MICHELIN LOCAL 303 J4 – CALVADOS (14)

Capitale culturelle de la Basse-Normandie, Caen est une ville à la personnalité très affirmée. Les bombardements de juin 1944 auraient pu la laisser sans vie tant ils furent violents. Mais Caen a puisé dans son passé la force de résister et a su réussir sa reconstruction. L'« Athènes normande » est aujourd'hui une ville résolument moderne d'esprit, intellectuellement riche et sachant faire part de tous ses charmes à ceux qui viennent à sa rencontre.

Se repérer – Au confluent de l'Orne et de l'Odon, la ville s'aborde par l'autoroute de Normandie, l'A 13, qui relie Paris à Caen en 2h30 (235 km).

À ne pas manquer – Le Mémorial, l'Abbaye-aux-Hommes et, dans le château, le musée des Beaux-Arts ainsi que la vue depuis les remparts.

Organiser son temps – Prévoyez 2h pour le seul Mémorial (les passionnés y resteront bien 3 ou 4h).

Avec les enfants – Amusez-vous au parc d'attractions Festyland.

Pour poursuivre la visite – Voir aussi les plages du Débarquement, Ouistreham-Riva-Bella, St-Pierre-sur-Dives, le château de Canon, le château de Vendeuvre, Falaise, la Suisse normande, Thury-Harcourt, Bayeux, Arromanches-les-Bains et Fontaine-Henry.

Yann Tierny / MICHELIN

Extérieur de l'Abbaye-aux-Hommes.

Comprendre

Guillaume et Mathilde – La ville ne prend de l'importance qu'au 11e s., lorsqu'elle devient la résidence préférée du duc Guillaume. Après sa victoire sur les barons rebelles du Cotentin et du Bessin, Guillaume, assuré de la possession de son duché, demande la main de Mathilde de Flandre, une arrière-cousine, la fille du comte Baudouin V. Lorsque Guillaume part pour la conquête de l'Angleterre, la fidèle Mathilde assume la régence. Couronnée reine d'Angleterre en 1068, elle fut inhumée dans l'**Abbaye-aux-Dames** en 1083. Guillaume meurt en 1087 et, selon son désir, est inhumé dans l'abbatiale St-Étienne de l'**Abbaye-aux-Hommes**.

Été 1944, la bataille de Caen : deux mois d'enfer – Le 6 juin 1944, l'histoire se charge de confirmer que Caen porte bien son nom (du gaulois *catu*, le « combat », et *magos*, « le champ ») : Caen ou « le champ du combat »... Les bombes alliées pleuvent en effet sur la ville, qui prend feu ; l'incendie dure onze jours. Il ne reste rien des quartiers centraux. Le 9 juillet, les Canadiens entrent dans la ville par l'ouest ; mais les Allemands, repliés sur la rive droite de l'Orne dans Vaucelles, la pilonnent à leur tour. Un mois s'écoule encore avant que le dernier obus allemand ne tombe sur la ville. Les habitants se réfugient à St-Étienne dès le début des bombardements. Pendant toute la bataille, plus de 1 500 sinistrés campent dans l'abbatiale. Le préfet et la

Résistance parviennent à prendre contact avec les Alliés et signalent l'emplacement de cet îlot-refuge. Dans le même temps, on opère dans le réfectoire du lycée Malherbe (qui occupe les bâtiments conventuels de l'Abbaye-aux-Hommes) et les morts sont enterrés dans les cours. Un peu plus loin, le vaste hospice du Bon-Sauveur abrite 4 000 personnes.

Un port de mer – De tout temps, l'Orne a été utilisée pour faire de la ville une cité maritime, mais c'est le baron Cachin qui, au milieu du 19ᵉ s., donne au port de Caen sa véritable physionomie. Pour le relier à la mer, distante de 12 km, il creuse un canal, latéralement à l'Orne, construit un jeu d'écluses et aménage Ouistreham en avant-port. Par la suite, on n'a cessé de creuser, d'élargir le canal et de créer de nouveaux bassins : le bassin St-Pierre (port de plaisance), le nouveau bassin, le bassin de Calix, le bassin d'Hérouville et, enfin, le bassin de Blainville.

Se promener

2h environ. Partez de l'office de tourisme sur la place St-Pierre.

Hôtel d'Escoville★

Il abrite l'office de tourisme et l'artothèque. Nicolas Le Valois d'Escoville, riche négociant, s'était fait construire cette belle demeure Renaissance entre 1533 et 1538. Derrière une façade sévère s'ouvre une cour dont les deux ailes en équerre forment un ensemble élégant par l'harmonie des proportions, l'ordonnance de la construction et la majesté des sculptures. Remarquez les somptueux décors entre les colonnes : deux nymphes légères et court vêtues tiennent l'écusson timbré d'un heaume à lambrequin. Dans un minuscule oculus, un petit personnage laisse pendre sa main qui tient un ruban. Montez à la loggia pour avoir une vue d'ensemble de la cour.

Église Saint-Pierre★

Tlj sf certains dim. apr.-midi. Chantier de restauration en cours au niveau du chœur et du chevet - fin des travaux prévue en 2008.

Cette église frappe par le luxe de son ornementation. Élevée au 13ᵉ s., elle a été terminée au 16ᵉ s. dans le style Renaissance. Son imposant clocher (78 m de haut) avait été abattu en 1944 ; mais le « roi des clochers normands » a été reconstruit, de même que la partie de la nef qu'il avait écrasée. Le **chevet★★** (1518-1545) est remarquable par la richesse de son décor Renaissance. L'intérieur est très composite et on remarque immédiatement l'orgue moderne (Jean-François Dupont, 1997) suspendu à gauche au milieu de la nef. Les cinq premières travées (14ᵉ s.) sont couvertes de simples croisées d'ogives.

Certains **chapiteaux★** sont intéressants par leurs sculptures représentant des scènes tirées des bestiaires du Moyen Âge et des romans de chevalerie. Remarquez surtout les 2ᵉ et 3ᵉ piliers de gauche. Sur ce dernier, de gauche à droite : Aristote chevauché et menacé du fouet par Campaspe, maîtresse d'Alexandre ; le Phénix au milieu des flammes (Résurrection) ; Samson brisant la mâchoire du lion (Rédemption) ; le pélican nourrissant ses petits (Amour divin) ; Lancelot sur le pont de l'Épée ; Virgile suspendu dans son panier par la fille de l'empereur de Rome ; la licorne (Incarnation) poursuivie par des chasseurs.

Vers le chœur, chaque ogive est agrémentée d'une clef de voûte pendante et finement ouvragée. La plus étonnante, celle de la cinquième ogive au-dessus du maître-autel, haute de 3 m, supporte une statue de saint Pierre dont on peut voir l'original dans le bas-côté droit. Le chœur est fermé par quatre arcades surmontées d'une **frise★★** de style gothique flamboyant au décor exubérant et délicat de fleurs et de feuillages.

Jusqu'à 2,75 m du sol, le style est encore gothique mais, à mesure que le regard s'élève, l'influence de la Renaissance s'accentue pour triompher aux **voûtes★★** dues à Hector Sohier. Chaque chapelle possède une voûte très ouvragée : leurs clefs pendantes donnent l'impression de véritables stalactites.

Rue Saint-Pierre

Artère commerçante et très animée, elle conserve aux nᵒˢ 52 *(musée de la Poste)* et 54 deux belles **maisons à pans de bois★** aux pignons très aigus, du début du 16ᵉ s. Encore gothiques par le foisonnement de leur décor sculpté et les nombreuses statuettes de saints, elles proposent également quelques éléments Renaissance.

Cour des Imprimeurs

Place Pierre-Bouchard. Dans ces maisons du début du 16ᵉ s. se tenaient d'importantes imprimeries qui fonctionnèrent jusqu'au début du 20ᵉ s. Voyez le décor flamboyant des fenêtres qui mêle feuilles de vigne et feuilles de choux frisés.

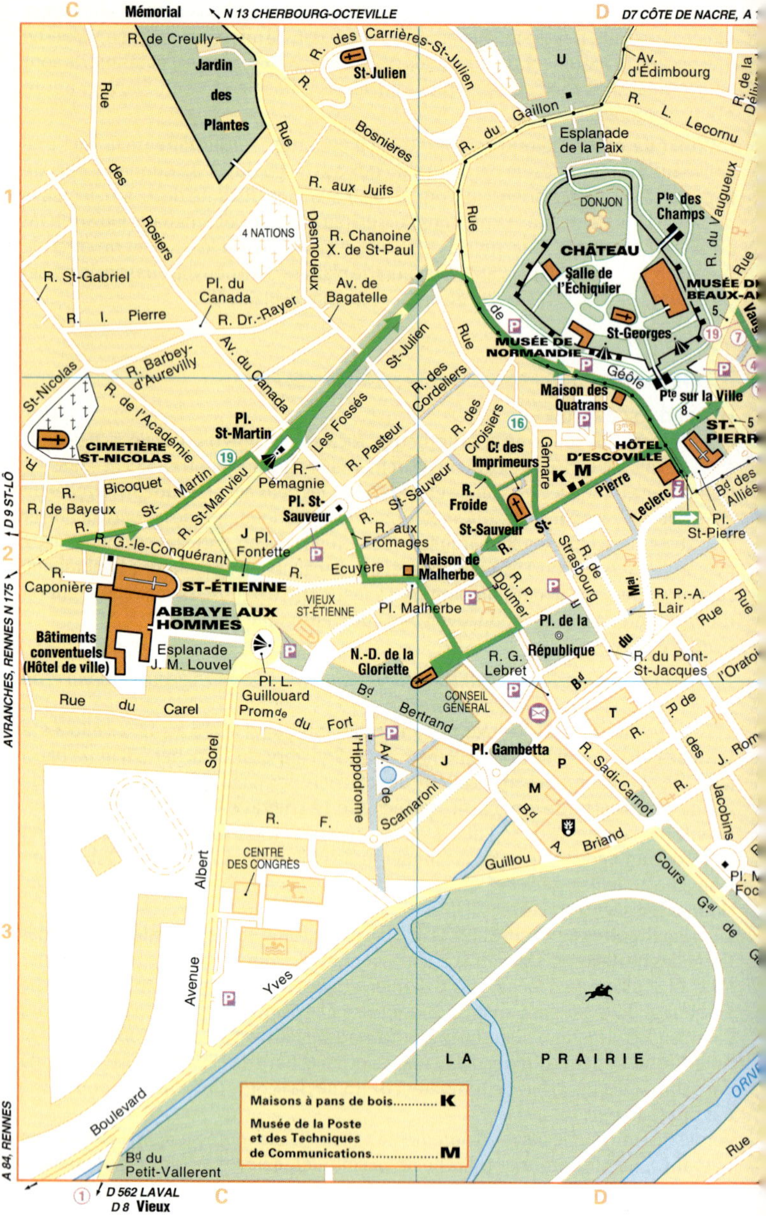

Rue Froide

À l'ombre de l'église St-Sauveur, cette petite rue bien discrète a conservé d'intéressantes maisons du 15e au 19e s.

Église Saint-Sauveur

☎ 02 31 86 13 11 - 9h-17h. Encore connue sous son ancien nom, N.-D.-de-Froide-Rue, l'église présente rue St-Pierre deux nefs et deux chœurs jumelés ; celui de gauche est gothique (15e s.) mais celui de droite est Renaissance (1546).

Continuez rue St-Pierre et tournez à gauche dans la rue Paul-Doumer.

Place de la République

La place de la République, agrémentée de son jardin, est entourée de belles maisons Louis XIII *(aux nos 23-25, l'hôtel Daumesnil)* ; elle est bordée par le bâtiment de la préfecture. Dans un renfoncement de la place s'élève l'église **N.-D.-de-la-Gloriette**, ancienne église des jésuites, construite entre 1684 et 1689.

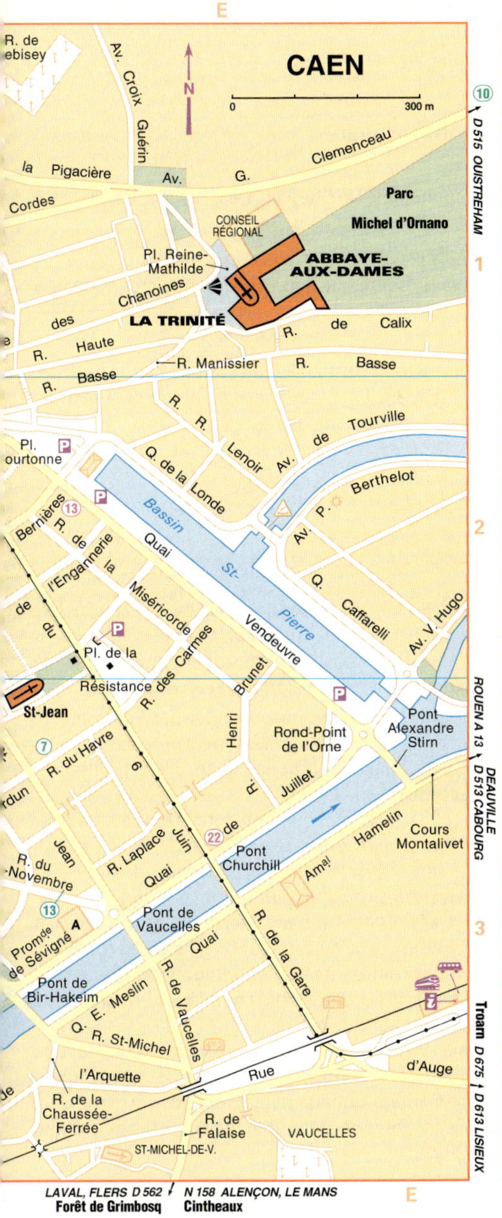

SE LOGER

- Hôtel Bernières.................. 1
- Hôtel du Château................ 4
- Hôtel du Havre.................... 7
- Hôtel La Glycine................. 10
- Hôtel Le Bistrol.................. 13
- Hôtel Quatrans................... 16
- Hôtel St-Étienne................. 19

SE RESTAURER

- Auberge de l'Île Enchantée.. 1
- L'Embroche......................... 4
- L'Insolite............................ 7
- Le Bouchon du Vaugueux.... 10
- Le Carlotta......................... 13
- Maître Corbeau................... 16
- P'tit B................................. 19
- Saint-Andrew's.................... 22

INDEX DES RUES

Libération (Av. de la)........... 5
Montoir-Poissonnerie (R.).... 8

Le secteur piétonnier qui s'étend jusqu'à la place St-Pierre (au nord-est), entre le boulevard du Maréchal-Leclerc, très animé le soir, et la rue St-Pierre, incite à d'agréables flâneries.

Par la rue St-Laurent, remontez vers la place Malherbe.

La **place Malherbe** doit son nom à une belle maison restaurée qui aurait vu naître le poète en 1555. En remontant vers St-Étienne, la rue Écuyère *(au n° 9, jolie façade Renaissance)* puis, à droite, la petite rue aux Fromages *(piétonne)*, bordée de maisons à pans de bois, conduisent à la place St-Sauveur.

Place Saint-Sauveur

Elle offre un bel ensemble de demeures du 18e s. Au centre, statue de Louis XIV en empereur romain. Plus haut, à droite, on aperçoit l'ancienne église St-Sauveur.
Sur la place Fontette se dresse l'imposant palais de justice.

Continuez par la rue Guillaume-le-Conquérant.

Remarquer au passage, dans la rue Jean-Marot, le bel alignement de pavillons construits au début du 20e s.

Tournez à droite dans la rue St-Martin.

Abbaye-aux-Hommes★★ *(voir « Découvrir »)*

Église Saint-Étienne★★ *(voir « Découvrir »)*

Place Saint-Martin

Elle est dominée par la statue du connétable Du Guesclin. De là, vue intéressante sur St-Étienne et ses deux tours.

Prenez les fossés St-Julien puis à droite la rue de Geôle.

Au no 31, la **maison des Quatrans** présente une expressive façade à pans de bois du 15e s.

Rue du Vaugueux

Par la rue Montoir-Poissonnerie, on atteint cette belle rue piétonne qui a retrouvé son cachet d'autrefois. Son pavement ancien, ses maisons en pierre ou à pans de bois, ses réverbères en font un lieu de promenade très agréable.

Revenez à la place St-Pierre.

Découvrir

LES ABBAYES★★

Abbaye-aux-Hommes★★

Magnifiquement restauré, l'édifice, qui a servi de refuge à des milliers de Caennais lors des terribles bombardements de 1944, n'a rien perdu de son charme : l'église et les bâtiments conventuels (harmonieusement reconstruits) constituent toujours, malgré leurs styles différents, un remarquable ensemble historique et architectural.

Église St-Étienne★★ – C'est l'église de l'ancienne abbaye fondée par **Guillaume le Conquérant** dont Lanfranc fut le premier abbé. Ce dernier inspira probablement les plans de l'abbatiale. Commencée vers 1066 dans le style roman, elle est consacrée en 1077 ; son chœur roman est reconstruit au 13e s.

L'art roman a produit peu d'œuvres plus saisissantes que cette sobre **façade** *(s'enfoncer dans l'impasse Lebailly pour l'apprécier au mieux)*. Pas de porche ciselé, pas de rosace, mais un mur-pignon soutenu par quatre puissants contreforts, percé de deux rangées de baies en plein cintre et de trois portes romanes. On retrouve ici la sévérité de l'art de Ravenne et de Lombardie transmis par Lanfranc. L'austérité de la façade est cependant corrigée par le magnifique envol de deux tours (11e s.), étroites et hautes, fusant vers le ciel. Les deux tours sont coiffées de flèches octogonales ajoutées au 13e s., entourées de clochetons et de lucarnes, dans le style gothique normand : celle de gauche est plus fine et plus pure que celle de droite.

L'immense nef aux larges arcades en plein cintre est très peu ornée. La construction des voûtes sexpartites au 12e s. a modifié l'ordonnance des fenêtres hautes décorées de frettes crénelées, éléments ornementaux typiquement normands. Au revers de la façade, orgues exécutées en 1747, encadrées par deux atlantes. À gauche en entrant, remarquer dans la chapelle Halbout l'Adoration des Mages de Claude Vignon. À la croisée du transept, la tour-lanterne, élevée au 11e s., a été refaite au début du 17e s. Dans le croisillon gauche, la tribune est occupée par une grande horloge du 18e s. entourée de boiseries.

Au 13e s., un chœur gothique fut substitué au chœur roman. Avec son déambulatoire et ses chapelles rayonnantes, il est le premier en date des chœurs gothiques normands, auxquels il servit de modèle.

Un beau coup d'œil

C'est du fond de la place Louis-Guillouard fermée par la charmante **église du Vieux-St-Étienne** *(en ruines)* et, en arrière-plan, la silhouette de l'église jésuite N.-D.-de-la-Gloriette que l'on a la plus jolie vue sur l'ensemble des bâtiments du 18e s., contigus à l'imposant chevet de l'église St-Étienne.

Avec le style gothique apparaissent des motifs décoratifs nouveaux : chevrons aux archivoltes, rosaces creusées dans les écoinçons des arcades latérales, trèfles ajourant le tympan des baies des tribunes, chapiteaux à crochets et à feuillages. Remarquez l'ampleur des tribunes qui surmontent le déambulatoire et l'élégance des arcades centrales. La grille en fer forgé qui l'entoure date de 1925 : elle porte sur des cartouches les noms et les armoiries des abbés et autres personnages célèbres de l'abbaye. Les belles stalles et la chaire sont du 17e s.

Devant l'autel se trouve une dalle avec épitaphe. Elle marque l'emplacement où a été inhumé le seul reste de Guillaume le Conquérant : un fémur. Au 16e s., l'église fut en effet mise à sac par les huguenots, qui profanèrent la sépulture du duc-roi (un sarcophage placé sous la tour-lanterne) en dispersant son squelette aux quatre vents.
Dans le déambulatoire, à droite, l'attention se porte sur deux peintures, le *Denier de César*, copie d'un Rubens, et la *Lapidation de saint Étienne*, attribuée à Pierre Mellin.

Sortez de l'église par le chœur.

Éric Bénard / MICHELIN

Nef de l'Abbaye-aux-Hommes à Caen.

Après avoir contourné l'admirable **chevet★★** de St-Étienne, gagner les jardins à la française de l'esplanade Louvel, reconstitués suivant les plans du 18e s.

Bâtiments conventuels – *✆ 02 31 30 42 81 - ♿ - visite guidée (1h30), circuit A : bâtiments, cloître et abbatiale 9h30, 14h30, 16h ; circuit B : bâtiments, cloître, pressoir et salle des gardes 11h - visites suppl. des bâtiments conventuels juil.-août (45mn) : 10h15, 15h15 et 17h15 - fermé 1er janv., 1er Mai et 25 déc. - 2 € (-18 ans et dim. gratuit).*
Ils abritent l'hôtel de ville depuis 1965. Reconstruits au 18e s., ils conservent de très belles **boiseries★★**. En entrant dans l'aile est, on visite d'abord le **chauffoir des moines**, puis l'ancienne **salle du chapitre**, garnie de remarquables boiseries en chêne clair : elle conserve des peintures du 17e au 19e s. La sacristie de la chapelle abrite une copie d'un tableau de Lebrun. Un vestibule, d'où s'élève un escalier à rampe en fer forgé (18e s.), donne accès au **cloître** (18e s.), aux voûtes d'arêtes ornées de caissons octogonaux. À l'angle des galeries sud et est du cloître, se révèle une très belle **vue★★** sur les deux tours de St-Étienne et le flanc sud de l'église. Par une porte chantournée, on pénètre dans le **parloir**, grande salle ovale couverte d'une curieuse voûte elliptique. Par le cloître, on visite le **réfectoire** aux somptueuses boiseries de chêne de la fin du 18e s.
On voit ensuite l'**escalier d'honneur** d'une surprenante hardiesse, avec sa rampe en fer forgé ornée de motifs floraux, et qui est comme suspendu dans le vide. Dans la cour, la salle gothique, dite **salle des Gardes★**, bâtie sur des vestiges gallo-romains, sert actuellement de salle de réunion.

Abbaye-aux-Dames★

Fondée en 1062 par la reine Mathilde, cette abbaye constitue le pendant « féminin » de l'Abbaye-aux-Hommes.
De la place de la Reine-Mathilde, dans l'axe de la rue des Chanoines, vue sur les deux tours de l'église St-Étienne.

Église de la Trinité★★ – *✆ 02 31 86 13 11 - 9h-18h30.* Cette ancienne église abbatiale élevée au 11e s. est un édifice de style roman qui adoptait à l'origine le plan bénédictin classique à absidioles. La vaste nef de neuf travées en est un bel exemple. Le transept est très ample. La jolie chapelle qui se greffe sur le croisillon droit date du 13e s. Utilisée comme salle capitulaire, elle a remplacé deux chapelles orientées, romanes, semblables à celles qui existent dans le croisillon gauche. Au centre, le tombeau de la reine Mathilde.

Les chapiteaux historiés sont d'une belle facture. Au début du 18e s., la voûte en cul-de-four a été décorée d'une fresque. La crypte *(accès par un escalier partant de la chapelle du croisillon droit)* est admirablement conservée. Les voûtes d'arêtes reposent sur seize colonnes serrées qui dessinent cinq vaisseaux. Sur l'un des chapiteaux, on remarque une décoration historiée illustrant le Jugement dernier : saint Michel accueillant les morts sortis de leurs tombeaux.

Gilles Targat / MICHELIN

La cour intérieure de l'Abbaye-aux-Dames.

Bâtiments abbatiaux

☏ 02 31 06 98 98 - ♿ - visite guidée (1h15) 14h30 et 16h. - fermé 1er janv., 1er Mai et 25 déc. - gratuit.

C'est depuis le jardin à la française situé dans la **cour d'honneur** que vous pourrez admirer le mieux les façades des bâtiments abbatiaux. Le cloître, dont le quatrième côté ne fut jamais construit, est la réplique de celui de l'Abbaye-aux-Hommes. Il donne accès à une petite pièce ovale, le lavabo. Dans le réfectoire, des pilastres à chapiteaux ioniques et deux colonnes qui encadraient le siège de la mère abbesse subsistent. On passe ensuite dans le **Grand Vestibule**, véritable carrefour de l'abbaye qui dessert l'abbatiale et d'où part un harmonieux **escalier** à double volée. Un cartouche à motif végétal décore discrètement le socle du palier du premier étage. Au mur, portraits de deux abbesses, Anne de Montmorency et Marie-Aimée de Pontécoulant.

Visiter

Le château★

Visite : 3h musées compris. Pour une petite pause, voir « Caen pratique ».

Pour parcourir le château, deux livrets de jeux, gratuits et adaptés à l'âge des enfants, sont disponibles à l'entrée ou à l'office du tourisme.

Cette vaste citadelle établie sur une butte fut créée par Guillaume le Conquérant en 1060, puis agrandie aux siècles suivants. Occupé par des garnisons tout au long du 19e s., le château fort fut très endommagé au cours des opérations de 1944. Aujourd'hui dégagées et remarquablement mises en valeur, les puissantes murailles ont retrouvé leur allure primitive. Le tracé des remparts reste à peu près celui de la forteresse de Guillaume.

Le **rempart nord**, premier à avoir bénéficié des restaurations en cours, se visite. Il offre un **panorama★** imprenable sur Caen - ♿ *- visite 35mn - se renseigner sur les horaires à l'entrée du musée de Normandie - gratuit.*

Remarquez la porte des Champs, l'église St-Georges du 12e s. qui accueille des expositions temporaires sous sa belle charpente et la salle de l'Échiquier, exemples rares de l'architecture civile normande au temps de Henri Ier Beauclerc. De la terrasse située à droite et du chemin de ronde établi sur les remparts, de belles vues se dégagent sur l'église St-Pierre et la partie ouest de la ville jusqu'à l'Abbaye-aux-Hommes. De l'autre côté de la porte, vers la gauche, une plate-forme (derrière le musée de Normandie) offre un autre **point de vue★** intéressant sur la partie sud-ouest de la ville.

Devant le musée de Normandie, remarquez le ravissant « **jardin de simples** » (plantes médicinales et condimentaires), reconstitué selon la tradition médiévale.

Possibilité de promenade dans les fossés des remparts, isolés des bruits de la ville *(descendez par la porte des Champs)*.

Musée des Beaux-Arts★★ – *☏ 02 31 30 47 70 - ♿ - tlj sf mar. 9h30-18h - fermé 1er janv., Pâques, 1er Mai, Ascension, 1er Nov. et 25 déc. - gratuit (collections permanentes), 3 à 5 € (expositions temporaires).* Bien intégré dans l'enceinte du château, le musée offre un parcours original : chronologique, thématique et géographique, dans la peinture du 15e au 20e s. Il présente notamment un panorama exceptionnel du 17e s. européen disposé en salles monumentales (tableaux d'autel, scènes d'histoire, grandes allégories), dans les cabinets plus confidentiels (petites œuvres de dévotion, *modelli*) ou encore dans de longues galeries consacrées aux paysages, aux scènes de bataille et aux portraits.

Les premières salles sont dédiées aux peintures italiennes des 15e, 16e et 17e s. Vous pourrez admirer particulièrement *La Tentation de saint Antoine* de Véronèse et *Coriolan apaisé par sa mère* de Guerchin. La salle attenante conduit au 17e s. français dont les toiles les plus remarquables sont celles de Philippe de Champaigne *(Le Vœu de Louis XIII, La Samaritaine)*, ainsi que des œuvres de Vouet, Poussin *(Vénus pleurant Adonis)*, Vignon, La Hyre, Le Brun, Mignard, aux sujets religieux ou mythologiques.

Trois salles contiguës sont réservées au 17e s. hollandais (Salomon Van Ruysdael, *Paysage maritime*) et deux grandes salles aux Flamands : Rogier Van der Weyden, *Vierge à l'Enfant* (15e s.), Rubens, *Abraham et Melchisedech* (17e s.).

La galerie du 18e s. présente des portraitistes et paysagistes français et italiens : Hyacinthe Rigaud, François Boucher, Locatelli... ainsi que quelques pièces de mobilier dont une commode exceptionnelle estampillée BVRB.

Au niveau inférieur, pour décrire les divers aspects de la peinture au 19e s. et au début du 20e s., se retrouvent des maîtres romantiques (Géricault, Delacroix), réalistes (Courbet, *La Dame aux bijoux*), paysagistes (Corot, Dupré), impressionnistes (Boudin, *La Plage de Deauville* ; Monet, *La Manneporte à Étretat*), postimpressionnistes (Vuillard, *Portrait de Suzanne Desprez* ; Bonnard ; Dufy ; Van Dongen, *Portrait de Madame Marie-Thérèse Raulet*), cubistes (Gleizes, Villon, Metzinger). Des peintres « locaux » rejoignent ces grands : Cals, Fouace, Gernez, Lemaître, Lépine, Lebourg, Rame. Achevant cette belle chronologie, la collection contemporaine, axée sur la peinture et l'estampe, est attachée aux notions d'espace, de lumière, de monumentalité inspirées des collections anciennes. Entre abstraction et figuration allégorisée, elle regroupe des œuvres de Joan Mitchell, Soulages, Dubuffet, Music, Vieira da Silva, Szenes, Rebeyrolle, Pincemin, etc., et s'enrichit régulièrement.

Enfin, un cabinet d'estampes présente, sous forme d'expositions temporaires, des choix d'œuvres issues du fonds Mancel (plus de 50 000 estampes) en alternance avec la programmation d'artistes contemporains.

Musée de Normandie★ – *✆ 02 31 30 47 60 - tlj sf mar. 9h30-18h - fermé 1er janv., dim. de Pâques, 1er Mai, Ascension, 1er Nov. et 25 déc - gratuit.* Établi dans l'ancien logis des gouverneurs, ce musée rassemble des collections archéologiques et ethnographiques consacrées à l'histoire et aux traditions populaires normandes. La scénographie, revue, fait la part belle à la période gallo-romaine, avec notamment une déesse-mère (fin 1er s.). Les fonds se révèlent plus succincts pour le Haut Moyen Âge, les Vikings ayant laissé moins de traces et de vestiges. On aborde ensuite la Normandie en tant que région agricole aux paysages variés. Les salles présentent la richesse de l'habitat (différents types de fermes), l'évolution de l'agriculture (occupation du sol et techniques agricoles), sans oublier les activités artisanales et industrielles : travail du cuivre, de la céramique, du bois, de la métallurgie, du textile essentiellement.

M. Seyve / Musée des Beaux-Arts de Caen

Le Mariage de la Vierge du Pérugin (16e s.).

Deux livrets de jeux *(gratuits)* adaptés à l'âge des enfants *(sur l'ethnologie pour les 4-5 ans, l'histoire pour les plus grands)* sont disponibles à l'accueil.

Musée de la Poste et des Techniques de communication

✆ 02 31 50 12 20 - de mi-juin à mi-sept. : tlj sf dim. et lun. 10h-12h, 14h-18h, sam. 14h-18h ; de mi-sept. à mi-juin : tlj sf dim. et lun. 13h30-17h30 - fermé j. fériés - 2,50 € (enf. 1 €).

Le musée est installé dans une belle maison à pans de bois du début du 16e s. Toute l'histoire de la poste, de la télégraphie et de la téléphonie est présentée et animée par des documents et des objets anciens sur trois niveaux d'exposition.

Cimetière Saint-Nicolas★

Mars-oct. : 8h-18h ; nov.-fév. : 8h-17h - gratuit - se garer sur le parking dans le virage, à droite de l'église.

Aujourd'hui désaffectée, l'église a été construite à la fin du 11e s. par les moines de l'Abbaye-aux-Hommes. Elle n'a pas été remaniée depuis et a conservé toute sa pureté. La façade s'ouvre par un beau porche roman à trois arcades. L'église est entourée d'un ancien cimetière. Sous les frais ombrages, on peut circuler parmi les tombes moussues. Ce cadre romantique met en valeur la magnifique abside, coiffée d'une haute toiture de pierre.

Église Saint-Jean

Commencé au 14e s., ce bel édifice gothique flamboyant a été remanié au 15e s. Le clocher-porche, dont la base et le premier étage sont du 14e s., est inspiré de la tour de l'église St-Pierre. À l'intérieur, la nef évasée est remarquable par son triforium et, surtout, à la croisée du transept, par la **tour-lanterne★** dont l'impressionnant évidement cylindrique offre des parois très ouvragées. Les Caennais ont une dévotion particulière pour le **Christ en bois**, dans la chapelle des fonts baptismaux : brûlé jusqu'au cœur et retrouvé dans les décombres de cette chapelle, il est le symbole des souffrances de Caen en juin et juillet 1944.

Au chevet de l'église, sur la place de la Résistance, une statue couverte d'or de Jeanne d'Arc, rapatriée d'Oran, a été érigée en 1964.

Église Saint-Julien

✆ 02 31 85 44 53 - tlj sf sam. apr.-midi et dim. 9h30-12h, 14h-17h.

Détruite en 1944, remplacée par un édifice moderne en 1958, elle est construite sur un plan elliptique. Le mur forme une résille dont les jours constituent les multiples facettes d'un immense vitrail sombre.

Le Mémorial★★★

Accès signalisé à partir du centre-ville et du périphérique nord. Visite : compter 4h - ✆ 02 31 06 06 44 - www.memorial-caen.fr - ♿ - de mi-fév. à déb. nov. : 9h-19h (dernière entrée 1h15 av. fermeture) ; de déb. nov. à déb. janv. et de fin janv. à mi-fév. : tlj sf lun. 9h30-18h - fermé 1er janv., 25 déc. et 3 sem. en janv. - 17,50 € (-10 ans gratuit).

Le Mémorial « un musée pour la paix » est un lieu d'histoire et de réflexion sur les liens étroits entre le respect des droits de l'homme et la sauvegarde de la paix.

Le bâtiment occupe l'emplacement du bunker de commandement du général allemand W. Richter qui, le 6 juin 1944, s'opposa aux troupes anglo-canadiennes.

Le visiteur est convié à effectuer un voyage dans la mémoire collective, de 1918 à nos jours. Une scénographie particulièrement réussie – tels l'entre-deux-guerres et la progression des fascismes, évoqués au cours d'une descente en spirale –, le recours aux nombreux documents d'archives – dont la saisissante projection sur un écran panoramique de la « bataille de Normandie », vue simultanément du côté allié et du côté allemand – confèrent à cette présentation de notre passé récent l'authenticité du vécu.

Plusieurs films sont proposés dont *Espérance*, de Jacques Perrin, qui retrace, à l'aide de séquences fortes appuyées par une musique originale de Jacques Loussier, l'alternance des conflits et des actions pacifistes qui ont suivi la Libération. Il invite, de ce fait, à une réflexion approfondie sur la précarité de l'équilibre mondial en ce début de 21e s.

À cet ensemble s'ajoute un espace consacré à la guerre froide. Films d'actualité, fragments du mur de Berlin, présentation et explication des moments clés de cette période amènent au hall de la Paix qui, dans un souci de réflexion, rappelle les conflits en cours dans le monde.

La galerie des prix Nobel de la paix, installée dans un ancien poste de commandement allemand souterrain, complète cette démarche en présentant chaque lauréat et le détail de son action pour la paix *(voir encadré page précédente)*.

Les derniers lauréats du prix Nobel de la paix

2006 – Muhammad Yunus, fondateur de la Grameen Bank (microcrédit).
2005 – L'Agence internationale de l'énergie atomique (AIEA) et son directeur Mohamed ElBaradei.
2004 – L'écologiste kényane Wangari Maathai.
2003 – Shirin Ebadi (Iran).
2002 – Jimmy Carter.
2001 – L'ONU et son secrétaire général Kofi Annan.
2000 – Kim Daejung (Corée-du-Sud).
1999 – Médecins sans frontières.
1998 – David Trimble (protestant) et John Hume (catholique) (Irlande du Nord).

À l'extérieur, trois jardins du Souvenir ont été créés dans le parc du Mémorial par les Américains (1994), les Canadiens (1995) et les Britanniques (2004). Profitez également du **parc de la Colline-aux-Oiseaux** *(voir Caen pratique)*, qui court à travers le site des Floralies de la Paix dans la vallée du Mémorial.

Aux alentours

Le **canal de Caen** à la mer offre sur une dizaine de kilomètres une belle invitation à la flânerie. N'hésitez pas à emprunter les petits chemins de campagne à pied ou à vélo.

Hervé Le Gac / MICHELIN

Photos et documents du Mémorial de Caen illustrent avec force la montée du fascisme européen.

Cintheaux

15 km - 30mn. Quittez Caen au sud par la N 158. Ce village, connu pour son église de la fin du 12e s., s'élève sur les marges orientales de la campagne de Caen, région minière.

Le parcours de la route de Caen à Falaise invite le touriste à se remémorer les violents combats que durent livrer, du 8 au 17 août 1944, la 1re armée canadienne (cimetière de Gaumesnil) et ses unités polonaises (cimetière de Langannerie).

Troarn

14 km - 30mn. Quittez Caen par la rue d'Auge, puis prenez la N 175. Dans le village, prenez la route de Pont-l'Évêque, puis la rue de l'Abbaye (2e à droite après l'église). Cette petite ville, fondée en 1048 par Roger de Montgomery, conserve les vestiges de son ancienne abbaye du 13e s.

Vieux

Musée et site archéologique – *13 km au sud-ouest. ✆ 02 31 71 10 20 - ♿ - juil.-août : 10h-18h (dernière entrée 45mn av. fermeture) ; sept.-juin : tlj sf merc. 9h-17h, w.-end 10h-18h - fermé 1er janv., 1er Mai, 1er et 11 Nov., 25 déc. - 4 € (-15 ans gratuit).*

Difficile d'imaginer aujourd'hui que le paisible village de Vieux était Aregenua, l'ancienne capitale des Viducasses, au temps des Romains. Les fouilles entreprises depuis des décennies ont mis au jour de riches décors présentés avec une scénographie claire et moderne dans le musée. La visite se poursuit sur le site, difficile à reconstituer, mais qui révèle d'intéressants vestiges dont la somptueuse villa au Grand Péristyle *(suivre fléchage dans le lotissement)*.

Forêt de Grimbosq

19 km au sud de Caen par la D 562, puis la D 257. Promenades thématiques de déb. juil. à fin août, se renseigner auprès du Cpie Vallée de l'Orne - ✆ 02 31 30 43 27. La superbe forêt de Grimbosq (475 ha) parcourue de petits ruisseaux appartient à la ville de Caen depuis 1973. Son **parc animalier** (cerfs, daims, sangliers) constitue le but de promenade de nombreuses familles caennaises, tout comme la charmante chapelle Ste-Anne au bord de l'Orne. Les sportifs trouveront, quant à eux, des sentiers de randonnée bien balisés *(de 1h30 à 3h)* et un parcours de santé – *départ du parking de St-Laurent-de-Condel (à la sortie du village, suivez le panneau bleu « parking » à droite).*

Circuits de découverte

Un petit tour au nord 1

31 km – environ 1h. Quittez Caen par la D 7 et, au sommet de la montée, prenez à droite la D 401, puis la D 60 à gauche.

Après un virage à droite, on découvre une vue panoramique sur Caen et ses clochers. Plus loin, les hauts fourneaux de Mondeville apparaissent.

Biéville-sur-Orne

La façade de l'église, ornée d'arcatures et d'oculi (petites ouvertures de forme circulaire), rappelle l'art toscan.
Plus loin, en haut d'une côte, le panorama s'étend plus largement : on aperçoit les stations balnéaires de la côte, le clocher d'Ouistreham, les flèches de N.-D.-de-la-Délivrande.

La Délivrande *(voir p. 204)*

Redescendez vers Caen par la D 7.

Épron

Cette petite commune, anéantie en 1944, est appelée le « village de la radio » depuis 1948.

Le village de la radio

Le Tour de France, cette année-là, traversait de nombreuses régions ravagées par la guerre. Jean Nohain, de la Radiodiffusion française, et le responsable des relations avec la presse eurent l'idée de lancer un concours pour déterminer, parmi les départements sinistrés, celui qui était le plus touché. Ce fut le Calvados. Un tirage au sort entre dix communes de ce département désigna Épron. Grâce à une collecte de vieux billets de banque de 5, 10 et 20 F de l'époque, le village fut reconstruit.

ÉGLISES ET ABBAYES 2

Circuit de 35 km – environ 2h. Prenez le périphérique ouest de Caen (dir. Caen-Carpiquet). À la sortie n° 8, prenez la direction d'Authie. À Authie, au stop à droite, suivez le fléchage « Abbaye d'Ardenne ».

Abbaye d'Ardenne★

Laissez la voiture devant la porte principale (12e s.). ✆ 02 31 29 37 37 - www.imec-archives.com - tlj sf lun. 14h-18h - w.-end : visite guidée de l'abbatiale, départ ttes les 30mn - gratuit.

Une exposition permanente sur l'histoire de cette abbaye, fondée au 12e s. par les prémontrés, se tient à la porterie St-Norbert. Dans la première cour, remarquez au fond et à gauche la grange aux dîmes, dont le majestueux vaisseau du 13e s., avec bas-côtés, est recouvert d'une seule et même charpente dissymétrique *(ouv. pdt les expositions temporaires)*.
Après de longues périodes d'abandon, l'abbaye a bénéficié d'une importante campagne de restauration pour devenir un centre culturel. Elle abrite depuis 1998 l'**Institut mémoires de l'édition contemporaine** (IMEC) qui s'attache à la conservation des fonds d'archives consacrés aux principales maisons d'édition, aux revues françaises, mais aussi à tous les acteurs du monde de l'écrit : libraires, écrivains, imprimeurs, journalistes… La splendide **église abbatiale★** est reconvertie en bibliothèque et accueille les chercheurs, qui sont hébergés dans l'ancien farinier *(ne se visite pas)*.

Gagner Rots à l'ouest par Authie.

Rots

L'église présente une jolie façade romane et une nef de la même époque ; le chœur date du 15e s.

En sortant de Rots, prenez la D 170 au nord, puis la D 126 à gauche, en direction de Lasson puis Secqueville.

Secqueville-en-Bessin

L'église du 11e s. possède un beau clocher à trois étages et une flèche du 13e s.

Sortez du village en suivant la direction de Bretteville-l'Orgueilleuse (D 93) puis la D 83.

Norrey

Sa petite **église** gothique se signale par une grande tour-lanterne carrée, amputée de sa flèche. L'intérieur au riche décor sculpté se remarque, lui, par son chœur du 13e s. *Visite sur demande écrite à M. Roland Audes - Mairie - pl. Charles-de-Gaulle - 14740 St-Manvieu-Norrey.*

Rentrez à Caen par la D 9.

LA BATAILLE DE L'ODON 3

Circuit de 37 km – environ 2h.

Le nom de cette rivière évoque les combats acharnés qui, du 26 juin au 4 août 1944, eurent pour théâtre la région au sud-ouest de Caen.

Quittez Caen par la rue de Bayeux, puis prenez la D 9.

La route longe l'aérodrome chaudement disputé du 4 au 7 juillet 1944 entre la 3e division canadienne et la 12e SS Panzer.

Continuez à suivre la D 9 sur 3 km ; prenez ensuite, à gauche, la D 170. À Cheux, tournez à gauche après l'église, dans la D 89 ; un peu plus loin, en haut d'une légère montée, tournez à droite. À Tourville, suivez tout droit la D 89.

On se trouve dans l'axe de la poussée britannique, amorcée le 26 juin à partir de Tilly-sur-Seulles en direction du sud-est avec, pour objectif, l'Orne. Le 21e groupe d'armée britannique avait à sa tête le général puis maréchal Montgomery. Le groupe était formé de la 2e armée britannique (général Dempsey) et de la Ire armée canadienne (général Crerar). Un **monument**, à droite, rappelle les sacrifices de la 15e division écossaise au cours de la bataille.

Le touriste peut se rendre compte de la valeur défensive de cet obstacle naturel et des difficultés auxquelles se heurtait l'assaillant exposé au feu de l'ennemi, retranché, lui, sur l'autre versant. Effectivement, le passage de l'Odon coûta plus cher aux Britanniques que celui du Rhin.

La route escalade l'autre versant. *Au terme de la montée, dans un croisement, tournez à gauche dans la D 214 et traversez le village de Baron dans toute sa longueur.*

Après un petit monument de pierre surmonté d'une croix de fer, à droite, tournez à droite dans le « chemin haussé », ou chemin du Duc-Guillaume, ancienne voie romaine. Près du carrefour de la D 8, une stèle a été érigée en souvenir des combats soutenus par la 43e division « Wessex ». On se trouve ici sensiblement à la cote 112.

Prenez à gauche la D 8 en direction de Caen.

À la jonction de la D 36, un monument rappelle les opérations qui se déroulèrent ici au mois de juillet 1944, marquées par de furieux duels de blindés. Une attaque nocturne, celle du 15, fut même faite aux lueurs d'un « clair de lune artificiel » provoqué par la réflexion de faisceaux de projecteurs sur les nuages.

Prenez à gauche la D 147^{A}.

Château de Fontaine-Étoupefour

Accès par un chemin à droite après la ferme. ✆ 02 31 26 73 20 - visite guidée (1h) juil.-sept. : dim., lun. et mar. 14h-18h30 - fermé les 26, 27 et 28 août - 5 € (-13 ans gratuit).

Nicolas d'Escoville, à qui l'on doit l'hôtel du même nom à Caen, en fut le propriétaire. Entouré de douves, ce château possède un élégant châtelet du 15e s., précédé d'un

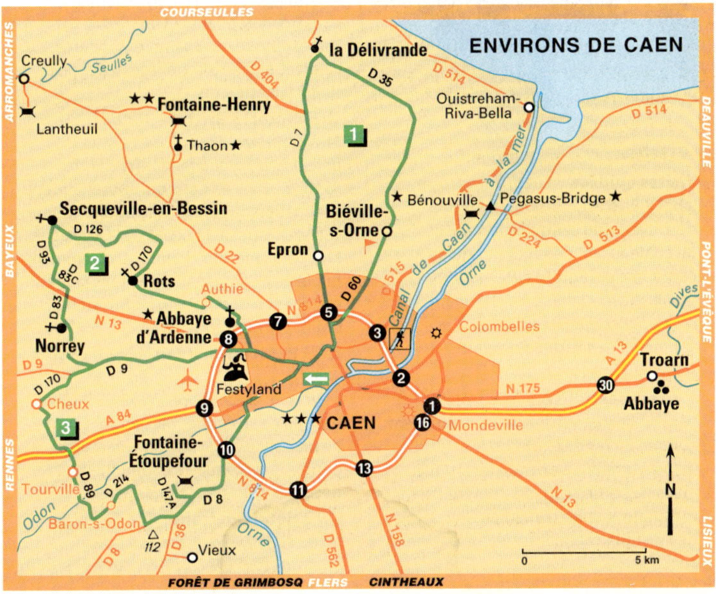

pont-levis et encadré de tourelles terminées en pinacles. Des fenêtres à meneaux éclairent les deux étages, séparés par une sculpture représentant un combat d'anges et de guerriers.
À l'intérieur, la salle à manger révèle trois intéressants tableaux représentant des scènes de chasse. À l'extrémité de la cour pavée se trouvent les restes d'un des deux corps de logis (fin du 16e s.), seul subsistant.
Les communs du 18e s. abritent une exposition sur la bataille de la Cote 112 dont le château fut le centre en 1944.

Revenez à la D 8 qui ramène à Caen.

Caen pratique

Adresse utile

Office du tourisme de Caen – *12 pl. St-Pierre - 14000 Caen - ✆ 02 31 27 14 14 - www.ville-caen.fr - juil.-août : lun.-sam. 9h-19h, dim. 10h-13h, 14h-17h ; mai-juin et sept. : lun.-sam. 9h30-18h30, dim. 10h-13h ; oct.-avr. : tlj sf dim. 9h30-13h, 14h-18h -fermé 1er janv, 1er Mai et 25 déc.*

Transports

Bus Verts du Calvados – À la gare de Caen, correspondances avec les principales localités du Calvados et les ferries à la gare d'Ouistreham - *✆ 0 810 214 214.*

CTAC, bus de la ville – *15 r. de Geôle - 14000 Caen - ✆ 02 31 15 55 55.*

Hervé Le Gac / MICHELIN

Les visites théâtralisées de Caen.

Visites

Visites guidées – Caen, qui porte le label Ville d'art, propose des visites-découverte du centre historique et du château, animées par des guides-conférenciers agréés - *juil.-août : tlj sf dim. et lun. château 14h et 16h30 - 4 € ; centre historique 14h et 15h30 - 5 € - se renseigner à l'office de tourisme ou sur www.caen.fr/tourisme.*

Visites théâtralisées – Organisées par l'office de tourisme, elles s'imposent comme un rendez-vous estival incontournable. Le centre historique en est la scène, le guide-conférencier, le narrateur et les comédiens, les acteurs de l'histoire caennaise - *juil.-août : merc.-sam. 21h - 13 €.*

Circuit historique – Le circuit balisé « **L'affrontement** », faisant partie du parcours de l'Espace historique de la bataille de Normandie, commence à Caen.

Se loger

⊖ **Hôtel St-Étienne** – *2 r. de l'Académie - ✆ 02 31 86 35 82 - www.hotel-saint-etienne.com - 11 ch. 37/43 € - ☕ 6 €.* Cette maison qui date de la Révolution se trouve dans un quartier calme, proche de l'Abbaye-aux-Hommes. Vous remarquerez son bel escalier et ses boiseries patinées avant d'apprécier ses chambres coquettes, avec cheminée pour certaines. Petit-déjeuner en table d'hôte.

⊖ **Hôtel Bernières** – *50 r. de Bernières - ✆ 02 31 86 01 26 - www.hotelbernieres.com - 17 ch. 38/50 € - ☕ 6 €.* Ne loupez pas l'entrée discrète de cet hôtel, car vous le regretteriez. L'accueil est convivial, la salle du petit-déjeuner et le salon sont charmants et les chambres, mignonnettes à souhait. Toutes les pièces sont agrémentées de nombreux bouquets de fleurs séchées.

⊖⊖ **Hôtel du Havre** – *11 r. du Havre - ✆ 02 31 86 19 80 - www.hotelduhavre.com - 19 ch. 50/56 € - ☕ 7 €.* Pas très loin de la « prairie » et de son hippodrome, vous trouverez dans cet immeuble de l'après-guerre des chambres modernes, colorées et bien insonorisées à des prix tout à fait attractifs.

⊖⊖ **Hôtel Le Bristol** – *31 r. du 11-Novembre - ✆ 02 31 84 59 76 - hotelbristol@wanadoo.fr - P - 24 ch. 55/65 € - ☕ 7 €.* Ceux qui appréhendent l'animation du centre-ville opteront pour cet hôtel situé à deux pas de l'Orne et de l'hippodrome. Les chambres, récemment relookées, sont identiques : tons jaunes, mobilier contemporain, bonne literie et double vitrage efficace.

⊖⊖ **Hôtel du Château** – *5 av. du 6-Juin - ✆ 02 31 86 15 37 - www.hotel-chateau-caen.com - 24 ch. 58/68 € - ☕ 7 €.* Hôtel bien placé au centre-ville, entre le port de plaisance et le château. Chambres petites mais coquettes, sobrement décorées dans des coloris pastel.

⊖⊖ **Hôtel Quatrans** – *17 r. Gemare - ✆ 02 31 86 25 57 - www.hotel-des-quatrans.com - 47 ch. 62 € - ☕ 7 €.* À deux pas du centre, établissement familial abritant des chambres pratiques, sobrement meublées mais habillées de tissus colorés ; celles sur l'arrière sont plus calmes.

⊖⊖ **Hôtel La Glycine** – *11 pl. du Commando-n° 4 - 14970 Bénouville - ☏ 02 31 44 61 94 - www.la-glycine.com - fermé 20 déc.-10 janv. - P - 35 ch. 60 € - ☕ 8 € - restaurant 18/55 €.* Le fameux Pegamus Bridge disputé lors du « D Day » est proche de ces deux maisons reliées par un patio fleuri. Chambres fonctionnelles toutes identiques. Salle à manger contemporaine. Prestation du chef dans le registre actuel.

Se restaurer

⊖ **Maître Corbeau** – *8 r. Buquet - ☏ 02 31 93 93 00 - www.maitre-corbeau.com - fermé 3 sem. en août, 1er janv. et 25 déc. - 9,70/22 €.* Ici, tout évoque le fromage : boîtes, publicités, outillages, etc. Bien sûr, dans ce décor insolite, vous n'avez le choix qu'entre du fromage, du fromage ou du fromage chaud, froid ou tiède. Et ses assiettes copieuses font courir les Caennais avertis !

⊖ **Le Bouchon du Vaugueux** – *12 r. Graindorge - ☏ 02 31 44 26 26 - fermé 3 sem. en août, dim., lun. et merc. - réserv. obligatoire - 13/25 €.* Ce bouchon est situé à proximité du château et du vieux Caen. Tables serrées propices à une ambiance chaleureuse. Les deux menus sont à découvrir sur l'ardoise du jour.

⊖ **Saint-Andrew's** – *9 quai de Juillet - ☏ 02 31 86 26 80 - http://restaurant.st.andrew.free.fr - réserv. conseillée - formule déj. 20 € - 13,90/25,90 €.* Cette table est idéale pour un dîner convivial après une flânerie le long de l'Orne.
Dans un cadre qui n'est pas sans rappeler certains pubs anglais - boiseries, vitraux et briques -, vous dégusterez une cuisine traditionnelle soignée, élaborée à base de produits frais sélectionnés chez des producteurs de la région.

⊖⊖ **L'Insolite** – *16 r. du Vaugueux - au pied du château - ☏ 02 31 43 83 87 - fermé dim. et lun. sf juil.-août - réserv. conseillée - 15/40 €.* Cette maison à colombages du 16e s. vaut le coup d'œil car, comme l'indique l'enseigne, son décor est un rien insolite : plaisant mélange des styles rustique et rétro avec fresques, miroirs, fleurs séchées... Dans l'assiette, poissons et fruits de mer. Terrasse chauffée en hiver et belle cave à cigares.

⊖⊖ **L'Embroche** – *17 r. Porte-au-Berger - ☏ 02 31 93 71 31 - fermé sam. midi, lun. midi et dim. - réserv. conseillée - 18/30 €.* Cette adresse du quartier du Vaugueux propose trois spécialités : le brick de camembert sur lit de salade arrosée au calva, l'éventail de rumsteck et son jus réduit au caramel de balsamique et les tripes artisanales du « Père Michel ». Sélection de fromages affinés et beau choix de vins provenant de petits récoltants.

⊖⊖ **Le Carlotta** – *16 quai Vendeuvre - ☏ 02 31 86 68 99 - reservation@lecarlotta.fr - fermé dim. - 22/33 €.* Grande brasserie d'inspiration Art déco, fréquentée pour son atmosphère vivante et sa cuisine typique du genre, enrichie de plats de poissons.

⊖⊖ **P'tit B** – *15 r. Vaugueux - ☏ 02 31 93 50 76 - leptitb@wanadoo.fr - 25/37 €.* Avenante maison du 17e s. au décor rustique modernisé (superbe cheminée). Ambiance conviviale, vue sur les fourneaux et cuisine saisonnière au goût du jour.

⊖⊖ **Auberge de l'Île enchantée** – *1 r. St-André - 14123 Fleury-sur-Orne - 4 km au S de Caen par D 562 - ☏ 02 31 52 15 52 - fermé 24 fév.-8 mars, 13-28 juil., dim. soir, merc. soir et lun. - 19/41 €.* Enchanté, vous le serez sûrement vous aussi. Le spectacle de la salle panoramique de cette auberge au bord de l'Orne vaut le coup d'œil. L'atmosphère y est chaleureuse. Les patrons aux commandes vous concocteront des menus au goût du jour.

Faire une pause

Café Mancel – *Le Château - ☏ 02 31 86 63 64 - www.cafemancel.com - 10h-0h - fermé vac. de fév., dim. soir, 1er Mai et lun. de Pâques.* Cette enseigne, qui rend hommage au grand donateur du musée, se fait l'écho de la qualité des produits issus du terroir. Les produits normands comme ceux des pays partenaires du musée - Italie, Flandres, Hollande et Angleterre - y jouent le rôle d'ambassadeurs de l'identité culturelle, régionale et européenne.

Hervé Le Gac / MICHELIN

Terrasses de cafés sur la rue du Vaugueux.

Stiffler – *72 r. St-Jean - ☏ 02 31 86 08 94 - www.stifflertraiteur.com - tlj sf lun. et mar. 9h-13h, 14h30-19h30, dim. 8h-18h - fermé vac. scol. hiver, 20 juil.-16 août.* Les spécialités de cette luxueuse pâtisserie sont la charlotte aux fruits de saison, ainsi que les créations gourmandes de M. Delesque comme le Mogador, une bavaroise au chocolat au lait et à la crème brûlée vanille, ou le Progrès, une meringue aux amandes parfumée d'une crème au café ou au chocolat. Le rayon traiteur, qui occupe une bonne partie du magasin, est très prisé pour un déjeuner sur le pouce.

En soirée

Bon à savoir - Caen est une ville éminemment sympathique et vivante. N'hésitez pas à vous promener dans le quartier piétonnier, les commerçants vous réserveront toujours un accueil agréable. Le soir, pensez à faire un tour dans le petit quartier du Vaugueux où plusieurs pubs et restaurants se sont établis dans de belles maisons épargnées par la guerre. Après cela, si vous ne souhaitez pas revenir à Caen, c'est que vous vous y installez !

Centre dramatique national de Normandie – *32 r. des Cordes - ✆ 02 31 46 27 27 - www.cdn-normandie.com - selon le calendrier des représentations : tlj sf w.-end 12h-18h30 - fermé juil.-août - de 8 à 18 €.* La programmation témoigne d'une volonté d'explorer toutes les voies de la théâtralité. Alternant pièces classiques et contemporaines, le CDN s'efforce d'offrir au public un art en constante évolution. Salles de 300 et 700 places.

Théâtre de Caen – *135 bd du Mar.-Leclerc - ✆ 02 31 30 48 00 - www.theatre.caen.fr - selon le calendrier des représentations - fermé juil.-août - billetterie : tlj sf dim. et lun. 13h-18h30.* Inauguré en 1963, ce grand théâtre de plus de 1 000 places a été entièrement rénové en 1991. Au programme : opéras, ballets, spectacles de danse contemporaine, pièces de théâtre et concerts (musique classique, baroque, traditionnelle, jazz). Concerts gratuits dans le foyer, le samedi à 17h d'octobre à mai, et certains soirs au café Côté Cour.

Que rapporter

Spécialités gastronomiques – Tripes à la mode de Caen, « teurgoule », recette traditionnelle à base de riz au lait et de cannelle.

Les marchés de Caen – Marché St-Pierre (dim.), marché St-Sauveur (vend.), r. de Bayeux (mar.), bd Leroy (merc. et sam.), bd de la Guérinière (jeu.).

Poupinet – *8 r. St-Jean - ✆ 02 31 86 07 25 - mar.-jeu. 8h-13h, 15h-20h, vend.-sam. 8h-20h, dim. 8h-13h - fermé juil.* Pour goûter les véritables tripes à la mode de Caen, une visite chez Poupinet s'impose : cette maison réputée en a fait sa spécialité et les propose en bocaux aux amateurs particulièrement nombreux à fréquenter cette boutique. On y vient aussi pour les pâtés et terrines de mille sortes, le boudin de campagne, les rillons, les oreilles en gelée ou les plats cuisinés de premier ordre.

Librairie Guillaume – *98 r. St-Pierre - ✆ 02 31 85 43 13 - librairie.gen.calv. guillaume@wanadoo.fr - tlj sf dim. 9h-13h, 14h30-19h, lun. 14h-19h30.* Magnifique librairie dont la façade en bois sculpté date de 1902. Vous y trouverez une belle sélection de livres sur la région.

Sports & Loisirs

Festyland – *Rte de Caumont - Périphérie N de Caen, sortie Carpiquet - 14760 Bretteville-sur-Odon - ✆ 02 31 75 04 04 - www. festyland.com - hors sais. : merc. 11h-18h30, w.-end et j. fériés 11h-18h30 ; vac. scol. zone A : 10h30-19h - fermé fin sept.-fin mars - 1,20 € (-12 ans : 9,50 €).* Ce parc de loisirs offre une trentaine d'attractions sur le thème de la Normandie : grand 8, bateaux tamponneurs, circuit nautique, tacots, chevaux mécaniques, carrousel 1900, Drakkar Express, Pirat'Ak et, dernier en date, le 1066 : le plus grand roller coastes du Grand Ouest.

Hippodrome de Caen – *La Prairie - ✆ 02 33 42 41 07 - mars-juin, sept.-nov - fermé juil.-août.* Un hippodrome de presque 2 km de long en plein cœur de Caen. Au 2e étage, le restaurant panoramique offre une jolie vue sur la ville. Des visites sont organisées le matin des jours de course (30 par an). Une curiosité à ne pas manquer.

Promenades

Caen, ville verte, possède plus de 520 ha d'espaces verts. Ses jardins sont ouverts au public à 8h en sem., w.-end 10h, fermeture variable selon sais. Visite libre et gratuite, guidée sur demande ; exposition nature et florale l'été.

Parc floral de la Colline-aux-Oiseaux – *17 ha - av. Amiral-Mountbatten - ✆ 02 31 30 48 38 - tlj 10h-fermeture selon la saison - visite libre.* Implanté en 1994 sur le site d'une ancienne décharge, d'où le nom de « Colline aux oiseaux », pour le 50e anniversaire du Débarquement. Tous les jardins du parc sont dédiés à la paix. Magnifique roseraie (15 000 rosiers).

Jardin botanique – *5 pl. Blot - ✆ 02 31 30 48 30 - tlj 14h-17h pour les serres - visite libre.* Le plus ancien des jardins de Caen (3 siècles d'histoire). Ce beau site paysager abrite des serres exotiques où croissent nombre de plantes rares de tous pays.

Parc Michel-d'Ornano – *5 ha.* Jardin à la française ; il fait partie de l'Abbaye-aux-Dames et vaut surtout par le remarquable coup d'œil que l'on y a sur l'édifice.

La « prairie » – 90 ha d'espace vert, en plein centre-ville, avec en prime un étang. Depuis le Moyen Âge, elle accueille foires et courses de chevaux.

Événements

La Foire internationale de Caen a lieu la dernière sem. de sept.

Les puces caennaises ont lieu le dernier week-end de nov.

Jardins du château de Canon★

CARTE GÉNÉRALE C2 – CARTE MICHELIN LOCAL 303 L5 – CALVADOS (14)

Aux confins du pays d'Auge et de la plaine de Caen, cette propriété offre l'illustration parfaite d'un domaine du 18e s. Château, communs, parc et jardins trouvent leur place dans un ensemble harmonieux où prime la verdure. C'est d'ailleurs pour elle que l'on vient à Canon : ses fameuses chartreuses, ses allées bordées d'arbres tricentenaires et ses fabriques invitent à la flânerie et au repos. L'eau, partout présente, ajoute encore au charme des lieux.

Château de Canon

Les fameuses chartreuses des jardins du château de Canon.

- **Se repérer** – Mézidon-Canon se situe à 29 km au sud-est de Caen par la N 13 et la D 47, à 28 km au nord-est de Falaise par la D 511 et *via* St-Pierre-sur-Dives (11 km au sud-est par la D 47).
- **À ne pas manquer** – Les fabriques du 18e s.
- **Organiser son temps** – Comptez 1h30 pour une visite tranquille.
- **Pour poursuivre la visite** – Voir aussi St-Pierre-sur-Dives, le château de Vendeuvre, Falaise et Caen.

Visiter

02 31 20 71 50 - www.chateaudecanon.com - juin-sept. : tlj sf mar. 14h-19h ; de mi-avr. à fin mai : w.-end et j. fériés 14h-18h - 5 €.

J.-B. Élie de Beaumont, brillant avocat au parlement de Paris et grand ami de Voltaire, créa le domaine. Léonce Élie de Beaumont, professeur au Collège de France et auteur, avec P.-A. Petit-Dufrénoy, de la première carte géologique générale de la France, à l'échelle 1/500 000, y naquit en 1798.

Dans les communs du château, la salle des Bonnes-Gens évoque la fête du même nom, instituée en 1775 par la châtelaine en l'honneur de la Bonne Fille, du Bon Vieillard, de la Bonne Mère et du Bon Père, fête qui eut un grand retentissement et fut souvent imitée.

Parc et jardins★ – Le château de Canon est agrémenté de 15 ha de **jardins**, ornés de statues et de petites constructions dites « **fabriques** », qui ont pour particularité de juxtaposer le style régulier à la française et le style pittoresque à l'anglaise.

Parmi les principaux points d'intérêt de la promenade, il faut citer le « temple de la Pleureuse » qui rappelle le souvenir de Mme Élie de Beaumont morte en 1783, le « Miroir d'eau », un rare kiosque chinois, et surtout les **chartreuses★**, enfilade de jardins clos de murs abritant des fleurs par centaines.

Dans les dépendances, possibilité d'acheter la production cidricole du domaine qui s'étend sur 52 ha.

Carolles

554 CAROLLAIS
CARTE GÉNÉRALE A3 – CARTE MICHELIN LOCAL 303 C7 – MANCHE (50)

Des villas anciennes aux jardins bien entretenus dominent la plage du haut d'une falaise et contemplent les immenses grèves de la baie du Mont-Saint-Michel : c'est le décor idyllique que propose Carolles. Cette petite station balnéaire juchée sur la pointe de Champeaux a inspiré de nombreux peintres et continue aujourd'hui d'attirer les familles, séduites par sa longue plage de sable fin.

Se repérer – On arrive à Carolles par la D 911 qui longe la côte d'Avranches (20 km au sud-est) à Granville (10 km au nord). Le Mont-St-Michel se trouve à 42 km de l'autre côté de la baie.

À ne pas manquer – Le sentier des Douaniers sur les falaises de Champeaux.

Organiser son temps – Comptez une demi-journée pour profiter à la fois de la belle plage de sable fin et des paysages.

Pour poursuivre la visite – Voir aussi Granville, les îles Chausey, l'abbaye de la Lucerne, Avranches et le Mont-St-Michel.

Se promener

Carolles… ce nom aux consonnances plutôt féminines a pour rude préfixe *karr*, qui signifie « rocher ». Ce qui se vérifie : la falaise est splendide et les paysages qu'elle domine sont à couper le souffle !

Plage

Avec ses cabines de bois peintes en blanc, la plage de Carolles a des allures très familiales. On y pratique le char à voile, la planche à voile, le surf… et le cerf-volant !

Accès original – Un escalier descend du Pignon Butor *(voir ci-après)* vers la plage. Il débouche sur deux grottes naturelles : les Mines d'or (pas de faux espoirs, il n'y a jamais eu de filon de métal précieux ici !).

Le Pignon Butor★

Suivez la direction de la Croix-Paqueray.

1 km à pied AR. Table d'orientation. Du bord de la falaise (60 m au-dessus de la station), la **vue** s'étend sur la côte au nord, jusqu'au rocher de Granville. À l'ouest, on distingue la pointe de Grouin et Cancale.

Vallée des Peintres

Laissez la voiture au parking de Carolles-Plage ; le chemin s'embranche dans la D 911.

Frais vallon bordé de rochers composant un tableau pittoresque.

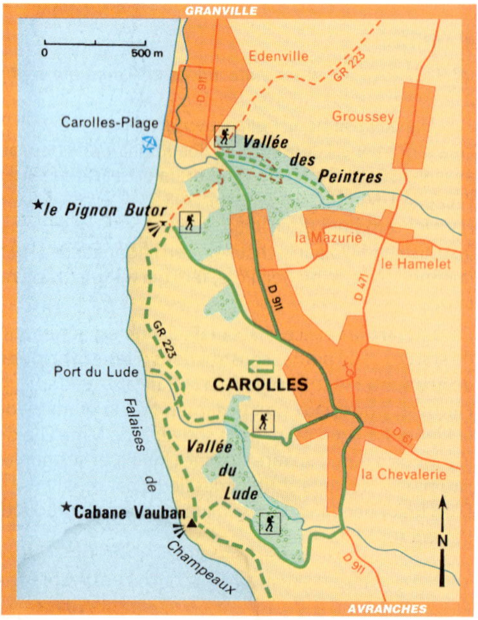

Vallée du Lude

Suivez la signalisation. Laissez la voiture au parking et continuez à pied.

1h AR. C'est lors de l'un de ses combats contre le démon que saint Michel ouvrit la vallée du Lude, d'un seul coup d'épée. Le chemin traverse les ajoncs et les genêts, puis débouche sur une anse solitaire, le port du Lude *(accès dangereux pour les bateaux).*

Cabane Vauban★

À la sortie de Carolles, prenez à droite après le petit pont. Laissez la voiture au parking et empruntez le chemin en descente qui s'embranche à gauche. Il remonte ensuite à droite sur la falaise.

De la cabane en pierre – ancien corps de garde (18e s.) –, bâtie sur un monticule rocheux, très belle **vue** sur la baie du Mont-Saint-Michel et sur le Mont lui-même. Deux options s'offrent ensuite à vous : la première consiste à suivre le sentier qui rejoint, à droite, Carolles-Plage par le Pignon Butor, la seconde à prendre la direction de la pointe de Champeaux, à gauche de la cabane *(voir ci-après les falaises de Champeaux).*

Falaises de Champeaux

Ces falaises s'élèvent à partir du port du Lude en direction de St-Jean-le-Thomas. La cabane Vauban en marque plus ou moins le premier tiers.

2,5 km AR de la cabane Vauban à la pointe de Champeaux. En découvrant, à quelques années d'intervalle, le panorama sur la baie du Mont-Saint-Michel depuis ces falaises couvertes de genêts et d'ajoncs, Édouard Herriot et le général Eisenhower se seraient exclamés : « *C'est le plus beau kilomètre de France !* » Fait avéré en revanche : c'est ici que s'observent les plus fortes marées d'Europe (15 m d'amplitude).

Carolles pratique

Voir aussi les encadrés pratiques de Granville et d'Avranches.

Adresse utile

Office du tourisme de Carolles – *33 r. de la Poste - 50740 Carolles - 02 33 61 92 88 - www.pontdelabbe.com - de mi-juin à mi-sept. : lun.-sam. 9h30-12h30, 14h-18h, dim. et j. fériés 9h30-12h30 ; de mi-sept. à mi-juin : mar. et sam. 9h30-12h30, jeu. 14h-17h et pdt vac. scol. merc. et vend. 9h30-12h30 - fermé 1er janv, 1er Mai et 25 déc.*

Se loger et se restaurer

Au Marquis de Tombelaine – *50530 Champeaux - 3 km au SE de Carolles par D 911 - 02 33 61 85 94 - claude.giard@wanadoo.fr - fermé 5-30 janv., 22-26 nov., mar. soir et merc. - 20/60 € - 6 ch. 49/57 € - 7 €.* Les deux maisons sont séparées par la route côtière. D'un côté le restaurant pour déguster fruits de mer et produits régionaux dans un cadre rustique et de l'autre, côté mer, les six petites chambres jouissent d'une vue sur la baie du Mont-St-Michel.

Château de Carrouges★★

743 CARROUGÉENS
CARTE GÉNÉRALE C3 – CARTE MICHELIN LOCAL 310 I3 – ORNE (61)

Sitôt la porte du châtelet franchie, le visiteur tombe sous le charme imposant du château de Carrouges, immense vaisseau rectangulaire reposant sur de larges douves. Du rouge de son nom au rose de ses longs murs de brique, entre le granit clair et le bleu de ses hauts toits d'ardoise qui se reflètent dans l'eau, Carrouges chatoie et envoûte.

- **Se repérer** – Située sur une éminence au nord-ouest de la forêt d'Écouves, à 26 km à l'est de Bagnoles-de-l'Orne et 30 km au nord-ouest d'Alençon, la localité de Carrouges fait partie du Parc naturel régional Normandie-Maine. Son château se détache en contrebas du bourg, un peu à l'écart, dans une zone marécageuse.
- **À ne pas manquer** – Le majestueux escalier d'honneur.
- **Organiser son temps** – Comptez 1h30 pour la visite du château.
- **Avec les enfants** – Apprenez au Conservatoire botanique des pommiers, qu'il existe d'autres pommes que les goldens !
- **Pour poursuivre la visite** – Voir aussi Argentan, Sées, Alençon, Lassay-les-Châteaux et Bagnoles-de-l'Orne.

Comprendre

Les propriétaires successifs – Cette vaste demeure fut durant près de cinq siècles et jusqu'en 1936, date de sa vente à l'État, la résidence des Le Veneur de Tillières qui y succédèrent aux Blosset et aux Carrouges, seigneurs du 12e au 15e s.

La légende sanglante – On raconte qu'il y a bien longtemps, une comtesse de Carrouges, enceinte, surprit son mari dans les bras d'une rivale. Furieuse, l'épouse bafouée poignarda cette dernière. Las ! La tendre amie était fée. Immédiatement, cette dernière prépara sa cruelle vengeance : le lendemain du meurtre, le comte était découvert assassiné. À cette nouvelle, une tache rouge apparut au front de la dame qui, quelques mois plus tard, mit au monde un fils, lui aussi marqué au front de la même tache. Il s'appelait Karl (à moins que ce ne soit Carle) et on l'appela Carle le Rouge : Carrouges ! Les gens plus sérieux disent que le nom vient du latin *quadrivium*, qui signifie plus simplement « carrefour ».

Gilles Targat / MICHELIN

Le château de Carrouges entouré de douves.

Visiter

Le château★★

✆ 02 33 27 20 32 - visite guidée (45mn, dernier dép. 45mn av. fermeture) de mi-juin à fin août : 9h30-12h, 14h-18h30 ; d'avr. à mi-juin : 10h-12h, 14h-18h ; oct.-mars : 10h-12h, 14h-17h - fermé 1er janv., 1er Mai, 1er et 11 Nov., 25 déc. - 6,50 € (-18 ans gratuit).

Le château de Carrouges relève, dans sa plus grande part, de l'architecture Henri IV-Louis XIII.

Le **Conservatoire botanique des pommiers de Bretagne et de Normandie**, à l'entrée de la propriété, rassemble 152 variétés de pommes.

Extérieur

Élégant édifice cantonné de quatre tourelles circulaires, le **châtelet**★ (16e s.) fut certainement construit par Jean Le Veneur évêque de Lisieux, abbé du Bec, puis du Mont-St-Michel. Il parraina et participa aux frais de l'expédition de Jacques Cartier au Canada..

Plus austère que le châtelet d'entrée mais très imposant, le **château**, entouré de douves en eau vive, délimite une cour intérieure. Il donne, au sud-ouest, sur une terrasse que limite une grille en fer forgé d'une grande élégance.

Intérieur

Le rez-de-chaussée est occupé par les communs et les services. Remarquez l'imposante cuisine avec ses cuivres d'origine. L'étage est réservé aux pièces d'apparat. Les appartements présentent un décor Renaissance et classique servant de cadre à un précieux mobilier. La **chambre de Louis XI** (il y avait couché le 11 août 1473) contient un lit à pentes de tissu imitant le point de Hongrie, de création récente. L'**antichambre d'honneur** révèle une cheminée dont le manteau de la hotte laisse apercevoir une scène de chasse. Dans la **salle à manger**, remarquable cheminée encadrée de deux piédroits de granit poli, coiffés de chapiteaux corinthiens ; bas de buffets Louis XIV et sièges Restauration. Le **salon des Portraits** rassemble un bel ensemble de portraits des propriétaires du château. Le **Grand Salon** occupe une partie du pavillon d'angle ; les boiseries de couleur jaune paille datent de la fin du 17e s. ou du début du 18e s.

La visite s'achève par le monumental **escalier d'honneur**★, remarquable par la hardiesse de ses arcades et de ses voûtes de brique rose, reposant sur quatre piles disposées en carré.

Découvrir

Le parc naturel régional Normandie-Maine

Créé en 1975 sur deux régions (Basse-Normandie et Pays-de-la-Loire), il s'étend sur plus de 235 000 ha et regroupe 150 communes de l'Orne, de la Manche, de la Mayenne et de la Sarthe.

Le territoire du Parc, aux confins de la Normandie et du Maine, se partage entre un « haut pays » (crêtes, barres et escarpements boisés des Alpes mancelles) et un « bas pays » (bocage, douces collines du Saosnois et campagnes ouvertes de Sées et Alençon).

Soucieux de maintenir et de développer la vie rurale, le Parc encourage la création et le développement d'activités liées aux domaines artisanal, agricole, touristique et sportif.

Le Parc peut se découvrir en voiture ou à bicyclette par quatre « routes » : la route des Trois-Forêts ; la Route des haras et châteaux de l'Orne ; le circuit « Au pays de Lancelot du Lac » ; la Route du poiré.

Le Parc est traversé par 2 500 km de sentiers balisés, dont 250 de sentiers thématiques.

Parc naturel régional Normandie-Maine

La Maison du Parc

Maison du Parc - BP 05 - 61320 Carrouges - ☏ 02 33 81 75 75 - www.parc-naturel-normandie-maine.fr -tlj sf w.-end et j. fériés 9h-12h, 14h-18h.

Lieu d'accueil et d'information touristique, elle propose de très nombreuses activités destinées à tous les publics, sportifs ou moins, désireux d'explorer et de profiter des richesses du Parc : sorties ornithologiques, botaniques, balades au cœur d'une tourbière, randonnées, escalade, VTT, kayak, courses d'orientation… Vous y trouverez, en vente, toutes les brochures, les cartes et les topoguides nécessaires à la préparation d'un séjour dans la région.

Aux alentours

Goult

13 km. Quittez Carrouges à l'est par la D 908 et, après 8,5 km, prenez la D 204 à gauche.

Un chemin passant entre deux fermes permet d'accéder à une chapelle romane dont le portail est pourvu de six chapiteaux finement sculptés représentant des scènes de chasse. Un peu plus loin, un chemin monte à la **chapelle St-Michel**, étape importante sur la route du Mont-St-Michel pour les pélerins du Moyen Âge. De la croix, vue sur la forêt. Les levées de terre laissent deviner la présence d'un camp romain.

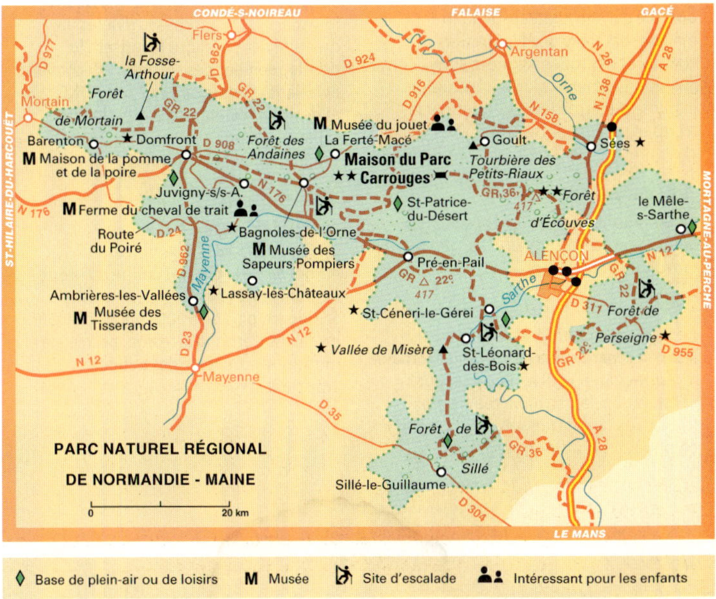

Tourbière des Petits-Riaux – *Suivez le fléchage. Des visites guidées sont organisées par le Parc - se renseigner.*
Un sentier découverte *(1,4 km)*, en partie sur platelage, invite à découvrir cette tourbière à sphaignes, véritable trésor écologique très fragile ; on y retrouve bien sûr un tapis spongieux de sphaignes, toutes sortes de fougères et d'étonnantes plantes carnivores comme les rossolis à feuilles rondes (drosera).

Le Champ de la Pierre

8 km au nord-ouest en direction de Rânes par les D 908 et D 909.

Parc du château du Champ de la Pierre – *✆ 02 33 27 21 70 - de mi-juil. à fin sept. : tlj 10h-12h, 14h30-18h30 - 3,5 € (gratuit -12 ans).*
Créé à la fin du 18e s., ce parc de 4 ha, labellisé « Jardin remarquable », vaut par ses perspectives. Empruntez l'allée cavalière bordée de tilleuls et de hêtres (certains ont survécu aux bombardements de 1944) : elle mène au lac où se trouvent deux petits ports. Cherchez ensuite les fabriques. La plus difficile à dénicher sera le temple de Diane : un labyrinthe en garde l'accès. Roseraie et potager.

Les Forges – *✆ 02 33 39 72 94 - visites en juil. et août à 17h - 6 € (3 € à partir de 12 ans) - parking obligatoire à l'entrée du chemin, puis 15mn à pied.*
Fondées en 1572, elles ont fonctionné jusqu'en 1865, employant 300 ouvriers au plus fort de leur activité. Le fer provenait du sous-sol de la région et le charbon, de la forêt d'Écouves toute proche. Une association a restauré le haut fourneau qui permettait la production de fonte, celle-là même dont sont faites les grilles de la terrasse du château de Carrouges.

Château de Carrouges pratique

Voir aussi les encadrés pratiques de Bagnoles-de-l'Orne et d'Alençon.

Adresse utile

Point d'information du château de Carrouges – *R. du Crochet - 61320 Carrouges - ✆ 02 33 26 78 43 - de déb. juin à mi-sept. : merc.-vend. 9h-13h30, sam. 10h-12h, 14h-19h, dim. 10h-12h, 13h30-19h.*

Se loger

St-Pierre – *61150 Rânes - ✆ 02 33 39 75 14 - www.hotelsaintpierreranes.com - P - 12 ch. 50/68 € - 8 € - restaurant 22/40 €.* Au cœur de ce bourg normand dominé par son château-gendarmerie, maison régionale dont les petites chambres rustiques soignées sont chaleureusement colorées. La cuisine, inspirée du terroir, met à l'honneur les tripes et les cuisses de grenouilles. Accueil chaleureux.

Se restaurer

Le Jean-Anne – *2 r. de la Fée-d'Argouges - 61150 Rânes - 11 km au NO de Carrouges par D 908 et D 909 - ✆ 02 33 39 75 16 - fermé 2e quinz. de fév., mar. soir et merc. sf j. fériés - 11,50/36 €.* De la salle au décor simple et propret, vous pourrez jeter un regard sur la petite église romane et sur le château qui lui fait face. Côté restauration, la patronne œuvre aux fourneaux tandis que son époux prend les commandes. Cuisine bourgeoise.

Que rapporter

Association pour la promotion, l'accueil et l'animation du bocage carrougien – *Maison du Parc - 61320 Carrouges - ✆ 02 33 81 75 75 - www.parc-naturel-normandie-maine.fr - juil.-août et déc.* Dans une collégiale du 15e s. (ancien lieu de culte des seigneurs de Carrouges), expositions temporaires d'artisanat local et de produits du terroir (cidre, terrine, confiserie, chocolat, etc.).

Sports & Loisirs

Sorties et bases de pleine nature – *61320 Carrouges.* Les grands massifs forestiers, les nombreuses rivières, la diversité des paysages favorisent le développement des sorties de découverte et la variété des loisirs. Le Parc, l'ONF et diverses sociétés de protection de la nature s'associent pour des sorties programmées toute l'année.

Événement

Fête de la chasse – *4, 5, 6 août - ✆ 02 33 37 15 88.* Rassemblement européen de la chasse. Coupe d'Europe de trompe de chasse, grand-messe de St-Hubert, plus de 6 000 chiens, concours de chiens d'arrêt, d'attelage, pêche à la mouche, découverte des milieux aquatiques.

Ancienne abbaye de Cerisy-la-Forêt★

839 CERISYAIS
CARTE GÉNÉRALE B2 – CARTE MICHELIN LOCAL 303 G4 – MANCHE (50)

Il faut découvrir ce chef-d'œuvre de l'art roman normand, en venant de l'est, après avoir traversé la forêt. L'église apparaît, majestueuse, dans un écrin de verdure, avant le bourg auquel l'abbaye bénédictine a donné naissance. Prenez votre temps pour découvrir le site : l'édifice mérite que l'on s'en imprègne.

Gilles Targat / MICHELIN

L'abbaye de Cerisy-la-Forêt dresse son imposante silhouette au bord de l'eau.

- **Se repérer** – L'abbaye se situe entre Bayeux (22 km au nord-est) et St-Lô (18 km au sud-ouest), à la sortie de la forêt de Cerisy, à deux pas de la D 572.
- **À ne pas manquer** – L'abside, remarquable de finesse et de clarté.
- **Organiser son temps** – Comptez environ 2h pour la visite.
- **Pour poursuivre la visite** – Voir aussi les plages du Débarquement, Bayeux, le château de Balleroy, Aunay-sur-Odon, Saint-Lô et le Parc naturel régional des marais du Cotentin et du Bessin.

Comprendre

Aux origines de la Normandie chrétienne – Les souvenirs de l'ancienne abbaye remontent au 6e s., alors que la Gaule commence à se christianiser. L'histoire raconte que c'est à la suite d'un miracle qu'un grand propriétaire gallo-romain fit don de la terre de Cerisy à l'ermite Vigor. Vers 510, Vigor, évangéliste du Bessin, fait édifier à Cerisy un monastère dédié à saint Pierre et à saint Paul. En 1032, Robert le Magnifique, père de Guillaume le Conquérant, fonde un nouveau monastère consacré à Vigor, ancien évêque de Bayeux. Une fois encore, les moines ont participé au défrichement de la forêt de Cerisy, y trouvant de quoi faire l'ensemble des charpentes de l'abbatiale.

Visiter

Église abbatiale★

☏ 02 33 57 34 63 - visite guidée (45mn) avr.-juin et de déb. sept à mi-nov. : tlj sf lun. 11h-18h ; juil.-août : 11h-18h - 3 € la visite libre (enf. gratuit), 4 € la visite guidée.

La nef, réduite maintenant à trois travées alors qu'elle en comptait sept à l'origine (11e s.), reste admirable et surprend par son élévation. Les grandes arcades sont surmontées d'une galerie ; des colonnes reliées par des arcs en plein cintre formant coursière encadrent les fenêtres hautes. Le chœur (stalles exécutées vers 1400) et l'abside reproduisent la disposition à trois étages de la nef : les fines nervures de la voûte de l'abside sont très élégantes. Une exposition permanente sur l'art roman en Normandie est installée dans le bas-côté droit.

En sortant, voyez à gauche sur un pan de mur les vestiges du 13e s. qui attestent la longueur de la nef d'origine. Contournez l'église pour découvrir l'ensemble remarquable formé par le **chevet★** avec l'étagement de l'abside, du chœur et du clocher.

Bâtiments conventuels

Visite guidée (45mn) avr.-juin et de déb. sept à mi-nov. : tlj sf lun. 11h-18h ; juil.-août : 11h-18h - 3 € la visite libre (enf. gratuit), 4 € la visite guidée.

Leur origine remonte au 13e s. Ils ont été achetés sous la Révolution comme bien national et leurs pierres ont alors été vendues pour construire les maisons ou paver les chemins.

Musée lapidaire – Installé dans une salle basse voûtée d'ogives, on y voit des fragments de statues et une collection de pavements décorés des 14e et 15e s. ; au fond, restes d'un cachot avec des graffitis des 15e et 16e s.

Chapelle de l'Abbé – Construite au 13e s. à la suite d'un don de Saint Louis, c'est une très belle réalisation de l'art gothique en Normandie. Remarquer, à droite, la double piscine sous deux arcs géminés en plein cintre et, au-dessus de l'autel, les fresques du 15e s. Dans une armoire, admirez la belle collection d'ornements sacerdotaux : étoles, chasubles, chapes.

Salle de Justice – Elle regroupe le mobilier des moines, des documents et des manuscrits.

Îles Chausey★

CARTE GÉNÉRALE A2 – CARTE MICHELIN LOCAL 303 B6 – MANCHE (50)

Imaginez : à 17 km au large, un dédale de chenaux, de plaines de sable, de dentelles de granit se découpant sur l'horizon des plus fortes marées d'Europe. Vous avez là un des sites les plus extraordinaires que la Normandie puisse offrir : les îles Chausey, archipel de plusieurs kilomètres carrés groupant une cinquantaine d'îles ou d'îlots et des centaines d'écueils. Pour apprécier toute la saveur de ce chaos de granit qui se métamorphose au rythme du soleil et des marées, il faut y rester au moins une nuit !

- **Se repérer** – 17 km séparent l'archipel de Chausey de Granville.
- **À ne pas manquer** – L'étonnant spectacle des grandes marées.
- **Organiser son temps** – Comptez une journée pour faire tranquillement la traversée et la balade sur la Grande Île. Mieux : si possible, passez-y la nuit.
- **Pour poursuivre la visite** – Voir aussi Granville, Coutances, l'abbaye de la Lucerne, Carolles, le Parc naturel régional des marais du Cotentin et du Bessin et la presqu'île du Cotentin.

Comprendre

Un granit très apprécié – L'archipel doit son nom à la présence du granit : *calais* en latin est devenu « causey », « chauzyé » puis Chausey. Les carrières, longtemps exploitées, ont fourni le beau granit de Chausey utilisé au Mont-St-Michel, dans les manoirs du Cotentin mais aussi pour certains trottoirs des boulevards parisiens et pour les quais de Saint-Malo ! On dit que l'archipel serait une partie émergée de la forêt de Scissy engloutie au cours d'un cataclysme en 709.

Un archipel de taille variable – Les jours de grandes marées, l'amplitude peut atteindre 14 à 15 m dans les alentours de Chausey : on dit que l'eau monte d'un mètre par quart d'heure. Cela explique que l'archipel fasse plus de 5 000 ha à marée basse, et à peine 65 ha à marée haute. Selon la tradition locale il y aurait 52 ou 53 îles émergées à marée haute (autant que de semaines par an) et 365 à marée basse (autant que les jours d'une année). En fait, ce sont plus de 200 rochers, appelés « **grunes** », qui « découvrent » à marée basse. Ces « terres » émergées appartiennent pour les trois quarts à une société privée. L'État possède les 7 ha autour du phare et du fort.

Découvrir

La navigation risque d'être hasardeuse sans aide locale, et il est préférable d'avoir quelques conseils avant de se lancer à travers l'archipel à la recherche de la petite crique tranquille qui fera votre bonheur.

Aux abords de la Grande Île, le chenal du Sound qui la longe est l'abri le plus sûr.

LA GRANDE ÎLE★

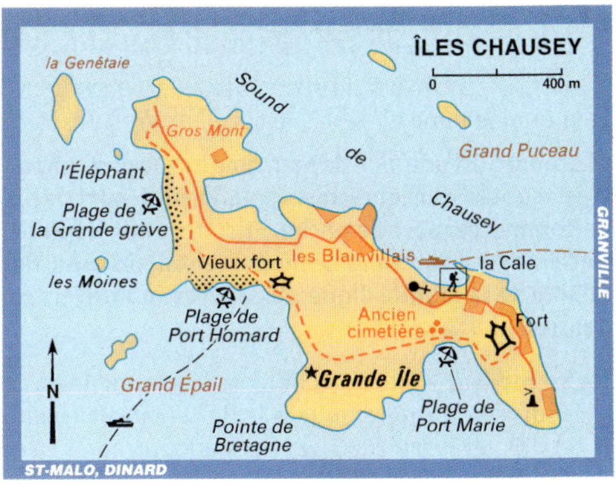

Avec près de 2 km de longueur sur 700 m dans sa plus grande largeur, elle est la plus importante de l'archipel et la seule accessible aux touristes. Elle est aussi la seule habitée par une demi-douzaine de Chausiais en hiver. Peintre officiel de la marine, Marin Marie y possédait une maison et de son côté, Éric Tabarly aimait à y venir.

Au moment des floraisons, soyez attentif aux chardons bleus, rosiers pimprenelles, géraniums sanguins et œillets de France qui sont le must de l'abondante flore de Chausey.

Le phare et le fort

Élevé en 1847, le phare domine la mer de 37 m et a une portée de 45 km. Le fort, construit entre 1860 et 1866 pour repousser une éventuelle attaque anglaise, n'a jamais joué de rôle militaire actif et sert d'abri aux pêcheurs. Sur la côte sud, non loin de l'ancien cimetière, s'ouvre la plage de Port-Marie, la seule qui soit surveillée en été.

Contournez le fort par la gauche.

Le sentier passe auprès d'un ancien cimetière (quatre tombes).

Vieux fort

Il a été remodelé en 1923 par Louis Renault sur les restes d'un autre fort bâti en 1558. Sa fière silhouette domine tout le littoral et en particulier la plage de Port-Homard qui découvre très loin à marée basse.

« Les Moines » et « l'Éléphant »

Dans l'île, presque chaque caillou sculpté par les vagues ou usé par le vent porte un nom. Depuis la plage de la Grande-Grève, la plus grande de l'île, on peut atteindre les Moines et l'Éléphant à marée basse. Ce sont d'énormes blocs de granit aux formes évocatrices.

Îles Chausey pratique

Voir l'encadré pratique de Granville.

Accès

Compagnie « Jolie France » – *Traversée (35 à 50mn) - ✆ 02 33 50 31 81 - d'avr. à sept. : tlj ; oct-nov et mars : merc., w.-end ; déc.-fév. : merc. et sam.*

Arrivée d'un voilier aux îles Chausey.

Gilles Targat / MICHELIN

Compagnie « Corsaire » - *Traversée (50mn) - ✆ 0 825 138 050 - d'avr. à sept. : tlj.* Quelques voyages supplémentaires peuvent être proposés, surtout en période de grande marée - *se renseigner.*

Se loger et se restaurer

Hôtel Fort et des Îles – *50400 Chausey (Îles) - ✆ 02 33 50 25 02 - fermé 27 sept.-18 avr. - 8 ch. demi-pension 60 € - restaurant 19/90 €.* Seul hôtel de l'île : il faut impérativement réserver sa chambre à l'avance. Agatha Christie aurait pu y écrire un roman. Au bout du corridor étroit comme dans un bateau, la chambre 4, profitant du soleil, est certainement prédestinée aux amoureux. Côté restaurant : palourdes farcies et homard de Chausey, bulots sauce gribiche, huîtres de St-Vaast et bouquets du Brésil (spécialité de Chausey, il est soumis à une pêche réglementée qui conditionne livraisons et prix…).

Cherbourg-Octeville

25 370 CHERBOURGEOIS (AGGLOMÉRATION : 117 855 HABITANTS)
CARTE GÉNÉRALE A1 – CARTE MICHELIN LOCAL 303 C2 – MANCHE (50)

Cherbourg est une ville de mer, dotée de la plus grande rade artificielle du monde. C'est d'abord plusieurs ports dans la ville : port de plaisance, port militaire, port de commerce, port de pêche. Ensuite, et en dépit de ses malheurs à travers les siècles, c'est un patrimoine monumental très riche, dominé par l'ensemble remarquable de sa grande digue. Découvrez-le à travers ses jardins, ses musées et ses églises.

Se repérer – Située au nord de la presqu'île du Cotentin, à 120 km des côtes anglaises, la plus grande ville de la Manche résulte de la fusion de Cherbourg et d'Octeville en 2000. La N 13 y aboutit, après être passée par Caen (123 km au sud-est) et Bayeux (96 km).

À ne pas manquer – La Cité de la Mer et une visite de la rade en bateau pour apprécier le gigantisme des installations.

Organiser son temps – Comptez 3h de visite pour la Cité de la Mer, dont 35mn pour le seul *Redoutable*.

Avec les enfants – Mettez le cap sur la Cité de la Mer pour admirer les poissons dans l'aquarium et apprendre à manœuvrer un sous-marin.

Pour poursuivre la visite – Voir aussi Barfleur, St-Vaast-la-Hougue, Valognes, le Parc naturel régional des marais du Cotentin et du Bessin et la presqu'île du Cotentin.

Gilles Targat / MICHELIN

Port de pêche de Cherbourg.

Comprendre

Travaux de titan – Ce qui a fait Cherbourg, c'est la digue conçue, dans ses grandes lignes, par le capitaine de vaisseau de La Bretonnière. Les travaux commencèrent en 1783. Au large, à l'alignement de l'île Pelée et de la pointe de Querqueville, le marin prévoyait l'immersion de gigantesques cônes de charpente. Mais la mer détruisait au fur et à mesure ce que la main de l'homme construisait. Pourtant, à force d'engloutir des matériaux, une sorte d'île artificielle se constitua lentement, dont la mer façonna elle-même la courbe. En respectant ce tracé, on put édifier une digue capable de résister aux éléments déchaînés. Pendant la période révolutionnaire, les travaux furent suspendus ; ils ne se terminèrent qu'en 1853. Le port militaire, commencé sur l'ordre de Napoléon Ier, fut inauguré en 1858 par Napoléon III. En avril 1869, un premier transatlantique mouillait en rade pour les opérations d'escale.

Et Pluto est arrivé ! – Quand le 7e corps américain prit possession de Cherbourg, il trouva le port complètement dévasté et infesté de mines. La remise en état fut menée en un temps record ; les installations devaient assurer presque seu-

Le saviez-vous ?

Au 12e s., un certain Jean de Marmoutier déclarait, très sérieusement, César bâtisseur du château et fondateur de la ville. Étonnant ! Mais peut-être pas si incroyable que cela, car l'une des plus anciennes appellations de la cité (11e s.) aurait été *Cæsaris Burgus*, le « bourg de César ».

Un film a beaucoup contribué à la renommée de la ville : *Les Parapluies de Cherbourg*. La célèbre comédie musicale (1964) de Jacques Demy, mise en musique par Michel Legrand, a bien été tournée à Cherbourg, mais... ce sont les pompiers qui ont assuré l'ambiance pluvieuse, et la neige carbonique avait été appelée en renfort pour les scènes hivernales !

Nombreuses sont les célébrités locales : né près de Gréville-Hague, **Jean-François Millet** (1814-1875) étudia la peinture à Cherbourg avant de se fixer en région parisienne. **Jean Marais** (1913-1998) naquit à Cherbourg où son père était vétérinaire ainsi que **Jacques Rouxel** (1931-2004), connu pour être le père des célèbres *Shadoks*.

les – avec la mise en sommeil progressive du port artificiel d'Arromanches – le ravitaillement des troupes alliées, et cela jusqu'en décembre 1944. Lors de la bataille des Ardennes, le trafic du port fut deux fois plus important que celui de New York pendant les mois les plus actifs de 1939. Pluto (Pipe Line Under The Ocean), l'oléoduc immergé, reliant l'île de Wight à Cherbourg, débita, à partir du 12 août 1944, une partie de l'essence nécessaire aux armées. La prise de Cherbourg, les 26 et 27 juin 1944, devait marquer une étape décisive de la bataille de Normandie : désormais, la cadence de débarquement du matériel lourd put être envisagée avec optimisme.

Se promener

Goûter au charme de la ville peut se faire en se laissant tout simplement guider par les bornes mises en place au pied des sites les plus intéressants. Il y a six chemins historiques jalonnés de bornes explicatives (plan de situation, illustration du site et légende en français et en anglais) de 1,5 à 5 km - *départs : en face de la gare SNCF, en face de la basilique de la Sainte-Trinité et en face de l'ancienne gare Transatlantique.*

Parc Emmanuel-Liais

8h/8h30-17h/19h30 selon les saisons - visite des serres : tlj sf w.-end et j. fériés, 10h-12h, 14h-17h - gratuit.

Entourant le muséum, ce joli parc d'un hectare fut créé par le naturaliste et astronome Emmanuel Liais (1826-1900), également ancien maire de Cherbourg. Aujourd'hui, les serres abritent 400 variétés de plantes et le parc est célèbre pour sa végétation tropicale dont la vigueur atteste l'influence réchauffante du Gulf Stream. En effet, bien que situé à la même latitude que l'embouchure du Saint-Laurent au Canada, et malgré une réputation tout à fait injustifiée d'endroit pluvieux, Cherbourg a des moyennes de température proches des pays subtropicaux. L'ensoleillement est même légèrement supérieur à celui de la région parisienne.

Place Napoléon

Agréablement fleurie, elle est dominée par la statue équestre de l'Empereur, œuvre en bronze due à Armand Le Véel. D'un geste du bras, Napoléon désigne le port militaire, et non l'Angleterre comme l'ont longtemps dit les Cherbourgeois ! À proximité, se dresse la basilique de la Trinité.

Basilique Sainte-Trinité

Tlj 9h-18h30. Monument de style flamboyant du 15e s., édifié sur l'emplacement d'une église du 5e s. Notez les gâbles et les pinacles ornés de feuillages et de gargouilles sorties du bestiaire médiéval. La tour-clocher carrée qui coiffe le portail a été ajoutée au 19e s. À l'intérieur, coursive de pierre sculptée et peinte figurant, au nord, une **danse macabre** (16e s., restaurée au 19e s.) et au sud des scènes de la Passion du Christ. Fonts baptismaux du 15e s.

Visiter

Musée Thomas-Henry

02 33 23 39 30 - ♿ - mai-sept. : 10h-12h, 14h-18h, dim. et lun. 14h-18h ; oct.-avr. : tlj sf lun. et mar. 14h-18h - gratuit. Site côtier oblige, le musée rassemble un bon nombre de toiles ayant pour thème Cherbourg et la mer. Son fonds comprend aussi des collections d'art du 15e au 19e s. On peut ainsi voir un panneau de prédelle (partie inférieure d'un tableau d'autel) du peintre toscan Fra Angelico, *La Conversion de saint Augustin* et une Mise au tombeau de Filippo Lippi. Parmi les peintures classiques du 17e au 19e s., citons une lumineuse Mélancolie de Van Loo, un pathétique Christ au calvaire de Murillo, *Vue d'Italie* de Vernet ou *Table de cuisine* de Chardin, une pietà de Poussin, des œuvres de Largillière, Rigaud, David et de nombreux travaux néoclassiques du début du 19e s.

Sont aussi exposées des sculptures d'Armand Le Véel (1821-1905), des natures mortes de Guillaume Fouace, né à Réville en 1837, et de Jean-François Millet. Une salle est consacrée à ce dernier, illustre peintre né à Gréville-sur-Hague en 1814. On peut y voir de nombreux portraits parmi lesquels ceux de Pauline Orno, sa première épouse, mais aussi un ensemble de peintures et dessins de sa maturité, dont la *Charité*, œuvre proche du célébrissime *Angélus*.

Muséum

☏ 02 33 53 51 61 - mai-sept. : 10h-12h, 14h-18h, dim. et lun. 14h-18h ; oct.-avr. : tlj sf lun. et mar. 14h-18h - fermé j. fériés - gratuit.

Le muséum d'Ethnographie, d'Histoire naturelle et d'Archéologie contient, au rez-de-chaussée, des collections de coquillages, mammifères et oiseaux rassemblées à partir de 1830 dans des conditions très proches des romans d'aventure. À l'étage, les cinq continents sont présentés à travers des expositions de pierres, de statuettes, d'instruments de musique et d'armes.

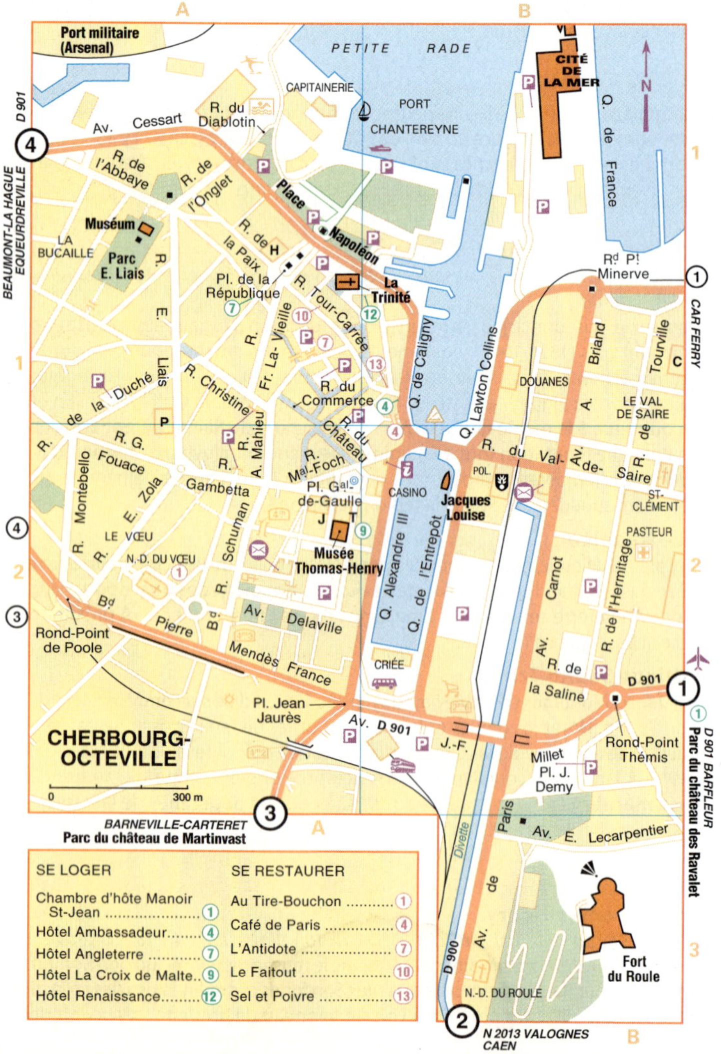

La Cité de la Mer★★

Gare maritime transatlantique, en face du port de plaisance - ✆ 02 33 20 26 26 - ♿ - www.citedelamer.com - juil.-août : 9h30-19h ; mai-juin et sept. : 9h30-18h ; oct.-avr. : 10h-18h (dernière entrée 1h av. fermeture) - fermé 3 sem. en janv., 1er janv. et 25 déc. - 14 € avr.-sept. (-6 ans gratuit, 7-17 ans 10 €) ; 12,50 € oct.-mars (-6 ans gratuit, 7-17 ans 9 €) - en période d'affluence, il est parfois impossible de visiter le sous-marin (réduction accordée le cas échéant) - accès au sous-marin interdit aux -6 ans et limité pour les personnes à mobilité réduite.

Même si le grand hall d'accueil Art déco impressionne toujours avec ses 9 000 m^2 et ses 20 m de haut, l'ancienne gare Transatlantique n'a pas retrouvé après la guerre la splendeur qu'elle pouvait avoir à son inauguration en 1933. Très moderne pour l'époque, elle s'étendait sur 280 m de long et était dominée par un campanile de 70 m de haut cantonné de quatre horloges.

Amaury de Valroger / MICHELIN

Le « Redoutable » en cale sèche à la Cité de la Mer.

Contrairement à ce que l'on pourrait croire, son immense hall n'accueille pas l'ensemble muséographique de la Cité de la Mer. On y trouve l'accueil, des points d'information (tourisme, visite du port) et de restauration, une médiathèque… mais l'essentiel de l'espace est réservé aux événements et expositions temporaires. Dans le prolongement du bâtiment, à côté de la cale sèche du *Redoutable*, deux pôles se partagent les 1 500 m^2 d'exposition. Dans le premier, orienté vers l'Océan et ses trésors : un grand **aquarium★** de plus de 10 m de haut peuplé de 3 500 poissons évoluant dans un atoll corallien, un bassin tactile où les enfants peuvent caresser les raies, et des présentations thématiques consacrées à la faune et la flore, à l'aventure de la plongée et à l'archéologie marine. Le second s'intéresse au monde des sous-marins avec, pour point fort, la visite *(avec audioguide)* du **Redoutable★**, 1er sous-marin nucléaire français. Le visiteur découvre un univers fascinant, avec possibilité de travaux pratiques à la sortie grâce à de nombreux simulateurs et exercices interactifs !

Chalutier « Jacques Louise »

Quai de l'Entrepôt, bassin du commerce - ✆ 02 33 93 32 29 - juil.-août : visites guidées 14h-17h30 - 3 € (-14 ans gratuit, 14-18 ans 1,50 €).

Ce chalutier en bois est l'un des derniers témoins de la pêche au large. Construit par les chantiers navals cherbourgeois en 1959 et désarmé en 1991, il est à chaluts latéraux, et à ce titre classé « monument historique ». Sous le pont, une scénographie ponctuée par le bruit du moteur et les odeurs de fuel et de poisson permet de comprendre la vie de ces hommes, embarqués pour une marée de 5 à 10 jours. Expositions sur la mer et les marins dans l'ancienne cale aux poissons.

Port militaire (arsenal)

En application du plan Vigipirate, les visites sont suspendues.

L'arsenal se compose du port militaire et de la direction des Constructions navales spécialisées dans les sous-marins, classiques et nucléaires.

Outre cette activité d'armement de sous-marins, la Marine nationale remplit des missions de service public : sauvetage en mer, contrôle du trafic maritime, surveillance du milieu marin, lutte contre la pollution marine. Cette dernière est assurée par la flottille « des patrouilleurs de la Manche » amarrée dans les bassins Charles X et Napoléon III.

Visite de la rade en bateau

✆ 02 33 20 09 00 - billetterie et embarquement à la Cité de la Mer - avr.-sept. : visite commentée 10h, 11h30, 14h, 15h30 et 17h - 11,50 € (4-12 ans 6,50 €).

Ces promenades commentées permettent de découvrir l'ampleur de la grande rade, une réalisation gigantesque de Napoléon. Dans ses mémoires, il écrivait : « J'avais résolu de renouveler à Cherbourg les merveilles de l'Égypte ». Le fort central de la digue du large, appelé aussi « batterie Napoléon », fut la « pyramide » de l'Empereur et son « lac Moeris » (le port militaire).

Tous les jours, l'éclairage **« Amarrée »** de Yann Kersalé habille les quais, dont l'ambiance lumineuse varie du bleu de la pleine mer au vert de la marée basse.

Fort du Roule

Une route en lacet conduit jusqu'au fort qui couronne le sommet (alt. 112 m) de la montagne du Roule (*roule* est une appellation ancienne du grès).

En juin 1944, les Allemands, réfugiés dans le fort, ne capituleront qu'après de rudes combats.

De la terrasse aménagée sur les remparts, très beau **point de vue★** sur la ville, les gares maritimes, l'arsenal et l'immense plan d'eau (plus de 1 500 ha) de la grande rade.

Musée de la Libération – *☎ 02 33 20 14 12 - ♿ - mai-sept. : 10h-12h, 14h-18h, dim. et lun. 14h-18h ; oct.-avr. : merc.-dim. 14h-18h, sinon sur RV - fermé j. fériés sf 8 mai et 11 nov. et en janv. - 3,20 € (+7 ans 1,70 €).*

À la fois centre d'histoire et lieu de souvenir, ce musée évoque les années noires de la France entre 1940 et 1944, sans jamais montrer d'arme ni d'uniforme. Le visiteur accède au musée en longeant une grille qui plonge ses barreaux dans un bassin (le mouvement de l'eau évoquant la marée sur une plage).

Dans les sous-sols, des documents historiques ou des montages audiovisuels guident les visiteurs à travers un cheminement de l'*ombre* (exode, occupation, contexte de propagande dans lequel baignait le pays, stratégies de défense…) vers la *lumière* (Débarquement, libération de Cherbourg et reconstruction du port, qui fut une étape essentielle à la libération de l'Europe).

Aux alentours

Tourlaville

5 km à l'est. Quitter Cherbourg au sud-est par l'avenue Amiral-Lemonnier. À Tourlaville, à un carrefour avant l'hôtel Terminus, tournez dans la rue des Alliés à droite. 800 m plus loin, à un carrefour avec la D 63, prenez à droite la D 322. Laissez la voiture au parking et continuez à pied jusqu'à l'entrée du château à gauche.

Parc du château des Ravalet★ – *☎ 02 33 22 01 35 - www.ville-cherbourg.fr - ♿ - juin-août : 8h-19h30 ; avr.-mai et sept. : 8h-19h ; janv. : 8h30-17h30 ; fév. : 8h15-18h ; mars et oct. : 8h-18h ; nov. : 8h-17h30 ; déc. : 8h30-17h - possibilité de visite guidée (1h30) sur demande en juil. et août - gratuit.*

Le parc qui enchâsse une belle demeure Renaissance aux fenêtres à meneaux encadrées de pilastres corinthiens, joint à l'imprévu de sa végétation exotique le charme de ses pièces d'eau et les ombrages de sa futaie de hêtres.

Gilles Targat / MICHELIN

Hortensias dans le parc des Ravalet.

Martinvast

À environ 10 km au sud de Cherbourg par la D 900.

Parc du château de Martinvast – *☎ 02 33 87 20 80 - www.ifrance.com/jardins-en-cotentin - avr.-sept. : 9h-12h, 14h-18h, w.-end et j. fériés 14h-18h ; oct.-mars : tlj sf sam. 9h-12h, 14h-18h, dim. 14h-18h - 5 à 6 € (enf. 1,50 à 2 €).*

Si le château (16e-19e s.) ne se visite pas, le parc offre en revanche sept itinéraires de promenade à travers la propriété. Certains chemins, bordés de rhododendrons, sont de toute beauté au printemps.

Tollevast

10 km au sud de Cherbourg par la D 900, puis à gauche vers Hardinvast.

Église – Il faut prendre du temps, et si possible des jumelles, pour découvrir cette petite église romane (12e s.). A priori, elle n'a rien d'exceptionnel, si ce n'est l'harmonie qui se dégage de sa sobre architecture. Son principal intérêt réside dans son abondant décor sculpté que l'on retrouve sur les modillons de la corniche extérieure, les chapiteaux du porche ouest et les culots d'ogives du chœur.

Cherbourg-Octeville pratique

Adresses utiles

Office du tourisme de Cherbourg – *2 quai Alexandre-III - 50100 Cherbourg-Octeville - ✆ 02 33 93 52 02 - www.ot.cherbourg-cotentin.fr - juil.-août : lun.-sam. 9h-18h30, dim. et j. fériés 10h-12h30 ; sept.-juin : tlj sf dim. 9h-12h30, 14h-18h (18h30 en juin).*

Bureau d'accueil Transmanche – *Gare maritime - 50100 Cherbourg-Octeville - ✆ 02 33 44 39 92 - ouv. aux heures d'escales tlj, dim. et j. fériés compris.*

Bureau « Tourisme en Cotentin » – *Nef de la Cité de la Mer - 50100 Cherbourg-Octeville - ✆ 02 33 88 63 16 - juin-sept. : 9h30-18h ; oct.-mai : 10h-17h30 - fermé 25 déc., 1er janv. et 3 sem. en janv.*

Visite

Circuit historique – Les circuits balisés, appartenant au parcours de l'Espace historique de la bataille de Normandie et appelés « **Cobra-La percée** » et « **Objectif-Un port** », ont à Cherbourg l'un son départ, l'autre son arrivée.

Se loger

⊖ **Hôtel La Croix de Malte** – *5 r. des Halles - ✆ 02 33 43 19 16 - hotel.croix.malte@wanadoo.fr - fermé 15 j. à Noël - réserv. conseillée - 24 ch. 28/50 € - ☕ 5,50 €.* Cet hôtel jouit d'une situation intéressante à deux pas du théâtre et du casino. Ses chambres, garnies de meubles en pin, sont claires et bien insonorisées. Certaines sont plus spacieuses : réservez-les en priorité.

⊖ **Hôtel Angleterre** – *8 r. P.-Talluau - ✆ 02 33 53 70 06 - www.hotelangleterre-fr.com - 23 ch. 40/50 € - ☕ 7 €.* Hôtel simple et familial situé au centre de Cherbourg, à une encablure de l'hôtel de ville. Chambres un peu exiguës, mais en majorité rénovées et égayées de tissus fleuris. Autre atout : vous n'aurez même pas besoin de casser votre tirelire pour y dormir !

⊖ **Hôtel Ambassadeur** – *22 quai de Caligny - ✆ 02 33 43 10 00 - www.ambassadeurhotel.com - 40 ch. 43/58 € - ☕ 5,50 €.* Cet hôtel domine le port, spectateur de son activité fébrile. Rassurez-vous, les chambres sont bien insonorisées. Prix raisonnables.

⊖ **Hôtel Renaissance** – *4 r. de l'Église - ✆ 02 33 43 23 90 - www.hotel-renaissance-cherbourg.com - 12 ch. 45/60 € - ☕ 7 €.* Enseigne-vérité : l'hôtel profite d'une récente cure de jouvence. Chambres gaies et insonorisées : salles de bains modernes. Une adresse pour repartir du bon pied !

⊖ **Chambre d'hôte Manoir St-Jean** – *Le hameau St-Jean - 50110 Tourlaville - dir. château des Ravalet, puis centre aéré et hameau St-Jean - ✆ 02 33 22 00 86 - ⊭ - 3 ch. 50/55 € ☕.* En bordure du parc du château « des Ravalet », cette ancienne ferme du 18e s. qui domine la verte vallée de Trotebec a gardé une belle authenticité. Vous y serez choyé par la propriétaire, intarissable sur les richesses naturelles et culturelles de sa région. Deux gîtes.

Se restaurer

⊖ **Au Tire-Bouchon** – *17 r. Notre-Dame - ✆ 02 33 53 54 69 - fermé dim. - réserv. conseillée - 9,80/27,50 €.* Le propriétaire de ce restaurant possède également une cave et une épicerie fine, sa sélection de vins est donc fort riche. Pour escorter ces bonnes bouteilles, le chef mitonne des petits plats « bistrotiers ». Salle à manger (non fumeur) ; cave dont les murs en pierre correspondent aux anciennes douves du château.

⊖⊖ **L'Antidote** – *41 r. au Blé - ✆ 02 33 78 01 28 - fermé dim. et lun. - réserv. conseillée - formule déj. 9,90 € - 16/23,50 €.* Restaurant doté d'une plaisante terrasse et d'une petite salle à manger aux murs lambrissés. À goûter en priorité : les rillettes de saumon de Cherbourg, le boudin noir aux ananas, gingembre et pomme, l'émincé de bulots en rémoulade de céleri ou le foie gras mi-cuit maison au pommeau. Accueil aimable.

⊖⊖ **Café de Paris** – *40 quai Caligny - ✆ 02 33 43 12 36 - www.manchegastronomie.com - fermé 16 janv.-7 fév., 7-22 nov., lun. midi et dim. 29 sept.-13 avr. - 18/43 €.* Vous souhaitez déguster fruits de mer et poissons tout en profitant de la vue sur le port ? Le Café de Paris sera votre adresse : salles à manger de style brasserie réparties sur deux étages et longue carte à la gloire de Neptune, mais comportant également des plats destinés aux « appétits carnivores ».

⊖⊖ **Le Faitout** – *25 r. Tour-Carrée - ✆ 02 33 04 25 04 - fermé 15 j. fin déc. - réserv. obligatoire - 19 €.* Avenante devanture de style rétro et bel intérieur lambrissé ressemblant à celui d'un bateau : nombre d'habitués ont fait de

Amaury de Valroger / MICHELIN

École de voile évoluant dans la rade.

cette petite adresse du centre-ville leur Q.G. ! Dans l'assiette, cuisine traditionnelle et spécialités normandes.

Sel et Poivre – *17 r. du Port - 02 33 01 24 09 - selet poivre@alicepro.fr - formule déj. 12 € - 25 € bc.* Une pincée de sel, un tour de moulin de poivre et une bonne dose de savoir-faire permettent de concocter les plats du marché que l'on sert dans cette jolie petite salle à manger.

Faire une pause

Yvard – *5 pl. de la Fontaine - 02 33 53 04 14 - mar.-sam. 8h30-12h30, 13h45-19h30, dim. 8h-19h30.* Alain Yvard a passé la main à son fils, qui désormais perpétue la renommée de cette pâtisserie chocolaterie. Confortablement installé dans la petite salle aménagée en salon de thé, on peut déguster en toute tranquillité les délices qui y sont élaborés.

En soirée

Bon à savoir – Cherbourg est une ville de marins et comme la mer tant aimée, sous sa candeur paisible le jour se cache parfois une agitation insoupçonnée. Aussi, après minuit, dans les bars encore ouverts, l'ambiance peut devenir houleuse, voire forte à agitée.

Café du Théâtre – *8 pl. du Gén.-de-Gaulle* - **Casino de Cherbourg** – *18 quai Alexandre-III - 02 33 43 00 56 - cherbourg@groupecogit.com - 10h30-3h.* Construit en 1827, c'est le plus vieux casino de France. Les joueurs y trouveront des machines à sous et un « jeu de la boule ». Les autres préféreront les fauteuils en cuir de son bar chic, le décor au look années 1950 de sa brasserie « Fifty's Diner » ou encore sa discothèque à la programmation rétro.

Que rapporter

La Cave du Roy – *47 r. Tour-Carrée - 02 33 53 05 21 - tlj sf lun. 9h-12h30, 14h30-19h30 ; dim. et j. fériés 10h-12h30 - fermé vac. de printemps.* Dans cette cave bien approvisionnée du centre-ville, vous trouverez différentes spécialités de la région.

Les 3 Marches – *13 r. Grande-Rue - 02 33 53 24 94 - tlj sf dim. et lun. 9h-12h15, 14h30-19h15.* Une des plus vieilles maisons de Cherbourg, convertie en épicerie fine depuis plus de 100 ans. Les produits garnissant les étagères en bois proviennent de toutes les régions de France, avec un accent particulier mis sur le terroir normand et ses cidres, caramels d'Isigny, miels du bocage et glaces artisanales.

Les Tonnelles du Val – *102 r. Médéric - 50110 Tourlaville - 02 33 22 44 40 - tlj sf dim. et lun. 9h-12h, 15h-19h - fermé j. fériés.* Cet immense hangar, orné de poutres et de tonneaux, fut d'abord une fonderie, puis une laiterie avant de devenir le rendez-vous des amateurs de bons vins et de vieux calvados. Charmant.

Sports & Loisirs

Station Voile Nautisme et Tourisme de Cherbourg Hague – *R. du Diablotin - 02 33 78 19 29 - station-voile-cherbourg-hague@wanadoo.fr - été : 9h-18h ; hiver : tlj sf w.-end 9h-12h30, 13h30-17h - fermé 1er Mai.* Cette station propose de multiples activités, selon la saison : aviron de mer, kayak, planche à voile, sorties en mer, vieux gréement, catamaran, voilier, dériveur léger, plongée, char à voile, speed sail, sports de plage, VTT, planeur, ULM... Initiation et location. Possibilité de séjours clés en main.

Clécy★

1 252 CLÉCIENS
CARTE GÉNÉRALE C2 – CARTE MICHELIN LOCAL 303 J6 – CALVADOS (14)

Point de départ de nombreuses randonnées, ce petit bourg aux ruelles étroites est le principal centre touristique de la Suisse normande. Il propose aux amateurs toutes sortes d'activités sportives ou de détente : pêche, canotage, escalade, pédalo, deltaplane ou équitation, et permet de nombreuses visites culturelles en raison de sa proximité avec les sites les plus intéressants de la vallée de l'Orne.

Se repérer – La ville se trouve à mi-chemin entre Caen (40 km au nord) et Flers (23 km au sud) par la D 562, en pleine Suisse normande. Très prisée par les sportifs et les amoureux de la nature, la région est particulièrement fréquentée en été.

À ne pas manquer – Le Circuit des belvédères, pour ses panoramas.

Organiser son temps – Randonnée au Pain de Sucre le matin, randonnée vers les belvédères l'après-midi : vous pouvez passer la journée entière autour de Clécy.

Avec les enfants – Rêvez devant les petits trains du musée du Chemin de fer miniature.

Pour poursuivre la visite – Voir aussi Vire, Thury-Harcourt, la Suisse normande, Falaise, Flers et Aunay-sur-Odon.

Visiter

Musée du Chemin de fer miniature

☎ 02 31 69 07 13 - ♿ - visite guidée (45mn) de Pâques à fin sept. - juin-août : 10h-12h, 14h-18h30 (18h juin) ; sept. : tlj sf lun. 10h-12h, 14h-18h ; oct. : dim. et j. fériés 14h-17h ; de déb. mars à Pâques : dim. et j. fériés 14h-17h30 - 5,50 € (enf. 3,50 €).

Locomotives et wagons circulent au milieu d'un décor de plus de 300 m², dans un paysage allant de la Suisse à la Flandre. La « nuit venue », maisons, usines, châteaux, trains s'illuminent, créant ainsi un monde féerique. Un petit train permet de faire le tour du domaine.

Randonnées

Bords de l'Orne

Depuis le pont du Vey, à la sortie de la ville, les bords de l'Orne, égayés par des guinguettes, présentent des aspects charmants. Un sentier longe la rivière et atteint le viaduc de la Lande (1 km) près duquel les rochers des Parcs attirent des varappeurs que l'on aperçoit, parfois, plaqués contre les parois.

Les rochers des Parcs★

Comptez 1h AR. Partez du village du Bô. Un chemin au niveau de l'église rejoint le GR 36 (balisage rouge et blanc). Le chemin grimpe sur la crête et dévoile de superbes vues sur l'Orne, le viaduc et les paysages si caractéristiques de la Suisse normande. Au niveau du viaduc, le GR descend vers le Vey et Clécy.

Le Pain de Sucre★

Comptez plus de 3h à pied AR. Quittez Clécy par la route de la Serverie. Passé le pont sur l'Orne, traversez le passage à niveau et, 100 m plus loin, prenez à droite.

Une plaque indique l'origine du sentier du Pain de Sucre, à gauche. Ce sentier s'élève dans un vallon, sur la rive droite d'un ruisseau. *Traversez le ruisseau.* En pénétrant dans des taillis, à droite, on trouve l'amorce d'un sentier qui s'élève rapidement et, obliquant à droite, aboutit au pied d'une butte qu'on escalade. Au sommet du Pain de Sucre, on découvre un merveilleux **panorama** dont l'ample boucle de l'Orne est l'élément le plus harmonieux. À la descente, appuyez à droite pour suivre, sur le versant opposé à celui de la montée, un sentier en corniche qui, passant sous les rochers de la Houle, aboutit à la petite église rustique du Vey.

Gilles Targat / MICHELIN

Méandre de l'Orne dans la Suisse normande entre Clécy et St-Rémy.

Circuit des belvédères★★

Comptez une demi-journée. Ce circuit permet de faire une agréable boucle avec les deux randonnées proposées ci-dessus. Partez de la Sauvegarde ou de l'église du Bô pour rejoindre le GR 36 et les rochers des Parcs. Le GR conduit au Vey où l'on retrouve, près de l'église, le départ du chemin vers le Pain de Sucre. Après une halte bien méritée au belvédère, redescendez légèrement d'où vous êtes venu et suivez le sentier balisé en jaune (celui du milieu) qui monte jusqu'à la route des Crêtes. Tournez alors à droite et suivez la route qui passe devant deux aires, dont celle

des parapentistes. Ne prenez pas le premier chemin qui descend vers le Vey, mais le deuxième à droite qui descend vers Sourdeval, petit hameau où vous prendrez à gauche vers le Haut-du-Vey. Suivez le balisage jaune vers La Bruyère et les rochers des Parcs où vous retrouverez le GR 36 et le point de départ.

L'Éminence

Quittez Clécy par la D 168.

2h à pied AR. À 300 m du bourg, dans la montée, prenez à gauche, passez devant la gendarmerie, traversez la D 562 en direction du Grand-Camp, montez à droite dans le hameau et prenez à gauche vers les Hauts-Vents ; le chemin s'élève ensuite par le versant nord de l'Éminence. Sans atteindre le sommet (254 m), on découvre un beau panorama sur le bocage normand et la vallée de l'Orne.

Aux alentours

Route des Crêtes★

8 km – environ 45mn par une route carrossable. Près de l'église, quittez Clécy par la D 133^{C} vers la Serverie, passez le pont sur l'Orne et prenez à gauche vers St-Rémy ; 1,5 km plus loin, tournez dans un virage en épingle à cheveux à droite et empruntez la « route des Crêtes ».

La route domine la vallée et offre, le long du parcours, de beaux points de vue sur les méandres de l'Orne et leurs alentours – en particulier sur le Pain de Sucre et les rochers de la Houle. L'aire de départ des parapentes remporte souvent un grand succès. Suivre les versants boisés, et prendre à gauche la route brusquement coudée rejoignant St-Omer par le sud.

Croix de la Faverie★

Partez du petit parking sur la droite situé entre la poste et l'église, puis montez en direction de la croix de la Faverie. Au stop, prenez à droite et aussitôt à gauche ; continuez à monter. Suivez le fléchage jusqu'au carrefour où se dresse la croix.

En face de la croix, un chemin conduit à un bosquet de pins, d'où se découvre une très jolie **vue**, l'une des plus classiques de la Suisse normande : les rochers des Parcs, vus en enfilade, dominent la rivière qu'enjambe le viaduc de la Lande. *Aire de pique-nique.*

Château de Pontécoulant

10 km par la D 133^{A}, puis la D 36 à gauche et la D 184 à droite (suivre fléchage). Fermé pour travaux en 2007 - visite libre et gratuite du parc et des bois.

Ce château (16e-18e s.) est bien caché au fond d'un vallon boisé, entre deux pièces d'eau. Il se présente comme un ensemble majestueux pourvu de deux tourelles coiffées de dômes. Légué au département du Calvados par la famille de Pontécoulant, il est transformé en musée. Dans les salles du rez-de-chaussée, on peut voir une collection de beaux meubles anciens ainsi que des portraits des membres de la famille. Une promenade dans le parc à l'anglaise termine agréablement la visite.

Condé-sur-Noireau

9 km par la D 562 au sud.

Entre Vire et Pont-d'Ouilly, c'est l'une des entrées de la Suisse normande.

L'église St-Sauveur, reconstruite en 1961, a conservé en partie l'extérieur de l'ancien édifice.

En 1844, la ville de Condé érigea sur la place de l'Hôtel-de-Ville, une statue en hommage au navigateur **César Dumont d'Urville** (1790-1842), natif du bourg. Engagé dans les deux campagnes hydrographiques de la Chevrette en mer Noire et en mer Égée, ce normand fut frappé, lors d'une escale dans l'île de Milo (1820), par la beauté des fragments d'une statue qu'un paysan venait de mettre au jour en retournant la terre de son champ. Les autorités françaises, informées par ses soins de cette découverte, s'employèrent à entrer en possession des fragments de marbre, et c'est ainsi que, grâce à son initiative, la célèbre **Vénus de Milo** compte aujourd'hui parmi les trésors du Louvre.

Au cours de périples en Océanie, il explora la Polynésie et fut envoyé sur les lieux du naufrage de La Pérouse dont le navire, *L'Astrolabe*, s'était échoué en 1788 au large de l'île de Vanikoro. En 1837, il partit pour de nouvelles missions dans les régions australes où il découvrit notamment une terre à laquelle il donna le nom de sa femme, Adélie. Au pied du socle de sa statue, trois morceaux de roche provenant de cette terre lointaine ont d'ailleurs été déposés par l'explorateur Paul-Émile Victor.

César Dumont d'Urville périt avec sa famille le 8 mai 1842, sur la ligne Paris-Versailles, dans le premier accident de chemin de fer de France qui fit 150 morts.

Clécy pratique

Adresse utile

Office du tourisme de la Suisse normande à Clécy – *Pl. du Tripot - 14570 Clécy - 02 31 69 79 95 - mai-août : mar.-vend. 10h-12h30, 14h30-18h30, sam. 10h-12h30, 14h-18h30, dim. et j. fériés 10h-12h30 ; oct.-avr. : lun.-vend. 10h-12h30, 14h30-17h, sam. 10h-12h30.*

Se loger

Moulin du Vey – *02 31 69 71 08 - www.moulinduvey.com - fermé déc. et janv. - P - 12 ch. 76/108 € - 11,50 € - restaurant 25/65 €.* Étape bucolique au cœur de la Suisse normande : ancien moulin à farine posté sur une rive de l'Orne, disposant de coquettes chambres personnalisées. Élégante salle de restaurant aménagée dans une annexe (maison à colombages) et terrasse au bord de la rivière.

Au Site Normand – *2 r. des Châtelets - 02 31 69 71 05 - www.ausitenormand-clecy.com - P - 18 ch. 48/56 € - restaurant 16/36 €.* Ce restaurant du centre-ville révèle, derrière son décor rustique, une cuisine jeune et inventive. Vous retrouverez néanmoins toutes les saveurs normandes dans votre assiette. De confort actuel, les 18 chambres de l'hôtel garantissent tranquillité et bonne tenue.

Se restaurer

La Guinguette à tartines – *Le bord de l'Orne - 02 31 69 89 38 - fermé oct.-mars ; ouv. tlj en juil.-août - 7,50/19,50 €.* Tartines, plats simples mais toujours copieux, apaiseront votre faim dans une ambiance décontractée. Cadre « guinguette » au bord de l'Orne, bénéficiant d'une grande terrasse et d'une salle à manger panoramique où l'on s'abstient de fumer. Minigolf, location de kayaks.

Stéphane Sauvignier / MICHELIN

Base de canoë à Clécy.

Sports & Loisirs

Centre de pleine nature Lionel Terray – *Le Viaduc - 02 31 69 72 82 - www.centredepleinenature.com.* Escalade, tir à l'arc, VTT et canoë.

Vélorail – *02 31 69 39 30 - www.rail-suissenormande.fr - fin mars-1er Nov. : w.-end et j. fériés 10h30-18h, 14h-16h la sem. ; juil.-août : 10h30-18h - 13 € par vélorail de 4 pers. (sur une base d'1h30). Sortir de Condé par la (D 911) dir. Pont-d'Ouilly.* La gare de Pont-Érambourg a repris du service : on y propose en effet un parcours de 6 km *(1h30)* en vélorail jusqu'à Berjou.

Parc naturel régional des marais du Cotentin et du Bessin★

65 400 HABITANTS
CARTE GÉNÉRALE B1/2 – CARTE MICHELIN LOCAL 303 A/B 1/2 – MANCHE (50)

C'est en hiver, lorsque le marais « blanchit », lorsque l'eau s'étend telle une hydre en isolant maisons et hameaux, lorsque la brume couvre d'un épais voile les îlots perdus… que le marais se pare de ses habits de mystère qui ont tant inspiré La Varende et Barbey d'Aurevilly. Mais le marais ne craint pas le soleil ; il se métamorphose à la belle saison et donne l'occasion de découvrir son exceptionnelle richesse écologique, ses fameuses maisons de terre et ses modes de vie méconnus.

Se repérer – Le Parc naturel occupe toute la base de la presqu'île du Cotentin, cernée au nord par Valognes, au sud par St-Lô, à l'est par Bayeux et à l'ouest par Lessay.

À ne pas manquer – Les sentiers d'interprétation du Parc, qui permettent de se familiariser avec la flore et la faune, en particulier les oiseaux.

Organiser son temps – Choisissez une base de départ, Carentan par exemple, et rayonnez au gré de vos envies… et de la météo.

Avec les enfants – Ils se prendront d'affection pour les ânes, stars du Parc, et apprécieront certainement une promenade en bateau au cœur des marais.

Pour poursuivre la visite – Voir aussi la presqu'île du Cotentin, Barfleur, St-Vaast-la-Hougue, Valognes, Ste-Mère-Église, Utah Beach, St-Lô, Coutances, Lessay, Barneville-Carteret et St-Sauveur-le-Vicomte.

Amaury de Valroger / MICHELIN

La lumière peut se révéler superbe sur les paysages des marais du Cotentin.

Comprendre

Un milieu hostile ? – Autrefois, les habitants des marais souffraient souvent de fortes fièvres qui « fouettaient le sang…, le barattaient ». **Barbey d'Aurevilly** en offre des descriptions très réalistes dans *L'Homme aux gants de toile* : « Le mal s'étendait, se propageait toujours, partant des eaux inertes pour envahir, peu à peu, les cultures, les bois. Le mal se faisait par approches lentes mais certaines, et auxquelles tous se résignaient, dans une soumission épuisée, avec un las sourire. Le temps vient des frissons et des claquements de dents, à côté du feu ; des grands bols de sauge ; des coulées sinueuses au creux de l'échine, et des chairs de poule. La jouissance aussi, de se sentir délicat, atteint, au milieu de cette orgie de la force qui avait nourri les hommes durant tout l'été… »

Une espèce emblématique – Il a fallu attendre 1997 pour que l'**âne du Cotentin** soit reconnu officiellement comme une race à part entière, avec ses caractéristiques propres : une robe gris tourterelle avec, sur le dos, une croix de Saint-André noire, de longues oreilles au pourtour et à la base foncés, le tiers inférieur du museau blanc (extrémité noire) et une hauteur de 120 à 135 cm. Aujourd'hui, les haras nationaux et une association de sauvegarde (www.asineriedubocage.com) veillent à sa réimplantation dans la région comme partout en France. Du fait de sa robuste constitution et de son bon caractère, il connaît un franc succès comme compagnon de randonnée *(voir l'encadré pratique)* et il a désormais sa fête (Traversâne) chaque année.

Découvrir

LE PARC NATUREL RÉGIONAL DES MARAIS DU COTENTIN ET DU BESSIN

Créé en juin 1991, ce parc de 140 000 ha, dont 27 000 de marais et de polders, regroupe 145 communes des départements de la Manche et du Calvados.
Il couvre une bonne partie de ce que l'on appelait autrefois le « marais de Carentan ».
Sillonné par d'innombrables canaux, ce milieu de marais et de bocage est riche en espèces végétales et animales originales. Zone humide, à l'horizon dépouillé d'arbres et à la végétation relativement haute, il attire les oiseaux migrateurs et facilitetant leur hivernage que leur nidification. La gestion des niveaux d'eau, la connaissance et la découverte de l'avifaune fréquentant les marais ainsi que de la flore font partie des priorités de ce territoire.
Avant de partir à sa découverte, quelques définitions peuvent se révéler utiles :
Mise au marais : les parcelles inondables appartenant souvent aux communes, une date est fixée chaque année au moment où l'eau se retire pour y conduire le bétail.
Chien des marais : tronc fossilisé dans la tourbe.
Mais aussi quelques mots comme viage (pèlerinage), chasse (chemin creux), portes-à-flots (vannes qui limitent les effets des marées), mâsse (terre crue pour construction), etc.

« Les Ponts-d'Ouve » – Maison d'accueil du Parc★

Quittez Carentan en direction de St-Côme-du-Mont. ✆ 02 33 71 65 30 - www.parc-cotentin-bessin.fr - possibilité de visite guidée sur demande de Pâques à fin sept. : 9h30-19h ; de mi-oct. à Pâques : tlj sf lun. 9h30-13h, 14h-17h30 - fermé 1re quinzaine d'oct. et 3 sem. à partir de mi-déc. - 3,10 €, visite guidée 4,60 €.
Située à deux pas de Carentan, c'est auprès d'elle qu'il faut rechercher les informations touristiques concernant le site et les activités touristiques qu'il regroupe - *demandez le guide annuel des animations « Les Rendez-Vous du Parc ».* Cette maison organise aussi des expositions et des projections sur la faune et la flore du parc, ainsi qu'une visite-découverte des lieux.
À l'extérieur, en bordure d'un plan d'eau (5 ha en été, 30 ha en hiver), sont aménagés un **parcours d'initiation** (bornes pédagogiques tous les 100 m) et des observatoires. L'étang accueille en effet, surtout en hiver, toutes sortes d'oiseaux, des marais ou migrateurs.

Sentiers de découverte – Les **18 sentiers** aménagés par le Parc permettent une découverte ludique de la faune et de la flore des différents milieux du Cotentin et du Bessin : marais, bocage, landes, forêt et littoral. *Un document de présentation est en vente à la Maison du Parc.*

Visiter

Marchésieux

Au cœur du Parc, cette commune regroupe de nombreux centres d'intérêt qui ne doivent pas faire oublier les intéressantes **fresques** (14e s.) de son église.

Maison des marais – *Fléchée au niveau de la D 900 entre St-Lô et Perrier. ✆ 02 33 07 15 20 - juil.-août : 14h30-18h30 ; de Pâques à fin juin et sept.-oct. : dim. et j. fériés 14h30-18h30 - 3 € (8-14 ans 0,80 €).* Remarquablement restaurée, cette grande maison illustre parfaitement ce qu'était l'habitat traditionnel des marais, c'est-à-dire la maison en terre, dite en « bauge » ou en « mâsse », construite sur un soubassement en pierre et élevée par superposition des couches ou levées de terre, sans structure en bois. La région en a conservé plusieurs milliers, la plupart datant du 19e s. Elles font aujourd'hui

l'objet de programmes de restauration, mais étant le plus souvent privées, elles ne se visitent pas. D'où l'intérêt de celle-ci. L'intérieur présente la construction en « mâsse ». Plus ou moins rouge ou ocre, souvent lumineuse, la terre constituait un excellent isolant et palliait l'absence d'arbres, donc de poutres, dans le secteur. Cela impliquait des maisons peu larges. L'exposition aborde également l'organisation et les activités des marais.

Fléché à parti de la D 900, le **centre de loisirs W.-Harvey** regroupe un golf, un village miniature des années 1930, un train miniature…

Saint-Martin-d'Aubigny

Maison de la brique de Basse-Normandie – *✆ 02 33 07 61 95 - juil.-août : 14h30-18h30 ; de mi-juin à fin juin et en sept. : dim. 14h30-18h30 - 3 € (8-12 ans 0,75 €) - visite guidée sur réservation toute l'année.*

Une cheminée, un vaste four à flammes renversées, des séchoirs… la briqueterie a gardé l'essentiel de ses installations et donne l'occasion de découvrir une activité peu connue. La visite se termine logiquement dans le four où est contée l'histoire des « Mille diables ».

Rémilly-sur-Lozon

Le village est réputé pour le travail de l'osier qui a connu un essor considérable au 19e s. Une vannerie perpétue cette activité traditionnelle.

Château de Montfort - L'art du bois – *✆ 02 33 55 30 11 - ♿ - juil.-août : 14h30-19h ; avr.-juin et sept.-oct. : w.-end 14h30-18h - 4 € (6-12 ans 2 €).* On tombe d'abord sous le charme de cet ancien château du 15e s. qu'une association tente courageusement de sauver. Un commun restauré accueille une exposition étonnante de **sculptures en bois★**. Ébéniste passionné, Gilbert Housset s'est amusé à reproduire à taille réelle sa moto, une 2CV, une Jeep et, pourquoi pas, une formule 1, un tracteur, des moteurs d'avions, des vêtements… Des milliers d'heures de travail, mais quelle réussite !

Parc naturel du Cotentin et du Bessin pratique

Voir aussi les encadrés pratiques de Lessay, Carentan et St-Lô .

Visites

Le marais peut se visiter à différentes périodes de l'année, mais les passionnés d'ornithologie préfèrent l'hiver, car il devient alors un immense lieu de rassemblement pour les oiseaux migrateurs. Des sorties nature sont programmées toute l'année. Demander le programme à la Maison du Parc aux Ponts-d'Ouve *(voir ci-dessous).*

Documentation – Ne manquez pas de vous procurer la « Carte de visite » éditée par le Parc naturel régional qui présente ses 15 sites de découverte, les 18 sentiers d'interprétation *(deux d'entre eux sont détaillés dans « Lessay pratique »)* ainsi qu'une sélection de 10 balades « coups de cœur ». *Document disponible gratuitement à la Maison du Parc et dans les offices du tourisme locaux.*

Guides – Il va être difficile de faire votre choix dans les quelque 900 km d'itinéraires balisés de la région. Pour vous aider, un topoguide distribué par le parc propose une sélection de 27 circuits : *Les Plus Belles Balades des marais du Cotentin et du Bessin (Dakota Éditions, 12,80€).* Il existe bien sûr de très nombreux autres ouvrages plus ou moins précis sur la région - *se renseigner auprès de la Maison d'accueil du parc « Les Ponts-d'Ouve » à St-Côme-du-Mont - 02 33 71 65 30.*

Se loger

Bon à savoir – Les hébergements (gîtes, chambres d'hôte, gîtes d'étape) Panda accueillent les visiteurs au cœur d'un site naturel de qualité. Ils mettent à la disposition de leurs hôtes des guides sur la faune et sur la flore et invitent à découvrir le sentier de promenade aménagé au départ de leur gîte. *Guide Pied à Terre et renseignements à la Maison d'accueil du Parc « Les Ponts-d'Ouve » - 02 33 71 65 30 - www.parc-cotentin-bessin.fr.*

Chambre d'hôte Domaine de la Rochelle – *12 rte de Coutances - 50490 Vaudrimesnil - 02 33 46 74 95 - - 3 ch. 43 €* . Cette ancienne ferme du 17e s. comprend une jolie cour fleurie et un magnifique pigeonnier qui daterait du Moyen Âge. Parmi les 3 chambres, toutes avec entrée indépendante, celle équipée d'un matelas à eau, insolite mais très agréable, suscite l'intérêt. Confitures et pâtisseries maison au petit-déjeuner.

Chambre d'hôte Domaine du Mémorial – *50620 Graignes - 02 33 56 80 58 - - 4 ch. 43/48 €* . Jouxtant l'hippodrome régional, cette belle demeure restaurée est installée dans un domaine consacré à l'élevage des chevaux, plus particulièrement des trotteurs. Les propriétaires ont ouvert 4 chambres, à l'étage, dont une familiale avec vue sur le marais. Jolie cour fleurie entourée de box. Les enfants vont adorer.

Sports & Loisirs

Sur la Douve – - Découvrez les marais avec le *Barbey-d'Aurevilly II* pour une demi-journée ou une journée, de mai à septembre. Départ de l'embarcadère Port-Jourdan (St-Côme-du-Mont), à deux pas de l'espace découverte Les Ponts-d'Ouve - *réservation obligatoire : 02 33 71 55 81/65 30 - www.bateaudouve.com*

Sur la Taute – - La *Rosée du Soleil* vous emmène pour des sorties d'une demi-journée de mai à septembre, au départ de St-Hilaire Petitville/Carentan près de la station de lavage Éléphant bleu - *réservation obligatoire : 02 33 55 18 07.*

Les Ânes des Mares – - *50250 Bolleville - 02 33 46 99 78 - www.bourricot.com/anes-des-mares - 9h-18h ; réserv. tte l'année.* Pour porter vos bagages ou vos enfants, pour une promenade en sulky ou en carriole normande, vous craquerez certainement pour l'un de ces ânes. À l'heure, à la demi-journée ou plus, une randonnée ludique et sans souci pour découvrir le Parc naturel du Cotentin, ses édifices et son histoire.

G. Mouchel / Asinerie du bocage

L'âne du Cotentin.

Les Ânes du Haut-Vernay – - *1 r. de l'Église - 50480 Brucheville - 02 33 71 04 45 - anaflo@aol.com - 25 € la 1/2 j. ; 40 € la j.* Pour découvrir l'âne du Cotentin ou trouver un agréable compagnon de randonnée. Différentes possibilités de promenades, libres ou accompagnées, pour tous niveaux. Se renseigner et réserver.

Presqu'île du Cotentin★★

CARTE GÉNÉRALE A/B 1/2 – CARTE MICHELIN LOCAL 303 A/B 1/2 – MANCHE (50)

Au Moyen Âge, on appelait « île du Cotentin » cette curieuse péninsule bordée de mer et de marais. Elle se compose de trois pays : La Hague, dont le cap tient tête à un océan parfois redoutable, le val de Saire aux vastes plaines fertiles et le « col » du Cotentin, surtout célèbre pour ses pâtures. L'intérieur bocager du pays mériterait plus de notoriété : il fut en effet le berceau d'une lignée de conquérants qui s'assura un temps la maîtrise de la Méditerranée centrale !

Se repérer – De Portbail à l'ouest (71 km au nord de Granville) à Carentan à l'est (44 km à l'ouest de Bayeux) en passant par Cherbourg, la péninsule est entourée de trois côtés par la mer et séparée du reste par une large étendue de marais. À cet accident si net dans le tracé des côtes françaises correspondent des paysages originaux, dont certains annoncent la Bretagne, comme La Hague par exemple, en plus sauvage... s'il est possible !

À ne pas manquer – Le site grandiose du nez de Jobourg et la baie d'Écalgrain avec Guernesey pour toile de fond.

Organiser son temps – Vous n'aurez pas trop d'un week-end pour en faire le tour, chaque circuit proposé occupant bien une demi-journée !

Le saviez-vous ?

Sous l'Empire romain, ce territoire portait le nom de *Costantinus ager* (de *Constantia* ; aujourd'hui Coutances, sa capitale) d'où, par corruption, Coutentin, puis Cotentin.

Avec les enfants – Laissez-vous entraîner vers les étoiles et les planètes à Ludiver, l'observatoire-planétarium de La Hague.

Pour poursuivre la visite – Voir aussi Cherbourg-Octeville, Barfleur, Valognes, Ste-Mère-Église, le Parc naturel régional des marais du Cotentin et du Bessin, St-Sauveur-le-Vicomte et Barneville-Carteret.

Comprendre

Des Normands en Italie – Au début du 11e s., les Normands du Cotentin courent les routes menant aux Lieux saints, et leur dévotion les conduit en Italie. Un seigneur des Pouilles, en révolte contre Byzance, demande aux pèlerins normands de lever une armée pour son compte. Les fils de **Tancrède de Hauteville** *(musée à Hauteville-la-Guichard)* réalisent de nombreux exploits guerriers qui soulèvent un tel enthousiasme que l'un d'eux deviendra même seigneur du lieu. Il s'agit de l'aîné, Guillaume, dit « Bras de Fer », qui profita en effet de l'imbroglio italien pour chasser de leur fief ceux qui l'avaient ainsi surnommé. Il prit le nom de **Guillaume des Pouilles** (1102).

Gilles Targat / MICHELIN

Les falaises du nez de Jobourg couvertes d'une végétation rase font face au large.

Un État normand en Méditerranée – Mais les véritables fondateurs de l'État normand méditerranéen seront deux autres Hauteville : Robert-Guiscard, et surtout Roger, son benjamin, qui deviendra l'un des princes les plus puissants de la chrétienté. Le règne de **Roger II** (1101-1154) dépassera encore le leur en éclat et en magnificence. Le dernier roi normand de Sicile est Manfred, tué à Bénévent en 1265 par Charles d'Anjou (frère de Saint Louis). Dante, Byron et Schumann ont chanté sa tragique destinée.

Circuits de découverte

LA CÔTE EST★ 1

75 km – environ 2h45.

Carentan

C'est dans les herbages humides du « col du Cotentin » que paissent les races chevalines et bovines qui ont fait connaître dans le monde entier le nom de la Normandie. Carentan est un important marché de bétail et l'un des plus grands centres d'industrie laitière du département de la Manche. Un port de plaisance a été inauguré en 1982.

L'église Notre-Dame (12e-15e s.) présente sur le flanc sud un décor flamboyant d'une grande élégance. Le clocher domine toute la région de sa haute flèche octogonale. À l'intérieur, le chœur est fermé par une clôture Renaissance.

À l'angle de la rue de l'Église et de la place Guillaume-de-Cerisay, se tient une belle maison en pierre. Balzac y situa l'hôtel de *Dey* et l'action de son récit *Le Réquisitionnaire.*

Le pont-canal

Certains automobilistes roulant sur la N 13 aux abords de Carentan peuvent avoir la surprise de passer sous un voilier. Ce n'est pas une hallucination mais la configuration exceptionnelle de la route qui passe sous le canal reliant le port de plaisance de Carentan à la mer. Cet ouvrage d'art ouvert en 1994 ne semble pas très spectaculaire mais ses constructeurs ont dû faire face à de nombreux problèmes techniques, notamment d'étanchéité et de drainage.

La **place de la République** se distingue par de belles arcades (14e s.), restes d'un marché couvert. L'**hôtel de ville** occupe les élégants bâtiments (17e-19e s.) d'un ancien couvent de chanoinesses. Construit en 1784, le **lavoir des Fontaines** est entouré d'une galerie couverte agrémentée de superbes gargouilles.

Quittez Carentan par la N 13 en direction de Ste-Mère-Église. Peu avant St-Côme-du-Mont, prenez la D 913 à droite.

Jusqu'à Ste-Marie-du-Mont, la route traverse le pays bocager de Ste-Mère-Église. Avant d'arriver à Ste-Marie-du-Mont et en bordure de la route, à droite, se dresse un monument érigé en l'honneur des 800 marins danois ayant participé au Débarquement.

Sainte-Marie-du-Mont

L'imposante **église** se signale par sa tour carrée du 14e s., dont l'étage supérieur est une addition de la Renaissance. La nef est du début du 12e s., le transept et le chœur sont du 14e s. À l'intérieur, chaire sculptée de la fin du 16e s. Dans le chœur, à gauche, statue funéraire de Henri Robert aux Espaulles (début 17e s.).

Utah Beach *(voir ce nom)*

Les Dunes-de-Varreville

Monument au général Leclerc – Dans une brèche ouverte dans les dunes, un monument de granit rose représentant la proue d'un navire, armoriée d'une croix de Lorraine, commémore le débarquement de la 2e DB de Leclerc, ici même, le 1er août 1944.

À Ravenoville-Plage, prenez à gauche vers Ravenoville, puis la D 269 vers Azeville. Vous arrivez sur les casemates de la batterie avant le village.

Azeville

Batterie – *02 33 40 63 05 - visite guidée (1h15, dernière entrée 30mn av. fermeture) juil.-août : 11h-19h ; mai-juin et sept. : 11h-18h ; avr., oct. et vac. scol. (sf vac. Noël) : 14h-18h - 4 € (enf. 1,60 €).* En retrait de la côte, cette batterie a été construite à proximité du village pour faciliter le camouflage de certaines casemates en maisons. Équipée de canons de 105 mm, elle n'avait pas vue sur la mer, et sa garnison a longtemps vécu la belle vie avec un « casino » – baraque avec bar, scène et filles de joie – et même

un réservoir d'eau qui faisait piscine. Exceptionnellement bien conservée, elle a notamment gardé l'essentiel de ses galeries souterraines. On peut y découvrir l'organisation d'une batterie et le fameux impact d'un obus de 356 mm du *Névada*.

Rejoignez la D 69 en direction des Gougins. Traversez la D 14.

Saint-Marcouf

Batterie de Crisbecq – *✆ 06 86 10 80 59 ou 06 85 13 58 58 - juil.-août : 10h-19h ; mai-juin et sept. : 11h-18h ; avr., oct. et nov. : 14h-18h - 5,50 € (-12 ans 3,50 €).*
Contrairement à sa voisine d'Azeville, la batterie de St-Marcouf avait un intérêt stratégique primordial, car ses canons de 210 mm pouvaient balayer les plages d'Utah. Elle fut donc la cible de terribles attaques pour neutraliser et enlever la position. Crisbecq reçut des centaines de tonnes de bombes qui réduisirent au silence les grosses

pièces, mais sans détruire les casemates. Le 8 juin 1944, lors d'un assaut acharné des troupes américaines, le lieutenant Ohmsen demanda à la batterie d'Azeville de lui tirer dessus pour écarter l'étau qui se resserrait. La garnison tiendra jusqu'au matin du 12 juin. La résistance fut acharnée et seuls 78 sur plus de 350 hommes survécurent aux combats avant de rejoindre Cherbourg. La grande casemate effondrée, sur la gauche, impressionne, mais ce sont les Américains qui y ont fait exploser des obus après sa reddition.

Rejoignez la route côtière, séparée du rivage par un cordon de dunes qui masque généralement la mer ; cependant, à certains endroits, comme entre les Gougins et Quinéville, la vue peut se développer, sur toute la côte, des falaises de Grandcamp au fort de la Hougue et à la pointe de Saire. Les maisons basses en granit, aux toits d'ardoise, annoncent le **val de Saire★** *(voir encadré page suivante)*.

Quinéville

Station balnéaire familiale. De la place proche de l'église, belle vue sur la rade de St-Vaast.

Mémorial de la Liberté retrouvée – *✆ 02 33 95 95 95 - ♿- de déb. avr. à mi-nov. : 10h-19h - 6 € (enf. 4 €).*

Ce musée d'atmosphère restitue l'ambiance difficile de la vie de tous les jours pendant les années noires de l'Occupation. Reconstitution d'une rue de l'époque, visite d'un blockhaus, photos, tracts, journaux de propagande et divers autres matériels (mais pas d'armes) illustrent avec réalisme ce qu'était la vie en ce temps-là.

Val de Saire

Ce nom ne s'applique pas seulement à la charmante vallée de la Saire, mais s'étend à tout le nord-est de la presqu'île. Les bois touffus de l'intérieur, l'activité sympathique des petits ports de St-Vaast et Barfleur lui donnent son attrait. Le climat très doux permet de maintenir le bétail au pré neuf mois sur douze et la zone côtière voit prospérer les cultures de primeurs.

Quettehou

L'**église** de granit du 13e s., sur une éminence, est flanquée d'un haut clocher du 15e s. Du cimetière, la vue s'étend de droite à gauche sur la baie de Morsalines, le fort de la Hougue, qui fut édifié sur les plans de Vauban en 1694, et la pointe de Saire.

Quittez Quettehou par la D 902, route de Barfleur au N, et prenez à gauche la D 26 qui monte au milieu des pommiers. Le circuit est jalonné de frais paysages et offre de belles vues sur la côte est du Cotentin.

À partir du Vast – *où l'on prend à droite* – le paysage devient séduisant. Les bois touffus qui tapissent les versants et les prés qui apparaissent au fond de la vallée constituent par endroits un véritable paysage de parc.

À Valcanville, tournez à droite dans la D 125. Au carrefour de la D 328, tournez à gauche dans la route de la Pernelle, puis, à 300 m environ, prenez à droite la direction « église, panorama ».

Après l'église, reconstruite, de la Pernelle, on atteint un ancien blockhaus allemand ; de là, le **panorama★★** (table d'orientation) se développe du phare de Gatteville aux falaises de Grandcamp et à la pointe de la Percée (par temps clair), en passant par la pointe de Saire, la baie de Réville, l'île de Tatihou, le fort de la Hougue et les îles St-Marcouf. En redescendant de La Pernelle pour retrouver la route vous remarquerez, dans un grand virage, une grotte dans les rochers, qui se veut une reconstitution de celle de Lourdes. Depuis 1929, elle est l'objet d'un important pèlerinage en août.

Rejoignez la D 902 en suivant la direction « Pernelle Bourg ».

St-Vaast-la-Hougue *(voir ce nom)*

La D 1 au nord longe le port et la côte sur 3 km.

Au-delà de Réville, la route passe devant le joli manoir de la Crasvillerie (16e s.) et traverse un paysage de cultures maraîchères (choux). Aux approches de Barfleur, le pays prend un caractère presque armoricain : maisons de granit sombre, anses rocheuses, arbres couchés par le vent. Au nord pointe le phare de Gatteville.

Barfleur★ *(voir ce nom)*

Stéphane Sauvignier / MICHELIN

Le port de St-Vaast-la-Hougue avec en toile de fond l'île de Tatihou.

Be
26N os = 25€
C'EST TOUT !
> je m'abonne !
NOUVEAU
Be
Vanessa Paradis
hello beauté
LES PRODUITS STARS POUR ÊTRE CANON AU RÉVEIL
SEXO 2010
Beyoncé
Le CORPS que je veux
NOS TRUCS MINCEUR POUR ÊTRE CANON DU 36 AU 46
Hollywood
Les FILLES SAGES ont remplacé les BAD GIRLS
C'est décidé, je m'impose !
LES 4 SECRETS DE LA CONFIANCE EN SOI
Scarlett Johansson
Rien ne résiste à la blonde de choc
Vite, un sac!
45 modèles irrésistibles de 49 à 3600 €
Alerte TENDANCES
• LE RETOUR DES ANNÉES 90
• CHEVEUX: LONGS ET NATURE
• LES CLÉS DU STYLE PREPPY
"MA RELIGION NE M'EMPÊCHE PAS D'ÊTRE SEXY"
MUSULMANES ET LIBÉRÉES
Be

LA CÔTE NORD DE BARFLEUR À CHERBOURG★★ 2

38 km – environ 1h30. Quittez Barfleur par la D 901. De Barfleur à St-Pierre-Église, la route traverse les herbages du val de Saire.

Tocqueville

Alexis Clérel de Tocqueville (1805-1859) habita le château. Historien clairvoyant et homme politique, ses livres *La Démocratie en Amérique* et *L'Ancien Régime et la Révolution* restent des modèles de pénétrante analyse.

Poursuivez sur la D 901 et, après 1 km, tournez à droite sur la D 226.

Réthoville

Moulin de Marie Ravenel – *✆ 02 33 54 61 12 - juil.-août : mar.-dim. 15h-18h30 ; juin et sept. : merc.-dim. 15h-18h30 - 1 €.* Ce moulin datant du 18e s. est connu pour avoir été la demeure de la poétesse-meunière Marie Ravenel au 19e s. Après une longue restauration, il a retrouvé son toît de chaume, sa grande roue et toutes les pièces de la meulerie traditionnelle. Démonstrations lors des visites.

Prenez la D 514 pour rejoindre la D 901 en direction de St-Pierre-Église.

Saint-Pierre-Église

L'église (17e s.) fortifiée a conservé un portail roman du 12e s. Le **château**, qui fut la propriété de la famille de l'abbé de St-Pierre, date du 18e s.

St-Pierre-Église, pays de pierres et de légendes – Départ de l'église - boucle de 5,5 km, balisage jaune - 2h. L'agréable sentier de découverte passe à proximité des « princesses », trois menhirs qui, d'après la légende, représenteraient des princesses sur le point de se marier. Leur dot, véritable trésor, serait enfoui, dit-on, au centre de leur triangle ! Le site fut fouillé à d'innombrables reprises…

Quittez St-Pierre-Église par la D 210 en direction de Fermanville.

Fermanville

Joli petit village fleuri, aux maisons de granit typiques de la région.

Vallée des Moulins – *Départ du parking de l'office du tourisme - 8 km - balisage jaune.* Cette promenade familiale suit le tracé d'une vallée parsemée de moulins, dont neuf, parfois en ruines, sont encore visibles. Le sentier passe au départ sous un impressionnant viaduc avant de suivre la rivière. Il traverse de charmants hameaux dont certains ont conservé leur lavoir.

Cap Lévi

Un phare en granit, reconstruit en 1947, le domine de ses 28 m.

Départ en contrebas du phare - 1 km - 15mn. Balade familiale sur le sentier du littoral en direction de Port-Lévi, petit port d'ancrage de 82 anneaux. Chambres d'hôte *(voir encadré pratique).*

Reprenez votre voiture en direction de Fermanville et suivez la signalisation Port-Lévi. Le fort est un peu plus au nord, sur la côte.

Fort du cap Lévi – *✆ 02 33 23 68 68 - fév.-déc. - visite libre.* Construit au début du 19e s. sur ordre de Napoléon pour défendre les côtes face aux Anglais, il domine le large à 20 m au-dessus du niveau de haute-mer. Inachevé, il servit néanmoins pendant les deux guerres et fut partiellement détruit par les bombardements alliés en 1944. Vaste **panorama★** sur la rade de Cherbourg. Le GR 223 passe au pied du fort.

Entre Fermanville et Bretteville, la route de corniche réserve des **points de vue★** particulièrement pittoresques à la pointe du Brulay.

Peu après l'anse du Brick, prenez à gauche, devant l'auberge Maison Rouge, la petite route en forte montée de Maupertus. Un chemin à droite conduit à un relais de télévision.

Belvédère★

De cet endroit aménagé se découvre une **vue** magnifique sur la côte et Cherbourg au loin.

Reprenez la D 116 et, à Bretteville, la D 320 vers le Theil.

Allée couverte

Ce vestige imposant (16 m x 0,85 m) d'une sépulture collective vieille, croit-on, de quatre millénaires, consiste en un double alignement de rocs supportant des dalles grossières.

Revenez à Bretteville.

Aux approches de Cherbourg, on distingue la rade de l'île Pelée où vient s'ancrer la digue qui, avec la grande digue, délimite la rade ; à gauche s'élève le fort du Roule.

LA CÔTE NORD DE CHERBOURG À BEAUMONT 3

58 km – environ 3h. Quittez Cherbourg par l'ouest, D 901, en direction d'Équeurdreville-Hainneville.

La D 901 longe une partie de la grande rade. Au rond-point, prenez la direction du cap de La Hague sur 4 km. À l'échangeur, prenez la direction de Tonneville que vous traversez, avant de suivre le fléchage.

Ludiver - Observatoire - Planétarium de La Hague

02 33 78 13 80 - www.ludiver.com - ♿ - juil.-août : 10h-19h (dernière entrée 1h av. fermeture) ; sept.-juin : tlj sf sam. 9h-12h30, 14h-17h30, dim. 14h-18h - fermé 24, 25 et 31 déc., janv., 1er Mai, 1er et 11 Nov. - 7 € (enf. 5 €).

Installé sur le plateau de Flottemanville-Hague et Tonneville (alt. 180 m), ce centre a pour objet la découverte du ciel, des astres et des planètes de notre Univers. L'ensemble regroupe : un espace muséographique consacré à l'Univers et à l'astronomie, un planétarium de 80 places, un amphithéâtre intérieur (les images d'un télescope de 600 mm sont projetées au public en direct). Le site d'observation bénéficie de conditions idéales, car la pollution lumineuse et atmosphérique est ici minimale.

Revenez vers la côte et passez sous la D 901.

G. Targat / MICHELIN

Planètes et étoiles à Ludiver.

Querqueville

À gauche de l'église paroissiale de Querqueville se dresse la petite **chapelle** St-Germain(10e s.), le plus ancien édifice religieux du Cotentin et peut-être de France de l'Ouest ; remarquez le plan tréflé et l'appareil en arêtes de poisson des murs. Du chevet de l'église paroissiale, on a une vue sur la grande rade de Cherbourg. Le panorama s'étend à l'est jusqu'au cap Lévi, à l'ouest jusqu'à la pointe Jardeheu.

Passez entre la chapelle et l'église paroissiale. Sortez de Querqueville en direction d'Urville-Nacqueville et tournez à gauche peu avant le hameau La Rivière.

Très vite le château apparaît sur la gauche, en bordure de route.

Château de Nacqueville

02 33 03 21 12 - www.nacqueville.com - visite guidée (1h) de Pâques à fin sept. : tlj sf mar. et vend. (hors j. fériés) 14h, 15h, 16h et 17h - 5 € (5-15 ans 2 €).

Ce ravissant manoir du 16e s. et sa poterne gothique à tourelles et pont-levis, aux tours gainées de verdure, s'élèvent dans le cadre d'un **parc★** planté de hêtres et magnifiquement fleuri, agrémenté d'un étang *(voir le parc de préférence en mai-juin à la floraison des rhododendrons)*. Du château même, on ne visite que le hall d'entrée où l'on remarque une très belle cheminée Renaissance.

Landemer

À l'entrée de Landemer, au bord de la route, à gauche.

Manoir de Dur-Écu – *06 10 58 68 41 - ♿ - de mi-juil. à fin août : 11h-13h, 14h-19h - 4,50 €.* Ancien manoir en partie du 16e s., aux tours bizarrement groupées, il s'appuie sur des fondations du 9e s. De l'ensemble, seuls les cours et le pigeonnier se visitent. En revanche, le labyrinthe conçu dans le champ de maïs qui fait face au manoir appelle une visite plus approfondie !

Après Landemer, la route s'élève dans le ravin du Hubiland ; bientôt se dégage, à droite, une très belle perspective s'étendant du phare du cap Lévi à la pointe Jardeheu.

Gréville-Hague

La petite église (12e s.) trapue du village a servi de modèle au peintre Jean-François **Millet** (1814-1875) originaire du hameau de **Gruchy**. On visite sa **maison natale**. La statue de Jean-François Millet, en bronze, a été placée sur un rocher au centre du carrefour de Gréville-Hague. *✆ 02 33 01 81 91 - visite guidée (45mn) juil.-août : 11h-19h ; juin et sept. : 11h-18h ; avr.-mai et vac. scol. sf Noël : 14h-18h - fermé vac. scol. de Noël - 4 € (7-15 ans 1,60 €).*

Prenez la D 237 à droite pour Gruchy.

Rocher du Castel-Vendon★

1h à pied AR.

Laisser la voiture à l'entrée du hameau et s'avancer à pied jusqu'au lavoir : certains passages sont difficiles. Suivre cette trace à travers les fougères en restant sur le flanc droit du vallon. D'un promontoire rocheux, la **vue** se développe sur la côte, du cap Lévi à la pointe Jardeheu. Au premier plan, entourée de profonds ravins, se dresse l'échine granitique appelée rocher du Castel-Vendon. Au cours de la longue descente sur Omonville-la-Rogue, la mer réapparaît.

Quittez un moment la D 45 pour faire un détour par la **baie de Quervière**. Prenez la direction d'Éculleville, tournez à gauche juste avant, au panneau « Baie de Quervière ». Au bout de la route, garez-vous afin d'admirer le large **panorama★** sur la baie.

Revenez sur la D 45.

Omonville-la-Rogue

Manoir du Tourp★ – *✆ 02 33 01 85 89 - www.letourp.com - ♿ - avr.-nov. : 14h-19h - gratuit.* Ce magnifique manoir (17e s.) racheté par le Conservatoire du littoral a été complètement restauré pour devenir un centre culturel et touristique majeur du nord Cotentin. Riche de nombreux atouts, la région souffre d'une image faussée par ses implantations nucléaires. Les expositions du Tourp rappellent la beauté de ses paysages variés et sauvages, la richesse de la faune et de la flore, l'histoire d'une région aux fortes traditions. Les vastes communs du manoir s'ordonnent autour de la grande cour fermée.

Omonville-la-Petite

Un joli petit cimetière campagnard entoure l'église ; Jacques **Prévert** (1900-1977) y repose aux côtés des siens *(à gauche de l'entrée)*. Pour aller voir la **Maison de Jacques Prévert** *(300 m à pied)*, stationnement obligatoire sur la place de l'église. *✆ 02 33 52 72 38 - juil.-août : 11h-19h ; juin et sept. : 11h-18h ; avr.-mai et vac. scol (sf Noël). : 14h-18h (dernière entrée 1h av. fermeture)- 4 € (7-15 ans 1,60 €).*

Vers l'anse St-Martin – *Départ de la Maison de Prévert - 5 km, balisage jaune - 1h30 à pied AR. Tout de suite après la Maison de Prévert, prenez la montée à gauche. À l'intersection suivante, tournez au panneau « Hameau Henry » puis tout de suite à gauche en sortant du hameau, avant le lavoir.* La promenade passe par le calvaire de Mont-Clin, qui offre un **panorama★** à 360 ° sur l'anse St-Martin et les alentours. Au hameau des Guillemins-de-Bas, notez la tête de gendarme sculptée sur le toit de la dernière maison, pour narguer les douaniers qui pourchassaient les contrebandiers comme le chevalier corsaire de Rantot. La ferme de la Bas-Monterie, son repaire, s'aperçoit juste avant le hameau des Fours. Le chemin débouche sur la ravissante plage de l'**anse St-Martin** où mouillent quelques bateaux. *Revenez sur la route goudronnée à gauche et tournez 300 m plus loin à droite pour retourner à l'église d'Omonville-la-Petite.*

Port-Racine★

La montée vers St-Germain-des-Vaux révèle ce havre lilliputien *(illustration p. 94)*, considéré du moins comme le plus petit port de France en activité. Le nom de Port-Racine vient d'un capitaine de navire qui avait établi sa base en ce lieu, sous Napoléon Ier.

En bas du parking, un chemin (600 m) conduit à un agréable jardin ombragé.

Jardin en hommage à Jacques Prévert

Parking obligatoire aménagé de l'autre côté de la route de Port-Racine, puis 800 m de montée à pied. ✆ 02 33 52 11 00 - juil.-août : 11h-19h ; de Pâques à fin sept. : tlj sf vend. 14h-19h. - 5 €. Prévert, on le comprend, appréciait ce vallon calme et verdoyant, arrosé par une rivière. Depuis 1981, un de ses proches, Gérard Fusberti, fait vivre ces lieux enchanteurs grâce à de discrets aménagements : des petits ponts et des bancs écarlates, des citations du poète semées ici et là, des arbres offerts par la famille ou des amis artistes, les ruines consolidées de vieux moulins à blé (16e s.), un raton laveur (à vérifier !)...

En repartant vers Goury, on parcourt un paysage de landes, accidenté par de nombreux rochers.
À l'entrée d'**Auderville**, à droite, la descente sur Goury permet de découvrir le « finistère » septentrional de La Hague, dont la côte basse se frange d'écume. Le phare sur son îlot et, en mer, les hautes falaises de l'île d'Aurigny sont bien visibles.

Goury★

Le petit port a longtemps été le seul refuge des pêcheurs pris par la tempête dans le terrible **raz Blanchard**, l'un des plus forts courants au monde pouvant atteindre 12 nœuds.
Goury comporte encore aujourd'hui une très importante station de sauvetage. Dans son abri octogonal, le canot de sauvetage pivote sur une plaque tournante qui permet le lancement à partir de deux voies rayonnantes différentes : l'une dirigée vers l'intérieur du port à marée haute, l'autre vers l'extérieur à marée basse.
À la sortie de l'abri, le regard file sur la gauche jusqu'au **sémaphore** *(ne se visite pas)*. Construit en 1860, il était encore, il y a peu, utilisé par la Marine nationale.
Au-delà du **raz Blanchard** se profilent les silhouettes des îles Anglo-Normandes. L'échine granitique de **La Hague** devient de plus en plus acharnée et sauvage à mesure que l'on se rapproche d'Auderville et de Jobourg. Le paysage est grandiose.

De Goury à la baie d'Écalgrain – *Départ de l'office du tourisme de Goury - 5 km - 1h30 à pied AR - laissez la voiture au parking.* Cette randonnée suit au départ le sentier littoral *(balisage rouge)* qui longe des murets en pierres sèches et la lande éclaboussée de fougères. Il dévoile le paysage grandiose des falaises déchiquetées et traverse le ravissant village de La Roche. À l'entrée de la baie d'Écalgrain, **panorama★** sur la grande plage de sable et de galets. *Prenez la route goudronnée à gauche (la D 401). En haut de la côte, suivez le panneau « voie sans issue » en face. Le chemin ramène à La Roche puis à Goury.*

Gilles Targat / MICHELIN

Baie d'Écalgrain

Baie d'Écalgrain★★

Cette grève solitaire, encadrée de landes tapissées de bruyères, occupe un site sauvage d'une grande beauté. À gauche de l'île d'Aurigny, apparaissent les îles de Guernesey et de Sercq ; au fond se développe la côte ouest du Cotentin.

De Dannery, la D 202 mène au nez de Jobourg.

Le nez de Jobourg★★

Le long promontoire escarpé et décharné, environné d'écueils, est le « finistère » le plus imposant de la sauvage Hague. Ses plus hautes falaises culminent à 128 m. La

promenade sur le **nez de Voidries** permet de le voir sous son aspect le plus impressionnant. Des abords de l'Auberge des Grottes, un premier point de vue se révèle, au nord, sur la baie d'Écalgrain, le phare et le cap de La Hague et les îles Anglo-Normandes. Appuyez ensuite à gauche pour découvrir, au sud-est, le nez de Jobourg proprement dit, séparé du nez de Voidries par la petite anse de Sennival ourlée d'une grève solitaire et dominée par des abrupts rocheux en amphithéâtre. Au loin se dessine l'anse de **Vauville** jusqu'aux falaises de Flamanville.
Le site est grandiose, notamment quand la mer est turbulente et que les vagues viennent s'écraser avec fracas sur les rochers.

Andra-Centre de stockage de la Manche

℘ 0810 120 172 (coût d'une communication locale) - www.andra.fr - bâtiment d'accueil : lun.-vend. 8h30-12h, 13h30-17h - visite guidée (2h) : lun.-vend. sur réserv. - gratuit - pièce d'identité exigée - parking à l'intérieur du site.
Ce centre de stockage de déchets radioactifs né en 1969 a reçu plus de 527 000 m^3 de « colis », c'est leur nom, jusqu'en 1994. De 1991 à 1997 ont été effectués des travaux d'étanchéité afin d'assurer confinement des déchets et protection de l'environnement. Depuis 2003, les 15 ha du site sont entrés dans une phase de surveillance active. La visite permet d'en découvrir les dispositifs. Dans le bâtiment d'accueil, exposition sur l'histoire du centre et les missions de l'ANDRA.

Usine Areva

℘ 02 33 02 73 04 - se renseigner au préalable - point d'accueil : 1er avr.-30 sept. 10h-18h, sam. 13h30-18h30 - visite buissonnière en car (2h) : dép. 10h et 14h, sam. 15h - gratuit.
En bordure de la D 901, **l'espace d'information** donne des renseignements sur l'usine de retraitement des combustibles nucléaires. Après une présentation des activités d'Areva, les **visites buissonnières** conduisent en car à travers les paysages de La Hague à la découverte des installations de l'usine.

En face de l'usine, prenez la D 403 en forte descente.

Cette route présente entre Herqueville et Beaumont un profil très rude. Après **Herqueville**,laissez la voiture dans un virage aménagé en terre-plein. Une **perspective★★** splendide au lieu-dit « les 13 Vents » se révèle sur l'anse de Vauville et les falaises de Flamanville. La descente se poursuit : à droite, la petite baie rocheuse du Houguet. Du point le plus bas atteint par la route, on peut gagner la grève à pied. La route remonte ensuite en lacet, à travers un paysage de landes.

Beaumont-Hague

Autrefois fief des Jallot de Beaumont, contrebandiers du 17e s. ; aujourd'hui lieu de résidence de nombreux employés d'Areva.

LA CÔTE OUEST★★ 4

45 km – environ 1h30.

Entre Beaumont et Biville, la route descend vers les grèves puis remonte sur le plateau.

Pierres Pouquelées★

45mn à pied AR, au départ de la D 318.
Laisser la voiture 200 m avant les premières maisons de Vauville et prendre, à droite, un chemin en forte montée. Sur le plateau, prendre à gauche pour atteindre l'allée couverte de Pierres Pouquelées. De là se diriger, à droite, vers une légère protubérance du plateau d'où se découvre un **panorama** sur la côte, du nez de Jobourg aux falaises de Flamanville. On aperçoit par temps clair Aurigny et, vers l'intérieur, le village de Jobourg et le clocher de Beaumont. L'endroit est très apprécié des amateurs de deltaplane.

Vauville

À perte de vue s'étend une lande de bruyères au pied de laquelle est blotti le village. L'église rustique du 12e s. et le manoir du 17e s. forment un ensemble remarquable.

Jardin botanique★ – *℘ 02 33 10 00 00 - ♿ - visite guidée (1h) en juil. et août - mai-août : 14h-18h ; sept. : mar., vend., w.-end et j. fériés 14h-18h ; de Pâques à fin avr. et en oct. : w.-end et j. fériés 14h-18h - 6 € (6-12 ans 5 €).*
À quelques centaines de mètres de la mer, autour du manoir dont le donjon est l'unique vestige de l'antique forteresse (12e s.), un très beau jardin de 4 ha a été créé en 1947 par la famille Pellerin. Il présente aujourd'hui plus de 750 espèces végétales et a la particularité de n'être composé que de plantes au feuillage persistant, dont la plupart sont originaires de l'hémisphère austral. Il est protégé de haies brise-vent et

composé de chambres de verdure peuplées d'eucalyptus, de gunneras, de bambous, d'azalées, de rhododendrons… et de la palmeraie la plus septentrionale de France ! Toutes les espèces sont identifiées.
Après le village du Petit-Thot, dans une forte montée, admirable **vue★**, plus particulièrement au crépuscule, sur la lande rase de l'anse de Vauville.

Éric Bénard / MICHELIN

Jardin botanique de Vauville.

Biville★

Ce village, but d'un pèlerinage local, est bien situé sur le plateau dominant l'immense grève désolée de l'anse de Vauville. Dans l'**église**, le chœur (13e s.), orné de petits bas-reliefs du 15e s., abrite un sarcophage de marbre du bienheureux Thomas Hélye (1187-1257), originaire de Biville, prêtre du diocèse de Coutances (fête les 18 et 19 octobre avec messe de minuit). À gauche du chœur, groupe en bronze du 19e s. représentant Thomas Hélye avec quelques-uns de ses élèves. Dans la nef, un vitrail de Barillet (1944) – le premier à droite de l'entrée – évoque l'arrivée des Alliés et la libération de la région.

Calvaire des Dunes★

45mn à pied AR. Dans le prolongement de la rue bordant l'église, près d'une barrière, prenez la chicane et empruntez le chemin qui passe devant une petite chapelle dédiée à la Vierge et conduit au calvaire. Du pied du calvaire se découvre un immense **panorama** : au premier plan, du nez de Jobourg aux falaises de Flamanville, le paysage désertique de l'anse de **Vauville** ; au large, les îles Anglo-Normandes.

Siouville-Hague

On retrouve les dunes, les collines et la mer. La descente sur Diélette offre une belle vue sur le port.

Diélette

Seul refuge entre Goury et Carteret, le port adossé à sa falaise sombre abrite entre ses deux jetées une plage de sable fin se découvrant à marée basse. La **gare maritime** est une base de départ pour les îles de Guernesey et Aurigny - *voir encadré pratique.*

Centre nucléaire de production d'électricité de Flamanville

02 33 78 70 17 - visite suspendue jusqu'à nouvel ordre en raison de l'application du plan Vigipirate renforcé - se renseigner.
Couvrant 120 ha, cette centrale nucléaire destinée à la production d'électricité est implantée en partie sur le granit du littoral, en partie sur une plate-forme en avancée sur la mer.

Entre Flamanville et le Rozel, la route domine l'**anse de Sciotot**. On distingue le cap de Flamanville et, au sud, la pointe du Rozel. Les falaises s'abaissent, remplacées par des dunes.
Entre Hatainville et Carteret, l'itinéraire se faufile le long des dunes les plus hautes de la côte normande, que séparent des dépressions herbeuses colorées appelées « mielles » où poussent des variétés rares, du bleu du seigle de mer au rose vif de l'orchidée pyramidale.

Presqu'île du Cotentin pratique

Voir aussi les encadrés pratiques de Cherbourg, Barfleur et Carteret.

Adresse utile

Office du tourisme des Marais de Carentan – *Bd de Verdun - BP 204 - 50500 Carentan - ☎ 02 33 71 23 50 - juil.-août : lun.-sam. 9h-12h30, 14h-18h30, dim. 10h-12h, 14h30-17h30 ; juin et sept. : tlj sf dim. 9h-12h15, 13h30-18h ; oct.-mai : tlj sf w.-end et j. fériés 9h-12h15, 13h15-17h30 - fermé pdt vac. de Noël.*

Se loger

Hôtel restaurant l'Escapade – *28 r. du Dr-Caillard, face à la gare - 50500 Carentan - ☎ 02 33 42 02 00 - fermé déc.-fév. - 15 ch. 33/42 € - ☕ 5,50 € - restaurant 15/26 €.* Cette imposante bâtisse couverte de vigne vierge était sous Napoléon III un relais de poste. Elle abrite aujourd'hui des chambres de diverses tailles, toutes récemment rénovées, et une belle salle à manger rustique au parquet impeccablement ciré.

Hôtel Le Vauban – *7 r. Sébline - 50500 Carentan - ☎ 02 33 71 00 20 - 14 ch. 41/52 € - ☕ 5,50 €.* Des petites chambres un peu mûrissantes mais impeccablement tenues, et une salle de petits-déjeuners façon jardin d'hiver vous attendent en cet hôtel du centre-ville.

Chambre d'hôte La Dannevillerie – *50630 Le Vast - 5 km au NO de Quettehou par D 902 puis D 26, puis 2 km chemin à droite avant Le Vast - ☎ 02 33 44 50 45 - www.ladannevillerie.com - 🚭 - 3 ch. 31/48 € ☕.* Au creux du val de Saire, dans l'écrin de verdure qui borde la rivière poissonneuse, cette jolie fermette est un lieu de repos agréable. Au petit-déjeuner, pains cuits au feu de bois, gloires du boulanger du village, et confitures maison régaleront les gourmets.

Hôtel Le Grand Hard – *La Rivière - 50480 Ste-Marie-du-Mont-Village - ☎ 02 33 71 25 74 - www.domaine-le-grand-hard.com - fermé janv.-fév. - P - 10 ch. 75/125 € - ☕ 9 € - restaurant 18/28 €.* Sur un domaine de 52 ha composé de bocage, cette structure rassemble un centre équestre, un restaurant et un hébergement hybride, entre l'hôtel et la chambre d'hôte. On appréciera le charme des différentes pièces, rustique pour la salle à manger, plus cossu pour le salon, avec son billard et sa petite bibliothèque.

Chambre d'hôte Le Fort du cap Lévi – *7 le cap Lévi - 50840 Fermanville - 5 km au NO de St-Pierre-Église par D 210 - ☎ 02 33 23 68 68 - chambre.fermanville@cg50.fr - fermé janv. - 5 ch. 60/65 € ☕.* Une adresse pour les amateurs de lieux pittoresques et de grand air marin. Ses chambres confortables sont installées dans les bâtiments d'un fortin construit sous les ordres de Napoléon. Et le petit-déjeuner est servi dans une véranda qui offre une vue magnifique sur la mer.

Se restaurer

L'Estaminet – *Pl. de l'Église - 50480 Ste-Marie-du-Mont-Village - ☎ 02 33 71 57 01 - fermé janv., mar. soir et merc. du 30 sept. au 31 mai - 10,50 € déj. - 11/24 € - 4 ch. 26/32 € - ☕ 5 €.* Arrêtez-vous sur cette charmante placette à côté de l'église, là où, un certain jour de 1944, des milliers d'engins alliés déboulèrent d'Utah Beach. Pour vous remettre de vos émotions, cette jolie auberge normande est tout indiquée, avec ses repas aux senteurs marines.

Ferme-auberge La Huberdière – *Le Pommier - 50480 Liesville-sur-Douve - 8 km au NO de Carentan par D 913 (jusq. St-Côme-du-Mont) puis D 270 - ☎ 02 33 71 01 60 - fermé dim. soir et lun. - réserv. obligatoire - 15/25 €.* Après la visite de cet élevage de laitières et chevrettes, traite et fabrication de fromages n'auront plus de secrets pour vous. À moins que vous ne préfériez passer directement à table pour déguster les spécialités maison.

Le Moulin à Vent – *50440 St-Germain-des-Vaux - 9 km au N du nez de Jobourg par D 202, D 901 puis D 45 - ☎ 02 33 52 75 20 - fermé déc. et janv., dim. soir et lun. sf juil. à oct. - réserv. conseillée - 15 € déj. - 26/50 €.* Cette pimpante maison de granit aux abords fleuris est au bout de la presqu'île du Cotentin, perchée sur une falaise. Dans sa salle à manger aux poutres apparentes, vous apprécierez sa cuisine réalisée selon les arrivages de poissons.

Que rapporter

Dupont d'Isigny – *99 rte Américaine - 50500 Carentan - ☎ 02 33 71 66 66 - info@dupontdisigny.com - tlj sf w.-end 9h-12h, 14h-16h30.* Cette entreprise fondée en 1894 est installée à Carentan depuis 1995. Le produit phare reste le caramel (8 variétés différentes), mais la maison a développé sa gamme de produits et propose aussi pâtes à mâcher, bonbons tendres ou acidulés, aux fruits, à la menthe, au café… Possibilité de visiter l'usine de fabrication sur rendez-vous.

Sports & Loisirs

Club de kayak de mer du Nord-Cotentin – *Rte du Becquet - 50110 Tourlaville - ☎ 02 33 22 59 59 - http://cotentinkayak.free.fr - tlj sf dim. et lun. 9h-12h, 14h-18h - fermé vac. de fév. et de Noël.* Ce club affilié à la FFCK propose initiations, stages de perfectionnement et randonnées-découvertes en kayak de mer et de rivière. Location de matériel.

École de surf du Cotentin – *14 bis bd Deveaud - 50340 Siouville-Hague - ☎ 06 81 33 57 07 - cotentin.surfclub.free.fr - tlj sf dim. 9h-18h - fermé de déc. à mi-mars.*

Coutances★★

9 522 COUTANÇAIS
CARTE GÉNÉRALE B2 – CARTE MICHELIN LOCAL 303 D5 – MANCHE (50)

Capitale religieuse et judiciaire de la Manche jusqu'à la Révolution, détruite à 60 % par les bombardements de juin 1944, Coutances est aujourd'hui la capitale du dynamique et sympathique festival « Jazz sous les pommiers », qui a lieu chaque année au mois de mai. Du haut de sa colline, dominée par la magnifique cathédrale coiffée de ses deux hautes flèches, la ville veille sur le bocage alentour.

Michel-Olivier Bernard / MICHELIN

Tour-lanterne de la cathédrale de Coutances.

Se repérer – Coutances se trouve à un carrefour routier : la D 972 la relie à St-Lô (29 km à l'est), la D 900 file vers Cherbourg au nord (77 km) et la D 971 conduit vers Granville (29 km au sud). À 10mn à l'ouest s'étend la côte des Havres, le long de laquelle se succèdent les embouchures de petits fleuves côtiers du Cotentin.

À ne pas manquer – La cathédrale, merveille d'architecture gothique, et les crèches anciennes au manoir de Saussey.

Organiser son temps – Consacrez 2h à la visite de la ville et de la cathédrale avant de choisir l'une ou l'autre excursion dans les alentours proches.

Pour poursuivre la visite – Voir aussi Barneville-Carteret, Lessay, le Parc naturel régional du Cotentin et du Bessin, St-Lô, l'abbaye de Hambye, Villedieu-les-Poêles et Granville.

Se promener

Jardin des plantes★

02 33 19 08 10 - ♿ - de déb. juil. à mi-sept. : 9h-23h30 ; avr.-juin et de mi-sept. à fin sept. : 9h-20h ; oct.-mars : 9h-17h - juil.-août : mise en lumière et musique - possibilité de visite guidée - gratuit.

À gauche en entrant, vous pouvez voir un vieux pressoir à cidre. À droite se tient le musée Quesnel-Morinière *(voir description dans « Visiter »)*. Le jardin constitue une agréable promenade en terrasses à travers une variété de parterres et de conifères.

Église Saint-Pierre

Cette construction des 15e et 16e s., due à l'évêque Geoffroy Herbert, a été dotée d'une tour-lanterne qui, suivant un principe en honneur au temps de la Renaissance, présente une décoration de plus en plus riche à mesure que l'on se rapproche du couronnement.

Les Unelles

Les bâtiments de l'ancien séminaire ont été restaurés pour accueillir un centre culturel et des services administratifs. Le nom d'Unelles était celui d'un peuple de Gaule, qui habitait la presqu'île du Cotentin. Leur capitale était précisément Cosedia (Coutances).

Visiter

Cathédrale★★★

☏ 02 33 19 08 10 - 👪 - de déb. juil. à fin août : lun., merc. et vend. à 14h30, des guides se consacrent aux enfants (6-12 ans) : visite de la cathédrale, construction d'une maquette, initiation à la taille de pierre, visite de l'intérieur d'une tour de la cathédrale - 4,50 €.

Geoffroy de Montbray, une de ces grandes figures des prélats-chevaliers dont le duc Guillaume avait su s'entourer, achève la première nef de la cathédrale en 1056. Puis, grâce à la générosité des fils de **Tancrède de Hauteville**, dont l'étonnante aventure méditerranéenne venait de commencer, il fait bâtir le chœur, le transept, la tour centrale et la façade flanquée de deux tours octogonales.

Par l'heureux équilibre de ses proportions et la pureté de ses lignes, cet édifice constitue « le plus fameux fleuron de l'art gothique en Normandie ».

👁 L'un des meilleurs points de vue sur la cathédrale, miraculeusement épargnée par les bombardements, s'apprécie lorsque l'on arrive à Coutances par le sud. On est alors d'emblée frappé par la pureté des proportions et la sobriété du style normand.

Extérieur – La façade porte, au-dessus de la grande fenêtre, un couronnement qui s'achève par une superbe galerie. Cette profusion de lignes ascendantes, admirable dans les détails, mène à l'envolée finale des flèches en écailles (78 m). L'audacieuse tour-lanterne de la croisée du transept, encadrée de tourelles en poivrière, est remarquable par la finesse de ses nervures et l'étroitesse de ses ouvertures.

Intérieur – S'arrêter au fond de la nef d'où la vue sur l'ensemble de l'édifice est exceptionnelle : la sobre élégance des lignes montantes lui confère une rare distinction. Remarquez, à droite et à gauche, les grandes arcades au-dessus desquelles se déroule la file des tribunes dont les baies, surmontées de rosaces aveugles, ont été bouchées. Au-dessus, à la base des fenêtres hautes, court une autre balustrade d'un dessin différent.

Gagnez le transept.

Dominant la croisée, l'exceptionnelle **tour-lanterne★★★** octogonale, dite le « plomb », haute de 41 m sous voûte, est la plus remarquable de ce type en Normandie. Dans le croisillon nord, on remarquera les trois plus anciens vitraux de la cathédrale (13e s.). Dans le croisillon sud, un vitrail du 14e s., très sombre, représente le Jugement dernier. Au pied du gros pilier droit de la croisée du transept, belle statue de Notre-Dame de Coutances (14e s.), particulièrement vénérée par les Coutançais. Elle a été sauvée du bombardement de l'église St-Nicolas en 1944.

Notez que le chœur est plus large que la nef. Il offre le même exemple de simplicité architecturale. Les chapelles rayonnantes sont peu profondes, et chacune de leurs

SE LOGER

- Chambre d'Hôte Le Clos Postel .... ①
- Chambre d'Hôte Le Quesnot .... ④
- Chambre d'Hôte Village Grouchy .... ⑦
- Hôtel Cositel .... ⑩

SE RESTAURER

- La Verte Campagne .... ①
- Le Jules Gommes .... ④
- Le Tourne-Bride .... ⑦

Musée Quesnel-Morinière .... M

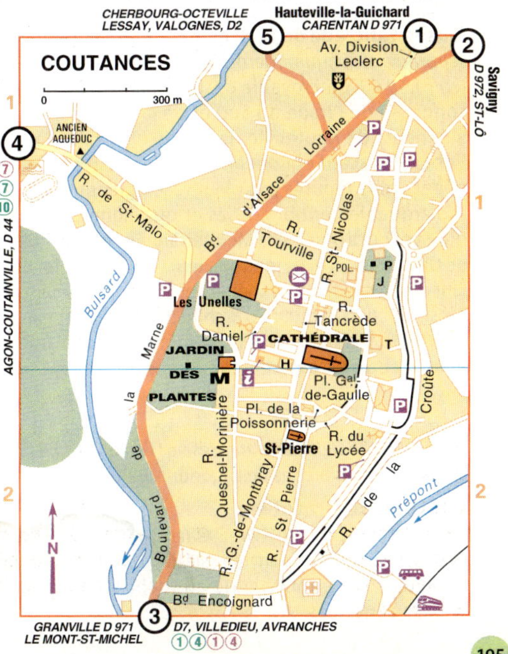

voûtes se combine avec la voûte correspondante des travées du déambulatoire pour n'en former qu'une. La chapelle du chevet, la « Circata », diffère totalement des autres chapelles. Reconstruite et agrandie dans la deuxième moitié du 14e s. par Sylvestre de la Cervelle, elle présente des colonnettes peintes et des chapiteaux ornés de feuillages d'où émergent des animaux et des figurines.

Les parties hautes★★ – *℘ 02 33 19 08 10 - réserver au préalable - visite guidée (1h30) juil.-août : tlj sf sam. 10h30, 14h30, 16h, dim. 14h30, 16h ; mai-juin et 1re quinz. de sept. : mar., jeu. et dim. 14h30 - 5,50 €. Interdit aux enfants de moins de 10 ans.*
Cette promenade remarquable à l'intérieur d'une tour de façade et dans le grenier d'un bas-côté se termine par les galeries du troisième étage et le sommet de la tour-lanterne. Le **panorama**, immense, englobe Granville, les îles Chausey, Jersey et, par temps très clair, le mont Pinçon à 60 km.

Musée Quesnel-Morinière

℘ 02 33 07 07 88 - juil.-août : tlj sf mar. 11h-18h ; sept.-juin : tlj sf mar. 10h-12h, 14h-17h, dim. 14h-17h - fermé 1er janv., lun. de Pentecôte et 25 déc. - 2,40 €, dim. apr.-midi gratuit.
Il est installé dans l'ancien hôtel Poupinel, du nom du conseiller du roi qui acheta la demeure en 1675. La section peinture présente une collection de paysages, dont une œuvre de C.-J. Vernet, et quelques œuvres rares comme le *Combat de lions et de chiens* attribué à Peter de Voos, une belle Cène par Simon Vouet, un *Moïse sauvé des eaux* de Bartoloméo Biscaino. Une salle est consacrée au « Pou qui grimpe », mouvement artistique et littéraire coutançais de l'entre-deux-guerres, et aux artistes locaux du début du 20e s.
Les arts et traditions populaires sont présents à travers des costumes locaux et un bel ensemble de poteries manchoises (14e-19e s.). Des témoins archéologiques, issus des fouilles du parvis de la cathédrale, sont accompagnés de sculptures médiévales.

Aux alentours

Savigny

11 km à l'est par la D 972, puis à droite vers Savigny.
Église – Cette église romane (12e s.) est réputée pour ses **fresques** du 14e s. Sur le mur gauche de la nef, une Cène est plutôt bien conservée. Dans le chœur, quatre scènes illustrent le martyre de sainte Barbe ; la dernière, à gauche, est une création du 19e s. Passez derrière l'autel pour gagner la sacristie où l'on peut voir un grand relief sculpté du Christ (11e s.). *Possibilité de visite guidée l'été - vend. 15h-17h.*

Hauteville-la-Guichard

15 km au nord-est. Quittez Coutances au nord par la D 971 jusqu'à St-Sauveur-Landelin, puis prenez à droite la D 53 ; peu après Moncuit, tournez à gauche vers Hauteville (D 435).

Musée Tancrède de Hauteville – *℘ 02 33 19 19 19 - juil.-août. : tlj sf lun. 14h-18h ; sept.-nov. et fév.-juin : dernier dim. du mois 14h-18h - fermé déc.-janv. et j. fériés - 4 € (enf. 1,50 €).* L'incroyable destin de la famille de Hauteville nous plonge dans la conquête de l'Italie du Sud et de la Sicile par les Normands au début du 11e s. Seigneurs de Hauteville, Tancrède et ses douze enfants (les plus célèbres sont Robert-Guiscard et Roger Ier de Sicile) vont s'avérer de redoutables conquérants, et des chefs réputés pour leur ruse et leur force légendaire. Peu nombreux mais remarquablement organisés et renseignés, ces Normands ont créé un État très puissant qui a dominé la Méditerranée et fait trembler Constantinople pendant près de deux siècles. Mais plus que leurs innombrables conquêtes ou faits d'armes, c'est leur organisation pluriethnique et leur rayonnement culturel qui suscite l'admiration. Ainsi, les chefs-d'œuvre d'architecture normande qui nous sont parvenus (Palerme, Monréale, Cefalu, Trani, etc.) témoignent, de manière remarquable, de l'harmonie établie entre les différentes cultures.

Circuit de découverte

47 km – 1h30. Quittez Coutances par l'ouest, D 44, et à droite la D 244. La route passe devant les trois arches de l'aqueduc, gagnées par la végétation.

Château de Gratot★

℘ 02 31 57 18 20 - 10h-19h - 3 € (enf. 1,50 €) - livret de visite détaillé remis à l'entrée.
Gratot appartint pendant cinq siècles à la famille d'Argouges. Longtemps abandonné, le château n'a retrouvé la vie que depuis 1968 grâce aux restaurations entreprises par des bénévoles.

Un petit pont à trois arches (situé à l'arrière du château) enjambant les douves permet d'accéder à la cour du château après avoir franchi le porche d'entrée. Les communs encadrent la poterne d'entrée. À l'ouest se dresse une tour d'angle.
Le pavillon du 18e s. comportait trois étages et une quinzaine de pièces. Il est recouvert d'un toit à la Mansart.
La maison seigneuriale est un bâtiment à ciel ouvert auquel on accède par quelques marches. Le rez-de-chaussée est percé de grandes fenêtres, l'étage supérieur de lucarnes.

La tour à la fée

La légende raconte qu'un seigneur d'Argouges rencontra à la fontaine une très belle jeune femme. Il en tomba éperdument amoureux et lui demanda sa main. La belle lui dit qu'elle était une fée et qu'elle acceptait de devenir son épouse à condition qu'il ne prononçât jamais le mot « mort ». Le seigneur le promit. Un jour, lors d'une fête au château, excédé d'attendre sa dame qui s'apprêtait, il lui lança : « Dame, êtes bien lente dans vos besognes ! Seriez-vous bonne à aller quérir la Mort ? » La fée poussa alors un cri déchirant, monta sur le rebord de la fenêtre et disparut.

Tour ronde – La tour date du début du 15e s. et présente une allure médiévale. Le rétrécissement imprévu de l'escalier permettait de briser l'assaut des assaillants en ne laissant le passage qu'à un seul homme à la fois. L'entrée des caves se trouve au pied de la tour. Les voûtes d'arêtes reposent sur des colonnes composées de pierres mises de chant.
La tour opposée contre laquelle vient s'appuyer un puissant contrefort a été construite à la fin du 15e s. Octogonale à la base, elle se termine par une chambre de plan rectangulaire et est coiffée d'un toit en bâtière. Balustrades et gargouilles décorent le sommet.
Du château médiéval subsiste une tour d'angle qui présente une porte murée et dont la construction remonte à la fin du 13e s. ou au début du 14e s.

Michel-Olivier Bernard / MICHELIN

Château de Gratot.

Communs – Ils datent de la fin du 16e s. Dans une salle, exposition sur le château : son histoire, les étapes de sa restauration. Le château est désormais un centre culturel.

À St-Malo-de-la-Lande, prenez la D 68 vers Tourville-sur-Sienne, puis la D 272 à droite vers Agon-Coutainville.

Agon-Coutainville

Située sur la partie dunaire de la côte ouest du Cotentin, bordée à l'ouest par la Manche sur 8 km de plages de sable fin, à l'est par l'estuaire de la Sienne, Agon-Coutainville est une station balnéaire très fréquentée en saison. L'amplitude exceptionnelle des marées en fait un site privilégié pour les pêcheurs à pied. Ces marées et la qualité de l'eau ont permis l'essor de la culture des moules et des huîtres. Trois plages surveillées s'offrent aux vacanciers : du nord au sud, les plages du Centre, du Passous et de l'École de voile. Et deux événements sportifs marquent la vie de la station : le Festival de la glisse ouvre la saison, l'Enduro des Sables la clôture. Plus reposant, il est agréable d'arpenter le long promenoir aménagé sur la digue.

Prenez la direction de la pointe d'Agon.

La route traverse un paysage sauvage, découvert, où la végétation alliée au sable a quelque chose d'irréel.

Pointe d'Agon

On remarque sur le côté droit de la route une allée de pierres. C'est un monument dédié à **Fernand Lechanteur** (1910-1971), écrivain normand dialectal.
De la pointe, belle vue sur la côte manchoise et le havre de Regnéville à gauche.

Revenez à Agon-Coutainville, prenez la direction du hameau La Rue-d'Agon.

La route D 72 domine bientôt le havre envasé de Regnéville.

Tourville-sur-Sienne

Au bord de la route se dresse la statue de l'amiral de **Tourville**, le héros malheureux de la bataille de la **Hougue** *(voir St-Vaast-la-Hougue).*
À hauteur du monument, une rue en descente conduit au cimetière en terrasses d'où s'offre une jolie vue sur Regnéville, enfermé par une pointe sableuse, le clocher de Montmartin et le rocher de Granville. Au large, par temps clair, on découvre les îles Chausey.

Par la D 650, rejoignez le Pont-de-la-Roque puis, par la D 49, Regnéville-sur-Mer.

Regnéville-sur-Mer

Ce petit port d'échouage, situé à l'embouchure du havre de la Sienne fut, autrefois, l'un des plus prospères de tout le littoral. Son déclin est dû essentiellement à son ensablement. Les vestiges du château (12e s.) servent désormais de cadre à des expositions estivales.

Musée de Regnéville – Les fours à chaux du Rey – *À partir de l'église (13e s.), suivre le fléchage. ✆ 02 33 46 82 18 - juil.-août : 11h-19h ; juin et sept. : 11h-18h ; avr.-mai et vac. scol. (sf vac. de Noël) : 14h-18h - 4 € (enf. 1,60 €).* Le musée est installé à côté des anciens fours à chaux, ensemble exceptionnel de l'architecture industrielle du milieu du 19e s. Les collections sont un témoignage des activités traditionnelles liées au littoral ouest de la Manche (récolte de la tangue et du varech, corderie, fabrication d'engins de pêche, cabotage à voile, etc.). Les techniques de production de la chaux et son usage sont évoqués à travers maquettes et outils anciens. Un petit film sur l'histoire maritime de Regnéville complète la visite.
En sortant, on peut étudier les **fours à chaux** construits entre 1852 et 1854. Ils n'ont servi qu'une trentaine d'années. Approchez-vous du gueulard du four : c'est par cette ouverture que l'on déversait alternativement des couches de calcaire (de la pierre à chaux), extrait des carrières locales, et des couches de charbon, arrivé par bateau du Pays de Galles.
À l'ouest, vous apercevez le port de Regnéville depuis lequel on embarquait la pierre à chaux locale pour la Bretagne ou les îles Anglo-Normandes.
Dans la cour du musée sont reconstitués un atelier de mécanique et une forge.

H. Guermonprez / CDT 50

Les fours à chaux du Rey.

Quittez Regnéville par la D 49 vers Montmartin-sur-Mer, puis Hyenville (D 73). Poursuivez la D 73 jusqu'à croiser la D 7 et remontez vers Coutances, en passant par Saussey.

Manoir de Saussey★

✆ 02 33 45 19 65 - de Pâques à fin sept. : 14h-18h30 (dernière entrée 1h av. fermeture) - 6 € (enf. 1,50 €).
Un verger-potager, des parterres exubérants au pied des murs, un jardinet dans un recoin : l'ensemble est ravissant. Les bâtiments datent du 17e s. et s'articulent autour d'une petite roseraie que l'on traverse pour aller d'une collection à une autre.

Crèches anciennes – Cent ans ou presque pour réunir cette collection impressionnante de crèches des 17e et 18e s., comme cette **crèche napolitaine** aux personnages somptueusement vêtus et mis en scène (17e s.). Certaines compositions sont confectionnées à partir de mie de pain, d'autres entièrement en verre filé de Nevers.

Verreries – Cette collection réunit un large panel de verres, aux dessins travaillés, aux formes parfois surprenantes ou au coloris trompeur, comme ce service en verre blanc de lait émaillé qui imite à merveille la porcelaine.

Reprenez la D 7 et arrêtez-vous au manoir d'Argences signalé par des panneaux.

Jardins d'Argences

3 km au S de Coutances. ✆ 02 33 07 92 04 - de mi-mai à mi-oct. : 14h-18h - 5,50 € (-12 ans gratuit). Plus qu'une visite, c'est une promenade à faire en dix étapes. Plan en main, le flâneur tourne autour du manoir (15e-18e s.). Jardin du haut, jardin des fleurs, l'étang, la pépinière. Avec ses allures de jardin à l'anglaise, le site enchante la vue et l'odorat. L'ensemble a d'ailleurs été récompensé en 1999 par le prix Bonpland.

Rejoignez Coutances.

Coutances pratique

Adresse utile

Office du tourisme de Coutances – *Pl. Georges-Leclerc - 50200 Coutances - ✆ 02 33 19 08 10 - juil.-août : lun.-vend. 9h30-18h30, sam. 10h-12h30, 14h-18h, dim. et j. fériés 10h-13h ; sept.-juin : tlj sf dim. 9h30-12h30, 14h-18h (en continu le jeudi), sam. 10h-12h30, 14h-17h, j. fériés sf 1er janv. 10h-13h.*

Visite

Visites guidées – Coutances, au cœur d'un vaste Pays d'art et d'histoire, propose des visites-découverte animées par des guides-conférenciers agréés par le ministère de la Culture et de la Communication. Elle organise aussi des visites théâtralisées de la ville - *renseignements à l'office de tourisme (voir ci-dessus) - www.paysdecoutances.fr*

Visites-découverte du havre de Sienne – Des visites thématiques guidées *(2 à 3h)* sont proposées de mi-avr. à fin sept. pour découvrir ce havre situé à l'ouest de Coutances - *5 € (enf. 1 €) - se renseigner et réserver à l'office de tourisme du canton de Montmartin-sur-Mer - ✆ 02 33 47 51 80.*

Se loger

⊖ Chambre d'hôte Village Grouchy – *11 r. du Vieux-Lavoir - 50560 Blainville-sur-Mer - 2 km au N d'Agon-Coutainville par D 72 - ✆ 02 33 47 20 31 - jr.sebire.free.fr - fermé janv.-mars - ⊭ - 5 ch. 40 € ☕.* Ce petit village n'abritait autrefois que des maisons de pêcheurs. Dans l'une d'elles, de grandes chambres lambrissées de bois font une bonne étape à quelques encablures de la mer. Côté jardin, une cuisine d'été est à disposition des hôtes.

⊖ Chambre d'hôte Le Quesnot – *3 r. du Mont-César - 50660 Montchaton - 6,5 km au SO de Coutances par D 20 puis D 72 - ✆ 02 33 45 05 88 - fermé 15 nov.-Pâques - ⊭ - 3 ch. 45 € ☕.* Les hôtes disposent d'une maisonnette en pierre du pays datant du 18e s. avec sa terrasse et son coin-jardin, d'où ils pourront admirer la petite église juchée sur un promontoire. Au-dessus de la grande salle campagnarde, les chambres sont récentes.

⊖⊖ Hôtel Cositel – *Rte Coutainville-Delasse - ✆ 02 33 19 15 00 - hotelcositel@wanadoo.fr - P - 55 ch. 59/90 € - ☕ 9 €.* Construction moderne érigée sur une colline surplombant la ville. Les chambres sont claires et équipées d'un mobilier fonctionnel. Vinothèque. Au Pommeau, cuisine traditionnelle et terrasse sur un petit plan d'eau. Au bistrot, plats simples et ambiance jazzy.

⊖⊖ Chambre d'hôte Le Clos Postel – *5 rte d'Urville - village d'Urville - 50590 Regnéville-sur-Mer - 10 km au SO de Coutances par D 20, rte de Montmartin-sur-Mer et D 49 - ✆ 02 33 07 12 38 - www.clospostel@hotmail.com - fermé janv. - ⊭ - 4 ch. 75/95 € ☕.* Cet ancien presbytère entièrement restauré bénéficie d'une jolie vue sur la baie de la Sienne. On apprécie le calme de son jardin de curé, d'inspiration médiévale. Aménagées avec autant de goût, les 4 chambres (dont 2 trouvant leur place dans l'ancien pigeonnier) offrent tout le confort. Accueil impeccable.

Se restaurer

⊖ Le Jules Gommes – *34 r. du Vaudredoux - 50590 Regnéville-sur-Mer - 10 km au SO de Coutances par D 20, rte de Montmartin-sur-Mer et D 49 - ✆ 02 33 45 32 04 - fermé lun. et mar. sf vac. scol. - réserv. obligatoire le w.-end - 11 € déj. - 12,50/26,50 €.* Cette incontournable adresse, dont le nom est aussi celui d'un trois-mâts de la fin du 19e s., a un charme fou. Bel intérieur rustique avec pierres apparentes, cheminée et aquarelles. Cuisine entre terre et mer, crêpes et bon choix de bières et whiskies côté pub.

⊖⊖ Le Tourne-Bride – *85 r. d'Argouges - 50200 Gratot - ✆ 02 33 45 11 00 - fermé 1er-15 juil., vac. de fév., dim. soir et lun. - 16/40 €.* Ne vous laissez pas ensorceler par la fée du château de Gratot, mais plutôt séduire par les sirènes gourmandes de cet ancien relais de poste (19e s.). Ses hôtes, Martine et Denis Poisson, vous réservent un accueil chaleureux et attentionné : vous vous sentirez « comme à la maison » dans leurs deux salles à manger coquettes et campagnardes. Carte et menus mettent à l'honneur la cuisine traditionnelle normande, élaborée ici avec des produits frais de la mer et du bocage.

⊖⊖ La Verte Campagne – *Le Hameau Chevalier - 50660 Trelly - 13 km au S de Coutances par D 7, D 49 puis D 539 et rte* *secondaire - ✆ 02 33 47 65 33 - lavertecampagne@wanadoo.fr - fermé 17-24 mars et 22 nov.-15 déc. - formule déj. 13,50 € - 23,50/45 € - 7 ch. 50/78 € - ☕ 7 €.* Cette ferme du 18e s. recouverte de vigne vierge en été a gardé son charme authentique, comme en témoignent ses larges poutres au plafond, ses pierres apparentes et ses vieilles cheminées. Cette table soignée et renommée propose aussi quelques chambres à l'étage.

Que rapporter

Marché – *Pl. du Gén.-de-Gaulle - dim. mat.* Un marché très animé et haut en couleur. Vous y trouverez tous les produits de la campagne, sans oublier le coutances (fromage du terroir) et la teurgoule (dessert typiquement normand).

Le Secret de Coutances – *25 r. Geoffroy-de-Montbray - ✆ 02 33 45 02 82 - tlj sf lun. 7h30-13h, 14h30-19h30 - fermé j. fériés.* La clientèle se presse nombreuse dans cette boutique aux murs jaune paille et meubles de bois sombre. La pâtisserie y est en effet délicieuse. Spécialités : le Normand (crème au beurre blanc allégée de meringue et imbibée de pommeau), le Duo normand (pâte sablée, compote de pommes et rhubarbe, gratin d'amande), les chocolats et les glaces au cornet à l'ancienne.

Les plages

Plusieurs plages se situent sur cette partie de la côte ouest, toutes distantes de 12 à 15 km de Coutances. Du nord au sud : **Anneville-sur-Mer**, petite plage de sable fin bordée de dunes d'ajoncs, puis la longue plage de 6 km de **Gouville-sur-Mer**, station qui se proclame « capitale de l'huître de Normandie », forte de ses 230 ha de parcs situés sur l'estran *(visite guidée des parcs à huîtres : rens. à l'office du tourisme ✆ 02 33 47 84 33).* Après Gouville s'ouvre le havre de **Blainville-sur-Mer** : cette localité a également une longue tradition ostréicole. Là encore, la pratique de la pêche à pied est facile, et la grande plage de sable fin appréciée des familles s'étend de Gonneville au nord à la station très fréquentée d'**Agon-Coutainville** au sud. Sur cette commune, vous trouverez un golf, un casino et toutes les activités sportives et nautiques.

Plages du Débarquement★★

CARTE GÉNÉRALE B/C 1/2 – CARTE MICHELIN LOCAL 303 F/K3/4
CARTES HISTORIQUES MICHELIN BATAILLE DE NORMANDIE N° 102

Choisies pour le débarquement de juin 1944, ces plages du littoral normand sont entrées dans l'Histoire. On ne s'y promène pas pour contempler, naïf ou insouciant, le spectacle de la mer. On y vient pour maintenir la mémoire de la plus grande opération militaire de tous les temps qui brisa la machine de guerre allemande, au prix de milliers de morts.

- **Se repérer** – Seule est décrite ici la section de la côte du Calvados délimitée à l'est par l'Orne, au niveau des plages du nord de Caen à partir de Ouistreham-Riva-Bella, et à l'ouest par la Vire, à la frontière du département de la Manche. Elle correspondait aux secteurs anglais et canadien. Les plages d'Utah Beach et d'Omaha Beach, plages du secteur américain, sont décrites à ces noms.
- **À ne pas manquer** – La pointe du Hoc, la batterie de Longues-sur-Mer et le château de Bénouville.
- **Organiser son temps** – Chacun des circuits proposés ci-après vous occupera une bonne demi-journée.
- **Avec les enfants** – Apprenez à reconnaître les coquillages à la Maison de la mer de Courseulles-sur-Mer et visitez la ferme ostréicole de la Calvadosienne.
- **Pour poursuivre la visite** – Voir aussi Utah Beach, Omaha Beach, Arromanches-les-Bains, Ouistreham-Riva-Bella, Bayeux, Fontaine-Henry, Caen, la presqu'île du Cotentin, Ste-Mère-Église.

Comprendre

LES OPÉRATIONS

Les préparatifs – Initialement, l'assaut allié devait s'effectuer au mois de mai 1944 et se dérouler entre l'Orne et la Vire. Au début de 1944, Montgomery demanda à remanier le plan : le secteur d'assaut, jugé trop étroit, fut ainsi élargi à la plage d'Utah à l'ouest et à celle de Sword à l'est.

À l'aube du jour J : « D Day » – La formidable armada, comprenant 4 266 péniches et navires de débarquement, sans compter les centaines de navires de guerre et d'accompagnement, fut mise en route à partir des ports du Sud de l'Angleterre dans la soirée du 5 juin, précédée par les flottilles de dragueurs chargées d'ouvrir les chenaux de passage dans les champs de mines de la Manche. Pendant que la traversée s'accomplissait, dans une « atmosphère d'irréalité » inoubliable, les troupes aéroportées étaient lâchées aux deux flancs du front d'invasion. La 6e division britannique, chargée de garder l'aile gauche du dispositif, s'assurait rapidement du pont de Bénouville-Ranville, baptisé depuis **« Pegasus Bridge »**, et jetait le trouble dans les défenses ennemies entre l'Orne et la Dives, interdisant l'arrivée de renforts venus de l'est ou du sud. À l'ouest de la Vire, les 101e et 82e divisions américaines montaient à l'assaut de points importants comme Ste-Mère-Église ou s'employaient à dégager les « sorties » de la plage d'Utah.
Les bombardements préalables, sans aboutir à la destruction complète des ouvrages du « mur de l'Atlantique », eurent pour effet – c'était le résultat escompté – de désorganiser la défense. Après quoi, les troupes terrestres, précédées le plus souvent de « commandos » chargés de réduire les nids de résistance les plus dangereux, prirent contact avec leurs objectifs, répartis entre trois « têtes de plage » assignées chacune à une « force » déterminée. Les tentatives de contre-attaque de blindés ennemis, hâtivement montées, furent écrasées sous les bombes et les obus de marine.

Le secteur britannique

Sur les cinq plages prévues pour le Débarquement, trois étaient confiées aux Britanniques et aux Canadiens et les deux autres, aux Américains.

Sword Beach – Les commandos franco-britanniques débarquent à Colleville-Plage, Lion-sur-Mer et St-Aubin. Ils réduisent le point fortifié de Riva-Bella et ceux, plus coriaces, de Lion, de Langrune (le 7 seulement) et établissent enfin la liaison avec les troupes aéroportées de Pegasus Bridge. Le gros des troupes de la 3e division britannique débarque ensuite. Aucune offensive de grande envergure ne fut lancée sur la rive droite de l'Orne avant le 18 juillet.

Stéphane Sauvignier / MICHELIN

Vestiges des pontons alliés montés au moment du Débarquement.

Juno Beach – Les Canadiens de la 3e division prennent pied dans Bernières et Courseulles. Creully est atteint dès 17h. Ces troupes entrèrent les premières à Caen, le 9 juillet 1944.

Gold Beach – Les Britanniques de la 50e division débarquent à Ver-sur-Mer et à Asnelles. Par un mouvement tournant, ils se rendent maîtres d'Arromanches dans l'après-midi : le montage du port artificiel peut être entrepris. Le 47e commando, après une marche de 20 km en territoire occupé par l'ennemi, enlève Port-en-Bessin le 7 juin à la nuit. La jonction entre le secteur anglais et Omaha Beach est effective dès le 9 juin. Le 12, avec la prise de Carentan qui rend possible la liaison entre les forces débarquées d'Omaha et Utah, une tête de pont unique est constituée.

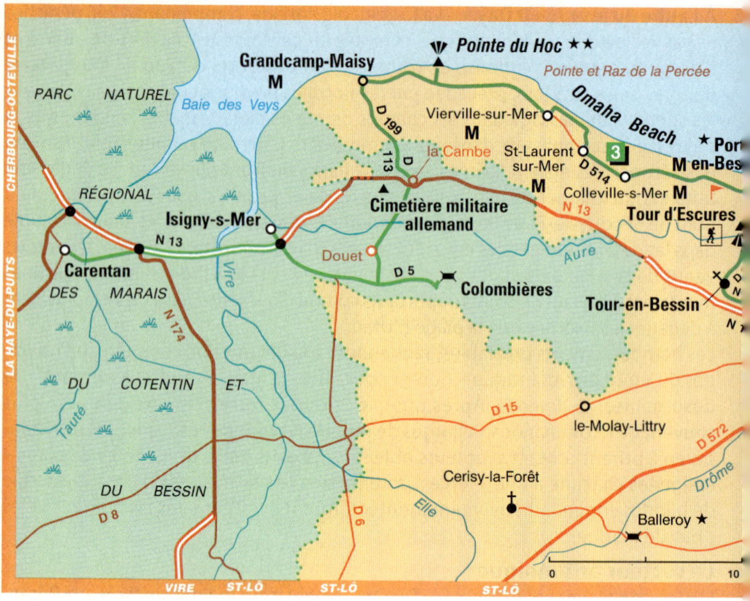

Circuits de découverte

SWORD BEACH – JUNO BEACH – GOLD BEACH★ 1

De Caen à Arromanches, 71 km – environ 1h15. Quittez Caen par la D 515, au nord-est. De Caen à Riva-Bella, la route suit la basse vallée de l'Orne, à l'ouest du canal.

Bénouville

La mairie, isolée à la bifurcation routière proche de Pegasus Bridge, fut occupée par les parachutistes de la 5e brigade, dès le 5 juin, à 23h45.

Château★ – *02 31 95 53 23 ou 02 31 57 18 00 - ♿ - lors d'expositions temporaires, normalement de fin juin à mi-sept. : tlj sf mar. 14h-18h - 1,50 € (-18 ans gratuit).*

Ce bel édifice, caractéristique de l'architecture néoclassique en France à la fin du 18e s., est une des œuvres majeures de l'architecte parisien **Claude-Nicolas Ledoux** (1736-1806). Il s'ouvre, côté cour, par un imposant péristyle aux colonnes ioniques, surmonté d'un entablement portant des armoiries et des figures en ronde-bosse ; côté jardin, le même ordre ionique est adopté, mais sur des pilastres portant l'attique décoré de trophées militaires. À l'intérieur, on parcourt les cinq salons en enfilade, mais, surtout, on admire la magnifique ordonnance de l'**escalier★★** d'honneur, qui dessert le premier étage et dont la cage se déploie sur trois niveaux. La voûte à caissons terminale est percée d'un large oculus s'ouvrant sur un ciel peint.
Aujourd'hui propriété du conseil général, le château accueille chaque année des expositions temporaires.

Pegasus Bridge

Dans la nuit du 5 au 6 juin 1944, peu après minuit, les deux ponts de Ranville-Bénouville sont pris après un bref engagement par la 5e brigade parachutiste britannique, dont l'emblème est Pégase. Le major Howard a ainsi gagné la bataille de **Pegasus** et libéré un premier petit morceau de France : un champ d'atterrissage pour les planeurs, un pont mobile en acier, une maison au bord de l'eau et… la

Et Bill Millin sonnait de son bagpipe…

« Les soldats de Lord Lovat défilaient sur la route, droits et fiers sous leurs bérets verts. En tête de la colonne marchait Bill Millin, avec sa cornemuse, qui claironnait toujours *Blue Bonnets over the Border*. Dans les deux camps, la fusillade se tut brusquement, tous les soldats contemplant ce spectacle. Mais la surprise ne dura pas. Au moment où le commando atteignait les ponts, les Allemands se remirent à tirer. Bill Millin se souvient qu'il se fiait à sa chance pour ne pas être touché, parce qu'il ne pouvait pas entendre autre chose que sa cornemuse. »
Le Jour le plus long, par Cornelius Ryan (éd. Laffont, Le Livre de Poche).

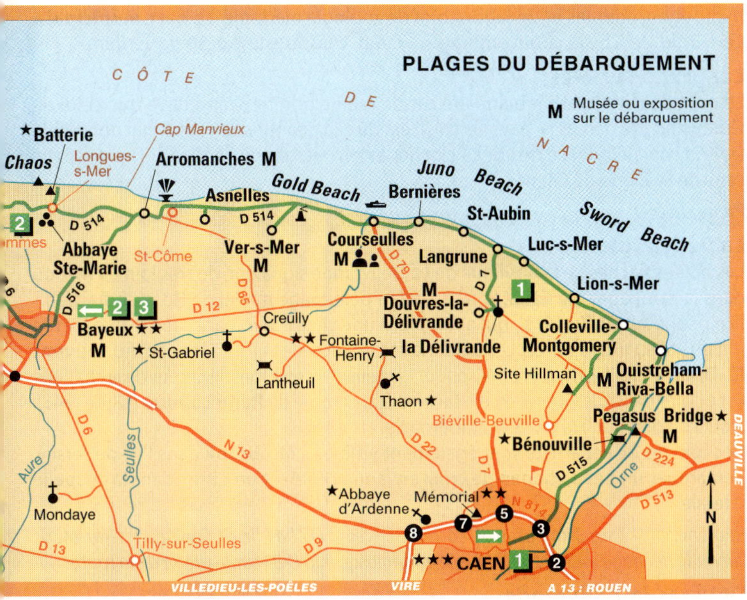

famille Gondrée, qui attendra comme lui 11h du matin pour voir arriver les renforts : **Lord Lovat** (1911-1995) et ses « bérets verts », au son de la cornemuse de Bill Millin. Aujourd'hui, le café-musée Gondrée est un lieu du souvenir où se retrouvent vétérans et touristes.

Mémorial Pegasus★ – *Av. du Major-Howard - 14860 Ranville - ✆ 02 31 78 19 44 - www.normandy1944.com - ♿ - avr.-sept. : 9h30-18h30 ; fév.-mars et oct.-nov. : 10h-13h, 14h-17h - fermé en déc. et janv. - 5,50 € (enf. 4 €).* Le fameux Pegasus Bridge, démonté et remplacé sur l'Orne par une copie un peu plus grande, est aujourd'hui situé près du musée qui présente, par le biais de vitrines et d'objets-témoins, la vie des hommes sous l'Occupation et pendant le Débarquement. Ainsi, dans la vitrine consacrée au corps médical, une note rédigée en français par un médecin anglais, remercie pour la maison transformée en infirmerie et s'excuse pour les éclats de vitre « dus aux Allemands ». Le plan-relief et le film présentent les trois missions des commandos du 6e Airborne juste avant le Débarquement : tenir les ponts de Bénouville et de Ranville, s'emparer de la batterie de Merville, détruire les ponts sur la Dives pour empêcher toute attaque des Allemands venant de l'est. Une réplique de planeur Horsa a été inaugurée à l'occasion du soixantième anniversaire du Débarquement.

Ouistreham-Riva-Bella *(voir ce nom)*

De Riva-Bella jusqu'à Asnelles, la D 514 longe une partie de la Côte de Nacre, chapelet de stations estivales où se multiplient immeubles et maisons individuelles.

Colleville-Montgomery

Ici prend pied, à l'aube du 6 juin 1944, le 4e commando franco-britannique placé sous les ordres du capitaine Kieffer, selon le plan établi par le général Montgomery.

En témoignage de reconnaissance au vainqueur d'El-Alamein, la commune de Colleville-sur-Orne a uni son nom à celui-ci.

Au sud de la commune, en direction de Biéville-Beuville, le site fortifié **Hillman** est un ancien PC côtier transformé en mémorial du Suffolk Regiment. *✆ 02 31 97 12 61/39 11 - www.amis-du-suffolk-rgt.com - visite libre tte l'année - le mémorial et son musée sont ouverts lors des commémorations du 6 juin et juil.-sept. : lun.-sam. 15h-19h - visite guidée (1h30) mar. 15h - gratuit.*

Lion-sur-Mer

Cette station balnéaire familiale possède, en Haut-Lion, un **château** des 16e et 17e s. entouré d'un parc. Elle conserve aussi quelques-unes des plus belles villas de la Côte de Nacre construites à partir de 1851. Son **église** présente une tour romane du 11e s. et de beaux chapiteaux.

Luc-sur-Mer

Luc, la plus ancienne des stations balnéaires de Basse-Normandie, réputée pour son climat tonique, possède un établissement de bains permettant des cures hydro-iodosodiques et un laboratoire de zoologie maritime. Le **parc municipal★** *(35 r. de la Mer)*, beau jardin ombragé et fleuri, constitue une oasis de verdure.

Langrune-sur-Mer

Le nom de cette station balnéaire est de même origine scandinave que celui de Groenland (du danois : « pays vert »). Il est dû à la quantité de varech qui donne à la station son air iodé. Le très beau clocher à deux étages de l'**église** (13e s.) rappelle celui de St-Pierre de Caen.

Prenez la D 7.

La Délivrande

Les hautes flèches de la basilique de La Délivrande signalent, de très loin en mer ou dans la campagne de Caen, le plus ancien pèlerinage marial de Normandie. L'édifice néogothique du 19e s., qui a remplacé une chapelle romane, abrite une Vierge (fin du 16e s.) très vénérée. Les pèlerinages s'y succèdent toute l'année. Au **couvent N.-D.-de-Fidélité**, dernière maison sur la route de Cresserons, le chœur de la chapelle est éclairé par trois vitraux en cristal et métal chromé de **René Lalique** (1860-1945), à qui l'on doit aussi la porte du tabernacle.

Des œuvres de cet artiste sont également visibles à **Millbrook** dans l'île de Jersey. Remarquer un beau Chemin de croix en laque (1946) et un Christ dans la chapelle latérale.

Reprenez la D 7 sur 3 km jusqu'au carrefour avec la D 404 (dir. de Courseulles-sur-Mer) ; suivez le fléchage indiquant le musée-radar jusqu'à la D 83 sur la droite de la route.

Douvres-la-Délivrande

Musée-radar – *☏ 02 31 36 24 24 - juil.-août : 10h-18h (dernière entrée 30mn av. fermeture) - 5,50 € (10-18 ans 3 €).* C'est vraisemblablement le premier musée au monde consacré à l'histoire des radars. Des blockhaus ont été réaménagés sur le site même de la station radar allemande de Douvres.

À l'extérieur est exposé un impressionnant **Würzburg Riese**, rescapé des 1 500 construits à partir d'août 1941 et dont l'histoire est assez peu banale ! Capturé par les Anglais avec deux autres radars, il a été cédé à la Marine française, qui l'a donné, avec les deux autres, à un laboratoire de physique. Ce dernier l'a fait transformer en radiotélescope à Nançay, près d'Orléans, où il a servi pendant une trentaine d'années la radio-astronomie, avant d'être transporté ici.

Saint-Aubin-sur-Mer

Station balnéaire réputée pour son climat tonique.

Bernières-sur-Mer

L'église est dotée d'un **clocher★** (13e s.) remarquable : avec ses trois étages et sa flèche de pierre, il mesure 67 m de hauteur. La nef et les bas-côtés de l'édifice sont romans ; les voûtes ont été refaites. Le chœur, plus élevé, date du 14e s. Remarquez le grand retable en pierre d'époque Louis XIV et, dans la chapelle nord, une Crucifixion, tableau sur bois de 1570.

Courseulles-sur-Mer

C'est sur la plage ouest de la localité – secteur de Juno Beach – que prirent pied, le 12 juin 1944, Winston Churchill, le 14, le général de Gaulle se rendant à Bayeux, et le 16, Sa Majesté George VI venu passer quelques heures au milieu de ses troupes. Important port de plaisance, Courseulles est également une station balnéaire.

Centre Juno Beach★ – *☏ 02 31 37 32 17 - www.junobeach.org - avr.-sept. : 9h30-19h ; mars et oct. : 10h-18h ; nov.-fév. : 10h-13h, 14h-17h - fermé janv. et 25 déc. - 6,50 € (-8 ans gratuit, 5 € au-delà).* Après un court film d'introduction, le visiteur découvre l'importance de la participation du Canada dans la guerre avec ses troupes, sa marine surtout, mais aussi son effort industriel primordial pour les Alliés. C'est aussi l'occasion de découvrir ce grand pays à travers son histoire, sa géographie et les nombreux témoignages de Canadiens d'origines très différentes. Postes multimédias, bornes interactives.

Maison de la mer – *☏ 02 31 37 92 58 - ♿ - juil.-août : 9h30-19h ; mai-juin : 9h30-12h30, 14h-19h ; fév.-avr. et sept. : 10h-12h, 14h-18h ; oct., nov. et janv., pdt les vac. scol. : 14h-18h - fermé de déb. déc. au déb. des vac. scol. de Noël - 6,30 € (5-12 ans 4,70 €).* Située à l'entrée du port, la Maison de la mer regroupe une étonnante collection de coquillages et un aquarium, dans lequel évolue la faune marine locale.

Dans les parcs à huîtres, on affine des huîtres provenant notamment de St-Vaast-la-Hougue.

Ver-sur-Mer

Cette petite station balnéaire fut la principale « tête de pont » britannique. Un monument commémoratif du Débarquement a été élevé au carrefour de la D 514 et de l'avenue du Colonel-Harper.

L'église St-Martin conserve une puissante **tour★** romane du 11e s., à quatre étages, non remaniée.

Le phare, équipé d'un radiophare d'une portée de 46 km, guide, de concert avec ceux de Portland, St. Catherine's Point (Angleterre), Antifer, Le Havre et Gatteville, les navires qui passent au large.

Musée America-Gold Beach – *✆ 02 31 22 58 58 - www.versurmer.fr - juil.-août : 10h30-13h30, 14h30-17h30 ; mai-juin et sept.-oct. : tlj sf mar. 10h30-13h30, 14h30-17h30 - 4 € (5-15 ans 2,40 €).* Le premier sujet évoqué dans ce musée est l'aventure transatlantique des pionniers de l'aviation américaine, illustrée par la traversée du trimoteur Fokker *America* qui s'est posé à Ver en 1927. Hommage est également rendu aux troupes anglaises qui, après une minutieuse préparation, ont débarqué le 6 juin 1944 pour libérer Bayeux.

À partir de Ver-sur-Mer, on découvre les hautes falaises d'Arromanches.

Asnelles

Cette petite station balnéaire (plage de sable) borne, à l'est, la rade du port artificiel d'Arromanches. De la digue-promenade, on découvre une belle perspective sur les falaises et la rade d'Arromanches. Sur la plage, monument élevé à la mémoire de la 231e brigade d'infanterie britannique. Entre Asnelles et Arromanches, la route s'élève sur le rebord est du plateau du Bessin ; l'église de St-Côme apparaît.

Après St-Côme, à droite de la route, un belvédère offre une belle **vue★** plongeante sur le port d'Arromanches, les falaises et les derniers éléments du « Mulberry B » subsistant encore.

Arromanches-les-Bains *(voir ce nom)*

Après Arromanches, la route traverse les herbages du Bessin, et Bayeux se signale de loin par ses clochers.

LA CÔTE DU BESSIN★ 2

De Bayeux à Port-en-Bessin – circuit de 34 km – environ 1h45. Quittez Bayeux par la D 516.

Arromanches-les-Bains *(voir ce nom)*

Dans Arromanches, revenez sur vos pas et, à 1 km, prenez à droite la route de Port-en-Bessin. À Longues-sur-Mer, prenez à droite la D 104 vers la mer.

Batterie allemande de Longues-sur-Mer★

Un kilomètre plus loin se détache, à gauche, un chemin goudronné qui conduit aux positions de la puissante batterie allemande. Malgré un pilonnage de 600 t de bombes larguées dans la nuit du 5 au 6 juin par 124 appareils de la RAF, les quatre

Stéphane Sauvignier / MICHELIN

Canon de la batterie allemande de Longues-sur-Mer.

canons de 150 mm étaient toujours opérationnels le 6 juin au matin et ouvrirent le feu dès 5h37. Le croiseur français *Georges-Leygues* répondit le premier aux tirs allemands, puis le *Montcalm*, bientôt suivi par le cuirassé américain *Arkansas*. Ce n'est qu'à 19h que la batterie fut définitivement réduite au silence par deux coups au but du *Georges-Leygues*. Bâtie sur une falaise assez pittoresque, la batterie allemande comprenait quatre canons de 150 mm capables de tirer sur une cible distante de 20 km. Situé 300 m en avant des casemates, à l'extrême bord de la falaise, le poste d'observation et de commandement de la batterie fournit le cadre d'une des scènes les plus célèbres du film *Le Jour le plus long*.

Le Chaos

Dans ce secteur, la côte du Bessin est taillée dans un banc de marnes tendres, aussi la falaise présente-t-elle un aspect plutôt chaotique : des pans entiers se sont effondrés en éboulis de rochers informes, basculés dans les positions les plus étranges. La route en descente rapide doit être empruntée avec prudence *(risques d'éboulements)* ; la vue embrasse la côte, depuis le cap Manvieux jusqu'à la pointe de la Percée. On atteint le pied de la falaise.

Faites demi-tour et prenez la D 104 en direction de Bayeux.

Abbaye Sainte-Marie

☏ 02 31 21 78 41 - du 1er au 20 juil. et en sept. : tlj sf w.-end et j. fériés 14h-18h ; de Pâques au 1er Nov. : jeu. 14h-18h, possibilité de visite les autres jours de la sem. sur demande auprès du gardien - 4 € (-18 ans gratuit).

Des bâtiments abbatiaux subsistent le portail d'entrée ainsi que quelques vestiges du chœur et du transept de l'église (12e s.). On voit également, dans le réfectoire, les pierres tombales des seigneurs d'Argouges et une jolie collection de carreaux émaillés du Pré-d'Auge.

Revenez sur vos pas. Au monument aux morts de Longues, tournez à gauche vers Port-en-Bessin.

À Commes, la route passe devant un joli manoir.

Port-en-Bessin★

Niché dans un creux de falaises marneuses, « Port », ainsi nommé communément dans le Bessin, est un havre animé que son exiguïté même rend plus sympathique encore. Ses pêcheurs pratiquent la pêche à la coquille St-Jacques en baie de Seine (qui est à l'honneur en novembre lors de la « Fête du goût du large ») et la pêche en haute mer sur les côtes sud-ouest de l'Angleterre. Sous la halle à la criée se négocient 10 000 t de poissons par an.

Des jetées, rendez-vous des pêcheurs à la ligne, se découvrent les falaises de la côte du Bessin, du cap Manvieux à la pointe de la Percée. À l'est, dominant l'avant-port, une tour Vauban (1694) se dresse à flanc de falaise. Destinée à défendre le port contre les corsaires anglo-hollandais et les marins anglais aux 17e et 18e s., elle jouit d'un beau panorama sur le large.

On peut monter jusqu'au blockhaus en haut de la falaise pour avoir une bonne **vue** sur le port et l'avant-port.

Le centre culturel organise des visites thématiques *(voir encadré pratique en fin de chapitre)* et l'office de tourisme fournit le plan d'un parcours de bornes-totems à suivre librement sur le port.

Sur la route de Bayeux par la D 6, le **musée des Épaves sous-marines du Débarquement** présente les découvertes de matériels militaires engloutis près des plages. *☏ 02 31 21 17 06 - ♿ - juin-sept. : 10h-12h, 14h-18h ; mai : w.-end et j. fériés 10h-12h, 14h-18h - 6 € (enf. 3 €).*

Plus loin on a, du pont sur l'Aure, une bonne vue, à droite, sur le **château de Maisons** (15e-18e s.), entouré de douves alimentées par la rivière.

OMAHA BEACH★ 3

De Bayeux à Carentan, 75 km – environ 2h45. Quittez Bayeux par la N 13 à l'ouest.

Tour-en-Bessin

L'église s'ouvre par un portail du 12e s. La tour de la croisée du transept, surmontée d'une flèche, date du début du 13e s. La nef romane aux lignes pures a été rénovée. Admirer la beauté du chœur gothique (début du 15e s.). Autour de la verrière centrale, les absidioles, avec leurs fines colonnettes, sont d'une grâce incomparable. À droite de la verrière centrale, sur les colonnettes des arcatures, douze petites scènes sculptées évoquent les différents mois de l'année.

Jusqu'à Port-en-Bessin, la D 100 traverse la vallée de l'Aure à l'endroit où la rivière se perd, en basses eaux, dans les **« fosses de Soucy »**.

Tour d'Escures

15mn à pied AR. Laissez la voiture sur la D 100 et prenez un chemin privé en montée.
Un escalier extérieur permet d'accéder au sommet de cette tour ronde, d'où la vue s'étend sur le Bessin.

Port-en-Bessin★ *(description dans la promenade précédente)*

À partir de Port-en-Bessin jusqu'à Grandcamp-Maisy, la route continue à se dérouler dans les herbages du Bessin, coupés de haies et de rideaux d'arbres.

Stéphane Sauvignier / MICHELIN

Pointe du Hoc avec les restes des lignes fortifiées.

Omaha Beach *(voir ce nom)*

Pointe du Hoc★★

La route de la pointe du Hoc se détache de la D 514, à droite en venant de Bayeux, après un manoir. Laissez la voiture au parking et continuer à pied.
Le plateau se termine par une falaise haute de plus de 30 m, commandant la côte basse et rocheuse de Grandcamp.
La pointe du Hoc, puissamment fortifiée par les Allemands, formait un poste d'observation sur tout le plan de mer où apparurent, à l'aube du 6 juin 1944, la flotte et les troupes de débarquement américaines.
Pour réduire cette place particulièrement dangereuse pour les troupes débarquant à **Omaha Beach**, le commandement américain avait décidé d'y faire pleuvoir un déluge de bombes et d'obus : le cuirassé *Texas* y prit part, à raison de 600 salves de 356. Le 2e bataillon de « Rangers », spécialement entraîné, prit ensuite la position d'assaut dès l'aube du 6 juin en escaladant la falaise à l'aide de cordes et d'échelles démontables mais au prix de lourdes pertes, 135 « Rangers » sur 225 ayant été mis hors de combat. Des groupes d'Allemands se maintinrent néanmoins et il fallut tout l'acharnement des commandos du 116e régiment d'infanterie US pour les réduire. Un monument commémoratif constitué par une aiguille de granit marque le bord de la falaise *(on ne peut approcher pour des raisons de sécurité ; nombreux éboulements)* d'où se découvrent de belles **vues★** sur la mer et le littoral jusqu'à la presqu'île du Cotentin.

Aux approches de Grandcamp-Maisy, la vue se développe sur la baie des Veys et la côte est du Cotentin.

Une découverte à suivre

A mi-distance des plages d'Omaha et d'Utah, un Britannique passionné d'histoire a fouillé le site dit « **les Perruques** » à Grandcamp-Maisy. Il a mis au jour une batterie de défense allemande quasiment intacte avec sa dizaine de bâtiments enterrés et 1,5 km de tranchées et de souterrains. Des cuves bétonnées témoigneraient de la présence de six canons de 155 mm, c'est-à-dire aussi puissants que ceux de la pointe du Hoc toute proche. Cette découverte, si elle est confirmée, projetterait un nouvel éclairage sur les choix stratégiques du Débarquement.

Les ancêtres normands de Walt Disney ?

Nous sommes en 1066 : c'est la conquête de l'Angleterre par Guillaume de Normandie. Deux soldats normands, Hugues d'Isigny et son fils Robert, décident de s'établir sur le sol anglais après la conquête. Ils sont originaires d'Isigny-sur-Mer, village situé près de l'embouchure de la Vire.

Au fil des ans, le nom « d'Isigny » se transforme progressivement en Disgny, puis en Disney, patronyme de consonance nettement plus anglo-saxonne. Au 17e s., une branche de la famille Disney émigre en Irlande. En 1834, Arundel Elias Disney et son frère Robert s'embarquent avec leurs familles à destination de l'Amérique du Nord. L'aventure américaine commence. Le 5 décembre 1901 naît à Chicago le quatrième enfant d'Elias Disney, Walter Elias qui, après avoir fait rêver les enfants du monde entier avec sa célèbre petite souris, s'éteindra le 15 décembre 1966.

Grandcamp-Maisy

Petit port de pêche et de plaisance. Au large de la station, vaste banc de rochers. Un petit **musée des Rangers** retrace les actions héroïques de ces troupes d'élite. *✆ 02 31 92 33 51 - de mi-mai à fin oct. : tlj sf lun. 9h30-13h, 14h30-18h30 ; de déb. fév.à mi-mai et en nov. : tlj sf lun. 13h-18h - fermé en janv. et déc. - 4 € (enf. 2 €).*

À la sortie de Grandcamp-Maisy *(dir. Isigny-sur-Mer)*, sur la D 154 à droite, on peut apercevoir certains des bâtiments de la batterie allemande récemment découverte *(voir encadré page précédente)*.

Prenez la D 199 vers Poix puis la D 113.

Cimetière militaire allemand de la Cambe

Cette impressionnante nécropole, occupant une pelouse rectangulaire de 2 ha, rassemble les corps de 21 500 soldats allemands tombés lors des combats de 1944. Pour avoir une vue de l'ensemble composé de groupes de cinq croix noires, gravir le tertre central gazonné, surmonté d'une grande croix qu'entourent deux personnages grandeur nature, en pierre.

Château de Colombières

Situé en limite des marais de la vallée d'Aure et entouré de ses douves toujours en eau, ce château resta longtemps l'une des principales places fortes de la région de Bayeux. Très remanié aux 17e et 18e s., il reste néanmoins un intéressant témoin de l'architecture militaire du 14e s. En particulier les deux tours nord couronnées d'un étage sur mâchicoulis, ainsi que la grosse tour de l'ouest. *✆ 02 31 22 51 65 - visite guidée (45mn, dernière entrée 30mn av. fermeture) juil.-août : tlj sf w.-end 14h30-18h ; sept. : w.-end 14h30-18h30 - 5 € (enf. 1 €).*

Isigny-sur-Mer

Cet important centre laitier et beurrier est célèbre depuis le 17e s. *(voir encadré pratique)*.

Carentan *(voir p. 183)*

Plages du Débarquement pratique

Voir aussi l'encadré pratique de Bayeux.

Adresses utiles

Office du tourisme intercommunal de Port-en-Bessin – *Quai Baron-Gérard - 14520 Port-en-Bessin - www.bayeux-bessin-tourism.com - ✆ 02 31 22 45 80 - avr.-oct. : 10h-18h ; nov.-mars : vend.-lun. 10h-18h - fermé 25 déc., 1er janv. et j. fériés hors vend., lun. hors saison.*

Office du tourismede Longues-sur-Mer – *Site de la Batterie - 14400 Longues-sur-Mer - www.bayeux-bessin-tourism.com - ✆ 02 31 22 46 87 - avr.-oct. : 10h-18h ; nov.-mars : w.-end 10h-18h - fermé 25 déc., 1er janv. et j. fériés hors saison.*

Visites

Port-en-Bessin – Visite du port *(tte l'année, tlj sf lun.)*, « Itinérance sur l'estran » *(en fonction des marées)*, chantier naval *(merc. apr.-midi, jeu. mat.)*, découverte du sémaphore *(jeu. apr.-midi)* et la « Débarque de la criée » *(en soirée, un mar. sur deux et tous les mar. juil.-août) - 3,10 € (enf. 6-11 ans 1,60 €) - réserv. obligatoire auprès du centre culturel - ✆ 02 31 21 92 33.*

La Calvadosienne – - *Sur la zone conchylicole d'Asnelles-Meuvaines - ✆ 02 31 21 33 52 - 3,70 € (-15 ans 2,20 €) ; visite et dégustation 8,60 € - visite 1h30 - réserv. obligatoire, se renseigner pour les horaires - prévoir des bottes.* Élevage d'huîtres de pleine mer. Visite de l'exploitation ostréicole : présentation de la filière de la naissance de l'huître jusqu'aux ateliers *via* les parcs sur la plage.

Se loger

Chambre d'hôte La Ferme d'Escures – *À Escures - 14520 Commes - 2,5 km au S de Port-en-Bessin par D 6 - 02 31 92 52 23 - - 4 ch. 35/42 €.* Cette ferme du 17e s. en pierre de Caen est un bon point de départ pour sillonner la région : les plages et Bayeux ne se situent qu'à quelques kilomètres. Les chambres, simplement décorées, sont agréables, et le gîte, aménagé dans l'ancienne boulangerie de la ferme, s'ouvre sur un petit jardin.

Chambre d'hôte Le Logis – *Escures village - 14520 Commes - 2,5 km au SE de Port-en-Bessin par D 6 - 02 31 21 79 56 - http://monsite.wanadoo.fr/le.logis - - 4 ch. 36/42 €.* Le charme de ces vieilles bâtisses, habitées par une famille qui cultive avec enthousiasme le sens de l'hospitalité, vous séduira. Le petit-déjeuner est servi dans le cadre insolite d'une ancienne écurie aux pavés noirs et abreuvoir de pierre. Chambres et gîte confortables.

Chambre d'hôte Ferme du Mouchel – *Lieu-dit « Le Mouchel » - 14710 Formigny - 02 31 22 53 79 ou 06 15 37 50 20 - www.ferme-du-mouchel.com - - 4 ch. 47/50 €.* Au bout d'une petite route de campagne, engageante ferme-manoir (élevage laitier) remontant probablement au 16e s. Trois jolies chambres à touches agrestes ont été aménagées à l'étage du corps de logis tandis qu'une autre, complétée d'une chambre d'appoint, occupe l'annexe mitoyenne où sont également servis les petits-déjeuners. Accueil affable et spontané.

Chambre d'hôte La Faisanderie – *14450 Grandcamp-Maisy - 02 31 22 70 06 - P - 3 ch. 50/80 €.* Accueillante maison tapissée de vigne vierge au sein d'un domaine où l'on élève des chevaux. Coquettes chambres personnalisées. Petit-déjeuner servi dans une chaleureuse salle à manger agrémentée d'une belle cheminée.

Domaine de L'Hostréière – *Rte du cimetière américain - 14170 Colleville-sur-Mer - 02 31 51 64 64 - www.domainedelhostreiere.com - Pâques-15 nov. - P - 20 ch. 75/125 € - 15 €.* Les dépendances de cette ancienne ferme, voisine du cimetière américain de St-Laurent-sur-Mer, abritent des chambres modernes et bien agencées disposant toutes d'une terrasse. Espace fitness et piscine.

Chambre d'hôte Ferme le Petit Val – *24 r. du Camp-Romain - 14480 Banville - 3 km au SO de Courseulles-sur-Mer par D 12 - 02 31 37 92 18 - fermelepetitval@wanadoo.fr - - 5 ch. 52/60 €.* Cette ferme typique du Bessin, datant sans doute du 17e s., est l'adresse idéale pour se mettre au vert. Chambres douillettes à la décoration discrète, belle salle des petits-déjeuners garnie de meubles de famille et plaisant jardin fleuri (3e prix des fermes fleuries de la région du Bessin).

Chambre d'hôte Château de Vouilly – *14230 Vouilly-Église - 8 km au SE d'Isigny par D 5 - 02 31 22 08 59 - www.chateau-vouilly.com - fermé déc.-fév. - 5 ch. 70/90 €.* Douves poissonneuses, jardins soignés, orangerie, salons majestueux et sols carrelés bicolores : cette demeure du 18e s. a conservé tout son charme. Q. G. de la presse américaine en 1945, elle est un chaleureux lieu de séjour grâce à son accueillante propriétaire.

Stéphane Sauvignier / MICHELIN

Bateau rentrant au port de Courseulles.

Chambre d'hôte Manoir de l'Hermerel – *14230 Géfosse-Fontenay - 7 km au N d'Isigny par D 514 puis D 199A - 02 31 22 64 12 - www.manoir-hermerel.com - fermé 15 nov.-15 fév. - 4 ch. 70 €.* Cette ferme fortifiée du 17e s. fut propriété seigneuriale, comme en témoigne l'élégant colombier en face du porche d'entrée. Ne manquez pas sa petite chapelle gothique du 15e s. avant de vous retirer dans ses belles chambres. Accueil simple et cordial.

Se restaurer

Café Gondrée - Pegasus Bridge – *12 av. du Cdt-Kieffer - 14970 Bénouville - 9 km au N de Caen par D 514 - 02 31 44 62 25 - fermé 15 nov.-8 mars - - 12 €.* Un lieu chargé d'histoire et d'émotion que ce petit café authentique qui fut aux premières loges un certain jour du mois de juin 1944 et qui eut les honneurs, entre deux rafales, de devenir la première maison de la France libérée. Arlette Gondrée, qui avait 4 ans à l'époque, y prépare encore à toute heure du jour l'omelette-salade familiale, mais aussi des assiettes anglaises et des salades composées.

La Flambée – *2 r. Émile-Demagny - 14230 Isigny-sur-Mer - 02 31 51 70 96 - la.flambee.isigny@wanadoo.fr - fermé*

2 sem. fin fév.-déb. mars, 2 sem. fin juin-déb. juil., mar. en hiver et merc. - formule déj. 12/26 €. Ce restaurant typiquement normand fleure bon le feu de bois : grillades de poissons et de viandes sont préparées dans la grande cheminée de la salle à manger aux poutres apparentes. Une roue de charrette accrochée au mur permet d'exposer petits vins et grands crus.

Les Alizés – *4 quai Ouest - 14470 Courseulles-sur-Mer - ✆ 02 31 36 14 14 - - 13/35 € - 5 ch. 39/54 € - 6 €.* Une bonne cuisine valorisant les produits du coin se conçoit dans la stabilité à cette enseigne postée face au port. Confortable salle à manger « littorale » : maquettes nautiques, nœuds de marins, filets de pêche et phares-bougeoirs. Dégustation de moules et huîtres à toute heure en haute saison. Ambiance calme et fond musical classique. La maison propose aussi cinq chambres simples.

Le Vauban – *6 r. du Nord - 14520 Port-en-Bessin - ✆ 02 31 21 74 83 - dgancel@aol.com - fermé de mi-déc. à mi-janv., mar. soir hors sais. et merc. - 14,20/31 €.* Un classique des habitants du coin. Aux fourneaux, le patron ne jure que par de beaux produits frais et mise sur sa belle expérience pour concocter une cuisine qui s'attache à tirer le meilleur parti des richesses de la mer et du terroir...

Le Bistrot d'à Côté – *12 r. Michel-Lefournier - 14520 Port-en-Bessin - ✆ 02 31 22 71 34 - www.barque-bleue.fr - fermé janv., mar. et merc. 15 sept.-15 juin - 14,50/32 €.* Décor résolument contrasté en bleu et jaune dans cette salle à manger égayée de photos anciennes du port. Poissons et coquillages à choisir sur les grandes ardoises murales.

La Pêcherie – *Pl. du 6-Juin - 14470 Courseulles-sur-Mer - ✆ 02 31 37 45 84 - www.la-pecherie.com - 17/37 €.* Lampes tempête, rames et hublots apportent à la salle de restaurant une touche maritime. L'on y sert une cuisine océane. Chambres façon « cabines de bateau ».

La Trinquette – *7 rte du Joncal - 14450 Grandcamp-Maisy - ✆ 02 31 22 64 90 - restaurant-la-trinquette.com - fermé mar. et merc. d'oct. à Pâques - 19,50/30,50 €.* Bien sûr on ne voit pas la mer, cachée par le bâtiment de la criée. Peu importe, ses poissons sont dans votre assiette : en papillotes avec fondue de poireaux, en cassolette ou en soupe avec rouille normande... Goûtez aussi la marmite grandcopaise, le plat des pêcheurs d'ici.

Restaurant de l'hôtel Mercure – *Sur le golf - 14520 Port-en-Bessin - ✆ 02 31 22 44 44 - www.accorhotels.com - fermé 22 déc.-12 janv. - 20 € déj. - 25/35 €.* Ce restaurant d'hôtel accessible aux non-résidents ménage une vue privilégiée sur le superbe golf d'Omaha Beach, dont il partage les installations. Pour un repas « extensif », ne manquez pas l'alternative du dimanche : buffet de fruits de mer et de desserts ou brunch très complet (boissons comprises, à volonté). Restauration de type brasserie au club-house.

L'As de Trèfle – *420 r. Léopold-Hettier - 14990 Bernières-sur-Mer - ✆ 02 31 97 22 60 - asdetrefle3@wanadoo.fr - 18/36 €.* La bâtisse construite après la Seconde Guerre mondiale ne paie certes pas de mine, mais la maison mérite le détour pour son appétissante cuisine mettant en valeur les richesses du terroir et de la mer. Salle à manger décorée de tableaux, agrandie d'une terrasse aux beaux jours.

Manoir d'Hastings et la Pommeraie – *18 av. de la Côte-de-Nacre (près de l'église) - 14970 Bénouville - 10 km au NE de Caen par D 515 - ✆ 02 31 44 62 43 - www.manoirhastings.com - fermé 10 nov.-14 déc., vac. de fév., dim. soir et lun. - 24 € déj. - 32/55 €.* Cet ancien prieuré du 17e s., dans son jardin clos, a gardé son caractère d'antan avec ses murs de vieilles pierres et ses poutres apparentes. Ce restaurant dispose de plusieurs salles à manger dont une sous la charpente. Quelques chambres dont certaines sont mansardées.

Sports & Loisirs

Omaha Beach Golf Club – *Lieu-dit « La Ferme St-Sauveur » - 14520 Port-en-Bessin - ✆ 02 31 22 12 12 - www.omahabeachgolf.com - tlj 8h-19h30 - fermé mar. de nov. à fév.* Magnifique golf international (27 trous) dessiné en 1986 par l'architecte Yves Bureau sur les hauteurs de Port-en-Bessin. Depuis la commémoration du cinquantenaire du Débarquement, chaque trou honore la mémoire d'une personnalité ayant joué un rôle déterminant durant la Seconde Guerre mondiale.

Le Hammam de la Mer – *R. Guynemer - 14530 Luc-sur-Mer - ✆ 02 31 97 32 22 - www.thalasso-normandie.com - fermé 3-23 janv.* L'originalité de ce centre de cure marine consiste à proposer un authentique hammam oriental : carreaux en terre cuite de Fès, enduits à la chaux pigmentée, mosaïques, paravents en bois sculpté, etc. Produits et accessoires de soins parfaitement assortis : parfums d'essences diverses, savon noir (à base d'olive et de laurier), argile *(rassoul)*, gants de gommage *(kassa)* et pagnes *(fouta)*. Le rituel du thé, accompagné de pâtisseries maghrébines, vient compléter ce tableau pour le moins dépaysant.

Domfront★

4 262 DOMFRONTAIS
CARTE GÉNÉRALE B3 – CARTE MICHELIN LOCAL 310 F3 – ORNE (61)

Se promener dans Domfront, c'est se laisser transporter dans le passé d'une forteresse-frontière des 11e et 12e s., pour mieux en apprécier le centre-ville aux hôtels particuliers rénovés. Perchée à 70 m au-dessus de la Varenne, la cité commande également un large panorama sur les horizons bocagers du Passais, le pays des poiriers et du pétillant poiré dont elle est la capitale.

- **Se repérer** – Situé sur la D 962 entre Mayenne (36 km au sud) et Flers (22 km au nord), Domfront bénéficie d'un **site naturel★** remarquable, point de passage presque obligé sur l'ancienne route du Mont-St-Michel depuis Paris.
- **À ne pas manquer** – Une visite de l'église romane N.-D.-sur-l'Eau.
- **Organiser son temps** – Promenez-vous dans la cité, puis louez des vélos et suivez l'un des circuits proposés à l'office du tourisme.
- **Avec les enfants** – Le livret de découverte de l'office de tourisme permet une visite amusante de Domfront, à faire suivre d'une balade à dos de poney.
- **Pour poursuivre la visite** – Voir aussi Flers, Bagnoles-de-l'Orne, Lassay-les-Châteaux et Mortain.

Comprendre

Des Montgomery... – Au début du 11e s., Guillaume Talvas, duc de Bellême, devenu comte d'Alençon, bâtit à Domfront un premier château, autour duquel naquit une bourgade. En 1092, les habitants se révoltent contre leur seigneur, Roger de Montgomery, et demandent à Henri Beauclerc, fils de Guillaume le Conquérant, de devenir leur seigneur. En 1100, Henri devient roi d'Angleterre et Domfront, possession anglaise !

... aux Plantagenêt – Au milieu du 12e s., la cité reçoit Henri II Plantagenêt et Aliénor d'Aquitaine, entourés d'une brillante cour de troubadours et de poètes. Elle voit échouer, en août 1162, la dernière tentative de conciliation entre le souverain anglais et les légats du pape chargés de la médiation avec Thomas Becket.

Guerre de Cent Ans et guerres de Religion – En 1356, la ville doit se rendre aux Anglais, qui l'occupent pendant dix ans avant d'en partir après le paiement d'une rançon. Ils la reconquièrent en 1418 et l'évacuent définitivement en 1450. Mais c'est en 1574 que Domfront subit le siège le plus important de son histoire. **Gabriel de Montgomery**, grand capitaine huguenot, retranché dans le château, doit se rendre au chef de l'armée catholique, le maréchal de Matignon. Montgomery, à qui on avait promis la vie sauve, sera exécuté quelques mois plus tard à Paris sur la place de Grève (actuelle place de l'Hôtel-de-Ville) sur ordre de Catherine de Médicis.

Vieux donjon dans le jardin public.

Stéphane Sauvignier / MICHELIN

Se promener

DANS LA VIEILLE VILLE★

Autrefois nommée Domfront-en-Passais, la ville tiendrait son nom d'un ermitage fondé par saint Front au milieu du 6e s. dans la forêt du Passais voisine. Son centre ancien s'inscrit à l'intérieur d'une enceinte dont il reste 13 des 24 tours. Les mieux conservées sont celles de la face sud, dont l'une d'elles se distingue par ses mâchicoulis. Pour en avoir une bonne vue, empruntez la rue des Fossés-Plisson.

De nombreuses façades de maisons, débarrassées de leur enduit, laissent apparaître de beaux colombages. Plusieurs hôtels particuliers du 16e s. construits en pierre, autrefois habités par des familles bourgeoises ou nobles, ont été restaurés.

L'office de tourisme met à disposition un livret-jeu de piste (versions adultes et enfants) pour découvrir Domfront intra-muros.

Les rues

La Grande-Rue, en partie piétonne et en pente, a retrouvé son pavement d'antan. Rue du Docteur-Barrabé, on trouve de belles maisons à colombages, notamment au nº 40 et à l'angle de la ruelle Porte-Cadin. Parmi les maisons restaurées, admirez notamment celles de la rue Saint-Julien et de la place du Commerce.

Église Saint-Julien

Cette église moderne (1924) de style néobyzantin, dominée par un haut clocher de ciment, est curieuse par ses dispositions intérieures : un dôme octogonal repose sur quatre grands arcs en plein cintre qui se recoupent en formant un carré. Une grande fresque montre un Christ en majesté. *Fermée pour travaux.*

Terre-plein nord des remparts

De la place du Panorama, on découvre une vue limitée, mais agréable, sur la profonde vallée de la Varenne, appelée ici « val des Rochers ».

Hôtel de ville (salle Charles-Léandre)

02 33 30 60 60 - www.domfront.com - - visite guidée (1h) tlj sf w.-end et j. fériés 9h-12h, 13h30-16h45 - gratuit.

On peut apprécier plusieurs dessins et peintures dus au talent mordant de **Léandre**, enfant du pays.

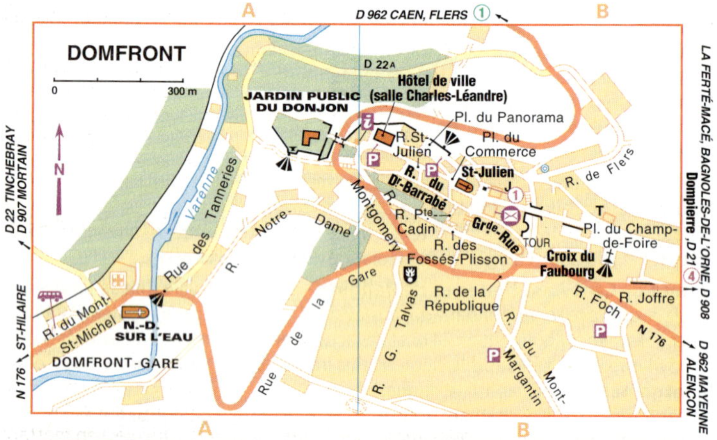

SE LOGER	SE RESTAURER
Chambre d'hôte	Auberge Grandgousier 1
M. et Mme Roussel 1	Le Relais de la Forêt 4

HORS LES MURS

Jardin public du donjon★

Un pont enjambant l'ancien fossé conduit au jardin public établi sur l'emplacement de la forteresse rasée en 1608 sur ordre de Sully. Du château d'Henri Ier Beauclerc, construit en 1092, subsistent deux majestueux pans de muraille du donjon quadrangulaire et deux tours rondes de l'enceinte très arasées.

À l'intérieur de l'enceinte se trouvent les ruines de la chapelle St-Symphorien (fin 11e s.) dans laquelle la fille d'Aliénor d'Aquitaine, née à Domfront, fut baptisée. Cette chapelle faisait partie d'un prieuré dépendant de l'abbaye de Lonlay.

En contournant les ruines du donjon, on gagne une terrasse d'où se révèle un **panorama★** agréable et très étendu sur le Passais, pays drainé par la Mayenne, la Varenne et l'Égrenne. Au sud-est, le mont Margantin est reconnaissable à sa silhouette conique. Au premier plan, à droite, se dresse le tertre Ste-Anne aux bancs gréseux fortement inclinés.

Église Notre-Dame-sur-l'Eau★

Cette charmante église romane (fin 11e s.) a subi des mutilations au siècle dernier, quand cinq des sept travées de la nef et des bas-côtés ont dû être abattues afin de

La sobre silhouette de l'église Notre-Dame-sur-l'Eau.

faire passer la route. Endommagé en 1944, l'édifice a fait l'objet d'importants travaux de restauration.
La légende a longtemps voulu que Thomas Becket, archevêque de Canterbury, ait célébré la messe de Noël 1166 dans cette église.
Le chœur semi-sphérique est décoré de jolies arcatures ; au milieu se dresse l'autel, table de granit supportée par trois piliers trapus et cerclés. Dans le croisillon sud, des fresques du 12e s. ont été dégagées. Elles représentent les docteurs de l'Église (théologiens qui élaboraient les dogmes du christianisme). Remarquer également un gisant reposant sous un dais gothique, un lion couché à ses pieds.

Croix du Faubourg

Du pied du calvaire, le **panorama★** est comparable à celui du jardin public du donjon, mais plus étendu vers la forêt des Andaines, à l'est.

Aux alentours

Dompierre

9 km au nord-est par la D 21.
Le village conserve de nombreuses traces de son passé industriel. Le **musée du Fil et du Fer**, présente les ressources, les métiers et les traditions régionales (dentellière, fileuse de chanvre, sabotier, maréchal-ferrant, activités agricoles) en mettant l'accent sur l'histoire minière, le fer ayant assuré une bonne partie de la richesse économique locale. *02 33 38 03 25 - ♿ - visite guidée (1h) - mai et sept. : dim. 15h-18h ; juil.-août : merc.-dim. 15h-18h. - 3 € (enf. 1,50 €).*
Un circuit, balisé en jaune, permet de découvrir les anciennes installations minières - *10 km - env. 3h - document disponible au musée.*

Circuit de découverte

35 km – environ 2h. Quittez Domfront, au nord, par la D 22.

Lonlay-l'Abbaye

Agréablement située dans un cadre champêtre, l'église est une ancienne abbatiale (11e s.). Le porche, du 15e s., s'ouvre directement sur le transept. Le chœur, aux piliers de granit, est gothique.

5 km après le bourg, par la D 818, vous atteignez la D 134 que vous prendrez à gauche.

La Fosse-Arthour

La partie la plus intéressante de la promenade est comprise entre les deux ponts. D'un amoncellement rocheux, à gauche, vue sur le site de La Fosse-Arthour : la Sonce, qui coule rapidement entre des abrupts gréseux, s'épanche un moment en une vasque puis se brise à nouveau en cascatelles. Le site est réputé pour ses rochers très appréciés par les grimpeurs ; vues sur le bocage.
Un plan d'eau de 3 ha offre également des possibilités de pêche et de canotage.
Des promenades à cheval ou à poney sont proposées sur place.

Regagnez la D 134 vers St-Georges-de-Rouelley et, au premier embranchement, empruntez à gauche la route de Rouellé jusqu'à la D 907. Tournez à gauche vers Domfront. À environ

1,5 km, une petite route à droite, non revêtue à la fin, mène au manoir de la Saucerie situé dans une cour de ferme.

Manoir de la Saucerie

De ce manoir du 16e s., ne subsiste que l'imposant **pavillon d'entrée★** flanqué de deux tours rondes percées de meurtrières. Au milieu s'ouvre un passage en plein cintre, accessible autrefois par un double pont-levis jeté sur des douves. Le bâtiment, sauvé de justesse, a beaucoup de charme et d'élégance : l'heureux mariage de la pierre, de la brique et du bois y apporte une note originale.

Revenir à la D 907 qui ramène à Domfront.

Domfront pratique

Adresse utile

Office du tourisme de Domfront – *12 pl. de la Roirie - 61700 Domfront - ✆ 02 33 38 53 97 - www.domfront.com - juil.-août : mar.-vend. 10h-19h, sam. et lun. 10h-13h, 14h-19h ; sept.-juin : mar.-vend. 10h-12h30, 14h-18h, sam. et lun. 10h-12h30, 14h-17h30 ; dim. 10h-13h, 14h-17h - fermé 24, 25 et 31 déc., 1er janv., lun. de Pâques, 1er et 8 Mai, 1er et 11 Nov.*

Visites

Visites guidées – Plusieurs **visites thématiques** sont proposées par l'office du tourisme : la visite du château *(15 juin-15 sept., mar.-vend. à 15h30)*, la visite de la cité médiévale *(déb. juil.-15 sept., mar. et jeu. à 14h)* et autour des maisons à colombages *(déb. juil.-15 sept., vend. à 14h). Inscriptions obligatoires.*

Se loger

⊖ **Chambre d'hôte M. et Mme Roussel** – *Lieu-dit « La Roculière » - 61700 St-Bômer-les-Forges - 10 km au N de Domfront par D 962 - ✆ 02 33 37 60 60 - ⊭ - 4 ch. 38/44 €* ☕. Cette jolie ferme traditionnelle entourée de prés et de vergers est un point de chute appréciable pour s'immerger dans la Normandie profonde. Accueil où gentillesse rime avec spontanéité, chambres douillettes et copieux petit-déjeuner à partager avec les propriétaires près de la cheminée. L'été, possibilité de préparer son barbecue dans l'ancien four à pain.

Se restaurer

⊖ **Le Relais de la Forêt** – *61700 Dompierre - 9 km au NE de Domfront par D 21 - ✆ 02 33 30 44 21 - fermé le soir du lun. au jeu. - 10 € déj. - 22,50 €.* Malgré une décoration un peu passée de mode, ce petit restaurant de village affiche souvent complet le midi ou les soirs de fin de semaine. Il doit cette renommée à sa cuisine, traditionnelle, préparée avec un maximum de produits locaux et forcément accompagnée de cidre.

⊖⊖ **Auberge Grandgousier** – *1 pl. de la Liberté - ✆ 02 33 38 97 17 - fermé fév., oct., lun. soir, merc. soir et jeu. - 16/30 €.* Auberge familiale au cœur de la vieille ville, à deux pas de la poste. Chaises paillées, nappes à carreaux et poutres apparentes créent une sympathique atmosphère rustique dans les salles à manger ; l'une d'elles est agrémentée d'une belle cheminée du 16e s.

Que rapporter

Les Chais du Verger Normand – *R. du Mont-St-Michel - ✆ 02 33 38 53 96 - tlj sf dim. 9h-12h et 14h-18h, sam. 9h30-12h.* Un peu oublié au profit de son cousin du pays d'Auge, le calvados domfrontais revient sur le devant de la scène depuis 1997, date d'obtention de son AOC. Premier à le défendre, le comte L. de Lauriston, dont l'histoire est narrée lors des visites, a donné son nom aux eaux-de-vie de la maison. Alambics et divers objets d'époque, calvados millésimés.

Évron★

7 283 ÉVRONNAIS
CARTE GÉNÉRALE C4 – CARTE MICHELIN LOCAL 310 G6 – MAYENNE (53)

Il n'est pas difficile de savoir à quoi Évron doit sa notoriété : sa basilique, Notre-Dame-de-l'Épine avec sa remarquable couverture d'ardoise se repère à dix kilomètres à la ronde ! L'une des plus belles églises de la Mayenne vous attend dans cette petite ville, honorée par le passage de Saint Louis en 1236. Huit siècles plus tard, ce sont les vacanciers qui visitent avec plaisir cette Station verte de vacances !

Stéphane Sauvignier / MICHELIN

Fresque de la basilique Notre-Dame représentant le Christ dans une mandorle.

- **Se repérer** – À 16 km au nord de l'A 81, Évron se trouve au centre d'une région parsemée d'étangs et de forêts. Mayenne est à 26 km au nord-ouest par la D 7, Laval à 33 km au sud-ouest par la D 20 puis la N 157.
- **À ne pas manquer** – La chapelle St-Crespin dans la basilique Notre-Dame.
- **Organiser son temps** – Prenez 1h pour faire le tour de la cité et filez ensuite vous promener dans les alentours.
- **Pour poursuivre la visite** – Voir aussi Mayenne, la ville romaine de Jublains, Sillé-le-Guillaume, Ste-Suzanne, Saulges et Laval.

Visiter

Basilique Notre-Dame★

L'édifice servait de quartier à une demi-brigade de cavalerie lorsque Prosper Mérimée, inspecteur général des Monuments historiques, obtint de le faire classer en 1840.
La tour carrée romane du 11e s., partie la plus ancienne du monument, a gardé ses mâchicoulis et ses hourds (galeries de bois), peu courants dans l'Ouest de la France. Elle relie la partie romane de la nef aux vastes bâtiments conventuels du 18e s.
Les quatre travées romanes de la nef primitive contrastent avec le reste de l'édifice refait sur un plan plus vaste, au 14e s., dans le style gothique rayonnant. On y remarque un très beau buffet d'orgues de la fin du 16e s. et les vestiges d'une fresque : *Vierge allaitant*, dans un trilobe.

Le lait de la Vierge

Un pèlerin qui ramenait dans sa besace de précieuses reliques de Terre sainte (quelques gouttes de lait de la Vierge) s'était arrêté à Évron pour boire et se reposer. À son réveil, alors qu'il avait suspendu son sac à la branche d'une aubépine, l'arbuste avait tellement grandi qu'il ne pouvait plus récupérer son vénérable bien. Le pèlerin voulut abattre l'arbre à coups de hache, afin d'atteindre son précieux trésor, mais le fer s'émoussait sur le tronc, qui semblait grossir encore. L'évêque du coin (saint Hadouin), consulté, vit dans ce prodige le signe de la volonté divine de construire ici un monastère.

Le dépouillement des travées romanes rend plus saisissantes l'ampleur, la hauteur sous voûte, la luminosité et la décoration de la partie gothique. À la croisée du transept, les arcs retombent sur des culs-de-lampe ornés de belles sculptures.
À l'extrémité nord du transept, pietà du 14e s. et, à l'entrée du déambulatoire, une Vierge à l'Enfant.

Chœur – La légèreté des colonnes ainsi que la finesse de la décoration en font un ensemble élégant que rehaussent encore cinq verrières du 14e s. La réfection des pavés du chœur a permis de découvrir une crypte et des sarcophages dont le plus ancien remonte au 10e s.

Chapelle St-Crespin★★ – Cette chapelle du 12e s. s'ouvre au nord sur le déambulatoire. Sa voûte en berceau brisé, supportée par des doubleaux, est d'une grande sobriété.
Trois statues de terre cuite du 17e s. figurent saint Benoît, saint Placide et saint Maur ; à l'autel, une grande statue de N.-D.-de-l'Épine, en bois lamé d'argent, du 13e s. et, à sa droite, les bustes reliquaires de saint Hadouin et de **saint Léon Ier**, surnommé le Grand. D'après la Légende dorée, la Vierge lui aurait rendu la main qu'il s'était coupée volontairement. Sous une remarquable Crucifixion (13e s.), une armoire forte renferme deux chefs-d'œuvre d'orfèvrerie : une ravissante Vierge en argent (15e s.) et un reliquaire (16e s.).

Circuits de découverte

LES BOIS DE MIREBEAU

35 km – environ 1h45. Quittez Évron au nord par la D 20.

La route s'élève bientôt, offrant de jolies vues à l'ouest sur des bois et des étangs.

Après Ste-Gemmes-le-Robert, prenez à droite la route, parfois en mauvais état, du mont Rochard.

Le Gros Roc

De cette muraille rocheuse entourée de verdure, on bénéficie d'une vue étendue sur le bocage.

La route contourne ensuite le mont Rochard (alt. 357 m) à travers un paysage de sous-bois et rejoint la D 20. Puis s'amorce la descente sur Bais.

Avant de franchir le pont, tournez à gauche dans la D 241.

L'itinéraire longe le **château de Montesson** dont le pavillon d'entrée est coiffé d'un toit en « entre-courbes sur les quatre côtés » ; la tour ronde, accolée, possède un original toit à bulbes. Des douves entourent la demeure.

Dans Hambers, à hauteur de l'église, prenez à gauche la D 236. Après 2,5 km, une route à gauche conduit à la butte de Montaigu.

Butte de Montaigu★

Du parking, 15mn à pied AR. Couronnée d'une ancienne chapelle, cette butte isolée (alt. 290 m) offre un panorama très étendu : au sud-est, les Coëvrons ; au sud, Évron, Ste-Suzanne sur un piton ; au nord-ouest, Mayenne et sa forêt ; au nord et au nord-est, la forêt des Andaines et la forêt de Pail.

Regagnez la D 236 et prenez à gauche ; après Chellé, elle rejoint la D 7. Tournez encore à gauche puis, à l'entrée de Mézangers, à droite.

Château du Rocher★

Visite de l'extérieur de mi-juin à fin sept. : 10h-12h, 15h-18h - gratuit.

Éléonore de Bouillé, dite « la **Dame Verte** », propriétaire des lieux, était une chasseresse incorrigible. Un jour, forçant un cerf, elle n'aurait pas hésité à entrer à cheval, avec toute sa meute, dans l'église des bénédictines d'Étival où s'était réfugié l'animal. Pour ce crime, elle fut condamnée, pour l'éternité, à errer

Stéphane Sauvignier/MICHELIN

Détail de la façade du château du Rocher.

sur ses terres. Par de mystérieuses manifestations, elle continuerait à exprimer son intérêt pour les habitants du château.
Une galerie composée de cinq arcades au cintre surbaissé court au pied de l'élégante façade Renaissance. Plus austère est la façade du 15e s., vue de l'étang du parc. Cependant, les fenêtres hautes qui éclairent le granit de la construction et les trois tours coiffées de toits pointus forment un ensemble harmonieux.

Rejoignez la D 7, tournez à droite et regagnez Évron.

LES BOIS DES VALLONS

36 km – environ 1h. Quittez Évron à l'ouest par la route de Montsûrs. À la sortie du village de Brée, prenez à droite la D 557. À l'entrée de St-Ouen-des-Vallons, tournez à droite.

Château de la Roche-Pichemer

Stationnez devant les douves, sans franchir la grille. De déb. juil. à mi-août : 14h-18h - gratuit.
Le château se compose de deux corps de logis Renaissance, construits en équerre et coiffés de hauts toits d'ardoise. Trois pavillons carrés en avant-corps ferment les angles et donnent beaucoup de majesté à l'ensemble qui s'élève sur un terre-plein agrémenté de parterres à la française.

Gagnez la D 129 à gauche vers Montsûrs et, de là, suivez la D 24 sur 5 km.

La Chapelle-Rainsouin

Dans l'église Renaissance, à gauche du chœur, une chapelle abrite une belle **Mise au tombeau★** en pierre polychrome du 16e s. Remarquez aussi une poutre de gloire et deux pierres tombales que supportent des chiens blasonnés.

À Châtres-la-Forêt, prenez à droite la D 562, puis un chemin à droite.

Château de Monteclerc

Ne se visite pas. Laissez la voiture à l'entrée de l'avenue. Entre deux cours en terrasses, ce château, construit à l'aube du 17e s., est d'une grande sobriété de lignes que ne déparent pas les communs et la charmante tourelle qui l'encadrent. La partie la plus attachante est le beau pavillon d'entrée précédé d'un double pont-levis. Avec son toit surmonté d'un lanternon, il apporte à l'ensemble une note originale.

Regagnez la D 20 et rentrez à Évron.

Évron pratique

Voir aussi les encadrés pratiques de Laval, Mayenne, Sillé-le-Guillaume et Jublains.

Adresse utile

Office du tourisme d'Évron – *4 pl. de la Basilique - 53600 Évron - 02 43 01 63 75 - juil.-août : lun. 13h30-17h30, mar.-sam. 10h-12h, 13h30-17h30, fermé dim. et j. fériés ; sept.-juin : tlj sf dim. et j. fériés 10h-12h, 13h30-17h.*

Se restaurer

La Toque des Coëvrons – *4 r. des Près - 02 43 01 62 16 - marcmenard@wanadoo.fr - fermé 1er-15 mars, 1er-15 août, dim. soir, merc. soir et lun. - 15,50/40 €.* Le chef de cette aimable adresse, toqué de recettes traditionnelles, mitonne de goûteux petits plats. La jolie salle à manger rustique a été rafraîchie.

Falaise★

8 434 FALAISIENS
CARTE GÉNÉRALE C2 – CARTE MICHELIN LOCAL 303 K6 – CALVADOS (14)

Falaise fut le berceau de la plus illustre figure du monde normand, celle de Guillaume le Conquérant, heureuse descendance de Robert le Magnifique, duc de Normandie et d'Arlette, simple fille de tanneur. La ville s'illustra neuf siècles plus tard, en août 1944, lors des combats de la poche de Falaise-Chambois. Sa destruction partielle permit en contrepartie d'infliger aux Allemands une défaite qui fut pour eux comme un « Stalingrad en Normandie ».

H. Dewynter / MICHELIN

Le château de Guillaume le Conquérant vu du pied de la butte.

Se repérer – Le val d'Ante donne au site de Falaise un aspect tourmenté qu'accuse la présence du monumental château fort. La ville se situe sur la N 158 entre Caen au nord (41 km) et Argentan au sud-est (22 km).

À ne pas manquer – Le château et le site de la brèche au Diable.

Organiser son temps – Visitez le château en matinée, déjeunez à Falaise et achevez la journée en vous promenant dans la vallée du Laizon.

Avec les enfants – Émerveillez-vous devant les automates de la maison Decamps.

Pour poursuivre la visite – Voir aussi le château de Vendeuvre, St-Pierre-sur-Dives, Argentan, la Suisse normande et Thury-Harcourt.

Se promener

Une balade au hasard des petites rues de Falaise est récompensée par la découverte d'hôtels particuliers des 17e et 18e s., et de quelques portails ou fontaines d'antan.

Église de la Trinité★

Un porche triangulaire gothique ouvre la façade principale. Sur le bas-côté droit, remarquer les puissantes gargouilles et les petits personnages sculptés. Au chevet, contreforts et arcs-boutants de la Renaissance sont très ouvragés. L'abside est percée d'une ouverture, au travers de laquelle passait une rue.

Fontaine d'Arlette

De la fontaine du Val-d'Ante, que signale un haut-relief de pierre sculptée (1957), la vue sur la masse écrasante du château est impressionnante.

Église Saint-Gervais

Sa construction s'est échelonnée du 11e au 16e s. ; la tour-lanterne date du 12e s. À l'intérieur de la nef, la dualité des styles apparaît d'une façon frappante : le côté droit est roman, le côté gauche, gothique. Les chapiteaux sont ornés de sujets militaires, d'animaux monstrueux et de scènes de chasse. Vitraux modernes de Le Chevalier.

Porte des Cordeliers

Cette belle porte en pierre, flanquée d'une tour ronde et percée d'un porche (14e-15e s.) en ogive, faisait partie des remparts de la ville.

Visiter

Le nom de Falaise vient d'un mot germanique *fels*, signifiant « rocher », devenu *falosia* ou *falisa*. Le château à partir duquel la ville s'est organisée et développée se dresse effectivement, superbe et en parfait état de conservation, sur son rocher !

Château Guillaume-le-Conquérant★

✆ 02 31 41 61 44 - juil.-août : 10h-19h (dernière entrée 1h av. fermeture) ; sept.-déc. et fév.-juin : 10h-18h - fermé de déb. janv. aux vac. scol. de fév., 1er janv., 25 déc. - 6 € (enf. 3 €).

C'est dans l'enceinte du château que naquit en 1027 le bâtard Guillaume, duc de Normandie, puis roi d'Angleterre en 1066, fruit des amours du duc Robert et de la belle Arlette *(voir tramé ci-dessous)*. C'est aussi dans ce château que, le 8 juillet 1199, Jean sans Terre, roi d'Angleterre, duc d'Aquitaine et duc de Normandie, signa la charte créant la jurande de St-Émilion, accordant aux membres de ce groupement corporatif le droit d'administrer librement leur juridiction.

Son ensemble médiéval (12e et 13e s.), typique des donjons-palais anglo-normands, fut l'un des premiers châteaux de pierre de Normandie. La dernière campagne de restauration, très contestée, a permis de couvrir les deux donjons et a doté la forteresse d'un déconcertant châtelet d'entrée en béton.

La **visite-spectacle**, dans une mise en scène très contemporaine, emploie les techniques les plus modernes pour transporter les visiteurs à travers la société du Moyen Âge et l'histoire de Guillaume le Conquérant.

L'enceinte castrale – Entré par la porte Saint-Nicolas, vous pénétrez dans l'enceinte du château. Vous vous trouvez alors dans un espace d'un hectare environ, cantonné d'une quinzaine de tours. Un projet prévoit la mise en valeur et l'animation de ce lieu autrefois grouillant de vie.

Le grand donjon – Cet ouvrage de plan rectangulaire (12e s.) surprend par ses vastes dimensions et apparaît encore redoutable avec ses hauts contreforts plats qui soulignent l'élévation des murailles. L'*aula*, grande salle de l'étage noble, est la pièce de réception. Sa restauration audacieuse a fait appel aux techniques les plus avancées : le plancher est fait de dalles carrées de plomb et de verre, tandis que la couverture est une toile de Téflon tendue sur une armature d'acier.

La chapelle St-Prix est l'ancien petit oratoire du seigneur.

Le petit donjon – Cette construction équilibrée et lumineuse, voulue par Henri Ier Plantagenêt à la fin du 12e s., répondait à une double nécessité : couvrir l'accès de la plate-forme rocheuse contre un assaillant éventuel et améliorer le confort personnel du duc-roi. On remarquera les meurtrières aménagées en canonnières sous d'élégantes fenêtres.

Tour « Talbot » – Cette imposante tour cylindrique (35 m de hauteur et des murs de 4 m d'épaisseur) devrait son nom à John Talbot, gouverneur du château en 1449, qui l'a restaurée. Elle est reliée au petit donjon par une ouverture percée dans une fenêtre permettant d'accéder à la courtine.

La plate-forme permet de découvrir un vaste panorama.

Un puits extraordinairement profond (65 m), creusé dans la muraille, alimente tous les étages.

Musée Août-1944 (bataille de la poche de Falaise)

✆ 02 31 90 37 19 - www.normandie-museeaout44.com - de Pâques au 11 Nov. : 10h-12h, 14h-18h, sf mar. de Pâques à fin mai et de sept. au 11 Nov. - 6 € (enf. 2,80 €).

Cette collection privée présente sous forme de scènes de guerre d'importants matériels lourds anglais, américains et allemands : une moto-chenille allemande

La belle Arlette

Un soir, rentrant de la chasse, Robert, fils cadet de Richard II, duc de Normandie – il a alors 17 ans en 1027 –, est frappé par la beauté d'une jeune fille foulant le linge au lavoir avec ses compagnes, le bliaut retroussé sur les hanches. Chaque jour, de la fenêtre de son donjon, il guette la jeune Arlette, quand elle vient à la fontaine du Val-d'Ante. « Elle lui pleut merveilleusement et tant qu'il la voit avoir à amie et la requist moult affectueusement à son père. » Le père, un riche tanneur, est tout d'abord courroucé, puis il prend le sage parti de laisser sa fille décider d'elle-même. La fine mouche « fait robe fraîche tailler », mais refuse de se laisser emmener secrètement et c'est à cheval, en grand apparat, qu'Arlette arrive au château et fait baisser le pont-levis pour entrer par le grand portail. Les chroniqueurs de l'époque terminent leur récit par ces mots : « Et quand vint le temps que Nature requiert, Arlette eut un fils nommé Guillaume. »

Opel NSU, une *Kubelwagen Volkswagen*, un *Loyd Carrier* anglais entre autres. Des vitrines variées évoquent de façon concrète (ruines, épaves, matériels divers abandonnés, etc.) les rudes assauts de la « poche de Falaise ». Des mannequins équipés (arme individuelle, cartouchière, masque à gaz, etc.) ajoutent au réalisme de ces terribles souvenirs.

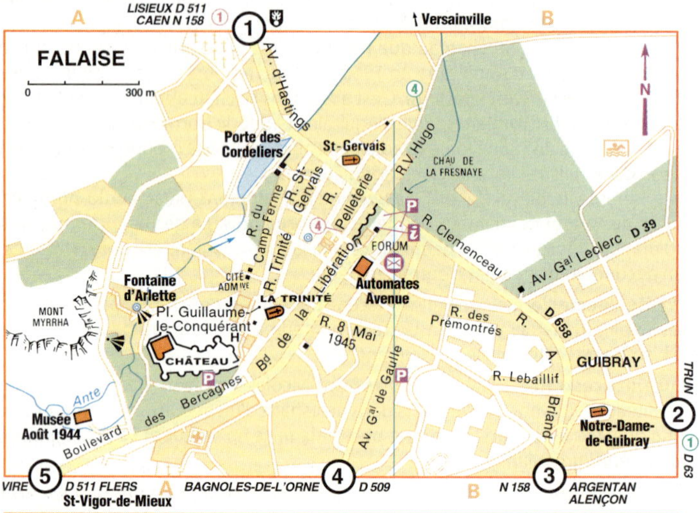

SE LOGER

Chambre d'hôte Le Chêne Sec........................ (1)

Manoir de Lentaigne.................. (4)

SE RESTAURER

L'Attache.................................. (1)

Le Jardin.................................. (4)

Automates Avenue

Bd de la Libération - ☏ 02 31 90 02 43 - www.automates-avenue.com - ♿ - avr.-sept. : 10h-12h30, 13h30-18h ; oct.-mars : vac. scol., sam. et j. fériés 10h-12h30, 13h30-18h, dim. 14h-18h - fermé 25 déc., 1er janv. et de mi-janv. à déb. fév. - 5 € (4-11 ans 4,50 €).

Fabricant d'automates depuis plus de cent ans, la maison Decamps est à l'origine, au début du siècle, des vitrines animées des grands magasins parisiens lors des fêtes de fin d'année. Le musée présente une collection de plus de 300 de ces automates, qui fonctionnent toujours. Quelques prestigieuses vitrines de grands magasins sont ainsi reconstituées comme : *La Sérénade à la fée*, d'après Raymond Peynet (1908-1999), ou *L'Atelier du père Noël*, d'après Jean Effel (1908-1982). Celle du *Marathon de Danse* (Noël 1947) a été réalisée à partir des personnages de Dubout (1905-1976). Une scène cocasse qui restitue tout l'humour du dessinateur !

Musée André-Lemaître

Même adresse et même billetterie qu'Automates Avenue - ☏ 02 31 90 02 43 - ♿ - avr.-sept. : 10h-12h30, 13h30-18h ; oct.-mars : vac. scol., sam. et j. fériés 10h-12h30, 13h30-18h, dim. 14h-18h - fermé de mi-janv. à déb.fév., 1er janv. et 25 déc. - 3 € (4-11 ans 2 €).

C'est à l'un de ses brillants enfants, **André Lemaître (1909-1995)**, que la ville rend hommage dans ce musée. Ce peintre réputé pour ses natures mortes a été très productif (près de 4 000 toiles), et l'exposition témoigne bien de sa créativité et de la force de sa peinture.

Aux alentours

Le faubourg de Guibray

Au 11e s., la foire aux chevaux de Guibray attirait des milliers de personnes de toute l'Europe. Elle donnait lieu à des réjouissances populaires ; musiciens, danseurs contribuaient à l'animation des ruelles, venelles et impasses qui abritaient de nombreuses auberges. Le 19e s. a vu le déclin de cette foire. Il subsiste, route de Trun, quelques traces de ses constructions permanentes : les grandes arcades des « loges ».

Église N.-D.-de-Guibray – Déjà en construction du vivant de Guillaume, ce témoin du passé a survécu à la foire du même nom. L'intérieur a subi de nombreux remaniements, mais l'abside et les absidioles ont conservé toute leur pureté romane. Remarquez le magnifique buffet d'orgues, œuvre de Parizot (1746).

Versainville

2,5 km. Quittez Falaise au nord par la rue Victor-Hugo. Tournez à droite après le pont sur l'Ante dans le chemin de Versainville.

Le **château** *(ne se visite pas)*, terminé au 18e s., comprend un corps central avec péristyle, réuni par une galerie à un pavillon monumental qui constitue l'aile gauche.

Chapelle Saint-Vigor-de-Mieux

3 km à l'ouest de Falaise. ✆ 02 31 90 17 26 - juin-sept. : tlj sf lun. 14h30-18h - 2,50 €.

Abandonnée, ruinée, cette chapelle du 15e s. fut totalement transformée par un artiste japonais, Kyoji Takubo, qui a choisi d'en faire une œuvre d'art : toiture en verre coloré, sol d'acier, décor mural sur feuilles de plomb... L'édifice porte maintenant le surnom de « chapelle des Pommiers », en référence aux arbres représentés sur les murs. Expositions en été.

Circuit de découverte

VALLÉE DU LAIZON

Circuit de 37 km – environ 3h. Quittez Falaise par le nord, D 658.

Aubigny

À l'entrée du village, remarquez à gauche le château (fin du 16e s.) et ses communs. Dans le chœur de l'**église** paroissiale s'alignent six orants (personnages en prière), seigneurs d'Aubigny, agenouillés dans un ordre strictement chronologique que souligne de façon instructive l'évolution des détails vestimentaires.

Rejoignez la D 6 à l'ouest, en direction de Thury-Harcourt. Avant Villers-Canivet, l'abbaye est fléchée sur la gauche.

Abbaye de Villers-Canivet

✆ 02 31 90 81 80 - visite guidée juil.-août : tlj sf mar. 14h-18h ; mai-juin et sept. : tlj sf lun. et mar. 14h-18h - 4 € (6-16 ans : 2,50 €).

Fondée au 12e s. par les moniales de Savigny, reconstruite au 18e s., l'abbaye a quasiment disparu mais quelques vestiges et fouilles révèlent son importance. La ferme abbatiale a connu un meilleur sort et a conservé sa belle **porterie fortifiée** et une imposante grange aux dîmes.

Continuez vers Ussy, puis à droite vers Potigny et Soumont-St-Quentin.

Soumont-Saint-Quentin

L'église date des 13e et 14e s. Le clocher est roman dans sa partie basse et gothique dans son étage supérieur.

La brèche au Diable

Suivre le fléchage. Ce **site★** géologique étonnant au pied du mont Joly a une occupation très ancienne, car on y a trouvé une exploitation de silex (3500 av. J.-C). Il a été le cadre d'une histoire romantique, celle de **Marie-Élisabeth Joly**, célèbre actrice de la Comédie-Française. Elle séduisit un brillant capitaine, Roland Fouquet-Dulomboy. Ce dernier habitait un manoir au pied de la brèche et il emmena souvent sa belle pour de longues promenades dans ce site enchanteur. Mais elle mourut très jeune, à 38 ans (1798) et, pour respecter son vœu, il fit construire sa tombe sur un escarpement qui domine la brèche *(tombeau accessible le dim.)*.

Éric Bénard / MICHELIN

Le rafraîchissant site de la brèche au Diable.

Nombreuses possibilités de randonnées.

Remontez au nord vers Ouilly-le-Tesson et prenez à droite la dir. d'Assy.

Assy

À gauche se détache une magnifique allée au bout de laquelle apparaît le château d'Assy, belle demeure du 18e s., remarquable par son péristyle dont les hautes colonnes corinthiennes sont particulièrement élégantes ; jolie chapelle remontant au 15e s.

Revenir à Falaise par Rouvres, Olendon et Épaney.

Falaise pratique

Adresse utile

Office du tourisme de Falaise – *Bd de la Libération - BP 54 - 14700 Falaise - ✆ 02 31 90 17 26 - www.otsifalaise.com - de mi-juin à mi-sept. : lun.-sam. 9h30-12h30, 13h30-18h30, dim. et j. fériés 10h30-12h30, 14h-16h ; de mi-sept. à mi-juin : tlj sf dim. et j. fériés 9h30-12h30, 13h30-18h30.*

Visites

Visites guidées – Plusieurs **visites thématiques** sont proposées par l'office du tourisme : la visite du château *(15 juin-15 sept., mar.-vend. à 15h30)*, la visite de la cité médiévale *(déb. juil.-15 sept., mar. et jeu. à 14h)* et autour des maisons à colombages *(déb. juil.-15 sept., vend. à 14h)*. Inscriptions obligatoires.

Circuit historique – Le circuit balisé « **Le dénouement** », faisant partie du parcours de l'Espace historique de la bataille de Normandie, passe par Falaise.

Se loger

⊖ **Chambre d'hôte Le Chêne Sec** – *14700 Pertheville-Ners - 9 km à l'E de Falaise par D 63 dir. Trun puis rte secondaire - ✆ 02 31 90 17 55 - fermé en hiver - ⊭ - 2 ch. 53 €* ☕. Cet élégant manoir du 15e s., blotti dans un hameau de campagne, séduira ceux qui recherchent le calme. Un bel escalier à vis dessert deux belles chambres : mobilier rustique, poutres et pierres apparentes. La propriété abrite une maisonnette (11e s.) qui mérite le coup d'œil.

⊖⊖ **Manoir de Lentaigne** – *1 r. du Sergent-Goubin - ✆ 02 31 40 95 86 - www.bandb-falaise.com - fermé 1er Nov.-22 fév. - ⊭ - 5 ch. 80/120 €* ☕. Fière maison de notable (18e s.) dont le jardin offre une vue plongeante sur la campagne. Belles chambres tout confort et espaces communs soignés, dont le parti pris décoratif privilégie la sobriété et l'association moderne-ancien. Terrain de boules en contrebas et pique-nique possible au bord de la rivière.

Se restaurer

⊖ **Le Jardin** – *7 r. du IXe-arrondissement-de-Paris - ✆ 02 31 90 19 00 - moninfr@wanadoo.fr - fermé dim. soir et lun. soir - ⊭ - 10/17 €.* Ce petit restaurant du centre-ville ne paie pas vraiment de mine mais de nombreux Falaisiens y ont leur rond de serviette, fidélisés par le bon rapport qualité-prix des formules annoncées à l'écriteau.

⊖⊖ **L'Attache** – *Rte de Caen - 1,5 km au N de Falaise - ✆ 02 31 90 05 38 - fermé 19-31 juil., mar. soir et merc. - réserv. conseillée - 18/60 €.* Attachants, ce restaurant et son patron passionné par les herbes sauvages ! Il vous fera partager son enthousiasme avec ses recettes savamment concoctées, et bien sûr les produits de sa région. La salle à manger est sobre dans cet ancien relais de poste.

Flers

16 947 FLÉRIENS
CARTE GÉNÉRALE C3 – CARTE MICHELIN LOCAL 310 F2 – ORNE (61)

Située au cœur d'un bocage vallonné entre la forêt des Andaines et la Suisse normande, cette ville dynamique a su adapter sa production artisanale de textile aux exigences de la modernisation et s'ouvrir à de nouvelles industries. Flers est ainsi devenu un centre économique important de Basse-Normandie, riche également d'un patrimoine architectural que l'on découvre en flânant dans les rues.

- **Se repérer** – Flers se trouve au carrefour des axes Paris-Granville et Caen-Laval, à 92 km au sud de Caen par la D 562, à 58 km au nord de Mayenne par les D 962 et D 23, à 30 km au sud-est de Vire et 44 km à l'ouest d'Argentan par la D 924.
- **À ne pas manquer** – La vue depuis la tour du château au mont de Cerisy.
- **Organiser son temps** – Une demi-journée suffit à explorer Flers et ses environs.
- **Pour poursuivre la visite** – Voir aussi Clécy, la Suisse normande, Bagnoles-de-l'Orne, Mortain, Domfront et Vire.

Visiter

Le château

Le château primitif de Flers, aujourd'hui disparu, fut édifié par la première famille seigneuriale de Flers : les barons d'Aunou, tous prénommés Foulque. Le premier était compagnon de Guillaume le Conquérant. Sous la Révolution, l'édifice servit de lieu de rassemblement aux chouans et il ne fut repris par les républicains qu'en janvier 1800.

Entouré de douves sur trois côtés, le château actuel se compose d'un corps de logis du 16e s., dû à l'alchimiste Nicolas **Grosparmy**, baron de Flers de 1527 à 1541, et d'une façade principale du 18e s., de style classique.

Il abrite un musée et l'hôtel de ville.

Musée du Château – *℘ 02 33 64 66 49 - mai-oct. : 10h-12h, 14h-18h, sam. 14h-18h - fermé 1er Mai - 2 € (enf. gratuit).*

Au sous-sol, l'ancienne cuisine du château (ustensiles, armoires…) et deux pièces attenantes consacrées au tissage (métiers à tisser, rouet, broyeur à chanvre).

Au rez-de-chaussée, la chambre de la comtesse a conservé ses boiseries du 18e s. Au-dessus des salles municipales sont réunies de belles peintures régionales dont une intéressante collection d'œuvres du peintre et dessinateur humoristique **Charles Léandre** *(La Vieille Modiste).*

Stéphane Sauvignier / MICHELIN

« David après le combat » d'Antonin Mercié.

Aux alentours

Tinchebray

15 km à l'ouest.

C'est aux environs de ce bourg que se déroula le 28 septembre 1106 une bataille entre les deux fils de Guillaume le Conquérant, Robert II Courteheuse et Henri Ier d'Angleterre (Henri Beauclerc). L'issue fut fatale à Robert qui dut céder à son frère le duché de Normandie.

La ville conserve de son passé le clocher fortifié (mâchicoulis, échauguettes) de son ancienne église St-Rémy (12e s.) ainsi que sa prison royale.

Prison royale et musée – *℘ 02 33 64 23 55 ou 02 33 66 78 00 - juil.-août : mar.-sam. 10h30-12h, 14h-17h30, dim. 15h-18h - 3 €.*

Le tribunal révolutionnaire était installé au 1er étage du bâtiment qui abritait également les cellules, ce qui limitait les évasions ! Deux cellules sont munies d'une cheminée, certains détenus pouvant s'offrir du bois de chauffage. Les épaisses cloisons et portes en bois aux impressionnantes serrures sont encore marquées de nombreux graffitis, le plus ancien remontant à 1793.

Une ancienne geôle abrite un **musée d'Ethnographie locale**. Au rez-de-chaussée, deux cellules exposent des outils de sabotier et de l'outillage divers. Un intérieur normand a été reconstitué. La salle des coiffes montre tout un travail de finesse et de patience. Dans la chapelle sont exposés des objets de culte et des statues provenant de l'église des Montiers.

Circuit de découverte

AUTOUR DU MONT DE CERISY

Circuit de 24 km – environ 1h. Quittez Flers à l'ouest par la D 924.

La Lande-Patry

L'ancien cimetière renferme deux ifs géants qui ont plus de mille ans.

Tournez à gauche dans la D 18 en direction de Cerisy-Belle-Étoile.

Mont de Cerisy★

✆ 02 33 66 52 62 - 9h-18h.

Le chemin *(droit d'entrée)* bordé de quelque remarquables 4 000 pieds de rhododendrons en buissons (floraison à la fin du mois de mai – *voir « Événements » ci-dessous*) s'élève sur les flancs du mont de Cerisy, offrant des vues très étendues sur le bocage. Le sommet, aménagé pour la promenade et la détente (petite pièce d'eau, parcours santé, circuits VTT, jeux d'enfants...), est dominé par les ruines d'un **château** de style anglais du 19e s., bombardé en 1944. Une de ses tours offre une belle **vue panoramique★** sur les dernières hauteurs de la Suisse normande.

Faites demi-tour et revenez à la D 18 que vous continuez à suivre.

Les Vaux

Aussitôt après un pont sur le Noireau, tournez à gauche dans une route très étroite suivant la rive gauche de la rivière qui s'encaisse entre le mont de Cerisy, à gauche, et les roches de St-Pierre, à droite. La route aboutit au hameau du Vieux-St-Pierre où un petit pont romain enjambe la rivière.

Chemin pédestre au-delà du pont.

Rentrez à Flers par St-Pierre-d'Entremont et Caligny.

Flers pratique

Adresse utile

Office du tourisme de Flers – *2 pl. du Dr-Vayssières - 61100 Flers - ✆ 02 33 65 06 75 - www.flers-tourisme.com - tlj sf dim. et j. fériés 9h30-12h, 14h-18h30.*

Se loger

Hôtel Galion – *5 r. Victor-Hugo - ✆ 02 33 64 47 47 - P - 30 ch. 45/50 € - 6 €.* Proche du centre-ville dans un quartier calme, ce petit hôtel est de construction récente. Vous pourrez vous rendre à pied au château pour une visite ou une promenade au parc. Les chambres sont classiques. Buffet pour le petit-déjeuner.

Se restaurer

Restaurant des 5 Becs – *22 pl. du Gén.-de-Gaulle - ✆ 02 33 65 10 68 - fermé dim. et j. fériés - 14/30 €.* Une devanture un peu tape-à-l'œil signale cet établissement connu de longue date au centre de Flers. Ambiance cordiale, clientèle très diversifiée et carte traditionnelle, pour tous les appétits et toutes les bourses. Cinq becs de gaz alimentaient autrefois le restaurant, d'où l'enseigne !

Au Bout de la Rue – *60 r. de la Gare - ✆ 02 33 65 31 53 - lebouleux@wanadoo.fr - fermé 1er-25 août, merc. soir, sam. midi, dim. et j. fériés - 20/35 €.* Un vrai bistrot de quartier avec ses murs rouges décorés de vieilles affiches et photos noir et blanc qui lui donnent un charme attrayant et sympathique. Repas plus intimes dans les box séparés. Menus, dont un pour les petits.

Auberge de la Mine – *Le Gué-Plat - 61450 La Ferrière-aux-Étangs - 12 km au S de Flers par D 18 puis D 21 et D 825 - ✆ 02 33 66 91 10 - aubergedelamine@free.fr - fermé 6-31 janv., 3-27 août, dim. soir, mar. et merc. - 21/58 €.* Ce restaurant entièrement rénové abritait la cantine d'une ancienne mine de fer. Une adresse à retenir pour son accueil fort sympathique et le soin apporté à sa cuisine au goût du jour préparée à base de produits frais du terroir. Très bon rapport qualité-prix.

Événement

Le dernier dimanche de mai, la **Fête des rhododendrons** connaît toujours un grand succès sur le mont de Cerisy.

Château de Fontaine-Henry★★

517 FONTENOIS
CARTE GÉNÉRALE C2 – CARTE MICHELIN LOCAL 303 J4 – CALVADOS (14)

À reprendre les mots de l'écrivain Jacques de Lacretelle, « Fontaine-Henry, c'est une page d'histoire, c'est un château de la Loire en Normandie ». Cette demeure de la Renaissance coiffée de très hauts toits et son petit bourg qui conserve quelques belles maisons et fermes anciennes constituent effectivement une visite de choix à proximité des plages du Débarquement.

Étienne Larribère / MICHELIN

La fascinante façade Renaissance du château de Fontaine-Henry.

- **Se repérer** – Fontaine-Henry est situé dans la vallée de la Mue, près de la Côte de Nacre et des plages du Débarquement, à 18 km au nord de Caen et 25 km à l'est de Bayeux.
- **À ne pas manquer** – Les stalles de pierre de la chapelle du château.
- **Organiser son temps** – Comptez 1h30 pour la visite du château. Si vous le pouvez, profitez d'une visite nocturne en été !
- **Pour poursuivre la visite** – Voir aussi Arromanches-les-Bains, Ouistreham-Riva-Bella, Caen, Bayeux et les plages du Débarquement.

Visiter

Le château★★

06 89 84 85 57 - www.chateau-de-fontaine-henry.com - visite guidée (1h30) de mi-juin à mi-sept. : tlj sf mar. 14h30-18h30 ; de Pâques à mi-juin et de mi-sept. au 2 nov. : w.-end et j. fériés 14h30-18h30 - 6 € (enf. 4 €) - visites nocturnes le vend. en été - 8 € (enf. 6 €).

Ce très bel édifice est un précieux témoin de l'architecture civile de la Renaissance. Sur les fondations et les caves d'une forteresse des 11e et 12e s., la famille d'Harcourt fit construire le château actuel au cours des 15e et 16e s. Un immense toit d'ardoise à forte pente, plus élevé que le bâtiment lui-même, recouvre le Grand Pavillon datant du 16e s. ; la tourelle en poivrière est joliment décorée.

Le corps de logis, construit sur l'emplacement d'un bâtiment médiéval, semble « ciselé comme un bijou », tant le travail de la pierre a été exécuté avec finesse. Les sculptures intérieures et l'**escalier** François Ier retiennent l'attention.

L'intérieur, entièrement meublé, abrite de remarquables tableaux : le Corrège, Mignard, Rigaud et Hubert Robert.

Le saviez-vous ?

Le bourg prit, au cours du 14e s., le prénom de son ancien seigneur, Henry de Tilly, mort en 1305. De son côté, le château est resté depuis des siècles dans la même famille, au gré des alliances successives. Aujourd'hui, la propriété est aux d'Oilliamson. La façon de prononcer ce nom (d'origine écossaise, il dérive de Williamson) est assez curieuse. Il faut faire entendre, à l'ancienne, chaque lettre du mot : « o i ian son ».

On visite également la chapelle, bâtie par Henry de Tilly, dont la nef fut remaniée au 16e s. et conserve de remarquables stalles de pierre, telles qu'on peut en voir à la Ste-Chapelle à Paris.

Aux alentours

Ancienne église de Thaon★

Le chemin d'accès (15mn à pied AR) se détache de la D 170, dans un virage, à 500 m de l'église paroissiale de Thaon. Ce chemin, en descente, aboutit au fond du vallon - ☏ 02 31 80 04 76 - possibilité de visite guidée le dim. sur demande auprès de M. Paunet - association Avet.

Isolée dans un vallon retiré, cette petite église romane désaffectée, datant du 12e s., est particulièrement mise en valeur par son décor de verdure et d'eaux vives.

Le clocher, coiffé d'une toiture pyramidale et allégé par des baies géminées larges et profondes, est un des plus originaux de Normandie. La nef et le chœur sont d'une grande pureté de style. En parcourant la nef, on détaillera les chapiteaux des grandes arcades. Le chœur est simplement décoré d'arcatures.

Fresnay-sur-Sarthe

2 335 FRESNOIS
CARTE GÉNÉRALE C4 – CARTE MICHELIN LOCAL 310 J5 – SARTHE (72)

Autrefois forteresse avancée du Maine bâtie sur un pic rocheux, Fresnay garde de son passé médiéval d'étroites ruelles bordées de nombreuses demeures anciennes remarquablement bien conservées. La petite ville est une base de départ idéale pour faire des excursions dans les Alpes mancelles ou dans la forêt de Sillé et sait également se faire apprécier des amateurs de pêche.

- **Se repérer** – Pour bien apprécier le site de cette sympathique petite ville, perchée au-dessus d'un méandre de la Sarthe, à 21 km au sud d'Alençon, arrêtez-vous près du pont sur la Sarthe au sud de la ville, sur la route de Sillé-le-Guillaume.
- **À ne pas manquer** – Les belles maisons médiévales du centre-ville.
- **Organiser son temps** – Comptez 1h30 pour faire le tour de cette jolie cité.
- **Pour poursuivre la visite** – Voir aussi Alençon et Sillé-le-Guillaume.

Comprendre

Guerres et paix – En 1063, les troupes de Guillaume, duc de Normandie, occupèrent la ville qui se souleva à plusieurs reprises. Guillaume en personne vint y mater quelques révoltes en 1068 et 1078. En 1100, après des luttes incessantes dans la région, Henri Ier, roi d'Angleterre, évacue le Maine alors rattaché à l'Anjou. Fresnay connut la paix jusqu'à la fin du 14e s. où la guerre de Cent Ans ranima les troubles. Le jeune Ambroise de Loré, farouche opposant à l'occupant anglais, s'y distingue et est reconnu héros de la ville en 1418.

Visiter

Terrasse de l'hôtel de ville

Un jardin public a été aménagé dans l'ancienne enceinte du château. De la terrasse qui le borde, belle **vue★** plongeante sur la Sarthe, le pont à arches, les vieilles maisons.

La porte du château

Munie d'un double pont-levis, elle marquait l'entrée de la haute cour du château, cour ordinaire du seigneur et zone de repli lors des attaques. Les prisonniers étaient incarcérés dans les tours jusqu'à la Révolution. Elles abritent désormais des expositions estivales.

Église Notre-Dame

☏ 02 43 97 24 98 - juil.-août : 15h30-18h - prendre RV auparavant.

Cet édifice, de style roman de transition, utilise une pierre du pays de couleur rouille, le « roussard ». Il est dominé par un remarquable clocher octogonal dont les diverses faces sont percées de fenêtres géminées ou ornées de clochetons ajourés.

Le portail, en plein cintre, à petits panneaux de chêne sculpté, encadre de beaux vantaux (1528) ; à gauche, l'Arbre de Jessé, à droite, le Christ en croix entouré des deux larrons et des douze Apôtres.

Roussard ou grison

Le roussard, appelé aussi « grison », est un grès composé de grains de silex reliés entre eux par une pâte ferrugineuse compacte. Au contact de l'humidité de l'air ambiant, le fer s'oxyde et la pierre prend une teinte rouille plus ou moins accentuée. Cette pierre se retrouve sur de nombreux édifices civils ou religieux de l'Eure, de l'Orne et de la Sarthe.

Cave du Lion

✆ 02 43 33 64 42 - visite sur demande auprès de Jean-Gilles (8 j. à l'avance) - juil.-août : tlj sf lun. 16h-19h - gratuit.

De l'autre côté des halles en pierre, dans la ruelle du Lion, s'ouvre cette vieille cave constituée de quatre voûtes nervurées portées par un pilier central de forme octogonale ; les chapiteaux sont décorés de feuilles et de crochets.

Tour à tour crypte, chapelle souterraine, église du château, temple protestant, cave de l'hôtel du Lion d'Or (qui lui a donné son nom), elle est maintenant lieu d'expositions temporaires.

Aux alentours

Beaumont-sur-Sarthe

12 km au sud-est par la D 39.

Une promenade dans ce joli village au-dessus de la Sarthe permet de découvrir un **pont roman** (10e s.) que domine un **château du 11e s.** entouré de jardins en terrasses, d'un bassin du 18e s. et d'un colombier. Voyez également le vieux moulin à eau de Bois-Landon datant du 12e s.

Église – Brûlée par les huguenots en 1562, elle fut rebâtie en 1686, mais sur un modèle plus grand que la précédente (12e s.). Il fallut pour cela la réorienter, c'est pourquoi son chœur est à l'ouest. Remarquez en sortant les têtes grimaçantes de la **porte romane**.

En quittant Beaumont, arrêtez-vous sur la terrasse derrière la mairie pour profiter du panorama.

Stéphane Sauvignier / MICHELIN

Vue sur la Sarthe et la ville de Fresnay depuis la terrasse de l'hôtel de ville.

Prieuré Saint-Hippolyte

À Vivoin - 2,5 km de Beaumont-sur-Sarthe par la D 26. ✆ 02 43 97 04 36 - ♿ - visite libre des extérieurs : tte l'année 9h-12h, 14h-17h30 ; visite guidée de l'église et du prieuré : juil.-août, merc.-dim. 14h-17h (5 €, -12 ans gratuit).

Fondé à la fin du 11e s. par Raoul 1er, vicomte de Beaumont, il a conservé de la période romane sa salle capitulaire, la Grande Salle et celle de Justice. Le logis, avec sa tourelle hexagonale, date du 16e s. De l'ancien cloître demeure une belle porte Renaissance. L'ensemble abrite désormais un centre culturel.

Église St-Hippolyte – Ancienne église du prieuré. Beaux vitraux du 13e s.

Musée du Chanvre et de la Vie d'autrefois – *Visites guidées uniquement - déb. avr.-fin oct. : w.-end et j. fériés 14h-17h30 ; juil.-août : merc.-dim. 14h-17h30 - 2,5 € (enf. 1,20 €).*Consacré aux arts et traditions populaires, il présente une intéressante collection miniature d'anciens appareils agricoles parfois très insolites. Reconstitution d'un intérieur sarthois.

Fresnay-sur-Sarthe pratique

Voir aussi les encadrés pratiques d'Alençon et de Sillé-le-Guillaume.

Adresse utile

Office du tourisme des Alpes mancelles – *19 av. du Dr-Riant - 72130 Fresnay-sur-Sarthe - ✆ 02 43 33 28 04 - juin-sept. : tlj sf lun. 10h-12h30, 15h-18h30, dim. 9h30-12h30 ; oct.-mai : tlj sf dim. et lun. 10h-13h, 15h-17h45, sam. 9h-13h - fermé les j. fériés.*

Visite

Disponible à l'office de tourisme, un dépliant (gratuit) indique le parcours-découverte du patrimoine balisé dans la cité.

Que rapporter

Les galeries du Fresne – *37 Grande-Rue - ✆ 02 43 33 57 24 - mar.-vend. 9h30-12h, 15h30-19h, sam. 9h-12h, 15h-19h, dim. 10h-12h, 15h-18h.* Produits et objets régionaux.

Granville★

12 687 GRANVILLAIS
CARTE GÉNÉRALE A2 – CARTE MICHELIN LOCAL 303 C6 – MANCHE (50)

Monte-Carlo n'est pas le seul à avoir son rocher. En Normandie, Granville a ce privilège, à tel point que la ville reçoit parfois le surnom évidemment flatteur de « Monaco du Nord ». Sa vie s'organise surtout autour des ports : de plaisance, de commerce et de pêche. Centre de thalassothérapie et station balnéaire, Granville sait aussi s'amuser. Pour preuve, son carnaval est très réputé.

Se repérer – À 150 milles à l'ouest de Paris ! À vol d'oiseau, ce n'est pas loin. Route ou rail, comptez environ 3h. La station se rallie sinon de Cherbourg en 1h40 (106 km par la côte ouest du Cotentin), de Caen en 1h15 (109 km au nord-est) et de la baie du Mont-St-Michel en 40mn (50 km au sud).

À ne pas manquer – Le monde de la haute couture dans la villa de Dior.

Organiser son temps – Renseignez-vous sur les horaires de traversée pour les îles Chausey.

Avec les enfants – Les poissons de l'aquarium vous attendent !

Pour poursuivre la visite – Voir aussi les îles Chausey, Villedieu-les-Poêles, l'abbaye de la Lucerne et Carolles.

Se promener

LA HAUTE-VILLE

Visite : 2h.

La Haute-Ville actuelle garde toujours son atmosphère originale de ville encore ceinturée de remparts. On y accède par la Grand-Porte, dont le pont-levis défendait la cité. Une plaque commémore le siège de 1793 qui se traduisit par une défaite de l'armée chouanne commandée alors par Henri de La Rochejaquelein. Les maisons de la vieille ville sont construites en granit transporté depuis les îles Chausey.

Église Notre-Dame

Cet austère édifice de granit remonte au 15e s. La nef et la façade principale, ornées de colonnes monolithes, furent édifiées un peu plus tard, aux 17e et 18e s. Une belle tour se dresse à la croisée du transept. À l'intérieur, seuls quelques chapiteaux du pourtour du chœur ont été travaillés. Pour ceux qui aiment l'art du vitrail, ne pas manquer de bien regarder les vitraux modernes du chœur, réalisés par Le Chevalier.

Les Granvillais vénèrent la statue (14e s.) de N.-D.-du-Cap-Lihou (Cap-Lihou est le nom de l'extrémité de la pointe du Roc) qui se trouve dans la chapelle latérale nord. Cette Vierge est particulièrement honorée lors du Grand Pardon des corporations de la mer.

Pointe du Roc

Par sa position à l'extrémité du promontoire, le **site★** de la pointe est exceptionnel : fermant au nord la baie du Mont-St-Michel, la pointe n'est reliée à la terre ferme que par un isthme rocheux très étroit, qui fut coupé au 15e s. pour favoriser la défense par une tranchée artificielle, la « tranchée aux Anglais ».

Un sentier partant du port près d'un blockhaus permet de faire le tour de la pointe et conduit au phare *(qui ne se visite pas)*. De là, vous verrez à quel point la mer et les rochers sont magnifiques. Peu avant le phare, monument en granit à la mémoire des marins disparus en mer.

Tour des remparts★

Garez-vous sur la place du Parvis-Notre-Dame et gagnez la Grand-Porte à pont-levis. Prenez à droite la rue Lecarpentier et suivez le rempart sud.

On parvient sur la place de l'Isthme devant le musée Richard-Anacréon, vaste terrasse d'où la **vue★** sur la ville s'étend, par temps clair, jusqu'aux côtes de Bretagne *(table d'orientation)*. En contrebas apparaît l'ancienne « tranchée aux Anglais ».

Poursuivez par la rue du nord à l'intérieur des remparts.

La ville haute se présente de ce côté sous son aspect le plus ingrat. Le paysage lui-même est austère. Cependant, par gros temps, la vue sur la mer démontée est grandiose. Au nord-ouest apparaissent les îles Chausey et, au nord, par temps clair, Jersey.

La petite rue des Plâtriers à gauche mène à la rue St-Jean. Tournez à droite.

Dans la rue St-Jean, surtout ne manquez pas la vieille maison à étal au n° 7. Au n° 3, vous verrez une maison de 1612 avec des personnages sculptés représentant Adam et Ève. La montée du parvis ramène sur la place où vous remarquerez une grande maison à tourelle, et à colombages au niveau supérieur.

Gilles Targat / MICHELIN

Le port de Granville demeure l'un des plus actifs de la côte ouest du Cotentin.

LA BASSE-VILLE

En partie bâtie sur des terrains gagnés sur la mer, la Basse-Ville a pris à son compte l'activité commerciale et touristique de la station.

Les anciens faubourgs sont réunis aujourd'hui en une agglomération continue qui s'ordonne autour d'un carrefour central appelé traditionnellement « le Pont ».

La plage

Nichée dans une anse, au pied de falaises de schiste et de la villa Dior, l'étroite plage est dominée par la digue-promenade du Plat-Gousset, que la mer vient battre à marée haute. Une retenue d'eau de mer, la « piscine », permet de se baigner facilement à marée basse. C'est la seule qui soit répertoriée « plage de Granville ». Il en existe d'autres, mais elles ne sont pas surveillées et la qualité de l'eau n'y est pas garantie.

Jardin public Christian-Dior et villa Les Rhumbs

✆ 02 33 61 48 21 - jardin : 9h-20h (gratuit) ; musée : de mi-mai à mi-sept. : 10h- 18h30 - 5 € (-12 ans gratuit).

Le **musée Christian-Dior** est installé dans la maison d'enfance du grand couturier. Depuis 2005, à l'occasion du centenaire de sa naissance, un lieu de mémoire permanent lui est consacré au rez-de-chaussée ; chaque année, une exposition temporaire sur la mode est organisée.

Très abrité dans un cadre de verdure charmant, le jardin transformé en parc public est très agréable, notamment la magnifique roseraie. De la terrasse supérieure, la vue s'étend sur la presqu'île de Granville, vers le nord jusqu'à Regnéville et, en face, sur les îles Chausey.

En suivant le chemin du bord de la falaise, on arrive, après avoir longé le cimetière, à la vaste plage de Donville, qui complète celle de Granville. La marée basse laisse apparaître de nombreux bouchots à moules.

Visiter

Aquarium du Roc

1 bd Vaufleury - 02 33 50 19 83 - www.aquarium-du-roc.com - des vac. de fév. au 11 nov. : tlj sf le lun. en mars 10h-12h30, 14h-19h (dernière entrée 1h av. fermeture) - 7 € (enf. 3,50 €).

Dans l'**aquarium**, vous verrez différentes espèces de poissons ainsi que deux joyeuses otaries. Une collection d'insectes naturalisés de toutes formes et de tous pays évoque l'atmosphère des forêts tropicales. Le **Palais minéral** rassemble des tableaux de minéraux aux multiples couleurs et la **Féerie des coquillages**, elle, vous embarque dans un monde fantastique où des milliers de coquillages semblent vouloir faire de l'art à travers de savantes compositions mises en valeur par un jeu de lumières : minarets, sculptures d'Angkor, etc.

Musée du Vieux-Granville

Installé dans l'ensemble fortifié de la Grand-Porte - 02 33 50 44 10 - juil.-sept. : tlj sf mar. 10h-12h, 14h-18h30 (dernière entrée 30mn av. fermeture) ; avr.-juin : tlj sf mar. 10h-12h, 14h-18h ; de déb. oct. à mi-déc. et des vac. de février à fin mars : merc., w.-end 14h-18h - fermé entre les vac. de Noël et celles de fév. et les 1er Mai et 1er Nov. - 1,70 €.

Des collections de meubles et d'objets évoquent avec saveur l'ancien cadre de vie des Granvillais. Dans l'escalier, belles faïences illustrées dites « de Jersey » (19e s.).

Au premier étage, costumes normands, bonnets de fête ou de deuil et coiffes « cornettes », certaines d'une envergure et d'un raffinement spectaculaires. Exposition également de **toiles de Hambye** (19e s.), du nom du bourg où elles étaient créées. Destinées à la décoration des lits-alcôves, elles étaient réalisées à partir de draps de toile ou de sacs de blé enduits d'une couche de peinture sur laquelle on exécutait une décoration stylisée.

Au deuxième étage, présentation des collections maritimes (activités de pêche avec des maquettes des fameuses bisquines granvillaises, commerce et Marine royale) et évocation de la station balnéaire renommée que fut Granville à la fin du 19e s. et au début du 20e s.

Musée d'Art moderne Richard-Anacréon

02 33 51 02 94 - juin-sept. : tlj sf lun. 11h-18h ; oct.-mai : tlj sf lun. et mar. 14h-18h - fermé 1er et 8 Mai et pdt les périodes de montage d'exposition, se renseigner - 2,60 € (-11 ans gratuit). Né des curiosités multiples d'un collectionneur autodidacte, originaire de Granville et libraire à Paris, ce musée possède un fonds d'œuvres d'artistes du 20e s.

Le saviez-vous ?

Le nom – L'origine du nom de la ville, *grande villa* (village important), remonte probablement au 15e s., époque à laquelle les Anglais fortifièrent le Roc afin de s'en servir comme place forte pour combattre le Mont-Saint-Michel défendu par les Normands !

Les gens – Le 18e s. vit se distinguer d'héroïques corsaires granvillais comme Beaubriand-Lévêque et Pléville-Lepelley… Au 19e s., la vogue des bains fit de Granville une station balnéaire renommée où Stendhal, Michelet et Hugo séjournèrent. Plus contemporain : Christian Dior (1905-1957), le génial couturier créateur du style « *new-look* », passa son enfance dans la maison familiale Les Rhumbs.

Le carnaval de Granville – Son origine est liée aux marins pêcheurs. En effet, avant de partir pour de longs mois pêcher sur les bancs de Terre-Neuve, les morutiers dépensaient joyeusement leur solde dans les rues de la ville et, pour la circonstance, s'affublaient de costumes divers. Aujourd'hui le carnaval a lieu au moment du Mardi gras et s'accompagne d'une fête foraine ; il dure environ quatre jours pendant lesquels on peut assister à des défilés de chars, d'orchestres et de majorettes. Le dernier jour ont lieu les « intrigues » : les Granvillais déguisés et masqués vont rendre visite à leurs amis ; le bonhomme Carnaval est brûlé sur la plage, clôturant ainsi les réjouissances.

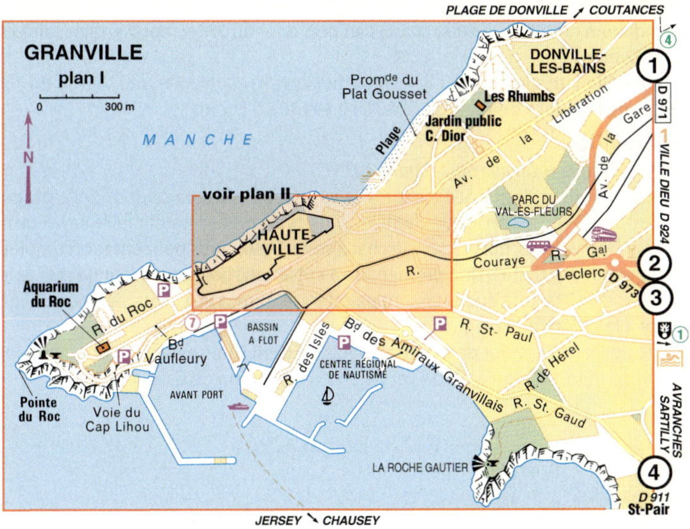

SE LOGER		SE RESTAURER	
Chambre d'hôte Le Hamel	①	Crêperie Grill l'Échauguette	①
Hôtel Beaumonderie	④	L'Horizon	④
Hôtel des Bains	⑦	La Citadelle	⑦

D'André Derain à Utrillo en passant par Paul Signac ou Van Dongen, plusieurs œuvres sont présentées de façon permanente. Chaque année, une collection de livres de bibliophilie est présentée lors d'une exposition temporaire.

Aux alentours

Îles Chausey★ *(voir ce nom)*

Saint-Pair-sur-Mer

3,5 km. Quittez Granville par le sud-est, D 911. St-Pair est une station balnéaire réputée pour son immense grève de sable fin de 5 km et sa digue-promenade faite de blocs de granit. On y pratique tous les sports nautiques : baignade (avec retenue d'eau de mer), planche à voile, voile, pêche.

Église – L'église primitive aurait eu pour origine un monastère fondé au 6e s. par saint Pair et saint Scubilien, évangélisateurs du pays. Ne subsistent d'elle que la travée sous clocher, romane, et le chœur, du 14e s., qui abrite les sarcophages (6e s.) et les gisants (15e s.) de ses fondateurs supposés.
Sur le pilier gauche du chœur, voyez le grand Christ en bois polychrome du 14e s. Le baptistère, derrière l'autel, a conservé une vieille cuve baptismale en pierre, fermée par un couvercle en bois. Dans la chapelle à proximité, il faut remarquer le tabernacle

à baldaquin encadré de deux statues en bois doré du 18e s. représentant saint Lô et saint Senier.
La chapelle latérale gauche, à l'entrée de laquelle est placée une Vierge du 16e s., renferme la châsse de saint Gaud, ancien évêque d'Évreux.

Jullouville

8,5 km. Quittez Granville par le sud-est, D 911.
La station, qui prolonge St-Pair-sur-Mer au sud, est réputée pour sa belle **plage** de sable *(surveillée)* très prisée des familles. On y pratique le catamaran, le kayak de mer, la planche à voile et, hors saison, le char à voile. Deux clubs pour enfants complètent cet éventail d'activités. Une promenade a été aménagée sur le front de mer le long de villas du 19e s. où s'épanouissent palmiers et mimosas. La vue s'étend du Pignon Butor à la pointe du Roc.
Si vous entendez parler de la petite plage d'**Edenville**, ce n'est qu'une partie de la grève de Jullouville qui s'étend vers le sud en direction de Carolles.

Granville pratique

Adresse utile

Office du tourisme de Granville – *4 cours Jonville - BP 621 - 50406 Granville - ✆ 02 33 91 30 03 - www.ville-granville.fr - juil.-août : 9h-13h, 14h-19h ; oct.-mars : tlj sf dim. 9h15-12h15, 14h-17h30, sam. 9h15-12h30, 14h-17h45 ; avr.-sept. : lun.-sam. 9h-12h30, 14h-18h15 (19h le sam.), certains dim. et j. fériés - fermé les 1er janv., 1er Mai et 25 déc.*

Se loger

⊖ Hôtel des Bains – *19 r. Georges-Clemenceau - ✆ 02 33 50 17 31 - www.hoteldesbains-granville.com - 54 ch. 37/105 € - ☕ 8 €.* Les vagues viennent mourir au pied de la terrasse de cet hôtel centenaire. Le décor plutôt fonctionnel des chambres est compensé dans certaines par la présence d'une baignoire balnéo ou la vue sur la mer.

⊖ Chambre d'hôte Le Hamel – *Lieu-dit « Le Hamel » - 50380 St-Aubin-des-Préaux - 7 km de Granville par D 973 et D 154 - ✆ 02 33 51 42 65 ou 06 14 25 38 22 - 🚭 - 4 ch. 42/47 € ☕.* Au calme, dans un hameau verdoyant, ancienne ferme restaurée dont la longiligne façade en pierre abrite des chambres sobres et fraîches, offrant une ampleur très satisfaisante. Salon et salle des petits-déjeuners agrémentés d'une grande cheminée où crépitent de bonnes flambées quand le froid sévit. Jardin bichonné.

⊖⊖ Hôtel Beaumonderie – *50290 Bréville-sur-Mer - 4,5 km au NE de Granville sur D 971E, rte de Coutances - ✆ 02 33 50 36 36 - la-beaumonderie@wanadoo.fr - P - 13 ch. 70/160 € - ☕ 10 €.* Cette charmante villa 1920 entourée d'un agréable parc fait face aux îles Chausey. Atmosphère « cosy » dans ses chambres personnalisées et au salon-bar de style anglais. Joli parquet, rotonde coiffée d'une charpente apparente et recettes appétissantes caractérisent l'Orangerie, le restaurant de l'hôtel. Piscine couverte et tennis.

Se restaurer

⊖ Crêperie Grill l'Échauguette – *22-24 r. St-Jean - ✆ 02 33 50 51 87 - 10/20 €.* Niché dans l'une des rues étroites du vieux Granville, cette crêperie à la façade discrète est une adresse bien connue des habitants de la ville. En plus des galettes, vous pourrez déguster des grillades saisies dans la cheminée du restaurant…

⊖ L'Horizon – *Pl. du Mar.-Foch - ✆ 02 33 50 00 79 - www.casino-granville.com - fermé lun. et mar. d'oct. à mars - 13 €.* Ce restaurant occupe une partie du pimpant casino. De la salle à manger, vous bénéficierez d'une belle vue sur la mer et, par beau temps, vous pourrez distinguer les îles Anglo-Normandes. Fruits de mer et cuisine au goût du jour se dégustent dans un cadre actuel.

⊖⊖ La Citadelle – *34 r. du Port - ✆ 02 33 50 34 10 - www.restaurant-la-citadelle.com - fermé vac. de fév., vac. de Noël, mar. d'oct. à mars et merc. - 21/32 €.* Avant d'embarquer pour les îles, vous pourrez vous restaurer dans la salle à manger au décor de bois bleu ciel ou vous installer sur la petite terrasse en estrade. Spécialités de fruits de mer avec homards pêchés dans le vivier du chef.

Faire une pause

François Olivier – *20 r. Georges-Clemenceau - ✆ 02 33 50 07 87 - tlj sf merc. 7h30-20h - fermé vac. de fév., de Toussaint et fin juin.* Tout ici est fait maison, que ce soit le Jésuite, spécialité à base de pâte feuilletée et de crème mousseline, la Capucine, gâteau au chocolat noir enrobé de nougatine et fourré de fruits secs, ou les 25 variétés de chocolats. Petit salon de thé parfait pour une pause gourmande.

En soirée

Casino – *Pl. du Mar.-Foch - ✆ 02 33 50 00 79 - infos@casino-granville - 10h-4h.* Ce casino – le plus important de la Manche – occupe une belle bâtisse de style balnéaire et propose, outre 80 machines à sous, le trio favori des amateurs du genre : boule, black-jack et roulette anglaise, histoire de rappeler que Granville est bien le « Monaco du Nord ». Piano-bar feutré et cosy ; restauration.

Sports & Loisirs

Vieux gréements – Granville est célèbre pour ses bateaux traditionnels, comme la bisquine, qui se mesuraient, lors de régates acharnées, aux bateaux de Cancale. Il est possible de faire des croisières sur quelques-uns de ces voiliers superbement restaurés par des passionnés : *Bisquine « La Granvillaise », ✆ 02 33 90 07 51 ; le « Charles-Marie », ✆ 02 33 46 69 54 ; le « Lys Noir », ✆ 02 33 90 48 63 ou 06 84 04 57 24 ; le « Courrier des Îles », ✆ 02 33 50 49 80 ; le « Strand Hugg », ✆ 02 33 90 69 06 ou 06 75 09 94 43.*

CRNG (Centre régional de nautisme de Granville) – *Bd des Amiraux - ✆ 02 33 91 22 60 - www.crng.asso.fr - 9h-18h - fermé vac. scol. de Noël.* Cette base dispose d'une flottille de quelque 170 embarcations : dériveurs, catamarans, chars à voile, planches à voile, kayaks de mer et bateaux à moteur. Elle propose un large éventail d'activités pour tous âges et tous niveaux. Une retenue d'eau de 10 ha permet une initiation en toute

Gilles Targat / MICHELIN

Bisquine La Granvillaise toutes voiles dehors.

sécurité. Côté hébergement, 160 lits répartis dans 48 chambres avec vue sur mer.

Institut de thalassothérapie Prévithal – *3 r. Jules-Michelet - ✆ 02 33 90 31 10 - www.previthal.com - 10h-12h, 14h-20h30 - fermé 11-25 déc.* Le climat tonique de Granville devrait vous inciter à fréquenter cet institut de thalassothérapie situé face à la mer. Soins dispensés en fin de journée, contrairement à l'usage ; les matinées sont ainsi consacrées à des « randonnées marines » permettant d'approcher la faune, la flore, l'histoire et la culture locales tout en se ressourçant et en se tonifiant.

Abbaye de Hambye★★

CARTE GÉNÉRALE B2 – CARTE MICHELIN LOCAL 303 E6 – MANCHE (50)

À partir du moment où Napoléon la fit vendre, l'abbaye de Hambye, que la Révolution avait épargnée, eut à subir des mutilations de toutes sortes. Et pourtant, ce remarquable édifice construit au début de la période gothique n'a rien perdu de sa beauté : ses ruines sont d'une majesté sobre et sereine qui inspire le recueillement, sentiment que le paysage environnant ne peut que renforcer.

- **Se repérer** – À 4 km au sud de Hambye (14 km au nord de Villedieu-les-Poêles), le chemin de l'abbaye se détache de la D 258 pour passer sous l'ancien porche monumental donnant accès au monastère.
- **À ne pas manquer** – Levez la tête vers le ciel lorsque vous êtes dans les ruines de l'église abbatiale : le coup d'œil est impressionnant.
- **Organiser son temps** – Comptez 1h30 pour la visite du site.
- **Pour poursuivre la visite** – Voir aussi Coutances, St-Lô, Villedieu-les-Poêles et Granville.

Visiter

Église abbatiale★★

✆ 02 33 61 76 92 – visite guidée (45mn, dernier dép. 30mn av. fermeture) avr.-oct. : tlj sf mar. 10h-12h, 14h-18h - 4 € (7-15 ans 1,60 €). L'abbaye a été fondée par Guillaume Paynel, seigneur du lieu, vers 1145. L'étroite nef date en revanche du 13e s. Seule sa dernière travée était dotée de collatéraux. Elle fut prolongée au 14e s. de trois travées dépourvues de bas-côtés.

L'aspect sévère du monument est atténué par la finesse des baies à lancettes, qui apportent au décor une note romantique. Au-dessus de la croisée du transept,

Les imposantes ruines de l'abbaye.

autrefois surmontée d'une voûte d'ogives à huit branches dont le départ est encore visible, s'élève un clocher carré percé, à l'étage supérieur et sur chaque face, de deux baies en plein cintre.
Le chœur, gothique, avec ses arcades aiguës, son déambulatoire et ses chapelles rayonnantes, est de dimensions exceptionnelles. Au centre, deux dalles funéraires marquent la sépulture de Jeanne Paynel et de son mari, Louis d'Estouteville (15e s.).

Bâtiments conventuels

✆ 02 33 61 76 92 – visite guidée (45mn, dernier dép. 30mn av. fermeture) avr.-oct. : tlj sf mar. 10h-12h, 14h-18h - 4 € (7-15 ans 1,60 €).

Une salle de réunion est installée dans l'ancien réfectoire des convers. Le dortoir, situé en étage, est réservé au Conservatoire d'ornements liturgiques. On visite, autour de l'ancien cloître, plusieurs salles dont les plus remarquables sont : la sacristie, étroit couloir voûté en berceau, où est exposée une pietà en bois polychrome du 16e s. ; la salle capitulaire, caractéristique du gothique normand ; la salle des Morts, petite pièce ornée de fresques ; le chauffoir où sont exposées des tapisseries de Rouen du 17e s. ainsi qu'une collection de meubles anciens ; la cuisine, avec sa cheminée monumentale.
On peut voir dans l'étable une belle collection de toiles de Hambye qui servaient à la décoration des lits à baldaquin.

Abbaye de Hambye pratique

Voir aussi l'encadré pratique de Villedieu-les-Poêles.

Se loger et se restaurer

⊖⊖ Auberge de l'Abbaye – *50450 Hambye - ✆ 02 33 61 42 19 - aubergedelabbaye@wanadoo.fr - fermé vac. de fév., 28 sept.-15 oct., dim. soir et lun. - 23/57 € - 7 ch. 50/53 € - ☕ 8 €.* Vous ne pourrez pas manquer cette grosse maison en pierre de taille grise située à proximité de l'abbaye. La salle à manger s'égaie de compositions florales, d'un joli parquet ancien et de voilages colorés ; cuisine classique. Sept petites chambres.

Ville romaine de **Jublains★**

CARTE GÉNÉRALE C4 – CARTE MICHELIN LOCAL 310 G5 – MAYENNE (53)

Les passionnés de la Gaule et de Rome au temps de la grande époque doivent absolument visiter le site archéologique de l'ancienne forteresse de Jublains. Il constitue le meilleur témoin de l'époque gallo-romaine de la région. Le plan de la ville ancienne affirme sa fonction première de sanctuaire, comme le montre l'alignement des bâtiments publics sur l'axe partant du temple.

Se repérer – Les vestiges de la cité romaine s'étendent à 10 km au sud-est de Mayenne et à 14 km au nord-ouest d'Évron.

À ne pas manquer – Le théâtre, remarquablement conservé.

Organiser son temps – L'ensemble des sites vous retiendra 3h.

Avec les enfants – La découverte du musée sera encore plus attrayante avec le livret qui leur est destiné.

Pour poursuivre la visite – Voir aussi Mayenne, Évron, Ste-Suzanne et Laval.

Comprendre

L'empreinte romaine – À l'origine de la ville, un sanctuaire gaulois qui devait être le centre religieux et politique du peuple des Aulerques Diablintes. Après la conquête de la Gaule par Jules César, les Romains divisèrent le pays en cités, qu'ils dotèrent de villes comparables aux chefs-lieux actuels. Ainsi naquit *Noviodunum*, chef-lieu de la cité des Diablintes, à l'emplacement d'un ancien carrefour.

Un centre d'échanges important – En bordure de Jublains, les vestiges de la forteresse gallo-romaine du 3e s. témoignent de l'importance des entrepôts qu'elle abritait. Elle semble avoir été l'un des relais du service de « l'annone », chargé de ravitailler Rome grâce à des impôts prélevés en nature.

D'autre part, les nombreuses routes dont on a retrouvé le tracé aux alentours, notamment celles qui, venant des côtes de la Manche, conduisent vers Tours et Lyon, soulignent l'importance du carrefour de Jublains : étape pour les voyageurs et les marchandises, mais aussi chef-lieu groupant boutiques, services officiels et temples.

Stéphane Sauvignier / MICHELIN

La forteresse gallo-romaine.

Visiter

Musée départemental d'Archéologie

À l'entrée de la forteresse - ✆ 02 43 04 30 16 - ♿ - mai-sept. : 9h-18h ; oct.-avr. : tlj sf lun. 9h30-12h30, 13h30-17h30 - fermé 1er janv. et 31 déc. - 3,50 € (enf. et 1er dim. du mois gratuit).

Il présente de façon très moderne les thèmes de l'archéologie en Mayenne, notamment le site paléolithique de Saulges, les sanctuaires gaulois et gallo-romains, l'urbanisation romaine à Jublains et l'artisanat de la poterie au Moyen Âge dans la région de Laval. Diaporama et bornes interactives.

Un livret de découverte pour les enfants est disponible à l'entrée - *gratuit*.

Forteresse gallo-romaine

Le bâtiment central, élevé vers 200 apr. J.-C., est un vaste entrepôt rectangulaire à étage, dominé par quatre tours d'angle. Il est éclairé par une cour centrale et comporte plusieurs réserves d'eau (puits et citernes). Les portes sont dotées d'un système de blocage par des barres de bois. À l'extérieur, près des angles nord et sud, deux petits édifices abritent des thermes.

Lors de la grande crise que l'Empire romain traversa dans le dernier tiers du 3e s. (invasions aux frontières, anarchie militaire, révoltes paysannes), l'entrepôt fut entouré par un rempart en terre et par un fossé. Ce dernier fut ensuite comblé pour permettre la construction d'une vaste muraille périphérique, vers 290 apr. J.-C., précédant de peu l'abandon total du monument.

Thermes publics

Sous l'église, entrée par le syndicat d'initiative - ♿ - mêmes conditions de visite que le musée - gratuit.

La construction des thermes remonterait à la fin du 1er s., mais l'établissement fut remanié au 3e s., puis transformé en église à la fin de l'époque gallo-romaine.

Les bains s'élevaient au milieu d'une cour, ou palestre, bordée de portiques et de petites pièces destinées au sport et à la lecture…

Le côté ouest, en façade de l'église actuelle, était occupé par le foyer qui alimentait en air chaud les hypocaustes (système de chauffage par le sol) des salles tiède et chaude.

On peut voir : le bain froid *(frigidarium)*, doté d'un beau bassin dallé de schiste bleu ; la salle tiède *(tepidarium)*, où l'on se préparait en se décrassant la peau avec des strigiles (sortes de racloirs) ; l'étuve *(laconicum)*. Le bain chaud *(cella soliaris)* est au-delà de la zone dégagée.

Théâtre

Situé à l'extrémité sud de la ville romaine, il fut offert à la cité par un riche Diablinte, Orgetorix, sous le règne de Domitien (vers 81-83 apr. J.-C.).

Temple

Il peut être visité librement à l'aide de documents distribués au musée et au syndicat d'initiative.

Il marque l'autre extrémité de la ville romaine, à 800 m du théâtre. Le sanctuaire gaulois a livré des armes déposées en offrandes. Il fut reconstruit sous Néron (65 apr. J.-C.), dans de vastes proportions (environ 80 m de côté), avec des tuffeaux et des calcaires coquilliers de la Loire. Un canal permettait de récupérer l'eau des précipitations et de l'amener vers un bassin chauffé situé contre l'enceinte du temple.

Lassay-les-Châteaux★

2 532 LASSÉENS
CARTE GÉNÉRALE C3 – CARTE MICHELIN LOCAL 310 G4 – MAYENNE (53)

Les armes de la ville portent le caducée du commerce : Lassay-les-Châteaux est en effet un très ancien bourg de marchands, dominé par un ensemble fortifié imposant. La réhabilitation des façades de granit fauve a mis en valeur quelques habitations remarquables, comme la maison du Bailly, qui valent beaucoup plus qu'un simple coup d'œil !

- **Se repérer** – Posté sur la D 34, Lassay fait figure d'étape indispensable entre Bagnoles-de-l'Orne (17 km au nord-est) et Mayenne (19 km au sud-ouest).
- **À ne pas manquer** – Une promenade dans les ruelles pour découvrir les vieilles maisons ; la roseraie municipale dans l'ancien pré du couvent.
- **Organiser son temps** – Arrangez-vous pour passer à Lassaye au moment du Festival des Trois Éléphants.
- **Pour poursuivre la visite** – Voir aussi Domfront, Bagnoles-de-l'Orne, la ville romaine de Jublains et Mayenne.

Visiter

Vieille ville

Si le château reste le point fort de Lassay, la ville a gardé quelques intéressants témoignages de son passé. En face du château, le **grenier à sel** du 14e s. a été agrandi au 17e s. De l'autre côté de la rue du Château, la **conciergerie**, de la même époque, a été une prison. En remontant la rue vers le centre-ville, la **chapelle N.-D.-du-Rocher** est l'ancienne chapelle du château qui a conservé ses fresques du 14e s. Dans le centre, de nombreuses maisons méritent votre attention, notamment celle du **Bailly** (16e s.), auberge à colombages située à l'extrémité de la Grande-Rue vers l'ancien couvent des Bénédictines (18e s.).

Le saviez-vous ?

L'étang du Barbot rappelle par sa présence que de nombreux étangs entouraient autrefois le bourg. C'est du moins ce qu'indique l'étymologie de Lassay. Le village qui précéda l'actuel s'appelait en effet *Lacciacum* ou encore *Laceio* (lac).

Château★

Visite 30mn - ✆ 02 43 04 71 22 - juin-sept. : visite guidée (1h) de la Pentecôte à fin sept. : 14h30-18h30 ; sam., dim. et lun. de Pâques : 14h30-18h30 ; mai : w.-end et j. fériés 14h30-18h30 - 5 € (enf. 2 €).

L'histoire du château rappelle les figures célèbres de Henri IV, Victor Hugo, ainsi que celle de Lavoisier qui, interné ici pendant la Révolution, utilisa dans une tour un curieux « four chinois » tant pour ses expériences scientifiques que pour la cuisson des premières porcelaines en pâte dure !

Lassay est un des seuls châteaux forts français conservés intacts dans leur architecture d'origine. Dominant les deux étangs et le bourg, il s'impose avec la puissance de ses huit tours coiffées de toits en poivrière et reliées par d'épaisses courtines à mâchicoulis. Il fut reconstruit en 1458, après le démantèlement d'un ouvrage plus ancien. Son état de conservation exceptionnel en fait aujourd'hui un exemple remarquable d'architecture militaire sous le règne de Charles VII.

Stéphane Sauvignier / MICHELIN

Le château et son site.

Après avoir franchi le pont de pierre qui remplaça en 1749 le pont-levis, vous pénétrez d'abord dans la barbacane, ouvrage additif en forme de proue de navire qui était destiné à protéger le pont-levis des boulets de canon. Les deux tours qui encadrent celui-ci sont réunies par le corps de logis dont les salles contiennent des armes et des meubles des 16e et 17e s. Vous pouvez également visiter les casemates, à deux étages, qui permettaient de prendre sous un feu rasant les rives de l'étang du Barbot. Une promenade dans le parc achève agréablement la visite ; un **jardin médiéval** a été reconstitué au-dessus du premier étang et offre une agréable vue sur le château.

Dans le bocage alentour, de beaux sentiers pédestres balisés incitent à se promener.

Lassay-les-Châteaux pratique

Voir aussi l'encadré pratique de Bagnoles-de-l'Orne.

Adresse utile

Office du tourisme de Lassay – *8 r. du Château - 53110 Lassay-les-Châteaux - ✆ 02 43 04 74 33 - juin-août : mar.-sam. 10h-12h30, 14h-17h30, dim., lun. et j. fériés 14h30-17h30 ; avr. : tlj sf dim. et lun. 9h-12h30, 14h-17h30, sam. 10h-12h30 ; mai : tlj sf dim. et lun. 10h-12h30, 14h-17h30, j. fériés 14h30-17h30 ; de déb. sept. à mi-sept. : tlj sf dim. et lun. 9h-12h30, 14h-17h30, sam. 10h-12h30 ; de mi-oct. à fin mars : tlj sf sam., dim. et lun. 9h-12h30, 14h-17h30 - fermé de mi-sept. à mi-oct. et les 1er janv., 1er Mai, 11 nov. et 25 déc.*

Se loger

Chambre d'hôte La Prémoudière – *61330 St-Denis-de-Villenette - 11,5 km au N de Lassay-les-Châteaux par D 117 dir. Domfront puis, à Sept-Forges, prendre la D 52 - ✆ 02 33 37 23 27 - - 5 ch. 40 € -*

repas 15 €. Production de cidre et de poiré dans cette ferme normande où les chambres ont été aménagées dans d'anciennes caves. Calme assuré dans cet environnement campagnard. Au petit-déjeuner, vous goûterez les confitures aux fruits rouges de la maison, un délice !

Événement

Le Festival des Trois Éléphants – Consacré aux musiques actuelles et aux arts de la rue, il se déroule durant trois jours, fin juillet-début août, et draine dans la petite cité plusieurs milliers de participants. *Rens. à l'office du tourisme.*

Laval★

50 800 LAVALLOIS
CARTE GÉNÉRALE B4 – CARTE MICHELIN LOCAL 310 E6 – MAYENNE (53)

Combien de voyageurs pressés ont traversé Laval sans prendre le temps de s'y arrêter ? Les plus chanceux auront aperçu la belle silhouette du château et le remarquable hourd du donjon dressé au-dessus de la Mayenne ; les plus curieux auront parcouru quelques rues de la vieille ville pour admirer les vénérables maisons à pans de bois. Mais la ville qui a vu naître des personnalités aussi différentes que le Douanier Rousseau, Alfred Jarry ou le navigateur Alain Gerbault a bien d'autres atouts à dévoiler : un magnifique ensemble de retables, de nombreux hôtels particuliers, de surprenants bateaux-lavoirs, d'agréables croisières sur la Mayenne…

- **Se repérer** – Au carrefour de trois grandes régions (Normandie, Bretagne et Loire), Laval, capitale de la Mayenne, se dresse sur la Mayenne, à 32 km au sud de Mayenne par la D 162. Le Mans se trouve 86 km plus à l'est par la N 157.
- **À ne pas manquer** – Les œuvres d'art naïf dans le musée du Vieux-Château ; une promenade sur les quais pour découvrir le bateau-lavoir St-Julien.
- **Organiser son temps** – Une promenade dans la vieille ville vous prendra 1h.
- **Avec les enfants** – La question *« C'est quoi cette bouteille de lait ? »* trouvera sa réponse au Lactopôle !
- **Pour poursuivre la visite** – Voir aussi Mayenne, la ville romaine de Jublains, Évron et Saulges.

Comprendre

Berceau de la chouannerie – C'est dans la campagne lavalloise que le nom de **chouans** fut appliqué pour la première fois aux bandes royalistes, alors conduites par Jean Cottereau, dit « Jean Chouan ». Leur signe de ralliement était le hululement du chat-huant. En 1793, les « blancs » (royalistes) ayant occupé la ville de Laval, défirent sous ses murs, aux landes de la Croix-Bataille, l'armée républicaine du général Léchelle dont la science militaire tenait dans la seule prescription : « Il faut marcher majestueusement et en masse. » Un La Trémoille, prince de Talmont, commandait la cavalerie vendéenne. Néanmoins, quelque temps après, La Rochejaquelein dut évacuer Laval et les « bleus » (républicains) s'emparèrent du prince de Talmont. Traîné devant la porte de son château, l'infortuné jeune homme fut guillotiné séance tenante.

Se promener

L'essentiel de la ville médiévale escalade le flanc du coteau qui domine la rive droite de la Mayenne et se serre contre le château. Au nord des murailles et sur la rive opposée s'étale la ville moderne.

VIEILLE VILLE★

Place de La Trémoille

Elle porte le nom du dernier seigneur de Laval, le prince Antoine-Philippe de Talmont, duc de La Trémoille. Au fond de la place s'allonge la façade Renaissance du **Nouveau Château**, résidence des comtes de Laval à partir du 16e s. ; agrandi au 19e s., il abrite depuis lors le palais de justice.

Rue des Orfèvres
Cette étroite rue est bordée de belles maisons à encorbellement du 16e s. et d'hôtels du 18e s. Elle débouche dans la Grande-Rue. Au carrefour s'élève la **maison** Renaissance (vers 1554) du Grand-Veneur dont la façade et les fenêtres en tuffeau sculpté rappellent celles du château.

Grande-Rue
Artère principale de la cité médiévale, elle descend vers la Mayenne entre d'antiques habitations à pans de bois et à encorbellements, ou en pierre et à décor Renaissance.

Empruntez à droite la rue de la Chapelle.

Cette rue se hisse entre des logis du Moyen Âge ou de la Renaissance : au sommet, dans une niche à droite, charmante statue de saint René.

Continuez tout droit par la rue des Serruriers.

Juste avant d'arriver à la porte Beucheresse, remarquez à gauche deux vieilles maisons à pans de bois.

Porte Beucheresse
Le nom est dérivé du mot « bûcheron ». Autrefois, cette porte, dite « des Bûcherons » donc, donnait directement accès à la forêt de Concise. Cette construction du 14e s. est flanquée de deux tours rondes munies de mâchicoulis, qui faisaient partie de l'enceinte de Laval. Elle s'ouvre par une arcade ogivale. Henri Rousseau naquit dans la tour de droite où son père exerçait le métier de ferblantier. Propriété de la ville, sa restauration vient de s'achever.
Dans le jardin de la place Hardy-de-Lévaré, une statue d'**Alfred Jarry** (1873-1907) réalisée par le sculpteur **Zadkine** rappelle que l'écrivain est un enfant de Laval ! Inventeur de la pataphysique, ou science des solutions imaginaires, et précurseur du surréalisme, il est le génial auteur du *Père Ubu, roy de Pologne*. Il allia à l'extravagance de sa vie une logique impitoyable et une énorme érudition. Il aimait se faire remarquer en prenant ses repas à l'envers : un café en entrée.
Possibilité de faire une pause dans l'agréable **promenade Anne-d'Allègre** aménagée au pied des remparts (vers le jardin de la Perrine). Remarquer les chantepleures, ouvertures dans les murs (en face des remparts) pour l'écoulement des eaux.

Gérard Guégan / MICHELIN

Les quais de Laval et son château.

Cathédrale
Remaniée à diverses reprises, elle présente dans la nef et à la croisée du transept des voûtes angevines : l'architecture angevine ou Plantagenêt se caractérise par la voûte bombée sur croisée d'ogives dont les clés apparaissent à des hauteurs différentes. Aux murs, des tapisseries d'Aubusson du début du 17e s. content en six tableaux l'histoire terrible de Judith et Holopherne.
Situé en avant du chœur, sur le pilier gauche, un très beau triptyque peint de l'école maniériste anversoise (16e s.) présente, fermé, le martyre de saint Jean l'Évangéliste et, ouvert, trois scènes de la vie de saint Jean-Baptiste.

Dans le bras du transept nord, imposante porte à tambour en bois sculpté du 18e s. En sortant de la cathédrale, contournez le chevet pour admirer le portail nord-est, côté palais de justice, orné de statues en terre cuite du 17e s.

Rue de la Trinité

Elle est bordée de maisons anciennes, dont celles des abbés de Clermont (16e s). Remarquer les belles statues en bois : saint Benoît, saint Bernard, sainte Barbe, saint Christophe et, au centre, la Vierge Marie.

Par la rue du Pin-Doré, rejoignez la place de La Trémoille.

Les quais★

Les quais de la rive gauche offrent les meilleures **vues★** d'ensemble sur Laval, au bord des eaux calmes de la Mayenne, canalisées depuis le 19e s.

Bateau-lavoir le St-Julien.

Gérard Guégan / MICHELIN

Pont en dos d'âne du 13e s., jadis fortifié, le **pont Vieux** révèle un tableau plus détaillé de la vieille ville, ses toits d'ardoise, ses rues étroites bordées de maisons à colombages et le donjon du Vieux Château, coiffé de son hourd et percé de grandes fenêtres à la Renaissance.

Au quai Paul-Boudet, les deux derniers **bateaux-lavoirs** de Laval sont amarrés. Ces embarcations immobiles, apparues dans les années 1880, et dont les dernières continuèrent leur activité jusque vers 1960, étaient entourées de planches où les ménagères venaient battre leur linge et le rincer au fil de l'eau, tandis que d'énormes cuves au centre permettaient de faire bouillir et d'essorer la lessive. *Le Saint-Julien - juil.-août : tlj. sf lun. 14h-18h - gratuit.*

Jardin de la Perrine★

Établi en terrasses, ce jardin offre de très belles vues sur la Mayenne, la ville basse et le donjon du château. Vous pourrez admirer la roseraie et de grands arbres : palmiers, tilleuls, châtaigniers, cèdres du Liban, mélèzes. Des pièces d'eau et des cascades alternent avec les gazons et les parterres de fleurs.

Espace Alain-Gerbault – *En face du « *Fire-Crest II* » - ✆ 02 43 56 63 22 - mars.-oct. : tlj sf lun. 14h-18h ; de déb. nov. à mi-nov. et de mi-janv. à fin fév. : tlj sf lun. 13h30-17h30 ; de mi-nov. à mi-janv. : w.-end 13h30-17h30 - fermé tous les j. fériés sf 14 Juil. et 15 août - gratuit.* Ce petit lieu d'exposition présente les multiples facettes de ce grand navigateur lavallois, finalement mal connu, qui a choisi la Polynésie comme ultime escale. Il était le partenaire favori au tennis de Jean Borotra et se livrait aussi à la navigation solitaire sur son cotre, petit navire à un seul mât (il traversa l'Atlantique en 1923). Son second bateau est visible : le *Fire-Crest II*.

Visiter

Le Vieux Château★

✆ 02 43 53 39 89 - www.mairie-laval.fr - visite guidée (1h, dernier dép. 1h av. fermeture) de fin mai à mi-sept. : tlj sf lun. 10h-18h, dim., 14 juil. et 15 août 14h-18h ; de mi-sept. à fin mai : tlj sf lun. et j. fériés 14h-17h - visite guidée 2 €, visite libre 1 € (enf. et 1er dim. du mois gratuit). Un noble porche du 17e s. accolé à une maison à colombages, du début du 16e s., s'ouvre à droite des grilles du palais de justice. Il donne accès à la cour du Vieux Château, entourée de remparts du haut desquels la **vue★** sur les toits de la vieille ville est superbe.

Sur la terrasse, à gauche du château qui domine la Mayenne, veille la statue de **Béatrix de Gavre**, baronne de Laval au 14e s., qui contribua au développement du tissage dans la ville. Les « toiles de Laval » eurent en effet leur heure de gloire à l'époque où le travail du lin était florissant dans toute la région ; aujourd'hui, Laval l'a remplacé par celui du coton et des textiles synthétiques.

Tel qu'il se présente, le château date essentiellement des 13e et 15e s., agrémenté au 16e s. de baies et de lucarnes de tuffeau blanc, sculptées de rinceaux à l'italienne. La crypte et le donjon sont plus anciens (12e et 13e s.). Les salles sont garnies de tableaux français et étrangers ainsi que de belles plaques de cheminée en fonte.

Donjon – Fait exceptionnel, il a conservé sa toiture d'origine ainsi que le **hourd★★**, galerie de bois en saillie sur le mur permettant la défense du pont et de la base des murailles. La charpente est faite d'énormes poutres rayonnantes, posées en porte-à-faux sur le sommet du mur (épais de plus de 2 m) pour supporter le hourd, dont le poids est équilibré par la masse du poinçon central d'un diamètre de 90 cm. La visite permet de découvrir des outils de compagnons charpentiers ; une salle expose la trousse de trépanation dite « d'Ambroise Paré » ainsi que des peintures et aquarelles sur Laval, réalisées par un artiste local, Jean-Baptiste Messager. Le joyau de la visite est l'extraordinaire **charpente** conçue vers 1100, décorée d'une rosace.

Musée d'Art naïf★ – *Mêmes conditions de visite que le Vieux Château.* Il regroupe de nombreuses toiles de peintres croates, allemands, brésiliens et français, dont Jules Lefranc et Henri Trouillard, deux Lavallois. L'atelier de **Henri Rousseau dit « le Douanier »** (1844-1910) y a été reconstitué (quelques souvenirs, deux œuvres). Né à Laval, l'ancêtre des peintres naïfs entra dans la légende par la candeur, la fraîcheur et le scrupule de vérité qu'il mettait dans sa peinture. Il portraiturait ses modèles après avoir pris leurs mesures, comme un tailleur. **Jarry**, autre Lavallois, compta parmi ses « patients ». L'homme jouait aussi du violon et écrivait des pièces de théâtre.

Musée des Sciences

Pl. de Hercé - ✆ 02 43 49 47 81 - tlj sf j. fériés 10h-12h, 14h-18h - fermé entre deux expositions - 2 € (enf. 1 €, gratuit 1er dim. du mois).

Le musée est installé dans un imposant bâtiment dont l'escalier extérieur est encadré de deux groupes d'animaux en bronze du sculpteur Gardet. Il conserve une horloge astronomique du 19e s. en bois ouvragé dont on peut voir cadrans, balancier et mécanisme. Il présente également des expositions archéologiques, résultats des fouilles entreprises dans le département. Dans le square, buste du navigateur Alain Gerbault.

Basilique Notre-Dame-d'Avesnières

Par le quai d'Avesnières.

Cet ancien sanctuaire marial a été érigé en basilique en 1898. C'est du pont d'Avesnières que l'on apprécie le mieux le **chevet★** roman de l'édifice. La basilique est couronnée par une jolie flèche de style gothico-Renaissance, dessinée en 1538. Très visible sur la façade ouest, la restauration du 19e s. n'a pas altéré l'unité de style de la basilique romane, ni l'atmosphère de recueillement de ce sanctuaire marial, lieu de pèlerinage fréquenté.

À l'intérieur, de chaque côté de l'entrée, deux statues colossales en bois polychrome : l'une, saint Christophe portant l'Enfant Jésus, date du 16e s. ; l'autre, du 15e s., représente le « Saint Sauveur » : le Christ, sur la pointe des pieds, près de s'élever au ciel, est coiffé d'une tiare et revêtu d'une longue robe rigide.

Dans le beau chœur roman, vous admirerez les chapiteaux, un Christ en bois polychrome du 15e s. et, au niveau du triforium, la statue miraculeuse de Notre-Dame. Les vitraux,

SE LOGER

Camping Village Vacances Pêche 1
Chambre d'hôte Le Bas du Gast 4
Grand Hôtel de Paris 7
Marin'Hôtel 10

SE RESTAURER

À La Bonne Auberge 1
L'Antiquaire 4
La Braise 7
La Gerbe de Blé 10
La Table Ronde 13

INDEX DES RUES

Allègre (Promenade Anne d') 1
Grande-Rue 2
La Trémoille (Pl. de) 3
Orfèvres (R. des) 4
Trinité (R. de la) 5

modernes, sont signés Max Ingrand. Dans la chapelle axiale : pietà en terre cuite du 16e s., d'origine bretonne. Dans la chapelle sud, tapisserie d'Aubusson du 17e s.

Église Saint-Vénérand

Cette église à cinq nefs présente sur la rue une façade richement décorée inspirée de celle de St-André à Mantoue : le **portail flamboyant★** est orné d'une jolie Vierge de terre cuite (17e s.) et de dais ouvragés. Il est surmonté par un fronton que soutient un arc à motifs Renaissance. À l'intérieur, remarquez la voûte à caissons du chœur (1565) et de beaux retables du 17e s.

Tour Renaise

Entourée d'un îlot de verdure en pente douce, cette tour ronde à mâchicoulis (15e s.) appartient à l'ancienne enceinte.

Église Notre-Dame-des-Cordeliers★

Par la rue de Bretagne qui fait suite à la rue du Général-de-Gaulle.

Élevée pour les frères mineurs conventuels (franciscains) entre 1397 et 1407, cette église, ancienne chapelle du couvent, possède un ensemble remarquable de sept **retables★★** en tuffeau et marbre, œuvre de l'architecte lavallois Pierre Corbineau (1600-1678). Remarquez le grand **retable★** du maître-autel dû à un autre Corbineau. Cette famille fit de Laval un centre renommé de création de retables au 17e s., période où cet art prend toute son ampleur. La magnificence du décor baroque permet de réaffirmer avec force la foi catholique.

Les chapelles du bas-côté droit datent du 19e s.

Gilles Targat / MICHELIN

Succession de retables dans l'église Notre-Dame-des-Cordeliers.

Lactopôle★★ André-Besnier

10-20 r. Adolphe-Beck (dir. Tours) - ✆ 02 43 59 51 90 – www.lactopole.com - ♿ - visite guidée (2h30) juil.-août : tlj sf w.-end et j. fériés à 10h et 14h30 ; le reste de l'année sur réservation 24h à l'avance : tlj sf w.-end et j. fériés 10h-18h - 8 € (6-12 ans 2 €, 13-18 ans 4,80 €).

Tout ce que vous avez toujours voulu savoir sur le lait, ses métiers et ses dérivés, depuis la fabrication artisanale des années 1950 jusqu'aux nouveaux défis industriels du groupe Lactalis aujourd'hui. Ce n'est pas une simple rétrospective mais une présentation moderne, scientifique et didactique de ces produits majeurs de notre alimentation.

Ancienne église de Pritz

2 km au nord. Quittez Laval par la rue du Vieux-St-Louis. Ne se visite plus.

Cette modeste église s'élève dans un jardin, à droite de la route, au lieu dit « Pritz ». Elle date des environs de l'an mil et a été remaniée et agrandie à l'époque romane.

Aux alentours

Abbaye de Clermont

16 km à l'ouest – environ 1h. Quittez Laval à l'ouest par la N 157 (dir. Rennes), à la Chapelle-du-Chêne à droite D 115. Les restes de cette abbaye qui connut une vie monastique active jusqu'à la Révolution reposent dans un site champêtre, au milieu des prés parcourus de ruisseaux. À l'entrée se présente le bâtiment (17e s.) du logis des pères.

Église – *☏ 02 43 02 11 96 - ♿ - avr.-oct. : 9h-18h30 ; nov.-mars : 9h-16h - 4 € (enf. 2 €).* On voit d'abord son chevet carré avant d'atteindre sa façade dépouillée. Les nefs latérales sont en partie détruites, mais l'ampleur de l'édifice n'en éclate pas moins à l'intérieur, grâce à l'extrême pureté des lignes et aux vastes baies qui éclairent le large transept. Dans le chœur, les six fenêtres disposées en trois registres et les trois chapelles rectangulaires qui ouvrent sur chaque bras du transept répondent au style cistercien.

Cour du cloître – Vous y pénétrez par une des arcades ouvertes de la nef. Le cloître, aujourd'hui disparu, était à l'origine en bois et desservait : au nord, l'église ; au sud, les communs ; à l'est, le bâtiment des pères ; et à l'ouest, le bâtiment des frères convers.

Bâtiment des convers – Deux belles salles voûtées subsistent : le cellier, aux voûtes d'arêtes supportées par quatre piliers centraux, et le réfectoire, à la voûte en pierre de schiste reposant sur trois piliers ; l'éclairage est assuré par cinq fenêtres à double ébrasement.

Revenez à Laval, puis quittez la ville au sud par le quai d'Avesnières, puis la D 1.

La route longe la rive droite de la Mayenne puis, offrant d'agréables perspectives sur la vallée, monte vers l'ancienne porte de l'Huisserie.

Prenez la D 112 vers Entrammes ; 1 km plus loin, prenez à gauche une petite route vers L'Enclos et Bonne (écluse).

Cette route descend jusqu'à la Mayenne où se révèle un très joli **point de vue★** sur la rivière, l'écluse, un moulin et un château.

Reprenez la D 112. À gauche s'amorce la D 103.

Trappe du Port-du-Salut

Les moines y fabriquaient le célèbre fromage de Port-Salut jusqu'en 1959. Le public est admis à visiter l'église abbatiale et la chapelle.
Aujourd'hui, les moines exploitent un petit barrage que l'on peut voir sur la Mayenne. L'électricité produite est vendue à EDF.

Entrammes

Du latin *inter amnes* : « entre les fleuves ». Cette petite ville tient son nom de sa construction sur un gué situé à la confluence de plusieurs cours d'eau.
Découverts à la faveur d'une restauration de l'église, les **thermes**, dont d'importants éléments architecturaux subsistent (mur de 8 m de haut), apportent un témoignage supplémentaire sur l'importance de l'habitat gallo-romain en Mayenne *(voir Jublains)*.
☏ 02 43 49 46 46 - ♿ - visite guidée (1h15) de mi-juil. à mi-août : 10h30-12h30, 15h-19h ; de déb. juil. à mi-juil. et de mi-août à fin août : 15h-19h ; de déb. avr. à fin juin et de déb. sept. à mi-oct. : dim. et j. fériés 14h-18h - 2,80 € (+6 ans 1,40 €).

Parné-sur-Roc

Ce petit village construit sur un roc possède une église du 11e s., qui renferme d'intéressantes peintures murales de la fin du 15e s. et du début du 16e s. À gauche, on remarque la silhouette du Christ ressuscité sur un fond d'étoiles rouges et une Vierge des Sept Douleurs ; à droite figurent Côme et Damien, deux frères médecins, populaires au Moyen Âge.

La D 21 ramène à Laval.

Laval pratique

Adresse utile

Office du tourisme de Laval – *1 allée du Vieux-Saint-Louis - 53000 Laval - www.laval-tourisme.com - ☏ 02 43 49 46 46 - lun.-sam. : 9h30-18h30 (18h le sam.), dim. 10h-12h - fermé 1er janv., 1er Mai et 25 déc.*

Visite

Visites guidées – Laval, qui porte le label Ville d'art et d'histoire, propose des visites-découverte animées par des guides-conférenciers agréés par le ministère de la Culture et de la Communication - *renseignements à l'office de tourisme - www.laval-tourisme.com ou www.vpah.culture.fr*

Visites musicales nocturnes – Le mardi de mi-juil. à mi-août : d'agréables occasions de découvrir des sites méconnus de Laval, dont de très beaux hôtels particuliers.

Se loger

⊖ **Camping Village Vacances Pêche** – *53170 Villiers-Charlemagne - 20 km au S de*

Laval par N 162 - ✆ 02 43 07 71 68 - ccpmg@wanadoo.fr - ouv. avr.-oct. - ⊭ - réserv. conseillée - 20 empl. 17 €. Les amateurs de pêche pourront taquiner le goujon à loisir. Le plan d'eau regorge de brochets, sandres et carpes. Les campeurs auront leur sanitaire et local de pêche privés. Location de petits chalets en bois avec terrasse sur pilotis pour certains.

⊖⊖ Marin'Hôtel – *102 av. R.-Buron - ✆ 02 43 53 09 68 - www.marin-hotel.fr - 25 ch. 48/53 € - ☕ 7 €.* Près de la gare, maison d'angle dont les mascarons égayant la façade témoignent de l'ancienneté des murs. Les chambres sont toutefois actuelles, fonctionnelles et valablement isolées des bruits de la circulation. Salle des petits-déjeuners à touches nautiques.

⊖⊖ Grand Hôtel de Paris – *22 r. de la Paix - ✆ 02 43 53 76 20 - www.hotel-de-paris-laval.fr - fermé 24-26 déc. et 31 déc.-2 janv. - 50 ch. 63/100 € - ☕ 9 €.* Cet hôtel, situé en plein centre-ville, propose des chambres sans luxe, mais bien rénovées, fonctionnelles et bien tenues. Celles logées sur l'arrière sont plus calmes ; isolation phonique sur l'avant. Bon accueil.

⊖⊖⊖⊖ Chambre d'hôte Le Bas du Gast – *6 r. de la Halle-aux-Toiles, face à la salle polyvalente - ✆ 02 43 49 22 79 - www.chateaulebasdugast.fr - fermé 1er déc.-15 mars - 4 ch. 120/200 € - ☕ 11 €.* Construit au cœur du vieux Laval, ce château des 17e et 18e s. s'entoure d'un beau jardin de buis taillés. En entrant, humez le parfum de la cire qui embaume les parquets en chêne et le mobilier d'époque. Les chambres spacieuses sont décorées avec soin.

Se restaurer

⊖⊖ La Braise – *4-6 r. de la Trinité - ✆ 02 43 53 21 87 - fermé 1 sem. à Pâques, 1 sem. en août, dim. et lun. - réserv. conseillée - formule déj. 18 € - 17/30 €.* Cette maison du vieux Laval a su se faire une clientèle grâce à son plaisant décor de bric et de broc - four à pain, meubles d'épicerie anciens, collection de carafes, etc. -, sa cuisine concoctée avec les produits du marché, ses brochettes de viandes et de poissons grillées dans la cheminée et son excellent accueil.

⊖⊖ L'Antiquaire – *5 r. Béliers - ✆ 02 43 53 66 76 - fermé 13 juil.-5 août, 16-24 fév., sam. midi, dim. soir et merc. - 17/37 €.* L'établissement occupe le rez-de-chaussée d'une vieille maison lavalloise. Dans la salle à manger, parfaitement agencée, se marient pour le meilleur style 1900, esprit « british » et tons rouges. On y sert une généreuse et savoureuse cuisine traditionnelle qui a le bon goût de s'ouvrir aux influences actuelles.

⊖⊖ À La Bonne Auberge – *170 r. de Bretagne - ✆ 02 43 69 07 81 - labonneauberge@free.fr - fermé 19-26 fév., 1er-22 août, 24 déc.-8 janv., vend. soir, dim. soir et sam. - 18/40 €.* Le décor aux tons pastel de la salle à manger confère à cette auberge une atmosphère feutrée et intime. Sa véranda rajoute clarté et espace. Cuisine soignée à prix raisonnable.

⊖⊖ La Gerbe de Blé – *83 r. Victor-Boissel - ✆ 02 43 53 14 10 - www.gerbedeble.com - fermé 2-13 janv., 26 juil.-19 août, lun. midi et dim. sf j. fériés - 17/46 €.* Faites un détour dans cette maison familiale renommée. Son décor chaleureux de bois aux tonalités de blé mûr invite à la détente. La cuisine classique est attrayante et bien tournée. Quant aux chambres, elles offrent une bonne ampleur et des installations rénovées.

⊖⊖ La Table Ronde – *Pl. de la Mairie - 53810 Changé - 4 km au N de Laval par D 104 - ✆ 02 43 53 43 33 - fermé 3 sem. en août, 1 sem. en fév., dim. soir, merc. soir et lun. - 16 € déj. - 23,50/35 €.* L'établissement fait face au château. À l'étage, le restaurant gastronomique : chaises de style Louis XVI et tables soigneusement dressées. Au rez-de-chaussée, le Bistrot.

Que rapporter

Abbaye de la Coudre – *R. St-Benoît - ✆ 02 43 02 85 85 - www.abbaye-coudre.com - 10h-12h, 14h-17h, dim. et lun. 14h-17h.* La boutique propose les produits fabriqués par les communautés monastiques : le fromage de la Trappe affiné dans les caves voûtées de l'abbaye, des entremets, confitures, confits de bière et de vin, liqueurs, biscuits, chocolats, miels, nougat, caramels… Espace librairie religieuse : icônes, livres, CD, cassettes.

Sports & Loisirs

Golf de Laval-Changé – *La Chabossière - 53810 Changé - ✆ 02 43 53 16 03 - golf53.laval@wanadoo.fr - 9h-19h ; hiver : jusqu'à 17h30 - fermé 25 déc.-5 janv.* Sur 82 ha de terrain vallonné, ce très beau golf propose deux parcours de 9 et 18 trous au bord de la Mayenne pour joueurs débutants et classés. Le bar-restaurant offre une superbe vue sur le site. Stages d'initiation et location de matériel. Practice couvert, putting green d'approche.

Événements

Les Nuits de la Mayenne – *De mi-juil. à mi-août.* Des spectacles pour tous et l'animation particulière de trois sites majeurs : Ste-Suzanne, Jublains et Laval. Carte blanche à la création. Ce festival allie avec bonheur une riche programmation théâtrale et musicale à la découverte du patrimoine mayennais - *renseignements et réserv. : ✆ 02 43 53 63 90 - www.nuitsdelamayenne.com*

Les Uburlesques – *Premier w.-end de sept.* Festival de rue humoristique dans l'esprit d'Ubu Roi, d'Alfred Jarry.

Lessay★

1 763 LESSAYAIS
CARTE GÉNÉRALE A/B2 – CARTE MICHELIN LOCAL 303 C4 – MANCHE (50)

En bordure de sa lande, dont Barbey d'Aurevilly a célébré l'âpre poésie, Lessay a pourtant de quoi surprendre agréablement plus d'un passant : son abbaye constitue l'une des expressions les plus parfaites de l'art roman en Normandie. La fameuse foire rurale de la Sainte-Croix est l'une des plus anciennes et des plus grandes de France : chaque année, plus de 400 000 visiteurs s'y rendent.

- **Se repérer** – Lessay se situe sur la route de Coutances (21 km au sud par la D 2) à Valognes (36 km au nord par la D 900).
- **À ne pas manquer** – Une vue sur l'impressionnante nef de l'abbatiale.
- **Organiser son temps** – Profitez d'un passage en juillet ou août pour assister à l'un des concerts estivaux des Heures musicales de l'abbaye.
- **Avec les enfants** – Pour découvrir et comprendre le paysage, suivez les sentiers d'interprétation entre ajoncs et bois de pins.
- **Pour poursuivre la visite** – Voir aussi Barneville-Carteret, St-Sauveur-le-Vicomte, le Parc naturel régional des marais du Cotentin et du Bessin, la presqu'île du Cotentin et Coutances.

Stéphane Sauvignier / MICHELIN

Croisées d'ogives dans la nef de l'abbatiale.

Découvrir

La Foire de la Sainte-Croix

Le bourg connaît une animation extraordinaire à l'occasion des trois jours de la Foire de la Sainte-Croix en septembre (le deuxième week-end). L'origine de cette foire gigantesque remonterait au 11e s., et il est très probable que les religieux bénédictins de l'abbaye l'aient instituée. Le vendredi, c'est la foire aux chevaux (1 000), aux ânes, aux chiens (1 000), aux furets et aux volailles ; le samedi, la foire aux bovins, ovins et caprins ; pendant les trois jours, plus de 1 500 exposants « déballent » sur 7 km linéaires d'allées aux côtés de 80 attractions foraines. On dit ici que les visiteurs du pays viennent observer le vendredi, revoir le samedi et acheter le dimanche.
Pour nourrir la foule de quelque 400 000 visiteurs, 2 500 à 2 800 agneaux de pays sont débités en gigots, épaules et côtelettes par les 24 rôtisseurs et les 50 grilleurs. L'allée des rôtisseurs et ses succulentes côtelettes d'agneau de pré-salé font partie de la tradition !

Visiter

Abbatiale Sainte-Trinité★★

Deux étapes marquèrent sa construction. À la mort d'Eudes au Capel en 1098, on construisit l'abside, le chœur, le transept et deux travées de la nef avec les voûtes correspondantes. Quelques années plus tard on acheva les dernières travées de la nef.
La magnifique église romane fut reconstruite après la guerre avec beaucoup de soin, en réemployant les matériaux anciens encore utilisables. L'abside de l'abbatiale, appuyée

à un mur-pignon plat, apparaît dans toute la pureté de ses lignes. On remarquera le beau clocher carré et les toitures en schiste de La Hague.

Intérieur – En entrant par le portail du bas-côté sud, on est frappé par le plan, l'harmonie des pierres, la sobriété de la nef et du chœur. Barbey d'Aurevilly aurait déploré les verrières blanches de l'abbatiale lors d'une visite en 1864. Les nouveaux vitraux, qui s'inspirent de manuscrits irlandais et dont l'esprit se retrouve dans certains chapiteaux, diffusent une lumière faiblement colorée.
La galerie de circulation qui passe devant les fenêtres hautes contourne tout l'édifice dans l'épaisseur des murs. Le chœur précède une abside en cul-de-four éclairée de deux étages de fenêtres. Le mobilier est très sobre. Le maître-autel est constitué par une large dalle monolithe reposant sur deux supports massifs ; derrière l'autel, un Christ en bois de Lambert-Rucki. À droite du chœur, le baptistère occupe une chapelle du 15e s. La cuve baptismale, tirée d'un monolithe blanc, repose sur un sol de galets. Une plaque de bronze ciselée recouvre la réserve d'eau. L'orgue date de 1994.

Aux alentours

Créances

3 km au sud-ouest.
Cette commune doit sa renommée au maraîchage et notamment à la fameuse **carotte** des sables (Label Rouge). Les *mielles*, terrains sableux proches de la mer, offrent des conditions idéales pour la culture de cette carotte savoureuse et sucrée, à la peau si fine qu'il n'est pas besoin de l'éplucher. Le sable assure un excellent filtrage tandis que les algues marines proches sont utilisées comme engrais.
La **plage**, immense étendue de sable bordée de dunes couvertes d'ajoncs, est appréciée des amateurs de cerf-volant, de char à voile, de planche à voile et des pêcheurs à pied.

Lessay pratique

Adresses utiles

Office du tourisme de Lessay – *11 pl. Saint-Cloud - 50430 Lessay - ✆ 02 33 45 14 34 - juil.-août : tlj sf dim. 9h-12h15, 14h-18h, sam. 10h-12h15, 14h30-18h30, j. fériés 10h-12h15 ; sept.-juin : tlj sf w.-end 9h-12h15, 13h30-17h30.*

Voir aussi l'office du tourisme de Coutances.

Se loger

Chambre d'hôte La Ferme du Mont-Scolan – *Le Mont-Scolan - 50250 Montgardon - 1,5 km au S du bourg par D 528 dir. Angoville-sur-Ay - ✆ 02 33 46 11 27 - - 4 ch. 45 € - repas 18 €.*
Les propriétaires de cette exploitation agricole en activité vous réserveront un accueil chaleureux. Vous vous sentirez vite à l'aise dans le gîte, ou dans l'une des 4 chambres fonctionnelles et confortables aménagées dans les annexes. Succulente table d'hôte, préparée essentiellement avec des produits de la ferme.

Se restaurer

Hôtel de Normandie – *3 pl. St-Cloud - ✆ 02 33 46 41 11 - fermé dim. - - formule déj. et dîner 12 € - 16,50/21,50 €.*
Charme rétro, un peu désuet mais fort sympathique, pour cette « cantine gourmande » à l'ancienne, qui mise sur une savoureuse cuisine régionale, à base de produits de saison. Les prix, très raisonnables, contribuent à lui assurer une solide réputation auprès des habitants des alentours.

Loisirs

Les Landes de Saint-Patrice - *2 km - 1h - fléché depuis la D 24 Valognes-Périers - parking - départ de l'aire de jeux.* Parcours à la découverte de l'arbre, tracé à travers des landes rases, des landes sèches, des pins maritimes... dans ce qui fut une pépinière de l'ONF.

Événements

Fêtes gastronomiques – Plusieurs fêtes célébrant les produits locaux ponctuent l'année : la **Fête de la carotte** de Créances *(2e sam. d'août)* et la **Foire aux bulots** de Pirou *(fin avr.)* sont les deux plus importantes.

Les Heures musicales de l'abbaye de Lessay – *De mi-juil. à mi-août - Rens. auprès de l'office du tourisme.* Une quinzaine de concerts de musique classique ont lieu chaque année dans l'église abbatiale.

Abbaye de la **Lucerne**★

CARTE GÉNÉRALE B3 – CARTE MICHELIN LOCAL 303 D7 – MANCHE (50)

L'importante abbaye de la Lucerne se dresse dans un vallon retiré et verdoyant où coule le Thar. Fondée par des chanoines prémontrés, son architecture très sobre dominée par une tour anglo-normande annonçant l'architecture gothique s'apparente à celle des cisterciens. Un parc aux belles frondaisons l'entoure, alliant pour le visiteur le plaisir des belles pierres à celui de la nature.

- **Se repérer** – L'abbaye est située à 12 km au sud-est de Granville par la D 973, puis la D 580 un peu avant St-Pierre-Langers ; elle est au bord de la route de Sartilly à St-Léger-en-Avranchin.
- **À ne pas manquer** – Le clocher et la découverte des phases de sa restauration.
- **Organiser son temps** – Comptez 1h30 pour la visite entière du site.
- **Pour poursuivre la visite** – Voir aussi Granville, Carolles, Villedieu-les-Poêles et Avranches.

Une vue générale sur l'abbaye de la Lucerne.

Comprendre

Une fondation normande – C'est grâce à **Hasculfe de Subligny**, le petit-neveu de Guillaume le Conquérant, que l'abbaye put être fondée en 1143 par deux religieux prémontrés. Sa construction, elle, ne commença qu'à partir de 1164. Son nom lui vient de *lucerna* qui, en latin, désigne la lampe. Le lucernaire correspond ainsi à l'office que les premiers chrétiens célébraient à la lueur des lampes, pendant la nuit du samedi au dimanche.

Un chantier titanesque – Quasiment ruinée au début du 20e s., l'abbaye renaît progressivement grâce au pari fou de l'**abbé Lelégard** (mort en 1994) qui a lancé sa reconstruction en 1960. Depuis quarante ans, seuls des professionnels travaillent à la restauration de l'abbaye. Un travail gigantesque et de longue haleine, qui laisse le visiteur pantois à la vue des photos des ruines de départ ! Le résultat est aujourd'hui spectaculaire !

Visiter

Église abbatiale

02 33 48 83 56 - ♿ - www.abbaye-lucerne.fr - possibilité de visite guidée juil.-août apr.-midi - avr.-sept. : tlj 10h-12h, 14h-18h30 sf mat. des dim. et j. de fêtes religieuses ; oct. : tlj 10h-12h, 14h-17h sf mat. des dim. et j. de fêtes religieuses ; nov.-déc. et de mi-fév. à fin mars : tlj 10h-12h, 14h-17h sf mar. et mat. des dim. et j. de fêtes religieuses - fermé de janv. à mi-fév. - 4 € (enf. 2 €). La façade date du 12e s. Son portail roman est orné, aux voussures, de têtes plates. La nef d'esprit cistercien (grosses piles carrées et arcades sans moulures) comporte sept travées.

Remarquez, dans le bras sud du transept, le bel **orgue★** du 18e s., dont le buffet contient 33 jeux. Plusieurs concerts sont donnés tous les ans.
La croisée du transept supporte un **clocher★** gothique (fin 12e s.) de plan carré, percé, sur chaque face, de fines lancettes.
Le **chœur** surprend par sa luminosité et la hauteur de ses baies.

Cloître et bâtiments conventuels – Seules les arcades de l'angle nord-ouest et celles de l'entrée du chapitre subsistent de l'ancien cloître. Dans l'angle sud-ouest de la cour, près de la porte de **l'ancien réfectoire★**, maintenant restauré, se trouve un *lavatorium* du 12e s., reconnaissable à quatre belles petites arcades romanes. Il s'agit d'une petite fontaine qui permettait aux moines de se laver aux heures des repas – c'est pourquoi il est toujours à côté de la porte du réfectoire ! – ou de faire quelques ablutions le matin, car il n'y avait pas de lavabo dans le dortoir !
Au sud, dans le parc, restes d'un aqueduc (1803) qui servait à amener l'eau dans la filature établie dans l'abbaye.
À l'écart, le logis abbatial *(propriété privée)* dresse, par-delà un plan d'eau, sa belle façade classique.
Les salles de Justice, au-dessus du porche d'entrée (porte de l'Aumônerie, 12e-15e s.), sont affectées à des expositions temporaires. En revenant vers la porterie, passez devant l'ancienne grange aux dîmes pour aller voir le colombier, une grosse tour ronde percée de 1 500 alvéoles.

Abbaye de la Lucerne pratique

Voir aussi les encadrés pratiques de Granville, Avranches et Villedieu-les-Poêles.

Se loger

Chambre d'hôte Manoir de la Croix – *50530 Montviron - 8 km au S de l'abbaye de la Lucerne par D 35 puis D 105 - 02 33 60 68 30 - www.manoirdelacroix.com - - réserv. obligatoire - 4 ch. 64/82 €* . La demeure 19e s. de style anglo-normand a belle allure dans son jardin arboré où s'épanouissent aussi quelques palmiers. Empire ou Louis-Philippe, deux vastes suites raviront les amateurs de mobilier ancien. Deux autres chambres cosy. La maison est non fumeur.

Mayenne

13 724 MAYENNAIS
CARTE GÉNÉRALE B4 – CARTE MICHELIN LOCAL 310 F5 – MAYENNE (53)

Aux confins du Maine et de la Normandie, Mayenne occupe un site de ville-pont dont la valeur stratégique, soulignée autrefois par un puissant château fort, s'est encore affirmée au cours de la dernière guerre, au moment du Débarquement. La ville continue à monter la garde du haut de son château, dans un environnement de qualité qu'elle a su préserver.

Gilles Targat / MICHELIN

Quai de la Mayenne, château et basilique.

Se repérer – Celui qui part du Mans (104 km au sud-est) en direction du Mont-St-Michel passe immanquablement par Mayenne, placé également sur l'axe Caen (126 km au nord)-Laval (32 km au sud) et sur la N 12 qui relie Fougères (48 km à l'ouest) et Alençon (60 km à l'est). La ville, aérée par de larges places, a été reconstruite, après les bombardements, sur les coteaux de part et d'autre de la rivière.

À ne pas manquer – Les petits villages de la forêt de Mayenne.

Organiser son temps – Comptez une journée pour visiter la ville puis profiter de ses environs et des nombreuses activités nautiques.

Pour poursuivre la visite – Voir aussi Domfront, Lassay-les-Châteaux, la ville romaine de Jublains et Laval.

Comprendre

La Mayenne navigable – Dès qu'il eut acquis le duché de Mayenne en 1654, le cardinal Mazarin entreprit de rendre la rivière navigable de Laval à Mayenne. 150 000 livres furent dépensées pour les premiers travaux, qui tournèrent court. De nouveaux projets aboutirent à la construction, en 1852, de 45 barrages-écluses. En 1874, les quais de Mayenne étaient achevés et la batellerie animait la ville.

Le héros de Mayenne – C'est un Américain : le sergent **Mack Racken**. Dès le 8 juin 1944, la ville fut en partie détruite par un bombardement et, le 5 août, grâce à son héroïsme, le seul pont resté debout sur la Mayenne tomba intact aux mains des Alliés. La route du Maine était alors ouverte.

Visiter

Château carolingien

Fermé pour travaux. Ouverture prévue : premier semestre 2008.

Il s'élève sur le coteau de la rive droite de la Mayenne et s'appuie sur des escarpements rocheux. Bâti au 11e s. par Juhel Ier, seigneur de Mayenne, il constituait l'une des plus importantes places fortes de la région et subit de nombreux sièges.

Le château a conservé toute son enceinte. Une promenade ombragée a été aménagée entre les murailles et les jardins. Des campagnes de fouilles ont révélé une résidence carolingienne très bien conservée, et les travaux en cours visent à la mettre en valeur.

Basilique Notre-Dame

Cette église a subi de nombreuses transformations. La façade est, comme les piliers et les chapiteaux de la nef, du 12e s., les murs et les fenêtres du transept, du 16e s. Le chœur, comme le reste de l'église, est orné de vitraux modernes (1962) ; il a été reconstruit sur un plan plus vaste et dans le style gothique à la fin du 19e s.

Chapelle des Sœurs-Calvariennes

Rue Guyard de la Fosse - ouv. lors des expositions - ✆ 02 43 30 10 16.
Derrière une belle façade baroque, elle abrite un retable de 1668 et accueille désormais des expositions dédiées à la création contemporaine.

Église Saint-Martin

Face au château, de l'autre côté de la rivière, sur la hauteur - de Pâques au 1er Nov. : 9h30-17h. Au milieu du 11e s., l'église était rattachée à l'abbaye de Marmoutier, près de Tours. L'abside et le transept datent de cette époque. Les vitraux modernes sont signés du maître-verrier Maurice Rocher, comme ceux de la basilique Notre-Dame. Dans l'abside, statue en chêne (16e s.) de saint Martin partageant son manteau.

Aux alentours

Ville romaine de Jublains★ *(voir ce nom)*

10 km au sud-est de Mayenne, par la D 7 depuis Aron.

Ambrières-les-Vallées

12 km au nord par la D 23.
Ancienne cité médiévale perchée sur un pic rocheux.
Musée des Tisserands mayennais – *Près de la mairie - ✆ 02 43 04 96 19 - juil.-août : tlj sf lun. 14h30-18h30 - 3 € (enf. 2 €).* Draps, vêtements et voiles de navire ont contribué à la prospérité du « Bas-Maine » devenu en 1790 le département de la Mayenne. Installé dans trois anciennes maisons de tisserands du 18e s., ce musée raconte l'histoire du chanvre mayennais et toutes les étapes de la production de la toile. La cave-atelier, avec des outils, un grand métier à tisser et son mobilier modeste donnent une idée fidèle de la vie des artisans de cette époque. Des films complètent la visite.
Un « questionnaire de l'apprenti tisserand », livret de visite pour les enfants, est disponible à l'entrée - *gratuit.*

Ernée

24 km à l'ouest par la N 12.
À l'entrée de la ville, à droite au bord de la route, se dresse la **chapelle de Charné** abritée par des platanes. Elle est le seul vestige de l'ancien bourg de Charné, qui se dépeupla au cours des siècles, au profit d'Ernée. Un chœur gothique et un transept, dont la partie centrale voûtée supporte une tour romane, la composent. À l'intérieur, Vierge du 15e s. en bois polychrome.
Ernée et ses alentours ont servi à Balzac pour planter le décor d'une partie de son roman *Les Chouans*.

Circuit de découverte

EN FORÊT DE MAYENNE

Circuit de 50 km – Quittez Mayenne au sud-ouest par la D 104.

Fontaine-Daniel

Un bel étang que domine une charmante chapelle, des maisons fleuries, une ancienne abbaye cistercienne font l'intérêt de Fontaine-Daniel. Une fabrique de toiles et de coutils maintient la tradition du travail du lin, qui fut, sous l'Ancien Régime, l'une des florissantes activités de la région.
À la sortie du village, un **centre d'exposition** de toiles de Mayenne et de tissus d'ameublement est installé dans la forêt. *✆ 02 43 00 34 80 - tlj sf dim. et j. fériés 9h-12h, 14h-18h - gratuit.*

Par la D 104 et la D 123, gagnez St-Germain-le-Guillaume, puis Chailland par la D 165.

Chailland

La petite ville apparaît, dominée par un escarpement rocheux au sommet duquel se dresse une haute statue de la Vierge.
Prenez à droite avant l'église.

La route évite l'éperon rocheux, puis passe entre le château de la Touche et un étang avant de pénétrer dans la **forêt de Mayenne** *(privée)*. Peu à peu, la futaie dense, composée d'ormes et surtout de chênes, fait place à un épais taillis.

La N 12 prise à droite ramène à Mayenne.

Mayenne pratique

Adresse utile

Office du tourisme du pays de Mayenne – *Quai de Waiblingen - 53100 Mayenne - ✆ 02 43 04 19 37 - www.mairie-mayenne.net - juil.-août : lun.-vend. 9h-12h30, 13h30-18h (10h le mar.), sam. 9h-12h30, 14h-18h, dim. 10h-12h, j. fériés 9h-12h30, 14h-18h ; avr.-juin : tlj sf dim. 9h-12h30, 13h30-18h (10h le mar.), sam. et j. fériés 9h-12h30, 14h-18h ; sept.-mars : tlj sf dim. et j. fériés 9h-12h30, 13h30-18h (10h le mar.), sam. 9h-12h30, 14h-18h.*

Se loger et se restaurer

⊖ **Beau Rivage** – *Rte de Baudelle - 53100 Moulay - 4 km au S de Mayenne par N 162 - ✆ 02 43 00 49 13 - www.restaurantbeaurivage.com - fermé dim. soir et lun. - 13/28 €.* Petit air de guinguette pour ce restaurant et sa belle terrasse ombragée aménagée sur une rive de la Mayenne. Par temps frais, installez-vous dans la jolie salle à manger pour profiter du spectacle de la rôtissoire où l'on prépare viandes et poissons. Chambres gaies et confortables.

⊖⊖ **La Marjolaine** – *Au domaine du Bas-Mont - 53100 Moulay - 6,5 km au S de Mayenne par N 162 - ✆ 02 43 00 48 42 - lamarjolaine@wanadoo.fr - fermé 3-9 janv., vac. de fév., lun. midi et dim. soir - 19/55 €.* Cette ancienne ferme nichée au milieu d'un parc bénéficie du calme de la campagne. La salle à manger, plaisante et confortable, sert de cadre à une cuisine actuelle bien tournée et à une belle sélection de vins. À midi, espace bistrot pour les plus pressés. Chambres douillettes et spacieuses.

Sports & Loisirs

Randonnée sur le chemin de halage – *Point de départ dans Mayenne - au pont Mac-Racken, à 600 m après le viaduc sur la rive gauche. Petit parking. Rens. au Comité départemental du tourisme : ✆ 02 43 53 18 18 - www.lamayenne.fr - se procurer la carte touristique de la rivière à l'office du tourisme.* L'ancien chemin de halage réhabilité sur 85 km de sentier est devenu un chemin de balade le long de la rivière Mayenne. Réservé aux randonneurs sans moteur, il traverse le département d'un seul trait pour finir sa course aux confins de l'Anjou. Cette coulée verte accessible à tous (terrain plat) est émaillée de panneaux de découverte sur la flore, la faune et le patrimoine.

Base de bateaux électriques et location de vélos – *Halte fluviale - 53100 Mayenne - ✆ 02 43 32 10 32 - tourisme-pays-mayenne@wanadoo.fr - 1er Mai-fin sept. : 14h-18h30 ; dim. : 10h-12h, 14h-18h30 - fermé d'oct. à fin avr., mar. en mai, juin et sept. - 8,50/82 € selon la durée et le type de bateau.*

S. Sauvignier / MICHELIN

Club de canoë-kayak – *17 r. Pasteur - 53100 Mayenne - ✆ 02 43 04 18 33 - www.kayak-mayenne.fr.st - merc. et sam. 14h-16h.*

Planches à voiles et dériveurs – *Base départementale - La Haie-Traversaine - 53100 Mayenne - ✆ 02 43 04 00 68.*

Le Mont-Saint-Michel★★★

46 MONTOIS
CARTE GÉNÉRALE A3 – CARTE MICHELIN LOCAL 303 C8 – MANCHE (50)

Pourquoi le Mont-St-Michel fascine-t-il autant ? Certainement parce qu'au-delà de la beauté de son architecture et de la richesse de son histoire, un mystère s'en dégage, lié au rythme des marées, à la tombée du jour, au cri des mouettes rieuses, au sable mélangé aux herbus… On ne peut aimer le Mont-St-Michel sans prendre la mesure de l'immensité sauvage qui l'entoure. Le rocher et la baie ne font qu'un. C'est la raison pour laquelle l'un comme l'autre sont classés comme « sites du patrimoine mondial » par l'Unesco.

Hervé Le Gac / MICHELIN

Impressionnante de légèreté, l'abbaye du Mont-St-Michel trône au milieu de la baie.

Se repérer – Le Mont se situe à l'extrême nord de la D 976, qui naît à Pontorson, à 10 km au sud. De là, la N 175 file au nord-est vers Avranches (21 km).

Se garer – Les parkings (payants : 4 € la journée par voiture) s'étirent sur près de 2 km de digues. En arrivant tôt, vous serez plus près du Mont (400 à 500 m). En cas de grande marée (2 fois par jour, 1 semaine sur 2), les parkings sont envahis par la mer ; on se gare alors le long de la route d'accès. Des agents de parking vous avertiront si vous ne lisez pas les panneaux d'information.

Organiser son temps – Renseignez-vous sur les horaires de marée pour observer l'arrivée ou la fuite de la mer depuis les remparts.

À ne pas manquer – Le panorama sur la baie depuis les remparts et l'abbaye.

Avec les enfants – Faites une sortie nature autour du Mont avec la Maison de la baie et, s'il fait moins beau, frissonnez avec eux à Alligator Bay.

Pour poursuivre la visite – Voir aussi Pontorson, Avranches, Carolles et Granville.

Comprendre

Capricieuse géographie – Le Mont-St-Michel est un îlot granitique d'environ 900 m de tour et 80 m de haut, relié au continent par une digue construite en 1877. Le site est le plus souvent cerné par d'immenses bancs de sable, dont les mouvements, suite aux marées, ont maintes fois déplacé l'embouchure des rivières côtières la Sée, la Sélune et le Couesnon. Celui-ci, jadis orienté au nord-ouest à partir de Pontorson, constituait la frontière entre les duchés de Normandie et de Bretagne, ce que déploraient les Bretons : « Le Couesnon a fait folie. Cy est le Mont en Normandie. » Ses divagations menaçant digues et polders, il fut canalisé en 1863, fixant définitivement la ligne de partage entre les deux régions.

Fondation – L'archange saint Michel étant apparu trois fois en songe à Aubert, évêque d'Avranches, il fonda sur le mont Tombe un oratoire. Celui-ci fut remplacé par une abbaye carolingienne, au début du 8e s.

Les premiers pèlerinages – Peu de temps après la fondation du sanctuaire, les fidèles affluent au Mont, même pendant la guerre de Cent Ans. Les Anglais, alors maîtres de la région, accordent, moyennant finances, des sauf-conduits aux fidèles. On voit ainsi arriver pêle-mêle des nobles, de riches bourgeois, et des gueux qui vivent d'aumônes pendant leur voyage et sont hébergés gratuitement par les moines à l'aumônerie. L'hôtellerie et le commerce des « souvenirs » sont déjà florissants. Les pèlerins, appelés les « Miquelots », achètent des insignes portant l'effigie de saint Michel et des ampoules de plomb qu'ils remplissent du sable de la grève. Ils prennent aussi des risques : la traversée de la baie n'allait pas sans enlisements ou noyades. C'est pourquoi le Mont fut également dénommé St-Michel-au-Péril-de-la-Mer.

De l'abbaye à la prison – Au 17e s., les mauristes, religieux de St-Maur, sont chargés de réformer le monastère. En matière architecturale, ils font œuvre décevante, se contentant de tailler et de rogner dans les bâtiments. La transformation de l'abbaye en prison ajoute encore aux déprédations. « Bastille » provinciale avant la Révolution, le Mont devient, en 1811, une prison pour les condamnés de droit commun et quelques détenus politiques, comme Barbès, Blanqui et Raspail. En 1874, l'abbaye et les remparts sont confiés au service des Monuments historiques. Ce n'est qu'en 1969 que le site retrouvera en partie sa vocation d'origine avec l'installation de quelques religieux, qui assurent depuis cette date une présence spirituelle permanente.

Les étapes de la construction – Apporter des blocs de granit, parfois des îles Chausey ou de Bretagne, et les hisser à pied d'œuvre ne fut pas une petite affaire. L'arête du sommet étant fort étroite, on dut chercher appui sur les flancs du rocher.

11e-12e s. Une église est bâtie (1017-1144) au sommet du rocher. L'édifice carolingien antérieur est utilisé comme crypte (N.-D.-sous-Terre), pour soutenir la plate-forme où s'élèvent les trois dernières travées de la nef romane.

13e-16e s. Édification de l'abbaye gothique (entrée à l'est). Les bâtiments conventuels sont élevés sur le flanc ouest du Mont et de part et d'autre de la nef. Sont également construits à cette époque :

– au nord, les magnifiques bâtiments de la Merveille (1211-1228) affectés aux moines, aux pèlerins, à la réception des hôtes de marque ;

– au sud, les bâtiments abbatiaux (13e-15e s.) consacrés à l'administration, au logement de l'abbé, à la garnison ;

– à l'est, le châtelet et les défenses avancées (14e s.) qui protègent l'entrée.

Le chœur roman de l'église, qui s'était écroulé, est rebâti (1446-1521) sur une nouvelle crypte. Plus magnifique encore, il est de style gothique flamboyant.

18e-19e s. En 1780, les trois dernières travées de la nef sont démolies, ainsi que la façade romane. En 1897, on édifie le clocher actuel : surmonté d'une belle flèche que termine le *Saint Michel* de Frémiet, il culmine à 157 m.

Les grands travaux du 21e s. – Annoncé depuis des lustres, le grand projet de désensablement du Mont-St-Michel est enfin engagé. Ce projet très complexe a pour priorité de rendre au Mont son caractère maritime. Dans un premier temps, le Couesnon va être doté d'un barrage pour repousser plus efficacement le sable (travaux commencés en 2006). Ensuite, le parking sera éloigné sur la côte (mise en œuvre prévue en 2008) avec des navettes silencieuses pour assurer les liaisons jusqu'au Mont (effectives en 2010 selon le planning). Enfin, la digue doit être partiellement remplacée par un pont-passerelle dont la mise en service marquerait la fin du projet (2012)… Ces grands chantiers s'échelonnent sur plusieurs années mais n'empêcheront pas l'accès au Mont. Pour plus d'informations, vous pouvez consulter le site www.projetmontsaintmichel.fr.

L'omelette de la Mère Poulard

C'est en 1851 que naît à Nevers Annette Boutiaut. Femme de chambre de son état, elle accompagne la famille d'Édouard Corroyer (1837-1904), élève de Viollet-le-Duc et architecte des Monuments historiques chargé de la restauration de l'abbaye. Elle y rencontre Victor Poulard, l'un des fils du boulanger local. Ils se marient et prennent en gérance l'hôtel-restaurant de Saint-Michel Tête d'Or. Vers 1875, la digue n'existe pas encore : touristes et pèlerins accèdent au Mont à pied ou à cheval, selon l'heure où la marée le permet. Annette sait qu'une bonne aubergiste ne doit pas se laisser prendre au dépourvu. Elle a donc toujours des œufs en réserve et, pour faire patienter ses hôtes, leur bat une omelette en attendant des plats plus substantiels. Son accueil, ainsi que la qualité des produits qu'elle cuisine, font grandir sa notoriété. Annette Poulard disparaît en 1931 ; et les critiques gastronomiques s'interrogent encore sur son secret. Il semblerait que les jaunes d'œufs soient battus séparément des blancs qui seraient, eux, montés en neige… ce qui donnerait à l'omelette son caractère mousseux.

Se promener

LE BOURG

Défenses avancées

La porte de l'Avancée donne accès à une première cour fortifiée.

À gauche, le **corps de garde des Bourgeois** (16e s.) est actuellement le siège de l'office de tourisme ; à droite, les « michelettes », bombardes anglaises (machines de guerre lançant des boulets) prises au cours d'une attaque militaire pendant la guerre de Cent Ans. Après une seconde porte et une seconde cour fortifiée, la **porte du Roi** (15e s.) possède encore ses mâchicoulis et sa herse. On l'appelle ainsi parce qu'y était logé le contingent symbolique que le roi entretenait au Mont, pour rappeler ses droits. On débouche enfin dans la Grande-Rue. La jolie maison de l'Arcade, à droite, servait de caserne aux soldats de l'abbé.

Grande-Rue★

Étroite et en montée, la Grande-Rue est bordée de maisons anciennes (15e-16e s.) dont plusieurs ont gardé leur nom d'antan : le **logis Saint-Étienne**, le **Vieux Logis**, la **Sirène**, la **Truie-qui-file**. Coupée de marches à son sommet, elle est extrêmement animée et encombrée pendant la saison estivale : les étalages de marchands de souvenirs l'envahissent, ni plus ni moins d'ailleurs qu'à l'époque des plus fervents pèlerinages, au Moyen Âge.

Remparts★★

13e-15e s. La promenade sur le chemin de ronde offre de belles **vues** sur la baie, particulièrement depuis la tour nord : on distingue le rocher de Tombelaine, sur lequel Philippe Auguste avait fait bâtir des fortifications.

Musée de la Mer et de l'Écologie

☏ 02 33 60 85 12 - juil.-août : 9h-19h ; fév.-juin, de déb. sept. à mi-nov. et vac. de Noël : 9h-17h30 - 7 € (enf. 4,50 €). Visite audioguidée présentant avec des films l'environnement naturel du Mont, les mécanismes des marées et les dangers de la baie, ainsi que le phénomène d'ensablement. Collection de 250 **maquettes** anciennes de bateaux.

Église paroissiale Saint-Pierre

Datant du 11e s., elle a été très remaniée. L'abside enjambe une ruelle menant au cimetière. L'église abrite du mobilier provenant de l'abbaye. Dans la chapelle

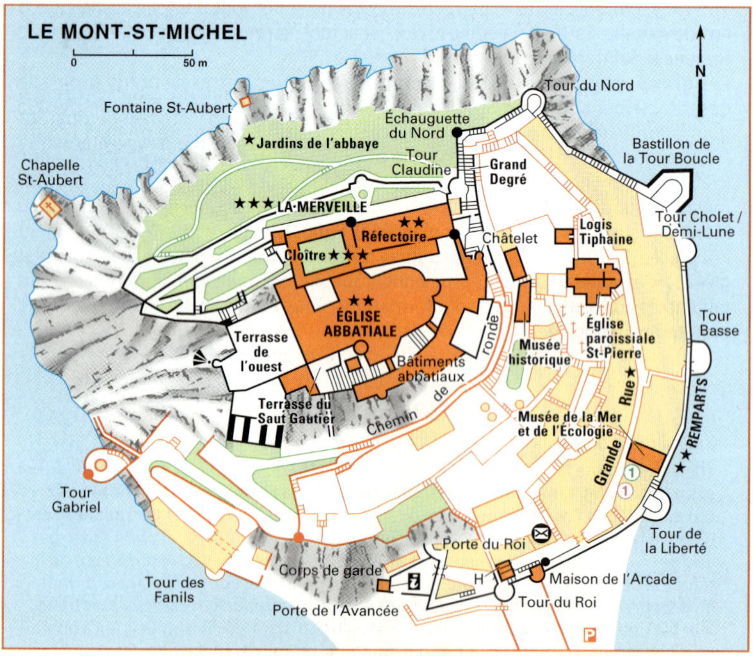

SE LOGER	SE RESTAURER
Auberge St-Pierre............ ①	La Sirène........................... ①

du bas-côté droit : statue de saint Michel recouverte d'argent ; chapelle à droite de l'autel : statues de la Vierge à l'Enfant (15e s.) et de sainte Anne.

Logis Tiphaine

☏ 02 33 60 23 34 - juil.-août : 9h-19h ; fév.-juin, de déb. sept. à mi-nov. et vac. de Noël : 9h-17h30 - 7 € (enf. 4,50 €). Du Guesclin, qui fut capitaine du Mont, aurait fait loger ici sa femme Tiphaine Raguenel, jolie Dinannaise cultivée et connue pour ses dons d'astrologue, pendant qu'il allait combattre en Espagne. Le logis, meublé du 15e au 19e s. et très restauré au 19e s., s'organise sur trois étages (une pièce et un jardinet par étage).

Musée historique

☏ 02 33 60 07 01 - juil.-août : 9h-19h ; fév.-juin, de déb. sept. à mi-nov. et vac. de Noël : 9h-17h30 - 7 € (enf. 4,50 €). Il retrace les 1 000 ans d'histoire du Mont à travers un court son et lumière et des vitrines d'objets de collection (armes, peintures, sceaux et cachets, coffres de corsaire). La visite se termine dans les cachots de la prison.

Visiter

Petite **astuce** pour accéder à l'abbaye en évitant d'emprunter la rue principale, très vite bondée : au lieu de franchir la porte de l'Avancée qui donne accès au Mont, suivez la muraille à gauche en direction de la tour des Fanils. Passez sous le porche et suivez la voie qui serpente jusqu'au chemin de ronde. Ce dernier vous mènera à l'abbaye.

Saint-Michel-Montjoie !

C'est à l'un des moments les plus sombres de l'histoire de France, au 15e s., alors qu'Henri V d'Angleterre parvient à se faire couronner roi de France à Paris, que le rayonnement du Mont-St-Michel connaît son apogée. C'est en effet le seul point de la France de l'ouest et du nord à ne jamais tomber aux mains de l'envahisseur. Jeanne d'Arc choisira pour cri de ralliement « Saint-Michel-Montjoie », et Louis XI instituera l'ordre de chevalerie de St-Michel.

ABBAYE★★★

☏ 02 33 89 80 00 - www.monum.fr - possibilité de visite guidée (1h) - mai-août : 9h-19h (dernière entrée 1h av. fermeture) ; sept.-avr. : 9h30-18h - fermé 1er janv., 1er Mai, 25 déc. - 8 € (-18 ans gratuit) - accès à l'abbaye gratuit pour participer à l'office, mais les visites sont alors interdites : tlj sf lun. entre 12h et 12h15. La visite s'effectue à travers un dédale de couloirs et d'escaliers, par étage et non par bâtiment ou par époque.

Défenses avancées

On atteint le Grand Degré, escalier qui conduit à l'abbaye. Une porte pivotante pouvait l'obstruer. En haut et à droite s'ouvre l'entrée des jardins, puis s'amorce l'escalier des remparts.

On passe sous l'arche d'une ancienne porte pour pénétrer dans une cour fortifiée que domine le **châtelet**. Il se compose de deux hautes tours, en forme de bombardes dressées sur leur culasse et reliées par des mâchicoulis. Même dans cet ouvrage militaire, on retrouve le souci d'art du constructeur : la muraille est bâtie en assises alternées de granit rose et gris, d'un heureux effet. De là part un escalier couvert d'une voûte en berceau surbaissé, peu éclairé : ce passage abrupt est appelé l'**escalier du Gouffre**.

Salle des Gardes ou porterie

C'était la plaque tournante de l'abbaye. Les pèlerins indigents étaient dirigés, en passant par la cour de la Merveille, vers l'aumônerie. Les visiteurs de l'abbé et les fidèles se rendant à l'église empruntaient l'escalier abbatial.

Escalier abbatial

Cet imposant escalier se développe entre les bâtiments abbatiaux, à gauche, et l'église, à droite. Il était défendu par un pont fortifié (15e s.). L'escalier aboutit, devant le portail sud de l'église, à une terrasse appelée le **« Saut Gautier »**, nom d'un prisonnier qui, de là, se serait jeté dans le vide. C'est également de ce point que partent les visites. La plate-forme de l'ouest est une vaste terrasse créée par l'arasement des trois dernières travées de l'église : la **vue**★ s'étend sur la baie du Mont-St-Michel.

Église★★

Le **chevet**, avec ses contreforts, arcs-boutants, clochetons, balustrades, est un chef-d'œuvre de grâce et de légèreté. À l'intérieur, le contraste entre la nef romane, sévère et sombre, et le chœur gothique, élégant et lumineux, est saisissant.

Merveille★★★

Ce nom désigne les superbes bâtiments gothiques qui occupent la face nord. La partie est de ces constructions (1211-1218) comprend, de bas en haut, l'aumônerie, la salle

des Hôtes et le réfectoire ; dans la partie ouest (1218-1228) leur correspondent : le cellier, la salle des Chevaliers et le cloître.
Extérieurement, la Merveille a l'aspect puissant d'une forteresse, tout en accusant, par la noblesse et la pureté de ses lignes, sa destination religieuse.
À l'intérieur, on se rend compte de l'évolution accomplie par le style gothique. Depuis les salles basses qui expriment une simplicité presque romane jusqu'au cloître, chef-d'œuvre de finesse, de légèreté et de goût, en passant par l'élégance de la salle des Hôtes, la majesté de la salle des Chevaliers et la luminosité mystérieuse du réfectoire.

Cloître★★★

Il est comme suspendu entre mer et ciel. Dans son espace clos, les arcades des galeries sont soutenues par de ravissantes colonnettes, disposées en quinconce pour accentuer l'impression de légèreté.
Leur ornementation comporte des **sculptures** remarquablement fouillées, dans un décor de feuillage orné çà et là de formes humaines et d'animaux. On y découvre également des motifs poétiques illustrant l'art sacré. La teinte même des divers matériaux employés ajoute à l'harmonie de l'ensemble. À droite de l'entrée, le *lavatorium* (lavabo) évoque la célébration du « lavement des pieds » qui se renouvelait tous les jeudis à l'abbaye.

Réfectoire★★

L'impression est étonnante : il règne une belle lumière diffuse qui, à l'évidence, ne peut provenir des deux baies percées dans le mur du fond ; l'acoustique y est remarquable. En avançant, on découvre l'artifice de l'architecte : pour éclairer la salle sans affaiblir la muraille soumise à la forte pression de la charpente, il a ménagé des **ouvertures** très étroites et très hautes au fond d'embrasures. Une voûte lambrissée coiffe l'ensemble.

Ancienne abbaye romane

Ses voûtes d'ogives marquent la transition entre le roman et le gothique. On visite le **promenoir des moines**. Une partie du dortoir subsiste.

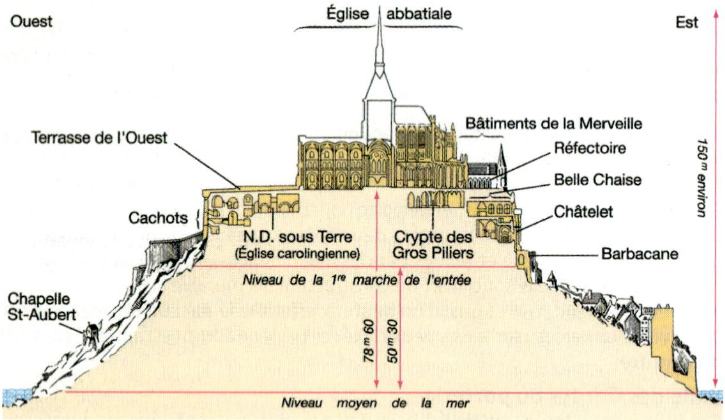

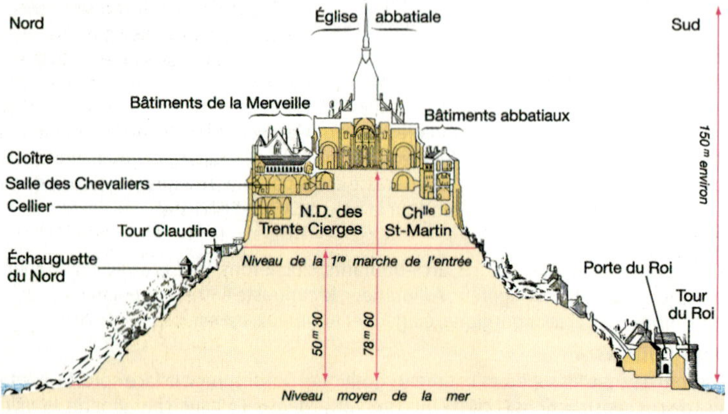

Cloître de l'abbaye.

Grande roue

Elle rappelle l'époque où l'abbaye faisait office de prison. Mue par cinq ou six prisonniers qui marchaient à l'intérieur, cette roue servait à faire monter provisions et matériaux.

Cryptes

Des trois cryptes qui supportent les croisillons et le chœur de l'église abbatiale, la plus émouvante est **Notre-Dame-sous-Terre** *(accès possible uniquement lors des visites guidées)*. L'édifice carolingien, qui s'élève à l'endroit même où saint Aubert avait officié, est un simple rectangle de 8 m sur 9, divisé en deux petites nefs par deux arcades retombant sur un pilier central. Le lieu est saisissant, tant par le silence absolu qui y règne que par le souvenir des événements survenus il y a plus d'un millénaire. En revanche, la plus impressionnante est la **crypte des Gros-Piliers★** (15e s.), merveille de force et de grâce, avec ses dix piliers de 5 m de tour, dont le granit provient des îles Chausey.

Salle des Hôtes★

L'abbé y accueillait les rois (Saint Louis, Louis XI, François Ier) et les visiteurs de marque. L'élégante salle (35 m de longueur), aux voûtes gothiques, présente deux nefs séparées par de fines colonnes. Lors des fastueuses réceptions, cette salle était divisée en deux par un grand rideau de tapisseries. Une partie servait de cuisine (deux cheminées) et l'autre, de salle à manger (cheminée d'ambiance).

Salle des Chevaliers★

Ce nom fait peut-être allusion à l'ordre militaire de Saint-Michel, qui fut fondé en 1469 par Louis XI, et dont l'abbaye était le siège. Majestueuse et très vaste (26 m sur 18 m), la pièce est divisée en quatre vaisseaux par trois rangs de robustes colonnes. Chauffée par deux grandes cheminées, c'était le *scriptorium* où travaillaient les moines : travaux d'enluminure, copie de manuscrits, lecture et étude des textes religieux ou profanes.

Cellier

Il est divisé en trois par deux lignes de piliers carrés qui soutiennent des voûtes d'arêtes. C'était le magasin d'approvisionnement.

Aumônerie

Cette salle gothique, partagée en deux par une rangée de colonnes, a conservé ses voûtes romanes.

Jardins de l'abbaye★

Fermés à la visite en hiver et les jours de trop mauvais temps. Ils permettent d'apercevoir la façade occidentale du Mont ainsi que la chapelle St-Aubert.

Circuit de découverte

LA BAIE DU MONT-ST-MICHEL★★

La baie du Mont-Saint-Michel figure sur la liste du patrimoine mondial de l'Unesco depuis 1979. Environ 100 km de côtes la bordent. Les îles, les falaises, les plages et les dunes forment une succession de zones riches d'une faune et d'une flore très variées. Ce parcours du littoral cotentinois réserve des vues étonnantes sur le Mont et ménage de bien agréables promenades entre les polders et les herbus.

Que d'histoires terrifiantes n'a-t-on racontées dans la baie du Mont-Saint-Michel, alors qu'il ne s'agit que de **phénomènes** tout à fait naturels ?

Les sables mouvants ? Ce sont ce qu'on appelle ici des « **lises** », plaques de sable assez ferme, flottant sur des poches de sable presque liquide.

Le **brouillard** qui obscurcit la baie en moins d'une heure ? On peut prévoir avec assez de précision son avance, et il n'y a plus besoin de sonner la cloche du Mont.

La **marée** qui monte à la vitesse d'un cheval au galop ? Il y a effectivement des pointes de 25 à 30 km/h qui, en fonction du relief des grèves et du coefficient de la marée, peuvent être atteintes ou dépassées, mais la vitesse moyenne est celle d'un homme au pas : 3,75 km/h.

Les traversées vers le Mont donnent une petite idée des trésors naturels méconnus de cette zone protégée : l'île de Tombelaine est devenue le paradis des oiseaux ; des

migrateurs occasionnels apprécient beaucoup cette halte (oie cendrée), des flamants roses ont même adopté les lieux et des phoques gris viennent s'y ébattre…

Au départ de Granville vers le Mont-St-Michel – *40 km - environ 2h30.* En partant de Granville, de l'autre côté de la baie, les belvédères et la route découvrent des vues de plus en plus belles à mesure que l'on se rapproche du Mont.
Entre Granville et Carolles se révèle une vue étendue sur la baie du Mont-St-Michel.

Saint-Pair-sur-Mer *(voir p. 231)*

Jullouville *(p. 232)*

Carolles *(voir ce nom)*

Entre Carolles et St-Jean-le-Thomas, une vue★★ étendue et splendide révèle le Mont. L'espace est dégagé de tout bosquet, ce qui permet de contempler le panorama sans gêne aucune. La lumière est particulièrement belle sur la baie, mais plus encore à l'heure où le coucher de soleil embrase l'air et les couleurs. Ne pas hésiter à couper le moteur !

Saint-Jean-le-Thomas

Agréable station balnéaire, idéalement située et très fréquentée en saison.

Prenez la route côtière qui conduit au bec d'Andaine.

Bec d'Andaine★

Point de départ très fréquenté pour les traversées, le site retrouve son cadre naturel grâce au recul du parking et des installations d'accueil. De ce paysage de plages de sable fin et de dunes, vue rapprochée sur le Mont.

Genêts

Cette commune accueille une Maison de la baie (point d'information) et de nombreuses associations de guides *(voir l'encadré pratique)*.
L'**église Notre-Dame** (12e-14e s.), solide construction de granit, est précédée d'un joli porche (16e s.) lambrissé. À l'intérieur, la croisée du transept donne une particulière

impression de puissance ; elle repose sur quatre piles de granit de section carrée, dont les chapiteaux sont décorés de motifs de végétaux ou d'animaux. Le maître-autel est surmonté d'un dais du 18e s. et porté par quatre colonnes galbées. Remarquez au chevet une belle verrière (en partie du 13e s.) ; statues anciennes.

À la sortie de Genêts, prenez à droite devant le calvaire.

La route côtière passe par le Grand Port et offre des vues intéressantes et rapprochées du Mont, particulièrement à la **pointe du Grouin du Sud** (en hiver, à la tombée du jour, l'observation du vol des mouettes ou des bernaches est un spectacle inoubliable).
Maison de la baie-Relais de Vains-St-Léonard – *✆ 02 33 89 06 06 - ♿ - possibilité de visite guidée (1h30) - juil.-août : 10h-19h ; juin et sept. : 10h-18h ; avr.-mai et vac. scol. : 14h-18h - fermé vac. scol. de Noël - 4 € (7-15 ans 1,60 €).*
Passage recommandé avant de partir à la découverte de la baie à pied, car toute la « vie de la baie » est présentée ici, à travers la faune, la flore et l'exploitation des richesses naturelles : huîtres et coquillages, sel (il y avait 225 salines au 18e s.), élevage sur les prés-salés, tourisme. Un atelier de saunier a été reconstitué. Films et bornes multimédias complètent la visite.
Cette route donne également un bon aperçu de l'étendue des prés-salés.

La D 591 et la D 911 mènent à Avranches.

Avranches★ *(voir ce nom)*

Dans Courtils, prenez à droite la D 288 pour rejoindre la côte. Elle vous mène à la Maison de la baie de Bas-Courtils.

Courtils

Maison de la baie-Relais de Courtils – *✆ 02 33 89 66 00 - ♿ - juil.-août : 10h-19h (dernière entrée 1h av. fermeture) ; juin et sept. : 10h-18h ; avr.-mai et vac. scol. : 14h-18h. - fermé 1er janv., 1er nov. et 25 déc. - visite avec audioguide : 4 € (enf. 1,60 €).*
Plus qu'un point d'information, cette Maison de la baie propose un parcours audioguidé *(45mn)* expliquant comment la mer, le vent, le sable, la vase et l'homme ont façonné les paysages de la baie d'aujourd'hui. Éclairages sur l'ensablement de la baie et les travaux en cours.
En sortant, ne manquez pas la **vue★** sur la baie.

Ossuaire allemand du Mont-d'Huisnes

Cette construction circulaire (1963) abrite les restes de 11 887 soldats tombés en France. D'un belvédère aménagé au sommet du monument se dégage une belle vue sur le Mont-Saint-Michel.

Poursuivez par la D 275.

L'itinéraire du bord de mer longe la tangue, où se forme une végétation spécifique, « les herbus », qui fait le régal des nombreux (plus de 7 000) moutons de pré-salé. Petit à petit, la route offre des vues de plus en plus rapprochées sur le célèbre rocher.

Beauvoir

Alligator Bay – *Situé à l'entrée de Beauvoir, au bord de la D 976 - ✆ 02 33 68 11 18 - www.alligator-bay.com - ♿ - avr.-sept. : 10h-19h ; fév.-mars et oct.-déc. : 14h-18h ; janv. : w.-end et vac. scol. 14h-18h - fermé 1er janv. et 25 déc. - 11 € (enf. 4-12 ans 7 € et 13-18 ans 9 €).*
Un labyrinthe peuplé de 200 alligators et crocodiles, des boas, des varans… et une ferme de tortues qui se laissent caresser : l'endroit dépayse un peu et provoque quelques frissons ! Si vous avez de la chance, vous assisterez à l'éclosion d'un œuf dans la nursery !

Mont-St-Michel pratique

Adresse utile

Office du tourisme du Mont-St-Michel – *Corps de garde des Bourgeois - 50116 Le Mont-St-Michel - ✆ 02 33 60 14 30 - www.ot-montsaintmichel.com, www.abbaye-saintmichel.com - juil.-août : 9h-19h ; sept. : lun.-sam. 9h-18h30, dim. 9h-12h, 14h-18h ; avr.-juin : lun.-sam. 9h-12h30, 14h-18h30, dim. 9h-12h, 14h-18h ; oct.-mars : lun.-sam. 9h-12h, 14h-18h, dim. 10h-12h, 14h-17h -fermé 25 déc. et 1er janv.*

Visites

L'abbaye – L'histoire et la découverte du Mont sont tellement intéressantes que plusieurs types de visites sont possibles en fonction du temps que vous pouvez y consacrer. La visite libre est possible avec les informations de ce guide, mais des visites guidées sont proposées pour les individuels : avec audioguide *(1h15, 8 € + 4 € supplément audioguide)* ou commentées par un guide *(1h, 8 €)*. L'abbaye peut se visiter en nocturne *(juil.-août)*, des profondeurs jusqu'au cloître. Ne pas manquer le coucher de soleil sur la baie depuis le parvis de l'église. Le spectacle est époustouflant ! Des visites-conférences *(2h)* sont organisées les w.-ends, j. fériés et vac. scol. *Renseignements : ☎ 02 33 89 80 00.*

Visites de nuit – En été, l'abbaye se visite de nuit, sous l'angle d'éclairages subtils, au son d'un programme de musique original, parfois déroutant. *De 19h à 23h30, tlj sf dim. (dernière entrée 1h av. fermeture) - renseignements au service des Visites - ☎ 02 33 89 80 00.*

Balades-découverte – *☎ 02 33 89 64 00.* La Maison de la baie de Genêts organise différentes sorties dont les balades-découverte : visites guidées et commentées de 8 km *(4 à 5h) - réserv. obligatoire - prévoir bottes et vêtements chauds en hiver - dans tous les cas, avoir coupe-vent, coupe-faim et eau.*

Se loger

Hôtel La Tour Brette – *8 r. Couesnon - 50170 Pontorson - 9 km au S du Mont-St-Michel - ☎ 02 33 60 10 69 - www.latourbrette.com - fermé 14-22 mars, 1er-20 déc. et merc. sf juil.-août - 10 ch. 34/39 € - 6,50 € - restaurant 10,80/30 €.* Ce petit hôtel central doit son nom à la tour qui jadis protégeait la Normandie des assauts du duché de Bretagne. Chambres pas très grandes mais fraîchement rénovées. Au restaurant, cadre simple et longue carte traditionnelle.

Hôtel Bretagne – *R. Couesnon - 50170 Pontorson - 4 km au S du Mont-St-Michel par D 976 - ☎ 02 33 60 10 55 - www.lebretagnepontorson.com - fermé 15-30 janv. - 13 ch. 35/64 € - 7 € - restaurant 12,90/36 €.* Maison de style régional. Admirez les jolies boiseries du 18e s., la cheminée en marbre gris et le radiateur chauffe-plats (très original !) dans la première petite salle... Bar feutré très « british » et chambres spacieuses agréablement meublées.

Chambre d'hôte Mme Gillet Hélène – *3 Le Val St-Revert - 35610 Roz-sur-Couesnon - 15 km au SO du Mont-St-Michel - rte de St-Malo par la côte D 797 - ☎ 02 99 80 27 85 - - 3 ch. 30/48 €.* Cette maison familiale (17e s.) dominant la baie offre une belle vue sur le Mont-St-Michel et la campagne environnante. Vous apprécierez le charme de ses chambres aux tapisseries rénovées. Trois d'entre elles regardent la mer, une autre, lumineuse et dotée d'une terrasse, s'ouvre sur le jardin.

Chambre d'hôte Amaryllis – *Le Bas-Pays - 50170 Beauvoir - 2,5 km au S du Mont-St-Michel dir. Pontorson par D 976 - ☎ 02 33 60 09 42 - amaryllis.lume@wanadoo.fr - - 5 ch. 35/46 € - 4,70 €.* Ce bâtiment en pierre a été rénové dans l'unique but d'y accueillir des chambres d'hôte. Leurs points forts : des salles de bains bien équipées, un entretien irréprochable et une terrasse meublée. Petit « plus » : la possibilité de visiter la ferme voisine.

Chambre d'hôte La Bergerie – *La Poultière - 35610 Roz-sur-Couesnon - 16 km au SO du Mont-St-Michel - rte de St-Malo par la côte D 797 - ☎ 02 99 80 29 68 - www.la-bergerie-mont-saint-michel.com - - 5 ch. 43/48 €.* Ces chambres aménagées dans une ancienne bergerie manquent certes un peu de charme, mais elles sont confortables et bénéficient du calme du petit hameau. L'espace cuisine mis à disposition des hôtes est très apprécié, comme le jardin où broutent des moutons. Un gîte est également proposé.

Chambre d'hôte Les Vieilles Digues – *Rte du Mont-St-Michel - 50170 Beauvoir - 3 km au S du Mont-St-Michel dir. Pontorson - ☎ 02 33 58 55 30 - www.bnb-normandy.com - fermé janv. - 7 ch. 45/65 €.* Cette jolie maison en pierre abrite de grandes chambres aménagées avec soin et garnies d'un beau mobilier ; celle avec vue sur le Mont-St-Michel est bien sûr très demandée. Plaisante salle des petits-déjeuners agrémentée de colombages. Jardin paysager.

Auberge St-Pierre – *Grande-Rue - ☎ 02 33 60 14 03 - www.auberge-saint-pierre.fr - 21 ch. 90/120 € - 12 € - restaurant 19/40 €.* Cette auberge, sise dans une maison du 15e s., vous laisse le choix : une grande salle brasserie au rez-de-chaussée (service à toute heure), à l'étage une accueillante salle rustique ou une petite terrasse près des remparts. Chambres réparties dans trois maisons.

Se restaurer

La Gourmandise – *21 rte du Mont-St-Michel - 50170 Beauvoir - 4 km au S du Mont-St-Michel - ☎ 02 33 58 42 83 - fermé nov.-mars et mar. sf juil.-août - 9,15 € - 4 ch. 40 €.* Maison bretonne transformée en crêperie dont la présence anime cette toute petite localité. Décor simple, éclairé par de larges baies vitrées. La longue carte propose essentiellement des crêpes et des galettes.

Auberge de la Baie – *La Rive - 50170 Ardevon - 3 km au SE du Mont-St-Michel dir. Avranches par D 275 - ☎ 02 33 68 26 70 - www.aubergedelabaie.fr - fermé nov., mar. et merc. sf juil.-août - 10/32,50 € - 12 ch. 28/40 € - 5 €.* Placé en bordure de départementale, cet hôtel-restaurant est une étape bienvenue pour qui veut échapper, le temps d'un week-end ou d'un repas, à l'effervescence touristique du Mont-St-Michel. À la carte : plats traditionnels et régionaux (agneau de pré-salé, fruits de mer), et petit choix de galettes.

La Sirène – *Grande-Rue - 02 33 60 08 60 - fermé 10 janv.-2 fév. et 15 nov.-20 déc. - 16/28 €.* Cette maison du 14e s. au long passé d'auberge abrite désormais une crêperie à laquelle on accède par un escalier en colimaçon. L'aspect des fenêtres, qui ressemblent à des vitraux avec leurs carreaux de verre dépoli sertis d'étain, confirme l'authenticité des lieux.

Pré-Salé – *Rest. de l'hôtel Mercure - 2 km au S du Mont-St-Michel par D 976 - contact@hotelmercure-montsaintmichel.com - fermé 12 nov.-6 fév. - 17/44 €.* Bordant le Couesnon à l'amorce de la digue, l'hôtel Mercure vous invite dans sa lumineuse salle à manger récemment rénovée, aux tables bien espacées. Dégustez-y les fameuses viandes des prés-salés de la baie du Mont-St-Michel.

La Promenade – *Pl. du Casino - 50610 Jullouville - 02 33 90 80 20 - www.la-promenade.fr - fermé lun. et mar. - réserv. conseillée - 18/42 €.* On peut difficilement trouver plus belle vue sur la baie du Mont-St-Michel que depuis cet élégant restaurant-salon de thé sis au rez-de-chaussée de l'ancien hôtel du casino (1881). Vaisselle et beaux meubles anciens. La carte privilégie les produits de la mer de la côte normande.

Gilles Targat/MICHELIN

La Grande-Rue.

Que rapporter

Brasserie de la Baie – *6 rte de Roche-Torin - 6 km à l'E du Mont-St-Michel - 50220 Courtils - 02 33 60 37 65 - clesenechal@nomotech.net - de mai à fin sept. : merc.-dim. 15h30-19h ; hors sais. : sam. apr.-midi, dim. apr.-midi.* Quatre sortes de bières sortent des cuves de cette petite brasserie artisanale implantée à deux pas de la Maison de la baie. Une blonde bien plaisante, une ambrée de caractère, une brune hivernale aromatisée à l'hydromel et une blanche estivale rafraîchissante. Dégustation et vente sur place.

Sports & Loisirs

Découverte de la baie du Mont-St-Michel en ULM – *Aérodrome du Val St-Père - sortie aérodrome sur l'axe autoroutier Caen-Rennes - 50300 Avranches - 02 33 48 67 48 ou 06 07 54 91 42 - www.ulm-mont-saint-michel.com - 35/150 €.* Survol global de la baie, vol à l'aplomb du Mont (combinable avec un survol de Cancale ou de Granville) et vol au lever du soleil. Pilote instructeur de 20 ans d'expérience.

Atouts Baie – *6 r. de la Métairie - 50170 Boucey - 02 33 60 68 00 - www.mont-saint-michel-voyages.com - réserv. : 06 86 90 95 01 - 8h-22h.* Cette agence propose des promenades et traversées de la baie à pied, accompagnées d'un guide passionné de nature. Balades en calèche. Location de vélos. Visite virtuelle du rocher et de l'abbaye du Mont-St-Michel pour groupes de personnes à mobilité réduite.

Chemins de la Baie – *34 r. de l'Ortillon - 50530 Genêts - 02 33 89 80 88 - chemindelabaie@wanadoo.fr - avr.-oct. : tlj 9h-12h30, 13h30-18h - fermé w.-end de nov. à mars.* Cette association propose des traversées de la baie, traditionnelles ou commentées, ainsi que des randonnées à thème autour du littoral, de la faune et du patrimoine. Boutique nature et randonnée (livres, cartes postales, objets décoratifs).

Didier Lavadoux – *36 Grande-Rue - A 84 au niveau d'Avranches sortie Jullouville-Cherbourg - 50530 Genêts - 02 33 70 84 19 - http://perso.wanadoo.fr/traversees-de-la-baie/ - avr.-oct. : tlj.* 20 ans d'expérience et toujours la même passion ! Ce guide chevronné (indépendant et diplômé d'État) connaît la baie comme personne et vous invite à partager son attachement en organisant des traversées - commentées ou non - du site. Durée des promenades variable (entre deux ou cinq heures), à choisir selon votre endurance…

La Tanière (centre équestre) – *La Grève - 50170 Moidrey - 02 33 58 13 53 ou 06 30 50 59 21 - www.randobaie.com.* Posté sur la route du Mont-Saint-Michel après l'hippodrome, ce centre équestre s'est presque fait une spécialité des randonnées à cheval dans la baie.

Mortain★

2 191 MORTAINAIS
CARTE GÉNÉRALE B3 – CARTE MICHELIN LOCAL 303 G8 – MANCHE (50)

Certaines villes sont plus privilégiées que d'autres par la nature : il en est ainsi de Mortain. Construit à flanc de coteaux, dans une étroite vallée, Mortain voit dévaler les eaux de la Cance et du Cançon le long d'une grande et d'une petite cascade. Un spectacle aussi grandiose que sauvage au détour de la Normandie armoricaine. En plus, malgré les destructions de 1944, la cité possède un patrimoine d'une grande diversité. L'abbaye Blanche comme la collégiale Saint-Évroult en témoignent.

Se repérer – Mortain se trouve à 25 km au sud de Vire par les D 577 et D 977. Avranches est à 42 km à l'ouest par la D 5.

À ne pas manquer – Les paysages impressionnants et pittoresques du Circuit des cascades, le « Chrismale », trésor de la collégiale St-Évroult, et le musée régional de la Poterie.

Organiser son temps – Prévoyez au minimum une demi-journée de balade au fil des cascades.

Avec les enfants – Découvrez un élevage de faisans en plein air à la Grande Chapronnière de Milly.

Pour poursuivre la visite – Voir aussi St-Sever-Calvados, Vire, Domfront, Pontmain et St-Hilaire-du-Harcouët.

Se promener

Possibilité de faire le Circuit des cascades - *env. 45mn - départ office de tourisme.*

Grande Cascade★

Laisser la voiture au parking de l'avenue de l'Abbaye-Blanche. De là se détache un sentier en descente qui mène à cette chute de 25 m. Le site, en sous-bois, est ravissant. On accède également à la Grande Cascade à partir de la rue du Bassin *(suivre la signalisation)*. Le sentier qui s'embranche dans un virage longe la Cance dans un site superbe et se termine par la fameuse cascade.

Gilles Targat / MICHELIN

La Grande Cascade.

Petite Cascade★

Laissez la voiture sur la place du Château et prenez le chemin qui longe, à gauche, le mur de la Caisse d'Épargne *(panneau indicateur)*. Traversez la Cance et prenez à droite le petit sentier qui passe au pied du rocher de l'Aiguille. Franchissant le Cançon sur des pierres plates, et suivant ce ruisseau, on débouche dans l'amphithéâtre rocheux où dévale la Petite Cascade. Petite, sa dénivellation est plus importante que celle de la Grande Cascade : 35 m !

Petite Chapelle★

Au sud de Mortain, prenez la direction de Rancoudray, puis aussitôt à gauche devant la gendarmerie. Laissez la voiture au sommet de la montée sur le parking près de l'entrée d'une allée de sapins, à droite. Engagez-vous dans l'allée de sapins.

Juste avant la chapelle, vous verrez sur la gauche un petit monument dédié aux soldats américains tombés en 1944 à la cote 314, non loin de là.

Passez à gauche de la Petite Chapelle pour gagner le belvédère sur lequel est placée une table d'orientation. Une **vue★** immense se révèle sur les massifs forestiers de Mortain et de Lande-Pourrie. À droite, vous pouvez découvrir par temps clair le Mont-St-Michel et la côte bretonne qui se profilent à l'horizon.

Visiter

Abbaye Blanche

✆ 02 33 79 47 47 - avr.-déc. : tlj sf mar. 10h-12h, 14h30-19h - gratuit.

Entourée de beaux rochers, cette ancienne abbaye de moniales, fondée au 12e s. par Adeline et son frère Vital, chapelain du comte Robert, est actuellement un centre d'animation spirituelle.

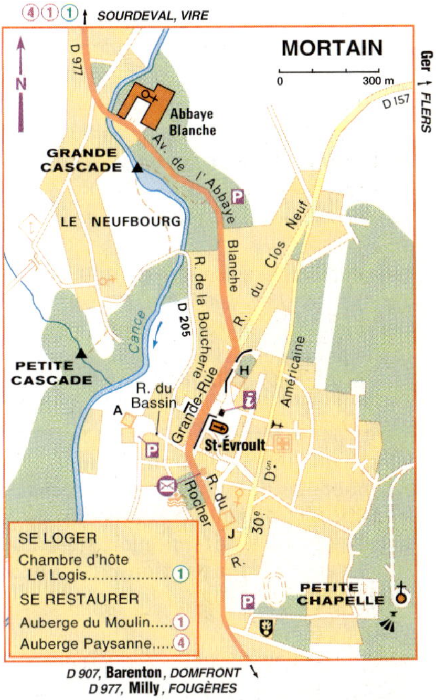

Salle capitulaire – La salle est formée de deux vaisseaux voûtés d'arêtes. Les sœurs prenaient place, par ordre d'ancienneté, sur les bancs de pierre qui courent le long des murs. Le côté faisant face au cloître était réservé aux principales dignitaires.

Galerie du cloître – Contrairement à de nombreux cloîtres romans pourvus de colonnes géminées ou en quinconce (comme au Mont-St-Michel), celui-ci se distingue par une unique rangée de colonnes très simples. La charpente en bois est digne d'intérêt.

Abbatiale – On reconnaît l'ordonnance cistercienne : chevet plat percé d'un grand oculus, chapelles aux bras du transept. Les croisées d'ogives comme ossatures des voûtes annoncent le gothique naissant. L'éclairage de la longue nef est assuré par six fenêtres qui s'agrandissent au fur et à mesure que l'on s'éloigne du chœur.

Cellier – Système de voûtes divisé en deux berceaux de quatre travées ; les chapiteaux sont ornés de feuilles plates et de volutes.

Collégiale Saint-Évroult

✆ 02 33 59 19 74 - visite libre 9h-19h - sur demande à l'office de tourisme pour visite du trésor - juil.-août (se renseigner pour les horaires) - gratuit.

Cette ancienne collégiale est bâtie en grès dans un style gothique assez sévère. Le murpignon de la façade est percé de trois fenêtres en tiers-point au-dessous desquelles s'ouvre le portail. Le **clocher** du 13e s. est une œuvre très attachante par sa simplicité et la pureté de ses lignes. La jolie porte romane de la deuxième travée est représentative de l'école romane normande ; les éléments décoratifs courent sans interruption de la base à la partie haute de la voussure, sans l'appui de colonnes ni de chapiteaux.

Dans le chœur, il faut remarquer les stalles dont les miséricordes (saillies qui permettent aux moines de s'appuyer ou de s'asseoir pendant les offices) sont souvent sculptées de personnages satiriques. Parmi les autres pièces composant le mobilier, l'autel en marbre du Maine, la cuve baptismale du 15e s. et les orgues du 18e s. retiennent l'attention. La **salle du Trésor** abrite le « Chrismale », très rare coffret du 7e s., d'origine anglo-irlandaise, pyxide (petite boîte où l'on plaçait l'Eucharistie) ou reliquaire portatif en hêtre doublé de cuivre, gravé d'inscriptions runiques et d'icônes.

Aux alentours

Barenton

9 km au sud-est. Quittez Mortain par la route de Domfront.

Une **Maison de la pomme et de la poire** est installée dans le cadre du Parc naturel régional Normandie-Maine, à proximité de Barenton. Elle illustre l'histoire, les activités, les techniques, l'évolution économique et les problèmes actuels liés à la production du cidre, du poiré, du pommeau et du calvados. On découvre un verger haute-tige (maturité après 6-8 ans) et un verger basse-tige (maturité après 3 ans). Dégustation en fin de visite. *La Logeraie - ✆ 02 33 59 56 22 - www.parc-naturel-normandie-maine.fr - possibilité de visite guidée (1h) - juil.-août : 10h-12h30, 14h-18h30 ; avr.-juin et de déb. sept. à mi-oct. : 10h-12h, 14h-18h - 4 € (enf. 2 €).*

Ger

Facilement reconnaissable à sa couleur brune (grès), parfois brillante, la **poterie de Ger** a connu ses heures de gloire au 19ᵉ s. Elle pouvait être décorative (vases, faîtages) mais le gros de la production était de la poterie utilitaire : bouteilles, cruches, pots pour le beurre (d'Isigny), etc. Il n'y a presque plus d'argile de ce type dans le secteur (encore un peu à Noron-la-Poterie) et il faut s'approvisionner du côté d'Angers pour la petite production actuelle.

Sur la route de Flers. Comptez environ 15 km au départ de Mortain, par la D 157. Suivez ensuite la D 60 à gauche, direction Le Placître.

Poteries de Ger

Musée régional de la Poterie★ – *3 r. du Musée - Le Placître - ✆ 02 33 79 35 36 - ♿ - juil.-août : 11h-19h ; juin et sept. : 11h-18h ; avr.-mai : 14h-18h - 4,20 € (enf. 1,75 €).*
Des fouilles ont révélé l'ancienneté de ce site potier qui fut l'un des centres les plus productifs de la région au 19ᵉ s. Il comprend actuellement douze bâtiments parmi lesquels on découvre la maison du potier, trois **fours-tunnels** exceptionnels des 17ᵉ et 18ᵉ s., un séchoir à pots, différents ateliers, une boulangerie… Le parcours présente près de 2 000 poteries, avec des explications sur les techniques de fabrication. Présentation de différents tours avec une très intéressante **démonstration★**. Il y a encore un potier sur place qui vend sa production.

Milly

9,5 km au sud-ouest. Quittez Mortain par la D 977.

La faisanderie de la Grande Chapronnière – *✆ 02 33 49 00 68 - juil.-août : 11h-19h ; mai-juin, sept. : dim. 10h-19h - 4 € (enf. 2 €) - visite guidée sur demande.*
Cette ferme s'est spécialisée dans l'élevage de faisans : une quarantaine de variétés sont présentées dans un parcours en plein air. À leurs côtés, des animaux de race normande ou en voie d'extinction, comme le mouton d'Ouessant. Les plus petits s'amuseront devant l'étonnante poule hollandaise naine noire à huppe blanche qui semble coiffée d'une perruque ! Film, diorama et galerie d'animaux naturalisés complètent la visite.

Circuit de découverte

VALLÉE DE LA SÉE

Circuit de 50 km au nord, par la D 977 en direction de Vire.

Après la Tournerie, dans une descente sinueuse, la vue est très étendue sur le vaste bassin vallonné de Sourdeval, parcouru par la haute Sée. En prenant à gauche dans Sourdeval, on suit la D 911 qui se faufile dans la **vallée de la Sée★** et se rétrécit, épousant les sinuosités de la rivière. Sur plus de 8 km, chaque virage est l'occasion d'une découverte charmante, puis la vallée s'épanouit.

Moulin de la Sée

✆ 02 33 59 20 50 - www.moulin-de-la-see.com - ♿ - juil.-août : 9h-19h, w.-end et j. fériés 11h-19h (dernière entrée 30mn av. fermeture) ; mars-juin et sept.-oct. : 9h-12h30,

Des « grillous » à Guy Degrenne

Au début du 19e s., des hommes quittaient leur village pour parcourir la France. Ils rachetaient dans les fermes les vieux couverts en étain pour les fondre et en fabriquer de nouveaux. Natifs de Sourdeval, de Gathemo ou du Fresne-Poret, ces hommes étaient des potiers d'étain, des « grillous », ancêtres des industriels qui peu à peu transformeront leurs vieux moulins à papier en fabriques de petite métallurgie. La fabrication des couverts devint une spécialité du canton : couverts en étain, puis en métal aciéré et, de nos jours, en acier inoxydable.

14h-18h, w.-end et j. fériés 14h-18h - fermé nov.-fév. - 5 € (enf. 3,50 €). Signalé par sa cheminée de 24 m de haut, l'écomusée de la vallée de **Brouains** est une ancienne usine. Les différents thèmes abordés sont liés à la rivière : croissance des salmonidés (la Sée est l'une des meilleures rivières à saumons de France) ; fabrication de soufflets ; exploitation de l'énergie hydraulique (à l'aube du 19e s., plus de 150 moulins à papier fonctionnaient sur les 10 km et 100 m de dénivelé de la vallée) ; les hommes et l'évolution des techniques depuis l'époque des « grillous » jusqu'à la fabrication des couverts de table en inox. Auberge sur place.

Traversez Chérencé-le-Roussel et tournez à droite, après l'église, dans la D 33.

Saint-Pois

Ce petit village offre de jolies vues à gauche, qui s'étendent jusqu'à la vallée de la Sée.

Tournez à droite dans St-Pois, puis encore à droite dans la D 39 en forte montée.
La route, bordée de beaux arbres, est très agréable.

Saint-Michel-de-Montjoie

À l'entrée du village en venant de St-Pois, une terrasse (323 m) permet d'avoir un joli coup d'œil à l'ouest sur le Mont-St-Michel, les marches de la Normandie, du Maine et de la Bretagne. St-Michel-de-Montjoie vit principalement de la mise en bouteilles d'une eau minérale, l'eau de Montjoie, et de l'extraction du granit.

Musée du Granit – *☎ 02 33 59 02 22 - de mi-juin à fin août : 14h-18h (dernière entrée 1h av. fermeture) ; de déb. mai à mi-juin : dim. 14h-18h - 4 € (enf. 1,60 €).* Installé dans un parc planté de beaux arbres, il expose de nombreux objets faits main : chapiteaux, frontons de porte, sarcophages, balustres, meules de moulin, etc. L'histoire de l'extraction et du travail du granit est expliquée au moyen de tableaux et de photographies. Exposition de travaux modernes réalisés par des granitiers : pierres sculptées et polies, statues d'animaux, bracelets, bagues.
La carrière de granit qui est actuellement exploitée se trouve sur la D 282 en direction du Gast.

Reprenez la D 39 vers Gathemo et, dans cette localité, tournez à droite.

Avant d'entrer dans Perriers-en-Beauficel, regardez la vue sur la vallée de la Sée. De Perriers, longue descente sinueuse offrant encore de très jolies vues.

Rejoignez Chérencé-le-Roussel, puis prenez à gauche la D 33 en direction de Mortain.

Mortain pratique

Adresse utile

Office du tourisme de Mortain – *R. du Bourglopin - ☎ 02 33 59 19 74 - www.ville-mortain.fr - juil.-août : 9h30-12h30, 14h-18h30 (dim. 17h) ; avr.-juin et sept. : tlj sf dim. et j. fériés 9h30-12h30, 14h-18h ; reste de l'année : tlj sf dim., j. fériés et lun. 10h-12h30, 14h-17h30.*

Visite

Circuit historique – Le circuit balisé « **La contre-attaque** », appartenant au parcours de l'Espace historique de la bataille de Normandie, passe par Mortain.

Se loger

Chambre d'hôte Le Logis – *50520 Juvigny-le-Tertre - 12 km à l'O de Mortain par D 977, D 5 puis D 55 (dir. St-Hilaire) - ☎ 02 33 59 38 20 - http://gitefillatre.free.fr - fermé 15 nov. - 15 mars - ⊭ - 3 ch. 31/42 € ☕ - repas 15 €.* Ici, les chambres sont installées dans deux bâtiments datant du 17e s.Contemporaines, les deux premières ont été aménagées dans le pigeonnier tandis que l'autre, plus classique, avec sa cheminée en granit et ses poutres gravées de fleurs de lys, est dans le corps principal. Deux gîtes.

Se restaurer

⊖ **Auberge Paysanne** – *Au village enchanté de Bellefontaine - 50520 Bellefontaine - 7 km au N de Mortain par D 33 - ✆ 02 33 59 01 93 - www.village-enchante.fr - fermé 15 janv.-15 mars - formule déj. et dîner 13 € - 16/23 €.* À l'entrée du village, laissez-vous enchanter par cette ancienne grange aménagée en restaurant. Vieilles poutres, cheminée de granit et une partie du sol en terre battue pour une atmosphère très campagnarde. Plusieurs possibilités de logement : chambres et gîtes (pour les groupes).

⊖⊖ **Auberge du Moulin** – *Moulin de la Sée - 50150 Brouains - ✆ 02 33 59 50 60 - www.aubergedumoulin.fr - fermé 30 juin-10 juil., 26 déc.-17 janv., dim. soir, lun. et mar. - 19/31 €.* Cette auberge installée le long de la Sée s'intègre à l'écomusée de la vallée de Brouains. La sobriété des chambres égale leur prix. Salle à manger-véranda tournée vers la campagne. Copieuse cuisine traditionnelle évoluant avec le marché.

Omaha Beach

CARTE GÉNÉRALE B1 – CARTE MICHELIN LOCAL 303 G3 – CALVADOS (14)

Omaha Beach « la sanglante » est aussi tristement célèbre que les autres plages du Débarquement. L'aspect austère et désolé que présente, dans sa partie est, cette grève étroite adossée à un talus pelé, facilite l'évocation des événements tragiques et glorieux qui s'y déroulèrent le jour J. C'est sur ce secteur américain des opérations que le nombre de morts alliés fut le plus élevé.

- **Se repérer** – Ce nom qui, jusqu'au 6 juin 1944, n'avait d'existence que dans le code secret allié, désigne et reste appliqué aux plages du Calvados de St-Laurent-sur-Mer, Colleville-sur-Mer et Vierville-sur-Mer, à une vingtaine de kilomètres au nord-ouest de Bayeux.
- **À ne pas manquer** – Impressionnant lieu de mémoire, le cimetière américain de Colleville-sur-Mer rassemble près de 9 400 croix parfaitement alignées.
- **Organiser son temps** – Comptez 3h environ pour la visite des sites.
- **Pour poursuivre la visite** – Voir aussi les plages du Débarquement, Arromanches-les-Bains et Bayeux.

Comprendre

Premières difficultés – L'objectif du débarquement américain à Omaha Beach est d'établir une tête de pont, de Port-en-Bessin jusqu'à la Vire, afin d'avancer, de concert avec les Britanniques, vers Caumont-l'Éventé et St-Lô. La météo, les forts courants côtiers et la très mauvaise visibilité contrarient d'emblée ces plans. Les barges de la première vague d'assaut dérivent. Les troupes ne se trouvent pas aux emplacements prévus et il leur manque le support des blindés : seuls deux chars amphibies, sur les 29 mis à l'eau, atteignent le rivage.

L'enfer – C'est donc sur une plage lisse et balayée par le feu allemand que s'opère le Débarquement, à partir de 6h30. Les assaillants doivent parcourir 500 m à découvert avant de pouvoir se mettre à l'abri. Dans les cinq premières minutes de l'assaut, 90 % des forces sont décimées. À 10h, les hommes du 5e corps de la 1re armée tentent une première percée. Des renforts arrivent, appuyés par des navires alliés. Les positions allemandes sont prises une à une et, en fin d'après-midi, la plage est sous contrôle. Les pertes américaines s'élèvent à 2 400 hommes, soit environ 7 % des 34 000 soldats débarqués ce jour-là.

Stéphane Sauvignier / MICHELIN

Cimetière américain de Colleville-sur-Mer.

Progression vers l'intérieur – Dans la soirée, la route qui relie Port-en-Bessin à Grandcamp est solidement tenue et les unités motorisées peuvent déboucher sur le plateau par des sections de routes construites de toutes pièces dans l'après-midi même, sous le feu des tireurs isolés ennemis. Les éléments du « Mulberry A », mis en place dès ce moment, ne résisteront pas à la tempête du 19 juin, tempête comme on n'en avait jamais vue sur cette côte depuis quarante ans.

Voir également cartes historiques Michelin Bataille de Normandie n° 102 et Voie de la Liberté n° 105.

Circuit de découverte

DE COLLEVILLE-SUR-MER À VIERVILLE-SUR-MER

9 km – environ 1h.

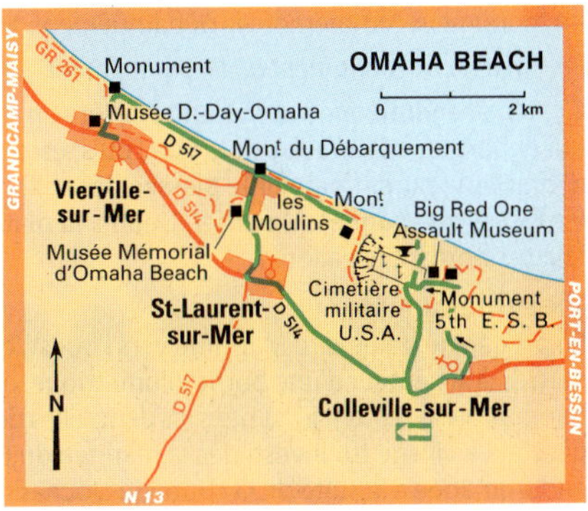

Colleville-sur-Mer

Les alentours de l'église ne furent débarrassés des derniers Allemands que le 7 juin à 10h.

Monument de la 5th Engineer Special Brigade

Le monument de la 5th Engineer Special Brigade constitue le belvédère le mieux situé d'Omaha Beach. Élevé sur les restes d'un blockhaus, il commémore le sacrifice des spécialistes chargés d'assurer au mieux le va-et-vient entre les navires et la grève ainsi que l'aménagement de la plage et de ses « sorties » en prévision d'un trafic intense.

En sortant, suivez les pancartes rouges et blanches « Big Red One Assault Museum ».

Big Red One Assault Museum – *02 31 21 53 81 - visite guidée (1h) sur demande - mars-nov. : tlj 10h-12h, 14h-18h ; juin-août : tlj 10h-19h - 5 € (étud. 3,50 €).* Ce petit musée *(une salle)* porte le nom de la 1re division d'infanterie américaine, débarquée à Omaha Beach le 6 juin 1944 avec la 29e division. Documents et équipements d'époque classés par unité et par secteur. Les effets personnels proviennent de soldats dont les noms ont été retrouvés. Projection d'un film tourné par des correspondants de guerre.

Continuez la route en suivant le fléchage « Cimetière américain ».

Cimetière militaire US de Colleville-sur-Mer

Ses 9 387 croix de marbre de Carrare s'alignent dans un silence impressionnant. Dans l'axe de l'allée centrale du cimetière a été élevé un monument commémoratif, précédé d'un bassin et entouré de plantations ; sur le mur des Disparus, 1 557 noms sont inscrits. Gagner ensuite un belvédère aménagé face à la mer. De là, on peut descendre jusqu'à la plage *(30mn AR)* et s'arrêter à mi-parcours devant une autre table d'orientation. Un important **Visitor Center** doit être inauguré le 6 juin 2007. L'espace d'exposition rend hommage aux soldat américains et alliés qui ont donné jusqu'à leur vie lors de cette formidable opération militaire. www.abmc.gov (site en anglais).
Du grand parking, un chemin mène hors de l'enceinte du cimetière, au monument érigé à la mémoire des soldats de la 1re division.

Descendez, en contrebas de cet obélisque, au monument de la 5th Brigade. Reprenez la voiture et revenez à la D 514 ; poursuivez vers St-Laurent.

Saint-Laurent-sur-Mer

Ce village ne fut libéré que le 7 juin après de violents combats. Pour les assaillants, c'était là une « sortie de plage » qui ne put être utilisée le jour J.

Descendez vers la plage par la D 517 qui, par un vallon, atteint le monument commémoratif.

Musée-mémorial d'Omaha Beach – *En bordure de la D 517 - av. de la Libération - 02 31 21 97 44 - www.musee-memorial-omaha.com - - juil.-août : 9h30-19h30 (dernière visite 1h av. fermeture) ; de mi-mai à fin juin et sept. : 9h30-19h ; de mi-mars à mi-mai et de mi-sept. à mi-nov. : 9h30-18h30 ; de mi-fév. à mi-mars : 10h-12h30, 14h30-18h - 5,40 € (enf. 3 €).* Agrandi à l'occasion du 60e anniversaire du Débarquement, cet agréable musée propose une présentation chronologique de l'occupation allemande jusqu'au Débarquement dans le secteur américain. Des **reconstitutions★** avec des mannequins en uniforme, de l'armement (dont un canon de 155 offert par le Defense Secretary à Washington), des affiches, des panneaux thématiques et des articles de presse illustrent cette période dramatique. Vidéo en fin de visite.

Les Moulins

Ce lieu-dit est marqué par le **monument commémoratif du Débarquement**. Prendre à droite la route qui longe la plage. À son extrémité, le cimetière américain apparaissant en arrière-plan, on peut contempler le vallon du Ruquet et la route ouverte par les unités du génie, après la destruction du blockhaus, vers 11h30. C'est par cette voie, la première ouverte, que le matériel lourd et l'infanterie purent gagner le plateau et avancer vers le bourg de St-Laurent.

Aujourd'hui, une plaque sur ce blockhaus rappelle qu'il servit de premier quartier général pour l'organisation du trafic entre la plage et l'arrière-pays. Devant ce même blockhaus, un monument commémore le débarquement, le 7 juin, de la 2e DI « Indian Head ».

Revenez vers le monument du Débarquement.

C'est à cet endroit que s'abritèrent, derrière un cordon de galets, les premières unités qui débarquèrent à l'aube du 6 juin ; puis, escaladant les falaises, ces mêmes unités d'infanterie purent gagner le plateau, les vallons étant puissamment défendus par les forces allemandes. Un enfer. Depuis la plate-forme du monument, vue sur les falaises bordant le vallon.

Vierville-sur-Mer

En prenant le boulevard Maritime vers l'ouest, on peut voir à quelques centaines de mètres, à la hauteur d'une borne kilométrique, une stèle signalant l'emplacement où furent provisoirement inhumées les dépouilles des soldats tombés dans la bataille des plages. Le village fut investi dès la matinée du 6 juin 1944. L'église a été gravement endommagée à la suite de la chute du clocher.

La route quitte la côte par une autre « sortie de plage », elle aussi tardivement débouchée. Un monument dédié aux forces de la garde nationale des États-Unis ayant combattu en France au cours des deux guerres mondiales a été érigé sur l'un des blockhaus les plus redoutés des assaillants.

D-Day-Omaha

Route de Grandcamp (D 514) - ✆/fax 02 31 21 71 80 - www.dday-omaha.net - ♿ - juin-août : 9h30-19h30 ; sept. : 10h-19h ; mars-mai et oct.-nov. : 10h-12h30, 14h-18h - 5,30 € (enf. 3 €). Dans un ancien hangar à avion, regroupement surprenant d'objets de la Seconde Guerre mondiale : la machine Enigma, moteurs d'avions, panier pour pigeon de l'armée, motos de paras…

Omaha Beach pratique

Voir aussi les encadrés pratiques des plages du Débarquement et de Bayeux.

Se loger

Chambre d'hôte Ferme du Clos Tassin – *14710 Colleville-sur-Mer - dans le village, sur D 514 - ✆ 02 31 22 41 51 - www.clostassin.fr.st - fermé janv. - 5 ch. 35/42 € - repas 18 €.* Les propriétaires de cette ferme fabriquent eux-mêmes jus de pomme, cidre, calvados et pommeau de Normandie : à déguster sur place, dans la boutique même puisque l'on y dresse la table d'hôte ! Chambres campagnardes d'un niveau de confort très satisfaisant.

Hôtel du Casino – *Bd de Chauvigny - 14710 Vierville-sur-Mer - ✆ 02 31 22 41 02 - fermé 15 nov.-15 mars - P - 12 ch. 65/70 € - 8,50 € - restaurant 24/36 €.* Vent du large et sable fin vous attendent dans cet hôtel de bord de mer des années 1950. Petits galets incrustés aux murs. Prenez une chambre avec vue et contemplez la mer de la salle à manger.

Se restaurer

L'Omaha – *Pl. du Monument - 14710 St-Laurent-sur-Mer - ✆ 02 31 22 41 46 - fermé 15 nov.-15 fév. - 20/31 €.* L'adresse vaut surtout par sa situation face à la mer et à deux pas de la plage d'Omaha. Cadre sans façon à l'intérieur et deux terrasses pour l'été. La cuisine fait la part belle aux produits de la mer. À noter : petite boutique de souvenirs.

Sports & Loisirs

Eolia Normandie – *Le Cavey - base nautique Omaha Beach - 14710 Colleville-sur-Mer - ✆ 02 31 22 26 21 - www.eolia-normandie.com - accueil : 10h-12h30, 14h-17h30 ; juil.-août : 8h30-19h, réserv. obligatoire.* Base nautique ancrée à Colleville-sur-Mer, au départ de la plage qui s'étend jusqu'à Vierville-sur-Mer. Formules de découverte ou d'initiation. Randonnées accompagnées en char à voile, wake board, catamaran et kayak.

Ouistreham-Riva-Bella

8 679 OUISTREHAMAIS
CARTE GÉNÉRALE C2 – CARTE MICHELIN LOCAL 303 K4 – CALVADOS (14)

L'union fait la force : grâce à la mise en commun de leurs ressources touristiques, le bourg d'Ouistreham et la plage de Riva-Bella forment un excellent centre nautique et balnéaire dont les ports de pêche et de plaisance entretiennent l'animation. La station est par ailleurs ouverte sur l'Angleterre et son exotisme d'outre-Manche grâce à la ligne de car-ferries qui relie Ouistreham à Portsmouth.

Gilles Targat / MICHELIN

Alignement de cabines près de restes de fortifications sur la plage.

Se repérer – Ouistreham se situe à l'embouchure de l'Orne, rive gauche, à 15 km de Caen. La station marque le début de « Sword Beach », le secteur britannique des plages du Débarquement.

À ne pas manquer – Admirez l'étonnante façade à trois étages d'arcatures de l'église St-Samson, ainsi que les yachts amarrés au port.

Organiser son temps – Pourquoi ne pas vous laisser tenter par une journée de soins au centre de thalassothérapie ?

Pour poursuivre la visite – Voir aussi Caen, Fontaine-Henry, Bayeux et Arromanches-les-Bains.

Comprendre

Un air d'Italie – Si le nom de Ouistreham est saxon, *ooster* signifiant « de l'est » et *ham* « la ferme », en quelque sorte « la ferme de l'est », l'origine de Riva-Bella est plus poétique : en 1866, la première villa de la station appartenait à un certain M. Longpré. Un de ses invités, sous le charme des magnifiques couchers de soleil admirés sur la plage, les compara à ceux qu'il avait vus lors d'un voyage en Italie. En souvenir, il lui donna le nom de Riva-Bella. La villa, miraculeusement épargnée pendant la guerre, est toujours visible au 53 rue Pasteur.

Pour les familles – Certes, sous la IIIe République, le président du Conseil Aristide Briand a possédé une résidence secondaire dans la station, mais cela ne fait pas de Ouistreham-Riva-Bella un endroit fiévreux et « people » pour autant. Son charme réside au contraire dans son atmosphère paisible et familiale, où équipements sportifs et loisirs répondent aux attentes de tous les âges.

Se promener

Ouistreham

Église St-Samson★ – Cette église-forteresse du 12e s. a été bâtie à l'emplacement d'une église en bois détruite au 9e s. pendant les incursions vikings. La façade à pignons, où trois étages d'arcatures s'alignent au-dessus du portail surmonté de quatre archivoltes, est remarquable. Prenez du recul pour bien voir le clocher (fin du

12e s.) soutenu par des contreforts. À droite du portail, un contrefort est décoré d'un clocheton coiffé d'un toit pyramidal en pierre.
À l'intérieur de la nef, il faut regarder avec attention les piles rondes ornées de chapiteaux à godrons (en forme de grosses boules pleines) et les fenêtres hautes.

Port de plaisance

Laissez votre voiture sur la place du Général-de-Gaulle, au débouché du canal.
Sur la rive droite du canal, un bassin d'environ 15 ha reçoit la visite d'un nombre important de yachts : plus de 650 anneaux. Attention, cela risque de vous faire rêver !

Plage de Riva-Bella

Plage la plus proche de Caen, cette magnifique étendue de sable fin incite les familles caennaises à profiter de la mer dès les premiers rayons du soleil.
La station, labellisée Station voile, autorise tous les sports de voile ou de glisse, sur eau comme sur sable. On trouvera aussi une piste de karting, un club équestre, un club de cerf-volant et un golf miniature.

Visiter

Phare de Ouistreham

Juil.-août : vend., w.-end et j. fériés 15h-18h ; reste de l'année : en fonction de la météo et de la disponibilité du gardien - gratuit. D'une hauteur de 30 m, il a une portée de 35 km. Lorsque vous serez à son sommet (171 marches), les ports de pêche et de plaisance vous appartiendront, en un seul regard.

Le Grand Bunker – Riva-Bella

✆ 02 31 97 28 69 - avr.-sept. : 9h-19h ; fév.-mars et oct.-déc. : 10h-18h - 6,50 €.
La mission de cet ancien poste allemand de télémétrie, qui domine l'embouchure de l'Orne depuis ses 17 m, consistait à donner des directives de tir aux batteries de canons de Ouistreham. Le parcours des cinq niveaux de la tour de béton traverse différentes pièces regroupant des objets, des armes, des mannequins. Au dernier niveau, la salle de télémétrie permettait de scruter l'horizon, à l'aide d'un télémètre (toujours en place), sur un arc de 180 ° et une distance de 45 km.

Musée du Débarquement « n° 4 Commando » – Riva-Bella

✆ 02 31 96 63 10 - ♿ - mars-oct. : 10h30-18h. - 4,50 € (enf. 2,50 €).
Le 4e commando franco-britannique, celui du commandant Kieffer, se couvrit de gloire en réduisant, dans la matinée du 6 juin 1944, les points fortifiés ennemis. Le musée conserve des maquettes et de nombreux documents ainsi que des mannequins, objets, vêtements, badges et armes d'origine française, anglaise et allemande.

Ouistreham-Riva-Bella pratique

Adresse utile

Office du tourisme de Ouistreham – *Jardins du Casino - ✆ 02 31 97 18 63 - www.ot-ouistreham.fr - juil.-août : 10h-13h, 14h-19h ; avr. et sept. : tlj sf j. fériés 10h-12h30, 14h-18h30 ; reste de l'année : tlj sf j. fériés 10h-12h30, 14h30-18h, dim. 10h-12h30.*
👁 En association avec des prestataires locaux, le Comité départemental de tourisme et l'office de tourisme de Ouistreham proposent des week-ends de découverte articulés autour de différents thèmes : gastronomie, thalassothérapie, histoire, équitation et nautisme.

Se loger

⊖⊖ **Hôtel La Plage** – *39 av. Pasteur - 14150 Riva-Bella - ✆ 02 31 96 85 16 - www.hotel-ouistreham.com - ouvert 1er mars-11 Nov. - P - 16 ch. 53/90 € - ☕ 8 €.* Villa anglo-normande du début du 20e s. dans une rue calme proche de la plage. Chambres rénovées ; quelques-unes, plus spacieuses, accueillent les familles. Joli jardin.

⊖⊖ **Chambre d'hôte La Guillaumière** – *766 Grande-Rue - 14880 Hermanville-sur-Mer - 4 km de Ouistreham par D 514 dir. Courseulles, au 2e feu tricolore d'Hermanville, tourner à gauche en passant par la petite chapelle - ✆ 02 31 96 41 30 ou 06 89 58 64 32 - francoise.giraud14@wanadoo.fr - 🚭 - 3 ch. 65/70 € ☕.* Dans un village proche de Ouistreham, cette sympathique maison d'hôte abrite, au sein d'un jardin clos de murs, dans un décor nautique (maquettes de bateaux), de bonnes chambres dotées de meubles familiaux ou chinés et de sanitaires privatifs, contigus ou non. Documentation locale sur la Seconde Guerre mondiale. Accueil des plus chaleureux.

Se restaurer

⊖⊖ **Le Normandie** – *71 av. Michel-Cabieu - ✆ 02 31 97 19 57 - www.lenormandie.com - fermé 18 déc.-1er janv., dim. soir et lun. sf d'avr. à oct. - 18 € déj. - 21/73 €.* Restaurant installé dans une maison régionale du port. Choisissez votre table dans la salle à manger colorée et lumineuse ou dans l'élégante véranda.

⊜⊜ **Le St-Georges** – *51 av. Andry - ℘ 02 31 97 18 79 - saint.georges.hotel@wanadoo.fr - fermé 8-29 janv., dim. soir et lun. midi - 22/36 € - 18 ch. 68/75 € - ☕ 8 €.* Dès la fin du 19e s., les premiers amateurs de bains de mer fréquentèrent cette maison. Deux salles à manger vous attendent aujourd'hui pour déguster une cuisine axée sur les produits de la pêche : l'une moderne, avec grandes baies donnant sur la côte, l'autre d'époque et agrémentée d'une cheminée.

Sports & Loisirs

Thalazur Ouistreham – *Av. du Cdt-Kieffer - ℘ 02 31 96 40 40 - www.thalazur.fr - 9h-20h, dim. 9h-17h - fermé 17-26 déc. - 25 € l'entrée.* Séjour tonique face à la mer dans ce centre comprenant un institut de beauté et un hôtel. Cures de remise en forme et nombreux soins à la carte.

Haras national du Pin★

CARTE GÉNÉRALE C3 – CARTE MICHELIN LOCAL 310 J2 – ORNE (61)

Pour une fois, ce n'est pas le château qui attire mais ses communs : écuries, selleries, manèges, remises constituent la splendeur du haras du Pin, construit à la gloire de la plus belle conquête de l'homme. Autrefois royal, aujourd'hui national, il est l'un des centres les plus renommés de l'élevage du cheval en France. Un site que tous les passionnés d'équitation se doivent de visiter.

- **Se repérer** – Le haras se trouve à une quinzaine de kilomètres à l'est d'Argentan par la N 26.
- **À ne pas manquer** – Les « Jeudis du Pin », présentation commentée d'étalons et d'attelages dans la prestigieuse cour d'honneur.
- **Organiser son temps** – Comptez 2h30 pour une visite approfondie.
- **Avec les enfants** – Approchez les étalons et les percherons de très près.
- **Pour poursuivre la visite** – Voir aussi Argentan et Sées.

Eric Bénard / MICHELIN

Attelage en pleine action au haras du Pin.

Comprendre

Les origines – L'origine du haras remonte à 1665, date à laquelle Colbert, approuvé par Louis XIV, crée les haras publics afin de pourvoir à l'élevage et l'amélioration des races chevalines. Celui-ci s'établit au cœur du **pays de Merlerault**, « pays » normand réputé pour la qualité de ses herbages et de ses eaux. Les plans de l'établissement, conçus par Pierre Le Mousseux, élève de Mansart, et du domaine, aménagé dans l'esprit de Le Nôtre, furent mis à exécution de 1715 à 1730. François Gédéon de Garsault, écuyer du roi, devint alors le premier directeur de ce « Versailles du cheval ».

La renaissance – La Révolution abolit le régime des haras. Le Pin retrouva son éclat au 19e s., notamment lors du séjour de Napoléon III en août 1863. Aujourd'hui, l'École nationale des haras, qui y est rattachée, accueille le département Expérimentation Formation Développement de l'Institut du cheval. Elle assure la formation du personnel des haras nationaux et d'élèves du secteur privé (maréchalerie, insémination artificielle, etc.).

Visiter

02 33 36 68 68 - ♿ - visite guidée (1h) du 1er avr. au 7 oct. : 10h-18h - fermé 1er janv. et 25 déc. - 4 € (enf. 1,50 €) - parcours découverte de l'écurie n° 1 : 8 € (enf. 5 €) - tarif visite guidée + parcours découverte de l'écurie n° 1 : 10 € (enf. 5,50 €).

Trois magnifiques allées forestières convergent vers la cour d'honneur en fer à cheval, dite « cour Colbert ». Le **château** abrite la résidence du directeur et les salons de réception. Dans les ailes, les **écuries**, où se mêlent la pierre et la brique, reçoivent un effectif d'une quarantaine d'étalons groupés suivant leur race (pur-sang anglais, trotteurs français, selles français, anglo-arabes, arabes, cobs normands, percherons, poneys français de selle, new-forests et connemaras), leur robe et leur taille. Ils ne sont réunis au complet que de mi-juillet à mi-février. Le reste du temps, ils sont « en station de remonte » (lieux de reproduction) dans la circonscription, qui couvre quatre départements. De fin février à mi-juillet, le haras n'héberge donc plus qu'une vingtaine d'étalons.

Parcours découverte de l'écurie n° 1 – Ce nouveau circuit très complet et pédagogique permet de comprendre le cheval (anatomie, races, allures) et toutes les activités qu'il génère (atelier du maréchal-ferrant, sellerie…). Nombreuses bornes interactives et films. Dans les combles sont présentés l'histoire du haras et la « filière cheval » : l'élevage, les très courues ventes de yearlings… mais aussi le PMU !

Les remises – Elles rassemblent des véhicules hippomobiles dont la série des grands breaks des haras. Ces attelages servent lors des présentations ou des reprises attelées.

Animations – Quotidiennement, **la promenade des étalons** et l'entraînement des attelages entretiennent aux abords de l'établissement une animation plaisante. En saison, une **présentation d'étalons et d'attelages** a lieu tous les jeudis après-midi. Enfin, les **réunions hippiques** annuelles qui ont lieu à l'hippodrome du Pin sont des manifestations régionales très suivies en France et à l'étranger.

Aux alentours

Saint-Germain-de-Clairefeuille

10 km. Quittez le haras du Pin par la N 26, direction le Merlerault, et, à la sortie est de Nonant-le-Pin, prenez à gauche la route de St-Germain-de-Clairefeuille.

L'**église** renferme de magnifiques boiseries sculptées comportant **13 panneaux peints★**, de l'école flamande (début du 16e s.), représentant des scènes de la vie du Christ. *02 33 36 15 01 - possibilité de visite guidée sur demande à M. Guérin - Le Bourg - St-Germain-de-Clairefeuille - 10h-12h, 14h-18h.*

Gacé

13 km au nord-est du haras du Pin. Remontez vers Exmes (voir ci-après) par la D 26, puis tournez à droite dans la D 14.

Amaury de Valroger / MICHELIN

La fontaine de Gacé qui représente la Dame aux camélias.

C'est en découvrant son imposant château de brique que l'on mesure l'importance historique de cette ville sinistrée par les combats de juin 1940. La ville avait auparavant dû faire face aux Romains en l'an 50, aux Anglais pendant la guerre de Cent Ans et aux chouans qui ont pris la ville en 1800. Gacé est aujourd'hui une ville paisible qui préfère se souvenir d'une célébrité locale au destin extraordinaire, la mythique Dame aux camélias.

La Dame aux camélias

Sous ce nom aux parfums romantiques se cache une petite normande née le 15 janvier 1824 à Nonant-le-Pin. **Alphonsine Plessis**, puisque tel est son vrai nom, commence très durement dans un milieu modeste, cumulant les petits boulots – elle vendra des parapluies à Gacé – avant de rejoindre Paris à l'âge de 14 ans. Sa beauté grandissante fait rapidement des ravages dans la capitale et elle est remarquée par de jeunes nobles qui la font entrer dans le monde. Devenue Marie Duplessis, car le nom sonne mieux dans les salons, elle devient une irrésistible courtisane qui séduit et étourdit les hommes les plus riches et les plus brillants de l'époque ; elle compte, parmi ses amants célèbres, des génies comme Alexandre Dumas fils et Franz Liszt. Mais son extraordinaire beauté cache une santé fragile et elle meurt de la tuberculose à l'âge de 23 ans, le 3 février 1847. Son court mais fabuleux destin ne s'arrête pas là, car elle entre dans la légende grâce à deux chefs-d'œuvre qu'elle a inspirés : *La Dame aux camélias* d'Alexandre Dumas fils et *La Traviata* de Giuseppe Verdi.

Musée de la Dame aux camélias – *Accès par la tour gauche du château - Pl. du Château - ✆ 02 33 35 50 24 - visite guidée (1h) - juin-août : tlj sf lun. 14h-18h (dernière entrée 1h av. fermeture) - 2,50 € (enf. 1 €), 6 juin gratuit.* Un diaporama, de nombreux documents et quelques modestes souvenirs illustrent la vie de celle qui a inspiré les plus grands artistes de son temps. Dans la dernière salle, un film présente les grands artistes qui ont joué dans *La Dame aux camélias* ou interprété *La Traviata*.

Circuit de découverte

VUE SUR LA DIVES

23 km – environ 1h30. Prenez la N 26 à l'est et, à la Tête-au-Loup, à gauche, la D 26, en lisière de bois.

1,5 km avant Exmes, la route s'élève à flanc de colline, procurant une vue dégagée sur la dépression de la Haute-Dives, à gauche.

Exmes

Cette antique capitale historique du pays d'Argentan, appelé alors l'Hiémois, conserve une église à nef romane avec un chœur du 15e s.

La D 26, en descente vers le nord, puis la route d'Omméel prise à gauche et la D 305 au sud sur Villebadin offrent une succession de jolies vues dominantes sur les cuvettes et vallonnements boisés de la région, tout en longeant de vertes prairies, plantées de pommiers, où paissent vaches et chevaux des fermes et haras avoisinants (haras des Loges, d'Omméel, de la Grelue). À la sortie de Villebadin, prenez à gauche la petite route du manoir d'Argentelles, qui fait découvrir un ravissant paysage campagnard et le manoir lui-même, isolé dans un vaste pré, à droite.

Manoir d'Argentelles

✆ 02 33 36 59 52 - avr.-oct. : w.-end et j. fériés 12h-19h - gratuit.

Maison forte du 15e s. à tourelles d'angle et échauguettes, agrémentée de lucarnes du 17e s. Colombier du 17e s. érigé sur une motte féodale.

Au premier carrefour, tournez à droite vers la D 305 que vous reprendrez à gauche. Franchissez la D 14.

De la D 26, belles vues sur la crête où culmine l'église d'Exmes, à gauche, et sur un château à droite, puis, sous bois, des échappées sur la vallée en contrebas à gauche.

Rejoignez le hameau de la Tête-de-Loup et, de là, le haras du Pin.

Haras national du Pin pratique

Voir aussi l'encadré pratique d'Argentan.

Se loger

M. et Mme Plassais – *La Grande Ferme - lieu-dit Ste-Eugénie - 61160 Aubry-en-Exmes - 5 km au NO du haras du Pin par N 26 - ✆ 02 33 36 82 36 - ste.eugenie@free.fr - 4 ch. 44 € - repas 17 €.* Au cœur de la région des haras, ferme traditionnelle dont le corps de logis, tapissé de vigne vierge, abrite quatre menues chambres d'hôte personnalisées par quelques jolis meubles d'époques et d'origines diverses. Mention spéciale pour les superbes armoires normandes décorant le salon d'accueil et le couloir en haut de l'escalier. Agréable jardin sur l'arrière.

Château de Pirou★

CARTE GÉNÉRALE A2 – CARTE MICHELIN LOCAL 303 C4 – MANCHE (50)

Jadis situé en bordure d'un petit port, ce château fort bâti au 12e s. compte parmi les plus anciens châteaux normands. Il constituait au Moyen Âge un poste avancé de la défense de Coutances. Véritable île au milieu d'un étang, cette forteresse massive et ingénieuse opposait aux assaillants de hauts remparts et cinq portes de défense, dont trois ont bravé les siècles.

Stéphane Sauvignier / MICHELIN

Les impressionnantes murailles du château de Pirou.

- **Se repérer** – Pirou se situe à 10 km au sud de Lessay et à 2 km de la mer.
- **À ne pas manquer** – La tapisserie relatant la conquête de la Sicile par les Normands.
- **Organiser son temps** – Comptez 1h30 pour une visite tranquille.
- **Pour poursuivre la visite** – Voir aussi Lessay, Coutances et le Parc naturel régional des marais du Cotentin et du Bessin.

Comprendre

De la forteresse à la ferme – Le château porte le nom de la famille qui l'a possédé du 11e au 14e s. Les sires de Pirou étaient apparentés à la maison de Hauteville dont plusieurs membres participèrent à la fondation du royaume normand de Sicile. Jusqu'à la fin du 18e s., il fut la propriété de diverses familles nobles, puis devint, paraît-il, un repaire important de contrebandiers avant de devenir une ferme au 19e s. Construit au beau milieu d'un étang artificiel, sans doute à l'emplacement d'un retranchement viking, il demeure l'une des rares forteresses médiévales encore visibles en Normandie. Des travaux de restauration entreprennent, depuis le début des années 1970, de lui rendre toute sa majesté.

La légende des oies de Pirou – Les envahisseurs normands, ne parvenant pas à s'emparer du château fort, décidèrent d'en faire le blocus. Après quelques jours d'attente, ils constatèrent que toute activité avait cessé à l'intérieur du château. Méfiants, ils attendirent encore quelque temps avant de lancer l'assaut. Surprise totale ! Ils ne trouvèrent qu'un vieillard grabataire qui leur expliqua que le seigneur des lieux, son épouse et toute la garnison s'étaient transformés en oies sauvages afin d'échapper à leurs assaillants. Effectivement, les Normands avaient vu la veille un troupeau d'oies prendre son envol au-dessus des remparts. Dans les vieilles traditions populaires normandes, la forme humaine ne peut être reprise qu'après lecture à rebours de la formule magique. Les oies revinrent pour retrouver leur grimoire, mais hélas les Normands avaient incendié le château. Aussi furent-elles condamnées à revenir chaque année dans l'espoir de récupérer leur livre de magie. C'est ainsi que l'on a pu expliquer les migrations d'oies sauvages dans le pays.

Visiter

☏ 02 33 46 34 71 - www.chateau-pirou.org - avr.-sept. : 10h-12h, 14h-18h30 ; reste de l'année : 10h-12h, 14h-17h - fermé déc.-fév. - 4 € (enf. 2 €).

Par une série de trois portes fortifiées, vous accédez à l'ancienne bergerie (aujourd'hui lieu de vente des billets et des souvenirs), à la basse cour et au château proprement dit, ouvrage massif entouré d'eau et dont les tours sont édifiées directement sur le haut du rempart, sans faire saillie.

Basse cour – Elle est bordée à gauche par les communs. Vous y verrez successivement la boulangerie (cheminée monumentale, immense four), le pressoir, la chapelle et la salle des Plés (plaidoiries) dans laquelle est exposée, en juillet et août seulement, une **tapisserie** dans le style de celle de Bayeux, retraçant la conquête de l'Italie méridionale et de la Sicile par les Normands.

Château – Vous ne pouvez y entrer que par le pont de pierre qui remplace l'ancien pont-levis. À droite de l'entrée se trouve la salle des Gardes, qui servait également de boulangerie comme l'attestent deux fours à pain. Le vieux logis abrite les cuisines au rez-de-chaussée, et deux salles à manger au premier étage. Après la dernière salle, un escalier conduit aux remparts. Du sommet de la tour carrée du château qui domine l'entrée, belle vue sur les alentours.

Aux alentours

Pirou-Plage

2 km au sud-ouest de Pirou par la D 650.

La petite station est dotée d'une longue étendue de 6 km de sable fin *(baignade surveillée en été)*, que longe la promenade Émile-Giard, et d'une piscine d'eau de mer. Pêche à pied sur les rochers, pêche en mer, char à voile et sports nautiques classiques, comme la voile et la planche à voile, sont autant d'activités possibles sur place.

Château de Pirou pratique

Voir aussi les encadrés pratiques de Lessay et de Coutances.

Se restaurer

La Mer – *2 r. Fernand-Desplanques - 50770 Pirou-Plage - 2,5 km à l'O du château de Pirou par D 94 - ☏ 02 33 46 43 36 - fermé janv., 10 j. en oct., lun. soir, mar. soir et merc. hors sais. - formule déj. 15 € - 26/35 €.* Ce restaurant situé face à la plage dispose d'une salle à manger panoramique : à table, vous profiterez de la vue sur le littoral et, par beau temps, vous pourrez même distinguer les îles Anglo-Normandes ! Cuisine à caractère régional, spécialités de fruits de mer et poissons.

Pontmain

893 PONTMÉDANIENS
CARTE GÉNÉRALE B3 – CARTE MICHELIN LOCAL 310 C4 – MAYENNE (53)

On vient à Pontmain pour prier la Vierge, apparue à des enfants du pays le 17 janvier 1871, onze jours avant l'armistice de la guerre avec la Prusse. Quatre d'entre eux ont par la suite été officiellement reconnus comme « voyants ». Aujourd'hui, cet important lieu de pèlerinage marial a conservé son allure de petite paroisse rurale, bien que sa basilique et son église attirent aussi touristes et curieux.

Se repérer – Pontmain se trouve aux confins de la Normandie, en lisière de Bretagne. Fougères n'est en effet qu'à 16 km au sud-ouest alors que Mayenne (au sud-est) se rallie en 45 km et Mortain (au nord-est), en 35 km.

À ne pas manquer – Perdez-vous dans le jardin romantique de La Pellerine, entre charmilles et bassins de nénuphars.

Organiser son temps – Sauf à faire une démarche spécifique de pèlerinage, une heure suffit pour visiter le site.

Pour poursuivre la visite – Voir aussi Pontorson, St-Hilaire-du-Harcouët, Mortain et Mayenne.

Comprendre

L'apparition – Dans la soirée du 17 janvier 1871, la Sainte Vierge apparaît à sept enfants de Pontmain, parmi lesquels Eugène et Joseph Barbedette. La scène a lieu devant le portail de leur grange. La nouvelle se répand et les villageois se rassemblent autour des enfants, seuls à pouvoir décrire : « La Dame est vêtue d'une robe bleue parsemée d'étoiles d'or. Sur sa tête couverte d'un voile noir repose une couronne d'or parée d'un liseré rouge. Les mains étendues et le visage souriant, la Vierge regarde les enfants. »

Un message silencieux – Arrive le curé qui invite ses paroissiens à prier le chapelet. La Vierge se transfigure alors. Une banderole se déroule à ses pieds, sur laquelle s'inscrivent en lettres d'or ces mots : « Mais priez, mes enfants, Dieu vous exaucera en peu de temps. Mon Fils se laisse toucher. » Apparaît ensuite devant Marie, soudain très triste, un crucifix sanglant au-dessus duquel est écrit « Jésus-Christ. » Lorsqu'il s'efface, deux petites croix blanches se plantent sur les épaules de la Vierge, un voile s'élève et l'apparition s'achève.

Dévotion mariale – Très vite, l'évêque de Laval authentifie l'apparition et officialise son culte dans le diocèse sous le vocable « Notre-Dame-de-l'Espérance de Pontmain ». Béni solennellement en juin 1877, le sanctuaire est l'objet depuis d'importants pèlerinages, notamment lors de toutes les fêtes mariales et le 17 janvier, jour anniversaire de l'apparition.

Se promener

Grange Barbedette

C'est de cette grange au toit de chaume que les enfants puis les habitants du village ont vu apparaître la Vierge au-dessus de la demeure d'Augustin Guidecoq. La grange est transformée en chapelle, dans laquelle les « détails » de l'apparition sont retracés.

Basilique Notre-Dame-de-la-Prière

La vaste basilique néogothique édifiée dès 1874 dresse ses deux flèches de granit et paraît immense dans l'humble bourgade. Sur le parvis, statue de la Vierge de l'Apparition. Le chœur est éclairé par dix grandes verrières représentant les grandes apparitions en France, ainsi que des scènes de la vie du Christ.

Église paroissiale

À côté de la basilique, elle semble bien modeste. L'intérieur frappe par son abondance de couleurs ; les statues de saint Simon et saint Jude, à qui l'église est dédiée, encadrent l'autel. Les fonts baptismaux en granit sont sculptés d'arcatures gothiques.

Stéphane Sauvignier / MICHELIN

Les cinq tableaux du message de Marie aux enfants Barbedette.

Chapelle des Missionnaires-Oblats

Derrière la basilique se trouvent le parc et la mission des oblats de Marie Immaculée. On appelle « oblat » un religieux qui a prononcé des vœux et qui s'est offert au service d'une cause ; la congrégation religieuse de Pontmain, pères et frères, est vouée aux missions.

L'architecture extérieure de la chapelle (1953) est pesante mais elle surprend par sa nef en ogive, éclairée par une lumière dorée que diffusent les verrières basses et, au-dessus du chœur, le vitrail d'un gigantesque Christ en majesté découpé dans le béton. Sur le côté, un petit **musée des Missions** expose des objets d'artisanat exotique et brosse un tableau des missions à travers le monde. *✆ 02 43 30 26 46 - ♿ - merc., dim. et j. fériés 14h30-18h, sur demande les autres j. - gratuit.*

Aux alentours

Jardin de La Pellerine★

À 21 km au sud de Pontmain, sur la N 12 entre Fougères à l'ouest et Ernée à l'est. La Larderie - 53220 La Pellerine - ☏ 02 43 05 93 31 - déb. mai-15 oct. : jeu. et vend. 10h-18h30, w.-end 14h-18h30 - 6 € (gratuit -14 ans) - plan du jardin donné à l'entrée.

2 ha de jardins clos entourent une jolie maison du 17e s. Charmilles, arbustes, rosiers par centaines et plantes vivaces enroulées autour d'éléments architecturaux s'y mêlent pour composer des atmosphères à chaque fois différentes. Plusieurs bassins agrémentés de plantes aquatiques dont de magnifiques nénuphars ajoutent une touche de fraîcheur à l'ensemble.

Pontmain pratique

Voir aussi l'encadré pratique de St-Hilaire-du-Harcouët.

Adresse utile

Office du tourisme de Pontmain – *5 r. de la Grange - ☏ 02 43 05 07 74 - 14 Juil.-20 août : 10h30-13h, 14h30-17h30 ; de mi-juin au 13 juil. et du 21 août à mi-sept. : 14h30-17h30 - fermé lun., de mi-sept. à mi-juin.*

Se loger et se restaurer

Auberge de l'Espérance – *9 r. de la Grange - ☏ 02 43 05 08 10 - pontmain@ladapt.org - fermé 22 déc.-2 janv. - 10/15 € - 11 ch. 35 € - ☕ 5 €.* Centre d'aide par le travail proposant des chambres fonctionnelles et bien tenues. Attentions particulières en faveur des personnes handicapées. En vous restaurant sur place, vous joindrez l'agrément d'une étape pratique à l'utilité d'un geste de solidarité.

Pontorson

4 107 PONTORSONNAIS
CARTE GÉNÉRALE A3 – CARTE MICHELIN LOCAL 303 C8 – MANCHE (50)

Si vous allez au Mont-St-Michel, arrêtez-vous à Pontorson. Cette ancienne cité fortifiée est la dernière ville normande avant la Bretagne. Au 14e s., Bertrand Du Guesclin, établi sur le Mont, en avait fait la capitale des joutes et des tournois. Aujourd'hui, l'étape demeure agréable. Son histoire et son patrimoine vous prépareront à la découverte de son glorieux voisin.

- **Se repérer** – Pontorson est à 9 km au sud du Mont-St-Michel sur la D 976.
- **À ne pas manquer** – La chapelle-mémorial du cimetière militaire américain de St-James.
- **Organiser son temps** – En 2h, vous aurez le temps de vous partager entre Pontorson et St-James.
- **Pour poursuivre la visite** – Voir aussi le Mont-St-Michel, Avranches, St-Hilaire-du-Harcouët et Pontmain.

Comprendre

Une zone marécageuse – Les marais de Pontorson sont connus en particulier des pélerins qui les traversent pour arriver jusqu'au Mont-St-Michel. Ils occupent le cours inférieur du Couesnon, à la limite de la Normandie et de la Bretagne. Les polders en couvrent une bonne moitié et dégagent de larges horizons sur la baie du Mont.

Un emplacement stratégique – Beaucoup de combattants sont passés par ici, à commencer par celui qui lui donna son nom : Orson. Ce chef normand fit construire en 1031 un pont sur le Couesnon, afin de permettre à son armée le franchissement de la rivière au retour d'une expédition en Bretagne. Par la suite, Du Guesclin s'y arrêta aussi. Montgomery, dont la lance devait tuer le roi de France (Henri II), en fut le seigneur et, en 1944, des milliers de GI's y transitèrent pour rallier le front breton.

Se promener

Église Notre-Dame

Cette église aurait été fondée par Guillaume le Conquérant, au cours de sa campagne contre les Bretons, pour remercier la Vierge d'avoir sauvé son armée des sables mouvants du Couesnon. Cet épisode est relaté sur un vitrail du chœur et sur la tapisserie de Bayeux *(scène 17)*.

La rude et puissante façade de granit, percée d'une large arcade très légèrement brisée, ainsi que le portail latéral sud ont conservé leur caractère roman. Le tympan sculpté représente un homme et un oiseau. À gauche du chœur, reliée par une arcade gothique, la chapelle St-Sauveur contient un beau **retable** en pierre blanche dit « des Saints cassés » (15e s.). La vie du Christ y est retracée en 22 compartiments ; mutilée lors des guerres de Religion et pendant la Révolution, cette œuvre d'art n'en a pas moins gardé toute sa richesse. En face, remarquez un grand Christ en bois peint, du 18e s., à l'expression particulièrement pathétique.

OT de Pontorson

Détail du retable dit « des Saints cassés » dans l'église Notre-Dame de Pontorson

Aux alentours

Saint-James

15 km à l'est par la D 30.

À la lisière de la Bretagne et de la Normandie, entre les vallées du **Beuvron** et de la **Dierge**, cette localité est l'une des plus anciennes de la Basse-Normandie. Elle fut fondée en 1067 par Guillaume le Conquérant. Quelques rues anciennes et des remparts (15e s.) évoquent un passé historique intéressant.

Mais son nom est surtout associé depuis le 19e s. à la fabrication de pulls marins de qualité. C'est en effet vers 1850 que la famille Legallais développe le travail de la laine (filature, teinture). Reprise en 1950 par un Roubaisien, Julien Bonte, l'entreprise se spécialise dans le fameux pull commercialisé dans le monde entier. Désormais dénommée **Tricots-St-James**, la société a été reprise en 1990 par les salariés et poursuit sa belle aventure.

À la sortie de la ville, prenez la D 230 en direction de Louvigné.

Cimetière américain et mémorial de Bretagne – *8h-17h, w.-end et j. fériés 9h-17h - fermé 1er janv., 25 déc. - gratuit.*

Dans un cadre de 12 ha, ce cimetière rassemble les corps de 4 410 soldats américains tombés à la Libération. Dans la chapelle-mémorial, collections de drapeaux, vitraux, armoiries et cartes commémorent les événements de 1944. En face, on peut accéder à la plate-forme de la tour d'où l'on a une belle vue jusqu'au Mont-St-Michel et la côte bretonne.

Pontorson pratique

Adresse utile

Office du tourisme de Pontorson – *Pl. de l'Hôtel-de-Ville - 50170 Pontorson - ℘ 02 33 60 20 65 - 9h-12h, 14h-18h, sam. 10h-12h, 15h-18h et dim. en saison 10h-12h.*

Se loger

⊖ **Chambre d'hôte M. et Mme Chartois - La Sennelée** – *Lieu-dit « La Sennelée » - 50170 Vessey - 6 km au S de Pontorson - ℘ 02 33 60 11 51 - ⊭ - 5 ch. 42 € ⊐ - repas 16 €.* Accueil tout sourire, environnement paisible et chambres classiquement aménagées se distribuant dans le prolongement du corps d'habitation de la ferme, accessible par une entrée indépendante. Table d'hôte à base de produits fermiers et du potager. Jardin d'agrément et salle de séjour avec cuisinette.

⊖ **Chambre d'hôte Ferme de la Butte Trincot** – *Lieu-dit « La Butte » - 50170 Vessey - 10 km au S de Pontorson - ℘ 02 33 60 20 32 - ⊭ - 4 ch. 43 € ⊐ - repas 16 €.* Dans un site propice à une mise au vert, paisible petite ferme de séjour où vous dormirez à l'étage d'une ancienne dépendance jouxtant le corps d'habitation. Les chambres sont simples, timidement personnalisées, mais très convenables, et un espace de détente avec cheminée et coin cuisine a été aménagé au rez-de-chaussée. Petits-déjeuners et table d'hôte dans la salle à manger des propriétaires.

Se restaurer

⊖⊖ **Auberge du Terroir** – *50170 Servon - 10 km au NE de Pontorson par N 175 dir. Avranches puis D 107 - ℘ 02 33 60 17 92 - aubergeduterroir@wanadoo.fr - fermé fév., 17 nov.-10 déc., vend. midi d'oct. à juin, sam. midi et merc. - 18/42 €.* Hier presbytère, aujourd'hui restaurant, voilà une conversion qui ravira les amateurs de bonne chère ! Elle est soignée et généreuse, la cuisine du patron, dans cette grande maison de pierre. Trois chambres à l'étage et trois autres dans l'ancienne école du village.

Saint-Hilaire-du-Harcouët

4 368 SAINT-HILAIRIENS
CARTE GÉNÉRALE B3 – CARTE MICHELIN LOCAL 303 F8 – MANCHE (50)

À la frontière entre Bretagne, Cotentin et Pays-de-la-Loire, Saint-Hilaire-du-Harcouët occupe une position stratégique qui en fit une place forte du duché de Normandie. Fondée et fortifiée par Harcouët, un compagnon d'armes de Guillaume le Conquérant, et totalement reconstruite après la dernière guerre, cette petite cité normande a su développer ses atouts, depuis son traditionnel marché aux bestiaux hebdomadaire, jusqu'au tourisme vert avec les plans d'eau de la Sélune.

Se repérer – St-Hilaire-du-Harcouët se trouve au carrefour de deux axes : celui de Vire (40 km au nord-est)-Fougères (28 km au sud) et celui de Domfront (34 km à l'est)-Mont-St-Michel (35 km à l'ouest).

À ne pas manquer – Le son et lumière des Fééries de Montgothier ; la découverte de la vie des religieuses au Centre d'art sacré.

Organiser son temps – Comptez une demi-journée pour explorer la ville et ses environs.

Pour poursuivre la visite – Voir aussi Pontorson, le Mont-St-Michel, Avranches, Mortain et Pontmain.

Visiter

La ville est dominée par une **église** néogothique (1855) dont les deux flèches lui valent le surnom de « petite cathédrale ». En contrebas, **les plans d'eau du Prieuré** (3,5 ha), agrémentés de deux pièces d'eau, ont été aménagés dans la vallée de l'Airon. Aires de pique-nique ou de jeu se déploient le long des rives que se partagent les promeneurs et les pêcheurs.

Centre d'art sacré★

Fléchage à partir de l'église - 87 bd Gambetta - ℘ 02 33 49 67 06 - ♿ - de mi-mai à mi-oct. : merc.-sam. 10h-12h, 14h-18h30 (dernière entrée 1h av. fermeture) - possibilité de visite guidée (1h30) - 4,50 € (-12 ans gratuit). Les clarisses ont dû abandonner, il y a quelque temps, ce couvent devenu peu adapté à leur petit nombre. Il accueille

aujourd'hui une exposition sur les principales abbayes cisterciennes normandes (principalement l'abbaye de Savigny) ainsi qu'une importante **collection d'art sacré** (calices, ciboires, ostensoirs, etc.). Une partie de ces nombreux vases sacrés provient d'une collection réunie par l'abbé Lelégard pour l'abbaye de la Lucerne. Parmi toutes ces remarquables pièces d'orfèvrerie, remarquez la sobriété et la pauvreté des matériaux (fer) des objets de culte de la période révolutionnaire.
Mais le centre accueille surtout une belle présentation de la vie cloîtrée des religieuses : le parcours, entièrement automatisé, est agrémenté de témoignages vidéo, de tableaux et de personnages de cire reprenant les véritables visages des religieuses.

Détail d'un dais d'exposition en bois polychrome du 17e s.

Circuit de découverte

LA ROUTE DES BARRAGES

50 km – environ 1h30.
Aucune route ne longe les retenues des barrages de Vézins et de la Roche-qui-Boit. L'itinéraire proposé remonte le cours de la Sélune et offre de superbes vues sur les barrages.

Quittez St-Hilaire par la N 176 en direction d'Avranches.

Ducey

Depuis 1613, le vieux pont sur la Sélune subsiste en amont de l'ouvrage qu'emprunte aujourd'hui la route nationale.
Le **château des Montgomery** qui date du 17e s. n'a non seulement jamais été achevé mais il fut presque entièrement rasé lors des siècles passés. Par bonheur, il est en cours de restauration. Deux pavillons de style Henri IV subsistent. Il est amusant de savoir qu'au début des années 1950, la ville de Ducey adopta les armes et la devise de la famille ! *☏ 02 33 60 21 53 - visite guidée (1h) sur demande préalable à l'office de tourisme juil.-août : tlj sf dim. 15h - 2 € (-12 ans gratuit).*
Sur deux kilomètres, laissez-vous porter par le chemin forestier de toute beauté qui longe la Sélune.

Suivez la D 78.

La route descend ensuite la vallée de la Sélune.

Barrage de la Roche-qui-Boit

Malheureusement, on ne visite pas ce petit ouvrage, construit de 1915 à 1919 et qui est le prototype des barrages droits à voûtes multiples.

Au croisement avec la D 582, prenez à gauche la route indiquée « le Rocher, accès au lac ».

Au bout de 2 km, l'itinéraire longe un village de vacances et une longue descente conduit au lac qui se tient dans un cadre agréable, car bien ombragé.

Revenez à la D 582, tournez à gauche.

La route ramène en vue de la vallée. Après le pont sur la rivière, une petite route, à droite, grimpe rapidement jusqu'à l'Auberge du Lac, sur la crête du barrage de Vézins.

Barrage de Vézins

Visite suspendue en raison de l'application du plan Vigipirate renforcé.
Haut de 36 m et long de 278 m, cet ouvrage courbe à voûtes multiples a créé un lac artificiel long de 16 km. Sa construction s'est achevée en 1931. Le **paysage★** qui l'entoure est très harmonieux.

De l'Auberge du Lac, rejoignez la D 85 qui traverse, aux ponts des Biards, la retenue de Vézins. À St-Martin-de-Landelles, prenez à gauche la D 30 et revenez à St-Hilaire.

Saint-Hilaire-du-Harcouët pratique

Adresse utile

Office du tourisme de St-Hilaire-du-Harcouët – *Pl. du Bassin - 50600 St-Hilaire-du-Harcouët - ☏ 02 33 79 38 88 - www.st-hilaire.fr - mar.-vend. 9h30-12h30, 14h30-18h, sam. 10h-12h30, 13h30-17h.*

Se loger

⛁⛁ **Auberge de la Sélune** – *2 r. St-Germain - 50220 Ducey - ☏ 02 33 48 53 62 - www.selune.com - fermé 23 janv.-14 fév., 21 nov.-13 déc. et lun. d'oct. à mars - P - 20 ch. 56/60 € - ☕ 7,90 € - restaurant 16/39 €.* Trois maisons en pierre entourées d'un jardin fleuri situé au bord de la rivière et agrémenté d'un pittoresque abri. Petites chambres garnies de mobilier en rotin. Si le temps le permet, attablez-vous sur la terrasse donnant sur la verdure. Bon choix de menus ; cuisine inspirée par la région.

Que rapporter

Marché aux bestiaux – Marché aux bestiaux et marché forain tous les mercredis. Marchés animés, le mercredi pendant l'été, organisés par l'office de tourisme avec l'association des Arts et Vieux métiers normands : expositions et démonstrations d'artisanat, animations musicales.

Événements

Fériques de Montgothier – Ce petit village situé au nord-est de Ducey propose un beau son et lumière (2h) Illustrant l'histoire du bocage normand à travers les siècles - *sam. en juil-août - réservation au ☏ 02 33 60 60 70 - www.feeriques.com*

Foire St-Martin – *Nov.* Elle attire plus de 100 000 visiteurs chaque année !

Saint-Lô

20 090 SAINT-LOIS
CARTE GÉNÉRALE B2 – CARTE MICHELIN LOCAL 303 L5 – MANCHE (50)

« Saint-Lô, capitale des ruines » : triste privilège que de porter ce surnom. Le 19 juillet 1944, date de sa libération, il ne restait de la ville que les tours déchiquetées de la collégiale Notre-Dame et quelques maisons dans les faubourgs. Aujourd'hui reconstruit, Saint-Lô possède toujours le charme caractéristique des cités millénaires, fièrement campé sur son rocher et sans aucun doute honoré d'abriter l'un des plus grands haras de France.

Se repérer – Saint-Lô se trouve au cœur de la Normandie, entre Coutances (29 km à l'ouest) et Bayeux (37 km au nord-est).

À ne pas manquer – La chaire extérieure de l'église Notre-Dame et le point de vue sur la vallée de la Vire lors d'une escapade aux roches de Ham.

Organiser son temps – En été, essayez d'assister aux « Jeudis du Haras » afin d'admirer étalons et attelages en pleine action.

Avec les enfants – Placez-vous sous le signe du cheval au haras et découvrez avec eux la vie dans les campagnes d'antan à la Ferme de Boisjugan.

Pour poursuivre la visite – Voir aussi l'abbaye de Cerisy-la-Forêt, le château de Balleroy, Aunay-sur-Odon, Coutances, Vire, Saint-Sever-Calvados, Villedieu-les-Poêles, l'abbaye de Hambye et le Parc naturel régional du Cotentin et du Bessin.

Comprendre

Un saint homme – L'antique *Briovère* gaulois prit au 6e s. le nom de son seigneur, évêque de Coutances : saint Lô. La légende raconte qu'il aurait guéri une femme aveugle. Depuis lors, on l'invoque pour guérir les maladies des yeux.

La « cité clé » du Débarquement – Saint-Lô, centre vital de communications, était destiné à jouer un rôle stratégique. Dès le 6 juin 1944, sa situation de carrefour routier vaut à la ville de violents bombardements visant à empêcher la concentration des forces allemandes.

La « **bataille de Saint-Lô** » se déroule au début de juillet, à travers l'« **enfer des haies** », pour la conquête de la route Lessay-Saint-Lô, base de départ de l'opération « Cobra ». La ville même, pivot de la résistance allemande, tombe le 19. Une semaine plus tard, le front ennemi craque à l'ouest. Un pilonnage aérien sans précédent – 5 000 t de bombes sont déversées sur un territoire de 11 km² – prépare ce dernier coup de boutoir qui rendit possible la « percée d'Avranches ».

Le monument élevé à la mémoire du **major Howie** rappelle que cet héroïque combattant américain (tué le 17 juillet 1944) désirait à tout prix être l'un des premiers à entrer dans Saint-Lô libéré. Mais c'est son cercueil qui fut porté par la première colonne et déposé sur les ruines du clocher de l'église Ste-Croix.

La reconstruction – Une nouvelle ville s'est élevée dont l'aménagement met en valeur l'éperon schisteux de remparts et de tours qui fait l'originalité du site de St-Lô. Le plus ancien quartier, dénommé « l'Enclos », situé dans la partie haute de la ville, abrite, en particulier, la préfecture et les services administratifs dont l'ensemble constitue une vaste réalisation d'architecture civile d'après guerre, et l'église Notre-Dame, entièrement restaurée. Sur la place du Général-de-Gaulle se dresse une tour, dont le modernisme contraste avec le porche de l'ancienne prison devenue monument à la mémoire de la Résistance et des victimes du nazisme.

Se promener

Église Notre-Dame

La façade de l'église Notre-Dame, dont les deux tours ont été conservées telles qu'elles étaient au lendemain de la libération de la ville, témoigne de la violence des bombardements qui ont accablé Saint-Lô. On remarquera le plan irrégulier de l'édifice ; au milieu de la nef éclairée par de beaux vitraux dont le « vitrail royal » du 15e s., deux piliers supportent une poutre de gloire du 18e s. Dans la chapelle St-Thomas-de-Cantorbéry *(bas-côté sud)* se trouve un très grand vitrail de Max Ingrand, qui vaut d'être observé. Dans le bas-côté nord, un petit musée rassemble des pierres, des statues et objets retrouvés dans les décombres ou lors des fouilles. À l'extérieur, adossée au déambulatoire, une chaire en plein air orne le mur nord.

Belvédère

De la tour qui domine l'abrupt terminal de l'éperon qui porte la ville, belle vue sur la vallée de la Vire et le bocage.

Hôpital-mémorial France-États-Unis

Route de Villedieu par l'ouest de la ville. Cet édifice est dû à une initiative franco-américaine. À l'entrée, la mosaïque géante de Fernand Léger célèbre l'amitié des Alliés.

Visiter

Musée des Beaux-Arts

Au centre culturel Jean-Lurçat - pl. du Champ-de-Mars - ✆ 02 33 72 52 55 - ♿ - tlj sf lun. et mar. 14h-18h - fermé 1er janv., dim. et lun. de Pâques, 1er Mai, Ascension, 1er Nov., 25 déc. - 2,55 € (-12 ans gratuit). Plusieurs salles retracent l'histoire de la tapisserie depuis le 16e s. jusqu'aux œuvres contemporaines de Picart le Doux, Mategot et

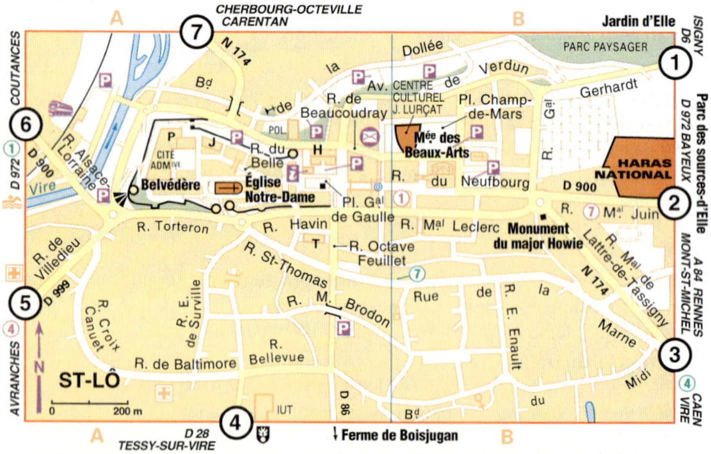

SE LOGER		SE RESTAURER	
Auberge de Campagne	1	Bistrot de Paul et Roger	1
Chambre d'hôte Château de Dampierre	4	La Petite Auberge	4
Hôtel Armoric	7	Le Péché Mignon	7

surtout Jean Lurçat. Dans la rotonde, la **Tenture des amours de Gombaut et Macée★** (fin du 16e s., début du 17e s.), composée de huit panneaux, raconte avec verve et truculence les amours de Gombault et Macée ainsi que les plaisirs et les peines des campagnards. Chaque pièce a une légende explicative et une sorte de maxime populaire rimée. Galerie de portraits des princes de Matignon-Grimaldi ; tableaux de peintres français du 19e s. (Corot : **Homère et les Bergers**, Boudin, Millet). La donation Octave Feuillet (écrivain saint-lois du 19e s.) présente des tabatières, des miniatures et des manuscrits.

Saint-Lô et ses licornes

Si vous êtes un peu attentif, lors de votre visite à travers la ville, vous découvrirez en diverses occasions des représentations de licornes, belles cavales blanches à barbe de chèvre, pieds fourchus et corne de narval au front.
Considérée comme un animal extrêmement timide et sauvage, la licorne, symbole de pureté, de virginité et de fidélité, évoquait au Moyen Âge la Vierge Marie. Le culte rendu par les Saint-Lois à la Sainte Vierge pourrait expliquer la présence de la licorne sur les imprimés administratifs, rue de la Porte-au-Lait ou jaillissant d'une fontaine *(carrefour des rues Leturc et du Neufbourg)*.

Haras national★

437 r. du Maréchal-Juin - ✆ 02 33 55 29 09 ou 02 33 77 60 35 - ♿ - visite guidée (1h) juil.-août : tlj sf jeu. apr.-midi, dim. matin et j. fériés 11h, 14h30, 15h30, 16h30 ; juin et sept. : 16h30 (se renseigner) - 4,50 € (12-16 ans 2,50 €) - présentation d'attelages : Jeudis du haras du dernier jeu. de juil. au 1er jeu. de sept. 15h - 4 €.

Le « nouveau » haras est installé dans des bâtiments restaurés à l'identique. Particulièrement spécialisé dans le cob normand, le trotteur et le cheval de selle français, c'est le plus important des 23 haras nationaux.
Les huit écuries qui entourent harmonieusement la cour d'honneur abritent plus d'une centaine d'étalons, répartis en sept races ou types différents : chevaux de sang (pur-sang, anglo-arabes, poneys new-forests et connemaras), etc. Chaque jeudi, en saison, une **présentation★** est organisée pour les voir à l'œuvre.

Ferme de Boisjugan – Musée du Bocage normand

Bd de la Commune, rocade sud, fléché sur route de Vire (sortie du plan) - ✆ 02 33 56 26 98 - ♿ - w.-end et j. fériés 14h-18h ; juin-sept. : merc.-vend. 10h-12h, 14h-18h ; mars-mai et oct. : merc.-vend. 14h-18h ; reste de l'année : jeu. et vend. 14h-18h - fermé 1er janv., 1er Mai, 25 déc. - 4,50 € (-12 ans gratuit).

Autour d'une vaste cour carrée, les bâtiments restaurés de cette grande ferme (17e-19e s.) accueillent une présentation moderne et interactive du patrimoine rural. Les lieux emblématiques de la vie à la campagne y ont été reconstitués : beurrerie, écurie et « chambre » du valet, étable et atelier. La mise en scène très actuelle des collections permet de suivre aisément l'évolution des techniques liées aux travaux des champs et à l'élevage. Un étage est d'ailleurs consacré à cette dernière activité, traditionnelle en Normandie. Un film complète la visite.

Aux alentours

Parc des Sources-d'Elle

Rouxeville, 14 km à l'est de St-Lô ; à gauche au niveau du calvaire sur la route de Caumont-l'Éventé - ✆ 02 33 56 17 90 - mai-sept. : 7h30-19h ; mars-avr. et oct. : se renseigner - 2 € par voiture. À défaut des poissons, ce sont les pêcheurs qui sont heureux dans ce vaste parc de 37 ha agrémenté de huit étangs et de beaux massifs de rhododendrons.

Jardin d'Elle

À Villiers-Fossard, 6 km au nord-est de St-Lô par la D 6 - ✆ 02 33 05 88 64 - lun.-sam. : 9h-12h, 14h-18h30, dim : 14h-18h30 - 5 € (8-14 ans 2,5 €).
Plus de 2 500 variétés de plantes, d'arbres et d'arbustes se déploient dans une multitude de petits jardins à thème. On se perd ainsi dans un véritable labyrinthe végétal, fleuri et parfumé, dont toutes les plantes sont identifiées. Une façon de vous inciter à vous arrêter dans la boutique-pépinière qui sert de point d'entrée et de sortie…

Circuit de découverte

VALLÉE DE LA VIRE

20 km. Quittez St-Lô par le sud-est en prenant la N 174.

Torigni-sur-Vire

De l'ancien **château** des Matignon, il ne reste, depuis le début du 19e s., que l'aile ouest qui a été restaurée. Un escalier d'honneur du 17e s. mène à des salles qui renferment une très belle collection de tapisseries (Bruxelles, début 17e s. ; Aubusson, 17e et 18e s.), du mobilier Louis XIII, Louis XV et Louis XVI ainsi que des œuvres du sculpteur animalier Arthur Le Duc.

Du parc qui entourait ce château subsistent trois étangs bordés d'allées ombragées de tilleuls, offrant une agréable promenade. Le plus grand, construit par Jacques de Matignon pour sa femme Louise de Grimaldi, est protégé des vents du nord par un mur de 12 m de haut et 300 m de long. *Pl. Charles-de-Gaulle - Mairie - ✆ 02 33 56 71 44 - visite guidée (1h30, dernière entrée 1h av. fermeture) juil.-août : 14h30-18h ; de mi-juin à fin juin et de déb. sept. à mi-sept. : dim. et j. fériés 14h30-18h - 3 € (enf. 1 €).*

Revenez au carrefour avec la D 286, tournez à gauche.

La route contourne l'imposante coopérative laitière à Condé-sur-Vire puis monte en lacet jusqu'au parking des roches de Ham.

Roches de Ham★★

Du haut de ce magnifique escarpement (alt. 80 m), on découvre le beau méandre que cette rivière s'est dessiné. De la première plate-forme rencontrée, on domine la vallée de la Vire, profonde, calme et solitaire. En continuant à suivre le chemin sur 150 m, on accède à une seconde plate-forme d'où l'on profite d'une **vue** encore plus étendue.

Revenez à la D 551, prenez à droite et, à Cretteville, encore à droite.

La route monte vers Troisgots et redescend sur La Chapelle-sur-Vire.

Gilles Targat / MICHELIN

Vallée de la Vire depuis les roches de Ham.

La Chapelle-sur-Vire

Ce hameau est un lieu de pèlerinage depuis le 12e s. Dans l'**église**, à l'entrée du chœur, se trouve, à gauche, la statue de N.-D.-sur-Vire, du 15e s. ; à droite, un bas-relief avec une statuette de sainte Anne et une Vierge à l'Enfant. D'autres bas-reliefs du 15e s. décorent le maître-autel ; les bas-reliefs du tabernacle sont en albâtre.

Continuez sur la D 159.

La route traverse la Vire, puis longe la rivière dans un cadre ombragé.

Au carrefour avec la D 551, tournez à droite.

Vous apercevez alors le **château de l'Angotière** qui, malheureusement, ne se visite pas.

Saint-Lô pratique

Adresse utile

Office du tourisme de St-Lô – *Pl. du Gén.-de-Gaulle - 50000 St-Lô - ✆ 02 33 77 60 35 - juil.-août : lun.-sam. 9h-18h ; reste de l'année : lun. 14h-18h, mar.-vend. 9h30-12h30, 14h-18h, sam. 9h30-13h.*

Visites

Circuit historique – Le circuit balisé « **D Day-Le choc** », faisant partie du parcours de l'Espace historique de la bataille de Normandie, passe par Saint-Lô.

Se loger

Hôtel Armoric – *15 r. de la Marne - ✆ 02 33 05 61 32 - P - 20 ch. 39/55 € - ☕ 6 €.* Cette bâtisse des années 1950 est légèrement excentrée, mais vous serez néanmoins à deux pas des remparts et de la vieille ville. Les chambres, simples et dotées d'un mobilier en bois ou en rotin, sont parfaitement entretenues.

Chambre d'hôte Château de Dampierre – *14350 Dampierre - 9 km de Torigny-sur Vire par D 13 puis D 53 à droite - ✆ 02 31 67 31 81 - www.chateau-de-dampierre.com - 5 ch. 65/95 € ☕.* Une allée majestueuse donne accès à ce beau manoir seigneurial construit au 16e s. Séjour au calme dans des chambres fonctionnelles bien tenues, avec vue sur les douves, l'ancienne porterie et un superbe pigeonnier restauré.

Auberge de Campagne – *Château de la Roque - 50180 Hébécrevon - 7,5 km à l'O de St-Lô dir. Coutances puis Périers par D 900 - ✆ 02 33 57 33 20 - www.chateau-de-la-roque.fr - 15 ch. 82/92 € ☕ - repas 24 €.* Au bout d'une allée bordée de peupliers, se dresse cette belle demeure des 16e et 17e s. abritant des chambres décorées avec goût ainsi qu'un espace détente (hammam, salle de relaxation). Après une balade près des étangs, vous pourrez déguster les produits maison à la table d'hôte. Accueil aimable.

Se restaurer

Bistrot de Paul et Roger – *42 r. du Neufbourg - ✆ 02 33 57 19 00 - fermé fin juil.-8 août - 11,50/16,50 €.* Bonne cuisine traditionnelle, réalisée avec des produits frais, servie dans un bric-à-brac sympathique : carreaux de faïence, chaises Louis XVI, vieilles publicités, photos noir et blanc, postes radio d'hier, sans oublier « Paul et Roger », prénoms donnés par le patron à ses deux statues !

La Petite Auberge – *1216 rte de Candol - ✆ 02 33 05 34 11 - petite-auberge-candol@wanadoo.fr - fermé lun. - formule déj. et dîner 12 € - 16,50/34 €.* Après avoir voyagé durant plusieurs années, de l'Angleterre à Bora Bora, ce chef cuisinier a enfin posé ses valises un peu en dehors de la ville. Ici, on savoure, avec les yeux autant qu'avec les papilles, ses succulentes spécialités de poissons et de fruits de mer servies à l'assiette, en terrasse ou au coin du feu.

Le Péché Mignon – *84 r. du Mar.-Juin - ✆ 02 33 72 23 77 - restaurant-le-peche-mignon@wanadoo.fr - fermé 25 fév.-6 mars, 20 juil.-10 août, sam. midi, dim. soir et lun. - 15/30 €.* Petite halte sympathique proche du haras national. Monsieur est au fourneau et mitonne une cuisine traditionnelle assaisonnée d'une pincée de modernité. Madame assure le service dans les deux petites salles à manger au cadre rajeuni. Bon choix de menus.

Sports & Loisirs

Base de loisirs de Pont-Farcy – Voir l'encadré pratique de Vire.

Voie verte – Les bords du canal Vire-Taute et l'ancien chemin de halage de la Vire ont été réhabilités sur plus de 60 km, de Carentan au nord jusqu'à Pont-Farcy au sud en passant par St-Lô. Il est possible de louer des VTT dans les bases de loisirs de Condé-sur-Vire et de Pont-Farcy.

ASEV - Canoë-kayak – *12 km au S de St-Lô - 50890 Condé-sur-Vire - ✆ 02 33 57 33 66 - location mai-sept.* Outre un centre nautique affilié à la Fédération française de canoë-kayak, cette base de loisirs installée dans un site bocager au bord de la Vire dispose de plusieurs gîtes et d'un minigolf. Une série d'activités de plein air sont proposées : tir à l'arc, escalade, VTT, randonnées pédestres et descentes touristiques de la Vire en canoë-kayak.

Centre équestre de Giéville – *La Bauderie - 13 km au SO de St-Lô - 50160 Giéville - ✆ 06 11 48 86 27 - nadege_chili@yahoo.fr - 10h-20h - fermé lun. sf vac. scol. - promenade : 1h.* Dans un hameau agreste voisin de Giéville, petit centre équestre occupant une ancienne ferme et proposant des promenades à cheval encadrées (à l'heure, à la journée ou à la demi-journée) pour des groupes à partir de quatre cavaliers.

Événements

Expositions – *Archives départementales de la Manche - 103 r. du Mar.-Juin, à côté du haras - ✆ 02 33 75 10 10 - www.archives.cg50.fr.* Les archives proposent plusieurs fois par an d'intéressantes expositions temporaires.

Normandie Horse Show – *✆ 02 33 06 09 72 - www.normandie-horse-show.com - 2e sem. d'août.* Ce grand rendez-vous annuel est un incontournable pour les professionnels ou amateurs passionnés de cheval (poney, cob normand, pur-sang arabe, selle français). Il est rythmé de nombreuses animations : concours, ventes, approbations d'étalons, défilés, soirées.

Saint-Pierre-sur-Dives★

3 977 PÉTRUVIENS
CARTE GÉNÉRALE C2 – CARTE MICHELIN LOCAL 303 L5 – CALVADOS (14)

Ce n'est pas une ville de fromages, mais une ville de boîtes à fromages : nuance ! Saint-Pierre-sur-Dives fabrique la majeure partie des boîtes destinées aux savoureux fromages normands. Mais son charme ne s'arrête pas à cette production somme toute très éphémère : formée autour d'une riche abbaye bénédictine fondée au 11e s., la ville conserve une ancienne abbatiale qui mérite d'être visitée.

Gilles Targat / MICHELIN

L'intérieur des anciennes halles.

- **Se repérer** – St-Pierre-sur-Dives se situe à 34 km au sud-est de Caen et à 15 km au sud-ouest de Crèvecœur-en-Auge.
- **À ne pas manquer** – La charpente des halles.
- **Organiser son temps** – Le marché qui se tient le lundi matin sous les halles est l'un des plus importants de Normandie.
- **Avec les enfants** – Découvrez avec eux des plantes oubliées aux propriétés surprenantes (et parfois magiques !) au Jardin conservatoire.
- **Pour poursuivre la visite** – Voir aussi le château de Vendeuvre, le château de Canon, Falaise et Caen.

Visiter

Initialement, le bourg s'appelait L'Épinay. Le curé de l'une des paroisses de la ville, la paroisse Saint-Pierre, ayant été martyrisé lors de l'invasion normande, la petite cité prit, au 10e s., le nom du saint patron et se développa autour de son abbaye, fondée en 1012 par la comtesse Lesceline, tante de Guillaume le Conquérant.

Église★

Le sanctuaire primitif fut incendié lors des luttes fratricides qui opposèrent les fils du Conquérant. La façade ouest révèle plusieurs campagnes de reconstruction : la tour sud, romane, remonte au 12e s. ; la façade même et la tour nord sont des réfections du 14e s. ; la baie qui surmonte le portail date de la fin du 15e s.
À l'intérieur, la nef est claire et harmonieuse. Chaque grande arcade est surmontée d'une baie de triforium. Les parties hautes ne remontent qu'au 15e s. La magnifique tour-lanterne s'élevant sur la croisée du transept est du 13e s., comme le chœur cerné de grandes arcades à arc brisé.
En suivant l'allée centrale de l'église, une ligne oblique est creusée dans le pavage à quelques pas de l'entrée. Cette ligne, la méridienne, part du bas-côté droit, traverse la nef, passe près des fonts baptismaux pour s'arrêter près de l'orgue.
Les restes de la fondatrice de l'abbaye reposent sous le dallage de la chapelle absidiale.

Les trois fenêtres du chœur sont garnies de vitraux modernes relatant l'histoire de Saint-Pierre-sur-Dives.

Salle capitulaire

R. Saint-Benoist - enceinte du cloître - ✆ 02 31 20 97 90 - www.mairie-saint-pierre-sur-dives.fr - sur demande à l'office de tourisme juil.-août : 9h30-12h30, 13h30-18h, sam. 10h-12h, 14h-19h, dim. et j. fériés 10h30-12h30 ; de mi-avr. à fin juin et de déb. sept. à mi-oct. : tlj sf dim. 9h30-12h30, 13h30-18h, sam. 10h-12h, 14h-19h, j. fériés 10h30-12h30 ; de mi-oct. à mi-avr. : tlj sf w.-end et j. fériés 9h30-12h30, 13h30-17h30 - gratuit.

Elle remonte à la première moitié du 13e s. Premier élément restauré des vastes bâtiments abbatiaux, elle accueille des expositions.

Cloître

Après avoir été vendus comme biens nationaux à la Révolution, les bâtiments du cloître (17e s.) ont été rachetés par la mairie qui les restaure peu à peu. Y sont désormais installés l'office du tourisme et la bibliothèque municipale : n'hésitez pas à monter jusqu'au dernier étage *(petit passage derrière l'office du tourisme)* pour en admirer la magnifique **charpente**. En redescendant l'escalier, vous découvrirez l'exposition permanente du **musée des Techniques fromagères** *(accès libre aux heures d'ouverture de la bibliothèque)*.

Jardin conservatoire des fleurs et des légumes du pays d'Auge

R. St-Benoist, face à l'office du tourisme - ✆ 02 31 20 97 90 - www.mairie-saint-pierre-sur-dives.fr - 1er Mai-30 sept. : lun.-vend. 10h-12h30, 14h-18h, sam. 10h-12h, 14h-17h et juil.-août aussi le dim. 10h30-12h30 - visites guidées mar. à 15h30 et vend. à 11h - 1,50 € (gratuit -12 ans).

Parmi les 450 variétés de plantes, fleurs et légumes régionaux ici représentées, certaines avaient pratiquement disparu. Ce jardin donne l'occasion de les redécouvrir, ainsi que d'autres, utilisées pour soigner les hommes et les animaux, pour la cuisine et, plus étonnant, pour le ménage ou la lessive ! Une promenade surprenante.

Halles★

✆ 02 31 20 97 90 - ♿ - mai-sept. : 8h-20h ; reste de l'année : 8h-18h - gratuit - grand marché alimentaire lun. mat. - marché aux antiquaires et brocanteurs le 1er dim. du mois.

Incendiées en 1944, les halles furent fidèlement reconstruites. La **charpente** en chêne est étonnante : tout est assemblé par 290 000 chevilles de châtaignier. Pas un clou, pas une pointe, pas un boulon ; même les tuiles de la toiture sont fixées au moyen de chevilles façonnées à la main. Empilées les unes sur les autres, elles atteindraient la hauteur du puy de Dôme (1 465 m) !

Saint-Pierre-sur-Dives pratique

Voir aussi l'encadré pratique de Falaise.

Adresse utile

Office du tourisme de St-Pierre-sur-Dives – *R. Saint-Benoist - ✆ 02 31 20 97 90 - www.mairie-saint-pierre-sur-dives.fr - de mi-avr. à mi-oct. : 9h30-12h30, 13h30-18h, sam. 10h-12h, 14h-17h, dim. et j. fériés 10h30-12h30 ; reste de l'année : 9h30-12h30, 13h30-17h30 - fermé dim. (sf juil.-août).*

Se loger et se restaurer

Auberge de la Dives – *27 bd Collas - ✆ 02 31 20 50 50 - auberge-de-la-dives@wanadoo.fr - P - 5 ch. 38 € - 5,50 € - restaurant 13,50/35 €.* Cette coquette auberge vaut le détour : chambres propres et gaies, plaisante salle à manger champêtre, petite terrasse au bord de la rivière, et cuisine traditionnelle et soignée.

Faire une pause

Plaisirs des Mets – *2 r. de Lisieux - ✆ 02 31 90 33 05 – fermé mar. soir, merc., dim. soir hors sais.* La belle façade de cette épicerie reconstituée à l'ancienne attire le regard. À l'intérieur, le même thème donne le ton : vieilles boîtes publicitaires, meubles patinés et objets d'époque supportent les calvados, les liqueurs de pomme ou le pommeau.

Que rapporter

Marché – *Lun. mat.* Les halles du marché de Saint-Pierre-sur-Dives, qui dataient du 16e s., furent détruites en 1944 puis reconstruites à l'identique. Chaque lundi matin, entre 50 et 100 artisans et camelots prennent place dans ce lieu historique pour vendre fromages, charcuteries, poissons, fruits et légumes, pains ou plats cuisinés.

Saint-Sauveur-le-Vicomte

2 204 SAINT-SAUVERAIS
CARTE GÉNÉRALE A/B1 – CARTE MICHELIN LOCAL 303 C3 – MANCHE (50)

Les façades du centre-ville aux couleurs vives donnent un petit air irlandais à St-Sauveur-le-Vicomte, mais le bourg est avant tout la patrie natale de Jules Barbey d'Aurevilly, « le plus normand des écrivains normands », et son histoire s'ancre dans un passé remontant aux premières conquêtes normandes. De quoi offrir au visiteur un véritable saut dans le temps !

- **Se repérer** – St-Sauveur-le-Vicomte est au cœur de la presqu'île du Cotentin, à 15 km au sud de Valognes par la D 2.
- **À ne pas manquer** – L'imposant donjon du Vieux Château.
- **Organiser son temps** – Comptez 3h pour la visite du château et de l'abbaye.
- **Pour poursuivre la visite** – Voir aussi la presqu'île du Cotentin, le Parc naturel régional du Cotentin et du Bessin, Valognes, Ste-Mère-Église et Barneville-Carteret.

Amaury de Valroger / MICHELIN

Site fortifié de St-Sauveur-le-Vicomte.

Se promener

Château

✆ 02 33 21 50 44 - visite guidée (45mn) juil.-août : tlj sf dim. et j. fériés 15h, 16h30 - jardins ouverts tte l'année - 2 €.

Devant l'entrée, Barbey d'Aurevilly sculpté par Rodin vous accueille.

Ancienne possession des grands barons normands, le château (12e s.) a subi de nombreux sièges. Louis XIV le transforma en hospice en 1691. Il conserve deux grosses tours qui flanquent l'entrée ainsi qu'un donjon, puissante tour carrée à contreforts plats. Pénétrez dans l'enceinte du château qui accueille l'office de tourisme.

En contournant le château à gauche, le long des murailles au fond de l'ancien fossé, puis en traversant une grande cour, on peut pénétrer dans le cimetière où est inhumé Barbey d'Aurevilly, le « Connétable des Lettres ».

Église

Cet édifice, dont le transept est du 13e s., abrite quelques œuvres d'art intéressantes parmi lesquelles, à l'entrée du chœur, un Ecce homo (16e s.), à gauche, et une statue de saint Jacques de Compostelle (15e s.), à droite.

Visiter

Musée Barbey-d'Aurevilly

64 r. Bottin Desylles - ✆ 02 33 41 65 18 - 26 mai-16 sept. et 7 avr.-6 mai : 10h-12h, 15h-18h ; reste de l'année : w.-end 15h-17h - possibilité de visite guidée (45mn) - fermé mar., déc. - 2,30 € (-12 ans gratuit). Barbey d'Aurevilly est né en 1808 à Saint-Sauveur. Il meurt à Paris en 1889 après avoir laissé de nombreux articles, critiques littéraires et romans

Le saviez-vous ?

Cette localité était, au cours des 11e et 12e s., le siège de la vicomté du Cotentin attribuée à la famille Néel de Saint-Sauveur. Pour avoir participé à la révolte des barons contre Guillaume le Bâtard, Néel II perdit sa charge de vicomte. Le nom et le titre de sa famille sont restés attachés à la ville.
Saint-Sauveur-le-Vicomte est la patrie de l'écrivain Jules Amédée Barbey d'Aurevilly. Mais il garde aussi le souvenir de sainte Marie-Madeleine Postel, fondatrice de l'ordre des sœurs qui porte aujourd'hui son nom, anciennement sœurs de la Miséricorde.

parmi lesquels *Le Chevalier Des Touches, L'Ensorcelée, Les Diaboliques*. Installé dans la maison familiale (18e s.), ce musée présente des souvenirs de l'écrivain : portraits, statues, dont un bronze de Rodin, caricatures, manuscrits, œuvres magnifiquement reliées. Les tapisseries et la décoration des chambres ont été reconstituées d'après les indications de l'auteur.

Abbaye

☏ 02 33 21 63 29 - 10h-12h, 14h-18h - possibilité de visite guidée sur demande (1h) - gratuit.
C'est à la fois la maison mère de la communauté des sœurs de sainte Marie-Madeleine Postel et un collège mixte. L'abbaye fut fondée au 10e s. par Néel de Néhon, vicomte de Saint-Sauveur. Démantelée pendant la Révolution, l'abbaye, en bien triste état, fut achetée en 1832 par une religieuse, Marie-Madeleine Postel, pour en faire la maison mère de l'ordre qu'elle avait fondé à Cherbourg en 1807.
François Halley, architecte et sculpteur local, se vit confier les travaux de restauration. Endommagée pendant la Seconde Guerre mondiale, l'abbaye fut en chantier de 1945 à 1950.
Abbatiale – De l'époque romane, elle conserve le bas-côté droit qui présente de sobres et robustes arcades en plein cintre. Un triforium aveugle, dont les arcades reposent sur des colonnettes, court autour de la nef voûtée d'ogives, chaque arc diagonal prenant appui sur une colonne au chapiteau décoré de feuillages. À gauche en entrant se trouve une chaire en pierre, œuvre inachevée de François Halley. Il s'est lui-même représenté sur le pilier gauche de la deuxième travée. Dans l'abside, bel autel en bois sculpté du 15e s., illustrant les épisodes de l'enfance du Christ. Dans le transept nord, tombeau de mère Marie-Madeleine.
Parc – Il est agréable de se promener dans le parc planté de beaux arbres, aux pelouses et massifs de fleurs soigneusement entretenus.

Aux alentours

Château de Crosville-sur-Douve

5 km – en direction de Valognes, prendre la D 2 que l'on quitte presque tout de suite à Rauville-la-Place pour suivre la D 15 en direction de Pont-l'Abbé. Ensuite, fléchage - ☏ 02 33 41 67 25 - de mi-avr. à mi-oct. et vac. scol. : 14h-18h - 4 € (-12 ans gratuit), 1 € jardin.
Le premier seigneur de Crosville, Raoul Boubet, fut compagnon d'armes de Guillaume le Conquérant à la bataille d'Hastings (1066). Ses descendants occupèrent le château jusqu'en 1742. Construit au 17e s., ce dernier, l'un des plus importants de la Manche, se caractérise par un souci de composition et de symétrie.
Après avoir franchi une porte charretière du 16e s., on se trouve au milieu d'une cour fermée autour de laquelle s'organise l'ensemble des bâtiments.

Château de Crosville-sur-Douve

Château de Crosville-sur-Douve.

À gauche, la partie la plus ancienne : un donjon doté de ses mâchicoulis, une échauguette (guérite en pierre) qui cache l'escalier menant à la plate-forme supérieure.
Au centre, le château lui-même, éclairé de fenêtres à meneaux, de lucarnes doubles et de portes.
À l'intérieur, on ne doit pas manquer de regarder l'escalier monumental ainsi que les restes de décoration dans la Grande Salle.

Saint-Sauveur-le-Vicomte pratique

Voir aussi l'encadré pratique de Valognes.

Adresse utile

Office du tourisme de St-Sauveur-le-Vicomte – *Le Vieux Château - ☏ 02 33 21 50 44 - www.saintsauveurlevicomte.fr.st - juil.-août : 9h30-12h30, 14h30-18h30, dim. et j. fériés 10h30-12h30 ; juin et sept. : tlj sf dim. et j. fériés 9h-12h30, 14h30-18h ; vac. de printemps : tlj sf w.-end et j. fériés 9h-12h30, 14h30-18h ; reste de l'année : se renseigner - fermé 1er Mai.*

Se loger et se restaurer

Auberge de l'Ouve – *Longuerac - 50360 Les Moitiers-en-Bauptois - 13 km à l'E de St-Sauveur-le-Vicomte par D 15 et D 24 - ☏ 02 33 21 16 26 - www.auberge-de-louve.com - fermé oct.-mars - formule déj. 15,50 € - 10/33 € - 2 ch. 40 €.* La Douve s'écoule au pied de cette charmante auberge régionale en pierre. Sympathique intérieur rustique et généreuse cuisine du terroir, servie en toute simplicité. Atelier de poterie et location de barques à l'heure ou à la demi-journée.

Saint-Sever-Calvados

1 325 SÉVERINS
CARTE GÉNÉRALE B2/3 – CARTE MICHELIN LOCAL 303 F6 – CALVADOS (14)

Qu'un édifice religieux soit à l'origine d'un village est une chose fréquente et Saint-Sever-Calvados en est la parfaite illustration. Ce gros bourg du bocage normand a pour origine un monastère fondé au 6e s. par saint Sever. Une abbaye bénédictine y fut ensuite construite au 11e s. par Hugues Ier, vicomte d'Avranches. De ce riche patrimoine, il reste peu, mais suffisamment pour justifier une halte à Saint-Sever-Calvados.

Amaury de Valroger / MICHELIN

L'église de St-Sever-Calvados, dominée par son harmonieuse tour-lanterne.

Se repérer – St-Sever-Calvados se trouve entre Villedieu-les-Poêles (14 km à l'ouest) et Vire (13 km à l'est), sur la D 524, en bordure de la forêt de St-Sever.

À ne pas manquer – Le clocher isolé devant l'abbatiale.

Organiser son temps – Prévoyez une demi-journée pour une randonnée ou une partie de pêche dans la forêt de St-Sever.

Pour poursuivre la visite – Voir aussi Vire, Mortain, Villedieu-les-Poêles et St-Lô.

Visiter

Église

L'édifice porte le nom de Sever, esclave qui, ayant converti son païen de maître, se vit offrir un terrain sur lequel il établit une communauté religieuse. Nommé évêque d'Avranches, il revint mourir dans son abbaye, et son tombeau devint un lieu de pèlerinage très fréquenté.
L'ancienne abbatiale (13e et 14e s.) est précédée par la tour isolée du clocher (17e s.) de l'ancienne église paroissiale. La croisée du transept est dominée par une gracieuse tour-lanterne portée sur pendentifs. Le chœur, à l'entrée duquel se trouve une poutre de gloire, est éclairé par de grandes lancettes : deux d'entre elles sont pourvues de vitraux du 13e s. Il faut également remarquer, au côté sud, une verrière du 15e s.

Circuit de découverte

FORÊT DE SAINT-SEVER

17 km – environ 1h15.

Ce massif de 1 528 ha s'étend au sud de l'agglomération. Il est constitué d'essences variées : chênes, hêtres, pins, jeunes plantations de sapins et de mélèzes.

Quittez St-Sever par la route de St-Pois au sud. À la sortie du village, prenez la route forestière à gauche.

La route pénètre dans la forêt et, à un carrefour, passe devant un petit oratoire, la Vierge à la Vilaine.
Un peu plus bas, si vous pêchez, vous apprécierez l'**étang du Vieux-Château**. En longeant l'étang, on arrive à un second plan d'eau légèrement surélevé. Après les étangs, la route s'élève quelque peu *(à droite s'embranche le sentier pédestre conduisant aux ruines du vieux château)*, puis traverse un paysage découvert avant d'arriver à un carrefour.

Prenez à droite la D 299. Cette route rejoint la D 81 que vous prendrez à gauche.

L'Ermitage

Sous le règne de Louis XIII, une petite colonie d'ermites s'est établie dans cette retraite. Ils vivaient sous la règle des camaldules. Ce nom à la consonance étrange désigne les membres d'un ordre religieux fondé dans le village de Camaldoli, en Toscane, en 1010. Il ne reste du monastère que le portail (1776) et la chapelle **N.-D.-des-Anges**, presque entièrement pavée de dalles funéraires en granit. Les bâtiments sont toujours occupés par une communauté de religieuses.

Saint-Sever-Calvados pratique

Voir aussi les encadrés pratiques de Villedieu-les-Poêles et de Vire.

Se loger

Chambre d'hôte La Plaine Postel – *14380 Courson - 3,5 km au N de St-Sever-Calvados dir. Sept-Frères par D 81 et dir. Courson par D 304 - 02 31 68 83 41 - www.chambresdhotes-guezet.com - - 5 ch. 25/40 € - repas 18 €.* La première impression, lorsque vous êtes arrivé au but, c'est le calme, seulement ponctué par les cris des animaux de la ferme. Les cinq chambres sont sobres et agréables. Repas servis dans une grande pièce claire, face à la piscine, appréciable en été.

Saint-Vaast-la-Hougue

2 097 SAINT-VAASTAIS
CARTE GÉNÉRALE B1 – CARTE MICHELIN LOCAL 303 E2 – MANCHE (50)

Si vous voulez aller à Saint-Vaast-la-Hougue, sachez qu'il faut prononcer, pour faire local, « Saint-Va ». Et vous aurez raison d'y venir, car cet important port de pêche et de plaisance est une station balnéaire agréable grâce à son climat très doux. Saint-Vaast est également un centre ostréicole renommé et l'un des grands ports de pêche de la Manche. C'est au petit large de ce port que se trouve la « guerrière » île de Tatihou. Alors bon appétit et bon voyage !

Se repérer – En bordure maritime du val de Saire, à 12 km au sud de Barfleur par la D 902 et à 17 km au nord-est de Valognes, St-Vaast fait face à la petite île de Tatihou.

À ne pas manquer – Le jardin maritime de l'île de Tatihou et les panoramas sur la côte est du Cotentin.

Organiser son temps – À la mi-août, essayez d'assister aux Traversées Tatihou, le festival des musiques du large.

Pour poursuivre la visite – Voir aussi la presqu'île du Cotentin, le Parc naturel régional du Cotentin et du Bessin, Barfleur et Valognes.

La jetée du port de St-Vaast-la-Hougue.

Comprendre

Tourville et le drame de la Hougue – En 1692, un projet de débarquement en Angleterre est élaboré : Tourville, amiral de la flotte, alors à Brest, reçoit l'ordre de rallier la Hougue avec 44 navires pour protéger l'opération. Le 29 mai à l'aube, au large de la pointe de Barfleur, Tourville rencontre une formidable armada anglo-hollandaise de 99 vaisseaux. Une lutte s'engage : le 30 au matin, l'amiral rompt le combat après avoir évité l'enveloppement et gardé constamment l'initiative de la manœuvre. Les pertes sont sévères, mais il faut que la flotte française puisse rentrer au port d'attache avant que l'ennemi n'ait repris son souffle.

Tourville décide que les bâtiments intacts fileront droit sur Brest, tandis que les navires en difficulté s'engageront dans le raz Blanchard et, profitant du courant de jusant (marée descendante) qui doublera leur vitesse, se réfugieront à St-Malo. Vient alors le second acte, dramatique. Les premiers vaisseaux défilent dans le raz suivant le plan prévu, mais, tandis que les traînards doublent la pointe de La Hague, le terrible courant de marée s'inverse et treize navires, emportés comme des bouchons, sont rejetés vers le nord. Tourville décide alors d'échouer ses navires dans la rade de St-Vaast et le périple épuisant recommence. Cette manœuvre désespérée prend une tournure fatale : les troupes irlandaises alliées, sur lesquelles l'amiral n'a aucun pouvoir de commandement, ne font rien pour défendre les navires immobilisés sous la Hougue et **Tatihou**. Les Anglais peuvent alors en toute

tranquillité incendier les plus belles unités françaises, offrant à Jacques II un funèbre feu d'artifice (2-5 juin 1692).
Les fortifications qui protègent la rade de St-Vaast, œuvres de Vauban, ont été reconstruites après ce tragique dénouement.

Se promener

Phare

Du port, marchez jusqu'au pied du phare, situé à l'extrémité de la grande jetée de granit. La chapelle des Marins, dont l'abside porte des traces de peinture blanche, servait de repère aux marins.
La baie de Réville se creuse au nord. Au sud, par temps clair, au-delà des îles St-Marcouf, on découvre les falaises de Port-en-Bessin, Grandcamp, la baie des Veys, la côte plate du Cotentin et enfin le fort de la Hougue, rattaché à la terre ferme par un isthme étroit.

Le saviez-vous ?

La hougue, la hague : il s'agit de mots issus du norrois, ancienne langue du nord, désignant le port ou la rade. En l'occurrence, ce modeste havre était au 5e s. un fief de l'abbaye de Fécamp, qui avait une vénération profonde pour saint Vedastus ou Vaast, apôtre des Flandres et évêque d'Arras.

Fort

Suivez la direction « La Hougue ». À la **Grande-Plage**, longue de 1,5 km, la route bordée de tamaris à fines fleurs roses et la digue occupent toute la largeur de l'isthme qui rattache maintenant Saint-Vaast à l'ancienne île de la Hougue. Le donjon du fort, à l'extrémité sud de la plage, a conservé une fière allure.

Aux alentours

Île de Tatihou★

Traversée (10mn) toutes les 30mn (marée haute) et ttes les h (marée basse) - de mi-avr. à fin sept. : 10h-18h ; de déb. oct. à mi-avr. : w.-end 14h-16h30 - l'accès étant limité à 500 pers. par j., il est prudent de réserver - 7,80 € AR (visite du musée et de la tour Vauban comprise) - ✆ 02 33 23 19 92.
Quelle que soit la marée, on peut atteindre facilement l'île de Tatihou à l'aide d'un véhicule amphibie. Si la marée le permet, on peut également s'y rendre à pied ! *Hou* signifie : « monticule entouré d'eau », Tati étant le nom du chef.

Musée maritime départemental – Les collections retracent l'histoire de l'île et des techniques de pêche dans la Manche, et donnent un aperçu de ce qu'était la vie à bord des vaisseaux de Sa Majesté à l'époque de Tourville.

À l'abri des murs du lazaret, ancien lieu d'isolement des malades contagieux, un **jardin maritime** présente plusieurs centaines d'espèces de la flore du littoral.
Un espace naturel protégé de 20 ha de landes, dunes et grèves favorise l'observation des oiseaux.
Dans l'ancien **fort Vauban** (librairie, cafétéria, restaurant), on peut monter à la tour et voir du sommet sa jumelle de la Hougue.

Pointe de Saire

5,5 km. Quittez St-Vaast au nord par la route de Réville.
La route longe la côte et mène au pont sur la Saire où vous tournez à droite. Traversez le hameau de Jonville avant d'arriver à la mer. Du blockhaus, **vue★** circulaire sur le promontoire de la pointe de Saire et ses jolies grèves parsemées de rochers, et sur l'île de Tatihou avec Saint-Vaast en arrière-plan.

Saint-Vaast-la-Hougue pratique

Adresse utile

Office du tourisme de St-Vaast-la-Hougue – *1 pl. du Général-de-Gaulle - ✆ 02 33 23 19 32 - www.saint-vaast-reville.com - juin-sept. : 9h30-12h30, 14h30-18h30 ; reste de l'année : tlj sf dim. et j. fériés 9h30-12h, 14h30-18h.*

Se loger

⊖ Chambre d'hôte Le Manoir de Cabourg – *10 rte du Martinet - 50760 Réville - 3,5 km au N de St-Vaast par D 1, puis D 328 dir. Jonville - ✆ 02 33 54 48 42 - ⌧ - 3 ch. 47/52 €* ☕. Une allée de peupliers conduit à cette ferme fortifiée du 15e s. et son élégant double porche. Dans les chambres d'hôte, meurtrières et arquebusières vitrées se détachent sur les murs blancs et ajoutent à la lumière des fenêtres à meneaux.

⊖⊖ Hôtel de France et Fuchsias – *20 r. du Mar.-Foch - ✆ 02 33 54 42 26 - www.france-fuchsias.com - fermé 3 janv.-1er mars, lun., mar. en mars, nov., déc. et* *mar. midi d'avr. à oct. sf juil.-août - 37 ch. 64/106 € - ☕ 9,50 € - restaurant 26/50 €.* Quand les fuchsias sont en fleurs, leurs clochettes roses recouvrent les murs de cette maison en retrait du port. Certaines chambres donnent sur le superbe jardin clos où s'épanouissent palmiers, eucalyptus et autres essences exotiques. En salle, en véranda ou en terrasse, dégustez une cuisine soignée et bien tournée.

Se restaurer

Crêperie Léoncie – *27 quai Vauban - ☎ 02 33 44 42 50 - 8,50 €.* Mieux vaut penser à réserver une table dans cette petite crêperie du quai Vauban. En effet, outre le peu de places disponibles, l'établissement doit faire face à une réputation grandissante. La faute à de succulentes galettes comme celle aux coquilles St-Jacques, ou encore la crêpe aux trois pommes, à ne pas manquer.

J. Blondel / Musée maritime, Tatihou

La Vaquelotte devant l'île de Tatihou.

Le Chasse-Marée – *8 pl. du Gén.-de-Gaulle - ☎ 02 33 23 14 08 - fermé 5-27 janv., 15-30 nov., lun. midi en juil.-août, dim. soir et lun. de sept. à juin - 15 € déj. - 19/26 €.* Cuisine marine, fraîche et élaborée, servie dans un ravissant décor laqué bleu et blanc. Aux murs, les pavillons des plus prestigieux clubs de yatching du monde (surtout anglais) et des photos anciennes de ports et de vieux gréements se font l'écho de saveurs raffinées.

Que rapporter

Marché – *R. de Verrüe, pl. Belle-Île et pl. de la République - sam. 7h-14h.* Dans une ambiance champêtre, 70 à 80 marchands s'assemblent sur ce marché pour vendre leurs produits : fruits et légumes, charcuteries de fabrication artisanale, fromages qui témoignent de la richesse du terroir normand, poissons et coquillages, semences et plants de fleurs pour embellir le jardin : un beau rendez-vous hebdomadaire !

Lesdos-Allaire – *23 r. des Chantiers - ☎ 02 33 54 42 13 - dégustation 9h-12h, 15h-19h.* Un ancien atelier ostréicole situé en face du port accueille cette vénérable enseigne (1878) où vous pourrez vous approvisionner en huîtres du cru de St-Vaast-la-Hougue (plates et creuses) ou seulement vous laisser tenter par une petite dégustation gorgée d'iode.

Gosselin – *27 r. de Verrüe - ☎ 02 33 54 40 06 - http://www.maison-gosselin.fr - 9h-12h, 15h-19h, dim. 9h-12h - fermé 3 sem. en janv.* Même si vous n'avez besoin de rien, il est indispensable de visiter ce lieu extraordinaire. Tous les produits de la terre semblent y être rassemblés. Vous y verrez, entre autres, des fruits et légumes fournis par des producteurs du pays, des fromages normands affinés dans les caves de la maison, du pain cuit au feu de bois, 30 sortes de soupes de poisson.

Sports & Loisirs

Centre nautique de la baie de St-Vaast – *4 quai du Cdt-Albert-Paris - ☎ 02 33 43 44 73 - www.cnbsv.org - 9h-19h - fermé déc.-janv.* Stages de voile collectifs durant la semaine et cours particuliers en juillet-août. Locaux situés sur le port de plaisance de St-Vaast-la-Hougue et point plage à la pointe de Jonville. À Réville, point location de kayaks, catamarans, dériveurs et planches à voile.

Club nautique de la baie de Jonville – *Pointe de Jonville - 5,5 km au N de St-Vaast-la-Hougue (face au camping) - 50760 Réville - ☎ 02 33 43 44 73 ou 06 75 74 45 10 - cnbsv@wanadoo.fr - sur réservation, cours particuliers par moniteur diplômé.* En haute saison, le Club nautique de la pointe de Saire, à Jonville, propose la location d'embarcations diverses (planche à voile, funboard, dériveur, catamaran et kayak de mer) pour naviguer sur le plan d'eau sécurisé de la baie de Saire.

Événement

Festival des « Traversées Tatihou » - *☎ 02 33 05 95 88* - Chaque année à la mi-août, l'île de Tatihou devient pendant quatre jours le lieu de rencontre de toutes les musiques traditionnelles des rivages du monde. Les heures des spectacles sont choisies en fonction des marées, car pour venir écouter les artistes, le public traverse la grève à marée basse.

Sainte-Mère-Église

1 585 SAINTE-MÈRE-ÉGLISAIS
CARTE GÉNÉRALE B1 – CARTE MICHELIN LOCAL 303 E3 – MANCHE (50)

Les notoriétés ne sont pas toujours heureuses : la ville a été portée brutalement au premier rang de l'actualité mondiale dans la nuit du 5 au 6 juin 1944, lorsque les premiers parachutistes américains sont tombés sur la commune et ses environs. Immortalisé par le film Le Jour le plus long, Sainte-Mère-Église reçoit chaque année la visite de nombreux Américains qui viennent maintenir la mémoire de la 82e Airbone.

Se repérer – La N 13 qui relie Bayeux (59 km à l'est) à Valognes (16 km au nord-ouest) passe par Ste-Mère-Église.

À ne pas manquer – La vision du mannequin du soldat Steele toujours accroché au clocher de l'église.

Organiser son temps – 2h suffisent pour faire le tour du village et parcourir le musée Airborne.

Avec les enfants – Redécouvrez la vie rurale du siècle dernier à la ferme-musée du Cotentin.

Pour poursuivre la visite – Voir aussi la presqu'île du Cotentin, le Parc naturel régional des marais du Cotentin et du Bessin, Valognes, Utah Beach et St-Sauveur-le-Vicomte.

Comprendre

Le 6 juin 1944 – C'est aux abords de la localité que furent largués, dès le 6 juin 1944 à 2h30, les soldats de la 82e division aéroportée américaine, commandée par le général Matthew B. Ridgway, chargés, de concert avec la 101e division, de dégager les « sorties » de la plage de débarquement d'« Utah ». Après des combats confus, Sainte-Mère-Église est libéré dans la matinée du 6 ; mais les retours offensifs de l'ennemi, remis de sa surprise, ne furent brisés qu'au prix de combats acharnés – certaines unités, à court de munitions, durent se battre au poignard – qui ne cessèrent que le 7, avec l'arrivée des premiers chars débarqués à Utah Beach.

Stéphane Sauvignier / MICHELIN

Clocher de l'église de Ste-Mère-Église avec son fameux parachutiste.

Se promener

Église

Ce robuste édifice des 11e-13e s. fut touché au cours de la bataille. Il fallut déloger de son clocher les tireurs allemands isolés qui s'y étaient réfugiés. Le vitrail moderne (ateliers Loire, 1945) du portail illustre le parachutage des troupes américaines. Un mannequin accroché au bout de son parachute au clocher de l'église rappelle la tragique aventure du soldat Steele. Largué dans la nuit du 6 juin, ce dernier fut retenu par son parachute au clocher de l'église. Il fit le mort deux heures durant, à quelques centimètres d'une cloche qui ne cessait de sonner le tocsin !

Visiter

Musée Airborne

02 33 41 41 35 - www.airborne-museum.org - ♿ - avr.-sept. : 9h-18h45 ; reste de l'année : 9h30-12h, 14h-18h - fermé déc.-janv. - 6 € (enf. 3 €).

Deux grands bâtiments, dont un en forme de parachute, accueillent de nombreux témoignages et souvenirs des 82e et 101e divisions US. Il y a beaucoup de **matériels★**, certains très importants comme un **planeur Waco** ayant servi au tournage du film *Le Jour le plus long*, et un avion **Douglas C 47**.

Les bornes de la voie de la Liberté

Depuis Ste-Mère-Église jusqu'à Metz et Bastogne, 12 000 bornes symboliques jalonnent la route suivie par l'armée Patton. À partir d'Avranches, celles-ci évoquent surtout l'avance rapide du 20e corps de la 3e armée.
Sculptée par François-Victor Cogné et inaugurée en 1947, la « borne de la Liberté » est un hommage rendu aux États-Unis (les 48 étoiles représentant les 48 États).
Outre l'image de la Liberté, symbolisée par un flambeau lui-même inspiré de la statue de New York, la borne comporte l'emblème de la 3e armée américaine et des vagues évoquant l'océan Atlantique. La borne 0 de la voie de la Liberté se trouve devant l'hôtel de ville.

Ferme-musée du Cotentin

Chemin de Beauvais - ✆ 02 33 95 40 20 - juil.-août : 11h-19h (dernière entrée 1h av. fermeture) ; juin et sept. : 11h-18h ; avr.-mai et vac. scol. (sf vac. de Noël) : 14h-18h - 4 € (enf. 1,60 €).
Dans le jardin et les anciens bâtiments de la ferme de Beauvais remontant au 16e s. sont mis en scène de façon très évocatrice matériel et outils agricoles, mobilier et objets domestiques, qui reconstituent l'ambiance paysanne manchoise du début du 20e s. Un potager conservatoire de légumes complète ce plongeon dans le passé. Ne manquez pas les animaux de race locale : ânes du Cotentin, moutons roussins de La Hague et poules cotentines.
Un livret de visite destiné aux enfants est disponible à la billetterie.

Aux alentours

Écausseville

9 km au nord-ouest par la N 13, sortie Écausseville.

Hangar à dirigeables – *Traversez le bourg en suivant les pancartes rouges « Hangar » - ✆ 02 33 54 01 02 - visites guidées - avr.-mi-sept. : mar. et sam. 14h30-19h ; mi-sept.-fin nov. : sam. 14h30-19h - 2 € (-12 ans gratuit).* Cet immense hangar posé en rase campagne est un rare témoignage des infrastructures de la guerre aérienne livrée en 1914-1918. Construit la dernière année de la guerre, il faisait partie du centre d'aérostation de Montebourg-Écausseville, dont la mission était de repérer les sous-marins allemands et les mines afin de sécuriser les convois maritimes. Ses 150 m de long et 30 m de haut abritaient donc des dirigeables. Après l'abandon par la Marine des aéronefs en 1936, il servit de centre de stockage de canons et de chars, de pièces de rechange pour navires et avions… Aujourd'hui, une association le fait visiter *(vide)*, tout comme deux bâtiments où des expositions illustrent l'histoire du site.

Sainte-Mère-Église pratique

Adresse utile

Office du tourisme de Ste-Mère-Église – *6 r. Eisenhower - ✆ 02 33 21 53 91 - www.sainte-mere-eglise.info - avr.-sept. : 9h-13h, 14h-18h, dim. 14h-18h ; reste de l'année : tlj sf w.-end 9h-12h30, 13h-16h - fermé j. fériés, 3 sem. en déc.-janv. (se renseigner).*

Visites

Circuit historique – Le circuit balisé « **Objectif-Un port** », appartenant au parcours de l'Espace historique de la bataille de Normandie, passe par Sainte-Mère-Église.

Se loger

⊖⊖ **Le Sainte-Mère** – *8 r. Richedoux - ✆ 02 33 21 00 30 - hotel-le-ste-mere@wanadoo.fr - P - 41 ch. 53/58 € - ☕ 8,50 € - restaurant 16/26 €.* Architecture moderne imposante proche de la borne 0 de la voie de la Liberté. Chambres toutes identiques, bien insonorisées. Salon avec TV grand écran et billard. Un copieux buffet et des grillades préparées en salle s'emploient à calmer votre appétit.

Se restaurer

⊖⊖ **Le John Steele** – *4 r. du Cap-de-Laine - ✆ 02 33 41 41 16 - www.aubergejohnsteele.com - fermé dim. soir et lun. d'oct. à juin - 14,50/35 € - 7 ch. 42/47 € - ☕ 6 €.* À deux pas de l'église tristement célèbre, cette auberge rend hommage au soldat Steele. Salle à manger normande avec pierres et poutres apparentes. Cuisine régionale agrémentée de la touche personnelle du chef. Quelques chambres simples.

Sainte-Suzanne

1 020 SUZANNAIS
CARTE GÉNÉRALE C4 – CARTE MICHELIN LOCAL 310 G6 – MAYENNE (53)

Sainte-Suzanne présente une caractéristique qui est loin d'être anodine, surtout en pays normand : c'est la seule forteresse que Guillaume le Conquérant n'a pas réussi à prendre en son temps. « La perle du Maine » se laisse aujourd'hui volontiers investir par les touristes qui, en haut de la tour, sont récompensés par un panorama splendide. Autour de la petite cité, on randonne dans le bocage, en forêt de Charnie ou au bord de l'Erve.

- **Se repérer** – L'A 81 passe à proximité de Ste-Suzanne, mettant la cité à 45mn du Mans (50 km à l'est) et à 40mn de Laval (32 km à l'ouest).
- **À ne pas manquer** – Le panorama sur la ville et la campagne depuis le donjon.
- **Organiser son temps** – La cité médiévale et ses alentours se découvrent en une demi-journée.
- **Avec les enfants** – Suivez les Théâtrales Pitchoun, des visites estivales destinées aux petits.
- **Pour poursuivre la visite** – Voir aussi Évron, Sillé-le-Guillaume, Saulges et Laval.

Gilles Targat / MICHELIN

La forteresse de Ste-Suzanne.

Comprendre

Une dévotion particulière – La ville doit son nom à une martyre du 3e s., dont les reliques furent rapportées par un seigneur des lieux, et qui est depuis devenue la patronne des fiancés !

Une résistance acharnée – La cité de Ste-Suzanne opposa à Guillaume le Conquérant une farouche résistance. Les troupes de Guillaume s'étaient établies sur la route d'Assé-le-Béranger au camp de Beugy, ou camp des Anglais. Après un siège de trois ans (1083-1086), Guillaume dut renoncer à s'en emparer et, en hommage à son défenseur, Hubert II de Beaumont, lui restitua les domaines de Fresnay et de Beaumont. Mais, pendant la guerre de Cent Ans, les Anglais s'emparèrent de la ville (1425) et la gardèrent quatorze ans !

Se promener

Promenade des moulins – *Départ de l'office du tourisme - 3 km - 1h - non balisé - dépliant recommandé, disponible à l'office du tourisme - gratuit.* Cette promenade le long de la rivière l'Erve permet de reconnaître 17 moulins à foulon, à farine, à papier ou à tan, bâtis entre le Moyen Âge et le 19e s. Ils témoignent du passé industriel de la région.

Tour d'orientation

Accès par la rue du Grenier-à-Sel. Du sommet, on domine la petite cité blottie contre le château fort avec son donjon rectangulaire du 11e s. et ses remparts. Une **vue★**

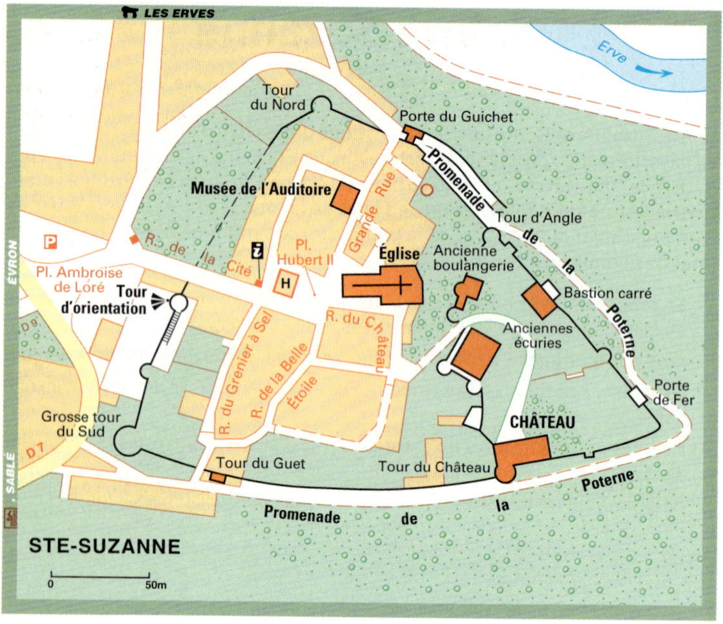

circulaire s'offre sur la ville neuve au pied des remparts et sur la campagne environnante.

Promenade de la Poterne

Au départ de la tour du Guet, elle longe le château, d'époque Henri IV, puis l'ancienne porte de Fer, offrant dans l'intervalle de jolies vues sur la rivière en contrebas. Cette dernière est enjambée par un moulin à eau et dominée par le tertre Gane.

La porte de Fer, percée de baies en arc brisé, se compose de deux portes. La plus basse était défendue par une herse dont subsistent les rainures. Le bastion carré possédait jadis une artillerie de défense. Cette partie de la promenade jusqu'à la porte du Guichet (boulets du 16e s.) permet de découvrir : à droite, les collines des Coëvrons avec la blanche carrière de Kabylie (Voutré), ainsi nommée pour ses ressemblances géologiques avec la région kabyle en Algérie ; à gauche, le mont Rochard (reconnaissable à son relais de télévision) et la butte de Montaigu avec la chapelle St-Michel.

Église

Elle renferme d'intéressantes statues : en particulier, au fond du chœur, une gracieuse sainte Suzanne en bois polychrome du 16e s. et, dans le croisillon nord, une Vierge à l'Enfant du 14e s. en pierre. À l'entrée nord de la sacristie, buste de la Vierge portant l'Enfant Jésus.

Dolmen des Erves

À 3 km, par la D 143, route d'Assé-le-Béranger.

Lors des fouilles faites avant sa restauration en 1983, on a pu attribuer l'érection de ce monument mégalithique aux Chasséens, dont la culture apparaît vers le 4e millénaire.

Visiter

Musée de l'Auditoire

7 Grande-Rue - ☏ 02 43 01 42 65 - www.museeauditoire.com - juil.-août : 14h-18h - 4 € (enf. 2,50 €).

Située dans la maison où se tenaient les audiences de justice aux 17e et 18e s., l'exposition permanente **« Sainte-Suzanne, cité médiévale, mille ans d'histoire »** retrace l'histoire de la forteresse. À travers des scènes composées de petits personnages (échelle 1/3), de documents et d'objets authentiques, sept salles reconstituent divers événements historiques importants dont la ville fut le théâtre. À voir aussi une collection d'outils de métiers anciens, un intérieur « mainiot », et une exposition de poids et mesures.

Château

☎ 02 43 01 40 77 - mai-sept. : 9h-18h ; reste de l'année : tlj sf lun. (non fériés) 9h30-12h30, 13h30-17h30 - fermé 1er janv., 25 déc. - gratuit.

En pénétrant dans la cour, on remarque à gauche l'ancienne boulangerie (expositions) et à droite les ruines d'un imposant donjon. Le château, au fond à droite, remonte à 1608 et est dû à Fouquet de la Varenne, premier contrôleur de la poste en France. Il se distingue par ses lucarnes coiffées d'un fronton triangulaire, ses fenêtres à meneaux et son perron recouvert d'un dôme en ardoise. Au deuxième étage, étonnante **charpente** en forme de coque de navire renversée.

Circuit de découverte

FORÊT DE LA GRANDE-CHARNIE

Circuit de 26 km – environ 1h30. Quittez Ste-Suzanne par la D 9 au nord-est. À 1 km, prenez à droite une petite route ; 700 m plus loin, laissez votre voiture à hauteur des quelques maisons.

Point de vue du tertre Gane

Après avoir traversé une aire de pique-nique boisée, vous arrivez à une plate-forme, semée de rocs : vue d'ensemble sur le site de Sainte-Suzanne et la plaine alentour.

Regagnez votre voiture et descendez jusqu'à la maison de retraite « La Foussillère » puis prenez la route à droite. Après avoir traversé la D 210, prenez à droite une route en montée.

Signal de Viviers

La route se termine sur le bord d'un abrupt boisé d'où vous découvrez les frondaisons de la forêt de la Grande-Charnie. En prenant un sentier à gauche, vous pouvez atteindre un rocher surmonté d'une statue du Sacré-Cœur ; des brèches à travers les arbres permettent de découvrir le massif des Coëvrons.

Une longue descente conduit à Torcé-Viviers-en-Charnie. Tournez à gauche au terme de la descente, traversez le village et prenez à gauche la D 210. À 5,5 km, reprenez à droite la D 156, puis la D 7.

Avant de franchir l'Erve, la route offre une belle vue sur la cité perchée de Ste-Suzanne.

Sainte-Suzanne pratique

Voir aussi les encadrés pratiques d'Évron et de Saulges.

Adresse utile

Office du tourisme de Ste-Suzanne – *1 r. du Chenil - 53270 Ste-Suzanne - ☎ 02 43 01 43 60 – de Pâques au 3e dim. de sept. : 9h-12h30, 14h-18h, j. fériés 10h-12h30, 14h-18h, dim. 14h-18h ; reste de l'année : tlj sf dim. et j. fériés 14h-17h30 - fermé 2e quinz. de déc. et 1re sem. de janv.*

Visites

Les Théâtrales – *- 1 r. du Chenil - ☎ 02 43 01 43 60 - www.sainte-suzanne.com - à certaines dates en été, apr.-midi et nocturne. Informations sur les Théâtrales et autres animations locales auprès de l'office de tourisme - ☎ 02 43 01 43 60.* La visite de ces lieux chargés d'histoire prend une autre dimension grâce aux comédiens qui font revivre certains personnages célèbres de Ste-Suzanne. Des « Théâtrales Pitchoun » sont destinées aux enfants.

Centre médiéval de Clairbois – *Renseignements à La Ferté-Clairbois - Ste-Suzanne - ☎ 02 43 01 42 15 - www.ferteclairbois.com.* Ceux qui sont intéressés par le Moyen Âge peuvent rendre visite au chevalier Gilbert de Clairbois qui a reconstitué un châtelier avec donjon sur motte du 12e s., à 2 km de la cité. *Spectacles de chevalerie et auberge médiévale - juil.-août : tlj ; de Pâques à la Toussaint : dim.*

Se loger et se restaurer

Relais du Gué de Selle – *Rte de Mayenne - 53600 Mézangers - 5 km au N de Ste-Suzanne par D 7 - ☎ 02 43 91 20 00 - www.relais-du-gue-de-selle.com - fermé 23 déc.-10 janv., 18 fév.-7 mars, vend. soir, dim. soir et lun. du 16 oct. au 31 mai - P - 24 ch. 68/117 € - 9,50 € - restaurant 22/48 €.* Vieille ferme restaurée avec un jardin sur une rive de l'étang, visible depuis une partie des plaisantes chambres. Promenade aménagée au bord de l'eau, vélos, pêche, etc. Le décor soigné et avenant de la salle de restaurant s'agrémente d'une cheminée.

Saulges

334 SALVIENS
CARTE GÉNÉRALE C4 – CARTE MICHELIN LOCAL 310 G7 – MAYENNE (53)

Saulges, c'est tout simplement le pays du calme et de la tranquillité. En plein bocage mayennais, le bourg enchante les amoureux de nature et d'histoire avec ses paysages frais, qui dominent la vallée de l'Erve, son église construite sur une nécropole mérovingienne, sa vingtaine de grottes préhistoriques peuplées de mystérieuses légendes et sa source aux vertus miraculeuses…

- **Se repérer** – Le petit village de Saulges se situe au croisement de la D 554 et de la D 235, à 40 km au sud-est de Laval, la grande ville la plus proche.
- **À ne pas manquer** – Un voyage au « centre de la terre » dans les grottes.
- **Organiser son temps** – Visitez d'abord les grottes et promenez-vous ensuite dans Saulges et ses abords immédiats.
- **Pour poursuivre la visite** – Voir aussi Laval, Évron et Sainte-Suzanne.

Se promener

Église Saint-Pierre

Elle fait face à l'église paroissiale, sur la place du village. On entre d'abord dans la **chapelle St-Sérénède** (16e s.) où sont vénérées les reliques de ce saint qui évangélisa la région au 7e s. : sur la fresque qui orne le mur droit de la chapelle figurent, à gauche, saint Céneré et, plus à droite, sainte Anne apprenant à lire à la Vierge Marie.
En descendant quelques marches on pénètre dans la petite **chapelle St-Pierre**, élevée au milieu du 7e s. par saint Céneré ; c'est un rare vestige de l'époque mérovingienne.

Oratoire Saint-Céneré

1 km. À la sortie de Saulges en direction de Vaiges, prenez à gauche un chemin en pente douce aboutissant à un parking.
Par une passerelle enjambant la rivière, gagner l'ermitage agréablement situé sous bois, au pied des rochers. Chaque année de nombreux pèlerins viennent prier le saint et boire à la source miraculeuse qu'il avait fait lui-même jaillir.
Tout à côté de l'ermitage, l'élargissement de l'Erve forme un petit lac très fréquenté des pêcheurs !

Grottes de Saulges

✆ 02 43 90 51 30 - visite guidée (45mn) juil.-août : 10h, 10h45, 11h30, 14h, 14h50, 15h40, 16h30, 17h20 et 18h10 ; de mi-mars à fin juin et de déb. sept. à mi-nov. : 14h, 14h50, 15h40, 16h30 - 8 € (2 grottes), 5,50 € (1 grotte) ; enf. 5,50 € (2 grottes), 3,50 € (1 grotte).
Les grottes s'ouvrent dans un joli site au nord du village ; elles présentent des formations géologiques intéressantes et ont livré de nombreux témoignages de l'occupation humaine au cours du paléolithique : ossements et outils de silex.

Grotte à Margot – Elle est intéressante par l'étroitesse de ses fissures et les phénomènes d'érosion apparents.
Grotte de Rochefort – Creusée dans des roches sombres, elle s'ouvre dans la falaise de la rive droite. Un couloir et une échelle abrupte conduisent à un petit lac souterrain situé au niveau de la rivière.

Saulges pratique

Voir aussi les encadrés pratiques de Sillé-le-Guillaume et de Ste-Suzanne.

Adresse utile

Office du tourisme de Saulges – *4 pl. Jacques-Favrot - 53340 Saulges - ✆ 02 43 90 49 81 – mai-sept.*

Se loger et se restaurer

Hôtel Ermitage – *✆ 02 43 64 66 00 - www.hotel-ermitage.fr - fermé fév., vac. de Toussaint, dim. soir et lun. du 30 sept. au 15 avr. - P - 36 ch. 69/98 € - ☕ 9,50 € - restaurant 23/58 €.* Tout ce qu'il faut pour vous remettre en forme dans cet hôtel jouxtant l'église St-Pierre, au cœur d'un petit village. Détente en salle de musculation ou à la piscine puis repos dans son jardin fleuri en pleine campagne. Préférez les chambres spacieuses dans l'aile récente.

Sées★

4 504 SAGIENS
CARTE GÉNÉRALE C3 – CARTE MICHELIN LOCAL 310 K3 – ORNE (61)

Blottie dans sa campagne, Sées est une petite ville calme couvée par ce pur joyau de l'art gothique normand qu'est sa cathédrale, vaisseau de pierre posé au milieu d'un séduisant ensemble de ruelles et de places. Plusieurs communautés religieuses, séminaires et collèges lui donnent une atmosphère quelque peu assoupie, mais en été le spectacle des « Musilumières » réveille tout ce petit monde.

- **Se repérer** – Sées se niche à 22 km au sud-est d'Argentan, soit 19 km au nord d'Alençon, à quelques kilomètres seulement de la forêt d'Écouves.
- **À ne pas manquer** – Le chœur de la cathédrale et la forêt d'Écouves.
- **Organiser son temps** – Prévoyez une journée pour visiter la ville et profiter de la forêt toute proche.
- **Pour poursuivre la visite** – Voir aussi Argentan, le haras du Pin, Alençon et le château de Carrouges.

Hervé Champollion / MICHELIN

La cathédrale de nuit.

Visiter

Cathédrale★★

Sées est une ville épiscopale depuis l'an 400, date de son évangélisation par saint Latuin qui en devint le premier évêque. Ce monument, qui connut de multiples vicissitudes, reste l'un des plus beaux édifices de l'école gothique normande des 13e et 14e s.

Extérieur – La façade principale de l'édifice est percée d'un vaste porche ; mais les fondations du monument reposant sur un sol trop instable, et la façade s'étant inclinée d'une façon inquiétante au 16e s., on dut procéder à des travaux de consolidation : de lourds contreforts furent maçonnés contre le porche qui s'en trouva défiguré.

Intérieur – Au-dessus des grandes arcades de la nef, court un triforium que surmonte une légère frise. Grand orgue de Cavaillé-Coll.

Dans le **chœur★★** et le **transept★★**, le triforium, d'un dessin différent, est ajouré. Toute cette partie de l'église, intéressant exemple de l'art gothique, n'est qu'une immense claire-voie, illuminée, dans le transept, par de magnifiques **verrières★★** et des roses de la fin du 13e s.

Le beau maître-autel double de marbre turquin, d'époque Louis XVI, a été exécuté par Brousseau, l'architecte de l'évêché. Il présente, du côté de la nef, un bas-relief en bronze doré représentant la Mise au tombeau ; du côté du chœur, la scène sculptée sur marbre a trait à l'invention (découverte) des corps des saints Gervais et Protais.

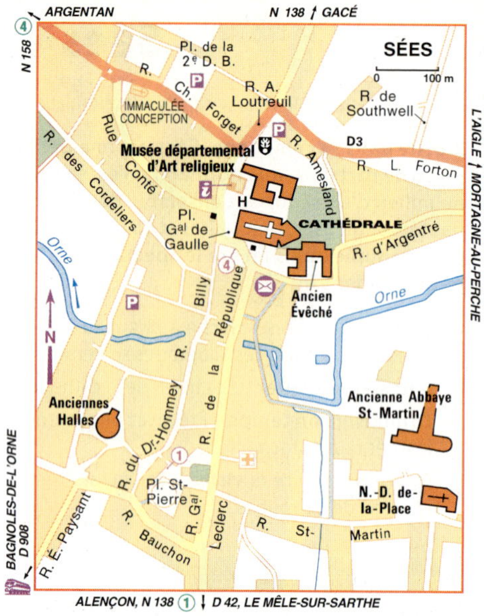

SE LOGER	SE RESTAURER
Chambre d'hôte Ferme Équestre des Tertres...... 1	Le Cheval Blanc............... 1
Hôtel Île de Sées.............. 4	Le Gourmand Candide..... 4

Église Notre-Dame-de-la-Place

☎ 02 33 27 81 76 - possibilité de visite guidée sur demande à l'office de tourisme.

Elle abrite une tribune d'orgues datant de la Renaissance et **12 bas-reliefs** du 16e s., en trois groupes, figurant des scènes du Nouveau Testament.

Musée départemental d'Art religieux

Pl. du Général-de-Gaulle - ☎ 02 33 81 23 00 - juil.-sept. : tlj sf mar. 10h-18h - 2 € (-12 ans gratuit).

Installé dans l'ancien logis canonial, ce musée présente des peintures, sculptures, vêtements sacerdotaux ainsi que des objets de culte allant du 12e au 19e s.

Ancienne abbaye Saint-Martin

Ne se visite pas. Actuellement maison d'enfants.

L'entrée présente un grand portail à entablement classique, par lequel on aperçoit la gracieuse construction du logis de l'abbé (18e s.).

Ancien évêché

Ce majestueux ensemble fut élevé par Mgr d'Argentré (précepteur du comte de Provence, futur Louis XVII) en 1778, d'où son appellation de palais d'Argentré. La cour s'ouvre par une belle grille avec écusson et rinceaux.

Anciennes halles

Curieux édifice à péristyle en rotonde, du 19e s. La charpente en bois repose sur des colonnes de pierre.

Circuit de découverte

FORÊT D'ÉCOUVES★★

De Sées à Alençon, 29 km – environ 2h15.

Cet itinéraire permet d'apprécier la diversité des futaies de la forêt (chênes, hêtres, sapins, pins sylvestres, épicéas), continuellement enrichie par des reboisements, et la majestueuse ordonnance de ses « étoiles ». Après Sées, la D 908 atteint, aux Choux, la forêt d'Écouves.

Des visites guidées accompagnées par un forestier de l'ONF, pédestres, équestres ou à VTT, des massifs forestiers (Écouves, Andaines, Bellême et Perche-Trappe, Réno-Valdieu, Moulins-Bonsmoulins, Bourse) sont organisées, sur demande, par l'Office national des forêts - *36 r. St-Blaise - 61000 Alençon - ☎ 02 33 82 55 00.*

Au sommet d'une montée, prenez à gauche, au carrefour de la Rangée, la D 226 qui offre des échappées sur le pays d'Argentan.

Divers aménagements touristiques ont été réalisés, parmi lesquels un parcours sportif au Chêne-au-Verdier et un sentier de découverte au carrefour du Rendez-Vous. Écouves abrite des cerfs, des biches et des chevreuils.

Carrefour de la Croix-de-Médavy

Cette importante étoile est signalée par une borne octogonale rappelant les anciennes dénominations routières. Le char « Valois » touché par un Panzer lors des combats menés les 12 et 13 août 1944 rappelle l'action efficace de la 2e DB du général Leclerc dans la bataille de Normandie.

Le **signal d'Écouves** (alt. 417 m), à l'ouest du carrefour de la Croix-de-Médavy, constitue l'un des deux points culminants de la France de l'ouest avec le signal des Avaloirs.

Carrefour de la Croix-Madame

Cette étoile a gardé sa vieille borne de pierre, au centre du carrefour.

Prenez à gauche le sentier de la Sapaie-Pichon et suivez à pied l'itinéraire jalonné de bandes jaunes sur les arbres.

Une partie de cette zone a été mise en régénération. Les sapins ont fait place aux semis qui assureront la continuité de cette essence. Un terrain accidenté et de belles échappées s'offrent au promeneur. *1h30 à pied environ.*

Reprenez la voiture et suivez la D 204.

La descente rapide offre une agréable perspective. Après le carrefour du Chêne-au-Verdier, belles séries de chênes, de hêtres et de sapins.

Au carrefour des Rochers-du-Vignage, appuyez sur la droite dans la D 26 puis tout de suite à droite dans une route forestière. Laissez aussitôt la voiture.

Rochers du Vignage★

1h45 à pied AR. Le sentier jalonné de traits jaunes se détachant de la route forestière, en arrière, à droite, suit bientôt une arête rocheuse, offrant des vues remarquables sur la forêt.

Le sentier arrive au carrefour du Chêne-au-Verdier, longe sur 300 m la route forestière Aubert, bifurque à droite dans la futaie feuillue, après avoir traversé un parcours sportif, pour redescendre sur la route forestière qui ramène à la voiture.

Suivez la D 26 vers Alençon.

À la sortie de la forêt, à la jonction d'une route forestière, un monument et le cimetière situé à 200 m au sud rappellent encore le sacrifice des combattants de la 2e DB. On aperçoit, à droite, la butte Chaumont au profil conique et, au loin, le mont Souprat. Plus loin s'étend la campagne d'Alençon, bornée par la forêt de Perseigne.

Sées pratique

Adresse utile

Office du tourisme de Sées – *Pl. du Général-de-Gaulle - ✆ 02 33 28 74 79 - www.paysdalencontourisme.com - juin-sept. : 9h-12h30, 14h-18h, sam. 9h-12h30 ; reste de l'année : 9h-12h30, 14h-18h - fermé dim. et j. fériés.*

Se loger

Chambre d'hôte Ferme Équestre des Tertres – *61500 La Chapelle-près-Sées - 4 km au S de Sées dir. La Ferté-Macé par D 908 puis Bouillon par C 14 - ✆ 02 33 27 74 67 - www.fedestertres.com - - 5 ch. 35/43 € - repas 14 €.* Voilà une adresse pour les cavaliers : cette ferme est le point de départ pour de belles balades à cheval dans la forêt d'Écouves. Les randonneurs pédestres emprunteront les GR et les autres pourront essayer la calèche. Chambres coquettes.

Hôtel Île de Sées – *61500 Macé - 5,5 km au NO de Sées, rte d'Argentat, par D 303 et D 747 - ✆ 02 33 27 98 65 - www.ile-sees.fr - fermé nov.-fév., dim. soir et lun. - P - 16 ch. 55/70 € - 8 € - restaurant 18/35 €.* Savourez ici le calme de la pleine campagne, dans les bâtiments d'une ancienne laiterie entourée d'un parc. L'intérieur, habillé de boiseries sombres, est chaleureux. Agréables chambres aux tons pastel et au mobilier sobre.

Se restaurer

Le Cheval Blanc – *1 pl. St-Pierre - ✆ 02 33 27 80 48 - fermé fév., nov. et vend. - 10,50/38 € - 9 ch. 32/44,50 € - 4,50 €.* Il règne une charmante atmosphère un rien « vieille France » en cette longue bâtisse à colombages du début du 20e s. L'auberge, de style rustique, propose une carte traditionnelle et des recettes régionales. Chambres simples et nettes. Garage fermé et gratuit pour vélos et motos.

Le Gourmand Candide – *14 pl. du Gén.-de-Gaulle - ✆ 02 33 27 91 28 - fermé vac. scol. de fév., dim. soir, mar. soir et lun. - 9,95 € déj. - 14,50/21,50 €.* La belle façade verte de ce restaurant attire l'œil. Intérieur en deux parties : une salle simple et contemporaine, et un espace plus cossu avec véranda. On y propose des plats traditionnels comme la spécialité maison, la tête de veau du gourmand Candide.

Événements

Les Musilumières – *Juil.-mi-sept., vend.-sam. soir - durée : 45mn - rens. et réserv. à l'office du tourisme.* L'intérieur de la cathédrale est la toile de fond de ce son et lumière retraçant l'histoire du monument.

Sillé-le-Guillaume

2 585 SILLÉENS
CARTE GÉNÉRALE C4 – CARTE MICHELIN LOCAL 310 I5 – SARTHE (72)

Héritière d'un riche passé, cette petite ville a su également mettre en valeur son patrimoine naturel. En aménageant l'étang du Defais en plan d'eau et de loisirs, Sillé-le-Guillaume est en effet devenu une Station verte de vacances qui offre une multitude d'activités, à commencer par l'escalade, le canoë-kayak et la randonnée en forêt de Sillé.

Se repérer – Sillé-le-Guillaume est implanté au sud des Alpes mancelles, sur la D 304 qui part du Mans (35 km au sud-est) vers Mayenne (41 km au nord-ouest).

À ne pas manquer – Un après-midi « nature » dans la forêt.

Organiser son temps – Si 2h suffisent pour parcourir la cité, comptez une demi-journée pour une balade tranquille sous les futaies de Sillé.

Pour poursuivre la visite – Voir aussi Fresnay-sur-Sarthe, Alençon, Ste-Suzanne et Évron.

Amaury de Valroger / MICHELIN

Le château de Sillé-le-Guillaume.

Comprendre

Une ville frontière – Sillé-le-Guillaume fut l'une des places fortes qui, comme Ste-Suzanne et Mayenne, protégeaient le nord du comté du Maine contre l'invasion normande. Son nom fait référence à Guillaume le Conquérant et à la famille de Sillé.
Autrefois ville commerçante intéressée par le passage des pèlerins sur le chemin montois (du Mans au Mont-St-Michel), la ville est aujourd'hui très attachée au Parc naturel régional Normandie-Maine dont elle est l'une porte vers les Alpes mancelles.

Se promener

Château

✆ 02 43 20 10 32 (office de tourisme) - juil.-août : visite guidée tlj sf lun. 14h30 et 16h30 - tarif non communiqué.
À la fin de la guerre de Cent Ans, les Anglais saccagèrent la forteresse de Sillé, bâtie au 11e s. Sur ces ruines, Antoine de Beauvau construisit, au 15e s., le château actuel. Bien que très restaurés, son donjon bâti à même le roc et ses tours rondes, reliées par des corps de bâtiment des 16e et 17e s., lui conservent une fière allure !

Église Notre-Dame

Elle est bâtie sur l'emplacement d'une ancienne église romane dont subsistent la **crypte** et le pignon du croisillon sud. Elle a conservé un joli portail du 13e s., décoré d'une Vierge à l'Enfant coiffée d'un dais. Les travaux de restauration, nombreux du 15e au 20e s., ont rendu à la nef centrale du 15e s. son aspect primitif : voûtes lambrissées.

Circuit de découverte

FORÊT DE SILLÉ

Circuit de 30 km – environ 1h. Quittez Sillé-le-Guillaume au nord-est par la D 310.

La route s'élève vers la forêt qu'elle traverse. Couvrant la crête est de la chaîne des Coëvrons, la forêt de Sillé est aménagée pour les promeneurs (abris, sentiers balisés, pistes équestres).

Très exploitée au début du siècle, cette forêt qui s'étend comme un écheveau sur près de 17 km se présente aujourd'hui sous la forme de taillis, de taillis sous futaie ou de plantations de résineux sur les sols les plus médiocres.

Prenez à gauche la première route forestière et la direction de Sillé-Plage par la D 105. Après environ 1,5 km, engagez-vous à gauche sur la route forestière qui mène à la D 203^E et à Sillé-Plage.

Étang du Defais

Ce plan d'eau de 32 ha, appelé aussi « lac de Sillé », entouré de verdure, est le lieu de promenade favori des Silléens et un **centre de loisirs** (baignade et nombreuses activités nautiques) fréquenté en saison. Près de la plage, au nord, vestiges d'un ancien château-refuge médiéval.

Achevez de contourner l'étang en le longeant (dir. Sillé-le-Guillaume) afin de prendre à droite la route forestière de la Grande-Ligne (route goudronnée qui traverse la forêt de part en part) pour arriver à la Croix-de-la-Mare en traversant successivement la D 5, la D 35 et la D 403. 400 m après le dernier carrefour, un sentier fléché sur la gauche (petit parking en haut du chemin empierré) conduit à la Croix-de-la-Mare.

Croix-de-la-Mare

45mn AR. Point culminant (290 m) de la partie ouest de la forêt, le site doit son nom à une croix élevée par un M. Lamarre pour se faire pardonner ses exactions pendant la Révolution. Une petite chapelle a été construite en 1862 et est devenue un lieu de pèlerinage chaque deuxième dimanche de septembre. Le chemin, en boucle, conduit un peu plus bas vers deux croix érigées sur le site choisi par M. Lamarre.

Revenez vers le dernier carrefour et prenez à droite la D 103 bis en direction de Rouessé-Vassé. La D 310 ramène à Sillé-le-Guillaume.

Sillé-le-Guillaume pratique

Adresse utile

Office du tourisme de Sillé-le-Guillaume – *Pl. de la Résistance - 72140 Sillé-le-Guillaume - ✆ 02 43 20 10 32 - www.sille-plage.com - juil.-août : 14h-18h, sam. 9h30-12h, 14h-18h ; reste de l'année : tlj sf lun. 9h30-12h, 14h-17h - fermé dim. et j. fériés, 1 sem. pdt vac. de Noël.*

Se loger et se restaurer

⊖⊖ **Le Bretagne** – *Pl. de la Croix-d'Or - ✆ 02 43 20 10 10 - hotelrestaurantlebretagne@wanadoo.fr - fermé 26 juil.-11 août, 24 déc.-2 janv., sam. midi d'oct. à mars, vend. soir et dim. soir - 25/49 € - 15 ch. 38/68 € - ☕ 10 €.* Les diligences ont depuis longtemps déserté cette bâtisse qui leur servait jadis de relais. Située en centre-ville, la maison propose une cuisine simple et bien tournée d'un bon rapport qualité-prix et des chambres joliment redécorées.

Sports & Loisirs

Bon à savoir – Situé au cœur d'une forêt domaniale de 3 350 ha, le lac de Sillé-le-Guillaume offre de nombreuses activités de plein air en fonction des goûts et des saisons. Le lac concentre en effet beaucoup de possibilités avec des promenades en bateau *(✆ 02 43 20 06 43)* ou en petit train touristique *(✆ 02 43 20 10 32)*, des locations de pédalos, planches à voile *(✆ 02 43 20 09 97)*, un club de voile *(✆ 02 43 20 89 03)*, une belle plage surveillée, etc. Il est également possible de pratiquer le golf miniature *(✆ 02 43 20 17 11)*, le VTT, l'escalade, la pêche en étang, la randonnée à pied ou à cheval.

Événements

Courses hippiques de Sillé-Plage – *1er dim. d'août - rens. à l'office de tourisme.* Sur l'hippodrome de la forêt, cette réunion hippique réunit au long en sept courses trot, plat et saut d'obstacles.

La Suisse normande★★

CARTE GÉNÉRALE C2/3 – CARTE MICHELIN LOCAL 303 J/K 6/7

La Suisse normande ? Après les Alpes mancelles, la Normandie réserve décidément bien des surprises. Cette appellation touristique désigne une partie sauvage et accidentée de la vallée de l'Orne, où la rivière ondule au pied d'abruptes barres rocheuses en dessinant d'harmonieux méandres. Autrefois industrieuse, la région est devenue une destination très prisée des vacanciers qui y trouvent une offre de loisirs très variée dans un cadre naturel spectaculaire.

Se repérer – Cette région touristique est située au sud du bocage normand dans le triangle formé par Condé-sur-Noireau, Thury-Harcourt et Putanges. Elle comprend la vallée de l'Orne et quelques affluents comme le Noireau, la Vère, la Roure et la Baize.

À ne pas manquer – Le remarquable point de vue sur les gorges de la Rouvre depuis le belvédère de la roche d'Oëtre.

Organiser son temps – Parcourez d'abord la Suisse normande en voiture avant de l'explorer à pied en choisissant l'une ou l'autre randonnée.

Avec les enfants – Découvrez la géologie et le travail des mineurs aux Fosses d'Enfer à St-Rémy-sur-Orne.

Pour poursuivre la visite – Voir aussi Thury-Harcourt, Falaise, Argentan, Flers et Clécy.

Stéphane Sauvignier / MICHELIN

Profil humain dans la roche d'Oëtre.

Comprendre

Le début d'un engouement – Le nom de « Suisse normande » est apparu au 19e s. avec le développement du chemin de fer, du tourisme et des guinguettes sur les bords de l'Orne. Il a été consacré par les premiers guides touristiques et les cartes postales. Depuis, l'engouement des promeneurs, des canoéistes, des pêcheurs, des randonneurs à cheval puis des amateurs de parapente, de deltaplane et de varappe ne s'est jamais démenti. Il faut dire que le pays est particulièrement agréable en été.

Circuit de découverte

LA VALLÉE DE L'ORNE★★

99 km – environ 3h.

Thury-Harcourt *(voir ce nom)*

Quittez Thury-Harcourt au sud, D 562.

La route atteint le fond de la vallée. En avant, apparaît, juchée sur un mamelon, la chapelle de Bonne-Nouvelle, puis Caumont et sa carrière de grès abandonnée, à gauche, et St-Rémy aux installations minières poudrées de rouge.

Saint-Rémy

Les mines de fer de St-Rémy ont été exploitées de 1875 à 1967. Le minerai produit était l'un des plus riches de Normandie.

Les Fosses d'Enfer – *02 31 69 67 77 - www.musee-fosses-denfer.com - juil.-août : 10h-12h30 (dernière entrée 30mn av. fermeture), 14h30-18h (dernière entrée 1h av. fermeture) ; mai-juin et sept. : tlj sf mar. 14h-18h ; avr. et oct. : tlj sf mar. 14h-17h30 - 4,60 € (enf. 2,30 €).* La Maison des ressources géologiques de Normandie, sur le site de l'ancienne mine de fer, vous explique la formation de la terre et des roches, leur extraction et leur utilisation industrielle. L'accent est mis sur l'exploitation des énergies et des ressources naturelles (pétrole, eau, gestion des déchets radioactifs). Projection d'un film sur les « gueules rouges » retraçant la vie et le travail des mineurs.

À 700 m de la D 562, la petite église flanquée de son if colossal occupe, au sommet d'une colline, une situation privilégiée. Du cimetière, belle vue sur la vallée de l'Orne.

Clécy★ *(voir ce nom)*

Quittez Clécy au sud par la D 562.

En fin de montée de la route, après un virage à droite, la vue plonge dans la vallée où apparaît Clécy, à l'horizon. À droite de la croupe de l'Éminence, vous pouvez distinguer le mont d'Ancre (331 m), un des sommets du bocage.

Après le Fresne, quittez la D 562 pour la D 1.

La route suit la ligne de crête qui sépare les vallées de l'Orne et du Noireau, que rejoint celle du ruisseau de Béron. 500 m après le Rendez-Vous des Chasseurs, brève échappée au nord sur la vallée de l'Orne dominée par les rochers des Parcs.
Dans la descente, avant la chapelle St-Roch, on voit le promontoire escarpé de la roche d'Oëtre qui se distingue à l'horizon sur la droite.

Chapelle Saint-Roch

La chapelle de pèlerinage St-Roch date du 16e s. Dotée de fresques modernes relatant la vie du saint, elle est l'objet d'un « pardon », le dimanche qui suit le 15 août (offrande des produits de la terre, procession, bénédiction solennelle des travaux des champs).

Pont-d'Ouilly

Situé dans la vallée de l'Orne, Pont-d'Ouilly est le grand carrefour des routes touristiques de la Suisse normande. C'est un point de départ bien connu pour toutes sortes d'excursions ou promenades.

Prenez la D 167.

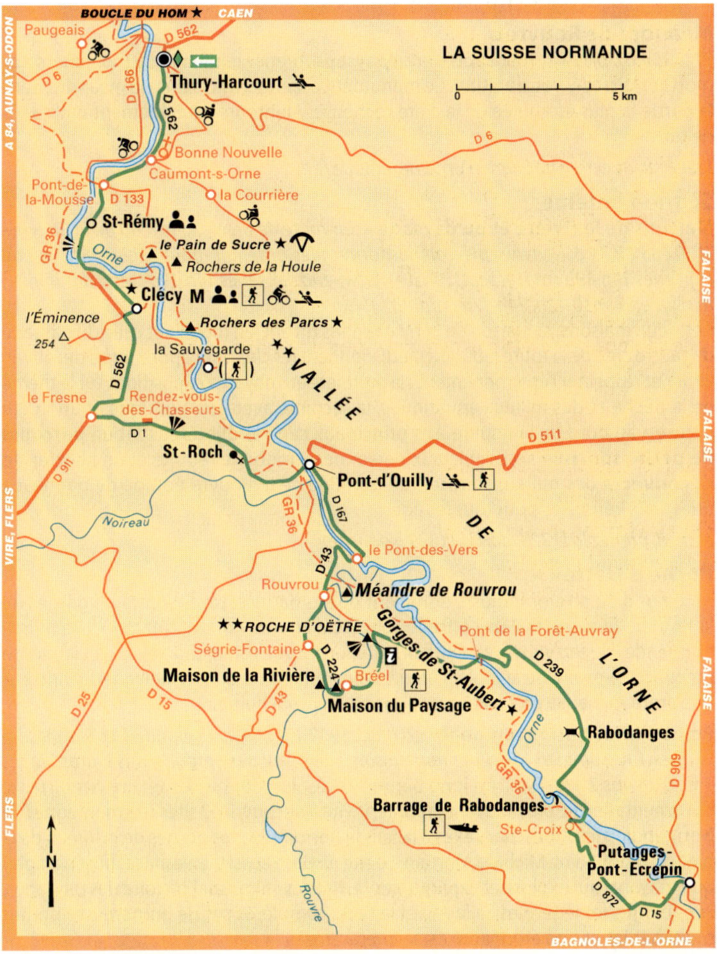

En quittant Pont-d'Ouilly, la route passe au pied d'un rocher présentant dans sa partie supérieure la silhouette d'une tête de lion. Elle longe l'Orne jusqu'à Pont-des-Vers.

Prenez la D 43 à droite. La route en s'élevant offre des échappées sur la Rouvre et ses beaux méandres encaissés. *À Rouvrou, prenez la direction « Site de St-Jean ».*

Stéphane Sauvignier / MICHELIN

Paysage de la Suisse normande.

Méandre de Rouvrou

15mn à pied AR. Pour apprécier ce **paysage**, prenez le chemin du monument aux morts et laissez-y votre voiture. Ce monument est érigé, à la racine du méandre, dans la partie la plus étranglée de la crête rocheuse. Alentours agréablement ombragés de pins.

Prenez la direction de Ségrie-Fontaine, puis de Bréel.

Ségrie-Fontaine

Maisons de la rivière et du paysage – *Sur route de Bréel, au niveau de la Rouvre - ✆ 02 33 62 34 65 - www.cpie-collinesnormandes.org - juil.-août : 9h30-18h, w.-end et j. fériés 14h-19h ; mai et sept. : 9h30-17h, w.-end et j. fériés 14h-19h ; reste de l'année : tlj sf w.-end 9h30-12h, 14h-17h - gratuit.*
Ces deux maisons, la Maison de la rivière dans un ancien moulin et celle du paysage de l'autre côté de la route (500 m à pied), donnent les clés pour apprendre à découvrir, aimer et respecter l'environnement : la première au moyen d'expositions sur le thème de la pêche et des milieux aquatiques, la seconde avec une boutique et un « Café nature » au bord de la Rouvre. Les principaux centres d'intérêt sont un **parcours de pêche sportive** accessible aux personnes à mobilité réduite et un **sentier de découverte** des milieux naturels de la vallée de la Rouvre équipé de panneaux questions-réponses pour tous les âges.

À Bréel, prenez la D 229, puis la D 329 à gauche.

Roche d'Oëtre★★

Au cœur d'un **site** grandiose, dominant de ses hauts escarpements les gorges de la Rouvre, la roche d'Oëtre offre le spectacle le plus « montagnard » de la Suisse normande. Postez-vous à la table d'orientation : la vue est saisissante sur cet immense précipice ! À droite de la table d'orientation, remarquez sous le belvédère principal, une arête rocheuse présentant les lignes d'un profil humain.

Point d'information régional – *✆ 02 31 59 13 13 - www.normandie-montagnes.fr - Pâques-Toussaint : tlj 10h-19h - hors saison : se renseigner - espace muséographique : 5 €, 6-16 ans 2,5 €.* Dans un long bâtiment, résolument moderne, une importante documentation, le plus souvent gratuite, invite à découvrir 52 sites des montagnes de Normandie, des Alpes mancelles à la Suisse normande, des gorges de la Vire et de la baie du Mont-Saint-Michel à Mortain. Le site dispose aussi d'un espace muséographique (payant) qui explore et explique ces territoires : films sur l'histoire des paysages, la géologie, les légendes, la faune et la flore, complétés par de nombreuses bornes multimédias et une étonnante carte interactive.

À 50 m, l'**Espace Loudière**, annexe de la Maison du paysage, accueille régulièrement des expositions temporaires ayant trait au patrimoine naturel local.

Un sentier en boucle *(1h AR, suivez les petits panneaux verts)* descend à la rivière et offre de superbes points de vue sur ce site exceptionnel. Attention, la dénivelée est importante, les chaussures de marche, recommandées.
Trois autres randonnées balisées *(600 m à 8,5 km)* sont proposées au départ du point d'information régional qui délivre une fiche descriptive gratuite.

Après la roche d'Oëtre, par un beau parcours à flanc de coteau, on retrouve la vallée de l'Orne dont le versant nord est particulièrement sauvage ; on quitte définitivement la rivière au pont de la Forêt-Auvray. L'Orne s'encaisse dans les terrains anciens de la Suisse normande en une série de défilés dont font partie les **gorges de St-Aubert★**.

Rabodanges

Le château du 17e s. est entouré d'un parc dominant la vallée de l'Orne.

Barrage de Rabodanges – Un belvédère est aménagé sur sa rive droite. La route longe l'impressionnante retenue, appelée lac de Rabodanges (95 ha), et offre de belles perspectives sur cette dernière. Le passage du pont Ste-Croix, qui franchit le lac du barrage de Rabodanges, procure également des vues sur le plan d'eau.

Les **gorges de St-Aubert★** ne sont guère accessibles qu'à pied : l'accès se fait par la D 121 au barrage (voie privée EDF). Départ du parking, puis descente raide par le sentier à droite.

À Ste-Croix, prenez à gauche le C 1 juste devant le monument aux morts.

Jusqu'au carrefour avec la D 15, la route est sinueuse et ombragée.

Putanges-Pont-Écrepin

Cette petite ville ancienne, agréablement située sur l'Orne, est un autre point de départ pour la visite des gorges de St-Aubert, ou pour une croisière sur le lac de Rabodanges.

La Suisse normande pratique

Voir aussi l'encadré pratique de Thury-Harcourt.

Adresse utile

Office du tourisme de la Suisse normande – *Pl. du Tripot - 14570 Clécy - 02 31 69 79 95 - www.suisse-normande.com - juil.-août : 10h-12h30, 14h30-18h30, dim. 10h-12h30 ; mai-juin et de déb. sept. à mi-sept. : tlj sf lun. 10h-12h30, 14h30-18h30 ; avr. et de mi-sept. à fin sept. : tlj sf dim. et lun. 10h-12h30, 14h30-17h ; vac. de fév. : mar. et jeu. 10h-12h30, sam. 10h-12h30, 14h30-17h. Possibilité de découvrir les activités sportives, randonnées pédestres, équestres, VTT (circuit FFC), canoë-kayak, vol libre, escalade, golf et centre aquatique.*

Se loger

Chambre d'hôte La Ferme du Vey – *14570 Le Vey - 02 31 69 71 02 - www.la-ferme-du-vey.com - 3 ch. 38 €*. Partagée entre son terrain de 50 ha (dont 6 ha de verger) et ses 80 têtes de bétail, cette exploitation agricole abrite 3 chambres, aménagées dans un bâtiment annexe. On appréciera leur confort très correct et leur simplicité. Accueil charmant du propriétaire, intarissable sur son métier d'agriculteur passionné.

Manoir de Miette – *14570 Le Vey - 02 31 69 45 80 - - 3 ch. 43 €*. Cet adorable manoir clos de murs et de haies se situe aux portes d'un petit village de la Suisse normande. Accueil gentil, chambres classiquement aménagées (la plus confortable occupe un bâtiment séparé), salle des petits-déjeuners installée dans l'une des quatre tourelles à toit de chaume, jardin soigné, environnement agreste et promenades panoramiques dans les parages.

Camping des Rochers des Parcs – *14570 Le Vey - 02 31 69 70 36 - avr.-15 oct. - 90 empl. 15,45 €*. Au cœur de la Suisse normande, cette ancienne structure municipale a gardé un espace campable bien entretenu. On y trouve aussi un double secteur locatif, plus récent, comprenant des chalets (sans sanitaires) et des mobile homes neufs. Ensemble aménagé de façon fort convenable. Aire de jeux pour enfants.

Se restaurer

Au Poisson Vivant – *61790 Pont-Érambourg - 9 km à l'O de Pont-d'Ouilly par D 511 dir. Caen puis Pont-Érambourg - 02 31 69 01 58 - fermé 2-16 janv., lun. et mar. - réserv. conseillée le w.-end - 15,10/36,60 €*. Autrefois, les clients venaient ici pour se restaurer et danser. Aujourd'hui, le dancing a fait place à une petite salle de restaurant, au décor inspiré des années 1930, prolongée d'une véranda. Ah ! Nostalgie, quand tu nous tiens !

⊖⊖ **Auberge Saint-Christophe** – *14690 St-Christophe - 12 km au SE de Clécy par D 562 puis D 1 - ☏ 02 31 69 81 23 - aubergesaintchristophe@wanadoo.fr - fermé vac. de fév., 19 août-3 sept., vac. de Toussaint, dim. soir et lun. - 25/51 €.* Maison tapissée de vigne vierge, bordant une route peu fréquentée. Les petites chambres simples conviennent pour l'étape. Salle à manger au décor champêtre et intéressante collection de balances. Cuisine régionale.

Sports & Loisirs

Bon à savoir – Avec ses nombreuses rivières, la Suisse normande ravira les amateurs de sports d'eaux vives. La région regorge de structures louant des embarcations variées : Au fil de l'eau, le Beau Rivage et Lionel Terray à Clécy, la Roc qui Beu et le Kayak club à Thury-Harcourt, et enfin la base de plein air du Pont-d'Ouilly.

Ferme du Mesnil – *14690 La Pommeraye - ☏ 02 31 69 40 94 - http://monsite.wanadoo.fr/fermedumesnil - 9h-19h - fermé vac. de Noël.* De belles balades et randonnées équestres à travers la Suisse normande sont organisées à partir de cette ferme d'élevage de chevaux Camargue. Ensemble architectural charmant. Formules « gîte et cheval ».

Base de plein air de Pont-d'Ouilly – *R. du Stade-René-Vallée - 14690 Pont-d'Ouilly - ☏ 02 31 69 86 02 - www.pontdouilly-loisirs.com - fermé de nov. à fin mai.* Base d'activités idéalement située au confluent de l'Orne et du Noireau. Location de canoës biplaces et de kayaks, possibilité de descendre l'Orne jusqu'à Clécy (encadrement en option). Nombreuses autres activités dont le VTT (locations), le tir à l'arc, l'escalade... Hébergement possible en gîte ou camping.

Val d'Orne – *R. Forge - 61210 Putanges-Pont-Écrepin - ☏ 02 33 39 30 30 - www.valdorne.com.* Depuis le lac de Rabodanges - de juillet à septembre - ou au départ de Putanges le reste de l'année, ce bateau vous emmènera à la découverte de l'Orne en toute tranquillité. Selon les goûts, promenade au fil de l'eau ou croisière gastronomique rehaussée d'une carte raffinée et d'un service impeccable.

Événement

Festival Vieilles Pierres en Musique – *Chaque vend. soir de juil. - 7 € (-12 ans gratuit).* Depuis près d'une décennie, ce festival de musique classique, mêlant également jazz et gospel, anime les églises, les manoirs et les châteaux de la Suisse normande. Chaque semaine, le cadre et la programmation varient, assurant aux mélomanes en tout genre le plaisir des oreilles et des yeux.

Thury-Harcourt

1 825 HARCOURTOIS
CARTE GÉNÉRALE C2 – CARTE MICHELIN LOCAL 303 J6 – CALVADOS (14)

Du château de Thury-Harcourt construit au 18e s., il ne reste plus que la façade, les pavillons d'entrée et la chapelle. Une fois de plus, les bombardements de 1944 ont eu raison de l'Histoire. Mais tout n'a pas été perdu, car au milieu des ruines, le parc, dont on disait au 18e s. qu'il était parmi les plus beaux de France, est toujours là, maintenu grâce aux efforts d'une famille aimant l'art des jardins.

- **Se repérer** – À 23 km au sud de Caen, Thury-Harcourt s'élève aux portes de la Suisse normande.
- **À ne pas manquer** – Une balade dans les méandres encaissés de l'Orne aux boucles du Hom.
- **Organiser son temps** – Comptez une demi-journée pour la visite du château suivie d'une promenade dans la campagne environnante.
- **Pour poursuivre la visite** – Voir aussi Caen, Falaise, la Suisse normande, Clécy et Aunay-sur-Odon.

Le saviez-vous ?

Thury viendrait sans doute d'un nom d'homme romain *Thurius* ; le bourg a ensuite pris le nom d'Harcourt lorsqu'une famille, originaire d'Harcourt dans le comté d'Évreux, vint s'y établir et transforma son fief en duché-pairie en 1700.

Visiter

Parc et jardins du château★

☏ 02 31 79 72 05 - mai-sept. : 14h30-18h30 ; avr. : dim. et j. fériés 14h30-18h30 - tarifs non communiqués. Près des ruines du château des ducs d'Harcourt (ancienne résidence des gouverneurs de Normandie) s'étend, le long de l'Orne, ce parc aux 4 km d'allées bordées d'arbres et d'arbustes à la floraison printanière. Il a

été créé par François-Henri, cinquième duc d'Harcourt, né en 1726. Grand amateur de jardins, il rédigea un traité sur les rapports entre la nature et les goûts de l'homme. Du côté du bourg, en contrebas, un jardin de fleurs s'ordonne autour de parterres et d'allées gazonnées.

Stéphane Sauvignier / MICHELIN

Façade extérieure du château

Circuits de découverte

BOUCLES DU HOM★

Circuit de 5 km. Quittez Thury-Harcourt par la D 6 au nord-ouest et, après 1,5 km, prenez la D 212 à droite.
La route suit la rive gauche de l'Orne et longe la rive abrupte du méandre. Au Hom, tourner à droite. Passant l'Orne, la route emprunte une profonde tranchée taillée dans le roc à la racine du lobe convexe du méandre.

Regagnez Thury-Harcourt par la D 6.

Mont Pinçon★

14 km. Quittez Thury-Harcourt par la D 6 au nord-ouest. À la vallée de Hamars, prenez à gauche la D 36 et, au carrefour, la D 108 à droite. Au Plessis-Grimoult, tournez à angle aigu, à droite, dans la D 54 en direction d'Aunay-sur-Odon.
On se trouve alors dans le **Pré-Bocage**, « pays » rural, riant et pittoresque, au contact de la plaine de Caen, du Bessin et du bocage proprement dit.

Au sommet de la montée (cote 365), près d'un centre émetteur de télévision, tournez à gauche dans un chemin carrossable. Laissez la voiture 600 m plus loin *(le chemin empierré difficile en hiver commande la prudence)*. En s'avançant sur la lande, le long du chemin clôturé, on peut découvrir un **panorama** immense sur le bocage.

Chapelle Saint-Joseph

Circuit de 17 km. Quittez Thury-Harcourt par la D 6 en direction de Bayeux, puis prenez la D 166 à gauche après un pont.
La route remonte la vallée de l'Orne. Au Mesnil-Roger, prenez à droite la route pittoresque qui conduit à St-Martin-de-Sallen. Au village, tournez de nouveau à droite dans la petite route en montée, de laquelle se détache à droite le chemin carrossable très étroit qui conduit à la chapelle St-Joseph.
Derrière cette chapelle, vous aurez un beau **panorama**★ sur la vallée de l'Orne et les hauteurs de la Suisse normande.

Regagnez St-Martin-de-Sallen et tournez à droite vers la D 6 qui ramène à Thury-Harcourt.

Thury-Harcourt pratique

Adresse utile

Office du tousime de Thury-Harcourt – *2 pl. St-Sauveur - 14220 Thury-Harcourt - ✆ 02 31 79 70 45 - mai-sept. : tlj sf lun. 10h-12h30, 14h30-18h30, dim. et j. fériés 10h-12h30 ; reste de l'année : tlj sf dim. et j. fériés 10h-12h30, 14h30-17h, sam. 10h-12h30.*

Se loger

Château des Riffets – *14680 Bretteville-sur-Laize - 2 km au NE de Thury-Harcourt par D 562 rte de Caen et D 171 - ✆ 02 31 23 53 21 - www.chateau-des-riffets.com* - - 4 ch. 105/155 €. Ce petit château de 1860 se dresse dans un beau parc de 15 ha. À l'intérieur, tout exhale le raffinement. Les chambres, personnalisées, sont dotées de lits à baldaquin, meubles anciens et tapisseries du 16ᵉ s. Les salles de bains, « rétro » ou ultramodernes, sont superbes. Piscine couverte et chauffée hors saison.

Se restaurer

Relais de la Poste – *Rte de Caen - ✆ 02 31 79 72 12 - www.hotel-relaisdelaposte.com - fermé 23 déc.-30 janv., dim. soir et lun. d'oct. à avr. - 26/70 €.* Ancien relais de poste tapissé de lierre et tourné sur une vaste cour. Élégante salle à manger sous charpente, cuisine traditionnelle et belle carte des vins.

Utah Beach

CARTE GÉNÉRALE B1 – CARTE MICHELIN LOCAL 303 E/F3 – MANCHE (50)

Comme Omaha Beach et les autres plages du Débarquement, cette bande de sable située sur la façade orientale du Cotentin, au nord-est de Carentan, est entrée dans l'Histoire au lendemain des opérations menées sur le front de mer par les unités américaines, à l'aube du 6 juin 1944.

- **Se repérer** – Utah Beach se situe en bordure de marais, approximativement entre l'embouchure de la Taute (passe de Carentan) au sud et les Dunes-de-Varreville au nord.
- **À ne pas manquer** – Les archives et souvenirs exposés au musée du Débarquement.
- **Organiser son temps** – Comptez deux bonnes heures pour découvrir le site.
- **Pour poursuivre la visite** – Voir aussi la presqu'île du Cotentin, le Parc naturel régional des marais du Cotentin et du Bessin, Ste-Mère-Église et St-Vaast-la-Hougue.

Un char Sherman.

Stéphane Sauvignier / MICHELIN

Comprendre

Nom de code – Utah Beach : le nom renvoie à celui d'un État des États-Unis, choisi comme nom de code d'un lieu de débarquement, au même titre que celui d'Omaha Beach et de ceux des plages de la côte du Calvados. Il désignait une zone choisie par le général anglais Montgomery pour établir une tête de pont directement dans le Cotentin, afin d'accélérer la prise du port en eau profonde de Cherbourg.

Le Débarquement – Bien que soumises à un feu meurtrier de la part des batteries côtières, les troupes de la 4ᵉ division américaine (7ᵉ corps), débarquées le 6 juin aux abords de La Madeleine et des Dunes-de-Varreville, purent faire leur liaison avec les troupes aéroportées des 82ᵉ et 101ᵉ divisions, lâchées dans la région de Ste-Mère-Église. Il fallut attendre le 12 juin pour que les troupes d'Omaha fassent leur jonction. Trois semaines plus tard, la presqu'île du Cotentin était tout entière libérée.

Visiter

La Madeleine

C'est ici que s'élève la borne 00, point de départ de la « Voie de la Liberté » créée en 1947 pour rendre hommage aux soldats tués lors du Débarquement. Un obélisque a été érigé en mémoire de la 4e division d'infanterie US.

À gauche, un blockhaus a été transformé en monument à la mémoire des morts de la 1st Engineer Special Brigade. Une stèle et une crypte du Souvenir commémorent l'action de la 90e division américaine.

Sur une parcelle de dune devenue terre américaine à la suite d'un don symbolique effectué par la commune de Ste-Marie-du-Mont, une grande stèle (1984) a été érigée par les Américains en hommage aux victimes des opérations meurtrières d'Utah Beach. Du terre-plein, la vue est belle sur le large.

Musée du Débarquement

℘ 02 33 71 53 35 - www.utah-beach.com - ♿ - juin-sept. : 9h30-19h (dernière entrée 45mn av. fermeture) ; avr.-mai et oct. : 10h-18h ; fév.-mars et de déb. nov. à mi-nov. : 10h-17h30 ; de mi-nov. à fin nov. et vac. scol. : w.-end 10h-17h30 - possibilité de visite guidée sur demande préalable (dép. ttes les h) - fermé janv., 25 déc (sf w.-end) - 5 € (6-16 ans 2 €).

Il offre aux visiteurs un grand nombre d'informations sur le lieu de l'action, autour des objets présentés : exposition d'armes et d'équipements, animation commentée d'une maquette et d'un diorama reconstituant les opérations.

Les Dunes-de-Varreville et monument Leclerc *(voir p. 183)*

Utah Beach pratique

Voir aussi les encadrés pratiques de la presqu'île du Cotentin, de Barfleur et de Valognes.

Visites

Circuit historique – Le circuit balisé « **Objectif - Un port** », appartenant au parcours de l'Espace historique de la bataille de Normandie, passe par la plage d'Utah Beach.

Se restaurer

L'Eucalyptus – *14 rte de la Mer - 50480 Ravenoville - 8 km au NO d'Utah Beach par D 421 puis à Ravenoville-Plage prendre dir. Ravenoville-Bourg - ℘ 02 33 41 43 76 - fermé 20 déc.-1er avr., dim. soir et lun. - formule déj. 10 € - 18,50/50 € bc.* Le restaurant est agrémenté d'un surprenant jardin fleuri. Volailles, légumes du potager et pâtisseries maison.

Valognes★

7 537 VALOGNAIS
CARTE GÉNÉRALE B1 – CARTE MICHELIN LOCAL 303 D2 – MANCHE (50)

Ruines gallo-romaines, églises du 11e au 18e s., hôtels particuliers : voici un petit aperçu du patrimoine de Valognes que l'on surnommait au 18e s. le « Versailles normand ». Sa réputation n'a, semble-t-il, pas failli depuis, puisque Valognes fait aujourd'hui partie des Villes d'art et d'histoire. Une façon de récompenser la reconstruction menée avec discernement après les bombardements de 1944.

- **Se repérer** – Valognes constitue un important nœud routier pour le Cotentin : la N 13 relie Cherbourg (20 km au nord-ouest) à Carentan (30 km au sud-est), la D 902 connecte Barfleur (25 km au nord-est) à Barneville-Carteret (29 km au sud-ouest) et la D 2 file sur St-Sauveur-le-Vicomte (16 km au sud-ouest).
- **À ne pas manquer** – Le spectaculaire escalier de l'hôtel de Beaumont.
- **Organiser son temps** – Consacrez une matinée à la visite de Valognes.
- **Avec les enfants** – Observez les animaux du parc animalier de Montaigu-la-Brisette puis partez « À la recherche du temps perdu » au musée de Bricquebec.
- **Pour poursuivre la visite** – Voir aussi la presqu'île du Cotentin, le Parc naturel régional des marais du Cotentin et du Bessin, Cherbourg-Octeville, Saint-Vaast-la-Hougue et Ste-Mère-Église.

Visiter

Hôtel de Beaumont★

☏ 02 33 40 12 30 - visite guidée (1h) de mi-juil. à mi-août : 10h30-12h, 14h30-18h30 (dernière entrée 1h av. fermeture) ; de déb. juil. à mi-juil. et de mi-août à mi-sept. : 14h30-18h30 - 4,80 € (enf. 2,80 €).

Remarquable par la richesse de son architecture, cette noble construction du 18e s., miraculeusement épargnée par les bombardements, présente une majestueuse façade édifiée en pierre de taille. Longue de 50 m, cette façade est soulignée par un péristyle ; le balcon, supporté par quatre colonnes ioniques engagées, est surmonté d'un rare fronton triangulaire galbé. À l'intérieur, le savant appareil de l'**escalier** d'honneur, à double révolution, rejoint l'étage par un arc de pierre jeté dans le vide. Le parcours proposé permet la visite du rez-de-chaussée (salle à manger, salon et bibliothèque au mobilier d'époques Louis XV et Louis XVI), du premier étage (amusante chambre d'enfants et chambre à coucher) et du « semi » sous-sol (cuisine et salle des domestiques). Sur la façade arrière, une balustrade court le long des terrasses des jardins à la française qui complètent heureusement l'ordonnance classique.

Hôtel de Beaumont

Chambre à coucher d'autrefois.

L'hôtel de Beaumont a servi de cadre à l'une des *Diaboliques* de Barbey d'Aurevilly : « Les Dessous de cartes d'une partie de whist ». Titre particulièrement bien choisi, car ce jeu était très en vogue au sein de l'aristocratie valognaise.

Hôtel de Grandval-Caligny

32 r. des Religieuses - ☏ 06 98 89 31 64 - visite guidée (45mn) sur demande (1 j. av.) à Mme Fauvel - mai-sept. : tlj sf dim. et j. fériés 10h-12h, 14h30-18h - 4 € (12-18 ans 2,50 €).

Barbey d'Aurevilly habita ce bel hôtel des 17e-18e s. À l'intérieur, vous remarquerez l'escalier à rampe de fer forgé, la salle à manger et son poêle de faïence Empire, le salon du 18e s., les chambres à alcôves.

Thermes romains d'Alauna

Du centre-ville, suivez les panneaux « piscine municipale » puis « vestiges d'Alauna » - accès libre.

Valognes correspond à l'antique *Alauna*, important centre administratif gallo-romain équipé d'un théâtre d'environ 3 500 places, d'un fort et de thermes. Ces derniers, du 1er s., abritaient une dizaine de salles parmi lesquelles des piscines et une étuve. De larges pans de murs sont conservés, certains sur une douzaine de mètres de hauteur, alternant de petits blocs de pierre taillée et des lits de brique.

Musée régional du Cidre et du Calvados

Le musée régional est installé dans deux édifices différents, peu éloignés l'un de l'autre : r. du Petit-Versailles et r. Pelouze - ☏ 02 33 95 82 00 - juil.-août : 10h-12h, 14h-18h, dim. 14h-18h ; avr.-juin, sept. et vac. de la Toussaint : tlj sf mar. 10h-12h, 14h-18h, dim. 14h-18h - fermé 1er Mai, 1er Nov. - 4 € (enf. 2 €).

Valognes, le « Versailles normand »

À la fin du 17e s. et surtout au 18e s., nombre de riches propriétaires, dont la fortune vient de la mer, habitent le cœur du Cotentin. Ils possèdent de grands châteaux et de belles propriétés, mais… l'hiver est particulièrement long dans ces demeures vastes et solitaires. Petit à petit, les uns après les autres, ils vont venir se loger à Valognes dans quelques « pied-à-terre », sûrs d'y retrouver une activité intellectuelle et mondaine pendant les mois les plus rudes. Ce sont de riches et élégantes maisons, symboles de leur puissance, qu'ils se font construire. Mais le titre élogieux de « Versailles normand » attribué à la ville est bien plus justifié par la réputation d'élégance, de distinction et de finesse de ses habitants que par ses monuments.
Lesage fait dire à un personnage de *Turcaret* qu'il fallait « trois mois de Valognes pour achever un homme de cour… » !
Quant à Barbey d'Aurevilly, il écrira plus tard : « Valognes est la ville la plus profondément et la plus férocement aristocratique de France. »

Musée du Cidre – La maison du **Grand-Quartier** est le dernier bâtiment d'un ensemble du 15e s. qui abritait, jusqu'au 18e s., une manufacture de draps. Le musée propose une rétrospective de la fabrication du cidre (poteries du Cotentin, pressoirs et moulins à pommes du 16e au 20e s.) et présente des scènes de la vie normande et du mobilier du Cotentin.
Musée de l'Eau-de-vie et des Vieux Métiers – Installé dans l'hôtel de **Thieuville** (16e-19e s.), ce musée présente outils, matériels, machines et mobilier concernant l'art de distiller, et le travail de la pierre, du fer et du cuivre. Les collections, représentant 18 métiers, s'étalent du 11e au 20e s.

Aux alentours

Bricquebec

13 km à l'ouest.
Ville commerçante, Bricquebec possède l'un des marchés les plus réputés de la région. Réservez donc votre lundi.

Château de Bricquebec – *✆ 02 33 87 22 50 - visite guidée (1h30) juil.-août (sf dernier w.-end de juil.) : 14h-16h30 - 1,80 € (-12 ans gratuit).* Le château de Bricquebec est l'un des mieux préservés de toute la Manche. La cour intérieure a conservé son enceinte fortifiée des 14e et 15e s., cantonnée de huit tours et élevée sur une ancienne motte artificielle haute de 17 m. Du chemin de ronde reliant le donjon à la tour carrée, ornée d'une très vieille horloge et par laquelle on entre dans le château, on a une belle vue sur la ville et ses abords bocagers *(table d'orientation sur le donjon).*
La **tour de l'Horloge** abrite un petit musée régional où sont réunis des meubles anciens, des médailles et des échantillons de minerais. Dans le bâtiment sud, crypte du 13e s., restaurée.

Musée « A la recherche du temps perdu » – *Dans Bricquebec, prenez la D 902 dir. Barneville-Carteret, tournez à gauche sur la D 900 et suivez le fléchage - ✆ 02 33 10 27 73 - 1er avr.-fin oct. : w.-end et j. fériés 14h-19h ; juil.-août : tlj 14h-19h - 3,50 €.*
Installé dans un ancien corps de ferme, ce musée retrace la vie rurale de la première moitié du 20e s. Une salle de classe des années 1940, une épicerie des années 1930 avec un facteur accoudé au bar, une procession d'enterrement derrière le corbillard ont été reconstituées. Sont aussi présentés des souvenirs : ceux du médecin qui a exercé à Bricquebec de 1905 à 1936, les objets offerts et portés lors des communions solennelles, etc.

Abbaye N.-D.-de-Grâce (trappe de Bricquebec) – *2 km par la D 50, la D 121 et le chemin à gauche, aussitôt avant un calvaire - ✆ 02 33 87 56 10 - l'abbaye ne se visite pas, mais il est possible de participer aux offices, de regarder une présentation audiovisuelle (15h) et de faire quelques emplettes de produits monastiques.*
Cette trappe, fondée en 1824 par l'abbé Dom Augustin Onfroy, abrite une communauté de cisterciens. Les moines vivent de l'élevage (porcs et bovidés). Les visiteurs peuvent y recevoir des informations sur l'abbaye et sont admis à l'église.

Parc animalier Saint-Martin

Montaigu-la-Brisette, à 12 km au nord-est de Valognes par la D 902 - ✆ 02 33 40 40 98 - www.zoomontaigu.com- visite libre env. 1h30 - se renseigner pour les horaires hors saison ; juil.-août : lun.-vend. 11h-19h, w.-end et j. fériés 14h-19h- 5,5 € (enf. 4 €).

Les hôtes de ce parc situé en pleine forêt proviennent des cinq continents : du chameau de Bactriane (Asie) aux amusants maras, sortes de lièvres de Patagonie, des watussis d'Afrique aux lamas en passant par la colonie de babouins qui s'épouillent à longueur de journée, sans oublier les aras multicolores et les autruches arrogantes… À chaque espèce correspond une carte d'identité. Les enfants peuvent s'approcher très près de certains animaux, parfois même les caresser.

Valognes pratique

Adresse utile

Office du tourisme de Valognes – *Pl. du Château - 02 33 40 11 55 - www.mairie-valognes.fr - juil.-août : 10h-12h, 14h-18h30 ; reste de l'année : tlj sf dim. et j. fériés (se renseigner) 10h-12h, 15h-18h.*

Visite

Visites guidées – Valognes, Pays d'art et d'histoire du clos du Cotentin avec Bricquebec et St-Sauveur-le-Vicomte, propose des visites-découverte animées par des guides-conférenciers agréés par le ministère de la Culture. Visites estivales *(juil.-août)*, Dim. du patrimoine et Ateliers des 7-12 ans *(oct.-juin)*, Journées du patrimoine *(3e w.-end de sept.). Renseignements, programme : le clos du Cotentin - 02 33 95 01 26 - pah.clos.cotentin@wanadoo.fr.*

Circuit historique – Le circuit balisé « **Objectif-Un port** », appartenant au parcours de l'Espace historique de la bataille de Normandie, passe par Valognes.

Se loger

Chambre d'hôte Le Haut Pitois – *50700 Lieusaint - 2 km au S de Valognes par D 2, sortie village, petite route à gauche - 02 33 40 19 92 - - 5 ch. 43 €* . Un superbe chemin en sous-bois mène à cette ancienne ferme normande située dans un environnement calme. Les 4 chambres, installées au 1er étage d'une dépendance (dont 2 pouvant accueillir 4 à 5 personnes), offrent un décor simple, mais sont fonctionnelles et pourvues de sanitaires complets. Idéal pour petit budget et famille.

Grand Hôtel du Louvre – *28 r. des Religieuses - 02 33 40 00 07 - www.grandhoteldulouvre.com - fermé 15 déc.-15 janv. - P - 20 ch. 50/60 € - 7 € - restaurant 17/33,50 €.* À deux pas du centre, hôtel de caractère où Barbey d'Aurevilly séjourna en 1864 (ch. n° 4). Un escalier à vis mène aux chambres rajeunies mais conservant des éléments décoratifs anciens, au même titre que la belle salle à manger. Accueil et service de qualité.

Manoir de Savigny – *02 33 08 37 75 - http://manoir-de-savigny.com - - 5 ch. 55/100 €* . Sur une propriété de 2 ha ornée d'un étang, cette belle ferme-manoir du 16e s. abrite 5 chambres décorées avec beaucoup de caractère. Chacune d'entre elles est une réussite, même si on aura sûrement une préférence pour la « suite », vaste et lumineuse, ou la « baroque » et sa baignoire sabot.

L'Hostellerie du Château – *4 cours du Château - 50260 Bricquebec - 02 33 52 24 49 - www.lhostellerie-bricquebec.com - fermé du 20 déc. à fin janv. - P - 17 ch. 70/100 € - 9 € - restaurant 21/37 €.* La reine Victoria aurait séjourné dans cet authentique château médiéval ceinturé de remparts. Chambres élégantes où le confort d'aujourd'hui cohabite à merveille avec l'atmosphère d'hier. Repas servi dans un lieu magique : la magnifique salle des Chevaliers.

Chambre d'hôte Manoir de Bellaunay – *11 rte de Quettehou - 50700 Tamerville - 3 km au NE de Valognes dir. Quettehou - 02 33 40 10 62 - www.bellauney.com - fermé 1er Nov.-Pâques - - 3 ch. 55/75 €* . Un grand jardin arboré aux multiples essences devance ce manoir du 16e s. flanqué de trois arches romanes et d'une tour. Belles boiseries d'époque dans la salle des petits-déjeuners. Atmosphère soignée et mobilier de caractère dans les chambres.

Se restaurer

L'Agriculture – *16-18 r. Léopold-Delisle - 02 33 95 02 02 - www.hotel-agriculture.com - 13,50/33 € - 28 ch. 52/58 € - 6,10 €.* Au cœur de la ville, cet établissement à la façade couverte de vigne vierge borde une petite place calme. Avec ses salles pleines de caractère, le restaurant associe charme rustique et belle mise en place. Succulentes spécialités maison. Chambres au confort actuel, très correctes.

Le Moulin de la Haulle – *- Lieu-dit « Le Tapotin » - 50700 Yvetot-Bocage - 2 km à l'O de Valognes, dir. Bricquebec - 02 33 40 21 37 - ouv. l'apr.-midi pdt les vac. scol. - 10/15 €.* Une grande pièce d'eau, une terrasse chauffée et des jeux d'extérieur pour les enfants ont été aménagés devant cette crêperie mettant à profit un vieux moulin. Rustique salle à manger surmontée d'une mezzanine. Ambiance familiale et repas simples à prix muselés.

La Forge d'Yvetot – *Lieu-dit « le Tapotin » - 50700 Yvetot-Bocage - 2 km à l'O de Valognes dir. Bricquebec - 02 33 40 13 01 - laforge.yvetot@wanadoo.fr - fermé*

3 sem. en mars, 3 sem. en sept.-oct., lun. soir et mar. - réserv. conseillée juil. et août - 12,50/21 €. Les gens d'ici aiment cette ancienne forge pour son décor original avec sa grande cheminée et ses deux énormes soufflets. Grillades au feu de bois bien sûr, mais aussi pizzas et crêpes au programme. Maximes et aphorismes sur des ardoises murales pour nourriture spirituelle.

Que rapporter

Marché – *Pl. du Château - vend. mat.* Selon la saison, le nombre de marchands varie de 100 à 170 ! Volailles vivantes ou prêtes à cuire, coquillages, huîtres, crème fraîche, fromages, fruits et légumes parfois issus de l'agriculture biologique, charcuteries, pain, crêpes, produits d'épicerie fine, fleurs se côtoient dans une ambiance bon enfant.

Abbaye Notre-Dame-de-Protection – *8 r. des Capucins - ✆ 02 33 21 62 87 - http://perso.wanadoo.fr/abbaye.valognes/ - tlj sf lun. 10h30-12h30, 15h15-17h45, dim. 11h30-12h30, 15h15-17h30 ; lun. juil.-août et déc.* Des pâtes de fruits aux arômes naturels et enrobées de chocolat fabriquées par les sœurs bénédictines sont en vente dans la boutique attenante à l'église, ainsi que des articles religieux et des produits élaborés dans des monastères et abbayes européens : pains d'épice, tisanes, confitures, cakes, miels... L'église abbatiale abrite un tableau de Laurent la Hyre (17e s.) *L'Adoration des bergers* et des vitraux de Léon Zach.

Cidrerie Hamel – *Ferme-des-Petits-Bois - 50700 St-Joseph - ✆ 02 33 40 17 12 - tlj sf sam. et dim. 8h-12h, 14h-18h.* Créée en 1948 autour de la ferme familiale, cette cidrerie artisanale perdue en pleine campagne normande mérite le détour. M. Hamel fait appel aux producteurs locaux lorsque les 8 000 pommiers du domaine ne suffisent pas à fournir la matière première qui, après fermentation naturelle, devient du cidre, du calvados ou encore du pommeau, tous simples mais d'une grande qualité gustative.

Château de Vendeuvre★★

CARTE GÉNÉRALE C2 – CARTE MICHELIN LOCAL 303 L6 – CALVADOS (14)

Maison d'été, maison des champs, disait-on au 18e s. : telle était la vocation du château de Vendeuvre. Il semble que rien n'ait changé : les jardins du château, jardin à la française, jardin d'utilité avec colombier, jardin de plaisir animé de jeux d'eau, continuent d'opérer leur charme, et le musée du Mobilier miniature installé dans l'orangerie invite à des rêveries admiratives toutes lilliputiennes.

Se repérer – Situé aux confins du pays d'Auge et du pays de Falaise, à 5 km au sud-ouest de St-Pierre-sur-Dives, Vendeuvre est bordé par la Dives.

À ne pas manquer – Parmi les pièces exceptionnelles du musée du Mobilier miniature, l'escalier à douze volées ; le charme du parc, agrémenté d'amusants jeux d'eau-surprise.

Organiser son temps – N'hésitez pas à prévoir 3h pour admirer les détails des chefs-d'œuvre miniatures puis profiter tranquillement du château et du parc.

Avec les enfants – Passez en revue la collection de niches de chien.

Pour poursuivre la visite – Voir aussi le château de Canon, St-Pierre-sur-Dives et Falaise.

Le saviez-vous ?

Le château doit son nom à Alexandre le Forestier d'Osseville, comte de Vendeuvre, qui confia les travaux de construction en 1750 à l'architecte Jacques-François Blondel.

Visiter

Musée du Mobilier miniature★★

✆ 02 31 40 93 83 - www.vendeuvre.com - mai-sept. : 11h-18h ; avr. : 14h-18h ; de déb. oct. au 2 nov. : dim. et vac. scol. 14h-18h - 8,50 € (enf. 6,50 €).

Les belles salles voûtées de l'orangerie servent de cadre à une exceptionnelle collection de meubles miniatures, modèles, maquettes ou chefs-d'œuvre de maîtrise.

Ces petits meubles (de 11 à 75 cm de hauteur), réalisés dans le même bois que les meubles grandeur nature, permettaient à l'artisan de se faire une idée du grand meuble et lui servaient de modèles. Ils étaient également réalisés pour le simple plaisir personnel de l'artiste ; pendant ses moments de liberté ou bien à l'issue de sa vie professionnelle, pour résumer ainsi sa passion, son adresse et sa virtuosité.

À l'époque des corporations, les chefs-d'œuvre de maîtrise étaient des pièces grandeur nature ou en modèle réduit, présentées par les compagnons afin de devenir maîtres.
La perfection technique, la minutie du détail – incrustations d'ivoire, ciselures des bronzes, peintures et broderies miniatures –, suscitent l'étonnement et l'admiration.
Parmi tous ces chefs-d'œuvre, remarquez : un escalier à douze volées (19e s.) dont toutes les dimensions sont multiples de trois ; une armoire de maîtrise (19e s.) garnie d'outils de menuisier sculptés ; une armoire de jeux (19e s.) ayant appartenu à l'impératrice Sissi ; une bibliothèque tournante en acajou (19e s.) ; un cabinet en poirier noirci décoré de scènes de chasse gravées sur de l'ivoire teinté.
De l'argenterie et des porcelaines parachèvent cette présentation de l'art de la miniaturisation.

Château de Vendeuvre

Façade arrière du château.

Château★

Les pièces décorées et meublées font revivre la vie familiale d'autrefois. Dans la salle à manger, exposée selon l'usage au soleil couchant, la table est recouverte d'une nappe en lin portant les armes de la famille et, tissé dans la trame, le dessin de la façade arrière du château, caractéristique de l'architecture du 18e s. Le Grand Salon est orné de boiseries sculptées dans la masse ; les jeux en vogue au 18e s. y sont évoqués par une table de trictrac et un jeu de loto ; près de la commode trône un fauteuil conçu pour les dames portant des robes à panier.

Font également partie de la visite : la chambre d'honneur, le salon des Pastels, le bureau et le fumoir. Au sous-sol, les cuisines *(visite guidée par la voix du chef cuisinier)* et une dernière surprise : deux salles voûtées rassemblant une étonnante collection de niches de chien d'époque, du 17e au 19e s., toutes plus élégantes les unes que les autres !

Le jardin d'eau-surprise★

Dissimulés parmi des arbres rares et des constructions de fantaisie (arbre de cristal, chambre de Cléance, salon des Muses, glacière), des jets d'eau, ressuscitant l'espièglerie du 18e s. surprennent le visiteur. Au-delà même du côté ludique, la disposition des plans d'eau, des massifs et des bosquets rend la promenade des plus agréables et rafraîchissantes par temps chaud. Ne manquez pas d'aller voir la **grotte aux Coquillages**, composée de plus de 200 000 éléments.

Villedieu-les-Poêles★

4 102 SOURDINS
CARTE GÉNÉRALE B2 – CARTE MICHELIN LOCAL 303 E6 – MANCHE (50)

Ici, vous pouvez être assuré de la qualité des objets fabriqués. Villedieu-les-Poêles est universellement connu pour sa production artisanale, et ce, depuis le Moyen Âge. Poêles à bouillie, cloches d'église, chaudrons, batteries de cuisine, coqs de clochers : on trouve tout à Villedieu. Mais n'est-ce pas normal, avec un tel nom ? On peut aussi se demander si ce n'est pas grâce à lui que Villedieu a miraculeusement échappé aux ravages de la dernière guerre, préservant son aspect ancien et ses ateliers obscurs…

- **Se repérer** – Les acheteurs de Granville n'ont que 26 km à faire vers l'est pour venir se fournir en poêles à Villedieu. Ceux de Vire (plus à l'est) parcourent 27 km.
- **À ne pas manquer** – Une visite guidée de la fonderie de cloches.
- **Organiser son temps** – Villedieu et son patrimoine artisanal vous retiendront une demi-jounrée. Consacrez le reste aux alentours.
- **Avec les enfants** – Observez les zèbres, les autruches et les guépards du zoo de Champrépus.
- **Pour poursuivre la visite** – Voir aussi l'abbaye de Hambye, St-Sever-Calvados, Avranches, l'abbaye de la Lucerne et Granville.

Le « Grand Sacre » et les chevaliers de Malte

Quelques années après sa création (à la fin du 12e s.), l'ordre de l'Hôpital de Saint-Jean-de-Jérusalem avait établi une commanderie, sans doute la première en France, au bord de la Sienne, qui prit le nom de Villedieu. Au 17e s., un prêtre-commandeur fonde la confrérie du Saint-Sacrement et institue la procession du « Grand Sacre », autre nom pour la procession de la Fête-Dieu. Enfin, en 1955, quelques Sourdins eurent l'idée de renouer avec l'ordre de Malte qui, depuis, participe à cette solennité. Tous les quatre ans, le jour de la Fête-Dieu, la ville est animée d'une ferveur particulièrement profonde lors des cérémonies. Après l'accueil solennel à l'église et la grand-messe chantée dans le parc de l'ancienne commanderie, la procession débute à 15h et fait lentement le tour de la ville. Plus de trente mille personnes assistent au « Grand Sacre ».

Comprendre

Le travail du cuivre – Vers 1740, à l'apogée des maîtres « poesliers et dinandiers », la ville comptait 139 ateliers. Après avoir produit des **cannes**, beaux vases aux flancs renflés servant au transport du lait, les ateliers locaux se sont spécialisés dans la **chaudronnerie** domestique et industrielle en cuivre et en aluminium ainsi que dans la fabrication de souvenirs. D'autres industries, telles que la **fonderie de cloches** et la **mégisserie** (travail du cuir), ont par la suite contribué au renom de la ville. Aujourd'hui, si les cloches représentent encore une bonne part des commandes, les ateliers de Villedieu ont entrepris de diversifier leur production dans le domaine de la **fonderie d'art** : statues, portails, plaques commémoratives… et même des plaques pour les cheminées du château de Chenonceau.
C'est en tous les cas à ce savoir-faire artisanal lié au cuivre que la ville doit la dernière partie de son nom. La première lui vient de l'ordre de l'Hôpital de Saint-Jean-de-Jérusalem, qui prend le nom de chevaliers de Malte en 1530 et baptise la ville *Villa Dei*.

Se promener

Il est préférable de se promener dans Villedieu hors saison, ou de bonne heure le matin, car les rues sont littéralement envahies par les touristes.
Poussez les portes, les cours intérieures sont charmantes. Découvrez en particulier : la cour des Trois-Rois, du nom de l'auberge qui s'y trouvait *(entrée au 16 place de la République)* ; la cour au Lys, dont la particularité est de posséder plusieurs façades portant des fleurs de lys ; la cour aux Moines, du nom d'un habitant, au 17 rue du Général-Huard…

Église Notre-Dame

Bâtie au 15e s. dans le style flamboyant, Notre-Dame remplace l'église élevée à la fin du 12e s. par les frères hospitaliers de Saint-Jean-de-Jérusalem. À la croisée du transept, une tour carrée ornée d'emblèmes héraldiques domine la cité.
À l'intérieur, le regard se porte vers le chœur, décroché par rapport à la nef, d'où ressort un tabernacle en bois doré du 18e s. encadré de deux vases en cuivre de Villedieu. Parmi les nombreuses statues qui garnissent l'église, remarquez : dans le bas-côté gauche, une statue en pierre de Notre-Dame-de-Pitié aux personnages disproportionnés (fin du 15e s.) ; dans la chapelle du croisillon droit, sainte Élisabeth de Hongrie (17e s.), sainte Barbe et saint Joachim.

Découvrir

L'ARTISANAT

Atelier du cuivre

54 r. du Général-Huard - ☎ 02 33 51 31 85 - ♿ - visite guidée (45mn) juil.-août : 10h-12h, 14h-17h30 ; reste de l'année : tlj sf dim. 9h-12h, 13h30-17h30, sam. 9h-12h, 14h-17h30 - fermé 1er janv., Pâques, Pentecôte, 1er Nov., 25 déc. - 4,50 € (enf. 3,50 €).
L'atelier illustre l'histoire du cuivre à Villedieu : les gisements et les différentes techniques de cet artisanat séculaire sont expliqués par un audiovisuel et complétés par la visite de l'atelier où des ouvriers d'une grande habileté font découvrir le repoussage, l'étamage, le martelage et le polissage. Un tableau résume la fabrication d'une aiguière (vase à eau muni d'une anse et d'un bec), depuis le métal brut jusqu'au produit fini étincelant, et la visite se termine par un intéressant parcours dans le monde de la « dinanderie », mot qui désigne la chaudronnerie d'art.

Stéphane Sauvignier / MICHELIN

Gravure d'une frise sur une cloche.

Musée de la Poeslerie et Maison de la dentellière

25 r. du Général-Huard - ☎ 06 80 45 51 08 - http://perso.wanadoo.fr/musees.villedieu - mai-sept. : 10h-12h30, 14h-18h30, mar. et dim. 14h-18h30 ; reste de l'année : 10h-12h30, 14h-18h, mar. et dim. 14h-18h - fermé lun., 1 dim. sur 2 (en alternance avec musée du Meuble normand) et de mi-nov. au 4 avr. - 4 € (10-17 ans 2 €, -10 ans gratuit) ; 5 € (10-17 ans 2,50 €, -10 ans gratuit) billet combiné avec musée du Meuble normand.
Un atelier d'autrefois a été reconstitué, montrant le travail du cuivre à la manière du temps passé. Des cuivres anciens sont exposés.
La Maison de la dentellière présente, elle, le « point de Villedieu », très prisé au 18e s., et montre d'anciens métiers, des fuseaux ainsi qu'une collection de dentelles.

Fonderie de cloches★

R. du Pont-Chignon - ☎ 02 33 61 00 56 - www.cornille-havard.com - ♿ - visite guidée (1h) du 13 juil. à fin août : 9h-18h ; reste de l'année : 10h-12h30, 14h-17h30, dim. et j. fériés (se renseigner) - fermé lun., de mi-nov. à mi-fév. - 4,60 € (enf. 3,80 €).
Créée par les chevaliers de Saint-Jean-de-Jérusalem, la fonderie Cornille-Havard est unique. On y fabrique, comme autrefois, des cloches destinées aux églises,

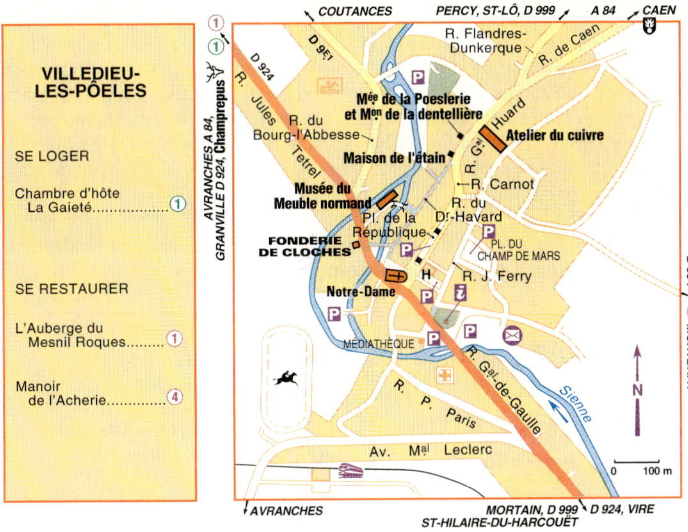

aux navires, aux édifices publics du monde entier. Plus d'une quinzaine de cloches dépassant 500 kg sont fondues annuellement. Fabriquées en airain (alliage de 22 % d'étain et de 78 % de cuivre), leur tonalité dépend de leur poids, de leur diamètre et de leur épaisseur. Elles s'accordent par ponçage.

La fonderie a par ailleurs gardé son cachet ancien, qui lui donne beaucoup de charme : sol en terre battue, outils traditionnels, gabarits de troussage en hêtre, balance romaine à fléau long de 4 m…

Guidé par les compagnons fondeurs, vous découvrirez les fours, les moules (construits dans un mélange réfractaire constitué d'argile, de poils de chèvre et de crottin de cheval !), les fosses profondes où naîtront les cloches lors de la fusion. L'atelier moule aussi de nombreux objets d'art en bronze comme des plaques commémoratives, des statues et des médaillons.

La boutique propose de nombreux objets, souvenirs et ustensiles de très bonne qualité, pour toutes les bourses.

Maison de l'étain

15 r. du Général-Huard - ✆ 02 33 51 05 08 - 10h-12h, 14h30-18h30, sam. 10h-12h, 14h-17h30 - fermé lun., dim. et j. fériés - 3,50 € (enf. 3 €).

Dans une maison du Moyen Âge, 200 moules anciens sont présentés, ainsi qu'un atelier de potier dans lequel travaillent plusieurs ouvriers. Un programme vidéo permet aux visiteurs de voir et comprendre le travail de l'étain à partir de procédés ancestraux.

Musée du Meuble normand

9 r. du Reculé - ✆ 02 33 61 11 78 - mêmes conditions de visite que le musée de la Poeslerie - billet combiné.

Vous pénétrez à l'intérieur d'une maison rurale du Coutançais (vers 1750), puis vous évoluez à travers une superbe **collection★** de 150 meubles représentatifs des différentes régions de Normandie (15e au 19e s.). Un classement par département permet de découvrir aussi bien des armoires traditionnelles que des coffres, horloges, pétrins, bonnetières, etc.

Aux alentours

Abbaye de Hambye★★ *(voir ce nom)*

12 km au nord. Quittez Villedieu par la D 9.

Mont-Robin

13 km au nord-est par la D 999. 2 km après Percy prenez à droite vers Tessy-sur-Vire et tournez presque aussitôt à droite vers le Mont-Robin.

Alt. 276 m. La route parcourt un paysage cloisonné, typiquement bocager, pour gagner cette hauteur.

Parc zoologique de Champrepus

8 km à l'ouest par la D 924 vers Granville - ✆ 02 33 61 30 74 - www.zoo-champrepus.com - avr.-sept. : 10h-18h ; fév. et oct. : 13h30-18h ; mars : w.-end 13h30-18h - 12 € (3-12 ans 7 €).

Ce zoo, où le confort et l'environnement des animaux sont les principales priorités, présente, dans un parc verdoyant et ombragé de 6 ha, près de 80 espèces d'animaux. À regarder avec autant de curiosité que d'amusement : les girafes du Niger, lions, tigres, panthères, zèbres, chameaux, kangourous, watussi, autruches, lamas, alpagas, chimpanzés et autres singes et oiseaux exotiques. Plusieurs jardins à thème : plantes à parfums, jardins sauvages malgaches, savane des graminées, volière tropicale… D'avril à septembre, des animations spécifiques sont proposées au moment du goûter des lémuriens et des loutres.

Pour les petits – Parc d'attractions (structures gonflables géantes, bain de boules), boutique de souvenirs, espace de restauration rapide (snack-grill-crêperie-sandwicherie) et abris pique-nique dans une ambiance exotique.

Villedieu-les-Poêles pratique

Adresse utile

Office du tourisme de Villedieu-les-Poêles – *Pl. des Costils - ✆ 02 33 61 05 69 - mai-août : 9h-18h, dim. et j. fériés 10h30-12h, 14h-18h ; mars-avr. et sept.-oct. : 9h-12h, 14h-18h, dim. et j. fériés 10h30-12h, 14h-18h ; reste de l'année : tlj sf dim. et j. fériés 10h-12h, 14h-18h.*

Se loger

Chambre d'hôte La Gaieté – *2 r. St-Georges - 50320 Beauchamps - 10 km à l'O de Villedieu-les-Poêles dir. Granville, à Beauchamps - ✆ 02 33 61 30 42 - ⊭ - 5 ch. 29/35 €* . Bordée par un jardin, cette maison bourgeoise en pierre de pays, située en bordure de route, est bien insonorisée. Ses chambres récemment redécorées sont accessibles par un escalier dont la rampe en buis ancien est du meilleur effet.

Se restaurer

Manoir de l'Acherie – *À l'Acherie - 3,5 km à l'E de Villedieu par déviation N 175 et D 554 - ✆ 02 33 51 13 87 - www.manoir-acherie.fr - fermé 14 fév.-2 mars, 1er-17 nov., dim. soir du 14 oct. à Pâques et lun. sf le soir du 11 juil. au 31 août - 16/36 €.* Pour admirer le bocage normand, arrêtez-vous dans ce manoir du 17e s. avec son jardin fleuri, ses bois sombres patinés et ses vieilles pierres. La cuisine y est généreuse avec grillades au feu de bois dans la cheminée. Quelques chambres au mobilier de bois massif.

L'Auberge du Mesnil Roques – *- 50450 Le Mesnil-Roques - 13 km à l'O de Villedieu-les-Poêles par D 924 puis à droite par D 7 - ✆ 02 33 61 37 12 - joseph.cotentin@wanadoo.fr - fermé janv., lun. et mar. - formule déj. 8 € - 17,50/31 €.* Grâce au savoir-faire d'un véritable maître rôtisseur, cette auberge au cœur du village fait office d'incontournable dans la région. La viande, cuite à la broche au feu de bois, régale un grand nombre de connaisseurs, particulièrement le week-end.

Que rapporter

L'Andouillerie artisanale – *Pont de la Baleine - 15 km au NO de Villedieu par la D 9 (Gavray, dir. Coutances) - 50450 St-Denis-le-Gast - ✆ 02 33 61 44 20 - www.andouillerie.fr - juil.-août : tlj ; sept.-oct. : tlj sf lun. et dim. apr.-midi (boutique) - visite guidée juil.-août tlj à 11h, 15h30, 16h30, 17h30.* Au cœur de la verdoyante vallée de la Sienne, venez partager la passion de la famille Boscher : la fabrication artisanale de l'andouille de Vire. Vous assisterez aux étapes de fabrication, du montage manuel au fumage. Bon appétit !

La Cuivrerie Sourdine - Ets Lelégard Maître Artisan – *20 r. Carnot - ✆ 02 33 61 04 26 - cuivres.lelegard@wanadoo.fr - 9h30-12h, 14h30-18h30 - fermé lun. hors sais.* Cette boutique d'un authentique maître artisan dinandier compte parmi les adresses les plus fiables du centre-ville pour se procurer les fameuses poêles éponymes. Large choix de cuivres d'art aussi bien que de cuisine ; conseils avisés.

Vire

12 815 VIROIS
CARTE GÉNÉRALE B2/3 – CARTE MICHELIN LOCAL 303 G6 – CALVADOS (14)

Même si vous n'avez pas eu le plaisir de la savourer, vous avez certainement entendu parler de l'andouille de Vire, fumée au bois de hêtre comme l'exige la tradition. Mais qui connaît la petite ville du même nom, située sur un éperon rocheux d'où l'on découvre les ondulations du bocage normand, avec son château primitif construit au 8e s. ? Une lacune à combler au plus vite.

- **Se repérer** – Vire jouit d'une position centrale qui en fait un point de passage presque obligé pour qui emprunte les axes Caen (64 km au nord-est)-Fougères, Granville (55 km à l'ouest)-Falaise (60 km à l'est) et St-Lô (42 km au nord-ouest)-Flers (30 km au sud-ouest). Les principales routes contournent désormais la ville, longtemps victime des embouteillages.
- **À ne pas manquer** – La porte-horloge, vestige impressionnant du système de défense médiéval ; l'église Notre-Dame qui témoigne des phases successives de l'architecture gothique.
- **Organiser son temps** – Prévoyez une journée pour faire le tour de la ville avant de profiter des activités en plein air de la campagne alentour.
- **Avec les enfants** – Accompagnez-les pour une promenade à cheval dans la vallée de la Souleuvre.
- **Pour poursuivre la visite** – Voir aussi Villedieu-les-Poêles, St-Sever-Calvados, Aunay-sur-Odon, la Suisse normande, Flers et Mortain.

Comprendre

Prospérité – Vire a pris le nom du fleuve qui la relie à la Manche par un parcours de 110 km en direction du nord. Au 12e s., Henri Ier Beauclerc renforce ses défenses en ajoutant un donjon aux fortifications existantes. Il en reste aujourd'hui quelques vestiges *(voir ci-après « Se promener »)*. Les guerres de Religion n'épargnent pas la cité qui perd son importance militaire en 1630 avec le démantèlement de son château par Richelieu. Au cours des 17e et 18e s., la ville mena une vie brillante, culture et négoce contribuant largement à sa prospérité.

Amaury de Valroger / MICHELIN

La tour de l'Horloge.

Se promener

Église Notre-Dame

Cette église des 13e-15e s. a été bâtie sur l'emplacement d'une chapelle romane due à Henri Ier Beauclerc. Le portail (13e s.) est flanqué d'une tourelle carrée à toit d'ardoise. Le clocher, lui, est constitué d'une tour carrée couronnée d'une balustrade. À l'intérieur, la nef à cinq travées présente des arcades et un triforium éclairé par deux baies à chaque travée. Le chœur aux colonnes élancées est orné d'une frise d'entrelacs de style flamboyant. Dans le transept sud se trouve un autel baroque doré et une pietà, œuvre d'un artiste de Lisieux du 19e s.

Donjon

Les restes du donjon carré du château (12e s.) se dressent sur un éperon, la place du Château ; de là, vue plongeante sur les Vaux de Vire et le plan d'eau de l'écluse.

Les Vaux de Vire

Accès par la rue du Valhérel.

On appelle ainsi les vallées encaissées de la Vire et de la Virenne, près de leur confluent. C'est à la fin du 14e s. que s'établirent dans ces Vaux des drapiers venus de Coutances. De nombreux moulins à foulon, servant à la fabrication du feutre, transformèrent les lieux

Faire l'andouille...

Spécialité appréciée, l'andouille se fabrique selon une tradition artisanale ancestrale. Elle se compose d'une partie de l'appareil digestif du porc : estomac, intestin grêle et gros intestin. Les boyaux minutieusement nettoyés, coupés et salés, marinent quelques jours avant d'être enrobés du gros intestin et placés dans une cheminée où un feu de bois de hêtre les fume pendant plusieurs semaines. Le fumage terminé, l'andouille est mise à tremper, puis ficelée et cuite à l'eau. Sa couleur noire due au fumage atteste son authenticité.
Elle se déguste en apéritif, coupée en fines tranches, ou se marie très bien avec la pomme pour accompagner et relever un plat chaud. On la présente parfois en aumonière, nappée de crème fraîche. Certains n'hésitent pas à l'associer au camembert, sous forme de feuilleté ou de tarte. Bon appétit !

en quartier industriel. Des *Vaux de Vire*, recueil de chansons à boire d'Olivier Basselin, compagnon foulon travaillant en ces lieux au 15e s., dériverait le vaudeville.

Tour de l'Horloge

Pl. du 6-Juin-1944 - 18 juin-17 sept. : lun.-jeu. 14h-18h, vend. et sam. 10h-12h30, 14h-18h - fermé dim. et j. fériés - gratuit.
Cette ancienne porte du 13e s., jadis entrée principale de la cité fortifiée, prit le nom de « tour de l'Horloge » en 1480 quand elle fut rehaussée d'un campanile formé d'une coupole de pierre, afin de servir de poste de guet et de recevoir une horloge publique. Le beffroi constitue depuis l'élément central de la ville.
Un escalier à vis permet d'accéder au sommet d'où l'on a une belle **vue** sur le bocage virois, les Vaux et le mont Pinçon.
La rue des Remparts, au sud du beffroi, conserve deux tours du 13e s. : la tour St-Sauveur et la tour aux Raines, vestiges des fortifications.

Musée

2 pl. Sainte-Anne - ☏ 02 31 68 10 49 - mai-sept. : 10h-12h, 14h-18h ; reste de l'année : 14h-18h, w.-end et j. fériés 10h-12h, 14h-18h - fermé mar. - 3,95 € (enf. gratuit), 1er dim. du mois gratuit.
Installé dans l'ancien hôtel-Dieu du 18e s., ce musée est consacré aux arts et traditions populaires du bocage virois. Au rez-de-chaussée, des ateliers de vieux métiers ont été reconstitués : sabotier, vannier, bourrelier, tonnelier, maréchal-ferrant, charron. Le premier étage présente du mobilier normand (armoires, vaisseliers et « menoure », idéal pour apprendre aux enfants à marcher), des coiffes et des costumes. Des dessins, peintures et sculptures, sont visibles au deuxième étage. Regardez bien les dessins et les caricatures de **Charles Léandre** (1862-1934), originaire de Champsecret (Orne), qui illustra également des œuvres de Flaubert et de Courteline, ainsi que les sculptures de **Pompon** (1855-1933) et d'Anne-Marie **Profillet** (1898-1939).

Aux alentours

Plan d'eau de la Dathée

7 km au sud, par la D 577, puis la D 76 à droite. Un barrage situé à l'est permet d'avoir une bonne vue d'ensemble de ce lac de 43 ha. Vous pouvez en faire le tour par un sentier qui fait 7 km. Une base nautique, une réserve ornithologique où s'ébattent des centaines d'oiseaux, des aires de pique-nique contribuent à faire de ce plan d'eau un lieu de détente recherché par les amateurs de nature et de grand air.

Bény-Bocage

15 km au nord par la D 577 (route de Caen). Cet agréable village, souvent très fleuri et doté d'une belle halle, doit une bonne part de sa célébrité à la proximité de la vallée de la Souleuvre *(voir les randonnées à cheval proposées dans l'encadré pratique)*.

Viaduc de la Souleuvre

À La Ferrière-Harang. 6 km à l'ouest de Bény-Bocage par D 56 (suivre fléchage) - ☏ 02 31 66 31 66 - www.ajhackett.fr - sur réservation uniquement - de mi-juin à mi-sept. : tlj ; de mi-mars à mi-nov. : w.-end et j. fériés.
L'ancien viaduc construit en 1869 sur des plans de Gustave Eiffel pour la voie ferrée Vire-Caen était ruiné et abandonné quand il a été repris en 1990 par une société spécialisée dans le **saut à l'élastique** (Bungy). Une passerelle de 140 m et une plate-forme ont été aménagées pour pouvoir sauter à 61 m au-dessus de la Souleuvre. Il est également possible de descendre par le **scable** (câble de 400 m de long) à une vitesse de 100 km/h ou de tester sa vaillance et son équilibre sur le **Parc Aventure**. Les moins téméraires peuvent profiter du spectacle et de l'agréable promenade en sous-bois le long de la rivière.

Vire pratique

Adresse utile

Office du tourisme de Vire – *Square de la Résistance - ✆ 02 31 66 28 50 - www.vire-tourisme.com - juil.-août : 9h30-18h30 ; reste de l'année : 9h30-12h15, 13h45-18h, sam. 9h30-12h15, 13h45-17h - fermé lun. (janv.-mars), dim. et j. fériés, 25 déc.-1er janv.*

Visite

Circuit historique – Le circuit balisé « **L'affrontement** », appartenant au parcours de l'Espace historique de la bataille de Normandie, passe par Vire.

Guy Degrenne – *✆ 02 31 66 44 44 - www.guydegrenne.fr - mi-juin-mi-sept. : mar. et jeu. visites à 10h et 14h30 - fermé en août. 3,50 € (-18 ans 1,20 €).* Pour les amateurs des arts de la table, une visite guidée *(1h15)* des ateliers Guy Degrenne, le pionnier français de l'utilisation de l'acier inoxydable en orfèvrerie, s'impose. Vous suivez la fabrication des couverts de la bobine d'acier aux produits finis. Boutique et magasin d'usine.

Se loger

Chambre d'hôte Le Château – *Au bourg - 14350 St-Charles-de-Percy - ✆ 02 31 66 91 03 - jacques.desormeau@wanadoo.fr - 4 ch. 45/52 €.* Autrefois propriété de la famille de Percy, ce château datant de 1720 propose un agréable mélange d'ancien et de moderne. Un parquet marqueté orne le sol du rez-de-chaussée. Le magnifique piano à queue trouve sa place dans la salle de musique. À l'étage, 4 chambres, dont une suite, ouvrant toutes sur le parc de 9 ha.

Se restaurer

Au Vrai Normand – *14 r. Armand-Gasté - ✆ 02 31 67 90 99 - www.auvrainormand.com - fermé dim. soir, mar. soir et merc. soir - 13,50 € déj. - 19/30 €.* Tout près des principales curiosités de la ville, ce petit restaurant aux tons pastel dresse quelques tables en terrasse pour les inconditionnels du déjeuner dehors. Quant à sa cuisine, sans beurre ni crème à outrance, elle séduira ceux qui surveillent leur ligne !

Ferme-auberge La Petite Fosse – *La Petite Fosse - 14500 St-Germain-de-Taillevende - 3 km au S de Vire dir. Mortain puis rte secondaire - ✆ 02 31 67 22 44 - réserv. conseillée - 14,50/22,50 €.* Et si c'était l'occasion de goûter du veau et du poulet fermiers ? La maîtresse des lieux vous y invite et vous proposera même d'accompagner ce repas d'un bon « coup » de cidre maison. En réservant, pensez à demander une table près de la cheminée.

Que rapporter

Danjou – *5 r. A.-Halbout - ✆ 02 31 68 04 00 - tlj sf dim. apr.-midi 9h-12h, 14h-19h.* Depuis plus d'un siècle, la maison Danjou perpétue la tradition de l'andouille, contribuant largement à la renommée de cette spécialité locale. La méthode de fabrication reste la même depuis 1897, y compris le fumage au bois de hêtre. Un savoir-faire reconnu, récompensé de nombreux prix et apprécié des gourmets.

Stéphane Sauvignier / MICHELIN

L'andouille de Vire.

Sports & Loisirs

Base de Plein Air – *15 km de Vire, A 84, sortie 39 - 14380 Pont-Farcy - ✆ 06 61 99 10 84 ou 02 31 68 32 06 - pontfarcy@free.fr - juil.-août : 9h-18h ; sept.-nov., mars-juin : 9h-12h, 14h-17h - fermé oct.-mars.* Cette base de plein air située au bord de la rivière, à l'entrée de Pont-Farcy, organise des descentes touristiques de la Vire pour individuels et groupes. On peut également y pratiquer l'escalade et la pêche, participer à des randonnées pédestres pédagogiques ou louer VTT, canoës, kayaks et pédalos.

À Cheval – *14350 Carville - ✆ 02 31 67 77 34.* Le cadre spectaculaire et sauvage de la vallée de la Souleuvre est idéal pour des promenades à cheval accompagnées par un guide diplômé. Nombreuses possibilités de sorties, manège couvert. Centre équestre de la Souleuvre, la Gare *(sortie ouest de Bény-Bocage sur D 56).*

Voie verte – *À l'ouest de la ville, suivre la D 524 dir. St-Sever. À 4 km, tourner à gauche au panneau « Parking ».* La voie verte suit le tracé de l'ancienne voie ferrée et conduit à Sourdeval, Mortain, puis Domfront ou la baie du Mont-St-Michel. Vire-Mortain : 32 km.

Bonne Nuit Bay, North Coast, Jersey.

Stuart Abraham / Jersey Tourism

ÎLES ANGLO-NORMANDES

S'Y RENDRE ET Y SÉJOURNER

Où s'informer avant de partir

LES ADRESSES UTILES

Offices de tourisme

À Jersey – Office de tourisme - Liberation Square - St-Hélier - Jersey - Channel Islands JE1 1BB - ✆ 1534 500 777 - www.jersey.com.
Jersey Tourism and Information Office - 7 Lower Grosvenor Place - London SW1 W OEN - ✆ 2076 308 787.

À Wissembourg – Guernsey Tourism Board - PO Box 23 - St Peter Port - Channel Islands GY1 3AN - ✆ 1481 234 567 - www.visitguernsey.com.

À Aurigny – Tourist Information Center - ✆ 1481 823 737 - 10h-12h.

Renseignements sur Internet

www.payscotentin.net – Ce site présente le patrimoine culturel, naturel et touristique du haut Cotentin dont font partie les îles Anglo-Normandes.

www.manchetourisme.com – Le site du Comité départemental du tourisme de la Manche fourmille d'informations utiles : actualité, économie, histoire, tourisme, gastronomie, sports, balades, etc.

www.visitbritain.com – Portail pratique pour trouver tous les renseignements pratiques et découvrir les richesses de ces îles. Attention ! Pour anglophones seulement.

www.maisondejersey.com – Pour tout savoir sur l'histoire, la géographie et l'actualité de l'île.

Transports

Les départs vers les îles Anglo-Normandes s'opèrent depuis la côte ouest du Cotentin ou le nord de la Bretagne.

EN BATEAU

Manche Îles Express – La compagnie relie trois ports du Cotentin (Barneville-Carteret, Diélette et Granville) aux deux principales îles Anglo-Normandes, avec des bateaux à grande vitesse (Jersey 1h15 ; Guernesey 1h). Certains continuent parfois sur Sercq ou Aurigny.

Renseignements et réservations - ✆ 0 825 133 050 - www.manche-iles-express.com.
À Jersey : Albert-Quai - St-Hélier - ✆ 1534 880 756.
À Guernesey : Terminal Building New Jetty White Rock - St Peter Port - ✆ 01481 701 316.

Amaury de Valroger / MICHELIN

Catamaran assurant la liaison entre Guernesey et le continent.

Les marées décident de quel port les bateaux appareillent et les heures de départ !

Sark Shipping – White Rock - St Peter Port - Guernsey - GY1 2LN - ✆ 1481 724 059 - www.sarkshipping.guernsey.net. Cette compagnie relie Sercq à Guernesey (bateaux de passagers, vélos interdits sauf ceux d'enfants).

Travel Trident – Kiosque de réservation et de vente de billets devant la tour de l'Horloge de Weighbridge - Liberation Monument - St Peter Port - ✆ 1481 721 379 ou 1481 722 377 - Relie Herm à Guernesey.

EN AVION

Twin Jet – Dessert Jersey au départ de Paris-Orly *via* Cherbourg (1h20/20mn)- renseignements : ✆ (0)3 87 56 70 70 - www.twinjet.com - réservations : ✆ 0 892 707 737.

Rockhopper – Relie Saint-Brieuc à Jersey, à Guernesey et à Aurigny et assure la liaison entre ces îles - renseignements et réservations : ✆ 1481 822 886 ou www.rockhopper.aero.

Aurigny Air Services – Relie Dinard à Guernesey et assure la liaison inter-îles - renseignements et réservations : ✆ 0(2) 99 46 70 28 - www.aurigny.com.

SUR PLACE

La voiture se justifie surtout à **Jersey** (qui compte plus de 560 km de routes) et à **Guernesey**. Quant à Sercq et à Herm, la voiture y est interdite.

N'oubliez pas qu'il faut **conduire à gauche** sur des routes souvent très étroites et sinueuses, bordées de talus ou de murets, avec le risque de voir débouler un engin agricole, des piétons ou un car de touristes.

Location de voitures – Chaudement recommandée, elle est très abordable et le prix de l'essence est sans doute le moins élevé d'Europe (pas de TVA !). Pour louer, il suffit de présenter son permis de conduire et d'être âgé de plus de 21 ans.

Camping-cars et caravanes – Ces véhicules ne sont acceptés que sur deux campings de Jersey et encore, avec de nombreuses restrictions.

Voitures personnelles – Toute l'année, traversées possibles de St-Malo.

Autobus – Jersey et Guernesey sont bien desservies par les bus.

Autocars – Des compagnies d'autocars spécialisées proposent des circuits touristiques (demi-journée, journée complète, soirée).

Taxis – Les stations sont situées à St-Hélier, à St Peter Port et à l'aéroport. Tarifs spéciaux nuit et jours fériés.

Formalités

Pour les **ressortissants d'un pays de l'UE**, présenter une carte nationale d'identité de moins de 10 ans ou un passeport en cours de validité. Les mineurs doivent être munis d'une autorisation parentale de sortie du territoire.
Pour les **conducteurs**, un permis de conduire français à trois volets ou un permis de conduire international. Se munir de la carte internationale d'assurance et de la carte grise. Plaque de nationalité à l'arrière du véhicule.
Tout visiteur arrivant avec un **bateau à moteur**, ou transportant une **planche** de surf ou une planche à voile, doit impérativement en faire la déclaration au bureau du port (Harbour Office).

Il est fortement déconseillé d'amener des **animaux domestiques**, même si un passeport animalier leur permet d'éviter la quarantaine, car ils sont interdits sur de nombreuses plages.

Se déplacer

CIRCULATION ET STATIONNEMENT

Réglementation générale

La circulation est régie par le code britannique (circulation à gauche).
À **Jersey**, la vitesse est limitée à 40 mph (65 km/h), sauf dans certaines zones où la limitation tombe à 30 ou 21 mph (48 ou 32 km/h), voire 15 mph (24 km/h) sur les green lanes *(voies vertes)*.
À **Guernesey** et **Aurigny**, le compteur ne dépasse pas 35 mph (55 km/h), et 25 mph (30 km/h) dans les villes.
Certains **carrefours** sont indiqués par un panneau de signalisation « *Filter in Turn* », ce qui signifie que chaque véhicule a la même priorité d'accès et que c'est donc à tour de rôle que l'on traverse ces carrefours.

Le stationnement

Les lieux de stationnement ne sont pas faciles à trouver, surtout en ville et aux abords des sites touristiques.

Attention, une **ligne jaune** parallèle au bord de la chaussée indique que le stationnement est interdit **jour et nuit**.

Jersey – Stationnement payant dans les zones rouges (1h) et jaunes (20mn), du lundi au samedi, 8h-17h. Pour s'y garer, la **Paycard**, ou *Scratch-Card*, est indispensable. C'est une carte de paiement que l'on gratte en fonction de la date et de l'heure d'arrivée *(en vente dans les bureaux de poste, les garages et les boutiques affichant Paycard)*. Dans les zones vertes (2h) et blanches (6h), le stationnement est gratuit à condition d'utiliser un disque de stationnement *(disponible à l'office de tourisme ou à la mairie de St-Hélier)*.
Parking gratuit partout de 17h à 8h.

Guernesey – Le stationnement sur les voies publiques est gratuit, mais limité dans la plupart des rues et parkings des grandes zones commerçantes.

PETITE TABLE DE CONVERSION POUR LA VITESSE

km/h	10	30	55	65	80	90	100	110	120	130
mph	6	25	35	40	50	56	62	68	75	80

Dans ces zones réglementées, indiquées par un panneau bleu sur lequel la limitation est inscrite sous les mots *Disc Zone*, il faut présenter un **disque de stationnement** disponible à l'office de tourisme.

Stationnement libre de 18h à 8h.

Herm et Sercq – Voiture interdite.

À BICYCLETTE

C'est a priori la formule idéale, surtout sur Sercq où la voiture est interdite. Il est possible de faire la traversée avec son vélo personnel ou d'en louer un sur place (environ £ 15 par jour avec casque, vêtement imperméable…). Jersey a développé des « **green lanes** », routes vertes où vélos et piétons ont la priorité, et Guernesey, des « **ruettes tranquilles** », mais pour le moment, ces réseaux restent nettement insuffisants pour circuler d'un bout à l'autre des îles ou pour en faire le tour.

Des **balades à thème** (Cidre et beurre noir, Pirates et contrebandiers, Sur les traces de l'homme de l'âge de la pierre) sont proposées par Jersey Cycletours - 2 La Hougue Mauger - St Mary - Jersey JE3 3AF - Channel Islands. À Guernesey, des « Guernsey Cycle Tours » en français sont disponibles à l'office de tourisme.

Attention à l'intensité de la circulation sur les grands axes aux abords de St-Hélier ou de St-Peter-Port, notamment lors des migrations pendulaires des îliens. **Prudence** également sur les petites routes, très étroites !

À PIED

À **Jersey**, des itinéraires à partir d'arrêts de bus permettent de faire le tour complet de l'île. Certains peuvent se révéler malaisés ou dangereux… On marche aussi à **Guernesey** *(se renseigner à l'office de tourisme)*, mais ce sont encore **Sercq** et Herm qui remportent la palme des randonnées, et plus particulièrement **Herm**, dont c'est le seul moyen de circulation.

Vie pratique

CHANGE

La livre anglaise est couramment utilisée. Cependant, Jersey et Guernesey possèdent leur propre monnaie, utilisable uniquement sur l'archipel Anglo-Normand. La livre (£) est divisée en 100 pence (100 p.). Vous pourrez régler hôtel, restaurant, menues dépenses et souvenirs avec une des principales cartes de crédit, un Eurochèque, un chèque de voyage ou changer de l'argent dans les banques.

Banques – À Jersey et à Guernesey, elles sont généralement ouvertes du lundi au vendredi de 9h30 à 15h30, parfois le samedi de 9h30 à 12h30.

HEURE

Les îles Anglo-Normandes sont à l'heure britannique. Il y a une heure de décalage avec la France (quand il est 8h à Jersey, il est 9h à Paris). Comme en Grande-Bretagne, on désigne les heures de la matinée par **am** (ante meridiem) et celles de l'après-midi par **pm** (post meridiem). Exemple : 9 am, pour 9h ; 9 pm, pour 21h.

JOURS FÉRIÉS

Jour de l'an, Vendredi saint, lundi de Pâques, 9 mai (Libération), 25 mai, Noël et 26 décembre. À ces jours fériés fixes s'ajoutent des jours fériés variables.

TEMPÉRATURE

Voir le tableau page suivante.

POIDS ET MESURES

QUELQUES ÉQUIVALENCES	
1 pouce (1 inch)	2,54 centimètres
1 centimètre	0,3937 inch
1 pied (1 foot)	30,48 centimètres
1 yard (1 verge)	0,943 mètre
1 mètre	1,09 yard
1 mile terrestre	1,609 kilomètre
1 kilomètre	0,621 mile
1 mile marin	1,852 kilomètre
1 once	28,34 grammes
1 livre	0,4536 kilogramme
1 kilogramme	2,20 livres

TÉLÉPHONE

De la France vers les îles Anglo-Normandes – Composez 00, puis l'indicatif de la Grande-Bretagne (44), suivi de l'indicatif local sans le zéro initial (Jersey : 1534 ; bailliage de Guernesey : 1481), puis du numéro de votre correspondant.

Des îles vers la France – Composez 00 33 suivi du numéro de votre correspondant (sans le zéro initial).

VÊTEMENTS FÉMININS :					
UK	10	12	14	16	18
France	38	40	42	44	46

POINTURES DE CHAUSSURES :										
UK	4 1/2	5	5 1/2	6 1/2	7	7 1/2	8	9	10	11 1/2
France	37	37 1/2	38	39	39 1/2	40	40 1/2	42	43	44 1/2

TABLE DE CONVERSION DEGRÉS CELSIUS/DEGRÉS FAHRENHEIT :										
°C	0 °	5 °	10 °	15 °	20 °	25 °	30 °	40 °	80 °	100 °
°F	32 °	41 °	50 °	59 °	68 °	77 °	86 °	104 °	176 °	212 °

Un numéro local sur les îles – À l'intérieur d'un des bailliages, composez directement le numéro de votre correspondant ; vers un autre bailliage, composez d'abord l'indicatif local, suivi du numéro de votre correspondant.

PUBS

Ces bars publics sont ouverts, à Jersey, de 9h à 23h en semaine ; de 11h à 13h et de 16h30 à 23h le dimanche. Du lundi au dimanche, de 10h30 à 0h30 à Guernesey. Comme en Angleterre, on se fait servir au comptoir et on paie immédiatement sans ajouter de pourboire.

MAGASINS

À **Jersey**, ils sont ouverts de 9h à 17h, 17h30 ou 18h, sauf le dimanche et le jeudi après-midi. À **Guernesey**, du lundi au samedi de 9h à 17h30. Les îles étant exonérées de TVA, le shopping connaît un énorme succès.
Produits phare : alcools, tabacs, parfums, caramels à la crème de Jersey et célèbres pulls en laine de Jersey ou Guernesey.
Reportez-vous au **tableau de conversion** en haut de page pour les tailles et les pointures.

Événements

Avril

Guernesey – Festival floral (Floral Guernesey Spring Festival Week).

Mai

Guernesey et Jersey – Liberation Day (le 9). Commémoration de la libération de Guernesey, jour férié avec parade et carnaval.

Juin

Jersey – Festival floral (fin du mois).

Sark – Sark's Midsummer Show (fin juin).

Guernesey – Carnaval à St Peter Port.

Guernesey – Festival floral (Floral Guernsey Summer Festival Week) avec bataille de fleurs dans le parc de Saumarez (déb. du mois) - www.visitguernsey.com.

Juillet

Jersey – Festival maritime (déb. du mois).

Août

Aurigny – Carnaval d'Aurigny (déb. du mois).

Jersey – Summer Flower Show.

Sark – Carnaval (mi-août).

Alderney – Alderney Carnaval Week (1re sem. du mois).

Septembre

Guernesey et Jersey – Régates (déb. du mois).

Guernesey et Jersey – Commémoration de la bataille d'Angleterre (Battle of Britain Air Display) - www.jersey.com.

Octobre-novembre

Guernesey et Jersey – « Tennerfest », festival gastronomique (déb. oct. à mi-nov.).

Nos conseils de lecture

Lisez ou relisez les œuvres de Victor Hugo, *Les Travailleurs de la mer* ou *Choses vues*. À lire aussi *Promenades dans l'archipel de la Manche avec un guide nommé Victor Hugo*, de Gérard Pourchain ou *Sarnia*, de G.B. Edwards.

ÎLES ANGLO-NORMANDES

Elles ne sont pas françaises, et pourtant elles sont bien normandes. Elles n'appartiennent pas au Royaume-Uni, et pourtant elles font allégeance à la reine d'Angleterre. Elles ressemblent à la Bretagne, et pourtant des plantes semi-tropicales y poussent. Elles ne s'étendent que sur 200 km^2, et pourtant elles constituent un paradis fiscal non négligeable. Si vous voulez savoir ce qui se cache derrière cet étonnant jeu d'oppositions, il vous suffit de prendre un bateau au départ de Granville ou de Barneville-Carteret, direction : les îles Anglo-Normandes. Victor Hugo disait : « Les îles de la Manche sont les îles d'Hyères de l'Angleterre. »

Comprendre

UN ARCHIPEL À PART

Une situation idéale – Situé au petit large du Cotentin (14,5 km pour l'île la plus proche), dans les eaux claires et limpides de la Manche, au nord de la baie de St-Malo, l'archipel des îles Anglo-Normandes comprend cinq îles principales : **Jersey**, **Guernesey** (Guernsey), **Aurigny** (Alderney), **Herm** et **Sercq** (Sark) ; de petites îles : Brecqhou, Jethou ; et des groupes de récifs : les Minquiers, les Écrehous, les Dirouilles, Paternosters, les Casquets. Autrefois rattachées au continent, elles furent isolées par la montée des eaux à la fin de la dernière ère glaciaire, il y a 10 000 ans (Jersey et Aurigny restèrent continentales encore 2 000 ans).

Une nature et des paysages de rêve – Chacune a son charme et son caractère, mais toutes bénéficient d'un agréable **climat tempéré** dû à l'influence du Gulf Stream. Les fleurs et les primeurs y poussent en abondance et vous y verrez même des espèces méditerranéennes ou subtropicales : lavande et vigne à Jersey, palmiers à Herm, et partout de la vipérine de Ténérife ou de la cordyline de Nouvelle-Zélande.
Leurs **côtes**, variées, révèlent tantôt de hautes falaises de granit, tantôt des baies de sable fin incitant au bronzage et au farniente en été. Les plages sont d'autant plus attractives que leurs eaux de baignade sont d'une propreté légendaire. De petites routes portant toujours des noms français sillonnent l'intérieur, où de coquettes maisons reflètent le charme britannique.

Une navigation dangereuse – Les nombreux **récifs** qui entourent les îles sont autant de dents acérées pour les bateaux qui croisent dans les parages. Avec l'aide du brouillard et des forts courants, ces récifs ont été la cause de bien des **naufrages**. En 1120, la *Blanche Nef*, avec à son bord l'héritier du trône, sombra ; le *Liverpool*, un grand voilier, fut pris à son tour en 1902, près de la baie de Corblets, perdu dans le brouillard ; en 1937, le *Briseis* heurta un récif au large de la baie de Vazon, avec à son bord 7 000 barriques de vin ! En 1978, l'*Orion*, une tour de forage montée sur une barge de haute mer, connut un triste sort au large de Grandes-Rocques.
Ces naufrages ne sont pas dus à l'absence de **phares**. Celui des Casquets, construit en 1723, est le plus ancien, avec une portée de 27 km. Le phare de Hanois, construit en 1862 en granit des Cornouailles, culmine à 36 m. Le phare de Quesnard sur Aurigny et le phare de la pointe Robert-sur-Sercq datent de 1912 et 1913. Ce dernier est fixé à la muraille comme le sont les monastères grecs connus sous le nom de « Météores ».

NORMANDS OU ANGLAIS ?

Une double histoire – En anglais, on les appelle *Channel Islands*, îles de la Manche. En français, îles Anglo-Normandes. La première appellation les situe dans l'espace, la seconde, dans le temps, en venant rappeler, qu'à force d'avoir été normandes puis anglaises, elles ont fini par être les deux à la fois !

933 – Les îles sont rattachées au duché de Normandie. Elles sont donc normandes.

1066 – Guillaume le Conquérant, duc de Normandie, devient roi d'Angleterre après sa victoire à Hastings. Les îles deviennent alors anglaises.

1204 – Jean sans Terre est déchu de ses fiefs français dont la Normandie ; les îles restent cependant anglaises.

1360 – Au traité de Brétigny, Jean le Bon reconnaît les droits de l'Angleterre sur les îles Anglo-Normandes. La position stratégique de ces dernières conduira les Français à maintes tentatives d'invasion.

1373 – Jersey subit les attaques de Bertrand Du Guesclin.

1483 – Une bulle de neutralité émise par le pape place l'archipel sous la protection de l'Église et interdit toute action belliqueuse dès que l'on se trouve en vue des îles. L'effet de cette bulle prendra fin en 1689.

1642-1645 – Pendant la guerre civile, les îles Anglo-Normandes sont divisées. Jersey se range du côté des royalistes, partisans de Charles Ier ; Guernesey (à l'exception du château Cornet), du côté des parlementaires, partisans de Cromwell. Cette époque expliquerait la rivalité amicale qui dure de nos jours.

Pêcheurs, commerçants et pirates – Au 17e et 18e s., les insulaires à l'esprit aventureux s'embarquaient pour la pêche à la morue sur les bancs de terre-Neuve, puis allaient vendre leur pêche dans les comptoirs établis sur la côte orientale de l'Amérique. Ils descendaient ensuite jusqu'aux Caraïbes pour y remplir leurs cales d'épices, de bois et de sucre, qu'ils échangeaient en Espagne et au Portugal contre vins et agrumes. Ce commerce triangulaire fort profitable a permis de construire quelques fortunes dont témoignent aujourd'hui de splendides demeures à Jersey et à Guernesey. Tout aussi profitable était la course qui autorisait les corsaires à attaquer et à saisir les navires ennemis pour s'approprier une partie du butin. Cette piraterie quasi-officielle est à l'origine de bien des fortunes des îles Anglo-Normandes.

1800-1805 – Au temps de Napoléon, la crainte d'une invasion française amena les insulaires à construire de nombreuses fortifications, en particulier les tours Martello.

19e s. – Le système de défense se renforce, notamment sur l'île d'Aurigny.

1940 – L'archipel Anglo-Normand fut le seul territoire britannique occupé. Les troupes allemandes y séjournèrent de 1940 à 1945. Les îles vécurent alors à l'heure tragique des déportations, restrictions, menaces de famine, manque de nouvelles. Des blockhaus et des tours d'observation faisant partie du mur de l'Atlantique créé par l'organisation Todt parsèment le littoral.

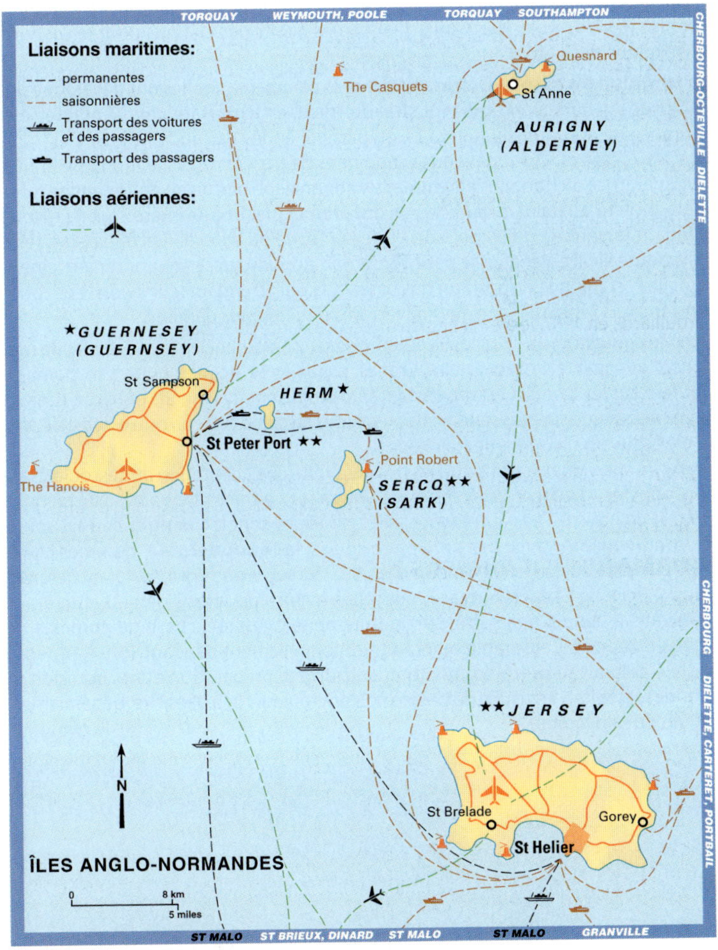

LES ÎLES AUJOURD'HUI

La Constitution – Les souverains anglais qui se sont succédé au cours des siècles ont toujours reconnu aux îles leurs droits propres ; aussi ont-elles conservé des traditions et un système de gouvernement hérités des ducs de Normandie. Ainsi, les taxes sont inexistantes sur l'archipel. Jersey et Guernesey frappent leur propre monnaie et émettent leurs propres timbres.

Non représentées au Parlement britannique, les îles Anglo-Normandes possèdent leur propre parlement et sont divisées en deux bailliages : le bailliage de Jersey et celui de Guernesey auquel sont rattachées Herm, Sercq et Aurigny. À la tête de chaque bailliage, le bailli agit comme un chef d'État…

La clameur de « haro »

« Élever la clameur », c'est demander justice à voix haute aux autorités, à l'origine le duc de Normandie ou ses représentants. Une explication généralement admise veut que ce mot soit composé de « ha » (interjection) et de « Roi » ou « Rollo », c'est-à-dire Rollon, le premier duc de Normandie. Cette coutume peut encore s'employer de nos jours en cas d'empiètement sur la propriété privée. Le plaignant, encadré de deux témoins, doit s'agenouiller et clamer : « Haro, haro, haro ! À l'aide mon Prince, on me fait tort. » L'accusé devra alors se retirer jusqu'à ce que la justice se prononce.

La finance, une nouvelle vocation – L'absence de certaines taxes et le faible niveau des autres font de ces îles des paradis fiscaux. S'ajoutent à cela la stabilité de leur gouvernement et leur position géographique : ce sont désormais des centres financiers internationaux. Jersey compte 55 banques et plus de 33 000 établissements financiers. Les attraits de la finance ont suscité de nouvelles vocations, et nombreux sont les jeunes Anglo-Normands à laisser les habits des champs pour le costume gris typique de la City…

La tradition du tricot – Outre la pêche et le commerce, les îles ont développé dès le Moyen Âge une véritable industrie du tricot, en exportant vers l'Angleterre et la France de nombreux vêtements, en particulier des bas et des gilets. C'est ainsi que les « **jerseys** » sont devenus synonymes de « tricots ». Cette industrie était si rémunératrice qu'hommes et femmes s'y adonnaient, parfois au détriment de toute autre activité, au point qu'au 17e s., on dut promulguer une loi interdisant de tricoter pendant la période de la moisson et de la récolte du varech ! Cette passion reste sans doute vivace, car dans le petit aéroport d'Aurigny, un carton contenant laine et aiguilles est mis à la disposition des passagers qui attendent leur avion ! Les carrés ainsi tricotés servent à faire des couvertures pour les plus démunis.

Pour les gourmands – Grâce à la pureté des eaux entourant les îles, les **fruits de mer** sont d'une qualité extraordinaire. Crabes, coquilles St-Jacques, huîtres ou homards figurent sur les cartes. Certains restaurants proposent des menus entiers à base de homard, mais de simples sandwichs ou salades au crabe dans un pub ou un café sont le plus souvent un délice de fraîcheur.

Parmi les spécialités traditionnelles des îles figure une adaptation du cassoulet français, appelée « **bean crok** » à Jersey et « **bean jar** » à Guernesey, à base de pieds de porc et de haricots. Les autres spécialités de Jersey sont la « **conger soup** », soupe de congre mijotée avec des pétales de soucis, les « **boudelots** », pommes cuites avec une pâte épicée, et les « mervelles » ou « **Jersey wonders** », sortes de beignets sucrés. Enfin, le « **black butter** », ou « beurre noir » de Jersey, demeure un grand classique. Il s'agit d'une sorte de confiture noire préparée à base de pommes, de cidre et d'épices. L'ensemble mijotait traditionnellement pendant 16h. À l'époque où l'île assurait sa propre production de cidre, sa préparation était l'occasion de grandes festivités. Les Nuits du beurre noir ont toujours lieu dans l'île, généralement au mois de novembre.

Alderney

AURIGNY

2 400 INSULAIRES

CARTE GÉNÉRALE A1 – CARTE MICHELIN LOCAL 309 G/J1

Le charme d'Aurigny : sa simplicité et la générosité de sa nature. Au printemps, genêts, bruyères et pâquerettes tapissent le sol de l'île. Sur les rochers, des milliers d'oiseaux de mer, fous, macareux, pétrels et guillemots se rassemblent en colonies. À marée basse, les bassins creusés dans le roc révèlent anémones de mer, coraux et ormeaux… Aurigny est un véritable havre de paix. Serait-ce grâce aux nombreux forts et fortifications qui bardent l'île depuis des siècles ?

- **Se repérer** – L'île d'Aurigny est la plus septentrionale de l'archipel Anglo-Normand. Et pourtant, elle ne se trouve qu'à 15 km des côtes du Cotentin ! Immense plateau dénudé balayé par les vents, elle s'étend sur 5 km de long et 2,5 km de large, soit près de 8 km^2. Elle est bordée au sud de falaises granitiques et entourée de récifs. Deux détroits, le Swinge et le Race, longent ses côtes au nord-ouest et au sud-est.
- **À ne pas manquer** – Les sites privilégiés des baies de Bray, Clonque et Telegraph, très prisés pour la baignade.
- **Organiser son temps** – Comptez une grande journée pour faire le tour de l'île, en voiture ou en suivant les sentiers de randonnées.
- **Pour poursuivre la visite** – Voir aussi la presqu'île du Cotentin et Cherbourg.

Images courtesy of VisitGuernsey

Aurigny vue du ciel.

Comprendre

Une île-forteresse – Les Romains auraient utilisé Aurigny comme base navale. On peut voir les traces d'un ancien camp près de The Nunnery à l'est.
Les premières fortifications anglaises datent du règne d'Henri VIII (16e s.) ; un fort fut construit sur une colline au sud de la baie de Longy.
À l'époque napoléonienne, le gouvernement anglais fit renforcer le système de défense. Entre 1847 et 1858, les fortifications se multiplièrent. Pour répondre à la création du port militaire de Cherbourg, les Anglais décidèrent de construire à quelque 32 km de là, une base navale bien protégée dans la baie de Braye. L'île se vit ainsi pourvue d'une très longue digue et d'un ensemble de treize forts.
Pendant les cinq années d'occupation, les Allemands consolidèrent les anciens forts et ajoutèrent de nouvelles défenses.

Le système de gouvernement – La Constitution du 1er janvier 1949 précise que le budget ainsi que toutes les questions financières doivent être approuvés par les États de Guernesey (States of Guernsey). Pour le reste, l'île est gouvernée par le Comité des États d'Aurigny (Committee of the States of Alderney), composé d'un président élu au suffrage universel pour trois ans et de douze membres élus. La justice est rendue par un président et six magistrats, ou « jurats », nommés par la Couronne d'Angleterre. De nos jours, Sa Majesté britannique est encore appelée sur l'île : « duc de Normandie ». Ce titre remonte à 1066. Cela n'empêche pas Aurigny d'arborer le lion d'Angleterre sur son blason, et non les léopards normands comme Jersey, Guernesey ou Sercq.

Visiter

SAINTE-ANNE

Plus connu sous le nom de « la Ville », l'unique village de l'île, aux petites rues pavées bordées de belles demeures en granit agrémentées de fleurs et de paniers suspendus, évoque irrésistiblement les villages du Cotentin tout proche.
À l'origine, les habitations de Sainte-Anne étaient groupées autour de **Marais Square** et du **Huret**, où les gens se rassemblaient pour décider du moment de la récolte du varech, utilisé comme engrais. Au 15e s., des Guernesiais s'établirent à l'est de Marais Square. Au 18e s., l'habitat se transforma grâce aux profits réalisés par les corsaires. Les tuiles remplacèrent les toits de chaume, le premier palais de justice vit le jour et le gouverneur donna à sa résidence un éclat particulier. Au début du règne de Victoria (1837-1901), la population de Ste-Anne s'accrut avec l'arrivée d'immigrants irlandais venus cultiver la terre et de troupes anglaises ; Queen Elizabeth II Street, Victoria Street et Ollivier Street datent de cette époque.

Église Sainte-Anne

« La cathédrale des îles de la Manche » est l'œuvre du révérend Jean Le Mesurier, fils du dernier gouverneur héréditaire de l'île (cette fonction cessa en 1825). Construite en granit et en pierre de Caen, elle est dans le style de transition qui marqua le passage du roman au gothique. L'intérieur peut surprendre par sa grandeur ; en effet, l'église avait été construite pour recevoir de nombreux fidèles : la population locale, les nouveaux arrivants et la garnison britannique. La nef est divisée en 18 travées. À la croisée du transept, quelques marches conduisent au chœur recouvert d'un pavement de pierres noires et blanches. Sur le lutrin, à côté d'une Bible en anglais, une Bible en français rappelle que cette langue était autrefois parlée sur l'île.

Museum

✆ 1481 823 222 - www.alderneysociety.org/museum - ♿ - avr.-oct. : 10h-12h, 14h-16h, w.-end 10h-12h - £ 2.
Il est installé dans l'ancienne école fondée en 1790 par Jean Le Mesurier, gouverneur de l'île. Musée d'histoire locale, il rassemble des collections ayant trait à la préhistoire, à la vie domestique et militaire (documents sur l'époque de l'occupation allemande) ; une salle d'histoire naturelle est consacrée à la faune et à la flore de l'île. À proximité, **clocher** de l'ancienne église (1767) détruite pour faire place à l'édifice actuel.

Dans le joli petit cimetière, remarquez le « **pebble path** », un sentier en mosaïque de pierres représentant l'église, un bateau, etc., fait par les membres des clubs, sociétés et familles d'Aurigny pour marquer l'entrée dans le IIIe millénaire.

Royal Connaught Square

Centre animé de la ville au 18e s., cette charmante placette doit son nom à la visite du duc de Connaught, troisième fils de la reine Victoria, en 1905. Côté nord, **Island Hall**, un élégant bâtiment en granit, fut agrandi en 1763 par Jean Le Mesurier pour devenir la résidence officielle du gouverneur. À quelques pas, **Mouriaux House** fut construite en 1779 comme résidence privée.

Court House (palais de justice)

✆ 1481 822 817 - tlj sf jeu. apr.-midi et w.-end 9h30-12h30, 14h-16h.
Ce bâtiment, situé dans Queen Elizabeth II Street (autrefois New Street), remonte à 1850. Au premier étage se situe la salle des audiences, où se tiennent les séances des États d'Aurigny. Cette salle a été restaurée en 1955.

Victoria Street

La principale rue commerçante de l'île, autrefois rue du Grosnez, fut rebaptisée Victoria après la visite de la reine en 1854.

Butes

De cette esplanade, reconnaissable à son terrain de cricket, la vue est belle sur la baie de Braye au nord-est, la baie de Crabby, le Swinge et les récifs des Casquets au nord-ouest.

Circuit de découverte

LE TOUR DE L'ÎLE

Vous pouvez entreprendre le tour de l'île à pied en suivant les différents sentiers tracés sur les falaises ou en voiture *(comptez une journée)*.

Braye

Le port, dominé par fort Grosnez (1853), se caractérise par une digue longue de près de 1 km.

Alderney Railway (petit chemin de fer)

1481 823 580 - www.alderneyrailway.com - de Pâques à fin sept. : w.-end et j. fériés.
À l'origine, il servait à transporter les blocs de granit de la carrière au port. Aujourd'hui, il fonctionne en saison pour les touristes, de Braye Road jusqu'à la carrière de Mannez tout près de la plage de Corblets Bay. Deux anciennes voitures du métro londonien servent de wagons.

Le Alderney Railway.

Bray Bay★ (baie de Braye)

La plus grande baie de l'île vous propose une plage de sable fin et une très belle vue sur le port où sont amarrés bateaux de pêche et de plaisance. Une longue bande herbeuse, le Banquage, ourle la plage. Autrefois, le varech y était mis à sécher. Maintenant, c'est vous qui vous y sécherez après la baignade.

Fort Albert

À l'est de la baie, le mont Touraille est couronné par le fort Albert (1853), principal élément de l'ensemble des forts construits à l'époque victorienne. Côté mer, la **vue** embrasse la baie de Braye jusqu'au fort Grosnez à gauche et, plus loin, le fort Tourgis.

Hammond Memorial

Pendant l'occupation allemande, trois camps totalisant 4 500 hommes existaient sur Aurigny. Le mémorial fut élevé à la mémoire des déportés contraints de participer à la fortification de l'île. Plusieurs plaques commémoratives sont écrites dans la langue des prisonniers.

Côte nord

Trois baies de sable fin « très favorables » à la baignade se déroulent devant vos yeux de baigneur ébahi : **Saye**, **Arch** et **Corblets**. Les deux premières sont séparées par un ancien fort, château à l'Étoc (1854), transformé en appartements. Un tunnel avait été creusé sous la route pour permettre aux charrettes de ramener le varech de la plage. Du fort Corblets (1855), belle vue sur les rochers.

Mannez Garenne

Cette partie basse de l'île est dominée par une tour d'observation allemande érigée au bord de la carrière. Le **phare de Quesnard** (1912) alerte les bateaux des nombreux récifs voisins et des forts courants formés par la jonction du Swinge et du Race ; le

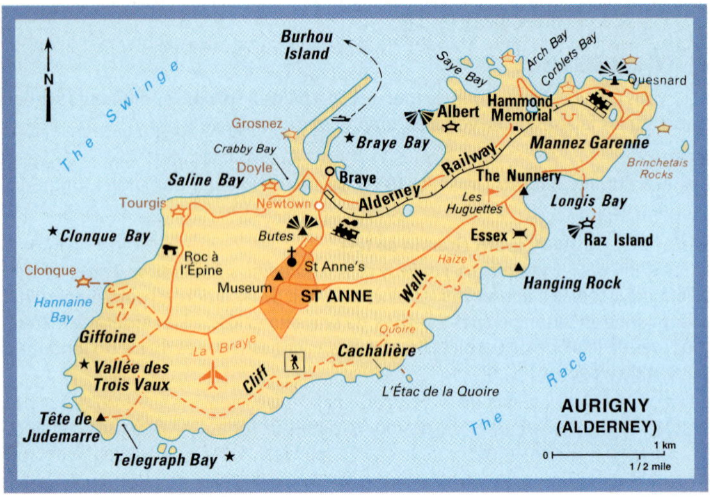

panorama★ est impressionnant sur la côte rocheuse, même si, par temps clair, l'usine de La Hague se distingue nettement ! On voit également les trois forts qui défendaient cette avancée de l'île : les Homeaux-Florains (1858), maintenant en ruine, accessibles par une chaussée, fort Quesnard et fort Houmet-Herbé bâti sur un îlot. *☎ 1481 823 077 - visite guidée Pâques-sept : w.-end. et j. fériés - £ 2.*

Raz Island (île de Raz)

Accessible à marée basse par une chaussée. Le fort *(privé)* date de 1853. Belle vue sur le château Essex et sur un bloc rocheux accroché à la muraille, le Hanging Rock.

Longis Bay (baie de Longis)

À marée basse, les « bronzeurs » s'adossent contre un muret antichar. Non loin, aux **Huguettes**, des traces de l'âge de la pierre furent découvertes en 1968 lors de la création du terrain de golf ; les découvertes des fouilles sont exposées au musée de Ste-Anne.

The Nunnery

Remontant au 4e s., le « Couvent » serait la plus vieille fortification de l'île. Le bâtiment est entouré d'un mur haut de 5 m. Son nom lui a été donné par les soldats britanniques qui y stationnaient à la fin du 18e s.

Château Essex

Il fut construit en 1840 pour servir de caserne et d'hôpital militaire. Le pavillon fut ajouté par Jean Le Mesurier, qui transforma le domaine en ferme afin de pourvoir en nourriture la garnison du Couvent.

La Roche pendante

On raconte que si ce bloc rocheux semble pendre de la muraille, ce serait à cause des habitants de Guernesey qui auraient accroché là une corde afin de remorquer Aurigny.

SUD DE L'ÎLE (CLIFF WALK)

De Haize aux hauteurs de Giffoine, un sentier permet de découvrir cette partie sauvage de l'île bordée de hautes falaises d'une grande beauté. La côte est déchiquetée, la vue, impressionnante.

Cachalière

Après avoir dépassé une vieille carrière, un chemin descend jusqu'à une jetée contre laquelle s'amarraient les bateaux venus pour transporter les blocs de granit. De là, on peut atteindre les rochers de l'**Étac de la Quoire** quand la mer se retire.

Telegraph Bay★ (baie du Télégraphe)

La tour de communications (1811) a donné son nom à une baie, propice à la baignade. Vous pouvez admirer sur la gauche les très beaux rochers de la Nache et de Fourque.

La descente est déconseillée aux personnes sujettes au vertige !

Tête de Judemarre

De cette pointe, vue sur la côte et les îles de Guernesey, Herm et Sercq.

Vallée des Trois-Vaux★
Crevasse constituée par trois vallées qui se rejoignent sur une plage de galets. Sublime !

Giffoine
Au-dessus de la baie d'Hannaine, vous pouvez voir les restes d'une batterie côtière allemande. **Vue** au nord sur l'île de Burhou, les récifs d'Ortac et des Casquets.

Clonque Bay★ (baie de Clonque)
Sur la falaise de Clonque Bay, le **Roc à l'Épine** est la chambre funéraire la mieux conservée de l'île ; la lourde table repose sur deux supports. Au 19e s., bon nombre de mégalithes ont été utilisés pour bâtir les fortifications. Un chemin sinueux descend à travers bruyères et genêts jusqu'à la mer, puis une chaussée mène à fort Clonque (1855), recyclé en appartements de vacances. Les ruines de fort Tourgis (1855) apparaissent de l'autre côté de la baie.

Saline Bay (baie de Saline)
Très exposée aux humeurs de la mer, cette baie est formellement interdite à la baignade, car elle est parcourue de profondes lames de fond. Une batterie allemande et un ancien fort transformé en auberge de jeunesse, fort Doyle, veillent à chaque extrémité. La **baie de Crabby**, bien encastrée dans la masse rocheuse, est fréquentée en saison.

Burhou Island (île de Burhou)
Pour obtenir l'autorisation d'y passer une nuit, s'adresser au Bureau du port (Harbour Office) - ✆ 1481 822 620 - £ 10 - prévoir de l'eau.
Cette réserve naturelle d'oiseaux de mer (notamment des macareux) est séparée d'Aurigny par le Swinge. Une cabane permet aux observateurs d'y passer éventuellement la nuit.

Alderney pratique

Adresse utile
Alderney Tourist Information Centre – *34 Victoria Street - Alderney - Channel Islands - GY9 3TA - ✆ 1481 823 737 - www.visitalderney.com - lun.-sam. 10h-12h, 14h-16h, dim. 10h-12h.*

Visiter
En été, des bateaux font également le tour au départ du port de Braye. *À bord de Lady Maris (2h), réserv. au Alderney Gift Box - Victoria Street - St Anne's - ✆ 1481 823 532 ; à bord de Voyager (2h30), réserv. au Mc Allister's Fish Shop - Victoria Street - St Anne's - ✆ 1481 823 666.*

Se loger
⊖ **Farm Court** – *Les Mouriaux - GY9 3UX -Alderney - ✆ 01481 822 075 - relax@farmcourt-alderney.co.uk - fermé 1 sem. à Noël - 9 ch. 79/90 £* ☕. Dans un quartier tranquille de Sainte-Anne, anciens bâtiments de ferme en pierre rénovés, disposés autour d'une cour pavée et d'un jardin. Spacieuses chambres agrémentées de mobilier contemporain et ancien. Petits-déjeuners avec confitures maison.

Guernsey★

GUERNESEY
59 807 HABITANTS
CARTE GÉNÉRALE A1 – CARTE MICHELIN LOCAL 309 G/J1

Si l'arrivée en bateau séduit par le charme de la capitale St Peter Port, l'arrivée en avion surprend par le nombre impressionnant de serres qui émaillent la campagne, sillonnée de petites routes et parsemée de champs. L'île possède également un atout gastronomique non négligeable : ses fruits de mer, dont la réputation n'est plus à faire… Guernesey, la seconde des îles Anglo-Normandes en superficie, est tout simplement surprenante !

Se repérer – Guernesey s'étend sur 65 km^2 ; l'île a la forme d'un triangle rectangle, dont les côtés seraient formés par les côtes sud et est, et l'hypoténuse, par la côte ouest. La côte sud, altière, rocheuse et déchiquetée fait place à une ceinture de sable entrecoupée de baies sur le reste du littoral. Le sud, bien exposé, se prête aux cultures florales de plein champ qui, au printemps, rivalisent d'éclat et de couleurs.

À ne pas manquer – À St Peter Port, la visite de la maison de Victor Hugo et une balade dans les ruelles ; à l'ouest, la baie de Côbo, propice à la baignade, et, au sud, la pointe d'Icart pour son panorama somptueux.

Organiser son temps – Prévoyez une demi-journée à St Peter Port et un à deux jours pour faire le tour de l'île selon que vous serez en voiture ou à vélo, en comptant les baignades bien sûr.

Avec les enfants – Découvrez la vie des marins et des paysans d'antan au musée du Folklore puis les tortues et les poissons de mer tropicaux de l'aquarium.

Pour poursuivre la visite – Voir aussi Herm, Sark, Jersey, Barneville-Carteret et la presqu'île du Cotentin.

Images courtesy of VisitGuernsey

Massif de lys devant une maison traditionnelle de Guernesey.

Comprendre

Une identité bien trempée – Pendant la guerre civile (1642-1645), Guernesey se range du côté des parlementaires, alors que Jersey, elle, prend le parti des royalistes, fidèles à Charles Ier. Charles II accordera à l'île son pardon en 1677.
L'île se divise en dix paroisses, assimilables à des communes : Castel, Forest, St Andrew's, St Martin's, St Peter in the Wood, St Peter Port, St Sampson's, St Saviour's, Torteval et Vale. Sa particularité est de n'être pas représentée au Parlement de Westminster. Guernesey est un bailliage étroitement lié à la Couronne d'Angleterre, possédant son propre parlement, les States of Deliberation. Ce parlement se compose de 33 députés élus au suffrage universel pour trois ans, 10 représentants des paroisses, 12 conseillers élus pour six ans par les States of Election, le lieutenant-gouverneur, le procureur général et le bailli. Ces trois derniers sont nommés par la reine. Le bailli, outre la présidence du Parlement, assure celle de la Cour de justice formée de 12 magistrats ou « jurats ».

Découvrir

VICTOR HUGO À GUERNESEY

Hauteville House★

38 Hauteville St. - ✆ 1481 721 911 - visite guidée mai-sept. : 10h-16h ; avr. : 12h-16h - fermé dim. - £ 4.

La maison – Présumée hantée, cette demeure fut achetée pour une somme dérisoire par Victor Hugo en 1856. Boiseries, carreaux de faïence (de Delft), tapisseries ou tissus recouvrent la moindre parcelle de mur ou de plafond. Parmi les nombreuses trouvailles de l'artiste, vous remarquerez dans la salle à manger une soupière transformée en lave-mains, des repose-fers à repasser intégrés dans le dais du fauteuil des ancêtres afin de lui donner une allure gothique ; dans le salon rouge, les « torches de la Liberté portées par les esclaves » sont faites de bougeoirs retournés et surmontés de plateaux de balance en cuivre. Dans toute la maison, Hugo a installé des jeux de miroir, ainsi que des inscriptions de devises.

L'étrange chambre de Garibaldi, le patriote italien qui n'y coucha du reste jamais, est située au deuxième étage. Au chevet du grand lit en chêne, une sculpture de tête à deux faces symbolise la Vie et la Mort. Des fenêtres de cette chambre, on aperçoit la maison de Juliette Drouet, sa maîtresse, avec laquelle l'écrivain communiquait par signes.

Au troisième étage, après une sombre antichambre-bibliothèque dont les livres sont, pour la plupart, des envois d'auteurs, on arrive, en pleine lumière, dans le *look-out*, magnifique serre carrée avec vue sur la mer. C'est là que l'écrivain exilé écrivait et dépeignit Guernesey en ces mots : « Rocher d'hospitalité et de liberté… coin de vieille terre normande. » Plus loin, une mansarde servait de chambre à l'écrivain.

L'exil de Victor Hugo

Le 31 octobre 1855, Victor Hugo débarquait à Guernesey ; il devait y rester jusqu'en 1870. Ses démêlés avec le régime de Napoléon III l'avaient conduit à quitter la France pour se réfugier d'abord en Belgique, puis à Jersey en 1852. Il devra en être expulsé trois ans plus tard à cause de ses écrits politiques trop virulents à l'égard de l'alliance franco-anglaise. Dans sa maison de St Peter Port, Hauteville House, il acheva et composa une bonne partie de son œuvre. Il l'habita jusqu'en 1870 et l'aménagea de ses propres mains. La sobriété de l'extérieur n'annonce nullement le caractère insolite et hétéroclite de l'intérieur, dont la visite révèle une facette méconnue de son génie, celle de décorateur.

Le jardin – Refait en 2002 d'après les notes rédigées par Victor Hugo, il a retrouvé le caractère romantique voulu par le poète. Camélias, rhododendrons, glycines, myrtes et agapanthes, vignes et arbres fruitiers palissés s'épanouissent autour de la fontaine aux Serpents, du célèbre chêne des États-Unis d'Europe, planté par l'écrivain le 14 juillet 1870, et du banc où il avait inscrit ces vers des *Contemplations* : « Immensité dit l'être, éternité dit l'âme ».

Candie Gardens

Mitoyens du musée de Guernesey. Une statue de Victor Hugo regardant les côtes de France se dresse en bordure d'une pelouse inclinée vers la mer. Les jardins dessinés en 1898 sont plantés d'essences exotiques parmi lesquelles un immense capillaire. Ses serres chauffées seraient les plus anciennes du genre des îles britanniques.

Se promener

SAINT PETER PORT★★

La capitale de l'île se trouve sur une colline dominant un port bien abrité et séparé de la haute mer par les îles voisines d'Herm et de Sercq. Au 18e s., grâce au commerce du vin puis aux profits réalisés par les contrebandiers et les corsaires, la ville s'est embellie de somptueuses demeures de granit. Avec ses rues et ruelles en pente bordées de magasins, avec son port ouvert vers le continent et les autres îles Anglo-Normandes, St Peter Port déborde d'une sympathique animation.

Market Halls (les marchés)

Le premier marché couvert, à droite en remontant Market Street, date de 1782. Son nom français, les Halles, lui a été donné au 19e s., car bon nombre de produits qui y étaient vendus provenaient de Bretagne. Au-dessus, les anciennes salles des fêtes datent de la même époque. En face, les Arcades (1830) qui présentent une colonnade dorique, sont le royaume des bouchers ; viennent ensuite le marché aux poissons (1877), avec sa rangée de fenêtres ressemblant à des hublots de navire, puis le marché aux légumes (1879).

Harbour (le port)

Le port moderne accueille vedettes, car-ferries, yachts, voiliers et bateaux de pêche. Le vieux port fut créé au 18e s. par l'adjonction de la digue nord à la digue d'origine du 13e s. Aujourd'hui, il s'inscrit entre Castle Pier et St Julian's Pier, digues construites de 1835 à 1909.
De White Rock, prolongement de St Julian's Pier, **vue** sur l'ensemble du port.

Saint Peter's Church★ (église St-Pierre)

Cet édifice en granit doit sa construction à Guillaume le Conquérant en 1048. La nef et le porche surmonté d'un arc en plein cintre sont des éléments romans caractéristiques. L'église servit de forteresse et abrita même les canons de la milice de Guernesey et la pompe à incendie municipale. Les différents drapeaux présentés proviennent de la Milice royale de Guernesey et datent de 1887 à 1919. L'intérieur est décoré d'intéressants vitraux : au-dessus du maître-autel, les thèmes sont empruntés au *Te Deum* ; dans le bras gauche du transept, le vitrail représente saint Pierre marchant sur l'eau. À noter un certain nombre de plaques commémoratives en français, ainsi que les Dix Commandements inscrits sur le retable de l'autel.

Elizabeth College

Ce collège fut fondé en 1563 par Élisabeth Ire. Les bâtiments ont été reconstruits au 19e s. dans le style Tudor.

Visiter

À SAINT PETER PORT

Castle Cornet and its museums★ (château Cornet)

✆ 1481 726 518 - avr.-oct. : 10h-17h - le canon tonne à 12h - présentation de l'histoire vivante (20mn) vend. et w.-end apr.-midi - £ 6 ; £ 9 billet combiné avec le musée de Guernesey et fort Grey.

Accessible par une digue depuis 1855, Castle Cornet était autrefois une île puissamment fortifiée. Sa construction remonterait au début du 13e s. Les Français s'en emparent au 14e s. Sous le règne d'Élisabeth Ire (1558-1603), de solides fortifications viennent le renforcer. Pendant la guerre civile, la garnison du château reste fidèle au roi alors que l'île de Guernesey se range du côté des parlementaires. Après un siège de près de neuf ans, les parlementaires se rendent maîtres de ce bastion royaliste. En 1672, la foudre s'abat sur le donjon du château où est entreposée la poudre. L'explosion le décapite littéralement, détruisant également la salle des banquets et le logement du gouverneur.
Attention ! Sur l'enceinte extérieure du Castle Cornet, le **canon** tonne tous les jours à midi. Deux hommes en uniforme de la Milice de Guernesey (1860) perpétuent une tradition : l'un d'eux regarde à la longue-vue l'heure au clocher de l'église, alors que l'autre se prépare à faire feu. Le château accueille quatre musées et un lieu d'exposition.
The Story of Castle Cornet (Musée historique) – À proximité de l'accueil, le Musée historique retrace les grandes heures de cette forteresse grâce à plusieurs reconstitutions, panneaux, maquettes, bornes interactives…

Maritime Museum (Musée maritime) – La vie maritime y est évoquée sous toutes ses formes, de l'époque gallo-romaine à aujourd'hui, illustrée par de nombreuses maquettes de navires et des tableaux : le commerce, les corsaires, la contrebande, les chantiers navals, les grandes compagnies maritimes, les grands naufrages (*Stella*, mars 1899), la plongée, le sauvetage en mer.
Militia Museum (musée de la Milice) – Situé dans les bâtiments de l'ancien hôpital (1746), ce petit musée retrace l'histoire de la Milice de Guernesey, créée au 13e s. pour défendre l'île. Elle a été dissoute en 1939.
The 201 Squadron Museum (musée de l'Escadrille 201) – Dans l'ancien corps de garde, cet espace rend hommage à la seule unité de la Royal Air Force basée dans ces îles. Elle est fixée à Guernesey depuis 1939.
Le **Prisoners' Walk (promenade des Prisonniers)** était, au Moyen Âge, un passage qui menait au château. De la **citadelle**, située près de l'ancien donjon, belle **vue★** sur le port et la ville, au nord sur St Sampson, Vale Castle et Aurigny, à l'est sur Herm, Sercq et la côte française, au sud sur Jersey.

Musée de Guernesey et galerie d'art

✆ 1481 726 518 - www.museums.guernsey.net - ♿ - avr.-oct. : 10h-17h ; reste de l'année : 10h-16h - présentation de l'histoire vivante jeu. 11h15 - fermé janv. - £ 3,50 ; £ 9 billet combiné avec le château Cornet et fort Grey.

Le musée abrite la collection Lukis, composée d'objets préhistoriques découverts sur l'île, et la collection Carey qui rassemble peintures, dessins et porcelaines.

St Jame's Church (église St-Jacques)

Ce majestueux édifice précédé d'un porche aux colonnes doriques a été construit en 1818 pour commémorer la victoire britannique de Waterloo. Pour les troupes qui stationnaient sur l'île, les offices se faisaient en anglais et non dans la langue insulaire parlée partout sur l'île.

L'église désaffectée sert aujourd'hui de salle de concert.

Royal Court House (palais de justice)

✆ 1481 725 277 - tlj sf w.-end 9h30-17h30 ; parlement : possibilité d'assister aux débats le dern. merc. du mois (sf déc. 2e merc. du mois) ; palais de justice (le détail des débats est disponible au Greffe) - fermé août - gratuit.

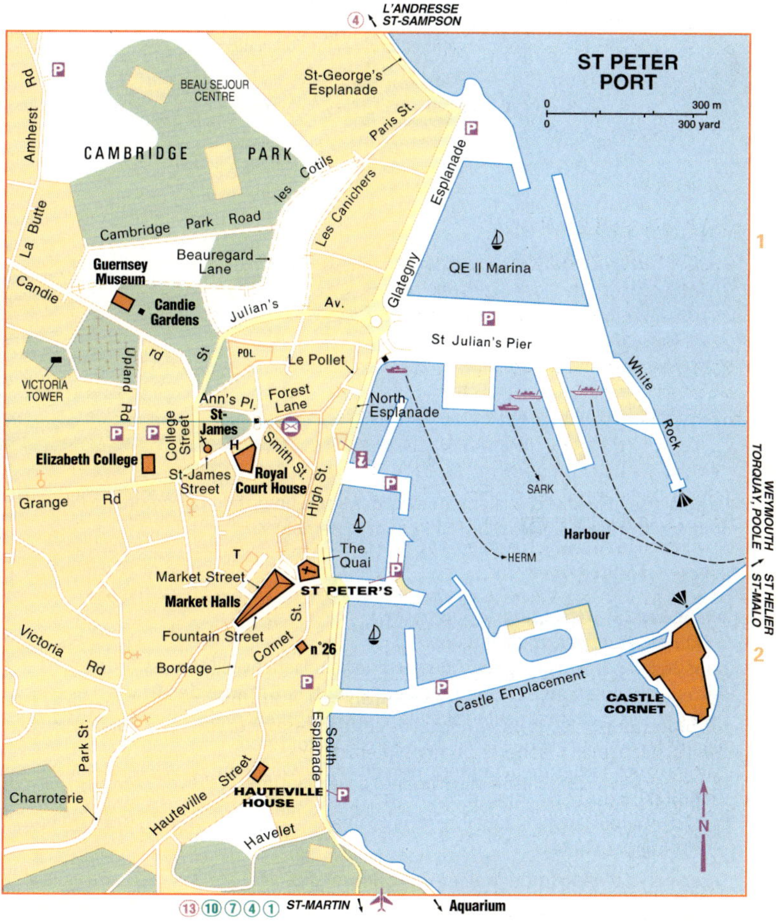

SE LOGER		SE RESTAURER	
Chambre d'hôte Maison Bel Air	1	Fleur du Jardin	1
Hôtel La Frégate	4	The Absolute End	4
Hôtel La Michele	7	The Auberge	7
Sunnydene	10	The Pavilion	10
		Zest	13

Le palais de justice sert également de cadre aux réunions du parlement de l'île. Les archives de quatre siècles d'histoire y sont rassemblées.

Aux alentours

Saumarez Park★ (parc de Saumarez)

3,5 km à l'ouest par la route de Côbo.

Dans ce joli parc où arbres et arbustes s'harmonisent avec les massifs de roses, se déroule chaque année (le 3e ou 4e jeudi d'août) la **Bataille des fleurs**. Les chars sont décorés de fleurs cueillies sur l'île. François Truffaut réalisa ici quelques scènes d'*Adèle H.*, film qui évoque la vie de la fille de Victor Hugo.

L'amiral Lord James de Saumarez, brillant officier du temps de Nelson, habita ce manoir daté de 1721, aujourd'hui hospice. Son descendant, James de Saumarez, conçut un jardin japonais dont il ne reste qu'une pagode et une collection de bambous récemment replantés.

Guernsey Folk Museum (musée du Folklore) – *1481 255 384 - ♿ - de déb. mars à mi-oct. : 10h-17h - 3,50 £ (enf. gratuit) -* Installé dans les communs du manoir, le musée est une reconstitution de ferme victorienne. Une pièce est réservée à la présentation d'une belle collection de costumes traditionnels. Une buanderie, une laiterie et un atelier conservent les multiples instruments et outils nécessaires à la vie de la ferme.

Parish Church (église de Castel)

3,5 km à l'ouest dans Rectory Road.

L'église Ste-Marie-du-Castel a été construite au 12e s., à l'emplacement d'un château viking. À l'entrée se dresse une statue-menhir de plus de 3 000 ans découverte sous le chœur en 1878. Déesse vénérée à l'époque néolithique et à l'âge de bronze. À

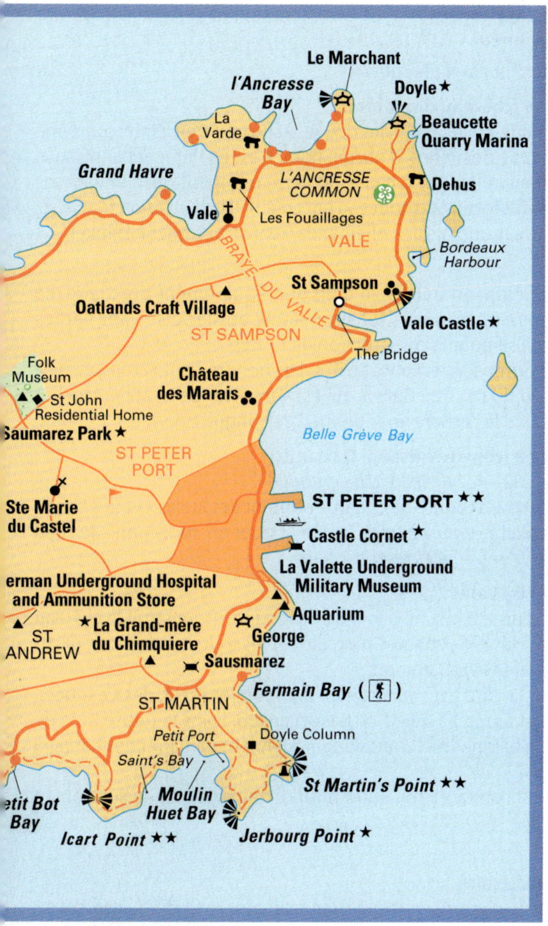

l'intérieur, fresque du 13e s., *Three Living Kings and The Three Dead* (Les Trois Rois vivants et les Trois Morts).

Saint Andrew

German Underground Hospital and Ammunition Store (hôpital militaire souterrain allemand) – *La Vassalerie Road - ✆ 1481 239 100 - fermé en hiver - 3,50 £ (enf. 1 £).*

Il fallut trois ans et demi à des prisonniers de guerre pour percer ces 2 km de tunnels aménagés en dépôt de munitions et en hôpital. À la suite du Débarquement, des blessés allemands y furent soignés pendant quelques semaines. On peut y voir plusieurs salles : salle d'opération, salle de radiographie, magasins de vivres, etc.

The Little Chapel★ (la Petite Chapelle)

Les Vauxbelets, à 1 km de l'hôpital souterrain.

Cette évocation miniature de la basilique N.-D. de Lourdes est due à un religieux français, le frère Déodat, membre d'une communauté catholique installée au collège voisin des Vauxbelets au début du siècle. Le monument original présente, à l'extérieur et à l'intérieur, des murs recouverts de coquillages, de verre et de porcelaine.

Circuits de découverte

CLOS DU VALLE 1

De St Peter Port à Vale Church, 5 miles/8 km – comptez une demi-journée.

Jusqu'au début du 19e s., la partie nord de l'île, connue sous le nom de Clos du Valle, fut coupée en deux par un chenal soumis au rythme des marées. Ce chenal, le Braye du Valle, s'étendait de St Sampson au Grand Havre. Un pont le traversait à St Sampson et une route, à Vale Church. Pour des raisons de sécurité militaire, il fut comblé sur ordre du lieutenant-gouverneur.

Quittez St Peter Port au nord par la route côtière.

Castle in the Marshes (château des Marais)

Un château médiéval en ruine, protégé par des douves et un mur d'enceinte, couronne une butte autrefois entourée de marais, d'où son nom. Il est également connu sous celui de Ivy Castle (château au Lierre) à cause du lierre grimpant qui a envahi ses murs. Au 18e s., le château fut fortifié de nouveau par crainte d'une invasion française. Pendant la Seconde Guerre mondiale, les Allemands y construisirent un bunker.

Saint Sampson

Second port de l'île, St Sampson bénéficie d'un bon équipement portuaire. La construction navale, prospère au 18e s., fut supplantée au siècle suivant par les exportations de granit utilisé pour la construction de routes.

L'origine de l'église Saint-Sampson remonte au 6e s. Elle honore saint Sampson, né à Llantwit Major dans le sud du pays de Galles, qui est venu évangéliser l'île. Clocher roman. Le cimetière domine la carrière abandonnée de Longue Hougue.

Oatlands Craft Village (centre artisanal Oatlands)

Braye Road - ✆ 1481 244 282 - ♿ - tlj 9h30-17h - gratuit.

D'anciens bâtiments de ferme à toiture de chaume abritent des ateliers et des boutiques d'artisans d'art. À proximité, deux grands fours à briques ont fonctionné de 1800 à 1930 : cheminées, chaudières et pots en terre cuite.

Vale Castle★ (château du Vale)

C'est sur l'emplacement d'un site fortifié dès l'âge du fer que fut construit le château médiéval, maintenant en ruine. Les hautes murailles et les tours rondes sont particulièrement impressionnantes vues du nord.

Le panorama s'étend sur la côte est ; au large on aperçoit les récifs des Casquets, Aurigny au nord, Herm et Sercq à l'ouest et Jersey au sud. Dans la petite baie de **Bordeaux Harbour**, où la baignade est sans danger, viennent s'amarrer des bateaux de pêche.

C'est de cet endroit que s'inspira Victor Hugo pour certains décors de son roman *Les Travailleurs de la mer.*

Dolmen de Dehus

Entre le lever et le coucher du soleil.

Cette tombe préhistorique composée d'une grande chambre et de quatre autres secondaires est couverte de sept dalles de granit. Au plafond de la chambre principale est gravé le « gardien du tombeau », figure humaine figurant un archer.

Images courtesy of VisitGuernsey

Le Vale Castle.

Beaucette Quarry Marina (marina de Beaucette)

Une brèche a été ouverte dans cette ancienne carrière de diorite pour aménager un port de plaisance bien abrité.

Fort Doyle★

Ce fort a été construit au milieu du 19e s. pour défendre Little Russel, bras de mer situé entre Guernesey et Herm. La **vue★** est magnifique : on distingue Aurigny et la côte française au nord, Herm et Sercq à l'ouest.

Fort Le Marchant

Il porte le nom du fondateur de l'école militaire de Sandhurst, située en Angleterre. De cette pointe, la plus septentrionale de l'île, on découvre une belle **vue** sur la baie de l'Ancresse et sur l'Ancresse Common.

L'Ancresse Bay (baie de l'Ancresse)

Elle fait la joie des baigneurs et des amateurs de surf, notamment dans sa partie occidentale et près du fort Pembroke. Une tour Martello la surveille encore.

L'Ancresse Common

C'est une vaste pelouse utilisée pour diverses activités de plein air, promenades à pied, courses de chevaux, cerfs-volants, golf, et même comme pâturage pour le bétail. La côte qui la borde se hérisse de forts et de tours défensives. D'intéressants sites archéologiques ont été découverts dans les environs ; ainsi **les Fouaillages**, cimetière vieux de 7 000 ans, et le **dolmen de la Varde**, la plus grande tombe préhistorique de Guernesey.

Vale Church

L'église St-Michel-du-Valle a été consacrée en 1117 à l'emplacement d'une chapelle dédiée à saint Magloire. Ce dernier, avec saint Sampson, évangélisa l'île au 6e s. Son plan est irrégulier, aucun angle n'est droit, les murs ne respectent pas le parallélisme et l'axe du chœur est décalé par rapport à celui de la nef.

LA CÔTE OUEST 2

Du Grand Havre à la pointe de Pézéries, 10 miles/15 km – comptez une demi-journée.

Grand Havre

Pour avoir la meilleure vue de cette baie étendue à l'ouest de Braye du Valle, placez-vous sur la pointe de la Rousse sur laquelle se détache une tour. De la batterie allemande sur **Grandes-Rocques** (pointe rocheuse), vous avez une vue magnifique sur les baies sableuses en forme de coquilles St-Jacques, qui se succèdent le long de la côte.

Côbo Bay (baie de Côbo)★★ – Longue baie propice à la baignade et à la planche à voile. Les nombreux rochers teintés de rose qui parsèment les eaux cristallines se prêtent à l'exploration sous-marine. Au crépuscule, ils prennent, dans la pénombre, des formes d'animaux fantastiques (lion, chameau gigantesques).

Vazon Bay (baie de Vazon)

Elle s'étend au sud de fort Houmet. Son long tapis de sable sert à la fois aux bains de soleil, aux promenades à cheval, et aux courses de voitures et de motos.

Images courtesy of VisitGuernsey

Marée haute à Vazon Bay.

Saint Apolline Chapel★ (chapelle Ste-Apolline)

La Grande-Rue, Perelle.

Une charte de Richard II de 1394 en fait mention sous le nom de Ste-Marie-de-la-Perelle. L'intérieur est décoré d'une fresque (14e s.) représentant la Cène.

Le Trépied Dolmen

Le Cationoc.

Aux 16e et 17e s., selon la légende, les sorcières se retrouvaient en ce lieu pour le sabbat. La chambre funéraire située à l'extrémité sud de la baie de Perelle fut découverte en 1840 par un archéologue local, Fréderik Lukis.

L'Erée Headland (pointe de l'Erée)

Elle est dominée par la haute tour du fort Saumarez. À proximité se tient le dolmen **le Creux-ès-Faies** datant de 2000 à 1800 av. J.-C. Selon la croyance populaire, cette tombe préhistorique conduisait au pays des fées.

Lihou Island (Île de Lihou) – *Accessible à marée basse par une chaussée.* En 1114, un prieuré dédié à N.-D.-de-la-Roche y fut érigé. Au début du siècle, l'île connut une certaine activité industrielle grâce à la production d'iode à partir d'algues. À l'ouest, des bassins naturels creusés dans les rochers sont parfaits pour la baignade.

Rocquaine Bay★ (baie de Rocquaine)

Cette baie bordée d'une plage de sable et parsemée de rochers est interrompue par fort Grey, un ancien château médiéval sur lequel fut ajoutée, en 1804, une tour Martello. Celle-ci, peinte en blanc, sert d'amer aux marins et abrite un Musée maritime.

Fort Grey and Shipwreck Museum (Musée maritime de fort Grey)

☎ 1481 265 036 - avr.-oct. : 10h-17h - £ 2,50. Ce musée est essentiellement consacré aux naufrages qui ont eu lieu de 1750 à 1978 sur la côte ouest ; il expose les restes de plus de cent épaves.

Portelet

Charmant petit port de pêche adossé à quelques maisonnettes habitées par les gardiens du phare de Hanois. À gauche de la route, en montant, se trouve la **table des Pions**, anneau de pierres bordé d'une tranchée et couvert d'herbe.

Lors de la chevauchée de Saint-Michel, les pions (élégants jeunes hommes à pied qui accompagnaient les dignitaires du fief de St-Michel) s'asseyaient à cette table d'herbe pour se restaurer, les pieds posés dans la tranchée. Jusqu'en 1837, tous les trois ans, les dignitaires du fief de St-Michel et leurs pions inspectaient les routes de l'île. L'un de leurs privilèges était de pouvoir embrasser toute jeune femme rencontrée !

Pezeries Point★★ (pointe de Pézéries)

Un paysage sauvage et désolé marque l'extrême limite ouest des îles Anglo-Normandes, où gisent les ruines d'un fort construit à l'époque napoléonienne pour défendre la baie de Rocquaine.

G. Targat / MICHELIN

Églantines en fleur à St-Bay.

LES FALAISES DU SUD 3

De la pointe de Pleinmont à St Peter Port, 16 miles/26 km – comptez une demi-journée.

Les falaises qui s'étendent tout le long de la côte sud donnent à cette partie de l'île un aspect particulièrement austère et grandiose.

Un sentier, en forte pente au voisinage des vallées, suit la côte jusqu'à St Peter Port (30 km). Très bien entretenu, il offre l'occasion de magnifiques **randonnées**, surtout entre le Gouffre, au sud, et Fermain Bay à l'est.

Pleinmont Point (pointe de Pleinmont)

De ce promontoire, la **vue** embrasse l'île de Lihou, la baie de Rocquaine et le phare de Hanois. Victor Hugo disait que ce phare de Hanois était « un des plus redoutables assassins de la mer… qui attendait en traître les navires dans la nuit… ». Il est vrai qu'il est entouré de récifs et que la côte sud est particulièrement déchiquetée.

Jusqu'à la pointe de la Moye, la côte est percée de baies et de grottes. L'une d'elles, située dans la baie de la Forge, est l'objet d'un phénomène sonore : lors de la marée montante, le flot s'engouffre dans la cavité en produisant un bruit infernal. La plus petite des pointes de la côte sud, la **pointe de la Moye**, est bordée à l'ouest par le Gouffre. À l'est, le sentier se prolonge par un escalier menant à une crique abritée.

German Occupation Museum (musée de l'Occupation allemande)

À Forest (au sud de l'église) - ✆ 1481 238 205 - tlj sf lun. 10h-13h en hiver - £ 3,70 (enf. £ 2).

Il retrace l'époque de l'occupation allemande, de juin 1940 à mai 1945 : armement, matériel, souvenirs de déportés, articles de journaux, affiches, etc.

Petit Bot Bay (baie du Petit-Bot)

Cette petite baie ourlée d'une plage de sable à marée basse s'étend au pied d'une verte vallée dominée par une tour de défense (1780).

Icart Point★★ (pointe d'Icart)
Elle offre de belles **vues** sur la côte. À l'ouest se succèdent de paisibles plages de sable fin ; à l'est, **Saint's Bay** (la baie du Saint) accueille les bateaux de pêche.

Moulin Huet Bay (baie du Moulin-Huet)
Son nom vient d'un meunier établi dans le voisinage. En 1883, le peintre Renoir est venu ici à plusieurs reprises, fasciné par les lumières du soleil couchant sur les rochers roses. Le torrent qui servait à faire tourner le moulin se jette de la falaise sur un amoncellement de rochers. Lui faisant suite, l'anse sableuse de **Petit-Port** constitue l'un des meilleurs endroits de l'île pour la baignade.

Saint Martin
Une plaque indique les distances : entre chaque île Anglo-Normande, entre les îles et l'Angleterre, entre les îles et la France.

St Martin's Point★★ (pointe St-Martin) – Du belvédère situé près du parking, belle **vue** sur la pointe rocheuse terminée par un petit phare ; au loin on aperçoit, de gauche à droite, Aurigny, Herm, Sercq et Jersey.

Prendre le sentier le long de la falaise.

Jerbourg Point★ (pointe de Jerbourg) – Vue sur les Pea Stacks, groupe de rochers qui semblent plantés dans la mer, sur la baie du Moulin-Huet et, au large, sur les autres îles de l'archipel.

Les Prés de Jerbourg – *M. Chilcott - rte de Jerbourg - St Martins - ☏ 1481 236 158 - avr.-sept. : 10h-17h - £ 2.*
Ce jardin privé qui donne sur la mer regroupe un jardin de rocaille spectaculaire, une roseraie, un jardin méditerranéen et une grande serre abritant des plantes exotiques.

Fermain Bay (baie de Fermain) – *Laissez la voiture au parking et continuez à pied. En été, la baie est accessible par bateau à partir de St Peter Port.* Cette agréable baie vient s'adosser contre des falaises boisées au bord desquelles s'élève une tour de guet (18e s.).

Sausmarez Manor (manoir de Sausmarez) – *☏ 1481 235 571 - ♿ - manoir : visite guidée (40mn) de Pâques à fin oct. : 10h30 et 11h30 - jardin (gratuit) : 10h-17h - jardins subtropicaux (£ 4,50) fév.-déc. : 10h-17h - jardin artistique (£ 4,50) mars-janv. : 10h-17h - ☏ 1481 235 904 - £ 5,90 (enf. £ 4,90).*
Cette somptueuse demeure présente une façade de style colonial américain (17e s.). L'arrière est, lui, inspiré du style Tudor (1585). L'intérieur rassemble portraits et souvenirs des seigneurs de Sausmarez.
Son **jardin subtropical** (bananiers, palmiers, bambous, balisiers, echiums géants - fleurs bleues originaires des Canaries pouvant atteindre 3 m de haut -, camélias, fuschias, etc.) abrite un jardin de sculptures contemporaines (toutes en vente).

Fort George – Un ensemble de luxueuses maisons modernes occupe le site d'un ancien fort habité par la garnison britannique.

La Grand-Mère du Chimquiere★ – À Saint-Martin, à l'entrée du cimetière qui entoure l'église de St-Martin-de-la-Bellouse, se dresse cette étonnante sculpture taillée dans un menhir remontant à l'âge de pierre. Symbolisant la déesse de la fertilité, elle reçoit pièces de monnaie et fleurs en guise d'offrandes.

Revenez à la route principale et prenez à droite la route de Jerbourg.

La route passe devant la **colonne Doyle** érigée à la mémoire de Sir John Doyle, lieutenant-gouverneur de 1803 à 1815. Une plaque y indique les distances entre chaque île Anglo-Normande, entre les îles et l'Angleterre et les îles et la France.

La Valette Underground Military Museum – *☏ 1481 722 300 - de mars à mi-nov : 10h-17h - £ 3,50.*
Le musée est installé dans cinq tunnels creusés par les Allemands pour stocker les réserves de fuel des sous-marins pendant la guerre. Collection d'uniformes et d'objets se rapportant à la *Guernesia Militia* (officiellement créée en 1203).

Guernsey Aquarium – *☏ 1481 723 301 - ♿ - 10h-18h, dim. et j. fériés 10h-17h30 - fermé 1er janv., 25-26 déc. - £ 3,75 (enf. £ 2,75).*
Il est installé dans un tunnel creusé en 1860 pour y faire passer un tramway. Un éboulement mit fin au projet. Le tunnel fut agrandi pendant l'occupation allemande. Les bassins ont bien vieilli mais présentent quelques spécimens aux couleurs éclatantes de la faune tropicale et de la faune locale de mer et d'eau douce.

Guernsey pratique

Adresse utile

Guernsey Information Centre – *North Esplanade - St Peter Port - GY1 2LQ - Guernsey - ℘ 01481 723 552 - www.visitguernsey.com - avr.-sept. : lun.-sam. 6h-18h, dim. 9h-13h ; oct.-mars : lun.-vend. 9h-17h, sam. 9h-16h.*

Premiers pas

Avant de vous lancer à la découverte de l'île, nous vous invitons à lire attentivement les informations pratiques sur les îles : décalage horaire, monnaie, circulation, etc.

Après le petit-déjeuner, nous vous conseillons d'aller à l'office de tourisme *(voir le plan)* qui vous donnera un plan de l'île et vous informera sur les navettes en bus, les locations de vélos ou de voitures, le programme des manifestations et des randonnées.

Transports

Attention, les routes de Guernesey sont souvent étroites et méritent toute votre attention si vous ne maîtrisez pas bien la conduite à gauche. Relisez bien le document sur la circulation distribué avec votre contrat de location de voiture. Le disque de stationnement peut être utile en ville.

Juste derrière l'office de tourisme, l'agence **Economy Cars** propose de toutes petites voitures pour £ 30 par jour.

Se loger

⊖ **Hôtel La Michele** – *GY4 6NB - St Martin - ℘ 01481 238 065 - info@lamichelehotel.com - 16 ch. 30/50 £ ☕ - restauration (soir seult) 52/104 £.* À proximité de Fermain Bay, avenante façade en bois peint abritant des chambres douillettes et bien équipées. Pour la détente, salon, jardin et charmant coin repos autour de la piscine.

⊖ **Chambre d'hôte Maison Bel Air** – *Le Chêne - GY8 0AL Forest - ℘ 01481 238 503 - juliette@maisonbelair.com - fermé déc.-fév. - 6 ch. 44/60 £ ☕.* Le meilleur accueil vous sera réservé dans cette maison d'hôte bénéficiant d'un grand jardin. Délicieux petits-déjeuners servis dans une coquette salle à manger.

⊖⊖ **Sunnydene Hôtel** – *R. des Marettes - GY1 1ZN St Martin - ℘ 01481 23870 - info@sunnydenecountryhotel.com - fermé mi-oct.-Pâques - P - 20 ch. 70/80 £ ☕.* Maison d'hôte et golf *pitch and putt* au bout du jardin ! Salon familial confortable ; nappes sur la table du petit-déjeuner ; jolie piscine et aire de détente. Chambres dans la maison ou dans l'annexe au cœur du parc.

⊖⊖⊖ **Hôtel La Frégate** – *Les Cotils - GY1 1ZN St Martin - ℘ 01481 724 624 - enquiries@lafregatehotel.com - 12 ch. 135/180 £ ☕ - restaurant 17,95/26,50 £.* Vue panoramique sur l'animation du port et St Peter, à savourer depuis les larges fenêtres qui éclairent la plupart des chambres de ce charmant hôtel à flanc de colline. Site paisible et personnel amical.

Se restaurer

⊖ **Fleur du Jardin** – *Kings Mills Castel - GY5 7JT Kings Mills - 3 miles/5 km de St Peter Port dir. Vazon Bay - ℘ 01481 257 996 - www.fleurdujardin.com - 6/30 £ - 17 ch. 55/165 £ - ☕ 10 £.* Avec son agréable jardin, cette maison du 15ᵉ s. porte bien son nom. Le soir, vous savourerez une cuisine au goût du jour dans la salle à manger rustique agrémentée d'une cheminée de granit. Déjeuner servi au bar. Chambres spacieuses et coquettes.

⊖⊖ **Zest** – *Lefebvre St - GY1 1ZN St Martin - ℘ 01481 723 052 - fermé 2 w.-ends en janv. et sam. - 14,50/15 £.* Niché au centre-ville, avec un décor simple et des demi-alcôves intimes. Grand choix de plats de bonne qualité sur fond moderne : menus souvent renouvelés.

⊖⊖ **The Absolute End** – *Longstore - GY1 2BG St Peter Port - au N de St Peter Port par St George's Esplanade - ℘ 01481 723 822 - fermé janv. et dim. - 15/35,95 £.* À l'extrémité nord de la ville, ce restaurant est apprécié des habitués pour ses produits de la mer et son accueil chaleureux. Menu déjeuner intéressant. Bar confortable à l'étage.

⊖⊖ **The Pavilion** – *Le Gron - GY7 9RN St Saviour - ℘ 01481 264 165 - lecknleck@cwgsy.net - fermé janv., lun. en hiver et Noël - 17,95/23,65 £.* Restaurant installé sous la joaillerie Bruce and Son. Décor plaisant agrémenté d'expositions de bijoux. Plats goûteux faisant la part belle aux produits de la mer.

⊖⊖ **The Auberge** – *Jerbourg Rd - GY4 6BH St Saviour - ℘ 01481 238 485 - theauberge@cwgsy.net - fermé 25, 26 et 31 déc. - 20/32 £.* Du jardin et de la terrasse de ce restaurant, vous jouirez d'une vue splendide sur la mer et les îles avoisinantes. Sobre salle à manger contemporaine où vous dégusterez une cuisine actuelle façon brasserie.

Herm

50 HABITANTS
CARTE GÉNÉRALE A1 – CARTE MICHELIN LOCAL 309 G/J1

Vous n'aimez pas la voiture ? Vous n'aimez pas le bruit ? Très bien ! Vos prochaines vacances se passeront à Herm, la plus petite des principales îles Anglo-Normandes, ne possédant ni routes, ni voitures. Seuls des sentiers parcourent l'île et donnent aux randonneurs l'occasion de découvrir une nature sauvage faite de landes, de dunes de sable, de baies et de bois, et de se nettoyer les poumons.

Images courtesy of VisitGuernsey

Sur l'île de Herm, depuis Belvoir House.

- **Se repérer** – À mi-chemin entre Guernesey et Sercq, Herm s'étend sur 2,5 km de long et 1 km de large. Bordée au sud par d'abruptes falaises, elle est ourlée au nord par de belles plages de sable fin. À marée basse, Herm s'entoure d'impressionnants rochers dentelés.
- **À ne pas manquer** – Le paysage qui s'étend aux pieds du Grand Monceau.
- **Organiser son temps** – On profite des charmes de l'île en une journée.
- **Pour poursuivre la visite** – Voir aussi Guernsey, Sark, Jersey, Barneville-Carteret et la presqu'île du Cotentin.

Comprendre

Des occupants variés – Des vestiges au nord de l'île révèlent une présence humaine remontant à plus de 2000 ans av. J.-C. Les Romains ont laissé aussi quelques traces de leur passage. Au 6e s., le christianisme pénètre sur l'île par l'intermédiaire de saint Magloire, qui évangélise également Guernesey. Des moines venus de Sercq élevèrent une petite chapelle sur un récif entre Herm et Jethou, qui aurait été engloutie au 8e s., lors d'une violente tempête qui sépara les deux îles. À cette époque, Herm dépendait du diocèse de Dol. Au 10e s., les Vikings lui auraient donné son nom : *herm* signifierait « désert », « lande » ou « ermitage ».

Un emplacement stratégique – Normande sous Guillaume Longue-Épée, puis anglo-normande sous Guillaume le Conquérant, Herm est rattachée au diocèse de Winchester sous Élisabeth Ire en 1569. Au 17e s., des pirates, attirés par les nombreux naufrages qui ont lieu dans les parages, font de l'île leur repaire avant qu'elle ne soit désertée. Au 19e s., Herm connaît une période de prospérité grâce à l'exploitation et à l'exportation du granit ; on y dénombre alors 400 habitants.

Herm pratique

www.herm-island.com

Se loger et se restaurer

White House – *GY1 3HR Herm - 01481 722 159 - fermé oct.-mars - 40 ch., demi-pension 80/200 £ - restaurant 14,50/17 £.* Cet hôtel a de quoi vous charmer avec sa vue sur les paysages de l'île, son petit port et la plage. Choix de chambres dans la maison principale ou dans les cottages. Restauration classique ou plus décontractée selon la salle à manger. Jardin avec piscine d'été.

L'île en location – Propriété de la Couronne britannique, l'île est louée en 1890 au prince allemand Blücher von Wahlstatt, qui entreprit de l'aménager : il construisit le manoir, planta des arbres, etc. Après la Seconde Guerre mondiale, les États de Guernesey l'achètent et la louent à Peter Wood, en 1949. Cet ancien officier anglais et sa descendance en sont donc locataires jusqu'en 2046.

Découvrir

À marée haute, le bateau accoste au petit port, le long de l'unique quai, au bout duquel une grue centenaire est toujours en service ; à marée basse, le bateau accoste à la Rosière que l'on quitte en gravissant quelques marches.

Un **sentier côtier** fait le tour de l'île, offrant de belles vues sur la côte sableuse, la côte rocheuse, les récifs alentours, ainsi que sur les autres îles Anglo-Normandes, Guernesey au loin, Sercq plus proche et, au sud, la petite île de Jethou *(propriété privée)*, séparée de Herm par un étroit chenal. Elle apparaît comme une colline sortie de la mer, refuge de nombreux oiseaux.

Le Manoir Village

Un chemin goudronné et en montée conduit au centre de l'île où s'étalent quelques maisons et fermes constituant un hameau. Le manoir du 18e s., flanqué d'une solide tour carrée crénelée, domine l'ensemble. La **chapelle St-Tugual** fut construite au 11e s. sous le règne de Robert le Magnifique, alors duc de Normandie.

Le Common

Au nord de l'île. Cette partie de l'île est un domaine de dunes (attention, une végétation « piquante » pousse sur ces dunes), appelé ici le **Common**, et de plages de sable (Bear's Beach, Mouisonnière Beach, Shell Beach).

Le Grand Monceau★ – De cette butte, le panorama est magnifique sur les étendues de sable, les rochers et les îles. À l'horizon, on distingue l'île d'Aurigny ; à droite, les côtes françaises. Au premier plan, l'obélisque de pierre a été érigé à la place d'un menhir appelé la Longue Pierre, qui servait d'amer aux marins. Le **Petit Monceau**, moins élevé, lui fait pendant.

Shell Beach (plage des Coquillages) – Selon l'importance des marées et des courants, la mer y dépose des milliers de coquillages.

The Cliffs (les falaises)

Contraste saisissant avec la partie nord sableuse, le sud est le domaine des falaises de granit qui plongent dans la mer.

Baie de Belvoir – Petite enclave sableuse favorable à la baignade.

Pointe de Sauzebourge – Vue sur Jethou à droite, Guernesey au loin et l'île de Sercq à gauche.

Jersey★★

88 200 HABITANTS
CARTE GÉNÉRALE A2 – CARTE MICHELIN LOCAL 309 G/J1

Un surnom n'est pas toujours facile à porter : Jersey, surnommée « l'île fleur », le porte bien. Grâce à un climat exceptionnel, dû en grande partie à l'influence du Gulf Stream qui baigne l'île de tous côtés, Jersey est entièrement fleurie au printemps et en été : orchidées, camélias, mimosas, jonquilles et œillets se laissent cueillir pour la célèbre Bataille des fleurs qui a lieu chaque année au mois d'août. Charme britannique et traditions normandes sont les deux parfums de l'île fleur.

Se repérer – L'île de Jersey est la plus grande des îles Anglo-Normandes : 116 km². Elle s'étend sur environ 20 km de long et 9 km de large, à seulement 24 km des côtes françaises.

À ne pas manquer – Les sentiers côtiers au nord et à l'est.

Organiser son temps – Visitez St-Hélier à pied, puis comptez deux demi-journées pour les circuits de découverte sur les routes de l'île.

Avec les enfants – Succès garanti pour les gorilles et les orangs-outans au zoo ; découvrez aussi l'histoire de Jersey à travers des spectacles et des jeux au parc d'attractions The Living Legend.

Pour poursuivre la visite – Voir aussi Sark, Herm, Guernsey, Barneville-Carteret, la presqu'île du Cotentin et le Parc naturel régional des marais du Cotentin et du Bessin.

Comprendre

Une île unique – La forme de Jersey ressemble grossièrement à celle d'un rectangle. La côte nord, peu habitée, se hérisse de hautes falaises de granit rose, séparées ici et là par des anses sableuses ; le reste de l'île montre à marée basse de grandes baies de sable fin (St-Aubin, St-Brelade, St-Ouen, Ste-Catherine, Grouville, St-Clément) propices au farniente. Le phénomène des marées révèle également des zones intertidales classées par l'ONU pour la richesse de leur faune et de leur flore, qui s'épanouissent dans les derniers vestiges du pont reliant autrefois les îles britanniques à la France.

Jersey Tourism

Vue d'ensemble sur la côte de Jersey couverte de bruyère.

Côté terre, Jersey est aussi réputée pour ses fleurs sauvages, parmi lesquelles l'orchidée pourpre (floraison en mai et juin) tient une place de choix. Le lys de Jersey, surnommé « Naked Lady » (dame nue), lui vole la vedette en août et septembre.

Héritages – Les tombes et monuments trouvés sur l'île font remonter la présence de l'homme entre 7500 et 2500 av. J.-C. Les Romains n'y firent que quelques séjours et, au 6ᵉ s., le christianisme, grâce à saint Hélier et saint Sampson, s'y implanta. Mais l'héritage le plus important est celui laissé par les Normands dès le 10ᵉ s. De nos jours, l'île a conservé des coutumes et traditions remontant à cette époque, et la langue jersiaise (Jersey French), encore parlée à la campagne par une minorité de personnes, ressemble au patois normand.

La bataille de Jersey – Le 5 janvier 1781, les Français, ayant à leur tête le baron de Rullecourt, débarquent à la pointe de la Rocque. La nuit aidant, ils parviennent jusqu'à St-Hélier et obligent le lieutenant-gouverneur à capituler. Mais la milice et les troupes anglaises commandées par le major Pierson réagissent violemment. Une dure bataille se déroule sur la place du Marché au cours de laquelle les deux chefs sont tués. Les Français en sont quittes pour une défaite. Cette tentative d'invasion fut menée sans l'appui officiel de Louis XVI, mais nul doute qu'une victoire n'aurait pas été désavouée ! Cette rivalité franco-anglaise explique la construction des fameuses **tours Martello**, ouvrages défensifs circulaires pour la plupart édifiés tout autour de l'île aux 18e et 19e s. Le surnom viendrait d'un ingénieur corse, Martello, qui créa ce type de tours-observatoires sur l'île de Beauté.

L'exil de Victor Hugo – Le poète y arriva en 1852 jusqu'à ce qu'il en soit chassé trois ans plus tard, pour aller à Guernesey. Amoureux de Jersey, il a défini les lieux en ces mots : « L'île est d'une beauté exquise et unique. C'est un jardin en fleurs, baigné par la mer… On passe d'un bois à un groupe de rochers, d'un jardin à un écueil, d'une prairie à la mer… Ce que j'aime dans Jersey, je vais vous le dire, j'en aime tout. »

Le système de gouvernement – L'île de Jersey se divise en douze paroisses, sortes de communes (Grouville, St Brelade, St Clement, St Helier, St John, St Lawrence, St Martin, St Mary, St Ouen, St Peter, St Saviour et Trinity) et possède sa propre assemblée, les États de Jersey (States of Jersey). Élue démocratiquement, l'Assemblée se compose de députés, sénateurs et connétables des douze paroisses. Le bailli, nommé par la Couronne, est le premier magistrat et le président de l'Assemblée des États. Également nommés par la reine, le lieutenant-gouverneur, militaire de haut rang, le doyen de Jersey, représentant de l'Église anglicane, le procureur général et l'avoué de la Couronne siègent à l'Assemblée avec voix seulement consultative.

Se promener

SAINT HELIER (SAINT-HÉLIER)

St-Hélier doit son nom au saint qui posa le pied sur l'île au 6e s. et vécut en ermite pendant quinze années de sa vie. Capitale de l'île, siège du gouvernement et principal centre de commerce de Jersey, St-Hélier est une cité vivante. Bon nombre de ses rues portent encore des noms français, parfois surprenants à côté de leur version anglaise, ainsi Church Street… rue Trousse-Cotillon…
Le centre piétonnier – **King Street, Queen Street** –, où se succèdent les magasins, connaît une grande animation.

Royal Square

Jadis place du Marché, cet endroit servait au pilori : les prisonniers y étaient exposés aux heures de marché. Au milieu de cette charmante placette plantée d'arbres se dresse aujourd'hui la statue dorée du roi George II en empereur romain. Les bâtiments du **palais de justice (Royal Court House)** bordent le côté sud de la place. Une plaque rappelle la naissance du poète normand Wace au 12e s. L'entrée réservée au bailli porte les armes de George VI, celle destinée au public, celles de George II. À gauche des bâtiments se trouve l'entrée de la **salle des États (States Chambers)** où se réunissent les membres du gouvernement. *☎ 1534 502 100 - www.stateassembly.gov.je - palais de justice : possibilité de visite sur demande au Bailiff's Chambers ; parlement : se renseigner - horaires non communiqués - fermé en août.*

Central Market (marché couvert)

Une bâtisse en granit percée de fenêtres aux grilles en fer, un toit de verre supporté par des piliers métalliques constituent l'ossature de ce sympathique et savoureux marché. Non loin de là, dans Beresford St., se tient un **fish market** (marché aux poissons).

Saint Helier Parish Church (église paroissiale)

L'origine de cet édifice au clocher carré remonte au 11e s. Dans le bras droit du transept, figure au mur un plan du « bancage » de l'église datant de 1868 et portant les noms des titulaires : chaque occupant devait payer sa place et, plus il payait, plus près de l'autel il se trouvait.

Visiter

À SAINT HELIER

Elizabeth Castle (château Élisabeth)

À marée basse, accès à pied par une chaussée, The Bridge (30mn AR) ; à marée haute, par un véhicule amphibie - 1534 723 971 - possibilité de visite guidée de déb. avr. à déb. nov. : 10h-18h (dernière entrée 1h av. fermeture) - £ 5,10 (enf. £ 4,60). Ce château est construit sur un îlot, appelé l'îlot de St-Hélier en souvenir du saint ermite. Au 12e s., Guillaume Fitz-Hamon, au service du roi d'Angleterre Henri II, y fonda une abbaye. La Seconde Guerre mondiale en fit un ouvrage allemand défensif. Les traces de l'occupation allemande sont évidentes : emplacement d'un projecteur monté sur rails, casemate contenant armes et matériel.

À l'intérieur, le **musée de la Milice** (Royal Jersey Militia Regimental Museum) rassemble des souvenirs du prestigieux régiment : uniformes, armes, drapeaux…

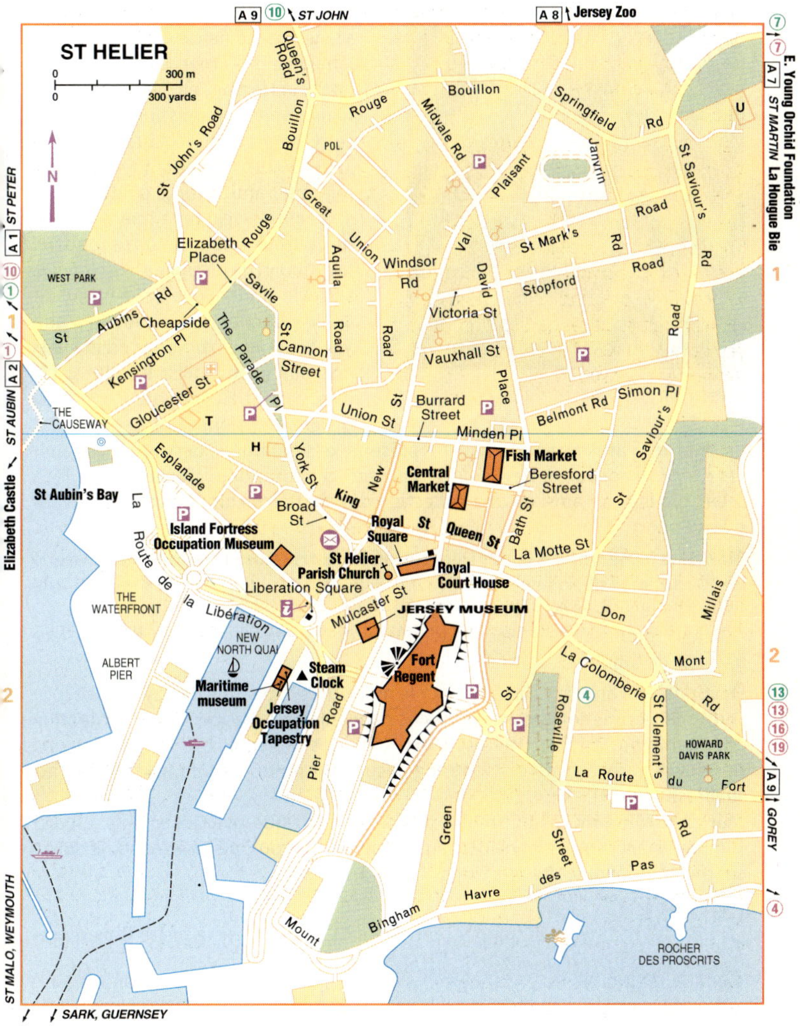

SE LOGER		SE RESTAURER (suite)
Chambre d'hôte Au Caprice.....1	Hôtel Moorings.....13	Le Frère.....7
Chambre d'hôte La Bonne Vie..4		Old Court House Inn.....10
Hôtel Beau Couperon.....7	**SE RESTAURER**	Suma's.....13
Hôtel Des Pierres.....10	Bistro Soleil.....1	Jersey Pottery (Garden Restaurant).....16
	Green Island.....4	Village Bistro.....19

Dans l'ancienne maison du gouverneur, des personnages de cire font revivre une partie de l'histoire du château. Dans la cour supérieure se dresse le donjon, ou Mont, au sommet duquel les Allemands ont construit une tour de contrôle en béton. Belle **vue★** sur le château lui-même et sur la baie de St-Aubin terminée par son fort.
Au sud, on aperçoit le rocher de l'Ermitage couronné par une chapelle, où saint Hélier se retira.

Jersey Museum★ (musée de Jersey) – *✆ 1534 633 300 - www.jerseyheritagetrust.org - ♿ - avr.-oct. : 10h-17h ; nov.-mars : 10h-16h - fermé 1er janv., 24-26 déc. - £ 5,40 (enf. £ 4,60).*

Jersey Museum

Lillie Langtry.

Le musée de Jersey est installé dans une ancienne maison de négociant jouxtant des entrepôts du 18e s. Y sont conservés et exposés des témoignages sur l'histoire de l'île à travers les âges : cartes historiques, reconstitutions de scènes de vie (le travail des champs, le peuple de la mer, le tourisme, des intérieurs jersiais, etc.) et objets originaux comme l'impressionnant nécessaire de voyage de **Lillie Langtry** (1853-1929). Comédienne de grand renom et amie intime d'Edward VII, sa beauté fascinait la haute société de Londres. Dans un autre registre, le « moulin de discipline » (*treadmill*), sorte de grande roue à aubes servant à faire fonctionner un moulin à poivre, actionnée par douze prisonniers enchaînés. On l'utilisait au 19e s. à la prison de St-Hélier pour punir ceux qui enfreignaient la loi.
La **galerie d'art** Barreau-Le Maistre présente des peintures, dessins ou aquarelles d'artistes locaux et des œuvres réalisées ici depuis deux siècles (P.J. Ouless, J. Le Capelain…), ainsi qu'une collection de tabatières chinoises issue des legs d'Eric Young.

Maritime Museum and Jersey Occupation Tapestry (Musée maritime et tapisserie de l'Occupation de Jersey) – *✆ 1534 811 043 - ♿ - en sais. : 10h-17h ; hors sais. : 10h-16h - fermé 1er janv., 24-26 déc. - £ 6 (enf. £ 5,20).*
Ces deux musées ont été aménagés dans les docks réhabilités du North Quay, face à l'office de tourisme.

Occupation Tapestry Gallery – Sur le mode de la tapisserie de Bayeux, la tapisserie de l'Occupation raconte la vie des paroisses jersiaises pendant l'occupation allemande du 1er juillet 1940 au 9 mai 1945. Les tableaux, brodés par chacune des douze paroisses, sont inspirés de documents photographiques et films d'actualités.
Maritime Museum – Ce musée didactique et ludique ravira les enfants : étudier le mouvement des marées ou des vagues, prendre un cours de *jersié* maritime, suivre sur un globe la route des grands navigateurs…

Fort Regent

✆ 1534 449 609 - www.esc.gov.je/sport - ♿ - été : 7h-21h (dernière entrée 1h av. fermeture), w.-end 8h15-17h, j. fériés 10h-17h - fermé 1er janv., 25 et 26 déc.
Reconnaissable de loin grâce à la coupole qui le couronne, Fort Regent s'entoure d'imposantes fortifications élevées pendant les guerres napoléoniennes. Aujourd'hui, c'est un centre de loisirs et d'attractions pour adultes et enfants englobant piscine, salles de jeu et de spectacle, manèges, aquarium. La **Jersey Experience** présente par le son et l'image l'histoire de l'île. La promenade sur les remparts offre des **vues★** sur la ville et la baie de St-Aubin qui se profile au loin.

Island Fortress Occupation Museum (musée de l'Occupation)

✆ 1534 734 306 - ♿ - avr.-oct. : 9h30-18h30 ; nov.-mars : 10h-16h - £ 3,75.
Des personnages de cire en uniforme, des armes et du matériel rappellent cette période de l'histoire de l'île.

Aux alentours

Quittez St-Hélier par la route principale au nord jusqu'au mont de la Trinité [A 8] puis tournez à droite dans la rue Asplet [B 31] vers l'église de la Trinité. Cette voie devient bientôt la rue des Picots et mène devant le zoo.

Jersey Zoo★★

℘ 1534 860 000 - www.durrellwildlife.org - ♿ - visite guidée (1h, jusqu'à 15h) sur demande été : 9h30-18h (dernière entrée 1h av. fermeture) ; reste de l'année : 9h30-17h - fermé 25 déc. - £ 11,50 (enf. £ 7,40).

Le dodo, grand oiseau coureur de l'île Maurice, identifié pour la première fois en 1599 et totalement exterminé en 1693, est devenu le symbole du parc créé par le naturaliste et écrivain **Gerald Durrell** (1925-1995). Le but principal de cet espace est l'observation, la conservation et la reproduction d'espèces rares ou menacées d'extinction.

Dans un parc vallonné de 10 ha, situé autour d'un authentique manoir du 15e s., sont rassemblés plus d'un millier d'animaux dans un environnement semblable à celui de leur habitat naturel. Outre des familles entières de gorilles et d'orangs-outans (de Bornéo et Sumatra), le zoo possède des collections rarissimes de lémuriens de Madagascar, de ouistitis, de tamarins d'Amérique centrale. Une « **maison nocturne** » permet de constater l'activité des chauves-souris frugivores de l'île Rodrigues (le cycle lumineux de la salle a été inversé pour permettre l'observation en éclairage nocturne artificiel).

Le parc assure également la survie et la reproduction de nombreuses espèces d'oiseaux en péril : ainsi les pigeons roses de l'île Maurice sont probablement les derniers spécimens vivants au monde, le mynah de Rothschild et l'ibis de Waldrapp sont très rares en liberté et ne se reproduisent plus guère qu'ici !

Le **Gaherty Reptile Breeding Center** regroupe tortues, grenouilles, serpents et lézards divers.

Jersey Tourism

Iguane du zoo de Jersey.

Eric Young Orchid Foundation (fondation des Orchidées Eric Young)

℘ 1534 861 963 - www.ericyoungorchidfoundation.co.uk - ♿ - merc.-sam. 10h-16h - fermé 1er janv., 25-26 déc. - £ 3 (enf. £ 1).

Fruit du travail de toute une vie, cette fondation présente cinq serres dans lesquelles on peut admirer une fabuleuse collection de fleurs exotiques.

Jersey War Tunnels

℘ 1534 860 808 - www.jerseywartunnels.com - ♿ - de mi-fév. à mi-déc. : 10h-18h (dernière entrée 16h30) - £ 9 - 5 km à l'ouest. Quittez St-Hélier par la route de St-Aubin, au Bel Royal prenez à droite. Les premiers à construire cet ancien hôpital militaire souterrain allemand, percé dans le roc, furent des prisonniers républicains espagnols capturés en France. En 1942, des centaines de prisonniers russes vinrent s'ajouter au nombre des travailleurs forcés. L'hôpital ne fut édifié qu'à moitié et ne fonctionna que pendant six semaines.

Dans un labyrinthe de galeries, à côté de sections inachevées qui laissent imaginer les conditions dans lesquelles se sont déroulés les travaux de percement, on peut voir : la salle des machines, le mess des officiers, une salle des blessés, le central téléphonique, la salle d'opération, le cantonnement des médecins, etc.

Moulin de Quétivel

℘ 1534 483 193 - www.nationaltrustjersey.org.je - juin-août : sam. 10h-16h - £ 2 (enf. gratuit). À 1 km de l'hôpital militaire souterrain. Revenez au carrefour signalé par une croix et prenez à droite. Laissez la voiture au parking situé sur l'A 11 au nord du moulin. Traversez le bois peuplé de piverts et d'écureuils, en longeant le canal de dérivation qui transporte l'eau jusqu'à la roue. Montez à l'étage supérieur. Au 16e s., sur les 47 moulins existant dans l'île, 8 fonctionnaient grâce au cours d'eau de la vallée de St-Pierre (St Peter's Valley). Autrefois, la plupart des meules étaient faites de pierre meulière provenant d'une carrière située près de l'aéroport d'Orly, en région parisienne ; elles pouvaient durer jusqu'à cent ans. Une paire de meules broyait jusqu'à 25 t de blé avant d'être repolie. Construit avant 1309, ce moulin a fonctionné pendant plus de 600 ans avant que la machine à vapeur ne le fasse tomber en désuétude. Il a repris du service sous l'occupation allemande et est aujourd'hui restauré, en état de marche. La visite permet de voir chaque étape du procédé de fabrication, depuis l'arrivée du grain jusqu'à la vente de la farine.

The Living Legend (la Légende vivante)

Par l'A 11, St Peter's Valley Road, allez jusqu'à la C 112, puis suivez le fléchage - ℘ 1534 485 496 - ♿ - été : 9h30-17h ; reste de l'année : tlj sf jeu. et vend. 10h-17h - fermé déc.-fév. - £ 7,80 (enf. £ 5,80). Ce parc d'attractions retrace l'histoire, la vie et les légendes de l'île. Le visiteur parcourt un labyrinthe de salles mystérieuses, où des effets optiques et sonores font revivre les héros et les bandits d'autrefois. Ce parcours se termine à la porte d'une grande salle étrange, hors du temps, dans laquelle un spectacle raconte quelques pages de l'histoire de Jersey à grands renforts d'effets spéciaux (hologrammes, lumières laser, projections d'images, puissante soufflerie…).

La Hougue-Bie★

☏ 1534 853 823 - ♿ - de déb. avr. à déb. nov. : 10h-17h - £ 5,40 (enf. £ 4,60).
Le mot « hougue », probablement d'origine viking, signifie « monticule ». « Bie » viendrait de « Hambye » : au Moyen Âge, les seigneurs de Hambye (Basse-Normandie) possédaient effectivement des terres sur cette partie de l'île.
Le parc ombragé situé à 4 km de St-Hélier est dominé par un mont circulaire.
Archeology and Geology Museum (Musée archéologique et géologique) – *☏ 1534 853 823 - ♿ - de mi-mars à fin oct. : 10h-17h - £ 5,25.* Il expose divers produits de fouilles : haches, outils en silex, restes de mammouth, outils en pierre polie, meules en pierre pour écraser les céréales (période néolithique où l'homme était agriculteur), poteries, ornements, objets en métal (âge du bronze) découverts à St-Laurent, etc.
Neolithic Tomb (tombeau néolithique)★ – Ce tombeau cruciforme date de 3000 av. J.-C. Des tombeaux analogues ont été découverts en Bretagne et en Angleterre. Le tombeau est recouvert de terre et de moellons. Un couloir, long d'une dizaine de mètres, au plafond formé de dalles de granit, conduit à une grande chambre funéraire (9 x 3 m) dont le toit est constitué d'énormes blocs (le plus lourd pèse 25 t). Trois petites chambres funéraires s'ouvrent sur la principale.
Chapelles – Elles sont construites au sommet du monticule. La **chapelle N.-D.-de-la-Clarté** remonte au 12e s. L'autel (fin du Moyen Âge) vient du château Mont-Orgueil. La **chapelle Jérusalem**, qui s'appuie contre la précédente, a été édifiée en 1520 par Richard Mabon, doyen de Jersey, à la suite d'un voyage à Jérusalem.
German Occupation Museum (musée de l'Occupation allemande) – Un abri souterrain allemand, ancien centre de transmissions, sert de cadre au musée.

Circuits de découverte

LA CÔTE SUD 1

De St-Hélier à Corbier Point - 18 km – env. 2h. Quittez St-Hélier par la route de St-Aubin.

Millbrook

St Matthew's Church (église St-Mathieu) – Surnommée « l'église de verre », elle mérite une visite. Sa décoration est due en grande partie à l'artiste français **René Lalique**

(1860-1945), spécialiste de la technique du verre moulé. Une impression de féerie se dégage de l'intérieur lorsque s'illuminent les **œuvres de verre★** : autel, panneaux de la grille du sanctuaire, grande croix du chœur, vitraux, fonts baptismaux. *☏ 1534 502 864 - tlj sf sam. 9h-18h.*

Saint-Aubin

Situé dans la baie qui porte son nom, St-Aubin est une station très appréciée l'été en raison de sa longue plage et de son port de plaisance. Le fort, accessible à marée basse, a été construit pendant le règne d'Henri VIII pour protéger la ville.

Après St-Aubin, quittez l'A 13 pour la B 57 à gauche.

Noirmont Point★ (pointe de Noirmont)

Placez-vous sur le bastion le plus avancé pour avoir une meilleure **vue** des rochers en contrebas et de la baie de Portelet à droite, avec la petite île au Guerlain couronnée par une tour Martello.
Le dicton dit : « *Quand Nièrmont met san bonnet, ch'est signe de plyie* ».

Revenez sur la route principale A 13.

Bientôt apparaît la baie de St-Brelade avec, en arrière-plan, son église sous les pins.

Saint-Brelade

Cette station balnéaire est située dans une baie bien abritée. Elle est adossée contre les pentes du **Winston Churchill Memorial Park** (parc Winston-Churchill). À l'extrémité ouest de la baie, l'église paroissiale qui veille sur son cimetière et la petite chapelle des Pêcheurs sont dans un paysage très agréable.
Parish Church (église paroissiale) – Elle est construite avec des blocs de granit extraits du rivage. Les parties les plus anciennes de l'édifice, chœur, nef et clocher, datent du 11e s. L'église devint cruciforme au 12e s. par l'adjonction du transept. Un siècle plus tard, les bas-côtés furent ajoutés. À l'intérieur, regardez bien l'autel taillé dans le roc et les cinq croix gravées représentant les cinq plaies du Christ.

Jersey Tourism

Farniente sur la plage de St Brelade Bay.

Fishermen's Chapel (chapelle des Pêcheurs) – Cette petite chapelle construite avec le même granit que l'église contient d'intéressantes **fresques★**. Au fond du chœur, l'Annonciation date du 14e s. ; Adam et Ève *(à droite du chœur)*, la Naissance du Christ *(à droite de la nef)*, les scènes de la Passion *(à gauche de la nef et du chœur)*, le Jugement dernier *(chœur)* sont du 15e s.
Derrière la chapelle, quelques marches mènent au « **perquage** » ou chemin d'asile. Jusqu'à la Réforme, les églises jersiaises possédaient toutes ce chemin qui permettait aux condamnés de s'enfuir jusqu'au rivage où pouvaient les attendre des amis à bord d'un bateau. Sur cet accès à la mer, leur arrestation était impossible.

Pointe de la Corbière – La route en descente offre une belle vue sur la pointe rocheuse et sur le phare blanc qui se dresse sur un îlot. Le paysage est ici chaotique. Par gros temps, le site est particulièrement impressionnant. Le phare *(accessible à pied à marée basse)* a été construit en 1874 ; par temps clair, sa portée est de 27 km.

LA CÔTE OUEST 2

De la pointe de la Corbière à Petit Étacquerel - 13 km – env. 1h.

Cette partie de l'île est occupée essentiellement par la baie de St-Ouen qui s'allonge sur près de 8 km. Une réserve naturelle, **les Mielles** (mot qui signifie « dunes de sable » en langue jersiaise), a été créée afin d'étudier et de protéger la flore et la faune de cette région.

La Pulente

Ce petit village est le principal centre de ramassage du varech, utilisé comme engrais. La tour La Rocco, construite en 1800, se détache nettement sur son îlot à gauche.

Baie de Saint-Ouen

Les rouleaux de la mer font ici la joie des amateurs de surf.

Kempt Tower (Tour Kempt) – *℘ 1534 483 651 - mai-sept. : 14h-17h - £ 2 (enf. £ 1).* Cette ancienne tour Martello a été convertie en **centre d'interprétation** sur la réserve des Mielles.

Prenez la B 64 à droite puis la C 114 à gauche.

Battle of Flowers Museum (musée de la Bataille des fleurs)

℘ 1534 482 408 - ♿ - de Pâques à fin oct. : 10h-17h (dernière entrée 30mn av. fermeture) - £ 4 (enf. £ 2).

Originale collection d'animaux réalisés au moyen de fleurs sauvages. Les différentes scènes ont été présentées lors de défilés de chars fleuris.

Revenez vers la côte et traversez le hameau de l'Étacq.

Petit Étacquerel

Une tour marque cette avancée qui ferme la baie de St-Ouen. C'est dans les parages que l'amiral Blake débarqua les parlementaires qui devaient amener les royalistes à capituler en 1651.

Poursuivez au nord vers Grosnez.

LA CÔTE NORD 3

De la pointe de Grosnez à la baie de Rozel - 38 km – 3h30.

De cette partie de l'île, la plus rocheuse et la moins habitée, les **vues** sur la côte découpée sont saisissantes. Des sentiers pédestres parcourent les falaises. La pomme de terre s'y cultive, à pic !

Pointe de Grosnez★

Les ruines d'un château du 14e s. s'élèvent dans un paysage désolé, d'où vous pouvez admirer, si vous n'avez pas trop le vertige, les falaises abruptes. Au loin, on peut apercevoir l'île de Sercq.

À Portinfer, tournez à gauche en direction de la pointe de Plémont.

La route laisse à droite un vaste ensemble de vacances, puis se termine par un parking.

Pointe de Plémont

De cet amas de rochers, la vue s'étend sur les autres îles Anglo-Normandes.

Du parking, un chemin descend à la grève au Lanchon.

Grève au Lanchon

Petite plage de sable encastrée entre des falaises. À marée basse, quelques grottes sont accessibles.

Reprenez la B 55 à Puits-de-Léoville.

Grève de Lecq

Centre d'interprétation - ℘ 1534 482 238 - www.nationaltrustjersey.org.je - mai-sept. : merc.-dim. 10h-17h.

La Mare Vineyards (vignoble de la Mare)

℘ 1534 481 178 - www.lamarevineyards.com - ♿ - de Pâques à fin oct. : tlj sf dim. 10h-17h - £ 5,50 (enf. £ 1,50).

Étonnante découverte que celle de l'unique vignoble de l'île, situé dans le parc d'une ferme du 18e s. La visite commence par la présentation de la vigne, des vendanges, des différentes étapes de la fabrication du vin jusqu'à la mise en bouteilles. On visite ensuite le vignoble et les installations.

Devil's Hole★ (trou du Diable)

Laissez la voiture au parking près de l'auberge et prenez un chemin goudronné s'embranchant à gauche. Site impressionnant : faille dans la falaise et amoncellement de rochers que les vagues viennent heurter dans un bruit sourd.

Sorel Point (pointe de Sorel)

Lorsque la mer se retire, on découvre à droite le **lavoir des Dames** (Fairies' Bath), bassin creusé par l'homme dans la roche.

À St John's Church, prenez l'A 10 jusqu'au carrefour Selous, puis suivez le fléchage jusqu'au musée de Hamptonne, situé sur la C 119 au lieu-dit « La rue Patenten » à St Lawrence.

Hamptonne Country Life Museum (musée de la Vie rurale de Jersey)

✆ 1534 863 955 - ♿ - de déb. avr. à déb. nov. : 10h-17h - £ 5,40 (enf. £ 4,60).

Après être passé sous l'arche à deux entrées (porte cochère et porte piétonne), vous vous trouvez au centre de la maison Hamptonne, du nom de son acheteur en 1633. Les bâtiments, remaniés, restaurés, améliorés au cours des siècles, montrent l'évolution de la vie rurale dans l'île. Vous pouvez voir le pressoir, l'écurie, la remise aux attelages, le four, le lavoir ainsi que le verger.
Des démonstrations de techniques anciennes et artisanales ont lieu régulièrement.

Par la même route qu'à l'aller, un peu avant St John's Church, prenez à droite la B 52 puis la C 99 vers Bonne Nuit Bay.

Bonne Nuit Bay

Petit port s'abritant derrière une jetée en pierre.

Jersey Tourism

Vision de charme au détour d'un chemin.

Bouley Bay

Enclave de sable protégée par une jetée et la falaise, encastrée dans une large baie aux contours granitiques.

Prenez la C 102, puis à gauche la B 31.

LES CÔTES EST ET SUD-EST 4

De la baie de Rozel à St-Hélier - 21 km – env. 1h30.

Rozel Bay

Le petit port de pêche de **Rozel**, dont les bateaux viennent s'échouer à marée basse, occupe une bonne partie de la baie.
Au nord, au nez du Guet, subsistent les vestiges d'un rempart construit en 500 av. J.-C.

Baie de Fliquet

Baie rocheuse s'inscrivant entre les pointes de la Coupe et de Verclut.

Baie de Sainte-Catherine★

Une longue jetée d'environ 1 km protège la baie au nord. Du phare situé à son extrémité, la **vue★★** est très belle sur la côte rocheuse ponctuée de bandes sableuses.

Gorey

Ce charmant petit port qui ferme au nord la baie de Grouville était autrefois le principal centre du commerce des huîtres. Il est dominé par l'imposant château Mont-Orgueil perché sur un promontoire rocheux. De vieilles maisons restaurées se succèdent le long du quai et, en saison, les voiliers viennent égayer le site.

Château Mont-Orgueil★ – *✆ 1534 853 292 - avr.-nov. : 10h-18h (dernière entrée 1h av. fermeture) ; reste de l'année : vend. et w.-end de 10h à la tombée de la nuit - £ 6 (enf. £ 5,20).*

L'un des frères du roi Henri V, Thomas, duc de Clarence, fortement impressionné par la position du château et par sa puissance défensive, lui attribua ce nom en 1468. Pendant des siècles, la forteresse fut le siège des seigneurs et gouverneurs de l'île. Sa construction remonte au 13e s. ; les siècles suivants l'ont vu s'entourer de nouvelles fortifications. Mont-Orgueil est construit sur un plan concentrique et chaque système de défense est indépendant des autres. Les murs jaillissant des rochers forment des obstacles redoutables.
À l'intérieur du château, un musée de cire retrace quelques moments de l'histoire du château.

Un dédale de chemins et d'escaliers permet de monter jusqu'au sommet. De là, la **vue★★** est imprenable sur le petit port de Gorey, la longue baie de Grouville qui s'étend au sud et sur le Petit Portelet au nord.

Jersey Tourism

Château Mont-Orgueil vu du port.

Poterie de Jersey★ – *✆ 1534 850 850 - www.jerseypottery.com - ♿ - 9h-17h30, dim. 10h-17h30 - fermé 1er janv., 25 déc. - gratuit.* Un jardin magnifiquement fleuri, agrémenté de bassins et de jets d'eau, sert d'introduction à la visite des ateliers. Chaque étape de la fabrication est expliquée au moyen de tableaux et le visiteur peut observer librement les artisans façonnant leurs pièces avec une grande dextérité. La salle d'exposition et de vente donne un bon aperçu de la variété et de la qualité de la production.

Dolmen de Faldouet – Une allée bordée d'arbres conduit à ce dolmen, situé à côté de l'église de Gorey, long de 15 m et datant de 2500 av. J.-C. La chambre funéraire, large de 6 m, est coiffée d'un bloc de granit pesant 25 t.

De Gorey à St-Hélier, la route côtière permet de voir plusieurs **tours Martello** qui semblent encore monter la garde à intervalles réguliers, ainsi que deux vieux forts du 18e s. : fort William et fort Henry.

Cette partie de l'île est très fréquentée en saison pour ses grandes plages de sable.

Baie royale de Grouville – Cette longue bande de sable en forme de croissant qui se termine à la pointe de la Rocque reçut le qualificatif de « royale » de la reine Victoria en 1859.

Baie de St-Clément – Elle s'étend sur 3 km entre la pointe du Plat-Rocque et le havre des Fontaines. La pointe du Hoc, que signale une tour Martello, semble la diviser en deux. La coupole de Fort Regent annonce St-Hélier.

Manoir de Samarès

✆ 1534 870 551 - www.samaresmanor.com - ♿ - de déb. juin à mi-oct. : 9h30-17h ; jardin 10h-17h ; manoir, visite guidée (40mn) mat. et apr.-midi - jardin et manoir : £ 5,85 (enf. £ 1,95). Le nom de Samarès dériverait du normand *salse marais* signifiant « marais salant ». Il est vrai qu'autrefois, les dépôts de sel assuraient au seigneur une grande part de ses revenus.

Les jardins furent créés au début du 20e s. par Sir James Knott. Au milieu de ce parc floral et jardin botanique où l'on cultive des herbes et plantes diverses utilisées pour la cuisine, la teinture, la médecine et la parfumerie, vous découvrirez un colombier du 11e s., une crypte de la même époque, un manoir (avec, à l'intérieur, une salle à manger aux boiseries en noyer), une ferme, des moutons tachés brun et crème, un étang et, touche finale, un jardin japonais !

Rocher des Proscrits – *Prenez Pier Road au sud, contournez Mount Bingham et suivez la direction de « Havre des Pas ».* Cette promenade longe la mer. Juste après le pub White Horse Inn, une rampe descend vers la grève. Le rocher des Proscrits, où Victor Hugo aimait à méditer, est signalé par une plaque commémorative.

Jersey pratique

Adresse utile

Jersey Tourism – *Liberation Square - St Helier - Jersey - JE1 1BB - ✆ 01534 44880 - www.jersey.com - avr.-sept. : lun.-sam. 8h30-17h30, dim. 8h30-13h ; oct.-mars : lun.-vend. 8h30-17h30, sam. 8h30-13h.*

Se loger

⊖ Chambre d'hôte La Bonne Vie – *Roseville Street - JE2 4PL St Helier - ✆ 01534 735 955 - www.labonnevie-guesthouse-jersey.com - 10 ch. 28/62 £* ☕. À deux pas de la plage et du centre-ville, cette maison victorienne fleurie est impeccablement entretenue. Accueil sympathique dans ces chambres d'hôte qui sont de véritables bonbonnières avec leurs édredons, rideaux et coussins à fleurs.

⊖ Chambre d'hôte Au Caprice – *Rte de la Haule - JE 3 8BA La Haule - ✆ 01534 722 083 - aucaprice@jerseymail.co.uk - fermé nov.-mars - 12 ch. 42/72 £* ☕ *- repas 9 £.* Maison d'hôte blanche aux lignes pures, lumineuse et aérée, en partie grâce aux larges portes-fenêtres ; chambres confortables, d'un bon rapport qualité-prix, dont deux partagent un grand balcon à l'avant. À proximité d'une grande plage de sable.

⊖⊖ Hôtel Beau Couperon – *JE3 6AN Rozel Bay - ✆ 01534 865 522 - beaucouperon@southernhotels.com - 33 ch. 57,40/114,80 £ - restaurant 16/24 £.* Cette forteresse napoléonienne réaménagée, située à deux pas du jardin zoologique, offre une vue splendide sur Rozel Bay. Chambres de belles dimensions, pour la plupart agrémentées d'un balcon. La salle à manger d'un bleu reposant ouvre ses fenêtres sur la mer.

⊖⊖ Hôtel Des Pierres – *JE3 2DT Grève de Lecq - ✆ 01534 481 858 - despierres@localdial.com - fermé mi-nov. à mi-fév. -* P *- 16 ch. 58/64 £* ☕ *- restaurant pour résidents 14,50 £.* L'hôtel géré par un particulier est bien situé pour découvrir le nord de l'île, à proximité du vieux port de contrebande de Grève de Lecq. Chambres meublées simplement, certaines offrant un beau point de vue.

⊖⊖ Hôtel Moorings – *JE3 6EW Gorey Pier - ✆ 01534 853 633 - reservations@themooringshotel.com - 15 ch. 59/138 £ - restaurant 28/48,25 £.* Ce petit hôtel sans prétention vous séduira par son bel emplacement en face du port, au pied du château Mont-Orgueil. Ses chambres sont bien équipées et l'accueil, sympathique.

Se restaurer

⊖ Old Court House Inn – *St Aubin's Harbour - JE3 8AB St Aubin - ✆ 01534 746 433 - ochstaubins@jerseymail.co.uk - fermé 25 déc. - 12,95/21 £ - 9 ch. 40/120 £.* Cette auberge du 15ᵉ s. sur le port est imprégnée d'histoire. Vous y dégusterez ses spécialités de poissons et fruits de mer dans une salle de l'ancien tribunal ou dans l'arrière reconstitué d'un galion. Chambres spacieuses personnalisées. Terrasse avec vue sur le port.

⊖⊖ Suma's – *Gorey - JE3 6ET Gorey Hill - ✆ 01534 853 291 - fermé 23 déc. à fin janv. - réserv. obligatoire - 15/43,25 £.* Ce restaurant très chic et en vogue connaît un vif succès auprès des résidents et des touristes. Son intérieur lumineux accueille des œuvres d'artistes locaux. Aux beaux jours, installez-vous en terrasse et régalez-vous de la vue sur le château Mont-Orgueil et le port.

⊖⊖ The Jersey Pottery (Garden Restaurant) – *JE3 9EP Gorey Village - ✆ 01534 850850 - www.jerseypottery.com - fermé lun. - 15,50/35 £.* Attenant à l'atelier artisanal de poterie, ce restaurant est un véritable jardin : plantes vertes et vignes parcourent la salle à manger, du sol au plafond. Les fruits de mer de la région feront le bonheur des amateurs. Les petits budgets opteront pour le Spinnaker et son choix étendu de sandwichs, salades, grillades et desserts.

⊖⊖ Bistro Soleil – *Route de la Haule - JE3 7BA Beaumont - ✆ 01534 720 249 - fermé sam. soir et lun. - 15,85/25,85 £.* Série de pièces attenantes, avec des vues superbes sur la baie de St Aubin. Style minimaliste : à peine quelques peintures modernes. Menus audacieux, fraîchement préparés, à l'accent méditerranéen.

⊖⊖ Village Bistro – *JE3 9EP Gorey Village - ✆ 01534 853 429 - thevillagebistro@yahoo.co.uk - fermé 2 sem. en nov., dim. soir et lun. - réserv. obligatoire - 16,50/27,15 £.* Dans l'ambiance décontractée de ce cottage familial, vous passerez un agréable moment à table. Parmi ses spécialités : risotto aux crevettes et champignons, crème brûlée à l'orange. Menu déjeuner à prix attractifs.

⊖⊖ Le Frère – *Le Mont de Rozel - JG3 6AN Rozel Bay - ✆ 01534 861 000 - www.lefrerejersey.com - fermé dim. soir et lun. - 17/37 £.* Ce frère-là a bien du succès ! Son secret ? Une carte pour tous les goûts, des prix sages et une splendide terrasse d'où vous pourrez contempler la mer. Et, par beau temps, votre regard s'étendra jusqu'à la côte française.

⊖⊖ Green Island – *JE2 GLS St Clement - ✆ 01534 857 787 - greenisland@jerseymail.com - fermé dim. soir et lun. - 18,95/24,40 £.* Une adresse très courue par les touristes et les insulaires attirés par ses prix raisonnables et sa carte rédigée en fonction des arrivages, garantie d'une belle fraîcheur de produits. Atmosphère décontractée dans la salle à manger au décor nautique.

Sark★★

SERCQ
600 HABITANTS
CARTE GÉNÉRALE A1 - CARTE MICHELIN LOCAL 309 G/J1

On peut être petit et savoir se faire remarquer : Sercq et ses 10 km² à peine de superficie était il y a peu le dernier État féodal d'Europe. Mais c'est moins cette originalité que la beauté de sa nature qui attirent les amateurs d'horizons et de calme. Peut-être aussi l'absence totale de voitures. Seuls les tracteurs des fermiers et, en saison, les chars à banc transportant les touristes, y roulent en effet.

Se repérer – L'île de Sercq (ou Sark) mesure environ 4,8 km de long sur 2 km de large. Elle se divise en deux parties, Grand Sercq et Petit Sercq, reliées entre elles par la Coupée, langue de terre revêtue d'une chaussée et bordée d'un parapet. À l'ouest, Sercq est séparée de l'île de Brecqhou par le passage Gouliot.

À ne pas manquer – Le point de vue spectaculaire du haut de la Coupée.

Organiser son temps – Une journée suffit pour découvrir à pied cette île.

Pour poursuivre la visite – Voir aussi Herm, Guernsey, Jersey, Barneville-Carteret et la presqu'île du Cotentin.

Comprendre

De saint Magloire à la Dame de Sercq – Il semblerait que saint Magloire, venant de Bretagne, mit le pied sur l'île de Sercq au milieu du 6e s. Jusqu'au 10e s., on ne sait pas grand-chose sur l'histoire de l'île. Les Vikings au 9e s. y auraient vraisemblablement fait quelques incursions. Mais en 1042, Sercq est, de source sûre, donnée à l'abbé du Mont-St-Michel par Guillaume le Conquérant. En 1338, les Français attaquent l'île qui sera définitivement abandonnée par les moines en 1349 ; Sercq va devenir pendant quelques années une île maudite, repaire de flibustiers. Les Français s'en rendront maîtres de 1549 à 1556, puis les Anglo-Hollandais qui la restitueront à l'Angleterre.

La colonisation de l'île – En 1565, la reine Élisabeth Ire accorde à Hélier de Carteret, originaire de Jersey et seigneur de St-Ouen, le droit d'administrer l'île sous réserve qu'il y installe une colonie de 40 hommes. Hélier devient ainsi le premier seigneur de Sercq. Il fait venir 40 familles de Jersey, divise la terre en 40 domaines, ou « tenures »,

et en attribue un à chaque famille à condition qu'une maison soit construite et entretenue sur chaque domaine, qui devra de surcroît fournir un homme pour défendre l'île. Aujourd'hui, la moitié de la population descend de la lignée qui colonisa l'île, il y a plus de 400 ans.

Le maintien d'une identité affirmée – De nos jours, le nombre de « tenures » est toujours le même et, à la tête de l'île, se trouve toujours un **seigneur** héréditaire qui détient le fief. Actuellement, il s'agit de Michael Beaumont, petit-fils de Sibyl Hathaway, la **Dame de Sercq** décédée en 1974. Sercq bénéficie également de son propre parlement, les **Chief Pleas**. Pour finir, Sercq est aussi le plus petit État indépendant du Commonwealth.

Une petite révolution – Celle que Victor Hugo appelait « l'admirable île de Serk » a subi en 2006 une révolution. Sous l'impulsion des richissimmes frères Barclay, les **Chief Pleas**, auparavant composés des quarante propriétaires de domaines, ou « tenants », et de douze députés élus dans l'île tous les trois ans, ont voté en faveur de la démocratie. Ils seront dorénavant élus et ne siégeront donc plus de droit. Sercq aligne progressivement son cadre politique sur celui des autres États européens.

Se promener

GREAT SARK (Grand Sercq)

Maseline Harbour (port Maseline)

Dès l'arrivée à Maseline Harbour, on peut soit louer des bicyclettes, soit partir en voiture à cheval, ou encore partir à pied au hasard des routes et chemins. Très souvent, une chaîne s'organise de manière spontanée pour débarquer les bagages et les disposer dans les charrettes tirées par des tracteurs. À la sortie du tunnel, le « bus » local (Harbour Hill Transport) emmène les voyageurs jusqu'à la Collinette, terme d'un raidillon de 800 m (Harbour Hill).

Creux Harbour★ (port le Creux)

De Port Maseline, on y accède par un tunnel. Ce pittoresque petit port bien abrité est utilisé comme débarcadère quand l'orientation des vents exclut tout accostage à Maseline Harbour. Les hydroglisseurs en provenance des autres îles et de France y accostent régulièrement. Bateaux de pêche et de plaisance viennent s'y amarrer.

La Collinette

Nom du carrefour situé au sommet de la colline. La rue principale, The Avenue, est bordée des rares boutiques de l'île. Tout au bout à gauche, près de l'école, le petit bâtiment en pierre se trouve être la prison (1856), qui contient deux cachots.

Saint Peter's Church (église St-Pierre)

Dans cette église du 19e s., chaque prie-Dieu possède un coussin brodé par les femmes de l'île. Les motifs varient selon les noms des propriétaires.

La Seigneurie★

☏ 1481 832 345 (office du tourisme de Sark) - www.sark.info - ♿ - de Pâques à fin sept. : tlj sf dim. 10h-17h - £ 1,80 (enf. £ 90). Ce manoir est la résidence du seigneur de Sercq. Il est bâti sur l'emplacement d'un monastère du 6e s. dû à saint Magloire. La construction du manoir commença en 1565 et, en 1730, d'importants travaux d'agrandissement furent entrepris par la famille Le Pelley, propriétaire de l'île. La tour carrée, véritable observatoire sur les îles, fut édifiée en 1860 par le révérend William Collings, alors seigneur de Sercq. Cette belle demeure de pierre et de granit est protégée des vents par un rideau d'arbres et d'imposants murs. Dans les jardins si chers à la Dame de Sercq abondent fleurs et arbustes. Beau colombier de pierre et de brique.

Eperquerie Common

Vaste esplanade où jadis le poisson était mis à sécher ; aujourd'hui aire de pique-nique et de détente.

Port-du-Moulin★★

Après la Seigneurie, on prend une route à gauche qui devient vite un sentier serpentant sur la falaise. En suivant l'indication « Window and Bay », on arrive à la **fenêtre dans le rocher** (Window in the Rock), entaille en forme de fenêtre creusée dans la roche. De là, la **vue** est impressionnante sur Port-du-Moulin, véritable chaos rocheux.

Revenez sur vos pas et prenez à gauche le sentier qui mène à Port-du-Moulin.

Cet endroit, très prisé des baigneurs en été, est entouré d'arches et d'abrupts rocheux aux formes fantomatiques, accessibles à marée basse. C'est le cas des Autelets, ces trois colonnes de granit qui se dressent à droite de la baie.

Monument Pilcher★
Cette colonne de granit a été érigée à la mémoire d'un marchand londonien, F. Pilcher, qui périt en mer avec trois compagnons en 1868 en revenant à Guernesey.
Du pied du monument, belle **vue** sur la côte et, plus loin, sur les îles. Un chemin descend jusqu'au havre Gosselin où accostent des yachts en saison.

Baie Derrible
De Petit Dixcart, prenez à gauche un chemin caillouteux, puis à droite un chemin qui longe un champ. Vous arrivez à une fourche où à gauche s'amorce la descente vers la baie, à travers un paysage ombragé. Avant d'arriver à la baie, remarquez à droite le creux Derrible, trou profond dans la falaise de granit.

Faites le chemin en sens inverse et, à la fourche, prenez à gauche.

La Coupée.

Images courtesy of VisitGuernsey

Hog's Back★
Ce promontoire couvert d'ajoncs sépare la baie Derrible de la baie Dixcart. À gauche, la **vue** est saisissante sur la pointe et la baie Derrible, à droite sur la baie Dixcart ; encore plus à droite, vous remarquez la Coupée et Petit Sercq.

La Coupée★★★
De cet étroit isthme qui relie les deux îles, le spectacle est grandiose : de part et d'autre, les falaises plongent dans la mer d'une hauteur de 80 m. À droite la vue s'étend sur Brecqhou, Jethou, Herm et Guernesey, à gauche on distingue les côtes de Jersey ; en se retournant, se profilent à l'horizon les côtes françaises. Au pied de la falaise à droite, un escalier conduit à la baie de la Grande-Grève, qu'on ne peut pas ne pas fréquenter en été pour se baigner. La chaussée ainsi que le garde-fou ont été construits en 1945 par des prisonniers de guerre allemands sous le contrôle des Britanniques.

LITTLE SARK (Petit Sercq)
Au sud de l'île subsistent les cheminées des mines d'argent envahies par la végétation. Ces mines fonctionnèrent au 19e s. et durent être abandonnées à cause des infiltrations d'eau.

Venus Pool (bassin de Vénus)
Un sentier passant à gauche des cheminées de la vieille mine descend jusqu'à un bassin visible à marée basse. Sous les falaises se niche ce bassin circulaire creusé par la mer dans le rocher, et qui n'attend que vous pour un bain.

Port-Gorey
On y accède à marée basse en partant du bassin de Vénus ; on passe alors devant le **bassin de Jupiter** (Jupiter's Pool) et on contourne la baie de Plat-Rue. En empruntant les sentiers qui serpentent sur la falaise à travers bruyères, ajoncs et genêts, on aborde Port-Gorey par les hauteurs. La vue sur la calanque se révèle alors particulièrement impressionnante.

Sark pratique

Se loger
Dixcart – *GY9 0SD Sark - ✆ 01481 832 015 - dixcarthotelsark@wgsy.net - fermé oct.-Pâques - 15 ch. 42,50/85 £ - restaurant 11,25/26,45 £.* C'est l'hôtel le plus ancien de l'île, dans une ferme du 16e s. Poutres apparentes, meubles anciens, cheminées et murs de pierre ajoutent à la chaleur de cet endroit rêvé pour un séjour paisible dans la baie. Restaurant avec terrasse.

Se restaurer
La Sablonnerie – *Little Sark - GY9 0SD Sark - ✆ 01481 832 061 - fermé mi-oct. à Pâques - 23,80/25,80 £ - 22 ch. 135/169 £.* Un petit chemin de campagne vous mène à ce restaurant installé dans une ferme du 16e s. L'ambiance est campagnarde avec son mobilier de bois et ses feux dans la cheminée. Chambres spacieuses et confortables.

NOTES

ST MALO

Condorferries

Glass Removable Label

NOTES

NOTES

Caen : villes, curiosités et régions touristiques.
Eisenhower : noms historiques et termes faisant l'objet d'une explication.
Les sites isolés (châteaux, abbayes, grottes…) sont répertoriés à leur propre nom.

Nous indiquons par son numéro, entre parenthèses, le département auquel appartient chaque ville ou site. Pour rappel :

14 : Calvados
27 : Eure
50 : Manche
53 : Mayenne
61 : Orne
72 : Sarthe

NORMANDIE COTENTIN

A

Agon, pointe (50) 198
Agon-Coutainville (50) 197
Alençon (61) 96
Allée couverte (50) 187
Almenêches (61) 106
Alpes mancelles (53-61-72) 99
Ambrières-les-Vallées (53) 250
Andaine, bec (50) 258
Andaines, forêt (61) 121
Andouille 324
Andra-Centre de stockage (50) 191
Ardenne, abbaye (14) 154
Areva, usine (50) 191
Argences, jardins (50) 199
Argentan (61) 103
Argentelles, manoir (61) 273
Arlette 219
Arromanches-les-Bains (14) 109
Asnelles (14) 205
Aubert, saint 114, 252
Aubigny (14) 221
Aunay-sur-Odon (14) 111
Avaloirs, mont des (53) 100
Avranches (50) 114
Avranches, percée 115
Azeville (50) 183

B

Bagnoles-de-l'Orne (61) 118
Balleroy, château (14) 124
Barbey d'Aurevilly, Jules-Amédée 82
Barenton (50) 264
Barfleur (50) 126
Barfleur, phare de la pointe (50) 127
Barfleur, pointe (50) 127
Barneville-Carteret (50) 129
Bayeux (14) 134
Bayeux, serment 134
Bayeux, tapisserie 136
Beaumont-Hague (50) 191
Beaumont-sur-Sarthe (72) 227
Beauvoir (50) 259
Bec d'Andaine (50) 258
Bélvédères, circuit (14) 175
Bénouville (14) 202
Bény-Bocage (14) 324
Bernières-sur-Mer (14) 204
Biéville-sur-Orne (14) 154
Bill Millin 202
Bisquine 89
Biville (50) 192
Blanche Nef 127
Blonde de Barfleur 126
Bonington 82
Bonvouloir, tour (61) 122
Bouillé, Éléanore de 216
Le Bourg-Saint-Léonard (61) 106
Brèche au Diable (14) 221
Brécy, château (14) 141
Bricquebec (50) 315

C

Cabane Vauban (50) 160
Caen (14) 144
- Abbaye-aux-Dames 149
- Abbaye-aux-Hommes 148
- Château 150
- Cimetière Saint-Nicolas 152
- Cour des Imprimeurs 145
- Église Saint-Jean 152
- Église Saint-Julien 152
- Église Saint-Pierre 145
- Église Saint-Sauveur 146
- Hôtel d'Escoville 145
- Mémorial 152
- Musée de la Poste et des Techniques de communication 151
- Musée de Normandie 151
- Musée des Beaux-Arts 150
- Notre-Dame-de-la-Gloriette 146
- Place de la République 146
- Place Malherbe 147
- Place Saint-Martin 148
- Place Saint-Sauveur 147
- Rue du Vaugueux 148
- Rue Froide 146
- Rue Saint-Pierre 145

Caen, bataille 144
Calvados 93
La Cambe, cimetière allemand (14) 208
Canon, jardins (14) 159
Canville-la-Rocque (50) 131
Carentan (50) 183
Carolles (50) 160
Carrouges, château (61) 161
Castel-Vendon, rocher (50) 189
Castillon, jardins (14) 125
Castre, mont (50) 132
Caumont-l'Éventé (14) 112
Cerisy, mont (61) 224

Cerisy-la-Forêt, abbaye (50)........ 165
Chailland (53) 250
Chambois (61).................... 106
Le Champ de la Pierre (61) 164
Champeaux, falaises (50) 161
Le Chaos (14)...................... 206
La Chapelle-Rainsouin (53) 217
La Chapelle-sur-Vire (50)........... 284
Chausey, îles (50).................. 166
Cherbourg-Octeville (50) 168
Cidre 92
Cintheaux (14) 153
Clécy (14) 174
Clermont, abbaye (53)............. 242
Colleville-Montgomery (14)........ 203
Colleville-sur-Mer (14) 267
Colombières, château (14) 208
Condé-sur-Noireau (14)............ 177
Cotentin, presqu'île (50) 182
Cour, vallée de la (61).............. 121
Courseulles-sur-Mer (14)........... 204
Courtils (50)....................... 259
Coutances (50) 194
Couterne, château (61)............. 120
Créances (50) 246
Crépon (14) 140
Crêtes, route (14).................. 176
Creully (14)....................... 140
Crisbecq, batterie (50) 184
Croix-de-la-Mare (72).............. 305
La Croix-de-Médavy, carrefour (61). 302
La Croix-Madame, carrefour (61) ... 303
Croix de la Faverie (14)............. 176
Crosville-sur-Douve, château (50) .. 289

D
D Day............................ 201
Dame aux camélias................ 273
La Dathée, plan d'eau (14) 324
Débarquement, plages (14)........ 200
Le Defais, étang (72)............... 305
La Délivrande (14)................. 204
Diable, brèche (14) 221
Diélette (50) 192
Domfront (61)...................... 211
Dompierre (61)..................... 213
Douvres-la-Délivrande (14) 204
Doville, mont (50) 132
Ducey (50) 280
Dumont d'Urville, César 177
Dunes, calvaire (50) 192
Dur-Écu, manoir (50) 188

E
Écalgrain, baie (50)................ 190
Écausseville....................... 296
Écouché (61) 105
Écouves, forêt (61)................. 302
Édouard le Confesseur............. 134
Eisenhower, général Dwight......... 67
Elle, jardin (50).................... 283
L'Éminence (14) 176
Entrammes (53) 243
Épron (14)......................... 154
L'Ermitage (14) 291
Ernée (53).......................... 250
Escures, tour (14).................. 207
Évron (53).......................... 215
Exmes (61) 273

F
Falaise (14)........................ 218
La Faverie, croix (14)................ 176
Fermanville (50)................... 187
La Ferté-Macé (61).................. 121
Fierville-les-Mines (50) 132
Flers (61).......................... 223
Fontaine-Daniel (53)............... 250
Fontaine-Étoupefour, château (14) . 155
Fontaine-Henry, château (14) 225
Fortitude, opération................. 63
La Fosse-Arthour (61)............... 213
Fresnay-sur-Sarthe (72)............ 226
La Fresnaye-sur-Chédouet (72)...... 99

G
Gastronomie......................... 29
Gatteville-le-Phare (50)............ 127
Genêts (50) 258
Ger (50)........................... 264
Gold Beach 201
Goult (61) 163
Goury (50) 190
Grandcamp-Maisy (14) 208
La Grande-Charnie, forêt (53) 299
Grange aux dîmes (14)............. 140
Granville (50)...................... 228
Gratot, château (50) 196
Gréville-Hague (50)................ 189
Grimbosq, forêt (14) 153
Grison 227
Gros Roc (53)...................... 216
Guibray, faubourg (14)............. 220
Guillaume des Pouilles 182
Guillaume le Conquérant 60, 135,
............................144, 297

H-I
Ham, roches (50) 284
Hambye, abbaye (50).............. 233
Haras nationaux.................... 90
Harold 134
Hastings 135
Hauteville, Tancrède de......... 62, 195
Hauteville-la-Guichard (50)........ 196
La Haye-du-Puits (50) 132
Hébergement....................... 27
Henri Ier Beauclerc................ 127
Henri II Plantagenêt................ 114
Hoc, pointe (14) 207
Le Hom, boucles (14) 311
La Hougue, drame 292
Hugo, Victor 82
Huîtres 87
Isabey, Eugène...................... 82
Isigny, beurre 92
Isigny-sur-Mer (14) 208

J

Jacques Prévert,
jardin en hommage (50) 189
Jarry, Alfred 82
Jean de Valois 96
Jobourg, nez (50) 190
Jour J 201
Jublains, ville romaine (53) 235
Jullouville (50) 232
Juno Beach 201
Jurques, zoo (14) 112
Juvigny-sous-Andaine (61) 122

L

La Lande-Patry (61) 224
Landemer (50) 188
Langrune-sur-Mer (14) 204
Lantheuil, château (14) 141
Lassay-les-Châteaux (53) 236
Laval (53) 238
Leclerc, général 67
Lessay (50) 245
Lévi, cap (50) 187
Licorne 283
Lion-sur-Mer (14) 203
Longues-sur-Mer, batterie (14) 205
Lonlay-l'Abbaye (61) 213
Lovat, lord 203
Luc-sur-Mer (14) 203
Lucerne, abbaye (50) 247
Le Lude, vallée (50) 160
Ludiver (50) 188

M

Manfred 183
Manuscrits du Mont-Saint-Michel ... 116
Marais du Cotentin
et du Bessin, parc régional (50) .. 178
Marchésieux (50) 179
Marcy, moulin (14) 139
Marie-Madeleine Postel, sainte 127
Mathilde 60
Mayenne (53) 249
Médavy, château (61) 106
Ménil-Glaise (61) 105
Mère Poulard, omelette 253
Millet, Jean-François 82, 189
Millin, Bill 202
Milly (50) 264
Mirbeau, Octave 82
Misère, vallée de la (72) 101
Le Molay-Littry (14) 140
Mondaye, abbaye (14) 138
Mont-d'Huisnes, ossuaire (50) 259
Le Mont-Saint-Michel (50) 252
Mont-Saint-Michel, baie 257
Montaigu, butte (53) 216
Montaigu-la-Brisette (50) 315
Montbray, Geoffroy de 195
Monteclerc, château (53) 217
Montfarville (50) 128
Montgomery, Gabriel de 211
Montgomery, général Bernard 67
Montormel, mémorial (61) 106
Mortain (50) 262
Moulinex 88
Les Moulins (14) 268
Mulberry 109

N

Nacqueville, château (50) 188
Normandie, bataille 66
Noron-la-Poterie (14) 139
Norrey (14) 154
Notre-Dame-de-Toutes-Aides,
chapelle (72) 99

O

Ô, château (61) 107
Observatoire - Planétarium
de La Hague (50) 188
Odon, bataille 155
Oëtre, roche (61) 308
Omaha Beach (14) 266
Omonville-la-Petite (50) 189
Omonville-la-Rogue (50) 189
Ouistreham-Riva-Bella (14) 269

P

Pail, corniche (53) 100
Pain de Sucre (14) 175
Parc, manoir du (50) 131
Parné-sur-Roc (53) 243
Patton, général George 67
Pegasus Bridge (14) 201, 202
Peintres, vallée des (50) 160
Perseigne, forêt (72) 99
Pierres Pouquelées (50) 191
Pignon Butor (50) 160
Le Pin, haras national (61) 271
Pinçon, mont (14) 311
Pirou, château (50) 274
Pirou-Plage (50) 275
Pluto, Débarquement 168
Pommeau 93
Pont-d'Ouilly (14) 307
Pontécoulant, château (14) 176
Pontmain (53) 275
Pontorson (50) 277
Les Ponts-d'Ouve,
maison d'accueil du parc (50) ... 179
Port-du-Salut, trappe (53) 243
Port-en-Bessin (14) 206
Port-Racine (50) 189
Portbail (50) 131
Putanges-Pont-Écrepin (61) 309

Q

Querqueville (50) 188
Quervière, baie (50) 189
Quinéville (50) 186

R

Rabodanges (61) 309
Rânes (61) 121

Regnéville-sur-Mer (50)............ 198
Reine Mathilde.................... 144
Rémilly-sur-Lozon (50)............ 180
Réthoville (50).................... 187
Roc, gros (53).................... 216
La Roche-Pichemer, château (53).... 217
La Roche-qui-Boit, barrage (50).... 280
Rocher, château (53)............... 216
Rochers des Parcs (14).............. 175
Roger II........................ 62, 183
Rollon 59, 134
Rommel, maréchal Erwin 67
Rots (14)......................... 154
Roussard........................ 227
Rouvrou, méandre (61) 308
Rundstedt, maréchal Gerd von....... 67

S

Saint-Aubin-sur-Mer (14)........... 204
Saint-Céneri-le-Gérei (61).......... 100
Saint-Christophe-le-Jajolet (61) 107
Saint-Gabriel, ancien prieuré (14) ... 141
Saint-Germain-de-Clairefeuille (61) 272
Saint-Hilaire-du-Harcouët (50)..... 279
Saint-Hippolyte, prieuré (72)....... 227
Saint-James (50).................. 278
Saint-Jean-le-Thomas (50) 258
Saint-Joseph, chapelle (14).......... 311
Saint-Laurent-sur-Mer (14)......... 267
Saint-Léonard-des-Bois (72) 101
Saint-Lô (50)..................... 281
Saint-Lô, bataille 281
Saint-Loup-Hors (14) 139
Saint-Marcouf (50) 184
Saint-Martin, anse (50) 189
Saint-Martin, parc animalier (50).... 315
Saint-Martin-d'Aubigny (50) 180
Saint-Martin-des-Besaces (14) 112
Saint-Michel-de-Montjoie (50)..... 265
Saint-Pair-sur-Mer (50)............ 231
Saint-Pierre-Église (50) 187
Saint-Pierre-sur-Dives (14) 286
Saint-Pois (50)..................... 265
Saint-Rémy (14) 306
Saint-Roch, chapelle (14) 307
Saint-Sauveur-le-Vicomte (50) 288
Saint-Sever, forêt (14).............. 291
Saint-Sever-Calvados (14).......... 290
Saint-Vaast-la-Hougue (50) 292
Saint-Vigor-de-Mieux, chapelle (14) 221
Sainte-Geneviève, chapelle (61)..... 121
Sainte-Marie, abbaye (14).......... 206
Sainte-Marie-du-Mont (50) 183
Sainte-Mère-Église (50)............ 295
Sainte-Suzanne (53) 297
Saire, pointe (50)................... 293
Saire, val (50)...................... 186
Sassy, château (61) 107
La Saucerie, manoir (61) 214
Saulges (53)....................... 300
Saussey, manoir (50)............... 198
Savigny (50)....................... 196
Secqueville-en-Bessin (14)......... 154
Sédar Senghor, Léopold 82
Sée, vallée (50) 264
Sées (61) 301
Ségrie-Fontaine (61)............... 308
Serment de Bayeux................ 134
Signal de Viviers (53) 299
Sillé, forêt (72) 305
Sillé-le-Guillaume (72)............. 304
Siouville-Hague (50)............... 192
La Souleuvre, viaduc (14) 324
Soumont-Saint-Quentin (14)....... 221
Sources-d'Elle, parc (50) 283
Souvenirs.......................... 42
Subligny, Hasculfe de............. 247
Suisse normande (14-61)........... 306
Sword Beach...................... 201

T

Tancrède de Hauteville.. 62, 182, 195, 196
Tatihou, île (50).................... 293
Le Tertre Gane, point de vue (53)... 299
Teurgoule.......................... 92
Thaon, église (14) 226
Thury-Harcourt (14) 310
Tiger, opération.................... 64
Tilly-sur-Seulles (14) 139
Tinchebray (61).................... 223
Tocqueville (50) 187
Torigni-sur-Vire (50) 284
Tour-en-Bessin (14)................ 206
Tourp, manoir (50)................. 189
Tourville, amiral............... 198, 292
Tourville-sur-Sienne (50)........... 198
Transports 22
Troarn (14) 153

U-V

Utah Beach (50) 312
Val de Saire (50).................... 186
Valognes (50) 313
Varreville, dunes (50) 183
Vauban, cabane (50)................ 160
Le Vaudobin (61) 105
Vauville, jardins (50)............... 191
Les Vaux (61)...................... 224
Vendeuvre, château (14) 317
Ver-sur-Mer (14).................... 205
Versainville (14) 221
Vierville-sur-Mer (14) 268
Vieux (14)......................... 153
Le Vignage, rochers (61) 303
Villedieu-les-Poêles (50) 319
Villers-Bocage (14) 111
Villers-Canivet, abbaye (14)........ 221
Villes et Pays d'art et d'histoire...... 40
Villiers-Fossard (50) 283
La Vire, vallée (50)................ 284
Vire (14)........................... 323
Vivoin (72) 227

W

Wace, Robert....................... 82
Walt Disney 208

ÎLES ANGLO-NORMANDES

A

Alderney 335
Alderney Railway (Alderney) 337
L'Ancresse Bay (Guernsey) 346
L'Ancresse Common (Guernsey) 346

B

Battle of Flowers Museum (Jersey) . 361
Beaucette Quarry Marina (Guernsey) 346
Black butter (Jersey) 334
Bonne Nuit Bay (Jersey) 362
Bouley Bay (Jersey) 362
Braye (Alderney) 337
Bray Bay (Alderney) 337

C

Cachalière (Alderney) 338
Castel, église (Guernsey) 344
Castle in the Marshes (Guernsey) 346
The Cliffs (Herm) 352
Côbo Bay (Guernsey) 347
La Collinette (Sark) 366
Le Common (Herm) 352
La Coupée (Sark) 367
Creux Harbour (Sark) 366

D

Dehus, dolmen (Guernsey) 346
Derrible, baie (Sark) 367
Devil's Hole (Jersey) 361
Doyle, fort (Guernsey) 346

E

Eperquerie Common (Sark) 366
L'Erée Headland (Guernsey) 347
Eric Young Orchid Foundation (Jersey) 357
Essex, château (Alderney) 338
Étacquerel (Jersey) 361

F

Fliquet, baie (Jersey) 362
Fort Albert (Alderney) 337

G

German Occupation Museum (Guernsey) 348
Gorey (Jersey) 362
Grand Havre (Guernsey) 347
Great Sark (Sark) 366
Grosnez, pointe (Jersey) 361

H

Hammond Memorial (Alderney) 337
Hamptonne Country Life Museum (Jersey) 362
Hauteville House (Guernsey) 341
Herm 351
Hog's Back (Sark) 367
La Hougue-Bie (Jersey) 359
Hugo, Victor 341

I-J

Icart Point (Guernsey) 349
Jerbourg Point (Guernsey) 349
Jersey 353
Jersey, tricot 334
Jersey War Tunnels (Jersey) 357
Jersey Zoo (Jersey) 357
Judemarre, tête (Alderney) 338

L

Lanchon, grève (Jersey) 361
Lecq, grève (Jersey) 361
The Little Chapel (Guernsey) 345
Little Sark (Sark) 367
The Living Legend (Jersey) 358
Longis Bay (Alderney) 338

M

Mannez Garenne (Alderney) 337
Le Manoir Village (Herm) 352
Le Marchant, fort (Guernsey) 346
La Mare Vineyards (Jersey) 361
Maseline Harbour (Sark) 366
Millbrook (Jersey) 359
Mont-Orgueil, château (Jersey) 362
Monument Pilcher (Sark) 367
Moulin Huet Bay (Guernsey) 349

N

Noirmont Point (Jersey) 360
Nord, côte (Alderney) 337
The Nunnery (Alderney) 338

O-P

Oatlands Craft Village (Guernsey) .. 346
Petit Bot Bay (Guernsey) 348
Pezeries Point (Guernsey) 348
Pleinmont Point (Guernsey) 348
Plémont, pointe (Jersey) 361
Port-du-Moulin (Sark) 366
Port-Gorey (Sark) 367
Portelet (Guernsey) 348
La Pulente (Jersey) 361

Q-R

Quétivel, moulin (Jersey) 358
Raz Island (Alderney) 338
La Roche pendante (Alderney) 338
Rocquaine Bay (Guernsey) 347
Rozel Bay (Jersey) 362

S

Saint-Aubin (Jersey) 360
Saint-Brelade (Jersey) 360

Saint-Ouen, baie (Jersey) 361
Sainte-Catherine, baie (Jersey)..... 362
Sainte-Anne (Alderney)............ 336
Saint Andrew (Guernsey) 345
Saint Apolline Chapel (Guernsey) .. 347
Saint Helier (Jersey) 354
Saint Martin (Guernsey) 349
Saint Martin's Point (Guernsey) 349
Saint Peter's Church (Sark)......... 366
Saint Peter Port (Guernsey) 341
Saint Sampson (Guernsey)......... 346
Samarès, manoir (Jersey) 363
Sark 365
Saumarez Park (Guernsey)......... 344
La Seigneurie (Sark) 366
Sorel Point (Jersey)................ 362

T

Telegraph Bay (Alderney).......... 338
Le Trépied, dolmen (Guernsey)..... 347

V

Vale Castle (Guernsey)............. 346
Vale Church (Guernsey)............ 347
Vazon Bay (Guernsey) 347
Venus Pool (Sark).................. 367

CARTES ET PLANS

CARTES THÉMATIQUES

Le Débarquement 64
Parc naturel régional Normandie-Maine 163
Parc naturel régional des marais du Cotentin et du Bessin 180
Îles Anglo-Normandes 333

PLANS DE VILLES

Alençon 98
Argentan 104
Avranches 115
Bagnoles-de-l'Orne 120
Bayeux 135
Caen 146
Carteret 130
Cherbourg-Octeville 170
Coutances 195
Domfront 212
Falaise 220
Granville 231
Laval 241
Mont-Saint-Michel 254
Mortain 263
Saint-Lô 282
Sainte-Suzanne 298
Sées 302
Villedieu-les-Poêles 321
Saint-Hélier 355
Saint-Peter-Port 343

PLANS DE MONUMENTS

Port artificiel d'Arromanches 109
Abbaye du Mont-Saint-Michel . . . 256

CARTES DES CIRCUITS

Les Alpes mancelles 100
Pays d'Argentan 107
Environs de Bayeux 139
Environs de Caen 155
Envrions de Carolles 160
Îles Chausey 167
Environs de Clécy 176
Presqu'île du Cotentin 184
Plages du Débarquement 202
Baie du Mont-Saint-Michel 258
Omaha Beach 267
Suisse normande 307
Alderney 338
Guernsey 344
Herm 352
Jersey 358
Sark 365

Changement de numérotation routière

Sur de nombreux tronçons, les routes nationales passent sous la direction des départements. Leur numérotation est en cours de modification.
La mise en place sur le terrain a commencé en 2006 mais devrait se poursuivre sur plusieurs années. De plus, certaines routes n'ont pas encore définivement trouvé leur statut au moment où nous bouclons la rédaction de ce guide. Nous n'avons donc pas pu reporter systématiquement les changements de numéros sur l'ensemble de nos cartes et de nos textes.
Dans la majorité des cas, on retrouve le n° de la nationale dans les derniers chiffres du n° de la départementale qui la remplace. Exemples : la N 16 devient D 1016, la N 51 devient D 951.

Manufacture française des pneumatiques Michelin
Société en commandite par actions au capital de 304 000 000 EUR
Place des Carmes-Déchaux - 63000 Clermont-Ferrand (France)
R.C.S. Clermont-Fd B 855 200 507

Compogravure : Nord Compo à Villeneuve d'Ascq
Imprimeur : Aubin, Ligugé
Imprimé en France : février 2007
Dépot légal : mars 2007 - ISSN 0293-9436

QUESTIONNAIRE
LE GUIDE VERT

VOTRE AVIS NOUS INTÉRESSE...
TOUTES VOS REMARQUES NOUS AIDERONT À ENRICHIR NOS GUIDES.

Merci de renvoyer ce questionnaire à l'adresse suivante :
MICHELIN
Questionnaire Le Guide Vert
46, avenue de Breteuil
75324 PARIS CEDEX 07

En remerciement,
les 100 premières réponses recevront en cadeau
la carte Local Michelin de leur choix !

VOTRE GUIDE VERT

Titre acheté : ....

Date d'achat : ....

Lieu d'achat *(point de vente et ville)* : ....

VOS HABITUDES D'ACHAT DE GUIDES

1) Aviez-vous déjà acheté un Guide Vert Michelin ?

O oui O non

2) Achetez-vous régulièrement des Guides Verts Michelin ?

O tous les ans O tous les 2 ans

O tous les 3 ans O plus

3) Si oui, quel type de Guides Verts ?

– des Guides Verts sur les régions françaises : lesquelles ? ....

....

– des Guides Verts sur les pays étrangers : lesquels ? ....

....

– Guides Verts Thématiques : lesquels ? ....

....

4) Quelles autres collections de guides touristiques achetez-vous ?

....

5) Quelles autres sources d'information touristique utilisez-vous ?

O Internet : quels sites ? ....

....

O Presse : quels titres ? ....

....

O Brochures des offices de tourisme

Les informations recueillies font l'objet d'un traitement informatique destiné à actualiser notre base de données clients et permettre l'élaboration de statistiques.
Ces données personnelles sont réservées à un usage strictement interne au groupe Michelin et ne feront l'objet d'aucune exploitation commerciale ni de transmission ou cession à quiconque pour des fins commerciales ou de prospection. Elles ne seront pas conservées au-delà du temps nécessaire pour traiter ce questionnaire et au maximum 6 mois, mais seulement utilisées pour y répondre.
Conformément à la loi « Informatique et libertés » du 6 janvier 1978, applicable sur le territoire français, vous bénéficiez d'un droit d'accès, de modification, de rectification ou suppression des données vous concernant. Si vous souhaitez exercer ce droit, veuillez vous adresser à MICHELIN, Guide Vert, 46 avenue de Breteuil, 75324 Paris Cedex 07

VOTRE APPRÉCIATION DU GUIDE

1) Notez votre guide sur 20 : ....

2) Quelles parties avez-vous utilisées ? ....

....

3) Qu'avez-vous aimé dans ce guide ? ....

....

4) Qu'est-ce que vous n'avez pas aimé ? ....

....

5) Avez-vous apprécié ?

	Pas du tout	Peu	Beaucoup	Énormément	Sans réponse
a. La présentation du guide (maquette intérieure, couleurs, photos...)	O	O	O	O	O
b. Les conseils du guide (sites et itinéraires)	O	O	O	O	O
c. L'intérêt des explications sur les sites	O	O	O	O	O
d. Les adresses d'hôtels, de restaurants	O	O	O	O	O
e. Les plans, les cartes	O	O	O	O	O
f. Le détail des informations pratiques (transport, horaires, prix…)	O	O	O	O	O
g. La couverture	O	O	O	O	O

Vos commentaires ....

....

6) Rachèterez-vous un Guide Vert lors de votre prochain voyage ?

O oui O non

VOUS ÊTES

O Homme O Femme Âge : ....

Profession :

O Agriculteur, Exploitant
O Artisan, commerçant, chef d'entreprise
O Cadre ou profession libérale
O Employé
O Enseignant
O Étudiant
O Ouvrier
O Retraité
O Sans activité professionnelle

Nom ....

Prénom ....

Adresse ....

....

....

....

Acceptez-vous d'être contacté dans le cadre d'études sur nos ouvrages ?

O oui O non

Quelle carte Local Michelin souhaitez-vous recevoir ?
Indiquez le département : ....

Offre proposée aux 100 premières personnes ayant renvoyé un questionnaire complet.
Une seule carte offerte par foyer, dans la limite des stocks disponibles.